천정아 저

Core
C Programming

KB021328

YD 연두에디션
Edition

Core
C Programming 2nd Edition

발행일 2022년 2월 10일 초판 1쇄
지은이 천정아
펴낸이 심규남
기 획 염의섭 · 이정선
표 지 김보배 | **본 문** 이경은
펴낸곳 연두에디션
주 소 경기도 고양시 일산동구 동국로 32 동국대학교 산학협력관 608호
등 록 2015년 12월 15일 (제2015-000242호)
전 화 031-932-9896
팩 스 070-8220-5528
I S B N 979-11-92187-07-5
정 가 29,000원

이 책에 대한 의견이나 잘못된 내용에 대한 수정정보는 연두에디션 홈페이지나 이메일로 알려주십시오.
독자님의 의견을 충분히 반영하도록 늘 노력하겠습니다.
홈페이지 www.yundu.co.kr

※ 잘못된 도서는 구입처에서 바꾸어 드립니다.

이 책의 답안은 제공되지 않습니다.

PREFACE

전 국민의 프로그래머화, 우스개 소리 같지만 가능한 일이 될 수도 있을 것 같습니다. 학원가에 우후죽순 생기고 있는 코딩 학원, 초중고의 방과 후 교실에서 시작되어 학교 정규 과정에서도 필수로 채택되고 있는 프로그래밍 교육을 보면 먼 미래의 일이 아닐 수도 있습니다.

프로그래밍이 더 이상 선택이 아닌 필수가 되고 있는 시대에, C 책을 다시 집필하도록 결심하게 된 계기는 무엇이었을까요? 굳이 알 필요 없는 복잡한 기능은 빼고 핵심적인 기능 위주로 쉽게 C를 배우고 사용할 수는 없을까? 어떻게 하면 최소한의 시행착오로 C 언어를 배우고 사용할 수 있을까? 이런 고민에서부터 이 책을 기획하고 집필하게 되었습니다.

이 책은 C 문법서가 아니기 때문에, 각 장이 왜 이런 기능이 필요할까 에서부터 시작하고 있습니다. 왜 이런 기능이 필요한지, 왜 그렇게 사용할 수밖에 없는지를 알고 나면 개념을 받아들이고 이해하기 쉬워집니다. 또한, 이 책은 핵심을 꿰뚫는 풍부하고 다양한 그림을 통해서 C의 기능들을 설명하고 있습니다.

개념 설명 후에는 사용 형식과 다양한 예제 코드, 주의 사항들을 통해서 배운 개념을 자기 것으로 만들 수 있도록 단계별로 확장해 나갑니다. 소단원 별로 비교적 쉽고 간단한 객관식 문제를 제시하여, 배운 내용 중 핵심 키워드를 다시 생각해볼 수 있도록 구성하였습니다. 또한 장 별로 제시된 다양한 형식의 연습문제(객관식, OX, 단답형, 주관식, 프로그래밍 문제 등)를 통해서 C 언어의 여러 가지 기능에 대한 이해도를 스스로 판단할 수 있을 것입니다.

C가 제공하는 다양한 고급 기능과 활용 방법은 C를 처음 배우는 입장에서는 오히려 큰 진입 장벽이 될 수 있습니다. 이 책에서는 초보자가 굳이 알 필요 없는 부분은 생략하고, 핵심 기능 위주로 한 한기 동안 C 언어를 배울 수 있도록 구성하였습니다. 초보자들도 점차적으로 프로그래밍에 익숙해질 수 있도록 짧고 간단한 예제부터 시작해서 실무에서도 자주 사용되는 코드를 예제로 설명하고 있습니다.

　예제에서 다뤄지지 못한 심화 내용은 다양한 프로그래밍 과제를 통해서 제시됩니다. 프로그래밍 과제에서는 각 문제마다 이용해야 할 기능과 난이도를 표시하여 학습자의 수준에 맞게 과제를 진행할 수 있게 구성하였습니다. 또한, 필요한 경우에는 프로그래밍에 익숙하지 않은 학습자에게 간단한 팁을 제시하여 문제 해결을 위한 접근 방향을 안내합니다.

　이 책의 제일 중요한 특징은 C 언어를 처음 접하는 학생이나 프로그래머가 보다 쉽게 올바른 코드를 작성할 수 있도록 C의 여러 가지 핵심 기능에 대한 가이드라인을 제시하고 있다는 것입니다. 예를 들어 9장의 문자열에서는 문자 배열과 문자열 포인터의 문법적인 특성이나 차이점만 설명하는 것이 아니라 어떤 상황에서 문자 배열을 사용해야 하고, 어떤 상황에서 문자열 포인터를 사용해야 하는지를 명확히 제시하고 있습니다.

　어느 날 갑자기 외국의 모르는 도시에 던져졌다고 해볼까요? 일단 구글맵을 켜면 막막한 마음이 반은 해소될 것입니다. C 프로그래밍의 세계로 던져진 독자들과 이들을 가르치는 교수님들께 구글맵 같은 존재가 될 수 있었으면 하는 마음으로 이 책을 집필하였습니다. C의 복잡하고 다양한 기능 때문에 막막할 때마다 가이드라인과 함께 왜 그렇게 해야 하는 지, 왜 그렇게 하면 안되는지 이유를 설명함으로써, 막막함을 덜고 편안한 마음으로 필자의 안내를 따를 수 있기를 기대합니다.

　C 책을 다시 낼 수 있도록 설득과 격려를 아끼지 않았던 연두출판사의 심규남 대표님과 작은 의견 하나에도 귀기울여 주시고 조언을 아끼지 않으신 염의섭 부장님, 세세한 저자의 요구를 들어주시느라 고생하신 이정선 편집부장님과 연두에디션 출판사의 관계자 여러분께 깊이 감사드립니다.

　책을 탈고하기까지 힘든 시간을 잘 참고 배려와 관심을 보여준 남편과 우리 딸 서연이에게 사랑과 감사를 전하고 싶습니다.

저자 천정아

이 책의 강의 구성

이 책은 한 학기 분량으로 강의를 진행할 경우, 한 학기를 16주로 가정하여 다음과 같이 진행할 수 있다. 각 장 별로 1주씩 진행되며, 5장과 6장은 2주에 걸쳐서 진행할 수 있다. 11장은 난이도가 있으므로 일부분만 생략하고 진행할 수 있다.

1주	1장. C 언어와 프로그래밍 개요 2장. C 프로그램의 기본		
2주	3장. 데이터형과 변수		
3주	4장. 연산자		
4주	5장. 제어문	5-1. 조건문	
5주	5장. 제어문	5-2. 반복문	5-3. 분기문
6주	6장. 함수	6-1. 함수의 개념	6-2. 함수의 기본
7주	6장. 함수	6-3. 지역 변수와 전역 변수	
8주	중간고사		
9주	7장. 배열		
10주	8장. 포인터		
11주	9장. 문자열		
12주	10장. 구조체		
13주	11장. 변수.함수의 활용 및 동적 메모리		
14주	12장. 표준 입출력과 파일 입출력		
15주	13장. 전처리기와 분할 컴파일		
16주	기말고사		

이 책은 두 학기 분량으로 강의를 진행하는 경우에는 각 장 별로 2주씩 진행되며, 5장은 3주, 6장은 4주에 걸쳐서 진행할 수 있다. 9장과 13장은 1주에 걸쳐서 진행할 수 있다.

CONTENTS

CHAPTER 9 문자열

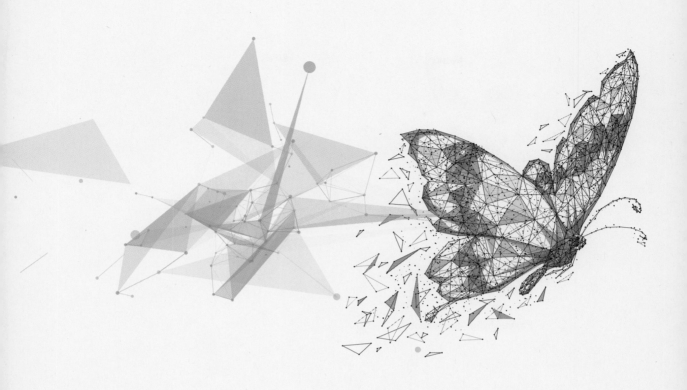

CHAPTER 1

C 언어와
프로그래밍 개요

1.1 C 언어 소개

1.1.1 프로그래밍의 개념

(1) 소프트웨어의 중요성

스마트폰이 없다고 상상해보자. 정보를 찾기 위해 도서관에 들리고, 길을 찾기 위해 지도를 살펴보고, 물건을 사기 위해 여러 매장을 둘러보고, 영화를 보기 위해 극장을 찾는 등의 수고를 해야 할 것이다. 그런데 우리가 스마트폰만으로 이 모든 일을 처리할 수 있게 된 것이 불과 10여년 정도밖에 되지 않았다면 쉽게 믿을 수 있을까?

우리의 일상을 책임지고 있는 스마트폰은 컴퓨터의 일종으로 볼 수 있다. 방 하나를 가득 채우던 메인 프레임이나 우리가 일상적으로 사용하고 있는 PC·노트북, 아이패드 같은 태블릿도 모두 컴퓨터의 일종이다. 또한, 우리가 사용하는 대부분의 가전제품(TV, 냉장고, 전자레인지, 월패드 등) 뿐만 아니라 자동차, 엘리베이터 등에도 컴퓨터가 내장되어 있다.

이런 다양한 컴퓨터 하드웨어를 작동할 수 있게 만드는 것이 바로 **소프트웨어(software)** 이다. 소프트웨어를 **프로그램(program)**이라고도 하며, 운영체제(Windows, macOS) 같은 시스템 소프트웨어와 특정 기능을 수행하는 **응용 프로그램(application)**으로 구분한다. 앱 스토어에서 내려받아 스마트폰이나 태블릿에서 사용하는 응용 프로그램을 간단히 **앱(App)**이라고 한다.

그림 1-1 컴퓨터와 소프트웨어

스마트폰이 등장하면서 단순히 개개인의 생활에만 변화가 온 것은 아니다. 기업들은 스마트폰 앱을 활용한 새로운 비즈니스 모델을 만들어 기존의 제조 기업이나 유통·서비스 기업들을 긴장시키고 있다. 차량이나 호텔을 보유하지 않으면서 세계적인 운송 서비스 업체와 숙박 서비스 업체로 등극한 우버와 에어비앤비가 대표적인 예이다. 스마트폰 앱으로 서비스의 이용자와 제공자를 직접 연결하는 우버나 에어비앤비 같은 공유 개념의 비즈니스 모델이 가능하게 된 것도 바로 소프트웨어 덕분이다.

소프트웨어 기술이 발전하면서 인공 지능에 사물 인터넷, 클라우드 컴퓨팅, 빅데이터, 모바일 등을 결합한 **지능정보기술**이 등장하였다. 이런 지능정보기술이 경제·사회 전반에 융합되어 혁신적인 변화가 나타나는 차세대 산업혁명을 '**4차 산업혁명**'이라고 한다.

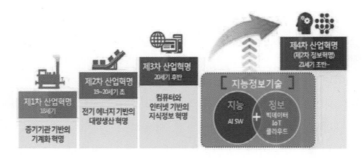

그림 1–2 4차 산업혁명

2016년 세계경제포럼은 '4차 산업혁명'을 향후 세계가 직면할 화두로 제시하였다. 4차 산업혁명의 핵심은 '**연결**'과 '**지능**'이다. 인공 지능, 사물 인터넷, 클라우드 컴퓨팅, 빅데이터, 모바일 등의 지능정보기술은 하드웨어의 발전과 소프트웨어의 비약적인 발전에 의존하고 있는 만큼 4차 산업혁명에서 **소프트웨어의 중요성**은 아무리 강조해도 지나치지 않다. 실제로도 애플, 구글, 페이스북, 아마존 같은 소프트웨어 기업들이 세계 경제를 이끌어 가고 있으며, GE 같은 제조업체나 골드만삭스 같은 금융 기업까지도 소프트웨어 기업, IT 기업을 자처하고 있는 것이 현실이다.

국내에서도 초등학교 코딩 교육 의무화, 정부 주도의 '소프트웨어 중심 대학' 선정, 기업 주도의 소프트웨어 아카데미 설립 등의 4차 산업혁명을 대비한 움직임이 활발히 일어나고 있다. 개개인의 입장에서도 프로그래밍을 배우는 것이 더 이상 선택이 아니라 필수가 되고 있다.

(2) 프로그래밍 언어

스마트폰에서 음악을 듣거나 길을 찾거나 항공권을 예약하는 등 여러 가지 일을 할 수 있게 하는 것이 바로 앱이다. 소프트웨어 또는 프로그램 대신 앱이라는 용어가 일상적으로 사용되고 있지만 이 책에서는 프로그래밍에 초점을 맞추어 '프로그램'이라는 용어를 사용할 것이다.

컴퓨터 내의 CPU는 프로그램 안에 포함된 일련의 명령어들과 데이터를 읽어서 처리한다. 하드웨어가 특정 기능을 수행하게 만든다. 프로그램에서 컴퓨터가 수행해야 할 다양한 작업을 기술하는 데 사용되는 언어를 **프로그래밍 언어**라고 한다. 프로그래밍 언어는 컴퓨터가 직접 이해할 수 있는 저급 언어(low-level language)와 사람이 이해하기 쉬운 고급 언어(high-level language)로 구분할 수 있다.

CPU는 "0001 1100 0011 1100"처럼 0과 1로 된 CPU 명령어를 읽어서 실행하는데, 이것을 **기계어(machine language)**라고 한다. 컴퓨터가 직접 처리할 수 있는 기계어는 사람이 사용하기에는 매우 불편하므로 기계어 대신 기계어와 일대일로 대응되는 **어셈블리어(assembly language)**를 사용한다. 어셈블리어는 0과 1로 된 CPU 명령어에 알아보기 쉬운 니모닉 기호(mnemonic symbol)를 정해두고 사용한다. 예를 들어 0000 0000 1001 1010 0001 1000 0100 0010 대신 add eax, 0Ah를 사용하는 식이다. 기계어와 어셈블리어는 모두 저급 언어에 해당한다.

어셈블러(assembler)는 어셈블리어로 작성한 프로그램을 기계어로 변환한다. 즉, 어셈블리어와 어셈블러를 이용하면 0과 1만 사용하는 대신 의미 있는 단어(mov, push, add 등)을 이용하여 CPU가 처리할 작업을 기술할 수 있다.

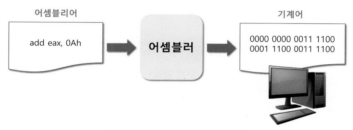

그림 1-3 기계어와 어셈블리어

어셈블리어는 CPU 명령어를 기호로 표현한 것이므로, CPU가 어떻게 동작하는지를 잘 이해해야 어셈블리어로 프로그램을 작성할 수 있다. CPU 종류에 따라 CPU가 처리할 수 있는 명령어(기계어)와 어셈블리어가 다르며, 다른 종류의 CPU에서는 수행될 수 없다. 이런 특성을 **기계 종속적(machine-dependent)**이라고 한다.

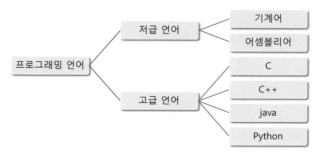

그림 1-4 프로그래밍 언어

고급 언어는 사람이 사용하는 자연어에 가깝기 때문에 이해하기 쉽다. 또한 CPU 명령어와 일대일로 대응되는 언어가 아니므로 고급 언어를 이용하면 **기계 독립적인(machine-independent)** 프로그램을 개발할 수 있다. 즉, CPU의 종류나 하드웨어의 특성에 얽매이지 않는 프로그램을 작성할 수 있다. C나 C++, Java, Python 등의 프로그래밍 언어가 바로 고급 언어이다.

컴파일러(compiler)는 고급 언어로 작성된 프로그램을 기계어로 번역한다. 고급 언어로 작성된 프로그램은 컴파일 후 어셈블리어로 변환되고, 컴파일러에 내장된 어셈블러에 의해 다시 기계어로 변환된다. 고급 언어로 프로그램을 작성할 때는 소스 파일을 텍스트 파일로 작성한다. 소스 파일을 컴파일하면 실행 파일이 생성되는데, 이 실행 파일이 사용자가 내려받아 설치하는 응용 프로그램이 된다.

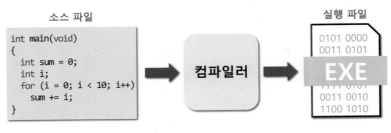

그림 1-5 컴파일러

📋 **확인해봐요**

1. 지능정보기술이 경제·사회 전반에 융합되어 혁신적인 변화가 나타나는 차세대 산업혁명은?
   ① 1차 산업혁명   ② 2차 산업혁명   ③ 3차 산업혁명   ④ 4차 산업혁명

2. 컴퓨터 하드웨어가 특정 기능을 수행할 수 있게 만드는 것은?
   ① 운영체제   ② 메모리   ③ 소프트웨어   ④ 컴파일러

3. 다음 중 고급 언어를 모두 고르시오.
   ① C   ② 기계어   ③ Java   ④ 어셈블리어   ⑤ Python
   ⑥ Ruby

1.1.2 C 언어의 특징

(1) C 언어의 역사

1972년에 데니스 리치(Dennis Ritchie)와 켄 톰슨(Ken Thomson)은 UNIX 운영체제를 개발하면서 어셈블리어가 아닌 고급 언어를 사용하려고 시도하던 중에, 기존의 B 언어를 개선하여 C 언어를 만들게 되었다. 처음에는 운영체제 같은 시스템 프로그램을 개발하기 위한 목적으로 만들어진 언어였지만, 그 이후 C 언어는 다양한 응용 프로그램 개발에 이용되어 왔으며, 현재까지도 가장 많이 사용되고 있다. 또한, C++, C#, Objective-C, Java, JavaScript, Perl 등 최신 언어의 등장에 지대한 영향을 주었다.

브라이언 커니건(Brian Kernighan)과 데니스 리치가 1978년에 'The C Programming Language'라는 책을 출간하면서 C 언어에 대한 기본 명세를 제시했는데, 이것을 **K&R C**라고 하며, 1989년에 ANSI C가 등장할 때까지 K&R C가 사실상의 표준(de facto standard) 이었다.

1989년에 ANSI(American National Standards Institute)에서 C 언어에 대한 표준을 제정했는데, 이것을 **ANSI C**나 표준 C(Standard C)라고 부르며, 차후에 개정된 표준 C와 구분하기 위해서 **C89**라고 부른다. 그리고 1990년에 ISO(International Organization for Standardization)에서 ANSI C를 국제 표준으로 채택하면서 ISO C 또는 **C90**이라고 부르기도 한다. 즉, **ANSI C, C89, C90은 모두 같은 버전의 C를 말한다.** 현존하는 C 컴파일러는 모두 ANSI C를 지원하고 있으며, 대부분의 C 프로그래머가 ANSI C를 기준으로 C 프로그램을 개발하고 있다.

1990년대에 C 표준이 개정되어 발표되었는데, 이를 **C99**라고 한다. C99에는 //를 이용한 한 줄 주석, 인라인 함수, long long int나 complex 등의 새로운 데이터형, 가변 길이 배열, 개선된 IEEE 754 실수 지원, 가변 인자 매크로 등의 기능이 추가로 포함되었다.

가장 최근에는 2011년에 C 표준이 개정되어 **C11**으로 발표되었는데, 익명 구조체나 메모리 정렬, 멀티-스레딩 지원, 유니코드 지원 같은 향상된 C 라이브러리 기능 등이 추가되었으며, C99에서 'deprecated' 경고 메시지를 생성했던 gets 같은 함수들이 완전히 제거되었다.

C++ Builder, Intel C++, Visual C++ 같은 컴파일러들은 표준 C/C++에 자신만의 기능을 추가로 제공한다. 이런 특정 컴파일러에서만 제공되는 기능을 이용해서 프로그램을 작성하면 다른 컴파일러에서는 컴파일되지 않을 수도 있다. 반면에 표준 C/C++을 기준으로 작성된 프로그램 소스는 모든 C/C++ 컴파일러에서 컴파일되고 동일하게 실행될 수 있다. 이 책의 예제 소스는 모두 ANSI C를 기준으로 작성되었으며, 특정 컴파일러에서만 사용되는 기능은 별도로 명시하고 있다.

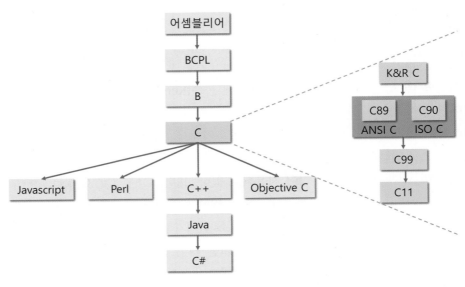

그림 1-6 C 언어의 역사

　참고로 C 언어와 C++ 언어는 서로 다른 언어지만 함께 사용되는 경우가 많다. C++ 언어는 1983년 비야네 스트롭스트룹(Bjarne Stroustrup)이 C 언어에 객체지향 프로그래밍(Object oriented programming)을 지원하기 위한 기능을 추가해서 만들어진 언어이다. C++ 언어는 C 언어의 모든 기능을 지원하므로 기존의 C 프로그램 소스는 수정 없이 혹은 최소한의 수정만으로 C++ 프로그램으로 사용될 수 있으며, C로 개발된 라이브러리도 그대로 C++ 프로그램에서 사용할 수 있다. 즉, C++ 언어는 C 언어의 상위 집합(superset)이다.

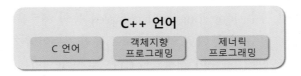

그림 1-7 C++ 언어

　C 언어와 C++ 언어가 함께 사용되는 이유는 바로 컴파일러 때문이다. 대부분의 C 컴파일러는 C/C++ 컴파일러이며, C 컴파일러와 C++ 컴파일러 역할을 모두 제공한다. C++ Builder, GCC, Visual C++은 모두 C/C++ 컴파일러이며, 간단히 C++ 컴파일러라고 부른다. C++ 언어가 기존의 C 언어를 대체하고 있기 때문에, C로 개발된 많은 프로그램들을 개선하면서 C 대신 C++을 이용하고 있다.

질문 있어요

C++ 컴파일러로 C 컴파일을 하려면 어떻게 할까요?

C/C++ 컴파일러는 소스 파일의 확장자에 따라 C 컴파일을 수행할지, C++ 컴파일을 수행할지 결정한다. 소스 파일의 확장자가 .c면 C 컴파일을 수행하고, .cpp일 때는 C++ 컴파일을 수행한다. 따라서, C로 작성된 소스 파일을 C++ 소스 파일로 변환하려면 소스 파일의 확장자를 .c에서 .cpp로 변경하면 된다.

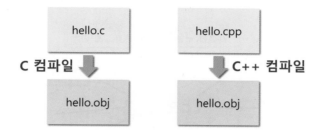

유효한 C 프로그램은 유효한 C++ 프로그램인가요?

C++ 언어가 C언어의 모든 기능을 지원하지만 C 언어와는 다른 언어이다. 따라서 C에서는 유효한 코드지만 C++에서는 사용할 수 없는 경우도 있다.

```
int *p = malloc(sizeof(int)*size);        // 유효한 C 코드지만 C++에서는 컴파일 에러 발생
```

(2) C 언어의 특징

C 언어는 다른 언어에 비해 **간결한 구문**과 프로그램 개발에 꼭 필요한 핵심적인 기능들을 제공한다. 또한, 절차적 프로그래밍(Procedural Programming)을 지원하며, 함수나 사용자 정의형을 손쉽게 정의할 수 있다.

C 언어는 프로그래머에게 **유연성(flexibility)**를 보장하는 언어이므로 프로그래머가 목표하는 기능을 구현하는 데 제약이 거의 없다. 따라서 다양한 가전제품이나 전자 기기의 제어 프로그램이나 운영체제 등의 시스템 프로그램, 게임과 같은 사용자 애플리케이션까지 다양한 프로그램이 C 언어로 개발되고 있다.

또한, C 언어는 **이식성(portability)**이 높다. 즉, C 프로그램은 소스 코드 변경 없이 여러 하드웨어 플랫폼(H/W platform)이나 운영체제에서 사용될 수 있도록 컴파일될 수 있다. 대부분의 CPU가 소프트웨어 개발 환경으로 C 컴파일러를 제공하므로, 동일한 C 소스 코드를 특정 CPU용 컴파일러로 컴파일하면 해당 CPU에서 실행될 수 있는 기계어 코드를 생성할 수 있다.

C 언어는 저수준의 지원 기능(low-level capability)를 제공하므로, C 언어로 개발된 프로그램은 실행 파일의 크기도 작고, 실행 속도도 빠르다. 따라서 운영체제나 게임처럼 **성**

능이 최우선시되는 프로그램을 개발할 때, 어셈블리어 대신 C 언어가 주로 사용된다.

하지만, **C 언어는 배우기도 어렵고 사용하기도 어렵다.** C 언어를 사용하면 다른 언어를 사용할 때보다 성능이 우수한 프로그램을 만들 수 있지만, 그 대신 다른 언어를 사용할 때에 비해서 프로그래머가 주의를 기울여야할 부분이 많다. 컴파일러나 런타임이 알아서 처리해주는 대신 프로그래머가 직접 최적의 방법으로 코드를 작성할 수 있게 하는 유연성을 제공하기 때문이다.

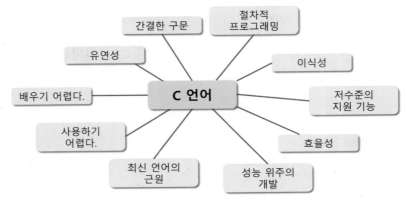

그림 1-8 C 언어의 특징

(3) C 언어를 배워야 하는 이유

C 언어는 프로그래머들 사이에서 일종의 **공용어** 역할을 한다. 인터넷 상의 다양한 알고리즘이나 소스 코드가 C 언어로 작성되어 있으므로 C 언어를 알면 프로그래밍에 대한 다양한 정보를 찾고 이해하는 것이 쉬워진다. 또한, 우리가 알고 있는 대부분의 최신 언어(C++, Java, C#, Javascript, Perl 등)는 C 언어로부터 파생되었기 때문에 C 언어를 알면 다른 언어를 배우는 것이 쉬워진다.

C 언어는 **프로그래밍의 기본 개념을 이해**하는 데도 도움이 된다. C를 배우면 프로그래밍에 필수적인 메모리 구조나 함수의 개념, 사용자 정의형, 제어 구조에 대해 알 수 있으며, Java나 C#과 같은 언어에서는 숨겨져 있는 프로그램의 내부 동작 원리를 이해하는데 도움이 된다. 이런 이유로 많은 대학교의 이학·공학 계열에서 C 언어를 기초 과목으로 배우고 있다.

C 언어를 배우는 과정은 어렵고 힘들 수 있지만, 일단 배우고 나면 프로그래머가 갖춰야할 최고의 아이템 역할을 충분히 할 것이다.

(4) C 언어의 활용 분야

이식성과 **효율성**은 C 언어의 가장 중요한 특징이다. Java, C#, Python, Ruby 등의 최신 언어들이 다양하게 등장했음에도 불구하고, 성능이 중요하거나 이식성이 필수적인 프로그램을 작성할 때는 C나 C++ 언어가 가장 좋은 선택인 경우가 많다. Microsoft Windows, LINUX, UNIX, macOS 같은 PC 운영체제나 iOS, Android 같은 스마트폰의 **운영체제**가 대표적인 C/C++ 프로그램이다. 운영체제는 컴퓨터 시스템을 구동해야 하므로 성능이 최우선시되고, 다양한 컴퓨터 시스템에서 실행될 수 있도록 이식성이 필수적이다.

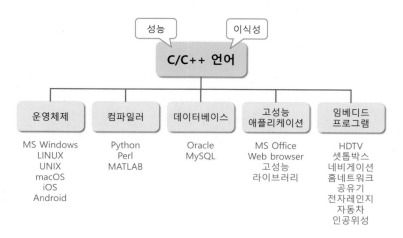

그림 1-9 C/C++ 활용분야

C/C++ 언어는 운영체제 개발 외에도 **성능과 이식성이 필요한 다양한 분야**에서 사용되고 있다. Python이나 Perl 언어의 컴파일러, MATLAB 등의 고성능 라이브러리, Oracle, MySQL 등의 데이터베이스 등도 C/C++로 개발되었다. 또한, Microsoft Office 같은 프로그램이나 Microsoft Internet Explorer 또는 Google Chrome 같은 브라우저, Amazon이나 Facebook 같은 사이트에서 사용되는 고성능 컴포넌트 등도 모두 C/C++ 언어로 개발되었다.

또한, **임베디드 프로그램(embedded program)**을 개발할 때도 C 언어가 주로 사용된다. HDTV나 홈네트워크 같은 가전제품, 자동차, 공장 제어장치, 네트워크 장비, 인공위성에도 컴퓨터가 내장되어 있고, 특정 기능을 제공하는 프로그램을 실행한다. 이처럼 특수 목적의 컴퓨터를 내장하고 있는 장치를 **임베디드 시스템(embedded system)**이라고 하고, 임베디드 시스템에서 수행되는 프로그램을 임베디드 프로그램이라고 한다.

임베디드 프로그램은 제한된 하드웨어 자원 위에서 실시간(real-time) 제약 조건을 가지고 실행되어야 하므로, 프로그램 크기가 작아야 하고 오랜 시간 동안 오류 없이 안정적으로 수행되도록 설계되어야 한다. 따라서 예외 처리, 가비지 콜렉션 등의 추가적인 기능 없이 최소한의 코드만을 생성하는 C 언어가 임베디드 프로그램 개발에 적합하다.

📄 **확인해봐요**

1. 다음 중 표준 C가 아닌 것은?

   ① C89   ② C99   ③ C11   ④ C++98

2. 다음 주 C 언어의 영향을 받아 만들어진 언어가 아닌 것은?

   ① 어셈블리어   ② C++   ③ Java   ④ Perl   ⑤ Javascript

3. 다음 중 C 언어의 특징이 아닌 것은?

   ① 간결한 구문   ② 이식성   ③ 효율성   ④ 유연성   ⑤ 객체지향성

4. 다음 중 C 언어의 주요 활용 분야를 모두 고르시오.

   ① 운영체제 개발   ② 컴파일러 개발   ③ 성능 위주의 개발
   ④ 임베디드 프로그램 개발   ⑤ 고성능 라이브러리 개발   ⑥ 웹 애플리케이션

1.2 C 프로그램 개발

1.2.1 일반적인 C 프로그램 개발 과정

일반적인 C 프로그램의 개발 과정은 **소스 파일 작성 → 컴파일 → 실행**의 순서로 진행된다. C 프로그램을 작성하려면 우선 **소스 파일을 작성**해야 한다. 소스 파일은 일종의 텍스트 파일로 간단한 텍스트 편집기를 이용하거나, Visual Studio 같은 통합 개발 환경(Integrated Development Environment, IDE)이 제공하는 소스 코드 편집기를 사용해서 작성할 수 있다. 대부분의 C 컴파일러는 C/C++ 컴파일러이므로 소스 파일의 확장자로 C 컴파일과 C++ 컴파일을 구분해서 처리한다. C 컴파일 위해서는 .c 확장자를 가진 파일로 저장해야 한다.

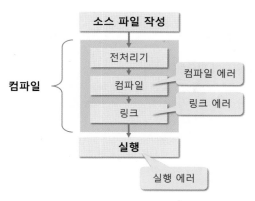

그림 1-10 C 프로그램 개발 과정

　소스 파일을 **컴파일**하면, 컴파일러는 먼저 **전처리기(preprocessor)**를 수행하여 소스 파일을 컴파일하기 위해 준비한다. 전처리기는 다른 파일을 포함(include)하거나, 소스 파일 내의 특정 문자열을 다른 문자열로 대치(replace)하는 기능을 제공한다. 전처리기 문장은 '#'으로 시작한다.

　전처리기 수행 후 C 컴파일러는 **구문 분석, 코드 생성, 링크(link)** 등을 순차적으로 수행한다. 구문 분석에서는 소스 코드가 C 문법에 맞게 작성되었는지 검사하고 잘못된 부분에 대해 **컴파일 에러**를 발생시킨다. 컴파일 에러가 없으면 기계어로 된 **오브젝트 코드**가 생성된다. 소스 파일이 여러 개일 때는 각각의 소스 파일마다 오브젝트 파일이 생성된다. C 컴파일러는 오브젝트 파일과 라이브러리를 링크해서 실행 파일을 생성한다. 링크를 수행하는 프로그램을 **링커(linker)**라고 하며, 링커와 전처리기는 C 컴파일러에 내장되어 있다.

　링크하면서 발행하는 에러를 **링크 에러**라고 하며, 링크 에러는 여러 소스 파일의 상관관계를 파악해야 하므로 컴파일 에러에 비해 찾기가 어렵다. 컴파일 에러나 링크 에러가 발생하면 소스 파일을 수정하고 컴파일하는 과정을 반복한다.

　링크 후 실행 파일이 생성되면 프로그램이 잘 실행되는지 확인한다. 이때 프로그램이 잘못된 실행 결과를 생성하거나 프로그램이 죽는 경우에 **실행 에러**가 발생했다고 한다.

　실행 에러는 프로그램의 논리가 잘못되어 발생하는 에러로, 프로그램의 실행 흐름이 올바르게 진행되는지, 프로그램 내에서 사용된 수식의 값이 맞는지 등을 살펴봄으로써 해결할 수 있다. 이 과정을 **디버깅(debugging)**이라고 한다.

질문 있어요

소스 파일이 하나일 때도 링크가 필요하나요?

링커는 오브젝트 파일과 라이브러리를 연결하므로, 소스 파일이 하나일 때도 링크를 수행해야 한다. **라이브러리**는 C 프로그램에서 자주 사용되는 기능들을 미리 구현해둔 것으로 컴파일 결과 생성된 오브젝트 파일들을 .lib 확장자를 가진 2진 파일로 묶어 둔 것이다.

소스 파일을 컴파일해서 생성된 오브젝트 파일에는 라이브러리를 사용하기 위한 정보만 포함된다. 링커는 이 정보를 바탕으로 라이브러리 파일로부터 오브젝트 코드를 실행 파일로 복사해서 링크한다. 참고로 모든 C 프로그램은 C 런타임 라이브러리라는 필수적인 라이브러리를 링크하고 있다.

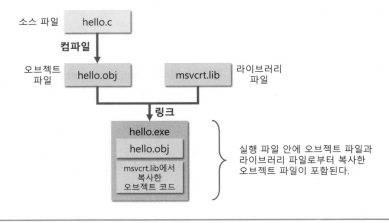

Microsoft의 Visual C++은 윈도우 플랫폼에서 사용되는 대표적인 C/C++ 컴파일러이다. Visual C++은 소스 파일 작성, 컴파일, 실행 및 디버깅을 한 화면에서 처리할 수 있는 통합 개발 환경을 제공한다. Visual C++이라는 프로그램이 별도로 존재하는 것이 아니라 Visual Studio를 설치하면 그 안에 Visual C++이 포함되어 있다. Microsoft는 학생이나 오픈 소스 제공자 및 개인 개발자를 위해 무료로 다운로드할 수 있는 Visual Studio Community 버전을 제공하고 있으며, 현재 Visual Studio 2022가 가장 최신 버전이다. 이 책에서는 **Visual Studio Community 2022**를 사용해서 C 프로그램 예제를 작성하고 있다.

질문 있어요

Visual Studio는 어떤 프로그래밍 언어를 지원하나요?

Visual Studio는 C/C++ 뿐만 아니라 C#, Visual Basic, F#, JavaScript, TypeScript, Python 등의 다양한 언어로 코드를 작성하고 디버깅 및 테스트를 할 수 있는 환경을 제공한다. 또한 윈도우 데스크톱 응용 프로그램 뿐 아니라 모바일, Xbox 등 다양한 장치를 대상으로 앱을 개발할 수 있다.

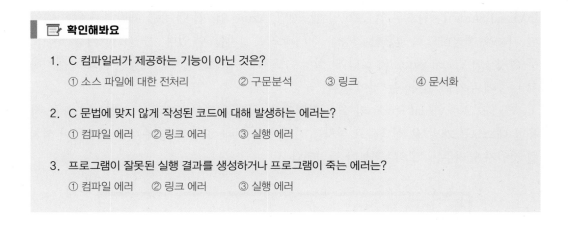

확인해봐요

1. C 컴파일러가 제공하는 기능이 아닌 것은?

   ① 소스 파일에 대한 전처리   ② 구문분석   ③ 링크   ④ 문서화

2. C 문법에 맞지 않게 작성된 코드에 대해 발생하는 에러는?

   ① 컴파일 에러   ② 링크 에러   ③ 실행 에러

3. 프로그램이 잘못된 실행 결과를 생성하거나 프로그램이 죽는 에러는?

   ① 컴파일 에러   ② 링크 에러   ③ 실행 에러

1.2.2 Visual Studio를 이용한 C 프로그램 개발 과정

(1) Visual Studio 설치 및 실행

Visual Studio Community 2022를 설치하려면 네이버나 구글 같은 검색 포털에서 'Visual Studio'를 검색하면 최신 버전의 Microsoft Visual Studio 페이지를 찾을 수 있다. Visual Studio는 무료 버전인 Community 외에도 상용 버전인 Professional과 Enterprise 버전을 제공한다. 참고로 무료 버전인 Community에서도 표준 C/C++ 라이브러리 및 ATL, MFC, .NET 지원 기능을 모두 사용할 수 있다.

그림 1-11 Visual Studio 다운로드

Visual Studio는 윈도우 앱, 모바일 앱, 게임, Azure 앱, 웹 앱 등을 개발하기 위한 다양한 기능을 제공하므로 필요한 기능을 선택적으로 설치할 수 있다. 불필요한 기능까지 모두 설치하면 Visual Studio의 로딩 및 실행 속도가 느리므로, 필요한 기능만 최소로 설치하고 나중에 추가로 설치하는 것이 좋다.

[그림 1-12]는 Visual Studio의 설치 화면이다. 화면 왼편의 '워크로드'에서 'C++를 사용한 데스크톱 개발'을 선택하고 설치를 진행한다. 이때, 오른쪽 창에 어떤 항목들이 설치될 것인지 알려주는 '요약' 정보가 출력된다.

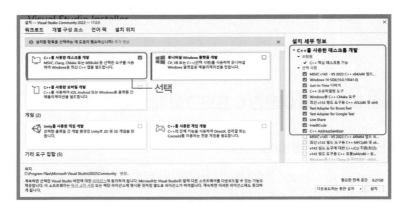

그림 1-12 Visual Studio 설치

Visual Studio를 사용하려면 Microsoft 계정이 필요하다. Visual Studio Community 버전의 라이선스는 Microsoft 계정에 대해서 사용이 허가되므로 Microsoft 계정이 없다면 계정을 먼저 만들어야 한다. Microsoft 계정에 로그인하면 Visual Studio가 실행된다. [그림 1-13]은 Visual Studio를 처음 실행한 화면이다.

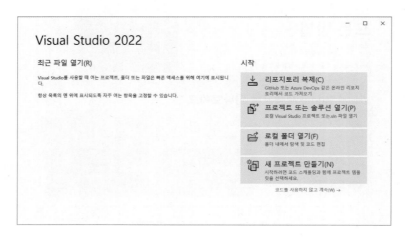

그림 1-13 Visual Studio 실행

(2) 프로젝트와 솔루션

Visual Studio에서는 프로젝트와 솔루션을 이용해서 개발중인 C 프로그램을 관리한다. 간단한 프로그램은 하나의 소스 파일로 작성할 수 있지만, 큰 프로그램을 여러 프로그래머가 함께 개발하는 경우에는 소스 파일을 여러 개로 나누어 작성해야 한다. 소스 파일이 여러 개일 때는, 각각의 소스 파일을 컴파일해서 오브젝트 파일을 생성하고, 라이브러리와 링크해서 실행 파일을 만든다. 이처럼 프로그램을 만드는 데 필요한 여러 가지 정보를 모아서 관리하기 위해 프로젝트를 사용한다.

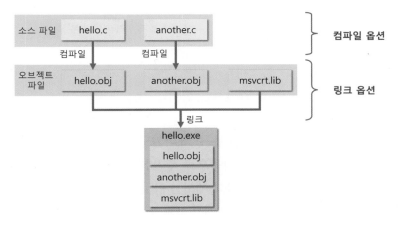

그림 1-14 여러 소스 파일로 작성된 C 프로그램

Visual Studio의 프로젝트에는 프로그램을 만들기 위해서 사용되는 **소스 파일 및 헤더 파일에 대한 정보, 소스 파일을 컴파일할 때 사용되는 컴파일 옵션, 오브젝트 파일이나 라이브러리를 링크할 때 사용되는 링크 옵션** 등의 정보가 포함된다. 프로젝트 정보를 저장하는 데 .vcxproj 확장자를 가진 파일을 사용하며, 프로젝트별로 폴더를 생성해 프로젝트 관련 파일을 모두 폴더 안에 모아두고 관리한다.

그림 1-15 프로젝트

Visual Studio는 관련된 프로젝트들을 묶어서 관리하는 데 솔루션을 사용한다. Visual Studio는 프로젝트 생성 시 솔루션을 함께 생성하므로 솔루션을 따로 만들지 않아도 된다. 솔루션 정보는 .sln 확장자를 가진 파일에 저장되며, 솔루션 폴더가 함께 생성된다. 솔루션과 프로젝트를 따로 만들고 솔루션에 여러 프로젝트를 추가해서 관리할 수도 있다.

그림 1-16 솔루션

Visual Studio에서 C 프로그램을 개발하는 순서는 다음과 같다. 먼저 프로그램의 유형을 선택해서 프로젝트를 생성한다. 선택된 프로그램의 종류에 따라 기본적인 컴파일 옵션과 링크 옵션이 결정되고, 경우에 따라서는 소스 파일도 함께 생성된다. 소스 파일이 없는 빈 프로젝트에는 소스 파일을 새로운 항목으로 추가한다. 소스 파일을 작성한 다음에는 컴파일과 링크를 수행하는데, Visual Studio에서는 이것을 '**빌드**'라고 한다. Visual Studio는 통합 개발 환경이므로 Visual Studio 내에서 프로그램을 실행하거나 디버깅할 수 있다.

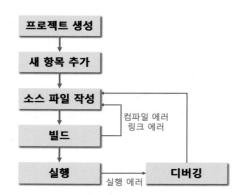

그림 1-17 Visual Studio를 이용한 C 프로그램 개발

질문 있어요

어떤 경우에 솔루션 안에 여러 개의 프로젝트를 넣어야 할까요?

여러 프로그램에서 공통으로 사용되는 기능이 있다고 해보자. 예를 들어 Microsoft Office의 Excel, Powerpoint, Word는 서로 다른 프로그램이지만 공통으로 제공하는 기능이 있다. 이때, 같은 기능을 프로그램마다 중복해서 구현하는 대신 라이브러리로 만들어 두고 각각의 프로그램에서 이용하는 것이 좋다. 이런 경우에 라이브러리를 만드는 프로젝트와 그 라이브러리를 이용하는 프로그램을 만드는 프로젝트는 서로 관련되어 있으므로 하나의 솔루션에서 관리할 수 있다.

또 다른 예로 네트워크 프로그램을 개발할 때, 서버 프로그램을 만드는 프로젝트와 클라이언트 프로그램을 만드는 프로젝트를 하나로 묶어서 관리할 수 있다. 이처럼 솔루션을 활용할 수 있는 방법은 다양하다.

1.2.3 Visual Studio를 이용한 C 프로그램 개발 과정

(1) 프로젝트 생성

프로젝트를 생성하려면 [파일] → [새로 만들기] → [프로젝트] 메뉴를 선택한다. 프로젝트를 생성하려면 먼저 프로젝트의 유형을 선택해야 하는데, Visual Studio는 이것을 프로젝트 템플릿으로 준비해두고 있다. Visual Studio는 선택된 프로젝트 템플릿에 따라서 프로젝트 정보가 생성한다. 간단한 C 프로그램을 작성하려면, '빈 프로젝트'를 선택한다. 이 경우 소스 파일 없이 프로젝트만 생성된다.

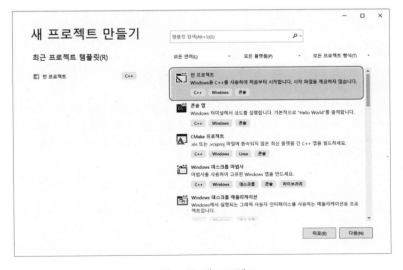

그림 1-18 새 프로젝트

'빈 프로젝트'를 선택한 다음 [그림 1-19]처럼 프로젝트 이름과 위치를 지정한다. '프로젝트 이름'에는 'test'를 입력하고, '위치'에는 'C:\work\chap01'을 입력한다. 디폴트로 솔루션 이름은 프로젝트 이름과 같은 이름으로 설정된다. 이 프로젝트를 빌드하면 프로젝트 이름과 같은 이름으로 실행 파일(test.exe)이 생성된다.

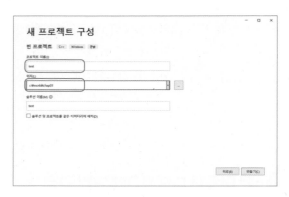

그림 1-19 새 프로젝트 구성

? 질문 있어요

콘솔 응용 프로그램이란 무엇인가요?

콘솔 응용 프로그램은 키보드로 입력을 받아서 콘솔(명령 프롬프트)에 출력하는 프로그램이다. Microsoft Office처럼 윈도우 플랫폼에서 사용되는 프로그램을 Windows 데스크톱 응용 프로그램이라고 하는데, Windows 데스크톱 응용 프로그램을 만들려면 Windows API나 ATL, MFC 같은 라이브러리가 필요하다. 이 책에서는 표준 C와 표준 C 라이브러리만을 이용해서 C 프로그램을 작성하고 있으므로, 콘솔 응용 프로그램의 형태로 C 프로그램을 작성해야 한다. 마우스 입력이나 다양한 그래픽 출력이 가능한 Windows 데스크톱 응용 프로그램과는 다르게 콘솔 프로그램에서는 키보드 입력과 텍스트 출력만 가능하다.

미리 컴파일된 헤더와 SDL 검사는 어떤 기능인가요?

미리 컴파일된 헤더는 컴파일 속도를 향상시키기 위해서 Visual Studio에서만 사용되는 기능이므로 이 책에서는 사용하지 않을 것이다.

표준 C 라이브러리의 일부 함수는 버퍼 오버런(buffer overrun)의 위험이 있어 더 이상 사용하지 않도록 권고되고(deprecated) 있는데, SDL 검사를 선택하면 이런 함수들에 대해서 경고 대신 에러를 발생시키므로 보다 안전한 프로그램을 작성할 수 있다. SDL 검사도 Visual Studio에서만 제공되는 기능이므로 이 책에서는 사용하지 않을 것이다.

[그림 1-20]은 빈 프로젝트를 생성한 후의 Visual Studio화면이며, 왼쪽의 솔루션 탐색기 창에서 솔루션과 프로젝트를 확인할 수 있다.

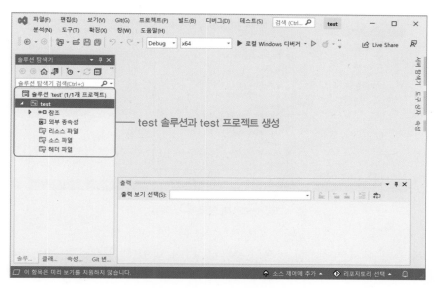

그림 1-20 빈 프로젝트 생성

Visual Studio에서 프로젝트를 생성하면, 디폴트로 프로젝트 이름과 같은 이름의 솔루션이 생성된다. 즉, 프로젝트 생성 위치에 test 솔루션 폴더가 생성되고, test 솔루션 폴더 안에 다시 test 프로젝트 폴더가 생성된다. 솔루션 폴더에는 솔루션 파일인 test.sln이, 프로젝트 폴더에는 프로젝트 파일인 test.vcxproj가 생성된다.

그림 1-21 솔루션 폴더와 프로젝트 폴더

(2) 새 항목 추가

'빈 프로젝트'에는 소스 파일이 없으므로 프로젝트에서 사용할 소스 파일을 생성해야 한다. 단순히 파일만 생성하는 것이 아니라 프로젝트에 등록해야 하므로, 솔루션 탐색기에서 test 프로젝트를 클릭한 다음 [프로젝트] → [새 항목 추가] 메뉴를 선택한다.

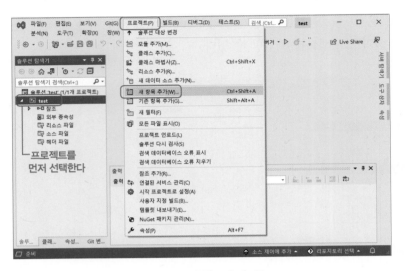

그림 1-22 새 항목 추가 메뉴

'새 항목 추가'에서는 추가할 항목의 종류로 'C++ 파일'을 선택하고, 아래쪽에서 파일 이름으로 'test.c'를 입력한 다음 '추가' 버튼을 누른다. 이때 소스 파일의 확장자를 생략 하면 디폴트로 test.cpp가 생성되므로 주의해야 한다. Visual Studio를 C 컴파일러로 사용 하려면 반드시 **소스 파일의 확장자로 .c를 지정해야 한다.** 생성된 파일은 프로젝트에 추가 되었으므로 솔루션 탐색기의 소스 파일 목록에서 확인할 수 있다. 솔루션 탐색기는 솔루 션 내의 프로젝트 목록과 각 프로젝트 내에서 사용된 소스 파일, 헤더 파일, 리소스 파일, 외부 종속성 등의 목록을 보여준다.

그림 1-23 새 항목 추가

Visual Studio는 새 항목 추가 시 소스 파일 편집기에서 파일을 열어 편집할 수 있는 상 태로 준비해준다. 소스 파일 편집기에서 [그림 1-24]처럼 간단한 C 프로그램을 작성하고 저장한다.

그림 1-24 소스 파일 작성

Visual Studio의 소스 파일 편집기는 **자동 서식 기능**이 있어서 소스 코드를 입력하면 들여쓰기를 맞춰준다. 이미 작성한 소스 파일에 들여쓰기 및 띄어쓰기를 일괄적으로 적용하려면 [편집] → [고급] → [문서 서식]을 선택한다.

 질문 있어요

실수로 소스 파일 이름을 잘못 만들었어요. 어떻게 해야 하나요?
Visual Studio는 디폴트로 C++ 컴파일러로 사용되기 때문에 디폴트 소스 파일의 확장자가 .cpp이다. 실수로 .cpp 파일을 생성한 경우에는 솔루션 탐색기에서 파일 이름을 선택하고 F2 를 눌러서 파일 이름을 변경한다. Visual Studio에서 C 컴파일을 하려면 반드시 파일 확장자가 .c여야 한다.

이미 작성해둔 C 소스 파일을 프로젝트에 추가하려면 먼저 소스 파일을 프로젝트 폴더에 복사한다. 솔루션 탐색기에서 프로젝트 이름을 선택하고 [프로젝트] → [기존 항목 추가]를 선택해서 파일을 프로젝트에 등록한다. 프로젝트 폴더에 소스 파일을 복사한다고 해서 프로젝트에 소스 파일이 자동으로 추가되는 것이 아니므로 주의해야 한다.

반대로 프로젝트에서 소스 파일을 제거하려면 솔루션 탐색기에서 소스 파일 이름을 클릭한 다음 Delete 키를 누른다. Delete 키를 누르면 [그림 1-25]와 같은 창이 나타나는데, '제거'를 선택하면 프로젝트에서 해당 파일을 제거할 뿐 파일은 삭제되지 않고 프로젝트 폴더에 남아있게 된다.

그림 1-25 소스 파일 제거/삭제

(3) 빌드

[빌드] → [솔루션 빌드] 메뉴를 선택하면 솔루션 내의 모든 프로젝트를 컴파일 및 링크, 즉 빌드할 수 있다. Visual Studio는 프로젝트에 등록된 소스 파일을 각각 컴파일한 다음, 그 결과로 생성된 오브젝트 파일들을 링크해서 실행 파일을 생성한다. Visual Studio는 솔루션 내의 모든 프로젝트를 빌드한 후 출력 창에 각 프로젝트의 빌드 성공 · 실패 여부를 출력한다. [그림 1-26]을 보면 test 솔루션에는 test 프로젝트 하나 밖에 없으므로 '성공 1'이라고 출력된다.

그림 1-26 솔루션 빌드

컴파일 에러나 링크 에러가 있으면 [그림 1-27]이나 [그림1-28]처럼 출력 창에 에러 메시지가 출력되므로 에러 메시지를 이용해서 프로그램의 잘못된 부분을 찾아서 수정하고 다시 빌드하는 과정을 반복한다.

컴파일 에러는 C 구문이 잘못된 경우에 발생하므로 에러 메시지의 내용에 따라 에러가 발생한 줄이나 이전 줄에서 잘못된 부분이 있는지 살펴본다. C 컴파일러는 소스 파일을 위에서 아래쪽으로 순차적으로 컴파일하므로 에러가 여러 개 발생했을 때는 **가장 위쪽 에러부터 수정해야 한다.**

링크 에러는 다른 소스 파일이나 라이브러리와 연결하면서 발생하는 에러이므로 여러 소스 파일을 함께 살펴봐야 한다.

컴파일 에러와 링크 에러가 없으면 프로젝트 빌드 결과 실행 파일이 생성된다. Visual Studio에서 실행 파일의 생성 위치는 솔루션 폴더의 Debug 폴더 안에 생성되며, 실행 파일 이름은 프로젝트 이름과 같은 이름으로 만들어진다. 다음은 test 프로젝트의 실행 파일 경로명이다.

```
C:\work\chap01\test\Debug\test.exe
```

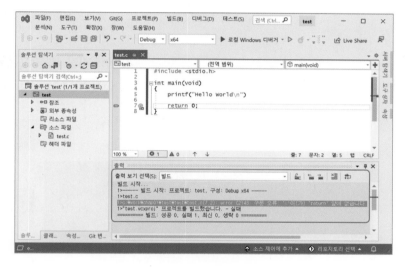

그림 1-27 컴파일 에러

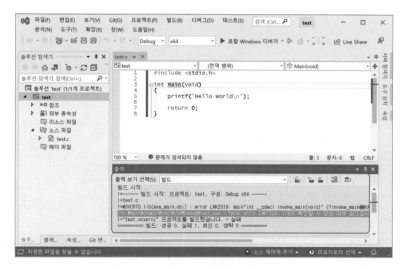

그림 1-28 링크 에러

(4) 실행

프로젝트 빌드 후 생성된 실행 파일을 실행하려면, [디버그] → [디버그하지 않고 시작] 메뉴를 선택한다. Visual Studio는 콘솔 프로그램을 실행하면 명령 프롬프트를 열어서 프로그램을 실행한다. Visual Studio는 실행 외에도 다양한 디버깅 기능을 제공한다.

그림 1-29 실행

Visual Studio를 이용하지 않고 콘솔 프로그램을 실행하려면, 직접 명령 프롬프트를 실행한 다음 명령 프롬프트에서 실행 파일의 완전 경로명(c:\work\chap01\test\Debug\test.exe)을 입력한다.

그림 1-30 명령 프롬프트를 이용한 프로그램 실행

Visual Studio의 자주 사용되는 기능을 정리해보면 다음과 같다.

표 1-1 Visual Studio 기능

기능	메뉴 항목	단축키
새 프로젝트 생성	[파일] → [새로 만들기] → [프로젝트]	Ctrl+Shift+N
새 항목 추가	솔루션 탐색기에서 프로젝트 이름 선택 후 [프로젝트] → [새 항목 추가]	Ctrl+Shift+A
기존 항목 추가	솔루션 탐색기에서 프로젝트 이름 선택 후 [프로젝트] → [기존 항목 추가]	Shift+Alt+A
빌드	[빌드] → [솔루션 빌드]	F7
실행	[디버그] → [디버그하지 않고 시작]	Ctrl+F5
솔루션/프로젝트 열기	[파일] → [열기] → [프로젝트/솔루션]	Ctrl+Shift+O

기능	메뉴 항목	단축키
소스 파일 전체 자동 들여쓰기/띄어쓰기	소스 파일 편집기 클릭 후 [편집] → [고급] → [문서 서식]	Ctrl+K, Ctrl+D
블록 자동 들여쓰기/띄어쓰기	블록 선택 후 [편집] → [고급] → [선택 영역 서식]	Ctrl+K, Ctrl+F
디버깅 시작	[디버그] → [디버깅 시작]	F5
한 단계씩 코드 실행	[디버그] → [한 단계씩 코드 시작]	F11
프로시저 단위 실행	[디버그] → [프로시저 단위 실행]	F10
중단점 설정/해제	[디버그] → [중단점 설정/해제]	F9

질문 있어요

다른 버전의 Visual Studio 프로젝트를 Visual Studio 2022에서 사용하려면 어떻게 해야 하나요?

Visual Studio는 상위 버전으로의 호환성을 제공하므로 Visual Studio 2022 이전 버전에서 만들어진 프로젝트나 솔루션을 Visual Studio 2022에서 열면 자동으로 변환된다. 그러나 Visual Studio 버전에 따라 내부적으로 사용되는 라이브러리의 변화가 있어서 자동 변환이 안되는 경우도 있다. 이 경우에는 Visual Studio 2022에서 프로젝트를 새로 생성한 다음 기존의 소스 파일을 프로젝트 폴더에 복사하고, '기존 항목 추가'로 새로 만든 프로젝트에 추가하면 된다.

(5) 기존의 C 소스 파일에서 프로젝트 만들기

Visual Studio를 이용해서 C 프로그램을 작성할 때, 이미 작성된 C 소스 파일로부터 프로젝트를 생성할 수 있다. Visual Studio는 프로젝트마다 폴더를 만들어서 관리하므로 우선 프로젝트 폴더를 생성하고, 그 다음 소스 파일을 프로젝트 폴더에 모아둔다. 그리고 나서 [파일] → [새로 만들기] → [기존 코드의 프로젝트] 메뉴를 선택해서 '기존 코드 파일에서 프로젝트 만들기 마법사'를 실행하고 '만들 프로젝트 형식'을 'Visual C++'로 지정한다.

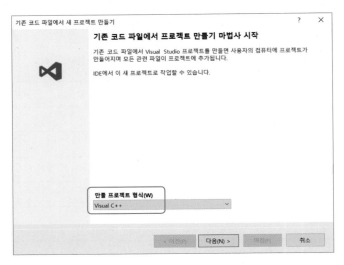

그림 1-31 기존 코드 파일에서 프로젝트 만들기 마법사

그 다음 단계로, [그림 1-32]처럼 프로젝트 파일 위치와 프로젝트 이름을 지정한다. 디폴트로 '이 폴더의 파일을 프로젝트에 추가'가 선택되어 있으므로 폴더 내의 소스 파일, 헤더 파일이 자동으로 프로젝트에 추가된다.

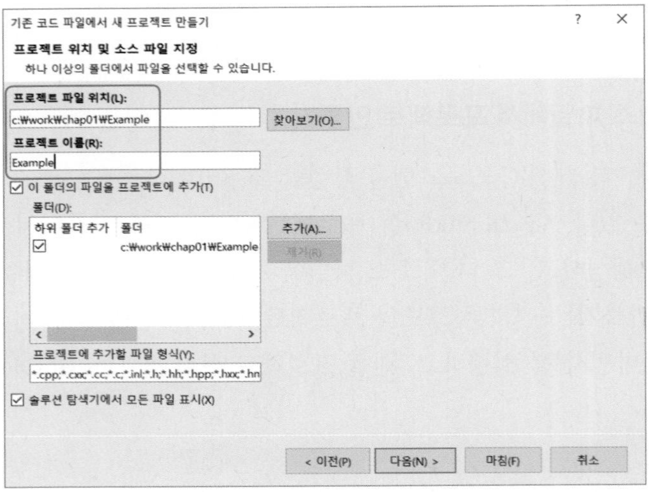

그림 1-32 프로젝트 위치 및 소스 파일 지정

그 다음에는 프로젝트 설정을 지정하는데, '프로젝트 형식'으로 '콘솔 응용 프로그램 프로젝트'를 선택한 후 '마침' 버튼을 누른다.

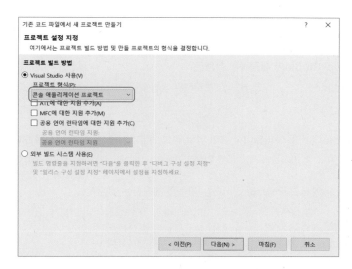

그림 1-33 프로젝트 설정 지정

이렇게 생성된 프로젝트에는 [그림 1-32]에서 지정한 '프로젝트 파일 위치' 폴더와 그 하위 폴더의 소스 파일과 헤더 파일이 모두 등록된다.

[그림 1-34]의 솔루션 탐색기를 보면 프로젝트 파일 위치로 지정된 폴더의 소스 파일과 헤더 파일이 프로젝트에 추가된 것을 알 수 있다.

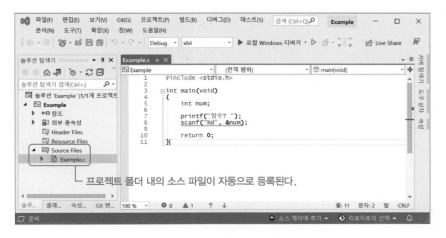

그림 1-34 기존 소스 파일로부터 생성된 프로젝트

📑 **확인해봐요**

1. 다음 중 Visual Studio가 제공하는 기능은?
   ① 소스 파일 편집기　　　② 프로젝트 생성 및 관리　　　③ 컴파일 및 링크
   ④ 디버깅　　　　　　　⑤ 모두 다

2. Visual Studio에서 소스 파일이나 헤더 파일 정보, 컴파일 옵션, 링크 옵션을 모아둔 것은?
   ① 프로젝트　　② 라이브러리　　③ 컴파일러　　④ Windows SDK

3. Visual Studio에서 프로젝트를 관리하는 기능을 제공하는 것은?
   ① 프로젝트　　② 솔루션　　③ 라이브러리　　④ 소스 파일 편집기

4. Visual Studio로 C 프로그램을 작성할 때 제일 먼저 할 일은?
   ① 프로젝트 생성　② 빌드　　③ 디버깅　　④ 최적화

5. Visual Studio에서 솔루션 내의 프로젝트 목록이나 프로젝트 내의 소스 파일, 헤더 파일 목록을 보여주는 창은?
   ① 클래스 뷰　　② 속성 관리자　　③ 솔루션 탐색기　　④ 출력 창

1. **프로그래밍 언어**
    - 프로그래밍 언어는 프로그램에서 컴퓨터가 수행해야 할 다양한 작업을 기술하는 데 사용되는 언어이다.
    - 저급 언어로는 기계어와 어셈블리어가 있다.
    - C, C++, Java, Python 등의 고급 언어를 이용하면 기계 독립적인 프로그램을 작성할 수 있다.

2. **C 언어의 특징**
    - 1972년에 데니스 리치와 켄 톰슨이 UNIX를 개발하면서 만든 언어가 C 언어이다.
    - C 언어는 간결한 구문, 유연성, 이식성, 저수준의 지원 기능, 효율성 등의 특징을 제공한다.
    - C 언어는 프로그래머들 사이에서 공용어 역할을 하며, C 언어를 배우면 프로그래밍의 기본 개념과 프로그램의 내부 동작 원리를 이해하는 데 도움이 된다.
    - C 언어는 성능이 중요하거나 이식성이 필수적인 프로그램을 개발하는 데 적합하다.

3. **C 프로그램 개발**
    - 일반적인 C 프로그램의 개발 과정

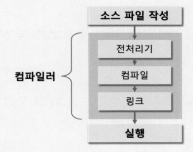

    - Visual Studio를 이용한 C 프로그램 개발 과정

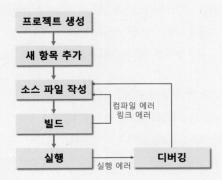

1. 컴퓨터 하드웨어가 특정 기능을 수행할 수 있게 하는 것은?

　① 소프트웨어　　　　　　　　　　　　② 입출력 장치
　③ 비즈니스 모델　　　　　　　　　　　④ 인공지능

2. 소프트웨어를 지칭하는 또 다른 용어를 모두 쓰시오.

3. 프로그래밍 언어에 대한 설명 중 잘못된 것을 모두 고르시오.

　① 기계어로 작성된 프로그램은 특정 CPU에서만 실행될 수 있다.
　② 0과 1로 되어 있는 명령어 대신 일대일로 대응된 니모닉 기호를 사용하는 것이 어셈블리어이다.
　③ 어셈블리어를 이용하면 기계 독립적인 프로그램을 작성할 수 있다.
　④ 고급 언어를 사용하면 기계 종속적인 프로그램을 작성해야 한다.
　⑤ 컴파일러는 고급 언어로 된 프로그램을 기계어로 번역한다.

4. 어셈블리어로 작성된 프로그램을 기계어로 번역하는 프로그램을 무엇이라고 하는가?

5. 고급 언어로 작성된 소스 파일을 기계어로 번역하는 프로그램을 무엇이라고 하는가?

6. C 언어를 배워야 하는 이유가 아닌 것은?

　① C 언어는 프로그래머들 사이에서 일종의 공용어 역할을 한다.
　② C 언어로부터 파생된 고급 언어가 많으므로 C 언어를 알면 다른 언어를 배우는 것이 쉬워진다.
　③ C 언어는 프로그래밍의 기본 개념을 이해하는 데도 도움이 된다.
　④ C 언어를 사용하면 프로그램의 내부 동작 원리를 알 필요가 없다.

7. C 언어의 활용 분야에 대한 설명 중 잘못된 것은?

　① C 언어는 이식성이 필수적인 시스템 프로그램을 개발하기에 적합하다.
　② C 언어는 성능이 최우선시되는 프로그램을 개발하기에 적합하다.
　③ 임베디드 시스템처럼 시스템 리소스가 충분한 환경에서 프로그램을 개발할 때 C 언어를 주로 사용한다.
　④ C 언어는 그래픽이나 수치 해석 같은 고성능 라이브러리를 개발할 때 주로 사용된다.

8. 다음 중 C 언어의 장점이 아닌 것은?

    ① C 언어는 구문이 간결하고, 프로그램 개발에 꼭 필요한 핵심적인 기능들을 제공한다.

    ② C 언어는 어셈블리어 수준의 기능을 제공하면서도 기계-독립적인 프로그램을 작성할 수 있다.

    ③ C 언어는 배우기 쉽고 사용하는 데도 별다른 주의 사항이 없다.

    ④ C 언어는 개발자에게 최대한의 자유를 제공한다.

9. PC나 노트북처럼 범용 목적의 컴퓨터가 아니라 가전제품, 자동차, 네트워크 장비처럼 특수 목적의 컴퓨터를 내장하고 있는 장치에서 수행되는 프로그램을 무엇이라고 하는가?

    ① 모바일 앱   ② 데스크톱 응용 프로그램

    ③ 웹 프로그램   ④ 임베디드 프로그램

10. 다음은 일반적인 C 프로그램의 개발 과정이다. 그림의 ①과 ②에 각각 알맞은 단계는 무엇인지 쓰시오.

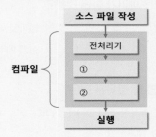

11. C 프로그램 개발 과정에 대한 설명 중 잘못된 것은?

    ① 소스 코드를 작성할 때는 일반적인 텍스트 편집기를 사용할 수 있다.

    ② 전처리기는 소스 파일을 컴파일하기 위해 준비한다.

    ③ 소스 파일이 여러 개일 때는 소스 파일마다 개별적으로 컴파일이 수행된다.

    ④ 링크 단계에서 라이브러리를 오브젝트 파일과 연결한다.

    ⑤ 전처리기는 C 문법에 따라 구문 분석을 한다.

12. Visual Studio처럼 한 화면에서 소스 파일 편집, 컴파일 및 링크, 실행, 디버깅 등을 수행하는 프로그램을 무엇이라고 하는가?

13. Visual Studio의 프로젝트와 솔루션에 대한 설명 중 잘못된 것은?

    ① 디폴트로 프로젝트를 생성하면 솔루션이 함께 생성된다.

    ② 프로젝트는 반드시 솔루션에 포함되어야 한다.

    ③ 관련된 프로젝트를 여러 개 묶어서 솔루션에서 관리할 수 있다.

    ④ 솔루션과 프로젝트는 일대일로 대응된다. 즉, 프로젝트 하나당 솔루션이 하나이다.

14. C 컴파일러의 역할이 아닌 것은?

① 다른 파일을 포함하거나, 소스 파일 내의 특정 문자열을 다른 문자열로 대치해서 소스 파일을 컴파일하기 위해 준비한다.

② C 구문 분석을 수행한다.

③ 컴파일 에러가 없으면 오브젝트 코드를 생성한다.

④ 오브젝트 코드와 라이브러리를 링크한다.

⑤ 소스 파일을 분석해서 컴파일 에러를 자동으로 수정한다.

15. 컴파일 결과 생성된 오브젝트 파일과 라이브러리를 링크해서 최종 실행 파일을 생성하는 프로그램을 무엇이라고 하는가?

16. 다음 중 컴파일 과정에서 발생하는 에러가 아닌 것은?

① 전처리기 에러   ② 컴파일 에러

③ 링크 에러   ④ 실행 에러

17. C 언어와 C++ 언어에 대한 설명 중 잘못된 것은?

① C 언어를 이어받아 객체지향성을 추가한 것이 C++ 언어이다.

② C++ 언어는 C 언어와의 호환성을 제공한다.

③ C로 작성된 프로그램을 C++로 변환하려면 소스 파일의 확장자를 .c에서 .cpp로 변경한다.

④ C 컴파일러와 C++ 컴파일러는 서로 다른 프로그램인 경우가 많다.

18. Visual Studio가 제공하는 기능이 아닌 것은?

① 프로젝트를 생성하는 기능   ② 소스 파일 편집기

③ 컴파일 및 링크   ④ 디버깅

⑤ 소프트웨어 요구 분석

19. Visual Studio에서 컴파일 및 링크 기능을 무엇이라고 하는가?

① 문서 서식   ② 책갈피

③ 빌드   ④ 디버깅

1.　Visual Studio를 이용해서 다음과 같이 C 프로그램을 작성하고, 빌드 후 실행하시오.

　　(1) 프로젝트명: FirstApp

　　(2) 프로젝트 위치: C:\work\chap01

　　(3) 소스 파일명: first.c

　　(4) 소스 파일 내용

```c
#include <stdio.h>

int main(void)
{
    printf("FirstApp 프로그램\n");
    printf("작성자: 천정아\n");
    printf("버전: 1.0\n");

    return 0;
}
```

실행결과　　　　　　　　　　　　　　■ ■ ■

```
FirstApp 프로그램
작성자: 천정아
버전: 1.0
```

2. Visual Studio를 이용해서 다음과 같이 C 프로그램을 작성하고, 빌드 후 실행하시오.

   (1) 프로젝트명: SecondApp

   (2) 프로젝트 위치: C:\work\chap01

   (3) 소스 파일명: second.c

   (4) 소스 파일 내용

```c
#include <stdio.h>

int main(void)
{
    printf("10 + 20 = %d\n", 10 + 20);
    printf("56 - 32 = %d\n", 56 - 32);
    printf("11 * 31 = %d\n", 11 * 31);
    printf("72 / 12 = %d\n", 72 / 12);

    return 0;
}
```

실행결과　　　　　　　　　　　　　　　　　　　　　　　　　　　　　● ● ●

```
10 + 20 = 30
56 - 32 = 24
11 * 31 = 341
71 / 12 = 6
```

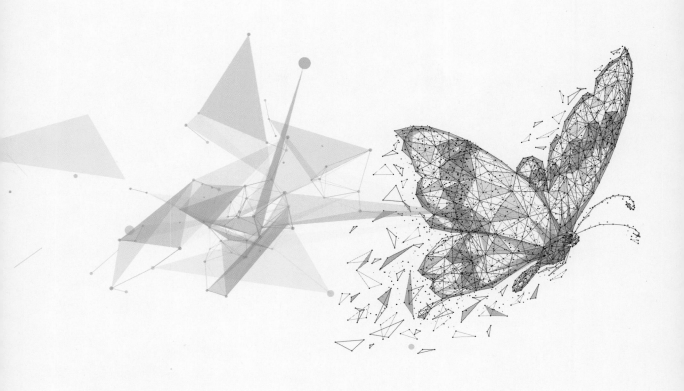

CHAPTER 2

C 프로그램의
기본

2.1 C 프로그램의 구성 요소

C 프로그램의 구성 요소를 알아보기 위해, 간단한 C 프로그램을 작성해보도록 하자. [예제 2-1]은 1장의 Visual Studio 사용 방법에 따라서 작성한 C 프로그램이다.

📑 **예제 2-1 : 첫 번째 C 프로그램**

```
01    // ex02_01.c
02    #include <stdio.h>                         // 입출력 라이브러리를 사용하기 위한 준비
                                                      주석
03
04    int main(void)                             // 진입점 함수
05    {
06        printf("첫 번째 C 프로그램입니다.\n");    // 콘솔 출력
07
08        return 0;                              // 프로그램의 종료 코드 리턴
09    }
```

실행결과 ▪▪▪

첫 번째 C 프로그램입니다.

[예제 2-1]에서 사용된 C 프로그램의 구성 요소로는 주석, main 함수, 출력 함수 등이 있다. 각각에 대해 자세히 알아보자.

2.1.1 주석

주석(comment)은 **프로그램에 대한 설명**으로, C 컴파일러는 컴파일할 때 주석을 무시한다.

C에서 주석을 지정하는 방법은 두 가지이다. /*과 */을 이용해서 여러 줄 주석을 지정하는 방법과 //을 이용해서 한 줄 주석을 지정하는 방법이다.

주석의 용도 중 첫 번째는 소스 코드에 대한 설명을 제공하는 것이다.

```
#include <stdio.h>            // 입출력 라이브러리를 사용하기 위한 준비
```

소스 파일 시작 부분에 프로그램에 대한 정보를 제공하기 위한 목적으로도 주석을 사용할 수 있다. 프로그램 제목, 작성자, 개정 일시, 개정 이력 등을 주석으로 기록해서, 별도의

문서화 작업 없이 소스 파일에 직접 이런 정보를 적어둘 수 있다.

```
/*
    프로그램명: ex02_01
    설명: 간단한 출력을 수행하는 C 프로그램      여러 줄 주석
    작성 일시: 2019/1/1
    작성자: 천정아
*/
```

주석의 또 다른 용도는 **주석 처리(comment out)**이다. 주석 처리한 코드는 컴파일되지 않으므로 수행되지 않는다.

```
printf("첫 번째 C 프로그램입니다.\n");
//printf("주석 처리된 문장입니다.\n");    // 주석 처리
```

한 줄 주석을 만드는 //는 //부터 해당 줄의 끝까지를 주석으로 처리한다. 여러 줄 주석을 만드는 /*와 */는 /*와 */로 감싸여진 텍스트를 주석으로 처리한다. /*와 */를 문장의 중간에서 사용하면 코드의 일부를 주석 처리할 수도 있다.

```
printf(/*출력할 내용*/"첫 번째 C 프로그램입니다.\n");
```

/* */로 된 주석은 중첩해서 사용할 수 없으므로 주의해야 한다. 반면에 //로 된 주석은 /* */로 된 주석 안에 포함될 수 있다.

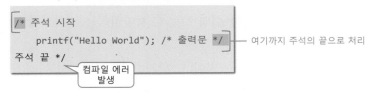

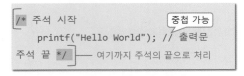

그림 2-1　중첩된 주석

주석으로 소스 코드에 설명을 적어두는 것보다 주석 없이 이해할 수 있게 명확한 코드를 작성하는 것이 더 좋다. **가독성(readability)**이 있는 코드는 주석 없이도 어떤 일을 하는 코드인지 알아보기 쉽다. **알아보기 쉬운 코드가 좋은 코드**라는 것을 기억하도록 하자.

 질문 있어요

가독성이 왜 중요한가요?
실무에서는 프로그램 개발만큼 유지·보수가 중요하다. 많은 경우에 프로그램을 개발한 사람과 유지·보수하는 사람이 달라진다. 따라서 소스 코드의 의미가 명확하지 않으면 그만큼 유지·보수하기가 어려워진다.

//을 이용한 한 줄 주석은 표준 C에서 지원되는 기능인가요?
//을 이용한 한 줄 주석은 ANSI C(C89)에는 없었지만 C99에 추가된 기능이다. 원래는 C++의 주석이지만 대부분의 C 컴파일러가 C/C++ 컴파일러로 제공되면서 표준 C에서도 채택된 기능이다. 한 줄 주석은 대부분의 C/C++ 컴파일러가 지원하는 기능이므로 이 책의 예제 소스에서도 사용되고 있다.

Visual Studio에서 주석 처리를 쉽게 할 수 있는 방법은 없나요?
Visual Studio에서 주석 처리를 하려면, 소스 코드를 블록 선택한 다음 [편집] → [고급] → [선택 영역을 주석으로 처리] 메뉴를 이용한다. 이 기능의 단축키는 `Ctrl` + `K` , `Ctrl` + `C` 이다. 참고로 Visual Studio의 소스 파일 편집기는 주석을 초록색 텍스트로 표시한다.

📋 **확인해봐요**

1. C 소스 코드에서 프로그램에 설명을 다는 목적으로 사용되는 것은?
   ① #include   ② 주석   ③ main 함수   ④ printf 함수

2. 다음 중 C 언어에서 주석을 만드는 방법은 모두 고르시오.
   ① /*와 */로 감싼다.   ② {와 }로 감싼다.
   ③ 시작 부분에 //을 적어준다.   ④ " "로 감싼다.

2.1.2 main 함수

C 프로그램에는 반드시 main 함수가 필요하다. main 함수는 특별한 함수이므로 자세히 알아보도록 하자.

(1) 함수

C 프로그램을 이루는 기본 단위는 문장(statement)이다. 각 문장은 세미콜론(;)으로 끝난다. 문장은 어떤 일을 하는지에 따라 '~문'이라고 부른다. 선언문, 입력문, 출력문, 조건문, 반복문 등은 모두 C 문장이다. 일련의 작업을 하는 문장들이 모여서 함수가 되고, 함수들이 모여서 C 프로그램을 구성한다.

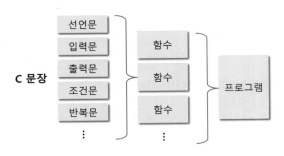

그림 2–2 C 프로그램의 구성

C 프로그램은 하나 이상의 함수로 구성되며, main 함수가 꼭 필요하다. 프로그램을 시작할 때 main 함수를 호출하기로 약속되어 있기 때문이다.

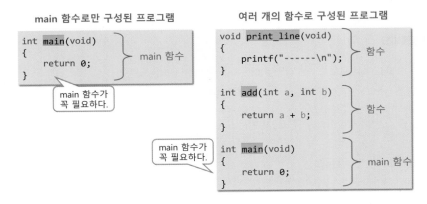

그림 2–3 C 프로그램과 main 함수

main 함수에는 프로그램이 수행할 내용을 써준다. 함수에 대해서는 6장에서 자세히 알아보기로 하고, 일단 **함수는 프로그램이 수행할 내용(문장들)을 묶어서 이름 붙인 것**이라고 알아두자.

함수에는 리턴형, 함수 이름, 매개변수가 필요하다. 리턴형은 함수가 어떤 값을 리턴하는지 알려준다. int main(void)에서 int가 리턴형이고, 함수가 처리 결과로 정수값을 리턴한다는 뜻이다. main이 함수의 이름이고, ( ) 안에 매개변수를 써준다. main 함수에는 매개변수가 필요 없으므로 void라고 써주거나 ( ) 안을 비워둔다. 매개변수에 대해서는 나중에 알아보자.

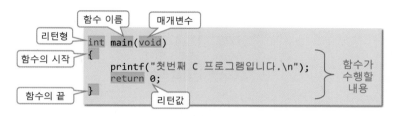

그림 2-4 함수의 구성

함수가 수행할 내용(문장들)은 { 과 } 로 묶어준다. { 은 함수의 시작, }은 함수의 끝을 나타낸다. 함수를 호출하면, { } 안의 문장들을 위에서부터 순차적으로 수행한다. 문장들을 수행하다가 함수의 끝(})을 만나거나 return을 만나면, 함수를 호출한 곳으로 되돌아간다. return 다음에 리턴값을 써주는데, main 함수는 정수값을 리턴해야 한다.

```
           int main(void)
함수의     {  ┄┄ 순차적으로 수행
호출          printf("첫번째 C 프로그램입니다.\n");
함수의     ┄→ return 0;
리턴       }              정수값 리턴
```

그림 2-5 함수의 호출과 리턴

? 질문 있어요

예제 소스에서 색은 무슨 의미인가요?
Visual Studio에는 구문별 색 지정 기능이 있어서 키워드는 파란색, 문자열은 자주색, 주석은 초록색 등으로 표시하고 있다. 이 책의 예제 소스도 같은 방식으로 표시되어 있다. 함수 이름 같은 식별자나 0 같은 리터럴은 검은색으로 표시된다.

(2) 진입점 함수

main 함수는 누가 호출하는 것일까? **main 함수는 프로그램 시작 시 운영체제가 호출하기로 약속된 함수이다.** C 프로그램을 실행하면, 운영체제는 실행 파일(.exe)을 메모리로 로드(load)한 다음 main 함수를 호출한다. 이처럼 프로그램 시작 시 운영체제가 호출하는 함수를 **진입점(entry-point) 함수**라고 한다.

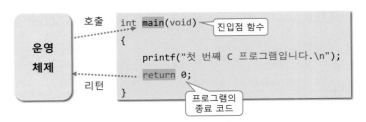

그림 2-6 진입점 함수

main 함수는 약속된 함수이므로 **C 프로그램에는 main 함수가 꼭 필요하다.** 함수 이름은 대소문자를 구분해서 사용해야 하므로, Main이나 MAIN은 main 함수가 될 수 없다. 또한, 한 프로그램에 main 함수를 여러 번 만들 수 없다.

```
int Main(void)
{
}
```
main 함수가 없으므로 잘못된 C 프로그램이다.

```
int main(void)
{
}
int main(void)
{
}
```
main 함수를 여러 번 만들 수 없다.

그림 2-7 잘못된 main 함수

main 함수의 리턴형으로 void형을 지정하기도 하는데, 이것은 C 표준이 아니므로 int main(void)를 사용하는 것이 좋다.

```
void main(void)    // 리턴형이 void인 main 함수는 C 표준이 아니다.
{
}
```

main 함수는 매개변수가 없으므로 void를 지정하거나 생략할 수 있다.

```
int main()         // 매개변수에서 void를 생략할 수 있다.
{
    return 0;
}
```

main 함수의 { } 안에는 프로그램이 수행할 내용을 적어준다. main 함수가 호출되면, { } 안의 문장들을 순차적으로 수행한 다음 return을 만나면 정수값을 리턴하고 프로그램을 종료한다. 이 값을 프로그램의 **종료 코드(exit code)**라고 한다. main 함수는 운영체제에 의해서 호출되므로, main 함수가 리턴하면 실행의 흐름이 운영체제로 되돌아가면서 프로그램이 종료된다. main 함수의 리턴값은 운영체제로 전달되어 프로그램의 종료 상태를 알려준다.

main 함수는 프로그램을 정상적으로 수행하고 끝나면, 종료 코드로 0을 리턴한다. 반면에 프로그램을 제대로 수행하지 못하고 끝나면, 0이 아닌 값을 리턴한다. 예를 들어 파일을 열 수 없어서 프로그램이 더 이상 진행되지 못하고 끝날 때, 비정상 종료라고 한다.

```c
int main()
{
    ...
    // 정상적으로 수행 후 종료
    return 0;
}
```
정상 종료를 의미한다.

```c
int main()
{
    // 파일을 열 수 없어서
    // 더 이상 진행할 수 없다.
    return 1;
    ...
}
```
비정상 종료를 의미한다.

그림 2-8 main 함수의 종료 코드

main 함수에서 return문을 생략하면 프로그램 종료 시 0이 리턴된다.

질문 있어요

main 함수만 진입점 함수인가요?

main 함수는 콘솔 프로그램의 진입점 함수이다. Windows 데스크톱 응용 프로그램은 main 함수 대신 Win-Main 함수를 진입점 함수로 사용한다.

main 함수의 리턴값은 어디에 사용하나요?

main 함수의 리턴값은 운영체제가 관리할 뿐 프로그램 안에서는 사용되지 않는다. 하지만 프로세스간 통신처럼 프로그램 사이에 부모-자식 관계가 성립하는 경우에는 부모 프로세스가 자식 프로세스의 종료 코드를 이용해서 특별한 처리를 하기도 한다. 참고로 프로세스란 실행중인 프로그램을 말한다.

Visual Studio에서 콘솔 프로그램을 실행하면 종료 코드를 확인할 수 있다.

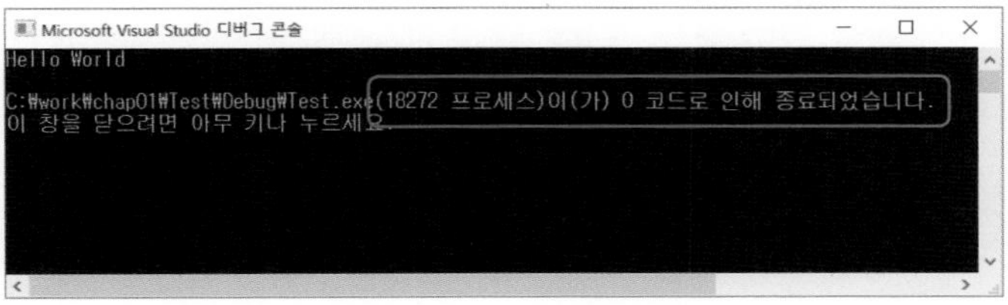

```
Microsoft Visual Studio 디버그 콘솔                              —  □  ×
Hello World

C:\work\chap01\Test\Debug\Test.exe(18272 프로세스)이(가) 0 코드로 인해 종료되었습니다.
이 창을 닫으려면 아무 키나 누르세요.
```

(3) 들여쓰기

C에서는 문장의 끝에 세미콜론(;)을 써준다. 한 문장을 여러 줄로 작성하거나 여러 문장을 한 줄에 작성할 수도 있지만, 알아보기 쉽도록 **한 줄에 한 문장씩 작성하는 것이 좋다.**

```
printf(
    "Good Bye\n"              // 한 문장을 여러 줄로 작성할 수 있다.
);

printf("Good Bye"); printf("\n"); // 여러 문장을 한 줄에 작성할 수 있다.
```

함수처럼 문장들을 묶을 때 { }를 사용하는데, { }로 묶인 문장들을 **블록(block)**이라고 한다. 함수를 작성할 때는 {와 }를 새로운 줄에 써주고, { } 안의 문장들을 한 줄에 하나씩 알아보기 쉽게 들여쓰기 하는 것이 좋다.

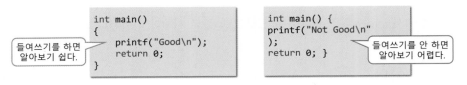

그림 2-9 들여쓰기

? 질문 있어요

Visual Studio에서 들여쓰기는 어떻게 하나요?
Visual Studio의 소스 코드 편집기는 소스 코드를 입력하면 자동으로 들여쓰기가 적용된다. 들여쓰기가 안된 소스 파일 전체에 들여쓰기를 적용하려면 [편집] → [고급] → [문서 서식]을 선택한다. 단축키로는 Ctrl + K , Ctrl + D 이다. 소스 파일 중 일부분에 들여쓰기를 적용하려면, 블록 선택 후 [편집] → [고급] → [선택 영역 서식]를 선택한다. 단축키로는 Ctrl + K , Ctrl + F 이다.

📝 **확인해봐요**

1. C 프로그램을 이루는 기본 단위로 세미콜론으로 끝나는 것은?
   ① 문장　　　　② 함수　　　　③ 변수　　　　④ 수식　　　　⑤ 주석

2. C 프로그램의 진입점 함수는?
   ① main 함수　　② scanf 함수　　③ printf 함수　　④ sqrt 함수

3. main 함수가 리턴하는 값은?
   ① 프로그램의 진입점　　② 프로그램의 종료 코드　　③ 프로세스ID　　④ 스레드ID

2.1.3 출력

(1) 입출력

프로그램은 주어진 입력을 처리한 다음, 결과를 출력한다. 콘솔 프로그램은 콘솔(명령 프롬프트)에서 실행되는 프로그램으로, **키보드로부터 입력을 받아서 처리 결과를 콘솔에 텍스트로 출력한다.** 모든 C 프로그램에 입력과 출력 기능이 필요하므로, 표준 C에서는 이 기능을 입출력 라이브러리로 준비해두고 있다. 입출력 라이브러리에서 키보드 입력을 **표준 입력**, 콘솔로의 텍스트 출력을 **표준 출력**이라고 한다.

그림 2-10 C 프로그램의 표준 입출력

(2) 입출력 라이브러리를 사용하기 위한 준비

입출력 라이브러리가 제공하는 표준 입출력 함수를 사용하려면 〈stdio.h〉를 포함해야 한다. 라이브러리를 사용하려면, 라이브러리가 제공하는 함수의 이름, 리턴형, 매개변수에 대한 정보를 담고 있는 헤더 파일(.h)가 필요하다. #include를 이용해서 소스 파일에 헤더 파일을 포함하면, 전처리기가 컴파일 전에 헤더 파일의 내용을 소스 파일로 읽어와서 라이브러리 함수를 사용할 수 있게 된다. #include처럼 전처리기가 처리하는 문장은 #으로 시작한다.

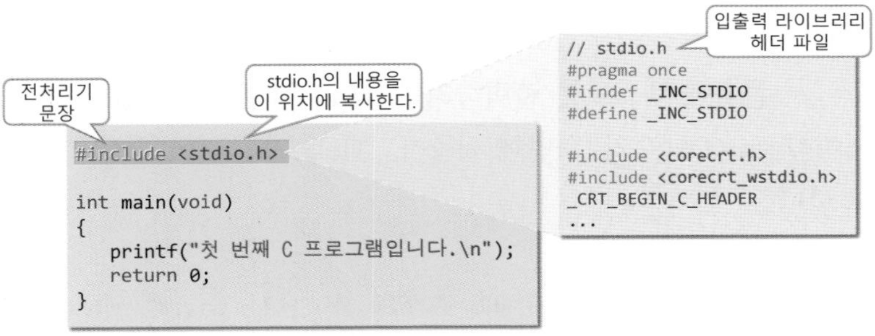

그림 2-11 라이브러리 헤더 파일 포함

헤더 파일 없이 라이브러리 함수를 호출하면 컴파일 경고와 링크 에러가 발생한다. 컴파일 경고는 함수가 정의되지 않았으므로 int를 리턴하는 함수로 가정한다는 의미이다. 링크 에러는 호출된 함수를 찾을 수 없다는 의미이다. 에러 메시지와 함께 출력된 C4013, LNK2019, LNK1120 등은 C 컴파일러의 에러 번호로, 선택한 다음 F1 키를 누르면 에러에 대한 설명을 확인할 수 있다.

> ! 컴파일 경고 및 링크 에러　　　　　　　　　　　　　■■■
>
> ```
> 1>c:\work\chap02\ex02_01\ex02_01\ex02_01.c(6): warning C4013: 'printf'이(가) 정의되지 않았습니다.
> extern은 int형을 반환하는 것으로 간주합니다.
> 1>ex02_01.obj : error LNK2019: _printf 외부 기호(참조 위치: _main 함수)에서 확인하지 못했습니다.
> 1>C:\work\chap02\ex02_01\Debug\ex02_01.exe : fatal error LNK1120: 1개의 확인할 수 없는 외부 참조입니다.
> ```

컴파일 경고(warning)는 문제가 될 수 있는 부분에 대하여 미리 경고하는 것이므로 무시할 수 있다.

> ### 질문 있어요
>
> **컴파일 경고를 무시하면 어떻게 되나요?**
> 컴파일 경고가 발생하더라도 컴파일러는 오브젝트 코드나 실행 파일을 생성할 수 있다. 하지만, 프로그램을 실행했을 때 프로그램이 오동작 할 수 있으므로 주의해야 한다. 안전한 프로그램을 작성하려면 컴파일 경고가 발생하지 않도록 코드를 수정하는 것이 좋다.
>
> **라이브러리 헤더 파일의 내용을 확인할 수 있나요?**
> Visual Studio를 설치하면 라이브러리 헤더 파일이 함께 설치된다. 소스 파일에 있는 라이브러리 헤더 파일 이름 위에서 오른쪽 마우스 버튼을 클릭하고 [〈stdio.h〉 문서 열기] 메뉴를 선택하면 〈stdio.h〉를 열어볼 수 있다. 이때, 라이브러리 헤더 파일을 수정해서는 안된다. 라이브러리 헤더 파일을 수정하면 라이브러리 사용에 영향을 주기 때문이다.

(3) 콘솔 출력

C 프로그램에서 **콘솔에 텍스트를 출력하려면 printf 함수를 이용한다.** 이때, 출력할 내용을 " "로 묶어서 printf 함수의 ( ) 안에 써준다. "Hello World\n"처럼 " "로 묶인 항목을 문자열이라고 한다.

```
printf("첫 번째 C 프로그램입니다. "); // 콘솔에 문자열을 출력한다.
```

    printf 함수는 콘솔의 현재 커서 위치에 문자열을 출력하고 커서를 문자열의 끝으로 이동한다. 문자열을 출력한 다음에 커서를 다음 줄로 이동하려면, 문자열 안에 줄바꿈 문자('\n')를 함께 출력해야 한다.

```
printf("첫 번째 C 프로그램입니다.\n"); // 출력하고 커서를 다음 줄로 이동한다.
```

    printf 함수를 여러 번 호출할 때는 이전 출력의 커서 위치부터 연속해서 출력되므로, 필요한 위치에 줄바꿈 문자를 적절히 사용해야 한다.

그림 2-12 줄바꿈 문자의 사용

    printf 함수는 문자열 출력 외에도 다양한 출력 방법을 제공하는데, 다음 절에서 살펴보도록 하자.

> 📝 **확인해봐요**
>
> 1. 라이브러리 헤더 파일을 포함하기 위해서 사용되는 전처리기 문장은?
>   ① #define ② #include ③ #ifdef ④ #endif ⑤ #pragma
>
> 2. printf 함수나 scanf 함수 등의 입출력 라이브러리를 사용하기 위해서 필요한 헤더는?
>   ① string.h ② time.h ③ stdio.h ④ stdlib.h ⑤ math.h
>
> 3. 콘솔에 텍스트를 출력하기 위한 표준 C 라이브러리 함수는?
>   ① scanf ② printf ③ sqrt ④ malloc ⑤ pow

2.2 C 언어의 입력과 출력

프로그램은 사용자로부터 입력을 받아서 처리 후 결과를 출력한다. 예를 들어, 유튜브 앱
에서 키워드를 입력하면(입력), 키워드에 관련된 동영상 목록을 보여주고(출력), 그 중에서
사용자가 클릭(입력)한 동영상을 플레이(출력)할 수 있다. 스마트폰 앱이나 Windows 데스
크톱 프로그램과는 다르게 콘솔 프로그램에서는 키보드 입력과 텍스트 출력만을 처리한다.
   입력을 처리하려면 먼저 입력받은 값을 저장하기 위한 변수가 필요하다. C 언어의 변수
에 대해서 먼저 알아보자.

2.2.1 변수

(1) 변수란?

변수는 어떤 값을 저장하기 위한 공간이다. 컴퓨터 시스템에서는 값(데이터)을 메모리를
저장하며, 주소(address)를 사용해서 메모리의 각 바이트를 구분한다. 예를 들어 12345678
번째(주소) 메모리 바이트에 10(값)을 저장하는 식이다. 그런데, 실제 메모리는 매우 크기
때문에 주소를 직접 사용하는 대신 메모리 공간에 이름을 붙여서 사용하는데, 이것이 바로
변수이다.

변수를 사용하기 위해서는 변수 이름과 데이터형(data type)이 필요하다. 데이터형은 프
로그램에서 사용되는 데이터의 종류를 의미한다. 변수의 데이터형에 따라 메모리를 얼마나
사용할지가 정해지고, 메모리에 저장된 값의 의미가 결정된다. 예를 들어, 4바이트 크기의
메모리에 데이터형에 따라 정수를 저장할 수도 있고, 실수를 저장할 수도 있다.

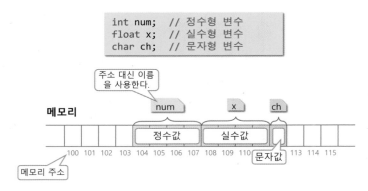

그림 2-13 변수

(2) 변수의 선언

변수는 선언(declaration) 후 사용해야 한다. 변수의 선언은 컴파일러에게 변수의 이름과 데이터형을 미리 알려주고 변수를 사용할 수 있도록 준비한다. 다음은 변수를 선언하는 형식이다.

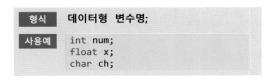

형식	데이터형 변수명;

사용예	`int num;`
	`float x;`
	`char ch;`

C 언어가 제공하는 데이터형으로는 문자형, 정수형, 실수형, 배열, 포인터, 구조체 등이 있다. 간단하게 사용할 수 있는 데이터형으로 char(문자형), int(정수형), float(실수형)가 있다. char형 변수는 메모리 1바이트를 사용하고, int형 변수와 float형 변수는 메모리 4바이트를 사용한다.

```
int num;            // 정수형 변수 선언
float x;            // 실수형 변수 선언
char ch;            // 문자형 변수 선언
```

변수 이름은 영문자와 숫자, 밑줄 기호(_)를 사용해서 만들 수 있으며, 첫 글자로 반드시 영문자나 밑줄 기호를 사용해야 한다. 변수 이름 중간에는 빈칸을 사용하거나 다른 기호를 사용할 수 없다.

```
int 2018salary;     // 변수이름은 숫자로 시작할 수 없다. (컴파일 에러)
float sum of year;  // 변수 이름에 빈칸을 사용할 수 없다. (컴파일 에러)
```

(3) 변수의 사용

변수에 값을 저장하려면 변수 이름 다음에 =를 쓰고, 값을 적어준다. 변수에 값을 저장하는 것을 **'대입'**이라고 한다.

변수에 값을 대입하면 변수에 할당된 메모리 공간에 값이 저장된다. 변수에 값을 저장할 때는 변수의 데이터형과 같은 형식의 값을 저장해야 한다.

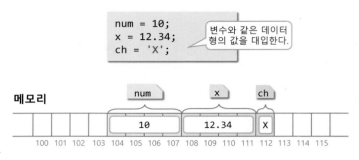

그림 2-14 변수의 대입

변수의 값을 읽어올 때도 변수 이름을 사용한다.

```
printf("%d", num);   // num을 읽어서 콘솔에 출력한다.
x = num + 0.1;       // num을 읽어 0.1을 더한 다음 x에 저장한다.
```

📝 **확인해봐요**

1. C 프로그램에서 값을 저장하기 위한 공간 역할을 하는 것은?
   ① 변수   ② 함수   ③ 연산자   ④ 제어문   ⑤ 구조체

2. 표준 C의 데이터형을 모두 고르시오.
   ① char   ② float   ③ rect   ④ string   ⑤ int

3. =을 이용해서 변수에 값을 저장하는 것을 무엇이라고 하는가?
   ① 선언   ② 주소 구하기   ③ 비교   ④ 대입

2.2.2 printf 함수

printf 함수는 문자열을 출력하는 기능 외에도, **값을 형식에 맞춰 출력하는 기능을 제공한다.** printf 함수의 형식 문자열은 " " 안에 %와 약속된 문자로 서식을 지정한다.

형식	**printf(형식문자열, 출력할값);**

사용예	`printf("%d", num);`
	`printf("%x", num);`
	`printf("%f", x);`
	`printf("%c", ch);`

(1) printf 함수의 형식 문자열

printf 함수의 형식 문자열을 이용하면 같은 값을 여러 가지 형식으로 출력할 수 있다. 예를 들어 정수값을 출력할 때, %d를 지정하면 10진수로 출력하고, %x를 지정하면 16진수로 출력한다. printf 함수의 형식 문자열에서 %와 함께 사용되어 출력할 값의 형식을 알려주는 문자를, **서식 지정자(format specifier)**라고 한다.

〈표 2-1〉은 printf 함수의 형식 문자열과 사용 예이다.

표 2-1 printf 함수의 형식 문자열

서식 지정자	의미	사용 예	실행 결과
%d	정수를 10진수로 출력	`int num = 123;` `printf("%d", &num);`	123
%x	정수를 16진수로 출력 (0~9, a~f 이용)	`int num = 123;` `printf("%x", &num);`	7b
%X	정수를 16진수로 출력 (0~9, A~F 이용)	`int num = 123;` `printf("%X", &num);`	7B
%f, %F	실수를 부동소수점 표기 방식으로 출력	`float x = 1.23;` `printf("%f", &x);`	1.230000
%e, %E	실수를 지수 표기 방식으로 출력	`float x = 1.23;` `printf("%e", &x);`	1.230000e+00
%c	문자 출력	`char ch = 'A';` `printf("%c", &ch);`	A

질문 있어요

10진수, 8진수, 16진수는 무엇인가요?

0~9를 이용해서 수를 표현하는 방법을 10진법이라고 하고, 10진법으로 나타낸 수를 **10진수**라고 한다. 8진수는 0~7을 이용해서 수를 표현한 것이고, 16진수는 0~9와 a~f를 이용해서 수를 표현한 것이다. 즉, 10진수 10이 16진수에서는 a, 10진수 11이 16진수에서는 b로 표현된다.

10진수	0~9	10	11	12	13	14	15
16진수	0~9	a	b	c	d	e	f

10진수, 8진수, 16진수를 구분하기 위해서 **8진수**일 때는 앞에 0을 붙여서 07로 표기하고, 16진수일 때는 **0x**를 붙여서 0x7로 표기한다. 예를 들어 10진수 12는 8진수로는 014, 16진수로는 0xc에 해당한다. C 소스 코드에서는 2진수 대신 16진수를 사용하므로 16진수 표기법을 알아 두면 도움이 된다.

[예제 2-2]는 printf 함수의 형식 문자열을 이용해서 int형 변수, float형 변수, char형 변수의 값을 출력하는 예제이다.

📰 **예제 2-2 : 형식 문자열을 이용해서 출력하기**

```
01    #include <stdio.h>
02
03    int main()
04    {
05        int num;                   // 정수형 변수 선언
06        float x;                   // 실수형 변수 선언
07        char ch;                   // 문자형 변수 선언
08
09        num = 123;                 // 정수형 변수에 값 대입
10        x = 1.23;                  // 실수형 변수에 값 대입
11        ch = 'A';                  // 문자형 변수에 값 대입
12                  형식 문자열
13        printf("%d %x\n", num, num);   // 10진수, 16진수 출력   형식 문자열 안에 서식 지정자를
                                                                 여러 개 지정할 수 있다.
14        printf("%f %e\n", x, x);       // 부동소수점, 지수 출력
15        printf("%c\n", ch);            // 문자 출력
16
17        printf("%x\n", num);           // 7b 출력
18        printf("%X\n", num);           // 7B 출력
19        printf("%#x\n", num);          // 0x7b 출력
20        printf("%#X\n", num);          // 0X7B 출력
                  #을 지정하면 0x나 0X를 함께 출력
22        return 0;
23    }
```

실행결과   ▪ ▪ ▪

```
123 7b ◄── 10진수 123은 16진수 7b에 해당
1.230000 1.230000e+00
A
7b
7B
0x7b
0X7B
```

printf 함수에서 형식 문자열을 사용할 때는 서식 지정자가 사용된 위치에 printf 함수의 두 번째 인자로 지정된 값을 출력한다.

```
printf("num의 값은 %d입니다.", num);                // %d 위치에 num을 10진수로 출력
printf("num = %d, x = %f, ch = %c\n", num, x, ch);   // %d에는 num, %f에는 x,
                                                     // %c에는 ch를 순서대로 출력
```

형식 문자열 안에 서식 지정자를 여러 개 지정할 수도 있다. 이때, 서식 지정자의 개수와 출력할 값의 개수가 일치해야 한다.

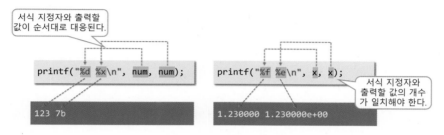

그림 2-15 형식 문자열과 출력할 값

정수값을 16진수로 출력할 때 %x나 %X 서식 지정자를 사용한다. x나 X 앞에 #을 지정하면 16진수를 의미하는 접두사 0x 또는 0X를 함께 출력한다.

```
printf("%x\n", num);    // 7b 출력
printf("%X\n", num);    // 7B 출력
printf("%#x\n", num);   // 0x7b 출력
printf("%#X\n", num);   // 0X7B 출력
```

? 질문 있어요

float형 변수에 실수값을 대입할 때 왜 경고가 발생할까요?

[예제 2-2] 10번줄에서 float형 변수 x에 1.23을 대입하면 다음과 같은 컴파일 경고가 발생한다.

> ⓘ 컴파일 경고   ▪▪▪
>
> 1>c:\work\chap02\ex02_02\ex02_02\ex02_02.c(10): warning C4305: '=': 'double'에서 'float'(으)로 잘립니다.

C 언어의 실수형에는 float형과 double형이 있는데, float형은 4바이트, double형은 8바이트 크기이다. double형의 값인 1.23을 float형 변수에 저장하면 실수값이 손실될 수 있으므로 컴파일 경고가 발생한다. 우선은 이 경고는 무시해도 좋다. C 언어에서 실수를 어떻게 처리하는지는 3장에서 알아볼 것이다.

(2) 문자 폭 지정

printf 함수는 값을 출력할 때, 커서 위치부터 왼쪽에서 오른쪽으로 출력한다. 만약 출력할 값의 문자 폭(width)을 지정하려면 %10d처럼 %와 서식 지정자 사이에 정수로 써준다. %10d는 10문자 폭에 맞춰서 정수를 10진수로 출력하라는 의미이다.

[예제 2-3]을 보면 서식 지정자에 문자 폭을 지정하지 않은 경우와 문자 폭을 지정한 경우가 어떻게 다른지 알 수 있다.

📖 **예제 2-3** : 문자 폭 지정하기

```
01    #include <stdio.h>
02
03    int main()
04    {
05        int num = 12345;
06
07        printf("%d\n", num);              // %d는 폭을 지정하지 않았으므로
                                            //    왼쪽에서부터 출력
08        printf("%d\n", num * 10);
09        printf("%d\n", num * 100);
10        printf("%d\n", num * 1000);
11
12        printf("%8d\n", num);             // 8문자 폭에 맞춰서 출력
13        printf("%8d\n", num * 10);
14        printf("%8d\n", num * 100);       // %8d는 폭을 지정하였으므로 8칸에
                                            //   대하여 오른쪽으로 맞춰서 출력
15        printf("%8d\n", num * 1000);
16        printf("%8d\n", num * 100000);    // 문자 폭보다 큰 수 출력
17
18        printf("%08d\n", num);            // 빈칸 대신 문자 폭의 남는 부분에 0 출력
19
20        return 0;
21    }
```

실행결과 ⬛⬛⬛

```
12345
123450
1234500
12345000
   12345        ← 왼쪽에 빈칸 3개 출력
  123450        ← 왼쪽에 빈칸 2개 출력
 1234500        ← 왼쪽에 빈칸 1개 출력
12345000
1234500000       폭보다 큰 값은 폭을 넘어서 출력
00012345        ← 왼쪽에 0을 3개 출력
```

정형화된 보고서나 수치 데이터를 출력할 때는 형식 문자열에 문자 폭을 지정하는 것이 좋다. 문자 폭을 지정하면 문자 폭에 출력할 값의 오른쪽 끝을 맞춰 출력하고, 앞에 남는 부분에는 빈칸을 출력한다. 예를 들어 %8d로 12345을 출력하면, 8문자 폭에서 왼쪽 3자리를 빈칸으로 남겨두고, 오른쪽 5자리에 12345을 출력한다.

문자 폭과 함께 0을 지정하면 빈칸 대신 0으로 채워준다.

```
printf("%08d\n", num);        // 빈칸 대신 문자 폭의 남는 부분에 0 출력
```

(3) 정밀도 지정

printf 함수는 실수를 출력할 때 디폴트로 소수점 이하 6자리를 출력한다. 소수점 이하 자릿수를 정밀도(precision)라고 하며, 실수의 정밀도를 지정하려면 %.2f 처럼 . 다음에 정수로 지정한다. %.2f는 소수점 이하 2자리를 출력하라는 의미이다. %8.2f처럼 문자 폭을 함께 지정하면 소수점을 포함해서 전체 8문자 폭으로 출력하면서, 소수점 이하를 2자리 출력하라는 의미이다.

[예제 2-4]를 보면 실수 출력에 정밀도를 지정하지 않는 경우와 정밀도를 지정하는 경우의 차이점을 확인할 수 있다.

예제 2-4 : 정밀도 지정하기

```
01    #include <stdio.h>
02
03    int main()
04    {
05        float x;
06
07        x = 12.34567;            // x에 값 저장
08
09        printf("%f\n", x);       // 폭과 정밀도를 지정하지 않는 경우
10        printf("%.2f\n", x);     // 정밀도를 지정하는 경우 (소수점 이하 2자리)
11        printf("%8.2f\n", x);    // 폭과 정밀도를 지정하는 경우
12
13        return 0;
14    }
```

실행결과

```
12.345670  ── 디폴트로 소수점 이하 6자리 출력
12.35      ── 소수점 이하 2자리 출력
   12.35   ── 전체 8문자 폭에 소수점 이하 2자리 출력
```

질문 있어요

정수 출력에도 정밀도를 지정할 수 있나요?

정수 출력에 정밀도를 사용하면, 출력할 숫자의 자릿수를 의미한다. 예를 들어 %8.4d는 출력할 전체 8문자 폭에 대해서 정수를 4자릿수로 출력하라는 의미이다. 문자 폭의 남는 부분에는 빈칸을 출력한다. 정밀도보다 출력할 정수의 개수가 적으면 0으로 채워서 출력한다.

```
printf("%8.4d\n", 123);        // ⌴⌴⌴⌴0123 출력 (⌴은 빈칸)
```

📋 **확인해봐요**

1. printf 함수의 서식 지정자 중 10진수로 정수를 출력할 때 사용되는 것은?

    ① %c   ② %d   ③ %o   ④ %x   ⑤ %f

2. print 함수의 서식 지정자 중 실수 출력에 사용되는 것을 모두 고르시오.

    ① %c   ② %d   ③ %e   ④ %f   ⑤ %s

3. 16진수로 정수를 출력하면서 폭을 4문자이고 빈칸을 0으로 채워서 출력하기 위한 서식 지정자는?

    ① %x   ② %X   ③ %4x   ④ %04x

2.2.3 scanf 함수

scanf 함수는 콘솔에서 키보드로 입력한 값을 변수로 읽어온다. scanf 함수를 호출하려면 먼저 입력받은 값을 저장할 변수를 선언해야 한다. scanf 함수를 호출할 때는 입력받은 값을 어떻게 읽어올지 알려주는 형식 문자열과 변수명이 필요하다. 변수명 앞에는 &을 써주어야 한다. 변수명 앞에 &을 지정하면 '~에'라는 의미이다. &는 8장의 포인터에서 자세히 알아볼 것이다. scanf 함수의 사용 형식은 다음과 같다.

형식	scanf(형식문자열, &변수명);

사용예	`scanf("%d", &num);`
	`scanf("%f", &sum);`
	`scanf("%c", &op);`

(1) scanf 함수의 형식 문자열

scanf 함수에서는 형식 문자열을 이용해서 입력받을 값의 형식을 알려준다. 형식 문자열은 " " 안에 %와 서식 지정자를 이용해서 지정한다. 〈표 2-2〉는 scanf 함수의 형식 문자열과 사용 예이다.

표 2-2 scanf 함수의 형식 문자열

서식 지정자	의미	사용 예
%d	정수를 10진수로 입력	int num; scanf("%d", &num);
%x	정수를 16진수로 입력	int num; scanf("%x", &num);
%i	정수를 10진수, 8진수, 16진수로 입력 (012는 8진수, 0x12는 16진수)	int num; scanf("%i", &num);
%f	float형 실수 입력	float x; scanf("%f", &x);
%lf	double형 실수 입력	double y; scanf("%lf", &y);
%c	문자 입력	char ch; scanf("%c", &ch);

[예제 2-5]는 사용자로부터 입력받은 10진수 정수값을 10진수와 16진수로 출력하는 예제이다.

📄 **예제 2-5** : 입력받은 10진수 정수를 16진수로 변환해서 출력하기

```
01    #include <stdio.h>
02
03    int main()
04    {
05        int num;                // 정수형 변수 선언
06
07        printf("정수? ");      // 정수를 입력을 하도록 사용자에게 알려주기 위한 출력문
08        scanf("%d", &num);     // num에 10진수로 정수 입력
09
10        printf("10진수 %d는 16진수 %x입니다.\n", num, num);
11             [ 10진수 정수출력 ]            [ 16진수 정수출력 ]
12        return 0;
13    }
```

실행결과   ...

정수? 10 ←── [10진수 정수 입력]
10진수 10는 16진수 a입니다.

[예제 2-5]를 컴파일하면 다음과 같은 컴파일 경고가 발생한다. scanf 함수는 C 초기에 만들어진 라이브러리 함수로, 안전성을 고려하지 않고 만들어졌기 때문에 더 이상 사용하지 않도록 권고되고 있다. 간단한 C 예제 프로그램에서는 이 경고를 무시해도 된다.

> **!** 컴파일 경고 및 링크 에러   ■■■
>
> 1>c:\work\chap02\ex02_02\ex02_02\ex02_02.c(8): warning C4996: 'scanf': This function or variable may be unsafe. Consider using scanf_s instead. To disable deprecation, use _CRT_SECURE_NO_WARNINGS. See online help for details.
> 1>c:\program files (x86)\windows kits\10\include\10.0.17134.0\ucrt\stdio.h(1274): note: 'scanf' 선언을 참조하십시오.

질문 있어요

scanf 함수를 사용할 때 발생하는 경고를 없애려면 어떻게 해야 하나요?

표준 C 라이브러리 함수 중 일부는 버퍼 오버런의 위험이 있어서 더 이상 사용하지 않도록 권고되고 있다. 버퍼 오버런은 할당받은 크기보다 더 많은 메모리가 변경되는 상황이다. 예를 들어 메모리 4바이트를 할당받고, 8바이트를 변경하면 버퍼 오버런이 발생한다.

scanf 관련 경고를 없애려면 scanf 함수 대신 scanf_s를 사용한다. scanf_s는 안전한(secure) 버전의 scanf 함수로 C11에서 표준으로 채택되었다. ANSI C를 기준으로 C 프로그램을 작성하는 경우에는 scanf_s 함수가 표준 C 라이브러리 함수가 아니므로 컴파일 경고를 무시하고 scanf 함수를 그대로 사용한다.

scanf 관련 경고를 보여주지 않도록 컴파일러에게 지시하려면, #include <stdio.h> 앞에 #define _CRT_SECURE_NO_WARNINGS를 써준다.

```
#define _CRT_SECURE_NO_WARNINGS    // scanf 관련 경고를 보여주지 않도록 컴파일러에게 지시한다.
#include <stdio.h>
```

scanf 함수로 입력받기 전에 출력문을 사용하는 이유는 무엇 때문인가요?

콘솔 프로그램은 사용자의 입력을 기다릴 때 커서를 깜박이는데, 프로그램의 사용자는 프로그램이 어떤 입력을 기다리고 있는지 구분하기가 쉽지 않다. 이런 상황에서 어떤 값을 입력해야 하는지 알려주는 간단한 프롬프트를 출력하면 알아보기 쉬워진다.

```
printf("정수? ");                  // 정수를 입력을 하도록 사용자에게 알려주기 위한 출력문
```

이런 출력문이 필수적인 것은 아니지만, 입력문과 함께 사용하면 좋다.

scanf 함수의 형식 문자열 안에 %로 시작하는 서식 지정자를 여러 개 사용할 수도 있다. **단, 서식 지정자와 입력받을 변수의 개수가 같아야 한다.** 즉, 서식 지정자가 3개면, 형식 문자열 다음에 나오는 변수도 3개가 필요하다.

[예제 2-6]은 scanf 함수에서 여러 개의 서식 지정자를 사용하는 예이다.

예제 2-6 : 여러 개의 서식 지정자 사용하기

```
01    #include <stdio.h>
02
03    int main()
04    {
05        float weight;
06        int age;
07        char sex;
08
09        printf("체중, 나이, 성별(M/F) 순으로 입력하세요.\n");
10        scanf("%f %d %c", &weight, &age, &sex);    // 3개의 변수 입력
11
12        printf("체중 : %f\n", weight);
13        printf("나이 : %d\n", age);
14        printf("성별 : %c\n", sex);
15
16        return 0;
17    }
```

실행결과

```
체중, 나이, 성별(M/F) 순으로 입력하세요.
70.5 25 M      ◀── 세 가지 항목을 빈칸으로 구분해서 입력
체중: 70.500000
나이: 25
성별: M
```

---

scanf 함수에서 서식 지정자를 여러 개 지정할 때는, "%f %d %c"처럼 빈칸을 함께 사용하는 것이 좋다. 형식 문자열에서 사용되는 **공백 문자(white space)**는 이전 입력 이후의 공백을 모두 무시하고 다음 입력을 읽어오게 한다. 즉, 프로그램 실행 시 "70.5 25 M"처럼 입력되는 항목 사이에 빈칸을 하나만 넣어도 되고, 10개를 넣어도 되고, 혹은 줄을 바꿔서 입력해도 된다. scanf 함수는 입력된 공백 문자를 모두 무시하고, 그 다음 유효한 입력을 읽어온다.

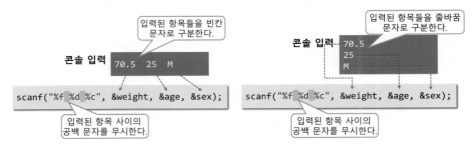

그림 2-16 형식 문자열에 사용된 공백 문자의 의미

 질문 있어요

공백 문자란 무엇인가요?

C 언어에서는 빈칸(' '), 줄바꿈('\n'), 탭('\t'), 캐리지 리턴('\r'), 수직 탭('\v'), 폼피드('\f') 등을 **공백 문자 (white space)**라고 한다. 공백 문자는 입력 시 입력되는 항목들을 구분하는 역할을 한다. scanf 함수에서 입력된 공백 문자를 무시하기 위해서 형식 문자열에 ' '를 사용했는데, ' ' 대신 '\t'나 '\n'를 사용해도 된다. 즉, 다음 두 문장은 같은 결과를 얻을 수 있다.

```
scanf("%s %d %c", name, &age, &gender);      // 빈칸 문자로 공백 문자를 무시하게 한다.
scanf("%s\t%d\t%c", name, &age, &gender);  // 탭 문자로 공백 문자를 무시하게 한다.
```

scanf 함수로 float형 변수에 입력받을 때는 %f를 사용하고, double형 변수에 입력받을 때는 %lf를 사용해야 한다. 형이 일치하지 않으면 컴파일 에러가 발생한다.

```
float x;
double y;
scanf("%f", &x);    // float형 변수에 실수값 입력
scanf("%lf", &y);  // double형 변수에 실수값 입력
```

printf 함수로 실수값을 출력할 때는 float형인지 double형인지 상관없이, %f와 %lf 둘 다 사용할 수 있다.

```
printf("%f", x);
printf("%lf", x);  ◁── x가 float인지 double인지 상관없이 실수 출력
```

확인해봐요

1. scanf 함수의 서식 지정자 중 문자 입력에 사용되는 것은?

① %c ② %d ③ %o ④ %x ⑤ %f

2. scanf 함수의 서식 지정자 중 double형의 변수에 실수값을 입력받을 때 사용되는 것은?

① %c ② %d ③ %x ④ %f ⑤ %lf

3. scanf 함수의 서식 지정자 중 정수 입력에 사용되는 것을 모두 고르시오.

① %c ② %d ③ %f ④ %s ⑤ %x

1. C 프로그램의 구성 요소

- 주석에는 /*와 */로 감싸서 만드는 여러 줄 주석과 //로 시작하는 한 줄 주석이 있다.
- 주석은 프로그램에 대한 설명을 하기 위한 목적이나, 소스 코드의 일부를 주석 처리하기 위해서 사용된다.
- main 함수는 프로그램 시작 시 운영체제에 의해서 호출되는 진입점 함수이다. int main(void)으로 정의하며, { } 안에 프로그램이 수행할 내용을 적어준다.
- main 함수는 프로그램의 종료 코드를 리턴한다. 종료 코드가 0이면 정상 종료이다.
- 콘솔에 텍스트를 출력하려면 printf 함수를 이용한다. printf 함수를 호출하려면, 입출력 라이브러리 헤더 파일인 〈stdio.h〉를 포함해야 한다.

2. C 언어의 입력과 출력

- 변수는 값을 저장하기 위한 공간으로, 메모리에 데이터형 크기만큼 할당된다.
- 변수를 선언할 때는 데이터형과 변수 이름이 필요하다.
- 변수는 선언 후 사용해야 하며, 변수에 값을 저장할 때는 =을 이용해서 대입한다.
- printf 함수는 형식 문자열의 서식 지정자를 이용해서 값을 정해진 형식으로 출력하는 기능을 제공한다.

서식 지정자	의미
%d	정수를 10진수로 출력
%x	정수를 16진수로 출력 (0~9, a~f 이용)
%X	정수를 16진수로 출력 (0~9, A~F 이용)
%f, %F	실수를 부동소수점 표기 방식으로 출력
%e, %E	실수를 지수 표기 방식으로 출력
%c	문자 출력

- scanf 함수는 형식 문자열의 서식 지정자를 이용해서 정해진 형식의 값을 변수로 입력받는 기능을 제공한다.

서식 지정자	의미
%d	정수를 10진수로 입력
%x	정수를 16진수로 입력
%i	정수를 10진수, 8진수, 16진수로 입력
%f	float형 실수 입력
%lf	double형 실수 입력
%c	문자 입력

1. 주석에 대한 설명을 읽고 설명이 맞으면 ○, 틀리면 ×를 선택하시오.

    (1) 프로그램에 대해 설명이다.   (   )

    (2) 컴파일러에 의해서 컴파일된다.   (   )

    (3) 여러 줄 주석을 지정하려면 /*과 */를 이용한다.   (   )

    (4) 한 줄 주석을 지정하려면 //을 이용한다.   (   )

    (5) 이미 작성한 소스 코드를 컴파일하지 않게 만들 수 있다.   (   )

    (6) /* */ 주석 안에 /* */ 주석을 중첩할 수 없다.   (   )

    (7) C 프로그램에 주석은 반드시 필요하다.   (   )

2. 다음 중 주석의 용도를 모두 고르시오.

    ① 프로그램에 대한 설명   ② 프로그램 제목, 작성자 등의 정보 제공

    ③ 프로그램의 개정 일시, 개정 이력 등의 정보 제공   ④ 함수를 사용하기 위해서 필요한 정보 제공

    ⑤ 변수를 사용하기 위해서 필요한 정보 제공   ⑥ 이미 작성한 소스 코드를 컴파일하지 않게 주석 처리

3. C 프로그램의 구조에 대한 설명 중 잘못된 것은?

    ① C 프로그램의 기본 단위는 문장이다.   ② 문장들이 모여서 함수가 된다.

    ③ main 함수는 반드시 필요하다.   ④ 각 문장은 .로 끝난다.

    ⑤ 함수들이 모여서 C 프로그램을 구성한다.

4. 함수에 대한 설명 중 잘못된 것은?

    ① 리턴형, 함수 이름, 매개변수가 필요하다.

    ② 매개변수가 없으면 void라고 써주거나 ( ) 안을 비워둔다.

    ③ 함수가 처리할 내용, 즉 문장들은 {과 } 안에 써준다.

    ④ 함수 안의 문장들은 순차적으로 수행된다.

    ⑤ 함수의 끝(})을 만나거나 return을 만나면, 함수의 시작으로 되돌아간다.

5. main 함수처럼 C 프로그램이 시작될 때 호출되는 함수를 무엇이라고 하는가?

6. main 함수에 대한 설명을 읽고 설명이 맞으면 ○, 틀리면 ×를 선택하시오.

    (1) C 프로그램은 하나 또는 그 이상의 함수로 구성된다.   (   )

    (2) 반드시 한 문장을 한 줄에 작성해야 한다.   (   )

    (3) 함수 안에 들어가는 문장은 { }로 묶어준다.   (   )

    (4) C 프로그램에는 main 함수가 있어도 되고, 없어도 된다.   (   )

    (5) main, Main, MAIN은 모두 같은 함수이다.   (   )

    (6) main 함수의 return문은 생략할 수 있다.   (   )

    (7) 프로그램이 시작될 때 운영체제가 호출하는 함수이다.   (   )

7. main 함수의 원형 중 올바른 것은?

　① float main()　　　　　　　　　② char main(void)

　③ int main(void)　　　　　　　　④ char* main(void*)

8. 다음은 정수를 입력받아서 출력하는 간단한 프로그램이다. 소스 코드의 내용 중에서 생략할 수 있는 줄을 모두 고르시오.

```
01    // test.c
02    #include <stdio.h>
03
04    int main(void)
05    {
06        int num;
07        num = 10;
08        printf("num = %d\n", num);
09
10        return 0;
11    }
```

9. 다음 소스 코드에서 잘못된 부분을 찾으시오.

```
01    // test.c
02    #include <stdio.h>
03
04    int Main(void)
05    {
06        float sum;
07        sum = 1.23 + 45.6;
08        printf("sum = %f\n", sum);
09
10        return 0;
11    }
```

10. 변수에 대한 설명을 읽고 설명이 맞으면 ○, 틀리면 ×를 선택하시오.

　(1) 변수는 값을 저장하기 위한 공간이다.　　　　　　　　　(　　)

　(2) 변수는 메모리에 할당된다.　　　　　　　　　　　　　(　　)

　(3) 변수에 값을 저장할 때는 =을 이용해서 대입한다.　　　　(　　)

　(4) 변수를 선언할 때는 변수 이름만 필요하다.　　　　　　　(　　)

　(5) 변수의 데이터형에 따라 할당될 메모리의 크기가 결정된다.　(　　)

(6) 변수는 선언하지 않고 사용할 수 있다.   (   )

(7) int형 변수는 메모리 4바이트를 사용한다.   (   )

(8) 변수의 이름은 숫자로 시작할 수 없다.   (   )

11. 다음의 변수 선언문 중 올바른 것을 모두 고르시오.

① int a;   ② char percent%;

③ float _sum;   ④ int salary2018;

⑤ int 2018salary;

12. printf 함수의 서식 지정자와 그 의미를 찾아서 연결하시오.

(1) %d   ① 정수를 16진수로 출력한다.

(2) %f   ② 정수를 10진수로 출력한다.

(3) %s   ③ 실수를 부동소수점 표기로 출력한다.

(4) %c   ④ 실수를 지수 표기로 출력한다.

(5) %x   ⑤ 문자열을 출력한다.

(6) %e   ⑥ 문자를 출력한다.

13. 다음 프로그램의 실행결과를 보고 소스 코드의 빈칸에 들어갈 코드를 작성하시오.

```c
#include <stdio.h>

int main(void)
{
    float pi = 3.141592;
    printf("pi = _____\n", pi);

    return 0;
}
```

실행결과

```
pi = 3.14
```

14. 다음 프로그램의 실행결과를 보고 소스 코드의 빈칸에 공통으로 들어갈 코드를 작성하시오.

```c
#include <stdio.h>

int main(void)
{
    int hour, minute;
    hour = 9;
    minute = 0;
    printf("현재시간 _____:_____\n", hour, minute);

    return 0;
}
```

> 실행결과
>
> 현재시간 09:00

15. 다음 프로그램의 실행 결과는?

```c
#include <stdio.h>

int main(void)
{
    int dword;
    dword = 0xabcd;
    printf("%#X", dword);

    return 0;
}
```

16. scanf 함수의 서식 지정자와 그 의미가 잘못 짝지어진 것은?

① %c ➜ 문자 입력　　　　　　　　② %d ➜ 10진수로 정수 입력

③ %x ➜ 16진수로 정수 입력　　　　④ %f ➜ double형의 실수 입력

17. 다음 중 공백 문자가 아닌 것은?

① 줄바꿈 문자('\n')

② 탭 문자('\t')

③ 빈칸 문자(' ')

④ 밑줄 문자('_')

⑤ 캐리지 리턴 문자('\r')

18. 변수를 선언할 때 필요한 것 두 가지는 무엇인가?

19. 다음은 문자를 입력받아서 출력하는 프로그램이다. 소스 코드의 빈칸 ①②③에 들어갈 코드를 작성하시오.

```c
// test.c
#include ①_____

int main(void)
{
    char choice;
    scanf("%c", ②_____);
    printf("choice = ③____\n", choice);

    return 0;
}
```

20. 다음은 간단한 C 프로그램이다. 프로그램의 각 줄에 대한 설명 중 잘못된 것은?

```c
01   // Ex02_01.c
02   #include <stdio.h>
03
04   int main(void)
05   {
06       printf("Hello World\n");
07
08       return 0;
09   }
```

① 1번째 줄: 주석은 실행되지 않는다.

② 2번째 줄: 입출력 라이브러리를 사용하기 위해서 필요한 준비이다.

③ 4번째 줄: main 함수는 프로그래머가 직접 호출해야 한다.

④ 5, 9번째 줄: 함수의 시작에는 {, 끝에는 }가 필요하다.

⑤ 6번째 줄: printf 함수는 문자열을 출력한다.

⑥ 8번째 줄: main 함수가 0을 리턴하면 정상 종료이다.

1. 다음과 같이 출력하는 프로그램을 작성하시오. 단, printf문은 한번만 사용한다. [printf 활용/난이도 ★]

> **실행결과**
>
> ```
> int main(void)
> {
>     return 0;
> }
> ```

2. 학생의 번호와 학점을 입력받아 출력하는 프로그램을 작성하시오. 학생의 번호는 정수로, 학점은 실수로 입력받는다. [scanf, printf 활용/난이도 ★]

> **실행결과**
>
> ```
> 번호? 12
> 학점? 4.3
> 12번 학생의 학점은 4.300000입니다.
> ```

3. 날짜를 연, 월, 일로 입력받아서 출력하는 프로그램을 작성하시오. 연, 월, 일은 정수로 입력받는다. [scanf, printf 활용/난이도 ★]

> **실행결과**
>
> ```
> 연? 2022
> 월? 10
> 일? 1
> 입력한 날짜는 2022년 10월 1일입니다.
> ```

★ 연, 월, 일에 -500 15 55를 각각 입력하면 "-500년 15월 55일"이라고 출력한다. 우리가 작성한 프로그램은 정수를 입력받아서 출력하는 프로그램일 뿐, 입력받은 정수값이 올바른 날짜인지 확인해서 출력하는 프로그램이 아니기 때문이다. 입력받은 정수값이 올바른 날짜인지 검사하려면 추가 코드가 필요하다. 이 부분은 나중에 알아보도록 하자.

4. 시간을 시, 분, 초로 입력받아서 출력하는 프로그램을 작성하시오. 예를 들어 1시 1분 1초는 "01:01:01"로 출력한다. [scanf, printf 활용/난이도 ★★]

> **실행결과**
>
> ```
> 시? 1
> 분? 1
> 초? 1
> 입력한 시간은 01:01:01입니다.
> ```

★ 시, 분, 초 값으로 문자나 문자열, 실수를 입력하면 어떻게 될까? 이 경우에는 scanf가 올바른 값을 입력받지 못하므로 시간으로 엉뚱한 값이 출력된다. 왜 이런 문제가 생기는지는 나중에 다시 알아볼 것이다. 우선은 올바른 값을 입력한다고 가정하자.

실행결과

시? abc ────── 정수 대신 문자열을 입력하면 엉뚱한 실행 결과를 출력한다.
분? 초? 입력한 시간은 -858993460시 -858993460분 -858993460초입니다.

5. 몸무게를 입력받아서 출력하는 프로그램을 작성하시오. 몸무게는 실수로 입력받으며, 소수점 이하 2자리까지만 출력한다. [scanf, printf 활용/난이도 ★★]

실행결과

몸무게? 50
입력한 몸무게는 50.00KG입니다.

6. 옷 사이즈를 선택하게 하고 선택된 사이즈를 출력하는 프로그램을 작성하시오. 옷 사이즈는 S, M, L 세 가지 문자 중 하나로 입력받는다. [scanf, printf 활용/난이도 ★]

실행결과

옷 사이즈(S,M,L)? M
M 사이즈를 선택했습니다.

7. 커피 사이즈(S, T, G)와 주문 수량을 입력받아서 출력하는 프로그램을 작성하시오. 커피 사이즈는 S, T, G 세 가지 문자 중 하나로 입력받는다. [scanf, printf 활용/난이도 ★★]

실행결과

커피 사이즈(S,T,G)와 수문 수량? T 2
T 사이즈 2잔을 주문합니다.

8. 실수 2개를 입력받아서 합과 차를 구해서 출력하는 프로그램을 작성하시오. [scanf, printf 활용/난이도 ★★]

실행결과

실수 2개? 12.34 0.5
12.340000 + 0.500000 = 12.840000
12.340000 - 0.500000 = 11.840000

9. 16진수 정수를 입력받아 10진수로 출력하는 프로그램을 작성하시오. [printf 형식 문자열/난이도 ★]

실행결과

16진수 정수? 12
16진수 12는 10진수로 18입니다.

10. 정수를 8진수, 10진수, 16진수 중 하나로 입력받아 8진수, 10진수, 16진수 각각 얼마에 해당하는 지 출력하는 프로그램을 작성하시오. 8진수를 입력할 때는 앞에 0을 붙여서 012처럼 입력하고, 16 진수를 입력할 때는 앞에 0x를 붙여서 0x12처럼 입력한다. [scanf, printf 형식 문자열/난이도 ★★★]

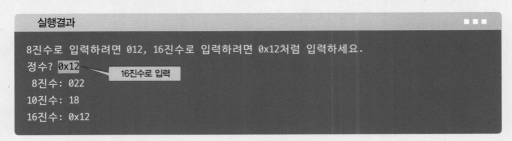

11. 원주율 파이 값이 3.14159265라고 할 때, 파이 값을 여러 가지 방법으로 출력하는 프로그램을 작성하시오. 소수점 이하 2자리까지, 소수점 이하 4자리까지, 소수점 이하 6자리까지, 소수점 이하 8자리까지 각각 출력하고, 지수 표기로도 출력해본다. [printf 형식 문자열/난이도 ★★]

★ 파이 값을 저장하기 위해서 float형 변수를 사용하는 경우와 double형 변수를 사용하는 경우를 비교해보자.

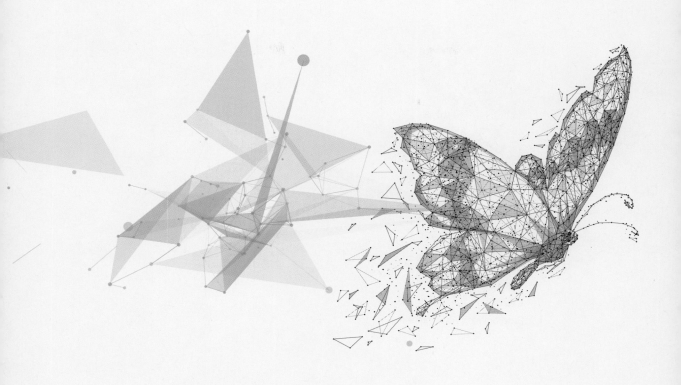

CHAPTER 3

데이터형과
변수

3.1 데이터형

3.1.1 데이터형의 기본 개념

(1) 데이터의 2진 표현

프로그램에서 사용되는 데이터는 다양하다. 성별을 나타내기 위해 'M', 'F' 같은 문자를 사용할 수도 있고, 수량을 나타내기 위해 3 같은 정수를 사용할 수도 있고, 할인율을 나타내기 위해 0.2 같은 실수를 사용할 수도 있다. 이처럼 데이터의 종류를 구분해서 사용할 수 있도록 C 언어는 데이터형을 제공한다. 데이터의 종류(데이터형)가 무엇인지에 따라서 데이터를 저장하는 데 메모리를 얼마나 사용할지, 데이터를 어떤 방식으로 표현하고 저장할지가 결정된다.

컴퓨터 시스템에서는 모든 데이터가 0과 1, 즉 2진 데이터(binary data)로 표현되며 저장된다. 프로그램에서 사용되는 변수나 상수값도 마찬가지이다. 소스 코드에서는 10진수나 16진수를 사용하더라도 컴파일 결과로 생성되는 기계어 코드에서는 2진 데이터를 사용한다. 이처럼 컴퓨터 시스템에서 2진 데이터로 값을 표현하고 저장하는 방식을 **2진 표현(binary representation)**이라고 한다.

소스 코드에서 사용되는 모든 값에는 데이터형이 있다. 컴파일러는 소스 코드를 컴파일해서 기계어로 번역할 때, **데이터형에 따라 값을 저장하는 데 필요한 메모리의 크기와 2진 표현을 결정한다.** 예를 들어 'A'는 1바이트 크기이고, 'A' 문자의 ASCII 코드인 0x41에 해당하는 2진 데이터로 표현된다. 10은 4바이트 크기이고, 부호 있는 정수인 0xa에 해당하는 2진 데이터로 표현된다.

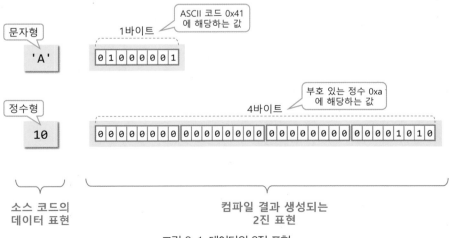

그림 3-1 데이터의 2진 표현

질문 있어요

값의 2진 표현을 16진수로 표기하는 이유는 무엇 때문인가요?

컴퓨터 시스템의 기계어는 2진 데이터를 사용하지만, 고급 언어로 프로그램을 작성할 때는 2진수를 직접 사용하지는 않는다. 0과 1만으로 수치를 표현하면 알아보기도 어렵고 실수하기 쉽기 때문이다. 따라서, **프로그래밍에서는 2진 데이터를 표현할 때, 2진수 대신 16진수로 표기한다.** [그림 3-1]에서 보면, 'A'는 2진 표현으로 0100 0001에 해당하는데, 이것을 16진수 0x41로 표기하면 알아보기 쉽다.

2진수를 16진수로 쉽게 변환하려면, 2진수를 4비트씩 묶어서 16진수 1자리로 나타내면 된다. 2진수를 4비트씩 묶은 것을 니블(nibble)이라고 하며 1바이트는 2개의 니블로 구성된다.

2진수	0000	0001	0010	0011	0100	0101	0110	0111	1000	1001	1010	1011	1100	1101	1110	1111
16진수	0	1	2	3	4	5	6	7	8	9	a	b	c	d	e	f

소스 코드에서 16진수를 사용할 때는 10진수와 구분할 수 있도록 0x를 접두사로 붙여서 사용한다. 123은 10진수 표기이고, 0x123은 16진수 표기이다. 따라서 123과 0x123은 서로 다른 값이다.

(2) 기본 데이터형

C 언어가 제공하는 데이터형은 크게 기본 데이터형, 파생 데이터형, 사용자 정의형으로 나눌 수 있다. **기본 데이터형(primitive data type)**은 char, int, double처럼 C 언어가 기본적으로 제공하는 데이터형이다. **파생 데이터형(derived data type)**은 배열, 포인터처럼 기본형으로부터 파생되어 만들어진 데이터형이다. **사용자 정의형(user-defined data type)**은 구조체, 공용체, 열거체처럼 프로그래머가 직접 정의하는 데이터형이다. 3장에서는 우선 기본 데이터형에 대해서 알아보도록 하자.

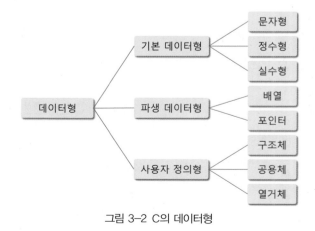

그림 3-2 C의 데이터형

기본 데이터형에는 문자형, 정수형, 실수형이 있다. 문자형으로는 char형이 있고, 정수형으로는 short형, int형, long형, long long형이 있다. 문자형과 정수형은 signed나 unsigned를 함께 적어서 부호 있는(signed) 정수형과 부호 없는(unsigned) 정수형으로 사용할 수 있다. 참고로 char형은 문자형이지만 1바이트 크기의 정수형으로도 사용할 수 있다. 실수형으로는 float형, double형, long double형이 있다.

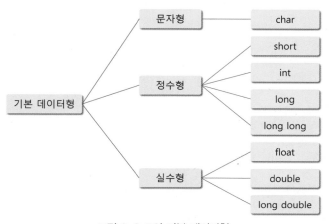

그림 3-3 C의 기본 데이터형

(3) 데이터형의 바이트 크기

C 언어가 제공하는 데이터형의 크기는 플랫폼에 따라 다르다. 예를 들어 int형의 크기는 16비트 플랫폼(16비트 운영체제)에서는 2바이트, 32비트 플랫폼(32비트 운영체제)이나 64비트 플랫폼(64비트 운영체제)에서는 4바이트이다. 따라서 프로그램을 실행하는 플랫폼에서 데이터형의 크기가 얼마인지 직접 확인해서 사용하는 것이 좋다. **데이터형이나 값의 바이트 크기를 구하려면 sizeof 연산자를 이용한다.**

형식	sizeof(데이터형) sizeof(값) sizeof 값

사용예	`sizeof(char)`
	`sizeof(int)`
	
	`sizeof(num)`
	`sizeof(num + 1)`
	
	`sizeof 3.141592`

변수나 연산 결과 같은 값의 바이트 크기를 구하려면 sizeof 연산자 다음에 ( ) 안에 값을 써준다. sizeof 3.141592처럼 ( )를 생략할 수도 있다. 반면에 데이터형의 크기를 구할 때는 sizeof(int)처럼 반드시 ( ) 안에 데이터형 이름을 적어주어야 한다.

[예제 3-1]은 sizeof 연산자를 이용해서 여러 가지 데이터형의 크기를 알아보는 코드이다.

📑 **예제 3-1 :** 데이터형의 크기 구하기

```
01    #include <stdio.h>
02
03    int main(void)
04    {
05        char ch;                          여러 가지 데이터형의
                                            변수 선언
06        int num;
07        double x;
08
                                                        데이터형의 바이트 크기 구하기
09        printf("char형의 바이트 크기: %d\n", sizeof(char));
10
11        printf("short형의 바이트 크기: %d\n", sizeof(short));
12        printf("int형의 바이트 크기: %d\n", sizeof(int));
13        printf("long형의 바이트 크기: %d\n", sizeof(long));
14        printf("long long형의 바이트 크기: %d\n", sizeof(long long));
15
16        printf("float형의 바이트 크기: %d\n", sizeof(float));
17        printf("double형의 바이트 크기: %d\n", sizeof(double));
18        printf("long double형의 바이트 크기: %d\n", sizeof(long double));
19
20        printf("ch 변수의 바이트 크기: %d\n", sizeof ch);      변수의 바이트 크기를
                                                                구할 수도 있다.
21        printf("num 변수의 바이트 크기: %d\n", sizeof num);
22        printf("x 변수의 바이트 크기: %d\n", sizeof x);
23
24        return 0;
25    }
```

실행결과

```
char형의 바이트 크기: 1
short형의 바이트 크기: 2
int형의 바이트 크기: 4
long형의 바이트 크기: 4
long long형의 바이트 크기: 8          기본 데이터형의 바이트 크기
float형의 바이트 크기: 4
double형의 바이트 크기: 8
long double형의 바이트 크기: 8
ch 변수의 바이트 크기: 1
num 변수의 바이트 크기: 4
x 변수의 바이트 크기: 8
```

소스 코드에서 데이터형이나 값의 크기가 필요할 때는 직접 1, 4, 8 같은 숫자를 사용하는 것보다는 sizeof 연산자로 구한 크기를 사용하는 것이 좋다. 예를 들어 실수 10개를 저장하는 데 필요한 바이트 수를 구한다고 해보자. 다음 두 코드는 같은 일을 하는 코드지만 두 번째 코드의 의미가 더 명확하다.

```
int size1, size2;

size1 = 4 * 10;              // 의미가 불분명한 코드
size2 = sizeof(float) * 10;  // 의미가 명확한 코드
```

> **📋 확인해봐요**
>
> 1. 변수의 값을 저장하는 데 필요한 메모리의 크기와 2진 표현을 결정하는 것은?
>   ① 변수　　　　　　② 데이터형　　　　③ 수식　　　　　④ 제어문　　　　⑤ 구조체
>
> 2. 컴퓨터 시스템에서 2진 데이터로 값을 표현하고 저장하는 방식을 무엇이라고 하는가?
>   ① 2진 표현　　　　② 데이터형　　　　③ 2진법　　　　④ 수식　　　　　⑤ 변수
>
> 3. 데이터형이나 변수의 바이트 크기를 구할 때 사용되는 것은?
>   ① sizeof　　　　　② = 연산자　　　　③ 라이브러리 함수　　④ 변수 선언문

3.1.2 정수형

(1) 정수형의 종류

C가 제공하는 정수형으로 short형, int형, long형, long long형이 있다. 문자형인 char형도 정수형으로 사용될 수 있다. 〈표 3-1〉은 **Win32 또는 Win64 플랫폼을 기준으로 정수형의 크기와 유효 범위**를 정리한 것이다.

표 3-1 Win32/Win64 플랫폼에서의 정수형의 크기와 유효 범위

데이터형		크기	유효 범위
부호 있는 정수형	char	1바이트	−128~127
	short	2바이트	−32768~32767
	int	4바이트	−2147483648~2147483647
	long	4바이트	−2147483648~2147483647
	long long	8바이트	−9223372036854775808 ~ 9223372036854775807
부호 없는 정수형	unsigned char	1바이트	0~255
	unsigned short	2바이트	0~65535
	unsigned int	4바이트	0~4294967295
	unsigned long	4바이트	0~4294967295
	unsigned long long	8바이트	0~18446744073709551615

C 언어에서는 프로그래머가 용도에 따라 적절한 데이터형을 선택할 수 있도록 다양한 크기의 정수형을 제공한다. 저장해야 할 정수의 범위가 작으면 int형 대신 char형이나 short형을 사용하고, 매우 큰 정수를 저장할 때는 int형 대신 long long형을 사용한다.

표준 C에서는 sizeof(char)를 1바이트, sizeof(short)와 sizeof(int)를 최소 2바이트, sizeof(long)을 4바이트, sizeof(long long)을 최소 8바이트로 정의하고 있다. 각 데이터형의 정확한 크기는 플랫폼에 의해서 결정되며, 항상 sizeof(short) ≤ sizeof(int) ≤ sizeof(long) ≤ sizeof(long long)이 성립된다. long long형은 C99에 추가된 데이터형으로 아주 큰 정수를 나타내야 하는 특별한 경우 외에는 잘 사용되지 않는다.

질문 있어요

플랫폼(platform)이란 무엇인가요?

프로그래밍에서 플랫폼이란 소프트웨어가 구동될 수 있는 컴퓨터 구조(computer architecture)와 운영체제를 말한다. 예를 들어 32비트 플랫폼은 32비트 CPU와 32비트 운영체제에 의해 제공된다. Windows 운영체제 중 32비트 플랫폼을 Win32, 64비트 플랫폼을 Win64라고 한다. UNIX(Linux, Mac OS X) 운영체제도 32비트와 64비트 플랫폼을 제공한다. 여러 가지 플랫폼에서 데이터형 크기를 비교해보면 다음과 같다.

플랫폼		데이터형 크기			
		int	long	long long	포인터형
32비트 플랫폼	Win32	4	4	8	4
	32비트 UNIX/Linux/Mac OS X	4	4	8	4
64비트 플랫폼	Win64	4	4	8	8
	64비트 UNIX/Linux/Mac OS X	4	8	8	8

int형보다 작은 크기의 정수형인 char형나 short형은 언제 사용하나요?

C 언어에서 다양한 크기의 정수형을 제공하고 있지만 일반적으로 int형을 가장 많이 사용한다. 우리가 사용하는 변수는 메모리에 저장되지만 CPU가 연산을 수행하기 위해서는 CPU 레지스터로 변수의 값을 가져와야 한다. 이때 CPU 레지스터의 크기가 int형의 크기와 같다. 따라서 메모리에 2바이트 크기의 short형으로 저장하더라도 메모리에 있는 값을 CPU 레지스터로 가져올 때 4바이트 크기의 int형으로 바뀌게 된다.

그렇다면 작은 크기의 정수형인 char형이나 short형은 언제 사용할까? 프로그램에서 사용하는 데이터의 양이 많을 때는 int형 대신 char형이나 short형을 사용하는 것이 메모리 효율성 면에서 도움이 된다. 예를 들어, 정수를 10개, 100개 저장할 때는 short형 대신 int형을 사용해도 메모리 낭비가 크지 않다. 하지만, 정수를 100만개, 1000만개 저장할 때는 short형을 사용해서 메모리를 절약할 수 있다.

정수형은 부호 있는 정수형과 부호 없는 정수형으로 나눌 수 있다. 부호 있는 정수형은 최상위 비트를 이용해서 부호를 나타낸다. 부호 있는 정수형과 부호 없는 정수형을 구분하기 위해 signed, unsigned 수식어를 char, short, int, long형과 함께 사용하며, 수식어를 생략하면 signed로 간주한다. 즉, int형은 signed int형을 의미하므로, 부호 없는 정수형으로 선언하려면 unsigned int형을 사용해야 한다. 또한, short과 long은 각각 short int와 long int의 축약형으로, int 부분은 생략하고 사용한다. short, int, long 없이 사용되는 unsigned형은 unsigned int형을 의미한다. [그림 3-4]는 C의 여러 가지 정수형 표기법과 그 대표형을 정리한 것이다.

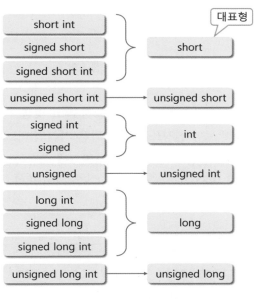

그림 3-4 정수형과 대표형

(2) 정수의 2진 표현

부호 있는 정수를 나타낼 때는 최상위 비트(most significant bit)를 부호 비트(sign bit)로 사용한다. 즉, 부호 비트가 1이면 음수, 0이면 양수이다. **컴퓨터 시스템에서는 음수를 나타내기 위해 2의 보수(2's compliment)를 사용한다.** 2의 보수는 단순히 부호 비트만 1로 만드는 것이 아니라, 부호를 신경쓰지 않고 2진 데이터로 덧셈과 뺄셈 연산을 할 수 있도록 음수를 표현하는 방법이다. −n을 2의 보수로 표현하려면, 먼저 n을 2진수로 나타낸 다음 각 비트에 대하여 0은 1로, 1은 0으로 반전시키고, 그 결과에 1을 더한다.

[그림 3-5]에서 보면 양의 정수 7은 16진수 0x00000007에 해당하며, 최상위 비트인 부호 비트가 0이다. 음의 정수 −7을 만들려면, 먼저 0x00000007의 각 비트를 반전시키고 1을 더해서 0xfffffff9를 얻는다. 0xfffffff9가 2의 보수로 표현된 음의 정수 −7에 해당한다. 0xfffffff9, 즉 −7의 최상위 비트인 부호 비트는 음수이므로 1이다.

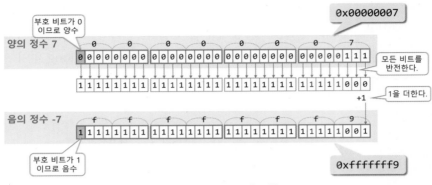

그림 3-5 정수의 2진 표현

음수를 2의 보수로 나타내면 부호 비트를 신경쓰지 않고 덧셈이나 뺄셈을 할 수 있다. 2 진 데이터를 더할 때, 부호 비트에 신경쓰지 않고 같은 자리의 비트끼리 더하고, 최상위 비트에서 캐리가 발생하면 무시한다. [그림 3-6]을 보면 7에 해당하는 0x00000007과 −10에 해당하는 0xfffffff6를 더하면 연산 결과는 0xfffffffd, 즉 −3이 된다.

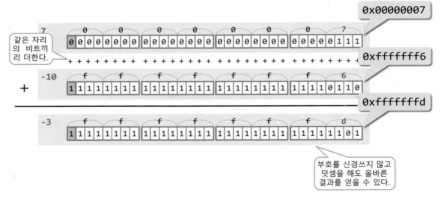

그림 3-6 2의 보수를 이용한 정수의 덧셈

[예제 3-2]는 정수의 2진 표현을 알아보기 위한 코드로, 정수의 값을 2진수 대신 16진수로 출력해서 컴퓨터 시스템이 정수를 어떻게 나타내고 있는지 확인해볼 수 있다.

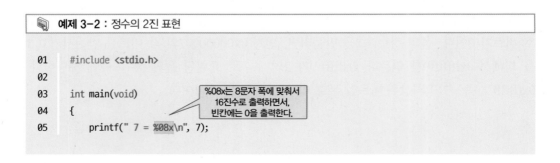

예제 3-2 : 정수의 2진 표현

```
01    #include <stdio.h>
02
03    int main(void)
04    {
05        printf(" 7 = %08x\n", 7);
```

%08x는 8문자 폭에 맞춰서 16진수로 출력하면서, 빈칸에는 0을 출력한다.

```
06        printf("-7 = %08x\n", -7);
07        printf("7+(-10) = %08x\n", 7 + (-10));
08
09        return 0;
10    }
```

실행결과　　　　　　　　　　　　　　　　　　　　　　　　　　　　　　　■ ■ ■

```
 7 = 00000007
-7 = fffffff9        2의 보수로 표현된
7+(-10) = fffffffd     음의 정수
```

  부호 없는 정수를 나타낼 때는 최상위 비트를 부호 비트로 사용하는 대신, 값을 저장
하는 용도로 사용한다. 즉, unsigned short형의 경우에 최상위 비트가 2^{15}을 의미하고,
unsigned int형의 경우에는 최상위 비트가 2^{31}을 의미한다. 부호 있는 정수는 부호 비트를
제외한 나머지 비트로 값을 나타내는 데 비해, 부호 없는 정수는 최상위 비트까지 값을 나
타내는 데 사용한다.

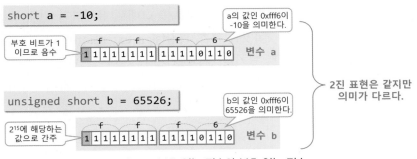

그림 3-7 부호 있는 정수와 부호 없는 정수

  [그림 3-7]에서 보면 2바이트 크기의 2진 데이터 0xfff6은 short형일 때는 −10에 해당하
는 값이 되고, unsigned short형일 때는 65526에 해당하는 값이 된다. **변수의 데이터형이
변수에 저장된 값의 의미를 결정한다.**

  📄 **예제 3-3** : 부호 있는 정수와 부호 없는 정수

```
01    #include <stdio.h>
02
03    int main(void)
04    {
05        short a = -10;
```

```
06        unsigned short b = 65526;
07
08        printf("a = %d, %08x\n", a, a);
09        printf("b = %u, %08x\n", b, b);
10
11        return 0;
12    }
```

> a, b의 값을 10진수와 16진수로 출력해서 2진 표현을 비교해본다.

> 부호 없는 정수를 출력할 때는 %u를 사용한다.

실행결과

```
a = -10, fffffff6
b = 65526, 0000fff6
```

> printf 함수는 2바이트 크기의 short형 변수의 값을 출력할 때 4바이트 크기로 변환하므로 하위 2바이트 값만 비교해야 한다.

[예제 3-3]에서 a와 b의 값을 각각 16진수로 출력하면 0xfffffff6과 0x0000fff6이 출력된다. a, b는 2바이트 크기의 변수지만 printf 함수는 이 변수의 값을 읽어올 때 4바이트 크기로 변환하기 때문에 출력할 때 4바이트 크기인 것처럼 출력된다. 따라서 출력된 a, b의 하위 2바이트 값만 비교해보면 a와 b 모두 0xfff6로 출력된다. 즉, −10과 65525의 2진 표현이 같다.

short형 변수를 4바이트 크기로 변환하면, 부호를 그대로 유지하기 위해서 부호 비트로 상위 2바이트를 모두 채운다. 이것을 **부호 확장(sign extension)**이라고 한다. 반면에 unsigned short형 변수를 4바이트 크기로 변환하면, 상위 2바이트를 0으로 채운다. [그림 3-8]을 보면 2바이트 크기의 short형이나 unsigned short형 변수의 값이 4바이트로 변환되는 과정을 볼 수 있다.

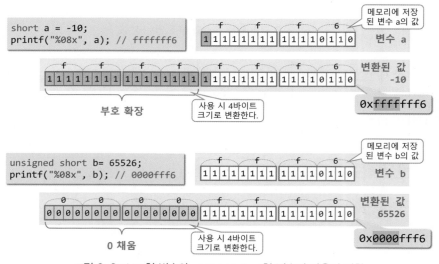

그림 3-8 short형 변수와 unsigned short형 변수의 사용시 변환

질문 있어요

왜 short형의 변수를 사용하면 4바이트 크기의 정수값으로 변환되는 걸까요?

메모리에 저장된 변수는 항상 CPU 레지스터로 읽어서 사용한다. short형의 변수는 메모리에는 2바이트로 저장되지만, 사용하는 시점에는 항상 4바이트 값으로 변환되어 사용된다. CPU 레지스터가 4바이트 크기이기 때문이다. 이것을 정수의 승격(integral promotion)이라고 한다.

int형보다 크기가 작은 정수형 변수는 사용 시 int형으로 승격된다.

(3) 정수형으로 사용되는 char형

char형은 1바이트 크기의 정수형으로 사용될 수 있으며, 부호 없는 정수형(unsigned char)으로도 사용될 수 있다. 정수형으로 사용되는 char형의 범위는 −128~127이므로 작은 크기의 정수를 저장할 때 유용하다.

char형도 정수형이므로 덧셈, 뺄셈과 같은 연산을 할 수 있다. char형 변수에 저장된 정수 값을 출력할 때는 %d나 %x를 이용한다.

```
char n = 127;                      // 정수형으로 사용되는 char형
printf("n   = %d\n", n);           // 정수처럼 10진수로 출력할 수 있다.
printf("n+1 = %d\n", n + 1);       // 정수처럼 덧셈 연산을 할 수 있다.
```

unsigned char형은 1바이트 크기의 2진 데이터를 저장할 때 주로 사용되며, 배열로 선언하는 경우 N바이트 크기의 2진 데이터를 저장할 수 있다. 배열에 대해서는 7장에서 알아보자.

```
unsigned char control_flag = 0x47;     // 1바이트 크기의 컨트롤 플래그 0100 0111
unsigned char image[256];              // 256바이트 크기의 이미지
```

(4) 정수형의 유효 범위

정수형의 바이트 크기에 따라 표현 가능한 정수의 범위가 달라진다. 예를 들어 1바이트 크기의 char형은 최상위 비트를 부호 비트로 사용하고 나머지 7비트로 정수값을 표현한다. 따라서 char형의 유효 범위는 $-2^7 \sim (2^7-1)$, 즉 −128~127이다. unsigned char형은 8비트를 모두 정수값을 표현하는 데 사용하므로, 유효 범위가 $0 \sim (2^8-1)$, 즉 0~255이다.

유효 범위 밖의 값을 변수에 저장하면 어떻게 될까? [예제 3-4]는 char형 변수에 유효 범위를 벗어나는 값을 저장하면 어떻게 되는지 알아보기 위한 코드이다.

📋 **예제 3-4 :** char형과 unsigned char형의 오버플로우, 언더플로우

```
01     #include <stdio.h>
02
03     int main(void)
04     {
05         char n = 128;               // n에 유효 범위를 벗어나는 값을 저장한다.
06         unsigned char m = 256;      // m에 유효 범위를 벗어나는 값을 저장한다.
07         char x = -129;              // x에 유효 범위를 벗어나는 값을 저장한다.
08         unsigned char y = -1;       // y에 유효 범위를 벗어나는 값을 저장한다.
09
10         printf("n = %d\n", n);
11         printf("m = %d\n", m);
12         printf("x = %d\n", x);
13         printf("y = %d\n", y);
14
15         return 0;
16     }
```

실행결과

```
n = -128
m = 0       오버플로우
x = 127
y = 255     언더플로우
```

char형 변수 n에 char형의 최댓값인 127보다 큰 값인 128을 저장하면, 4바이트 정수인 128의 상위 3바이트는 버리고 하위 1바이트만 n에 저장된다. 이때 128의 2^7에 해당하는 값이 char형 변수 n에서는 부호 비트로 간주되고, 1바이트 정수의 2진 표현인 1000 0000은 -128에 해당하는 값이 된다.

[예제 3-4]를 컴파일하면 다음과 경고 메시지가 발생해서 char형 변수나 unsigned char형 변수에 값을 저장할 때 값이 손실되는 것을 알려준다.

❗ **컴파일 경고**

1>c:\work\chap03\ex03_04\ex03_04\ex03_04.c(6): warning C4305: '초기화 중': 'int'에서 'unsigned char' (으)로 잘립니다.
1>c:\work\chap03\ex03_04\ex03_04\ex03_04.c(10): warning C4305: '초기화 중': 'int'에서 'char'(으)로 잘립니다.

---

unsigned char형 변수 m에 unsigned char형의 최댓값인 255보다 큰 값인 256을 저장하면 4바이트 정수인 256의 상위 3바이트는 버리고 하위 1바이트만 m에 저장된다. 따라서 unsigned char형 변수 m의 2진 표현인 0000 0000은 0에 해당하는 값이 된다.

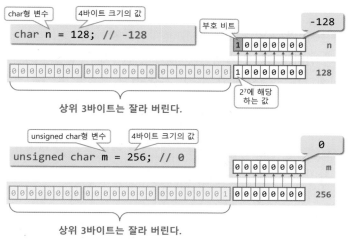

그림 3-9 char형과 unsigned char형 변수의 오버플로우

이처럼 정수형 변수에 유효 범위를 벗어나는 값을 저장하면, 정수형의 크기에 맞춰 값의 나머지 부분을 잘라 버리기 때문에, 변수에는 항상 유효 범위 내의 값만 저장된다. 정수형의 최댓값보다 큰 값을 저장할 때 값이 넘쳐흘러서 유효 범위 내의 값으로 설정되는 것을 **오버플로우(overflow)**라고 한다. 정수형의 최솟값보다 작은 값을 저장할 때도 유효 범위 내의 값으로 설정되는데, 이것을 **언더플로우(underflow)**라고 한다.

예를 들어, unsigned char형의 red는 유효 범위가 0~255이므로, 이 변수에 300을 저장하면 오버플로우가 발생해서 실제로는 44가 저장된다.

```
unsigned char red = 300;    // 오버플로우가 발생하므로 red에 실제로는 44가 저장된다.
```

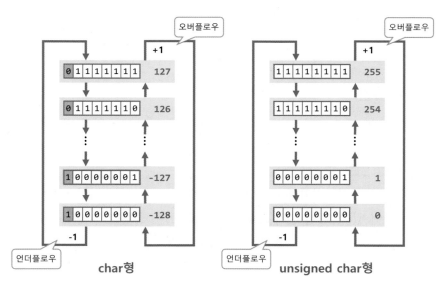

그림 3-10 정수형의 오버플로우와 언더플로우

[그림 3-10]을 보면 char형과 unsigned char형 변수의 오버플로우와 언더플로우가 어떤 식으로 일어나는지 알 수 있다. char형 뿐만 아니라 short형, int형, long형 변수에 대해서도 오버플로우와 언더플로우가 발생한다. 정수형 변수에 정수형의 최댓값보다 1만큼 큰 수를 저장하면 실제로는 정수형의 최솟값이 저장된다. 정수형 변수에 정수형의 최솟값보다 1만큼 작은 수를 저장하면 실제로는 정수형의 최댓값이 저장된다.

컴파일러는 오버플로우나 언더플로우가 발생하더라도, 컴파일 에러나 경고 메시지를 내지 않는다. 따라서 정수형 변수의 값이 엉뚱한 값으로 설정될 때는 오버플로우나 언더플로우가 발생하는지 확인해야 한다.

📋 확인해봐요

1. 정수형을 부호 없는 정수형으로 선언하는 데 사용되는 것은?
   ① signed　　　　② unsigned　　　　③ unsign　　　　④ sign

2. 컴퓨터 시스템에서 정수를 음수로 표현하는 방식은?
   ① 부동 소수점 표기법　② 고정 소수점 표기법　③ ASCII 코드　④ 2의 보수

3. 정수형의 최댓값보다 큰 값을 저장할 때 값이 넘쳐흘러서 유효 범위 내의 값으로 설정되는 것은?
   ① 오버플로우　　② 언더플로우　　③ 형 변환　　④ 정수의 승격

3.1.3 문자형

C 언어는 문자형으로 char형을 제공한다. char형은 1바이트 크기의 데이터형으로 문자 코드를 저장한다. 대표적인 문자 코드로는 ASCII 코드, EBCDIC 코드, 한글 완성형 코드 등이 있다.

(1) 문자의 2진 표현

문자형은 2진 데이터로 문자 코드를 사용한다. 예를 들어 char형의 변수에 'A'를 저장하면, 실제로는 'A' 문자의 ASCII 코드인 65(0x41)가 저장된다. 〈표 3-2〉는 문자를 저장할 때 사용되는 ASCII 코드 표이다.

ASCII 코드는 가장 기본적인 문자 코드로, 33개의 제어 문자들과 95개의 출력 가능한 문자들로 구성되어 있다. **제어 문자**(control character)은 출력할 수 없는 문자로, 대부분은 현재 사용되지 않는다. **출력 가능한 문자**(printable character)은 52개의 영문 알파벳 대소문자와, 10개의 숫자, 32개의 특수 문자, 그리고 하나의 공백 문자로 이루어진다. 〈표

3-2〉의 10진수 ASCII 코드 중 0~31과 127이 제어 문자이고, 나머지 32~126이 출력 가능한 문자이다.

표 3-2 ASCII 코드 표

DEC	HEX	CHAR	DEC	HEX	CHAR	DEC	HEX	CHAR	DEC	HEX	CHAR
0	00	NULL	32	20		64	40	@	96	60	`
1	01	SOH	33	21	!	65	41	A	97	61	a
2	02	STX	34	22	"	66	42	B	98	62	b
3	03	ETX	35	23	#	67	43	C	99	63	c
4	04	EOT	36	24	$	68	44	D	100	64	d
5	05	ENQ	37	25	%	69	45	E	101	65	e
6	06	ACK	38	26	&	70	46	F	102	66	f
7	07	BEL	39	27	,	71	47	G	103	67	g
8	08	BS	40	28	(	72	48	H	104	68	h
9	09	HT	41	29	)	73	49	I	105	69	i
10	0A	LF	42	2A	*	74	4A	J	106	6A	j
11	0B	VT	43	2B	+	75	4B	K	107	6B	k
12	0C	FF	44	2C	,	76	4C	L	108	6C	l
13	0D	CR	45	2D	-	77	4D	M	109	6D	m
14	0E	SO	46	2E	.	78	4E	N	110	6E	n
15	0F	SI	47	2F	/	79	4F	O	111	6F	o
16	10	DLE	48	30	0	80	50	P	112	70	p
17	11	DC1	49	31	1	81	51	Q	113	71	q
18	12	DC2	50	32	2	82	52	R	114	72	r
19	13	DC3	51	33	3	83	53	S	115	73	s
20	14	DC4	52	34	4	84	54	T	116	74	t
21	15	NAK	53	35	5	85	55	U	117	75	u
22	16	SYN	54	36	6	86	56	V	118	76	v
23	17	ETB	55	37	7	87	57	W	119	77	w
24	18	CAN	56	38	8	88	58	X	120	78	x
25	19	EM	57	39	9	89	59	Y	121	79	y
26	1A	SUB	58	3A	:	90	5A	Z	122	7A	z
27	1B	ESC	59	3B	;	91	5B	[	123	7B	{
28	1C	FS	60	3C	⟨	92	5C	\	124	7C		
29	1D	GS	61	3D	=	93	5D	]	125	7D	}
30	1E	RS	62	3E	⟩	94	5E	^	126	7E	~
31	1F	US	63	3F	?	95	5F	_	127	7F	DEL

[예제 3-5]는 입력된 문자와 이전 문자, 다음 문자의 ASCII 코드를 10진수, 16진수로 출력한다. 이전 문자와 다음 문자를 구하기 위해서 char형 변수의 ASCII 코드에서 1을 빼거나 더한다. ASCII 코드를 16진수로 출력할 때는, 형식 문자열에 %#02x을 지정해서 0x를 함께 출력한다.

📎 **예제 3-5 : 입력된 문자의 ASCII 코드 출력**

```
01    #include <stdio.h>
02
03    int main(void)
04    {
05        char ch, prev_ch, next_ch;
06
07        printf("문자? ");
08        scanf("%c", &ch);          // 문자 입력
09
10        prev_ch = ch - 1;          // ch 이전 문자
11        next_ch = ch + 1;          // ch 다음 문자
12        printf("prev_ch = %c, %d, %#02x\n", prev_ch, prev_ch, prev_ch);
13        printf("ch      = %c, %d, %#02x\n", ch, ch, ch);
14        printf("next_ch = %c, %d, %#02x\n", next_ch, next_ch, next_ch);
15
16        return 0;
17    }
```

> ASCII 코드를 0x로 시작하는 16진수로 출력한다.

실행결과

```
문자? X
prev_ch = W, 87, 0x57
ch      = X, 88, 0x58
next_ch = Y, 89, 0x59
```

(2) 제어 문자

ASCII 코드 중 0~31, 127에 해당하는 제어 문자는 출력할 수 없는 문자로 제어를 목적으로 사용된다. 제어 문자는 출력할 수 없기 때문에 ASCII 코드를 직접 사용하거나 **이스케이프 시퀀스(escape sequence)**로 나타낸다. 이스케이프 시퀀스는 ' ' 안에 역슬래시(\)와 함께 정해진 문자를 이용해서 나타내며, 줄바꿈 문자인 '\n', 탭 문자인 '\t', 백스페이스 문자인 '\b' 등이 있다.

문자열 안에서 특별하게 표기해야 하는 문자도 이스케이프 시퀀스로 나타낸다. 예를 들어 문자열 안에서 큰따옴표(")나 작은따옴표('), 역슬래시(\) 문자를 나타낼 때도 역슬래시와 함께 표기한다. 〈표 3-3〉은 이스케이프 시퀀스를 정리한 것이다.

표 3-3 이스케이프 시퀀스

10진수	8진수	16진수	이스케이프 시퀀스	의미
0	000	00	'\0'	널 문자(null)
7	007	07	'\a'	경고음(bell)
8	010	08	'\b'	백스페이스(backspace)
9	011	09	'\t'	수평 탭(horizontal tab)
10	012	0A	'\n'	줄바꿈(newline)
11	013	0B	'\v'	수직 탭(vertical tab)
12	014	0C	'\f'	폼 피드(form feed)
13	015	0D	'\r'	캐리지 리턴(carriage return)
34	042	22	'\"'	큰따옴표
39	047	27	'\''	작은따옴표
92	134	5C	'\\'	역슬래시(back slash)

이스케이프 시퀀스를 표현하는 또 다른 방법은 '\007'처럼 ASCII 코드 값을 '\' 다음에 8진수로 적어주거나 '\x' 다음에 16진수로 적어주는 것이다.

```
char newline1 = '\012';          // newline1에 '\n'을 저장한다.
char newline2 = '\xa';           // newline2에 '\n'을 저장한다.
```

[예제 3-6]은 이스케이프 시퀀스를 출력하는 예제이다.

📎 **예제 3-6** : 이스케이프 시퀀스

```
01    #include <stdio.h>
02
03    int main(void)
04    {
05        char bell = '\a';                      // 경고음에 해당하는 제어 문자
06        printf("%c프로그램을 시작합니다.\n", bell);   // 경고음 발생
07
08        printf("c:\\work\\chap03\\Ex03_06\\Debug\n");  // 역슬래시 출력
09
10        printf("\t탭 문자를 출력합니다.\n");        // 탭 문자 출력
11
12        return 0;
13    }
```

실행결과　　　　　　　　　　　　　　　　　　　　　　　　　　■ ■ ■

```
프로그램을 시작합니다.
c:\work\chap03\Ex03_06\Debug
        탭 문자를 출력합니다.
```

질문 있어요

한글을 나타내는 문자 코드에는 무엇이 있나요?

한글 문자를 표현할 때는 한글 완성형 코드나 조합형 코드를 사용하며, 그 중 한글 완성형 코드가 표준이다. 영문자는 1바이트로 표현하는 데 비해 한글 문자를 표현할 때는 2바이트를 사용한다.

예를 들어 영어로 "AB"를 저장하려면 문자열의 끝을 나타내는 널 문자를 포함해서 3바이트가 필요하다. 반면에 한글로 "가나"를 저장하려면 널 문자를 포함해서 5바이트가 필요하다. 이렇게 영문자는 1바이트, 한글 문자는 2바이트로 나타내는 경우, 한글과 영문이 섞여 있을 때 문자 수와 바이트 수가 맞지 않아 처리가 복잡해진다. 이 문제를 해결하기 위해 등장한 것이 바로 **유니코드(Unicode)**이다.

유니코드는 영문자와 한글 문자를 모두 2바이트로 표현한다. 유니코드를 다룰 수 있도록 표준 C 라이브러리에서는 2바이트 크기의 문자형인 wchar_t형과 유니코드용 문자열 함수를 제공한다.

키보드에서 역슬래시 문자를 찾을 수가 없어요. 왜 그럴까요?

한국에서는 한글 코드를 정의하면서 원화(₩) 기호를 ASCII 코드 표의 역슬래시(\) 문자 자리에 할당해서 사용하고 있다. 즉, 역슬래시 문자와 원화(₩) 기호가 같은 ASCII 코드(92, 0x5c)를 공용으로 사용하고 있다. 같은 이유에서 키보드에서도 역슬래시와 원화 기호가 같은 버튼에 할당되어 있다.

Microsoft Word 같은 문서 편집기에서 키보드의 ₩를 누르면 한글 글꼴에서는 원화 기호가 입력되는 반면에, 영문 글꼴에서는 역슬래시 문자가 입력된다. 즉, 같은 문자 코드를 어떻게 처리하는지에 따라 역슬래시로 표시될 수도 있고 원화 문자로 표시될 수도 있다.

📋 확인해봐요

1. 1바이트를 이용해서 문자를 표현하는 가장 기본적인 문자 코드는?
   ① 유니코드　　② ASCII코드　　③ 한글완성형코드　　④ 패리티비트

2. ASCII 코드 중 제어를 목적으로 사용되는 것은?
   ① 공백 문자　　② EOF　　③ 이스케이프 시퀀스　④ 영문자　　⑤ 숫자

3.1.4 실수형

(1) 실수의 2진 표현

　컴퓨터 시스템에서는 실수를 2진 데이터로 표현하는 데 **부동소수점(floating point)** 방식을 사용한다. 부동소수점 방식은 실수를 **지수(mantissa) 부분**과 **가수(exponent) 부분**으로

나누어 2진 데이터로 저장한다.

부동소수점 방식에서 0.3141593×10^1, 3.141593×10^0, 31.41593×10^{-1}은 모두 같은 값이다. 이처럼 같은 값이 여러 가지로 표현되는 것을 막기 위해서 가수는 2진 표현으로 1.xxx 형태가 되어야 한다. **가수 부분이 실수의 정밀도를 결정하고, 지수 부분이 실수의 범위를 결정한다.**

실수의 정밀도에는 단정도(single precision)와 배정도(double precision)가 있다. float형이 단정도 실수를 나타내고, double형이 배정도 실수를 나타낸다. 4바이트 크기인 float형은 최상위 1비트를 부호 비트로, 그 다음 8비트를 지수로, 나머지 23비트를 가수로 사용한다. 8바이트 크기인 double형은 최상위 1비트를 부호 비트로, 그 다음 11비트를 지수로, 나머지 52비트를 가수로 사용한다. [그림 3-11]은 실수형의 2진 표현이다.

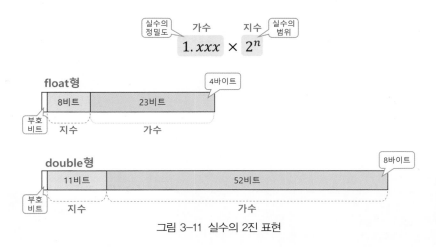

그림 3-11 실수의 2진 표현

？ 질문 있어요

long double형은 표준 C 데이터형인가요?

long double은 80비트 확장 정밀도(80bit extended precision)를 표현하기 위한 데이터형으로 C99에서 표준 C 데이터형으로 추가되었다. C99에서는 long double형을 최소 8바이트 크기로 정의하고 있다. 확장 정밀도 실수는 플랫폼에서 하드웨어적으로 지원해야 하기 때문에, long double형을 double형처럼 8바이트 실수형으로 처리하는 경우가 많다. 또한 확정 정밀도를 지원하는 시스템에서도 메모리 정렬(alignment) 때문에 12~16바이트 크기를 가질 수 있다. 따라서 개발 플랫폼과 C 컴파일러가 long double형이 어떻게 지원되는지 확인하고 사용해야 한다. 참고로 Visual Studio는 long double형을 8바이트 실수형으로 다루고 있다.

부동소수점 방식으로 실수값을 표현하면, 실수값에 오차가 생길 수 있다. 주어진 비트로 가수를 정확히 표현할 수 없을 때는 반올림을 해서 표현하기 때문이다. float형은 가수 부분에 23비트를 사용하고, double형은 52비트를 사용하므로 실수 표현에서 발생하는 오차를 줄이려면 double형을 사용하는 것이 좋다.

[예제 3-7]은 float형 변수와 double형 변수의 정밀도를 비교해보기 위한 예제이다. 실행 결과를 보면 double형의 pi2는 소수점 이하 15자리까지 올바르게 출력되는 반면 float형의 pi1은 소수점 이하 6자리까지만 올바르게 출력되고, 소수점 이하 7자리부터는 잘못된 값이 출력된다. float형은 소수점 이하 6자리 정도가 유효 숫자이므로, 실수값을 정확하게 표현하는 데 한계가 있다.

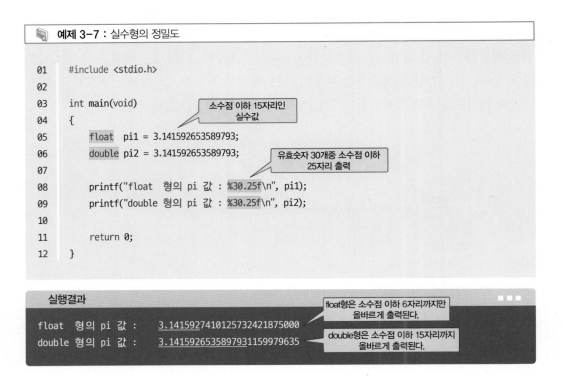

예제 3-7 : 실수형의 정밀도

```
01    #include <stdio.h>
02
03    int main(void)
04    {
05        float  pi1 = 3.141592653589793;
06        double pi2 = 3.141592653589793;
07
08        printf("float  형의 pi 값 : %30.25f\n", pi1);
09        printf("double 형의 pi 값 : %30.25f\n", pi2);
10
11        return 0;
12    }
```

소수점 이하 15자리인 실수값

유효숫자 30개중 소수점 이하 25자리 출력

실행결과

```
float  형의 pi 값 :    3.1415927410125732421875000
double 형의 pi 값 :    3.1415926535897931159979635
```

float형은 소수점 이하 6자리까지만 올바르게 출력된다.

double형은 소수점 이하 15자리까지 올바르게 출력된다.

부동소수점 방식은 실수를 표현하는 데 오차가 있을 수 있기 때문에, 두 개의 실수값을 비교할 때는 두 값이 정확히 같은지 비교하는 대신, 두 값의 차가 오차 범위 내에 있는지를 확인해야 한다.

(2) 실수형의 유효 범위

실수형의 바이트 크기에 따라 표현 가능한 실수의 유효 범위가 결정된다. 〈표 3-4〉는 실수형의 바이트 크기와 유효 범위를 정리한 것이다.

실수형에 대해서도 오버플로우나 언더플로우가 발생할 수 있다. 실수형 변수에 유효 범위의 최댓값보다 큰 값을 저장하려고 하면 무한대를 의미하는 INF로 설정된다. 또, 실수형 변수에 유효 범위의 최솟값보다 작은 값을 저장하려고 하면, 가수 부분을 줄이고 지수 부분을 늘려서 실수를 표현하거나, 그것도 안되면 0으로 만들어 버린다.

표 3-4 Win32/Win64 플랫폼에서의 실수형의 크기와 유효 범위

데이터형		크기	유효 범위
실수형	float	4바이트	$\pm 1.17549 \times 10^{-38} \sim \pm 3.40282 \times 10^{38}$
	double	8바이트	$\pm 2.22507 \times 10^{-308} \sim \pm 1.79769 \times 10^{308}$
	long double	8바이트	$\pm 2.22507 \times 10^{-308} \sim \pm 1.79769 \times 10^{308}$

[예제 3-8]은 float형 변수에서 오버플로우와 언더플로우가 발생하는 상황을 알아보기 위한 예제이다. printf 함수의 형식 문자열을 %e로 지정하면, 지수 표기 방식으로 출력한다.

예제 3-8 : float형의 오버플로우와 언더플로우

```
01   #include <stdio.h>
02
03   int main(void)
04   {
05       float x = 3.40282e38;            // float형의 최댓값
06       float y = 1.17549e-38;           // float형의 최솟값
07                          지수표기로 출력
08       printf("x = %30.25e\n", x);
09       printf("y = %30.25e\n", y);
10
11       x = x * 100;                     // float형의 오버플로우
12       printf("x = %30.25e\n", x);
13
14       y = y / 1000;                    // 가수부를 줄여서 실수 표현
15       printf("y = %30.25e\n", y);
16
17       y = y / 1000;                    // 가수부를 줄여서 실수 표현
18       printf("y = %30.25e\n", y);
19
20       y = y / 1000;                    // float형의 언더플로우
21       printf("y = %30.25e\n", y);
22
23       return 0;
24   }
```

실행결과

```
x = 3.4028200183756559773330698e+38
y = 1.1754900067970481010358167e-38
x =                             inf    ← 오버플로우 발생
y = 1.1755492817220890407979167e-41
y = 1.1210387714598536567389837e-44
y = 0.0000000000000000000000000e+00    ← 언더플로우 발생
```

[예제 3-8]에서 보면 x의 값이 float형의 최댓값인 3.40282×10^{38}일 때는 올바르게 출력되지만, 3.40282×10^{40}을 저장하려고 하면 INF로 설정된다. 마찬가지로 y의 값이 float형의 최솟값인 1.17549×10^{-38}일 때는 올바르게 출력되지만, 1.17549×10^{-41}을 저장하려고 하면 가수 부분을 줄여서 실수를 표현하려고 하기 때문에 오차가 커진다. y에 1.17549×10^{-47}을 저장하려고 하면 더 이상 실수를 표현할 수 없으므로 0으로 설정된다.

📝 **확인해봐요**

1. 실수를 지수 부분과 가수 부분으로 표현하는 방식은?
   ① 고정소수점 방식   ② ASCII코드   ③ 부동소수점 방식   ④ 2의 보수

2. 실수형 변수에 최솟값보다 작은 값을 저장하는 것이 불가능해질 때 대신 0을 저장하는 것은?
   ① 언더플로우   ② 오버플로우   ③ 형 변환   ④ 부호 확장   ⑤ 정수의 승격

3.2 변수와 상수

프로그램에서 사용되는 데이터에는 변수와 상수가 있다. 변수는 값을 변경할 수 있는 데이터이고, 상수는 값을 변경할 수 없는 데이터이다. 그러면 변수와 상수에 대하여 자세히 알아보자.

3.2.1 변수

(1) 변수의 필요성

변수가 왜 필요한지 알아보기 위해서 동영상 재생 프로그램을 작성한다고 가정해보자. 이 프로그램에는 재생할 동영상 파일 이름이 필요한데, 가장 간단한 방법은 프로그램 소스 코드에 직접 "InfinityWar.mp4"라고 동영상 이름을 지정해서 구현하는 것이다. 이 경우 프로그램은 항상 "InfinityWar.mp4" 파일을 열어서 재생한다. 즉 일반적인 동영상 재생 프로그램이 아니라 "InfinityWar.mp4" 전용 재생 프로그램이 된다. "SpiderMan.mp4"를 재생하게 하려면 "SpiderMan.mp4" 전용 재생 프로그램을 다시 만들어야 한다. 이 방법은 같은 일을 하는 프로그램을 매번 다시 만들어야 하므로 매우 비효율적이다.

그림 3-12 변수의 필요성

변수를 이용하면 이런 비효율성을 간단히 해결할 수 있다. 프로그램에서 동영상 파일 이름을 입력받아서 변수에 저장하고, 변수에 저장된 파일 이름으로 동영상을 재생하도록 프로그램을 구현하면 된다. 프로그램을 작성하는 시점에는 동영상 파일 이름을 아직 알 수 없지만, 프로그램을 실행하는 시점에 변수에 입력된 동영상 파일 이름을 사용할 수 있다.

변수를 이용하면 '특정 값을 처리하는 프로그램'이 아니라, '어떤 값이 될지 모르는 값을 처리하는 프로그램'을 작성할 수 있다. 변수의 값은 사용자로부터 입력을 받을 수도 있고, 연산의 결과일 수도 있다. 이처럼 프로그램에서 값을 저장해두고 필요할 때 읽어서 사용하려면 변수가 필요하다.

프로그램에서 어떤 값을 저장하려면 먼저 메모리에 공간을 할당하고 이름을 붙여 두어야 한다. 메모리는 연속된 데이터 바이트의 모임으로, 메모리의 각 바이트에는 주소가 있다. 메모리에 저장할 값의 형식에 따라 메모리가 얼마만큼 필요한지가 결정된다. 또한, 메모리에 값을 저장하거나 읽어오려면 메모리 주소가 필요한데, 프로그래머는 주소 대신 변수 이름을 사용한다.

변수를 사용하려면 먼저 컴파일러에게 데이터형과 변수 이름을 미리 알려주어야 하는데, 이를 변수의 선언이라고 한다. 변수를 선언하면 컴파일러는 **데이터형에 따라 특정 크기의 메모리를 할당하고 그 메모리를 변수 이름으로 접근할 수 있게 해준다.**

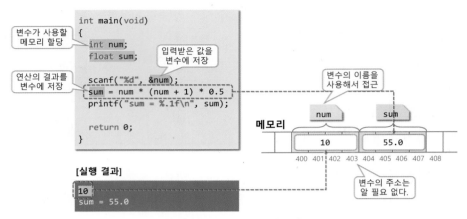

그림 3-13 변수의 선언과 사용

[그림 3-13]을 보면 int형 변수 num과 float형 변수 sum이 각각 메모리에 4바이트씩 할당되고 주소 대신 사용할 수 있도록 이름이 붙여진 것을 알 수 있다. 변수 선언 후 scanf 함수로 입력받은 정수값을 num에 저장하면, num으로 이름 붙여진 메모리에 값이 저장된다. 연산의 결과인 실수값을 sum에 저장하면 sum으로 이름 붙여진 메모리에 값이 저장된다. 변수가 메모리 몇 번지에 할당되는지는 컴파일러만 알 뿐, 프로그래머는 변수의 주소를 신경쓰지 않고 프로그램을 작성할 수 있다.

 질문 있어요

변수의 주소는 어떤 값인가요?

[그림 3-13]에서 보면 메모리의 주소가 400번지, 401번지, … 등으로 표시되어 있다. 이것은 주소의 개념을 설명하기 위해 간단히 표시한 것일 뿐 실제 주소가 아니다. 메모리 주소의 크기도 플랫폼마다 다르다. 32비트 플랫폼에서는 32비트 주소, 즉 4바이트 크기의 주소를 사용하고 64비트 플랫폼에서는 64비트 주소, 즉 8바이트 크기의 주소를 사용한다.

주소도 2진 데이터이므로 보통 16진수로 주소를 표기한다. 32비트 플랫폼에서는 주소가 0x0~0xffffffff사이의 값이고, 64비트 플랫폼에서는 0x0~0xffffffffffffffff 사이의 값이다.

(2) 변수의 선언

변수를 선언하려면 변수의 데이터형과 이름이 필요하다. 변수의 선언 형식은 다음과 같다.

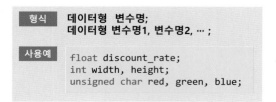

형식 | **데이터형 변수명;**
데이터형 변수명1, 변수명2, … ;

사용예
```
float discount_rate;
int width, height;
unsigned char red, green, blue;
```

변수를 선언할 때는 데이터형 다음에 변수 이름을 적어주는데, 같은 형의 변수를 여러 개 선언할 때는 콤마(,) 다음에 변수 이름을 나열한다.

```
int width, height;
```

변수 이름처럼 프로그래머가 만들어서 사용하는 이름을 **식별자(identifier)**라고 하며, 변수명 뿐 아니라 함수명, 구조체명 등도 식별자이다. 식별자는 구별하기 위한 목적으로 사용하므로 변수마다 다른 이름을 사용해야 한다. C 언어에서 식별자를 만드는 규칙은 다음과 같다.

- 반드시 영문자, 숫자, 밑줄 기호( )만을 사용해야 한다.
- 첫 글자는 반드시 영문자 또는 밑줄 기호( )로 시작해야 한다. 식별자는 숫자로 시작할 수 없다.
- 밑줄 기호( )를 제외한 다른 기호를 사용할 수 없다.
- 대소문자를 구분해서 만들어야 한다. red, Red, RED은 모두 다른 이름이다.
- C 언어의 키워드(keyword)는 식별자로 사용할 수 없다.

키워드는 C 언어에서 특별한 의미로 사용하기로 약속된 단어로, **예약어(reserved word)**라고도 한다. 지금까지 C 프로그램을 작성하면서 사용했던 int, float, return 등이 키워드이다. C 언어의 키워드는 다음과 같다.

auto	double	int	struct
break	else	long	switch
case	enum	register	typedef
char	extern	return	union
const	float	short	unsigned
continue	for	signed	void
default	goto	sizeof	volatile
do	if	static	while

그 밖에도 C99에 추가된 키워드로 inline와 restrict가 있다.

식별자를 만들 때는, 의미를 명확히 알 수 있도록 충분히 긴 이름을 사용하는 것이 좋다. 예를 들어 면적을 저장하는 변수를 만들 때, a보다는 area라는 이름을 사용하는 것이 좋다. 변수 이름을 하나 이상의 단어로 만들 때는 discount_rate처럼 밑줄 기호( )로 단어 사이를 연결하거나, discountRate처럼 연결되는 단어의 첫 글자를 대문자로 지정해서 알 아보기 쉽게 만든다.

다음은 모두 올바른 변수 선언의 예이다.

```
int salary2018;      // 변수명의 첫 글자 외에는 숫자를 사용할 수 있다.
double _rate;        // 변수명은 _로 시작할 수 있다.
int width, height;   // 같은 형의 변수를 여러 개 선언할 때는 ,를 사용한다.
long discount_rate;  // 여러 단어를 연결할 때는 _를 사용한다.
int discountRate;    // 연결되는 단어의 첫 글자를 대문자로 지정한다.
```

다음은 잘못된 변수 선언의 예이다.

```
long text-color;     // 변수명에 - 기호를 사용할 수 없다.
int elapsed time;    // 변수명에 빈칸을 포함할 수 없다.
int 2018salary;      // 변수명은 숫자로 시작할 수 없다.
char case;           // C 키워드는 변수명으로 사용할 수 없다.
```

ANSI C에서는 변수의 선언문이 다른 모든 문장보다 앞쪽에 위치해야 한다. 즉 함수의 시작 부분에 변수의 선언문이 모여 있어야 한다. 하지만, C99에서 이런 제약이 사라졌기 때문에 변수를 필요한 곳에서 언제든지 선언할 수 있다. 이 책은 ANSI C를 기준으로 예제 소스를 작성하고 있으므로 변수는 함수나 블록의 시작 부분에서 선언하는 방식을 따르고 있다.

ANSI C

```
int main(void)
{
    int num;              변수 선언문이
    float sum;            함수 시작 부분에
                          모여 있어야 한다.

    scanf("%d", &num);
    sum = num * (num + 1) * 0.5;
    printf("sum = %.1f\n", sum);

    return 0;
}
```

C99

```
int main(void)
{
    int num;
    scanf("%d", &num);
                          변수를 필요한 곳에서
    float sum;            선언할 수 있다.
    sum = num * (num + 1) * 0.5;
    printf("sum = %.1f\n", sum);

    return 0;
}
```

그림 3-14 변수 선언문의 위치

질문 있어요

Visual Studio에서는 변수 선언 위치에 제한이 없나요?
Visual Studio 2022는 기본적으로 C99를 지원하고 있으므로, 함수나 블록의 시작 부분이 아닌 곳에서도 변수를 선언할 수 있다. 다른 C/C++ 컴파일러를 사용할 때는 C99 지원 여부를 확인해야 한다.

(3) 변수의 초기화

선언 시 초기화되지 않은 변수는 쓰레기값을 가진다. 변수를 초기화하지 않으면, 변수가 할당되는 메모리 주소에 원래 들어있던 값이 변수의 초기값이 된다. 이 값은 의미 없는 값이므로 쓰레기값이라고 부른다.

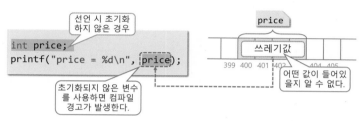

그림 3-15 초기화되지 않은 변수의 사용

변수의 초기화(initialization)는 변수가 메모리에 할당될 때 값을 지정하는 것이다. 변수를 초기화하는 방법은 다음과 같다.

형식	데이터형 변수명 = 초기값; 데이터형 변수명1 = 초기값1, 변수명2 = 초기값2, … ;

사용예	`float discount_rate = 0.1;`
	`char size = 'L';`
	`int width = 100, height = 100;`

변수를 초기화할 때 변수의 데이터형과 같은 형의 값으로 초기화해야 한다. 데이터형이 일치하지 않으면 컴파일러는 데이터형에 맞춰서 값을 변환해서 초기화하고, 그 과정에서 값이 손실되면 컴파일 경고를 발생시킨다.

```
int area = 3.14 * 5 * 5;        // 정수형 변수를 실수값으로 초기화하므로 컴파일 경고 발생
float discount_rate = 0.1;      // 0.1은 double형이므로 컴파일 경고 발생
```

초기화되지 않은 변수를 사용하는 것은 위험하다. 어떤 값을 가졌는지 알 수 없는 변수가 사용되기 때문이다. 따라서 변수를 어떤 값으로 초기화해야 하는지 알 수 없을 때에는 0으로 초기화한다.

```
int amount = 0;         // 어떤 값으로 초기화할지 알 수 없으면 0으로 초기화한다.
float sum = 0;          // 어떤 값으로 초기화할지 알 수 없으면 0으로 초기화한다.
```

(4) 변수의 사용

변수에 저장된 값을 읽어오려면 변수 이름을 이용한다. 컴파일러는 소스 코드에서 변수 이름이 사용되면, 해당 변수에게 할당된 메모리 주소에서 데이터형에 따라 값을 읽어온다. 예를 들어 printf("%d", price);는 price가 int형이므로 price의 주소에서 4바이트 크기의 정수값을 읽어와서 출력한다.

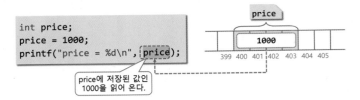

그림 3-16 변수의 값 읽어오기

변수에 값을 저장하려면 대입 연산자(=)의 왼쪽에 변수명을 적고, =의 다음에 값을 적어준다. 이처럼 변수에 값을 저장하는 것을 **대입(assignment)**이라고 한다. 변수에 값을 저장하면 이전 값은 사라지고, 마지막에 저장한 값만 남아있게 된다.

형식	변수명 = 값;

사용예	discount_rate = 0.2;
	width = 100;
	red = 255;

price = 2000;은 price가 int형이므로 2000을 4바이트 크기의 정수값으로 저장한다. 이때 기존에 price에 저장되어 있는 1000은 사라지고 마지막에 저장한 2000이 남아있게 된다.

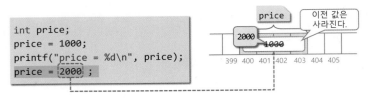

그림 3-17 변수의 대입

변수에 값을 대입할 때는 변수의 데이터형과 같은 형의 값을 대입해야 한다. 데이터형이 일치하지 않으면 컴파일러는 데이터형에 맞춰서 값을 변환해서 대입한다. 예를 double형 변수에 정수값을 대입하면 정수값을 실수로 변환해서 변수에 저장한다.

```
double x;
x = 123;                              // 123을 123.0으로 변환해서 저장
```

변수의 데이터형에 맞춰서 값을 저장하면서 값이 손실되는 경우에는 컴파일 경고가 발생한다.

```
int area;
short width;

area = 3.14 * 5 * 5;           // 정수형 변수에 실수값을 대입하므로 컴파일 경고 발생
width = 400000;                // short형 변수에 최댓값보다 큰 값을 대입하므로 컴파일 경고 발생
```

[예제 3-9]는 변수를 선언하고 사용하는 간단한 예제이다. 변수를 초기화를 하는 경우와 하지 않는 경우를 비교하기 위해서 price만 0으로 초기화한다. amount를 입력받아 합계를 구해서 total_price 변수에 저장한 다음 출력한다.

예제 3-9 : 변수의 선언 및 사용

```
01    #include <stdio.h>
02
03    int main(void)
04    {                        초기화되지 않은 변수
05        int amount;                        // 수량 → 초기화하지 않은 경우
06        int price = 0;                     // 단가 → 정수형 변수는 0으로 초기화
07        int total_price = 0;               // 합계 금액 → 정수형 변수는 0으로 초기화
08
09        printf("amount = %d, price = %d\n", amount, price);
10                                           초기화되지 않은 변수 사용 시
11        printf("수량? ");                    컴파일 경고 발생
12        scanf("%d", &amount);
13
14        price = 2000;        변수의 대입
15
16        total_price = amount * price;   // 합계 금액
17        printf("합계: %d원\n", total_price);
18
19        return 0;
20    }
```

실행결과

```
amount = -858993460, price = 0
수량? 2        쓰레기값
합계: 4000원
```

이 예제를 컴파일하면 9번째 줄에서 컴파일 경고가 발생한다. amount 변수가 초기화되지 않은 상태에서 값을 읽어오기 때문이다.

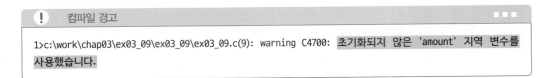

> ⓘ 컴파일 경고
>
> 1>c:\work\chap03\ex03_09\ex03_09\ex03_09.c(9): warning C4700: 초기화되지 않은 'amount' 지역 변수를 사용했습니다.

이 컴파일 경고를 무시하고 프로그램을 실행하면 [그림 3-18]의 Debug Error 창이 나타난다. Visual Studio는 프로젝트 생성 시 디버깅 정보를 함께 생성한다. 이 디버깅 정보 중에 초기화되지 않은 변수를 확인할 수 있도록 메모리를 특정 값으로 채우는 기능이 있다. 이 기능에 의해서 Visual Studio는 초기화되지 않은 변수의 사용을 감지하면 Debug Error 창을 띄운다.

Debug Error 창이 나타나면 프로그램 실행을 중단하고 프로그램 소스 파일에서 잘못된 부분을 찾아서 수정해야 한다. 에러 메시지를 무시하고 프로그램을 실행하면, 그 결과 amount 변수의 값이 −858993460로 출력되는데 이 값이 바로 쓰레기값이다.

그림 3-18 초기화되지 않은 변수 사용 에러

 질문 있어요

초기화되지 않은 변수의 값은 무엇인가요?

변수를 초기화하지 않으면, 변수가 할당된 주소에 원래 들어있던 값이 변수의 초기값이 된다. 그런데 Visual Studio에서 초기화되지 않은 정수형 변수의 값을 출력해보면, 모두 같은 값인 −8589934601이다. 이 값은 0xcccccccc에 해당하는 값으로, Visual Studio가 초기화되지 않은 변수를 확인할 수 있도록 메모리에 넣어둔 값이다. 이 기능은 실행 파일에 디버깅 정보를 추가로 생성하는 Debug 구성에서만 사용된다. **Visual Studio는 Debug 구성과 Release 구성 두 가지로 솔루션을 생성한다.** Debug 구성에서는 컴파일하면서 실행 파일에 디버깅 정보를 추가로 생성하는 반면에 Release 구성에서는 디버깅 정보 없이 최적화된 실행 파일을 생성한다. Visual Studio에서는 디폴트로 Debug 구성을 사용하며, 변경하려면 [빌드]-[구성관리자] 메뉴를 이용한다.

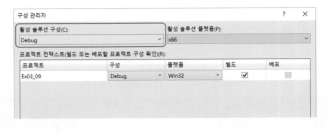

확인해봐요

1. 값을 저장하기 위해 메모리를 할당하고 이름을 붙여 두는 것은?

   ① 변수   ② 리터럴 상수   ③ 매크로 상수   ④ 수식   ⑤ sizeof

2. C 언어에서 함수 이름이나 변수 이름처럼 구별하기 위해서 사용하는 이름은 무엇인가?

   ① 데이터형   ② 식별자   ③ 연산자   ④ 리터럴   ⑤ 수식

3. 변수가 메모리에 할당될 때 값을 지정하는 것은?

   ① 초기화   ② 대입   ③ 값의 생성   ④ 값의 평가

4. 이미 만들어진 변수에 값을 저장하는 것은?

   ① 초기화   ② 대입   ③ 값의 생성   ④ 값의 평가

3.2.2 상수

상수(constant)는 프로그램에서 값이 변경되지 않는 요소이다. 상수는 메모리에 저장되지 않고, 한 번만 사용된 다음 없어져 버리는 **임시값(temporary value)**이다. 상수에는 값을 직접 사용하는 리터럴 상수(literal constant)와 이름이 있는 기호 상수(symbolic constant)가 있다.

(1) 리터럴 상수

리터럴 상수는 값 자체를 직접 사용하는 것이다. 문자형 상수는 'a'처럼 작은따옴표(' ') 안에 문자를 적어주거나, '\t'처럼 역슬래시와 함께 정해진 문자를 적어 이스케이프 시퀀스로 나타낸다. 이스케이프 시퀀스는 '\23'처럼 \다음에 8진수 ASCII 코드를 적어주거나 '\xa'처럼 \x 다음에 16진수 ASCII 코드를 적어줄 수 있다.

```
char ch1 = 'A';      // 문자 상수
char ch2 = '\xa';    // 이스케이프 시퀀스
```

정수형 상수는 10진수, 8진수, 16진수로 나타낼 수 있는데, 8진수일 때는 012처럼 0을 앞에 붙이고, 16진수일 때는 0x12처럼 0x나 0X를 앞에 붙인다. 부호 없는 정수형 상수에는 123u처럼 u 또는 U를 끝에 붙이고, long형 상수에는 123567L처럼 l 또는 L을 끝에 붙여 구분한다. 정수형 상수가 unsigned long형일 때는, ul 또는 UL을 끝에 붙인다. long long형은 ll 또는 LL을 접미사로 사용한다.

```
int num1 = 0x12;          // 16진수 정수형 상수
int num2 = 123u;          // 부호 없는 정수형 상수(unsigned int형)
int num3 = 1234567L;      // long형 상수
```

실수형 상수는 12.34처럼 부동소수점 표기 방식이나, 1.234e1처럼 지수 표기 방식으로 표현한다. 1.234e1은 1.234×10^1이라는 의미이다. 실수형 상수를 나타낼 때 소수점 앞 부분을 생략하면 0이 생략된 것으로 간주된다. 즉 .1은 0.1을 의미한다.

```
double x = 12.34;         // 부동소수점 표기 방식
double y = 1.234e1;       // 지수 표기 방식
double z = .1;            // 0.1을 의미한다.
```

실수형 상수는 디폴트로 double형으로 간주되는데, float형 상수를 나타내려면 3.14F처럼 f 또는 F를 끝에 붙인다. float형 변수를 실수값으로 초기화하거나 대입하면 컴파일 경고가 발생하므로, 컴파일 경고를 없애려면 1.23F처럼 float형을 나타내는 접미사를 붙여준다.

```
float a = 0.5;            // double형인 0.5로 float형 변수를 초기화하므로 컴파일 경고 발생
float b = 0.5F;           // 컴파일 경고가 발생하지 않는다.
```

문자열 리터럴은 "hello"처럼 큰따옴표(" ") 안에 문자들을 적어준다. 'A'는 문자 상수 지만 "A"는 문자열 상수이다. **문자열 상수에는 문자열의 끝을 나타내는 널 문자('\0')가 함께 저장된다.** 즉, "A"는 'A'와 '\0', 2개의 문자로 구성된다. 널 문자는 ASCII 코드 0으로 정의되어 있다.

```
printf("hello");          // 'h','e','l','l','o','\0'로 된 문자열
printf("A");              // 'A','\0'로 된 문자열
```

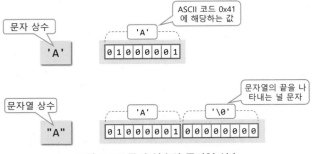

그림 3-19 문자 상수와 문자열 상수

〈표 3-5〉는 여러 가지 데이터형의 리터럴 상수를 정리한 것이다. 리터럴 상수에도 데이터형이 있는데, 기본적으로 정수형 상수는 int형으로, 실수형 상수는 double형으로 간주된다. 리터럴 상수에 u/U나 l/L, f/F등의 접미사가 사용되면 접미사 의미에 맞는 데이터형으로 간주된다.

표 3-5 여러 가지 리터럴 상수

상수의 종류	구분	예	데이터형
문자형 상수	일반 문자	'a', 'b', 'c'	int
	이스케이프 시퀀스	'\t', '\n', '\\', '\007', '\xa'	int
정수형 상수	10진수 정수	123, -123	int
	16진수 정수	0x12a, 0X12A	int
	8진수 정수	012, 0123	int
	unsigned형 정수	123u, 123U	unsigned int
	long형 정수	1234567l, 1234567L	long
	unsigned long형 정수	123456789ul, 123456789UL	unsigned long
실수형 상수	부동소수점 표기 실수	1.2345, .123	double
	지수 표기 실수	1.23e10, .12e3	double
	float형 실수	0.5f, 0.5F	float
문자열 상수	문자열 상수	"abc", "A"	char[ ]

[예제 3-10]은 여러 가지 리터럴 상수의 바이트 크기를 알아보기 위한 예제이다.

📄 예제 3-10 : 리터럴 상수의 크기

```
01    #include <stdio.h>
02
03    int main(void)                작은따옴표 출력 시        문자 상수는
04    {                             \'로 표기              int형으로 간주
05        printf("sizeof(\'a\') = %d\n", sizeof('a'));      // 4바이트
06        printf("sizeof(12345) = %d\n", sizeof(12345));
07        printf("sizeof(12345U) = %d\n", sizeof(12345U));
08        printf("sizeof(12345L) = %d\n", sizeof(12345L));
09
10        printf("sizeof(12.34F) = %d\n", sizeof(12.34F));
11        printf("sizeof(12.34567) = %d\n", sizeof(12.34567));
```

```
12        printf("sizeof(1.234e-5) = %d\n", sizeof(1.234e-5));
13
14        printf("sizeof(\"abcde\") = %d\n", sizeof("abcde"));
15
16        return 0;
17    }
```

> 큰따옴표 출력 시
> \"로 표기

> "abcde"를 저장하는 데
> 필요한 크기

실행결과

```
sizeof('a') = 4
sizeof(12345) = 4
sizeof(12345U) = 4
sizeof(12345L) = 4
sizeof(12.34F) = 4
sizeof(12.34567) = 8
sizeof(1.234e-5) = 8
sizeof("abcde") = 6
```

[예제 3-10]의 실행 결과를 보면 문자 상수 'a'의 크기는 4바이트이다. 표준 C에서는 문자 상수의 데이터형을 int형으로 정의하고 있기 때문이다. 또, 문자열 상수 "abcde"의 크기는 6바이트인데, 문자열 "abcde"를 저장하려면 문자열의 끝을 나타내는 널 문자까지 6바이트를 사용하기 때문이다.

질문 있어요

C에서 문자 상수의 데이터형이 int형인 이유는 무엇인가요?

정수의 승격 때문이다. C에서는 char형이나 short형은 자동으로 int형으로 변환해서 사용하는데, int형의 크기가 CPU 레지스터의 크기와 같기 때문이다. 따라서 sizeof('a')는 1바이트가 아니라 4바이트이다. 'a'를 int형으로 변환해서 sizeof(int)를 구하기 때문이다. 반면에 sizeof(char)는 1바이트이다.

참고로 C++에서는 C와 다르게 문자 상수의 데이터형을 char형으로 처리한다. 따라서 C++에서는 sizeof('a')가 1이다.

상수는 메모리에 저장하지 않으면 어디에 있나요?

상수는 메모리에 저장되지 않고 한 번만 사용된 다음 없어져 버리는 임시값이다. 기계어 수준에서 보면 상수는 사용하는 동안에만 CPU 레지스터에 값을 넣어두고 사용한다. CPU 레지스터에 들어있는 값들은 명령어를 수행하면서 계속 바뀔 수 있기 때문에, 값이 계속 남지 못하고 사라진다.

예외적으로 **문자열 상수는 메모리에 저장된다.** 데이터의 크기가 정해진 정수형 상수나 실수형 상수와는 다르게 문자열 상수의 길이는 다양하므로 CPU 레지스터 대신 메모리에 저장해두고 사용한다. 하지만 변수와는 다르게, 값을 변경할 수 없는 **읽기 전용 메모리(read-only memory) 영역에 저장해서 읽기 전용으로만 사용**한다.

(2) 매크로 상수

매크로 상수는 #define문으로 정의되는 상수이다. 프로그램에서 여러 번 사용되는 상수 값은 매크로 상수로 정의해두고 사용하면 편리하다. 매크로 상수를 정의하는 방법은 다음과 같다.

형식	**#define 매크로명 값**

사용예	`#define MAX_BUF 32`
	`#define ZERO 0`
	`#define PI 3.141592`
	`#define ERROR_MSG "잘못 입력했습니다."`

매크로 이름은 다른 이름과 구별할 수 있도록 대문자로 만든다. 매크로 이름에도 대소문자를 모두 사용할 수 있지만, 일반적인 식별자(변수명, 함수명)와 구별하기 위해 대문자로만 된 이름을 사용한다. 매크로명도 영문자와 숫자, 밑줄 기호(_)로 만들고, 영문자나 밑줄 기호(_)로 시작해야 한다. 다음은 매크로 상수를 정의하고 사용하는 예이다.

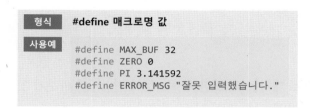

```
#define SEC_PER_HOUR 3600
#define SEC_PER_MIN  60

int main(void)
{
    int minutes = 20;
    int hours = 3;

    int total_sec = hours * SEC_PER_HOUR + minutes * SEC_PER_MIN
                                 └ 3600으로 대치        └ 60으로 대치
}
```

#define문은 전처리기 문장이다. 전처리기는 컴파일러가 소스 파일을 컴파일하기 전에 먼저 소스 파일을 컴파일할 수 있도록 변환해서 준비한다. 전처리기가 #include문이나 #define문을 처리하고 나면, 컴파일되기 위한 소스 파일에는 #include문이나 #define문이 모두 제거된다. 즉 **#include문과 #define문은 C 문장이 아니다.** [그림 3-20]은 프로그램 개발 주기에서 전처리기의 역할을 보여준다. 전처리기 문장은 #define, #include 처럼 #으로 시작한다.

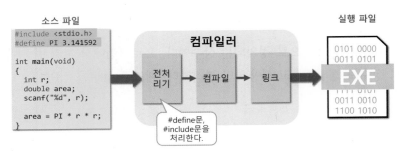

그림 3-20 전처리기의 역할

#define문은 매크로 상수를 특정 값으로 대치(replace)한다. 즉, 문서 편집기의 바꾸기 기능처럼 소스 파일 내의 특정 단어(매크로명)를 다른 단어(값)로 바꾼다.

[예제 3-11]은 매크로 상수 PI를 정의하고 사용하는 예이다.

📄 **예제 3-11 : 매크로 상수**

```
01    #include <stdio.h>
02    #define PI 3.14                  // 매크로 상수 정의
03    int main(void)
04    {
05        double radius = 0;
06        double area = 0;
07
08        printf("반지름? ");
09        scanf("%lf", &radius);       // double형 입력
                  3.14로 대치
10
11
12        area = PI * radius * radius;
13        printf("원의 면적: %.2f\n", area);
14        printf("PI = %.2f\n", PI);
15        return 0;             3.14로 대치
16    }
            문자열이므로 대치되지 않는다.
```

실행결과 ▪▪▪

```
반지름? 5
원의 면적: 78.50
PI = 3.14
```

전처리기는 프로그램에서 PI가 사용되는 모든 위치에 3.14를 대신 넣어준다. 하지만 "PI= %.2f"처럼 문자열 상수 안에 포함된 PI는 문자열의 일부이므로 대치되지 않는다.

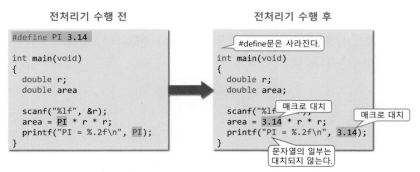

그림 3-21 전처리기의 문자열 대치

정수값이나 실수값 외에 문자열도 매크로 상수로 정의할 수 있다.

```
#define ERROR_MSG "잘못 입력했습니다.\n"

                            문자열로 대치되는
                            매크로 상수
double radius = 0;
scanf("%lf", &radius);        // double형 입력
if (radius < 0)
    printf(ERROR_MSG);        // printf("잘못 입력했습니다.\n");로 처리
```

#define문은 C의 문장이 아니기 때문에 끝에 세미콜론(;)이 필요 없다. 오히려 #define 문에 ;을 쓰면 문자열 대치에 의해서 엉뚱한 위치에 ;이 들어갈 수 있기 때문에 주의해야 한다.

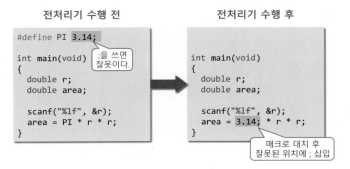

그림 3-22 잘못된 매크로 상수의 정의

매크로 상수는 변수가 아니다. 따라서 **매크로 상수의 값은 변경할 수 없다.** 매크로 상수 에 값을 대입하려고 하면 컴파일 에러가 발생한다. 대입 연산자(=)의 좌변에는 변수만 올 수 있기 때문이다.

```
#define PI 3.14      // 매크로 상수 정의
PI = 3.141592;       // 3.14 = 3.141592;로 처리되므로 컴파일 에러 발생
```

매크로 상수는 보통 소스 코드의 시작 부분에 정의한다. 전처리기가 소스 코드를 위에서부터 순차적으로 처리하기 때문이다. 소스 코드 중간에 매크로 상수를 정의하면 #define문 다음에서만 사용할 수 있다.

```
#define MAX 100        // 소스 파일의 시작 부분에 매크로 상수를 정의한다.

int main(void)
{
    int num = MIN;     // MIN이 아직 정의되지 않았으므로 사용할 수 없다.
#define MIN 0          // 이 줄 이후에서 MIN 사용 가능
    printf("MIN = %d", MIN);
}
```

(3) 표준 C 라이브러리가 제공하는 매크로 상수

표준 C 라이브러리는 유용한 매크로 상수를 미리 정의해두고 있는데, 그 중에 대표적인 것이 정수형의 최댓값, 최솟값을 나타내는 매크로 상수이다. short형의 최댓값인 32767을 외워서 쓰는 대신 SHRT_MAX라는 매크로 상수를 사용하면 힘들게 값을 외울 필요도 없고, 상수의 의미도 명확해진다. [그림 3-23]을 보면 〈limits.h〉에 정의된 매크로 상수를 확인할 수 있다.

```
limits.h
#define SCHAR_MIN    (-128)
#define SCHAR_MAX     127
#define UCHAR_MAX     0xff
#define CHAR_MIN     SCHAR_MIN
#define CHAR_MAX     SCHAR_MAX
#define SHRT_MIN     (-32768)
#define SHRT_MAX      32767
#define USHRT_MAX     0xffff
#define INT_MIN      (-2147483647 - 1)
#define INT_MAX       2147483647
#define UINT_MAX      0xffffffff
#define LONG_MIN     (-2147483647L - 1)
#define LONG_MAX      2147483647L
#define ULONG_MAX     0xffffffffUL
#define LLONG_MAX     9223372036854775807i64
#define LLONG_MIN    (-9223372036854775807i64 - 1)
#define ULLONG_MAX    0xffffffffffffffffui64
```

그림 3-23 〈limits.h〉

표준 C 라이브러리에서는 실수형에 대해서도 최댓값, 최솟값 등의 매크로 상수를 〈float.h〉에 정의해두고 있다. float형의 최댓값, 최솟값은 각각 FLT_MAX, FLT_MIN으로 정의되어 있고, double형의 최댓값, 최솟값은 각각 DBL_MAX, DBL_MIN으로 정의되어 있다.

[예제 3-12]는 〈limits.h〉와 〈float.h〉에 정의된 매크로 상수를 이용해서 정수형과 실수형의 오버플로우를 확인해보기 위한 예제이다.

예제 3-12 : 〈limits.h〉와 〈float.h〉를 이용한 오버플로우 발생

```
01  #include <stdio.h>
02  #include <limits.h> // 정수형의 최대 최소를 나타내는 매크로 상수가 정의된 헤더 파일
03  #include <float.h> // 실수형의 최대 최소를 나타내는 매크로 상수가 정의된 헤더 파일
04
05  int main(void)
06  {
07      char a = CHAR_MAX;
08      char b = CHAR_MAX + 1;    // 오버플로우
09      short c = SHRT_MAX;
10      short d = SHRT_MAX + 1; // 오버플로우
11      int e = INT_MAX;
12      int f = INT_MAX + 1;      // 오버플로우
13      float g = FLT_MAX;
14      float h = FLT_MAX * 10; // 오버플로우
15
16      printf("a = %d, b = %d\n", a, b);
17      printf("c = %d, d = %d\n", c, d);
18      printf("e = %d, f = %d\n", e, f);
19      printf("g = %30.25e, h = %30.25e\n", g, h);
20
21      return 0;
22  }
```

매크로 상수가 정의된 라이브러리 헤더 포함

실행결과

```
a = 127, b = -128
c = 32767, d = -32768
e = 2147483647, f = -2147483648
g = 3.4028234663852885981170418e+38, h =                                    inf
```

(4) const 변수

값을 변경할 수 없는 변수를 선언하려면 const 키워드를 지정한다. 이것을 **const 변수**라고 하며 const 변수를 선언하는 방법은 다음과 같다.

형식	`const 데이터형 변수명 = 초기값;`

사용예	`const int MAX_BUF = 32;`
	`const int ZERO = 0;`
	`const double PI = 3.141592;`
	`const char* ERROR_MSG = "잘못 입력했습니다.";`

const 변수의 이름은 일반 변수와 구분하기 쉽도록 대문자로 된 이름을 사용하는 것이 좋다.

```
const int max_buf = 32;      // 일반 변수와 구별이 되지 않는다.
const int MAX_BUF = 32;      // 일반 변수와 구별이 쉽다.
```

const 변수도 메모리에 할당되지만, 일반 변수와는 다르게 값을 변경할 수 없다. const 변수는 값을 변경할 수 없는 메모리에 할당되기 때문이다. const 변수의 값을 변경하려고 하면 컴파일 에러가 발생한다.

```
const int MAX_BUF = 32;
MAX_BUF = 128;               // const 변수는 변경할 수 없으므로 컴파일 에러 발생
```

const 변수는 선언 시 메모리에 할당된 다음에는 값을 변경할 수 없으므로, **const 변수는 반드시 선언 시 초기화해야 한다.**

```
const float VAT_RATE;        // 초기화 안하면 컴파일 에러는 아니지만 사용할 수 없게 된다.
VAT_RATE = 0.1;              // const 변수에 대입을 할 수 없으므로 컴파일 에러 발생
```

[예제 3-13]은 부가가치세율을 나타내는 VAT_RATE를 const 변수로 선언하고 사용하는 예이다.

예제 3-13 : const 변수의 사용

```
01    #include <stdio.h>
02
03    int main(void)
04    {
05        int amount = 0, price = 0;
06        const double VAT_RATE = 0.1; // 부가가치세율
07        int total_price = 0;
08
09        printf("수량? ");
10        scanf("%d", &amount);
11
12        printf("단가? ");
13        scanf("%d", &price);
14
15        total_price = amount * price * (1 + VAT_RATE);
16        printf("합계: %d원\n", total_price);
17
18        //VAT_RATE = 0.15;
19
20        return 0;
21    }
```

const 변수 선언

const 변수 사용

const 변수를 변경하려고 하면
컴파일 에러가 발생하므로 주석 처리 한다.

실행결과

```
수량? 2
단가? 5000
합계: 11000원
```

[예제 3-13]의 18번째 줄처럼 const 변수인 VAT_RATE에 대입을 하려고 하면, 다음과 같은 컴파일 에러가 발생한다. l-value는 대입 연산자(=)의 좌변을 의미하는데, 대입 연산자의 좌변에 const 변수를 사용할 수 없기 때문에 컴파일 에러가 발생한다.

컴파일 에러

```
1>c:\work\chap03\ex03_13\ex03_13\ex03_13.c(18): error C2166: l-value가 const 개체를 지정합니다.
```

(5) 기호 상수를 사용해야 하는 이유

매크로 상수와 const 변수처럼 이름이 있는 상수를 **기호 상수**라고 한다. 같은 값이 프로그램에서 여러 번 사용된다면, 리터럴 상수 대신 기호 상수를 사용하는 것이 좋다.

리터럴 상수 대신 기호 상수를 사용해야 하는 이유는 무엇 때문일까? 어떤 상수값이 프로그램에서 여러 번 사용된다고 해보자. 이 상수를 기호 상수로 정의하면 상수값을 변경할 필요가 있을 때, 매크로 상수를 정의하는 #define 문이나 const 변수의 선언문만 변경하면 된다. 반면에 값 자체인 리터럴 상수를 사용하면 리터럴 상수가 사용되는 모든 곳을 찾아서 변경해야 한다. 이처럼 **기호 상수를 사용하면 프로그램이 수정하기 쉬워진다.**

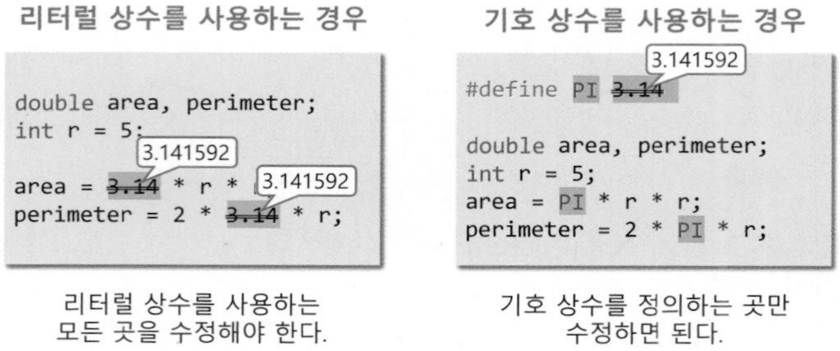

리터럴 상수를 사용하는 경우   기호 상수를 사용하는 경우

```
                                    3.141592
double area, perimeter;         #define PI 3.14
int r = 5;
        3.141592                double area, perimeter;
area = 3.14 * r *  3.141592     int r = 5;
perimeter = 2 * 3.14 * r;       area = PI * r * r;
                                perimeter = 2 * PI * r;
```

리터럴 상수를 사용하는   기호 상수를 정의하는 곳만
모든 곳을 수정해야 한다.   수정하면 된다.

그림 3-24 기호 상수를 사용하면 프로그램을 수정하기 쉽다.

기호 상수를 사용해야 하는 또 다른 이유는, 프로그램의 가독성 때문이다. 예를 들어 0.1이라는 리터럴 상수를 사용하면 이 값이 어떤 용도의 값인지 정확히 알 수 없다. 반면에 const double VAT_RATE = 0.1;라고 선언하고 VAT_RATE라는 이름을 사용하면 이 값의 의미가 명확해진다. 이처럼 **기호 상수를 사용하면 프로그램이 이해하기 쉬워진다.**

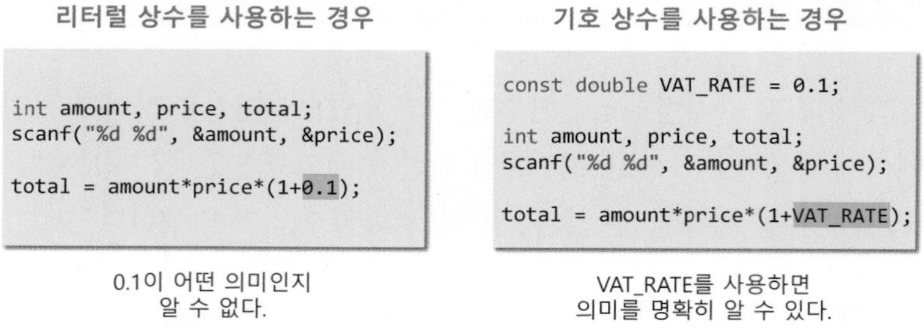

리터럴 상수를 사용하는 경우   기호 상수를 사용하는 경우

```
int amount, price, total;       const double VAT_RATE = 0.1;
scanf("%d %d", &amount, &price);
                                int amount, price, total;
total = amount*price*(1+0.1);   scanf("%d %d", &amount, &price);

                                total = amount*price*(1+VAT_RATE);
```

0.1이 어떤 의미인지   VAT_RATE를 사용하면
알 수 없다.   의미를 명확히 알 수 있다.

그림 3-25 기호 상수를 사용하면 프로그램을 이해하기 쉽다.

📋 확인해봐요

1. C에서 값 자체를 직접 사용하는 것은?

   ① 리터럴   ② 기호 상수   ③ 매크로 상수   ④ const 변수

2. 매크로 상수를 정의하는 전처리기 문장은?

   ① #include   ② #ifdef   ③ #endif   ④ #define   ⑤ #pragma

3. 값을 변경할 수 없는 변수를 선언할 때 사용되는 키워드는?

   ① int   ② const   ③ #define   ④ double   ⑤ volatile

1. 데이터형

- 데이터형에 따라 값을 저장하는 데 필요한 메모리의 크기와 2진 표현이 결정된다.
- C의 데이터형으로는 기본 데이터형, 파생 데이터형, 사용자 정의형이 있다.
- 데이터형의 크기는 플랫폼에 따라 다르며, sizeof 연산자로 데이터형의 바이트 크기를 구할 수 있다.
- 정수형은 char, short, int, long이 있으며, 부호 없는 정수형과 부호 있는 정수형으로 사용할 수 있다. 부호 없는 정수형을 선언할 때는 unsigned를 지정한다. 부호 있는 정수형은 2의 보수로 표현한다.
- 정수형의 바이트 크기에 따라 정수형의 유효 범위가 정해지며, 유효 범위보다 큰 값이나 작은 값을 저장하려고 하면 오버플로우 또는 언더플로우가 발생한다.
- 문자형으로는 char가 있으며, 문자의 ASCII 코드를 저장한다.
- 출력할 수 없고 제어를 목적으로 사용되는 제어 문자로는 '\0', '\b', '\n', '\t' 등이 있다.
- 실수형에는 float와 double이 있으며, 부동소수점 방식으로 표현한다.
- 부동 소수점 방식은 지수 부분과 가수 부분을 이용해서 주어진 비트로 표현 가능한 근사값을 나타내므로 실수 값을 표현하는 데 오차가 발생할 수 있다.

2. 변수와 상수

- 변수는 데이터형에 따라 특정 크기의 메모리를 할당하고, 그 메모리를 이름으로 접근할 수 있게 한다.
- 변수는 선언 후 사용해야 하며, 변수 선언 시 데이터형과 이름이 필요하다.
- 변수 선언 시 값을 지정하는 것은 초기화, 이미 만들어진 변수에 = 연산자를 이용해서 값을 저장하는 것은 대입이다.
- 상수는 프로그램에서 값이 변경되지 않는 요소로, 리터럴 상수와 기호 상수가 있다.
- 리터럴 상수는 123, 'A', 12.34처럼 값 자체를 직접 사용하는 것이다.
- 매크로 상수는 전처리기의 #define문으로 정의되는 상수이다.
- 값을 변경할 수 없는 변수를 선언하려면 const 키워드를 지정한다.
- 매크로 상수나 const 변수처럼 기호 상수를 사용하면 프로그램을 이해하기 쉽고, 수정하기도 쉽다.

1. **데이터형에 대한 설명을 읽고 설명이 맞으면 O, 틀리면 X를 선택하시오.**

    (1) 데이터형은 플랫폼에 관계없이 크기가 정해져 있다.   (   )

    (2) 데이터형에 따라 값의 2진 표현이 결정된다.   (   )

    (3) 소스 코드에서 데이터형의 크기를 구할 수 있다.   (   )

    (4) 문자형으로는 char형이 있고, 크기는 2바이트이다.   (   )

    (5) 정수형은 부호 있는 정수형과 부호 없는 정수형이 있다.   (   )

    (6) 실수형도 부호 없는 실수형이 있다.   (   )

    (7) char형도 정수형으로 볼 수 있다.   (   )

2. **데이터형의 바이트 크기를 구하는 데 사용되는 연산자는?**

3. **Win32/Win64 플랫폼을 기준으로 데이터형의 크기가 얼마인지 쓰시오.**

    (1) char   (2) short

    (3) int   (4) long

    (5) float   (6) double

4. **부호 없는 정수형을 선언할 때 사용되는 키워드는?**

5. **데이터형의 유효 범위에 대한 설명 중 잘못된 것을 모두 고르시오.**

    ① 정수형은 데이터형의 크기가 클수록 유효 범위가 커진다.

    ② unsigned char형의 유효 범위는 0~255이다.

    ③ short형의 유효 범위는 0~65535이다.

    ④ 변수에 데이터형의 최댓값보다 큰 값을 저장하면, 큰 값을 저장하기 위해 변수의 크기가 늘어난다.

    ⑤ 변수에 데이터형의 최솟값보다 작은 값을 저장하면, 유효 범위 내의 값으로 설정된다.

    ⑥ 오버플로우나 언더플로우가 되면, 컴파일 에러가 발생한다.

    ⑦ char형 변수에 최댓값인 127보다 1만큼 큰 값을 저장하면, −128이 되어 버린다.

6. 이스케이프 시퀀스와 그 의미를 찾아서 연결하시오.

    (1) '\0'   ① 줄바꿈(newline)
    (2) '\a'   ② 널 문자(null)
    (3) '\b'   ③ 수평 탭(horizontal tab)
    (4) '\t'   ④ 경고음(bell)
    (5) '\n'   ⑤ 역슬래시(back slash)
    (6) '\\'   ⑥ 백스페이스(backspace)

7. 실수형에 대한 설명 중 잘못된 것을 모두 고르시오.

    ① 실수형을 표현하는 데 부동소수점(floating point) 방식을 사용한다.
    ② 실수는 지수 부분과 가수 부분으로 나눠서 표현한다.
    ③ 실수의 정밀도는 지수 부분에 의해서 결정되고, 실수의 범위는 가수 부분에 의해서 결정된다.
    ④ float형은 단정도 실수, double형은 배정도 실수이다.
    ⑤ 실수는 정확한 값을 표현하는 것이 가능하다.
    ⑥ 실수형에 대해서도 오버플로우와 언더플로우가 발생할 수 있다.
    ⑦ 실수형에 대해서 언더플로우가 발생하면 값이 0이 된다.

8. 변수에 대한 설명을 읽고 설명이 맞으면 O, 틀리면 X를 선택하시오.

    (1) 변수는 값을 저장할 수 있다.   (   )
    (2) 변수는 메모리에 할당된다.   (   )
    (3) 변수는 데이터형이 없을 수도 있다.   (   )
    (4) 변수는 반드시 이름이 필요하다.   (   )
    (5) 변수는 값을 변경할 수 없다.   (   )
    (6) 변수에 값을 저장하는 것을 초기화라고 한다.   (   )
    (7) 변수를 초기화하지 않으면 자동으로 0으로 초기화된다. (   )

9. 다음 중 올바른 변수명을 모두 고르시오.

    ① income2018   ② _internal
    ③ very_long_variable_name   ④ break
    ⑤ total-amount   ⑥ productName
    ⑦ 2d_array   ⑧ const

10. 다음 중 올바른 변수 선언문을 모두 고르시오.

① char case;   ② int #_of_product;

③ double totalAmount;   ④ int elapsed time;

⑤ int a, b, c;   ⑥ int i = 10, j, k = 30;

⑦ int data = 10;

    float data = 3.14;

11. 변수명이나 함수명과 같은 식별자를 만드는 규칙 중 잘못된 것을 모두 고르시오.

① 반드시 영문자, 숫자, 밑줄 기호(_)만을 사용해야 한다.

② 첫 글자는 영문자, 숫자, 밑줄 기호(_)로 시작해야 한다.

③ 밑줄 기호(_)를 제외한 다른 기호를 사용할 수 없다.

④ 대소문자를 구분해서 만들어야 한다.

⑤ char, for, const 같은 C 언어의 키워드도 식별자로 사용할 수 있다.

12. 다음의 리터럴 상수에 대하여 데이터형이 무엇인지 쓰시오.

(1) 'A'   (   )

(2) 0xab   (   )

(3) 567.0   (   )

(4) .1F   (   )

(5) 4567U   (   )

(6) 200000L   (   )

13. 상수에 대한 설명을 읽고 설명이 맞으면 O, 틀리면 X를 선택하시오.

(1) 상수는 프로그램에서 값이 변경되지 않는 요소이다.   (   )

(2) 상수는 메모리에 저장되지 않고 한 번만 사용된 다음 없어져 버린다.   (   )

(3) 이름이 있는 상수를 기호 상수라고 한다.   (   )

(4) 리터럴 상수를 이용하면 코드가 알아보기 쉽고 수정하기 쉽다.   (   )

(5) 매크로 상수는 전처리기에 의해서 처리된다.   (   )

(6) 매크로 상수를 정의할 때는 데이터형이 필요하다.   (   )

(7) 같은 이름의 매크로 상수를 여러 번 정의할 수 있다.   (   )

(8) 문자열 안에 포함된 매크로 상수는 대치되지 않는다.   (   )

(9) const 변수는 값을 변경할 수 없으므로 메모리에 할당되지 않는다.   (   )

(10) const 변수를 변경하면 컴파일 에러가 발생한다.   (   )

14. 매크로 상수를 정의할 때 사용되는 전처리기 문장은?

15. 변수를 선언할 때 변수의 값을 변경하지 못하도록 지정하는 키워드는?

16. 리터럴 상수를 사용할 때와 비교해서 기호 상수를 사용할 때의 장점을 두 가지 쓰시오.

17. 다음 소스 코드에서 컴파일 에러가 발생하는 곳을 모두 찾으시오.

```c
#include <stdio.h>
#define MAX 100

int main(void)
{
    int a = 10;             // ①
    const int b = 20;       // ②

    MAX = 200;              // ③
    a = MAX + 1;            // ④
    b = MAX + 2;            // ⑤

    return 0;
}
```

18. 다음 코드에서 매크로 상수의 대치가 일어나지 않는 곳은?

```c
#include <stdio.h>

#define VAT 0.1
#define MSG "Error"

int main(void)
{
    int price = 2000;
    int tax;

    tax = price * VAT;              // ①
    printf("tax rate = %f\n", VAT); // ②
    printf("MSG = ");               // ③
    printf(MSG);                    // ④
```

```
    return 0;
}
```

19. 다음 프로그램의 실행 결과는?

```
#include <stdio.h>
#include <limits.h>

int main(void)
{
    unsigned char a = UCHAR_MAX + 1;
    unsigned short b = USHRT_MAX + 1;
    char ch = 'a';

    printf("%d, %d, %d, %d\n", a, b, ch, sizeof(0.5F));
    return 0;
}
```

20. 다음 프로그램의 실행 결과는?

```
#include <stdio.h>

int main(void)
{
    char ch = 'a';

    printf("%c, %d, %x\n", ch, ch, ch);
    return 0;
}
```

1. 한 변의 길이를 입력받아 정사각형의 넓이와 둘레를 구하는 프로그램을 작성하시오. [정수형 변수/난이도 ★]

```
실행결과                                               ▪▪▪

한 변의 길이 ? 5
정사각형의 넓이: 25
정사각형의 둘레: 20
```

2. 가로의 길이와 세로의 길이를 입력받아 직사각형의 넓이와 둘레를 구하는 프로그램을 작성하시오. [정수형 변수/난이도 ★]

```
실행결과                                               ▪▪▪

가로의 길이? 10
세로의 길이? 20
직사각형의 넓이: 200
직사각형의 둘레: 60
```

3. 질량과 높이를 입력받아 위치 에너지를 구하는 프로그램을 작성하시오. 질량은 kg 단위, 높이는 m 단위로 입력받는다. [실수형 변수/난이도 ★★]

$$위치\ 에너지 = 9.8 \times 질량 \times 높이$$

```
실행결과                                               ▪▪▪

질량(kg)? 10
높이(m)? 5
위치에너지: 490.000000 J
```

4. 물체에 작용한 힘의 크기와 힘의 방향으로 이동한 거리를 입력받아 한 일의 양을 구하는 프로그램을 작성하시오. 힘의 크기는 N 단위로 입력받고, 이동한 거리는 m 단위로 입력받는다. [실수형 변수/난이도 ★]

$$일의\ 양 = 힘의\ 크기 \times 이동한\ 거리$$

```
실행결과                                               ▪▪▪

힘(N)? 5
이동거리(m)? 3
일의 양: 15.00 J
```

★ printf 함수로 실수를 출력할 때 "%f"를 사용하면 소수점 아래 6자리를 출력한다. 소수점 아래 2자리만 출력하려면 "%.2f"처럼 소수점 이하 자릿수를 지정한다.

5. 길이를 인치(inch)로 입력받아 센티미터(cm)로 변환하는 프로그램을 작성하시오. 1 inch는 2.54cm에 해당한다. [상수/난이도 ★]

```
길이(inch)? 10
10.000000 inch = 25.400000 cm
```

6. 아파트의 면적을 제곱미터(m²)로 입력받아 몇 평인지 출력하는 프로그램을 작성하시오. 1m²는 0.3025평에 해당한다. 프로그램을 작성할 때 이름 있는 상수를 이용해보자. [이름있는 상수/난이도 ★★]

```
아파트의 면적(제곱미터)? 113
113.00 제곱미터 = 34.18 평
```

7. 실수값을 입력받아 그 값의 제곱과 세제곱을 출력하는 프로그램을 작성하시오. 실수값을 입력받을 때는 12.34처럼 소수 표기 방법이나 1.234e2처럼 지수 표기 방법을 둘 다 사용할 수 있게 하고 제곱과 세제곱을 출력할 때는 지수 표기 방법으로 출력하시오. [실수형, printf 형식 문자열/난이도 ★★★]

```
실수? 3.0e-1
제곱: 9.000000e-02
세제곱: 2.700000e-02
```

8. 길이를 야드(yd)로 입력받아 미터(m)로 변환해서 출력하는 프로그램을 작성하시오. 1 yd는 0.9144m에 해당한다. [상수/난이도 ★]

```
길이(yd)? 100
100 yd = 91.440000 m
```

9. 무게를 파운드(lb)로 입력받아 킬로그램(kg)으로 변환해서 출력하는 프로그램을 작성하시오. 1 lb는 0.45359237kg에 해당한다. [상수/난이도 ★]

```
무게(ld)? 5
5 ld = 2.267962 kg
```

10. 원/달러 환율과 달러를 입력받아 몇 원인지 출력하는 프로그램을 작성하시오. [데이터형/난이도 ★★]

```
실행결과                                                ■ ■ ■

USD? 150
원/달러 환율? 1210
USD 150.00 = KRW 181500.00
```

11. 원/달러 환율과 원화를 입력받아 몇 달러인지 출력하는 프로그램을 작성하시오. [데이터형/난이도 ★★]

```
실행결과                                                ■ ■ ■

KRW? 500000
원/달러 환율? 1210
KRW 500000 = USD 413.22
```

CHAPTER 4

연산자

4.1 연산자의 기본 개념

4.1.1 수식

수학에서 덧셈, 뺄셈, 곱셈, 나눗셈 같은 연산을 하려면 +, −, ×, ÷ 기호를 사용한다. 또, 두 수를 비교할 때도 >, <, ≥, ≤, =, ≠ 기호를 사용한다. C 프로그램에서도 연산에 +, −, *, /, >, <, >=, <=, ==, != 등의 기호를 사용하며, 연산에 사용되는 기호를 연산자라고 한다. C의 연산자는 수학과 같은 기호를 사용할 수도 있고, 다른 기호를 사용할 수도 있다. 예를 들어 수학에서는 나누기를 할 때 ÷ 기호를 사용하는 반면에, C 프로그램에서는 / 기호를 사용한다.

10 + 20 같은 연산에서 + 기호를 연산자(operator), 연산의 대상이 되는 값인 10과 20을 피연산자(operand)라고 하며, 이런 연산자와 피연산자의 조합을 **수식(expression)**이라고 한다. 다음은 모두 수식에 해당된다.

```
10 + 20          // 덧셈 연산의 결과는 정수값이므로 수식이다.
a > 10           // 비교 연산의 결과는 0 또는 1이므로 수식이다.
1.5              // 실수형 상수도 수식이다.
'A'              // 문자 상수도 수식이다.
a                // 변수 a도 값이 있으므로 수식이다.
printf("hello"); // printf 함수는 출력한 문자의 개수를 리턴하므로 수식이다.
```

모든 수식에는 반드시 값이 있고, 수식의 값을 구하는 것을 '수식을 평가(evaluate)한다'라고 한다. C에서는 값이 있는 모든 요소가 수식이다. 상수나 변수도 수식이고, 연산자가 포함된 연산식도 수식이다. 리턴값이 있는 함수 호출도 수식으로 볼 수 있다.

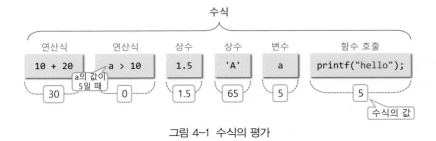

그림 4-1 수식의 평가

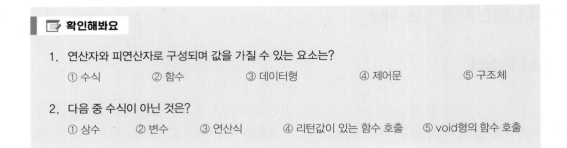

4.1.2 연산자와 피연산자

연산자를 이용하는 수식은 **연산자**와 하나 이상의 **피연산자**로 이루어진다. 연산에 사용되는 기호를 연산자라고 하며, C 언어는 다양한 종류의 연산자를 제공한다. 연산의 대상이되는 값을 피연산자라고 하고, 연산자의 종류에 따라 1~3개의 피연산자를 사용한다. 예를 들어 amount * price에서 *가 연산자이고, *의 좌변과 우변에 있는 amount, price가 피연산자이다. 또 다른 예로 sizeof(char)에서 sizeof가 연산자이고 ( ) 안에 지정된 char가 피연산자이다.

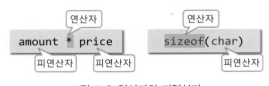

그림 4-2 연산자와 피연산자

연산자는 피연산자의 개수에 따라서 단항 연산자(unary operator), 이항 연산자(binary operator), 삼항 연산자(ternary operator)로 분류할 수 있다. 단항 연산자는 피연산자가 1개이고, 이항 연산자는 피연산자가 2개이다. 삼항 연산자는 피연산자가 3개이다.

```
amount * price            // *은 이항 연산자
num = 123                 // =은 이항 연산자
-num                      // -은 단항 연산자
sizeof num                // sizeof는 단항 연산자
num < 0 ? -num : num      // ?:은 삼항 연산자
```

〈표 4-1〉은 피연산자의 개수로 연산자를 분류한 것이다. 대부분의 연산자가 이항 연산자이며, 조건 연산자인 ?:가 유일한 삼항 연산자이다.

표 4-1 피연산자의 개수로 분류한 연산자

종류	연산자의 의미		연산자
단항 연산자	1개의 피연산자		+a -a a++ ++a a-- --a !a &a ~a sizeof a
이항 연산자	2개의 피연산자	산술	a+b a-b a*b a/b a%b
		대입	a=b a+=b a-=b a*=b a/=b a%=b a>>=b a<<=b a&=b al=b a^=b
		관계	a>b a<b a>=b a<=b a==b a!=b
		논리	a&&b allb
		비트	a&b alb a^b a<<b a>>b
삼항 연산자	3개의 피연산자		a?b:c

어떤 일을 하는 연산자인지에 따라 연산자를 분류한 것이 〈표 4-2〉이다.

표 4-2 연산자의 기능에 따라 분류한 연산자

연산자의 종류	연산자
산술 연산자	a+b a-b a*b a/b a%b +a -a
증감 연산자	a++ ++a a-- --a
관계 연산자	a>b a<b a>=b a<=b a==b a!=b
논리 연산자	a&&b allb !a
비트 연산자	a&b alb a^b ~a a<<b a>>b
대입 연산자	a=b a+=b a-=b a*=b a/=b a%=b a&=b al=b a^=b a<<=b a>>=b
멤버 접근 연산자	*a &a a[b] a.b a->b
그 밖의 연산자	a?b:c a,b sizeof a (type)a

이번 장에서는 배열, 포인터, 구조체 등에서 사용되는 멤버 접근 연산자를 제외한 나머지 연산자에 대해서 구체적으로 알아볼 것이다.

📑 확인해봐요

1. 연산에 사용되는 기호는?

　① 수식　　　　　② 연산자　　　　③ 피연산자　　　④ 전처리기문

2. 다음 중 이항 연산자가 아닌 것은?

　① +　　　　　　② -　　　　　　③ ++　　　　　④ >　　　　　⑤ =

4.2 연산자의 종류

4.2.1 산술 연산자

(1) 산술 연산자의 기본

산술 연산자(arithmetic operator)는 더하기(+), 빼기(−), 곱하기(*), 나누기(/)와 같은 기본적인 사칙연산 기능을 제공하는 연산자이다. 기본적인 사칙연산 외에 나머지(%) 연산 자와 부호 연산자인 +, −가 있다. 〈표 4-3〉은 산술 연산자를 정리한 것이다.

표 4-3 산술 연산자의 의미

산술 연산자	의미	사용 예	연산의 결과
+a	플러스(부호)	+10	10
−a	마이너스(부호)	−10	−10
a + b	더하기	10 + 3	13
a − b	빼기	10 − 3	7
a * b	곱하기	10 * 3	30
a / b	나누기	10 / 3	3
a % b	나머지 구하기	10 % 3	1

부호 연산자인 +, −는 단항 연산자로 +연산자는 피연산자의 부호를 유지하고, −연산 자는 피연산자의 부호를 변경한다. 즉, −연산자는 양수값은 음수값으로, 음수값은 양수값 으로 변경한다.

```
short a = 10;
printf("%d", -a);        // 수식의 값은 -10
```

산술 연산자는 정수와 실수에 대해서 사용할 수 있다. 산술 연산자를 정수에 대해서 사 용할 때는 나누기 연산자와 나머지 연산자에 대해서만 주의하면 된다. 나누기 연산자(/)의 피연산자가 둘 다 정수인 경우, 몫도 정수가 된다. 즉, 수학에서는 10 ÷ 3을 계산하면 몫 이 3.333333이지만, C에서는 10 / 3 연산의 결과는 3이다.

```
int result1 = 10 / 3;        // 수식의 값은 3
```

나머지 연산자(%)는 피연산자가 모두 정수인 경우에만 사용할 수 있다. 10 % 3 연산의 결과는 10를 3으로 나눈 나머지인 1이다.

```
int result2 = 10 % 3;          // 수식의 값은 1
```

[예제 4-1]은 정수값 2개를 입력받아서 더하기, 빼기, 곱하기, 나누기, 나머지 연산식의 값을 구하는 코드이다.

📄 **예제 4-1** : 정수의 산술 연산

```
01    #include <stdio.h>
02
03    int main(void)
04    {
05        int x = 0, y = 0;
06
07        printf("두 개의 정수를 입력하세요 : ");
08        scanf("%d %d", &x, &y);
09
10        printf("+%d = %d\n", x, +x);              // 플러스 부호
11        printf("-%d = %d\n", y, -y);              // 마이너스 부호
12        printf("%d + %d = %d\n", x, y, x + y);    // 더하기
13        printf("%d - %d = %d\n", x, y, x - y);    // 빼기
14        printf("%d * %d = %d\n", x, y, x * y);    // 곱하기
15        printf("%d / %d = %d\n", x, y, x / y);    // 나누기
16        printf("%d %% %d = %d\n", x, y, x % y);   // 나머지
17
18        return 0;              %문자를 출력하려면
19    }                          %%로 지정
```

실행결과

```
두 개의 정수를 입력하세요 : 10 3
+10 = 10
-3 = -3
10 + 3 = 13
10 - 3 = 7
10 * 3 = 30
10 / 3 = 3
10 % 3 = 1
```

참고로 나누기나 나머지 연산자의 우변은 0이 될 수 없다. 0으로 나누기나 0으로 나머지 구하기 연산을 수행하면 다음과 같이 프로그램이 비정상 종료한다.

실행결과

```
두 개의 정수를 입력하세요 : 5 0
+5 = 5
-0 = 0
5 + 0 = 5
5 - 0 = 5
5 * 0 = 0
```
/ 연산을 수행하지 못한다.

종료 코드가 0이 아니므로
비정상 종료

```
C:\work\chap04\Ex04_01\Debug\Ex04_01.exe(41180 프로세스)이(가) -1073741676 코드로 인해
종료되었습니다.
```

질문 있어요

[예제 4-1]의 16번째 줄의 형식 문자열에서 "%%"는 무슨 뜻인가요?

printf 함수의 형식 문자열에서 % 기호는 서식 지정자와 결합해서 출력할 값의 형식을 알려주는 역할을 한다.
서식 지정자로 사용되는 경우와 구분하기 위해 % 문자 자체를 출력하려면 %%로 지정해야 한다.

[예제 4-1]을 수정해서 실수에 대한 산술 연산을 처리하도록 작성한 것이 [예제 4-2]이다.

📋 **예제 4-2 : 실수의 산술 연산**

```c
01    #include <stdio.h>
02
03    int main(void)
04    {
05        double x = 0, y = 0;
06
07        printf("두 개의 실수를 입력하세요 : ");
08        scanf("%lf %lf", &x, &y);          // double형 입력시 %lf 사용
09
10        printf("+%f = %f\n", x, +x);
11        printf("-%f = %f\n", y, -y);
12        printf("%f + %f = %f\n", x, y, x + y);
13        printf("%f - %f = %f\n", x, y, x - y);
14        printf("%f * %f = %f\n", x, y, x * y);
15        printf("%f / %f = %f\n", x, y, x / y);
16        //printf("%f %% %f = %f\n", x, y, x % y);  // 컴파일 에러
17
18        return 0;
19    }
```
실수에는 %연산자를 사용할 수 없으므로
컴파일 에러

실행결과

```
두 개의 실수를 입력하세요 : 10 3
+10.000000 = 10.000000
-3.000000 = -3.000000
10.000000 + 3.000000 = 13.000000
10.000000 - 3.000000 = 7.000000
10.000000 * 3.000000 = 30.000000
10.000000 / 3.000000 = 3.333333
```

> 실수 입력 시 정수부만 입력하면
> 소수부를 0으로 간주

[예제 4-2]의 16번째 줄에서 실수에 대하여 나머지 연산자를 사용하려고 하면 다음과 같은 컴파일 에러가 발생한다. 즉 % 연산자는 실수와 함께 사용할 수 없다. [예제 4-2]를 올바르게 컴파일하려면 16번째 줄을 주석 처리해야 한다.

! 컴파일 에러

```
1>c:\work\chap04\ex04_02\ex04_02\ex04_02.c(16): error C2296: '%': 왼쪽 피연산자 형식으로 'double'을
(를) 사용할 수 없습니다.
1>c:\work\chap04\ex04_02\ex04_02\ex04_02.c(16): error C2297: '%': 오른쪽 피연산자 형식으로 'double'
을(를) 사용할 수 없습니다.
```

[예제 4-3]은 게시판 관리 프로그램에서 전체 항목 수와 한 페이지에 보여줄 항목 수를 입력받아서 모두 몇 페이지인지 구하는 코드이다. 필요한 페이지 수와 마지막 페이지에 들어갈 항목 수를 출력하려면 나누기 연산자와 나머지 연산자를 이용한다.

예제 4-3 : 나머지 연산자의 활용

```
01   #include <stdio.h>
02
03   int main(void)
04   {
05       int items = 0;                  // 전체 항목 수
06       int pages = 0, left = 0;
07       int items_per_page = 0;         // 한 페이지 당 항목 수
08
09       printf("항목수? ");
10       scanf("%d", &items);
11
12       printf("한 페이지 당 항목수? ");
13       scanf("%d", &items_per_page);
14
15       pages = items / items_per_page;   // 페이지 수
16       left = items % items_per_page;    // 남은 항목 수
17       printf("%d 페이지와 %d 항목\n", pages, left);
18
19       return 0;
20   }
```

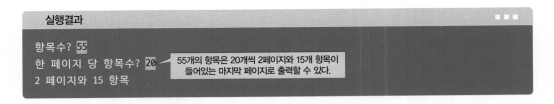

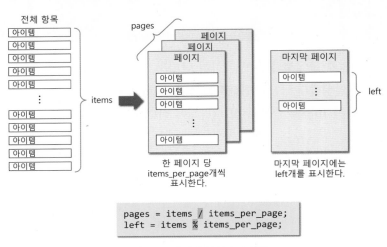

```
pages = items / items_per_page;
left = items % items_per_page;
```

그림 4-3 나머지 연산자의 활용

(2) 여러 가지 데이터형의 혼합 연산

　정수와 실수를 혼합 연산할 때는, 정수를 실수로 변환 실수 연산으로 처리한다. 즉, 이항 연산자의 피연산자 중 하나가 실수이면 나머지도 실수로 변환하여 실수 연산으로 처리한다. **산술 연산 시 피연산자의 형 변환 규칙**을 정리하면 다음과 같다. 형 변환 규칙은 ① 번부터 순서대로 적용된다.

① 피연산자 중에 double형이 있으면, 나머지 피연산자를 double형으로 변환한다.

```
1.25 * 3        // double * double로 처리
1.25 + 0.5F     // double + double로 처리
```

② 피연산자 중에 float형이 있으면, 나머지 피연산자(정수형)를 float형으로 변환한다.

```
1.25F / 2       // float / float로 처리
```

③ 피연산자가 둘 다 정수형이면 우선 승격시킨다. 즉, char형이나 short형을 int형으로 변환한다. 승격 후 피연산자가 같은 형이면 그대로 연산한다.

```
short a = 1000, b = 2000;
a * b              // int * int로 처리
```

④ 피연산자의 signed/unsigned 여부가 일치하면, 작은 형을 큰 형으로 변환한다.

```
'a' + 10L          // long + long으로 처리
```

⑤ 피연산자의 signed/unsigned 여부가 일치하지 않고 unsigned형의 크기가 signed형의 크기보다 크거나 같으면, unsigned형 쪽으로 맞춰 변환한다.

```
short a = 100;
123U - a           // unsigned int - unsigned int으로 처리
```

⑥ 피연산자의 signed/unsigned 여부가 일치하지 않고 unsigned형의 크기가 signed형의 크기보다 작으면, signed형 쪽으로 맞춰 변환한다.

```
123U + 1234567LL   // long long + long long으로 처리
```

보통은 ①~③까지 적용하면 피연산자의 형이 같아지므로 연산을 수행할 수 있다. 피연산자의 형 변환 규칙은 다음과 같은 연산자에 대하여 공통적으로 적용된다.

- 산술 연산자(*, /, %, +, -)
- 관계 연산자(<, >, <=, >=, ==, !=)
- 비트 논리 연산자(&, |, ^)
- 조건 연산자(? :)

피연산자가 하나인 단항 연산자에서는 항상 정수의 승격이 일어난다.

```
short a = 10;
printf("%d", sizeof(+a));    // +a는 int형으로 승격되므로 sizeof(+a)는 4
printf("%d", sizeof(-a));    // -a는 int형으로 승격되므로 sizeof(-a)는 4
```

또, 피연산자의 형이 일치하더라도 int형보다 크기가 작은 경우에는 항상 int형으로 변환해서 연산을 수행한다.

```
short a = 1000, b = 2000;
printf("%d", sizeof(a * b));  // a, b는 int형으로 승격되므로 sizeof(a * b)는 4
```

정수와 실수를 혼합 연산할 때 형 변환이 어떻게 일어나는지 알아보기 위해서 원의 면적과 둘레를 구하는 프로그램을 작성해보자. [예제 4-4]는 반지름을 정수값으로 입력받아서 원의 면적과 둘레를 실수로 구하는 프로그램이다.

📖 **예제 4-4** : 정수와 실수의 혼합 연산

```
01    #include <stdio.h>
02    #define PI 3.141592   // 매크로 상수 정의
03
04    int main(void)
05    {
06        int radius = 0;
07        double area, perimeter;
08
09        printf("반지름? ");
10        scanf("%d", &radius);
11
12        area = PI * radius * radius;          // PI가 실수이므로 radius를
13        printf("원의 면적: %.2f\n", area);      // double형으로 변환해서 연산
14
15        perimeter = 2 * PI * radius;          // PI가 실수이므로 radius를
16        printf("원의 둘레: %.2f\n", perimeter); // double형으로 변환해서 연산
17
18        return 0;
19    }
```

실행결과

```
반지름? 5
원의 면적: 78.54
원의 둘레: 31.42
```

정수와 실수의 혼합 연산 시 수행되는 형 변환은 자동으로 처리되므로 **자동 형 변환** 또는 **암시적인 형 변환**(implicit type conversion)이라고 한다.

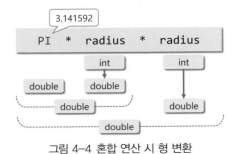

그림 4-4 혼합 연산 시 형 변환

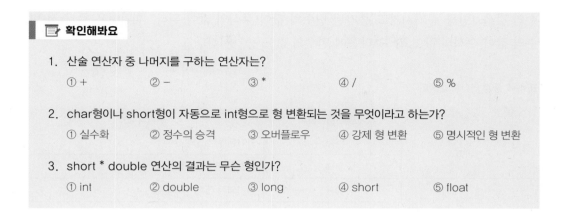

4.2.2 증감 연산자

증감 연산자(increment/decrement operator)는 변수의 값을 1만큼 증가시키거나 감소시키는 단항 연산자이다. ++ 연산자는 변수의 값을 1만큼 증가시키고, -- 연산자는 변수의 값을 1만큼 감소시킨다. 증감 연산자는 반드시 변수에만 사용해야 한다. 상수나 수식은 값을 변경할 수 없으므로 증감 연산자를 사용할 수 없다.

```
int current_page = 0;
current_page++;              // 변수 current_page을 1만큼 증가시킨다.
--current_page;              // 변수 current_page을 1만큼 감소시킨다.
1++;                         // 상수는 증가시킬 수 없으므로 컴파일 에러
--(current_page + 2);        // 수식의 값도 상수이므로 컴파일 에러
```

증감 연산자는 피연산자의 앞에 오거나 뒤에 올 수 있다. 피연산자의 앞에 사용하는 것을 전위형(prefix)이라고 하고 피연산자의 뒤에 사용하는 것을 후위형(postfix)이라고 한다. 증감 연산자를 포함한 수식을 하나의 문장으로 사용할 때는 전위형과 후위형이 동일하다.

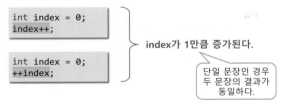

그림 4-5 단일 문장으로 사용된 증감 연산식

증감 연산자를 포함한 수식을 다른 문장의 일부로 사용했을 때는 전위형과 후위형의 의미가 달라진다. 전위형 증감 연산과 후위형 증감 연산은 수식의 값이 다르다. 전위형은 변

수의 값을 1만큼 증가시키고 증가된 변수의 값이 수식의 값이 된다. 후위형은 증가 전 변수의 값이 수식의 값이고, 그 다음에 변수의 값을 증가시킨다.

표 4-4 증감 연산자의 의미

구분	증감 연산자	수식의 값
전위형	++a	증가된 변수 a의 값
	--a	감소된 변수 a의 값
후위형	a++	증가되기 전 변수 a의 값
	a--	감소되기 전 변수 a의 값

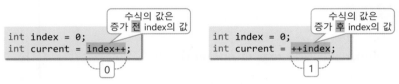

그림 4-6 전위형과 후위형의 차이점

📋 **예제 4-5** : 증감 연산자의 사용 예

```c
01    #include <stdio.h>
02
03    int main(void)
04    {
05        int index1 = 0, index2 = 0;
06        int current1, current2;
07        float x1 = 0.5F, x2 = 0.5F;
08        float y1, y2;
09
10        current1 = index1++;    // 증가 전의 index1
11        printf("index1 = %d, current1 = %d\n", index1, current1);
12
13        current2 = ++index2;    // 증가 후의 index2
14        printf("index2 = %d, current2 = %d\n", index2, current2);
15
16        y1 = x1++;    // 증가 전의 x1          실수형에도 증감 연산자를
17        printf("x1 = %.2f, y1 = %.2f\n", x1, y1);   사용할 수 있다.
18
19        y2 = ++x2;    // 증가 후의 x2
20        printf("x2 = %.2f, y2 = %.2f\n", x2, y2);
21
22        return 0;
23    }
```

실행결과

```
index1 = 1, current1 = 0
index2 = 1, current2 = 1
x1 = 1.50, y1 = 0.50
x2 = 1.50, y2 = 1.50
```

증감 연산자를 이용하면 소스 코드를 축약해서 작성할 수 있지만 코드의 의미가 혼동될 수 있다. 증감 연산자를 이용해서 소스 코드의 길이를 줄이는 것 보다는 코드를 명확하게 작성하는 것이 더 좋다. 알아보기 쉬운 코드가 더 좋은 코드라는 사실을 잊지 말자.

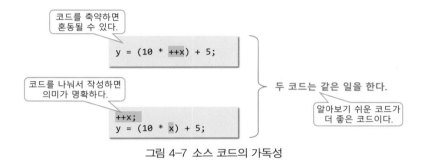

그림 4-7 소스 코드의 가독성

증감 연산자는 실수형 변수에도 사용할 수 있다. 실수형 변수에 ++이나 -- 연산자를 사용하면 1.0만큼 증가시키거나 감소시킨다.

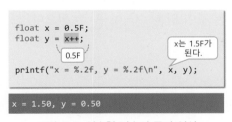

그림 4-8 실수형 변수의 증감 연산

질문 있어요

이항 연산자의 피연산자를 lhs, rhs라고 하는데 lhs, rhs는 무슨 의미인가요?

이항 연산자는 연산자를 중심으로 좌변과 우변에 피연산자가 위치한다. 이때 좌변에 있는 피연산자를 lhs(left hand side), 우변에 있는 피연산자를 rhs(right hand side)라고 부른다.

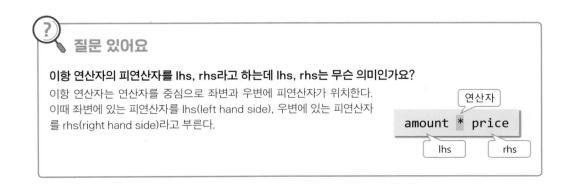

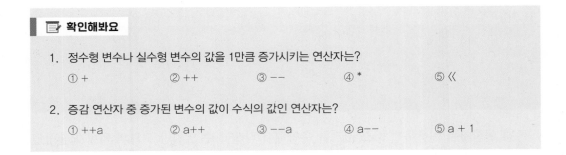

4.2.3 대입 연산자

(1) 대입 연산자의 기본

대입 연산자(assignment operator)는 좌변에 있는 변수에 우변의 값을 저장한다. 대입
연산자를 사용하는 형식은 다음과 같다.

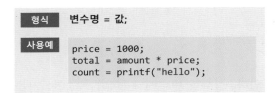

```
형식    변수명 = 값;

사용예   price = 1000;
        total = amount * price;
        count = printf("hello");
```

대입 연산자의 좌변(lhs)을 l-value, 우변(rhs)를 r-value라고 하는데, l-value에는 변수
만 올 수 있다. r-value에는 값이 있는 수식이 올 수 있으며, 그 값은 l-value의 데이터형
으로 형 변환될 수 있어야 한다.

```
int price = 3000, amount = 2;
int total = 0;
int count = 0;
price = 1000;            // price 변수에 리터럴 상수의 값을 저장한다.
total = amount * price;  // total 변수에 amount * price 연산의 결과값을 저장한다.
count = printf("hello"); // count 변수에 printf 함수의 리턴값을 저장한다.
```

대입 연산자의 좌변에 값을 변경할 수 없는 요소를 사용하면 컴파일 에러가 발생한다.
상수나 수식, 함수 호출문, const 변수는 대입 연산자의 좌변에 올 수 없다.

```
🚫  10 = x;                  // 10은 변수가 아니므로 컴파일 에러
🚫  a + 1 = a;               // a + 1은 변수가 아니므로 컴파일 에러
🚫  printf("abc") = 10;      // printf("abc")는 변수가 아니므로 컴파일 에러

    const double PI = 3.141592;
🚫  PI = 3.14;               // PI는 const 변수이므로 컴파일 에러
```

대입 연산자를 포함한 수식에도 값이 있는데, 대입 연산자의 좌변에 있는 변수의 값이 대입 연산식의 값이 된다. 예를 들어, price = 1000;이라는 수식은 price에 1000을 저장한 다음 좌변에 있는 price의 값인 1000이 대입 연산의 결과가 된다. 따라서 대입 연산의 결과값도 다른 수식의 일부로 이용할 수 있다.

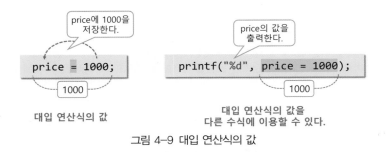

price에 1000을 저장한다.

price의 값을 출력한다.

```
price = 1000;
```

1000

대입 연산식의 값

```
printf("%d", price = 1000);
```

1000

대입 연산식의 값을 다른 수식에 이용할 수 있다.

그림 4-9 대입 연산식의 값

[예제 4-6]은 대입 연산의 결과값을 알아보기 위한 예제이다.

📝 **예제 4-6** : 대입 연산식의 값

```
01    #include <stdio.h>
02
03    int main(void)
04    {
05        int a = 0;
06        double b = 0;
07        int c = 0;
08
09        a = 123;          // a에 123 저장
10        printf("a = %d\n", a);
11        printf("a = %d\n", a = 456);        // a에 456 저장 후 a의 값이 수식의 값
12        printf("b = %f\n", b = a + 0.5);    // b에 a + 0.5 저장 후 b의 값이 수식의 값
13        printf("c = %d\n", c = printf("ABC\n"));
14            // printf 함수의 리턴값을 c에 저장하고 c의 값이 수식의 값
15
16        return 0;
17    }
```

실행결과 ▪▪▪

```
a = 123
a = 456
b = 456.500000
ABC
c = 4
```

13번째 줄의 print 함수에 의해 출력된다.

[예제 4-6]의 11~13번째 줄에서 보면 대입 연산식의 결과를 다른 수식의 일부로 사용할 수 있다.

질문 있어요

대입 연산자의 좌변을 l-value라고 하는데, l-value는 무엇인가요?

대입 연산자의 lhs에는 변수만 올 수 있다. l-value는 대입 연산자의 왼쪽(left-side)에 올 수 있는 값이라는 뜻으로 변수가 바로 l-value이다. const 변수는 값을 변경할 수 없으므로 l-value로 사용될 수 없다. 대입 연산자의 lhs나 증감 연산자의 피연산자는 l-value이다. 즉 증감 연산자의 피연산자도 반드시 변수여야 하고 const 변수가 될 수 없다.

```
const int max = 100;
max++;              // const 변수는 l-value가 될 수 없으므로 컴파일 에러
max = 200;          // const 변수는 l-value가 될 수 없으므로 컴파일 에러
```

(2) 복합 대입 연산자

대입 연산자는 산술 연산자, 비트 연산자와 합쳐서 복합 대입 연산자로 사용할 수 있다. 복합 대입 연산자는 좌변의 변수를 피연산자로 이용해서 연산을 수행하고 연산의 결과를 다시 좌변의 변수에 대입한다. 즉, num += 1;는 num = num + 1;와 같은 의미이다. num = num + 1;은 실제로 2개의 수식(+ 연산과 = 연산)이 합쳐진 것이다.

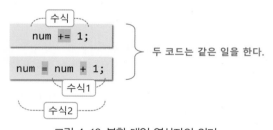

그림 4-10 복합 대입 연산자의 의미

⟨표 4-5⟩는 C 언어가 제공하는 복합 대입 연산자와 그 의미를 정리한 것이다.

표 4-5 복합 대입 연산자의 의미

복합 대입 연산자	의미	복합 대입 연산자	의미
a += b	a = a + b	a &= b	a = a & b
a -= b	a = a - b	a |= b	a = a	b
a *= b	a = a * b	a ^= b	a = a ^ b
a /= b	a = a / b	a <<= b	a = a << b
a %= b	a = a % b	a >>= b	a = a >> b

[예제 4-7]은 [예제 4-3]을 복합 대입 연산자를 이용해서 다시 작성해 본 것이다. [예제 4-3]에서는 남은 항목의 개수를 left 변수에 저장했는데, [예제 4-7]에서는 그 값을 다시 items에 저장한다. 즉 items %= items_per_pages;를 수행하고 나면 items가 남은 항목의 개수로 변경된다.

그림 4-11 복합 대입 연산자의 활용

📄 **예제 4-7 : 복합 대입 연산자의 활용**

```
01    #include <stdio.h>
02
03    int main(void)
04    {
05        int items = 0;           // 전체 항목 수
06        int pages = 0;
07        int items_per_page = 0;  // 한 페이지 당 항목 수
08
09        printf("항목수? ");
10        scanf("%d", &items);
11
12        printf("한 페이지 당 항목수? ");
13        scanf("%d", &items_per_page);
14
```

```
15        pages = items / items_per_page;    // 페이지 수
16        items %= items_per_page;            // 남은 항목 수
17        printf("%d 페이지와 %d 항목\n", pages, items);
18
19        return 0;
20    }
```

> 나머지 연산의 결과를 다시 items에
> 저장하므로 left 변수가 필요 없다.

실행결과 ▪ ▪ ▪

항목수? 55
한 페이지 당 항목수? 20
2 페이지와 15 항목

> 55개의 항목은 20개씩 2페이지와
> 15개 항목이 들어있는
> 마지막 페이지로 출력할 수 있다.

복합 대입 연산자를 다른 수식과 함께 사용할 때는 연산자 우선순위에 주의해야 한다. 복합 대입 연산자의 우선순위가 낮기 때문에 x *= 2 + 5;는 x *= (2 + 5);로 처리된다. (x *= 2) + 5;처럼 ( )로 묶어주면 (x = x * 2) + 5라는 의미가 되므로 x는 4가 되고 수식의 값은 9이다.

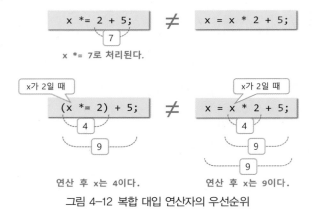

그림 4-12 복합 대입 연산자의 우선순위

📝 **확인해봐요**

1. 대입 연산자의 좌변에 올 수 있는 것은?

   ① 상수   ② 변수   ③ 연산식   ④ 함수 호출   ⑤ 매크로 상수

2. 대입 연산식의 값은?

   ① 1만큼 증가된 변수의 값   ② 1만큼 증가되기 전의 변수의 값

   ③ 대입되기 전의 변수의 값   ④ 대입 후 변수의 값

3. a = a + 2;와 같은 의미의 복합 대입 연산자는?

   ① a += 2;   ② a *= 2;   ③ a /= 2;   ④ a %= 2;

4.2.4 관계 연산자

(1) 관계 연산자의 기본

관계 연산자(comparison operator)는 두 수의 값을 비교하기 위한 연산자이다. 'a가 b 보다 큰가?'라는 질문의 답이 예 또는 아니오 인 것처럼 관계 연산자를 포함한 수식의 값은 항상 참 또는 거짓이 된다. C에서 **참(true)은 1이고, 거짓(false)은 0이다.** 관계 연산자는 주로 if문이나 while문의 조건식을 만드는 데 사용된다. if문은 ( ) 안의 조건이 참일때 그 다음에 주어진 문장을 수행한다.

```
int items;
scanf("%d", &items);
if (items < 0)      // 수식의 값이 참이면 다음 문장을 수행한다.
    printf("0보다 큰 값을 입력해야 합니다.\n");
```

〈표 4-6〉은 관계 연산자의 의미와 a = 1, b = 2일 때 연산의 결과를 보여준다.

표 4-6 관계 연산자의 의미

관계 연산자	의미	a = 1, b = 2일 때 연산의 결과
a > b	a가 b보다 큰가?	0
a >= b	a가 b보다 크거나 같은가?	0
a < b	a가 b보다 작은가?	1
a <= b	a가 b보다 작거나 같은가?	1
a == b	a가 b와 같은가?	0
a != b	a가 b와 다른가?	1

예제 4-8 : 관계 연산자의 사용 예

```
01    #include <stdio.h>
02
03    int main(void)
04    {
05        int a = 0, b = 0;
06
07        printf("두 개의 정수? ");
08        scanf("%d %d", &a, &b);
09
```

```
10        printf("%d > %d : %d\n", a, b, a > b);
11        printf("%d < %d : %d\n", a, b, a < b);
12        printf("%d >= %d : %d\n", a, b, a >= b);
13        printf("%d <= %d : %d\n", a, b, a <= b);
14        printf("%d == %d : %d\n", a, b, a == b);
15        printf("%d != %d : %d\n", a, b, a != b);
16
17        return 0;
18    }
```

실행결과

```
두 개의 정수? 5 9
5 > 9 : 0
5 < 9 : 1
5 >= 9 : 0          관계 연산의 결과는
5 <= 9 : 1          0 또는 1이다.
5 == 9 : 0
5 != 9 : 1
```

(2) 관계 연산자 사용 시 주의 사항

두 값이 같은지 비교할 때는 =가 아니라 ==를 이용해야 한다. =가 대입 연산자이므로 실수로 == 대신 =을 사용해도 컴파일 에러가 발생하지 않는다. if (num = 1)은 num이 1과 같은지 비교하는 것이 아니라 num에 1을 대입하고 연산의 결과가 1이 되므로 if (1)로 처리된다.

```
int num = 0;
if (num = 1)                    // num에 1을 대입하고 if (1)로 처리된다.
    printf("이 문장은 항상 출력됩니다.");
```

실수를 비교할 때는 오차를 고려해야 한다. 부동소수점 방식의 실수는 가수 부분과 지수 부분을 정해진 비트를 이용해서 나타내므로, 표현하고자 하는 수치와 가장 가까운 근사값으로 반올림된다. 따라서 연산의 결과로 만들어지는 실수값을 직접 비교해서는 안된다.

```
if (result == expected)         // result와 expected가 실수일 때 직접 비교하면 안된다.
    printf("두 수가 같습니다.\n");
```

질문 있어요

실수값은 어떻게 비교해야 할까요?

실수를 비교할 때는 오차를 고려해서 비교해야 하므로, 두 수의 차가 FLT_EPSILON보다 작거나 같은지 검사한다. 두 수의 차에 대해서 부호를 무시하려면 fabs 함수로 절대값을 구해서 사용한다. fabs(x)는 실수 x의 절대값을 구하는 표준 C 라이브러리 함수이다. FLT_EPSILON은 float형을 근사값으로 반올림할 때 발생하는 반올림 오차의 상한값으로 〈float.h〉에 정의되어 있다. double형인 경우에는 DBL_EPSILON과 비교한다.

```c
#include <math.h>   // fabs 함수 사용시 필요한 라이브러리 헤더
#include <float.h>  // FLT_EPSILON 매크로가 정의된 라이브러리 헤더

if (fabs(result - expected) <= FLT_EPSILON)        // 오차를 고려해서 비교한다.
    printf("오차를 고려한 두 수가 같습니다.\n");
```

==, != 연산자는 값을 0과 비교하는 데 자주 사용된다. C에서는 수식이 참인지 거짓인지 판단할 때, 0이 아닌 값은 참으로 간주한다. 따라서 수식이 0이 아닌지 검사하는 조건식은 그 값이 참인지 검사하는 조건식이 된다. 반면에 수식이 0인지 검사하는 조건식은 그 값이 거짓인지 검사하는 조건식이 된다.

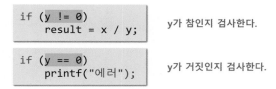

```c
if (y != 0)
    result = x / y;
```
y가 참인지 검사한다.

```c
if (y == 0)
    printf("에러");
```
y가 거짓인지 검사한다.

그림 4-13 참, 거짓의 판단

관계 연산자는 이항 연산자이므로 한 번에 2개의 값만 비교할 수 있다. x가 10과 20사이의 값인지 검사하기 위해서 10 < x < 20과 같은 수식을 사용해서는 안된다. 10 < x < 20은 10 < x 연산의 결과를 20과 비교하는 문장이다.

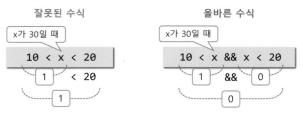

x가 10과 20 사이의 값인지 검사한다.

잘못된 수식	올바른 수식
x가 30일 때	x가 30일 때
10 < x < 20	10 < x && x < 20
1 < 20	1 && 0
1	0

그림 4-14 잘못된 관계 연산자의 사용

4.2.5 논리 연산자

(1) 논리 연산자의 기본

논리 연산자(logical operator)는 참과 거짓을 이용한 논리 연산 기능을 제공한다. 논리 연산자에는 &&(AND), ||(OR), !(NOT) 세 가지가 있다. &&와 ||는 이항 연산자이고, !은 단항 연산자이다.

표 4-7 논리 연산자의 의미

논리 연산자	부울 대수	의미
a && b	논리 AND	a와 b가 둘 다 0이 아니면 1 a와 b중 하나만 0이면 0
a || b	논리 OR	a와 b중 하나만 0이 아니면 1 a와 b가 둘 다 0이면 0
! a	논리 NOT	a가 0이면 1, a가 0이 아니면 0

논리 연산자는 연산의 결과가 항상 참(1) 또는 거짓(0)이다. 〈표 4-8〉은 여러 가지 논리 연산의 결과이다.

표 4-8 논리 연산의 결과

a	b	a && b	a || b	! a	! b
0	0	0	0	1	1
0	1	0	1	1	0
1	0	0	1	0	1
1	1	1	1	0	0

C에서는 0이 아닌 값은 참이므로 &&, ||, !의 피연산자가 0이 아니면 참(1)로 간주해서 논리 연산이 수행된다.

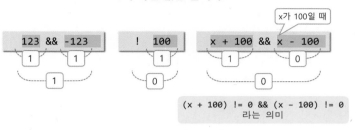

그림 4-15 참의 의미

논리 연산자는 여러 가지 조건을 함께 검사할 때 사용된다. 예를 들어 워터파크의 입장료가 성수기(6~8월)에는 다르게 책정된다고 하자. 워터파크의 입장료 계산을 위해 month가 성수기에 해당하는지 검사하는 수식은 다음과 같다.

```
month >= 6 && month <= 8      // month가 성수기(6~8)에 해당하는지 검사하는 수식
```

반대로 month가 성수기가 아닌지를 검사하는 수식은 다음과 같다.

```
month < 6 || month > 8        // month가 0보다 작은 경우, 12보다 큰 경우는 없다고 가정한다.
```

성수기인지 검사하는 조건을 부정하면 month가 성수기가 아닌지를 검사하는 조건이 된다.

```
! (month >= 6 && month <= 8) // month < 6 || month > 8와 같다.
```

📋 **예제 4-9 : 논리 연산자의 사용 예**

```
01   #include <stdio.h>
02
03   int main(void)
04   {
05       int month;
06
07       printf("몇 월? ");
08       scanf("%d", &month);
09
```

```
10        if (month >= 6 && month <= 8)       // 논리 AND
11            printf("성수기 요금 적용\n");
12
13        if (month < 6 || month > 8)         // 논리OR
14            printf("일반 요금 적용\n");
15
16        //if (!(month >= 6 && month <= 8))  // 논리NOT
17        //    printf("일반 요금 적용\n");
18
19        return 0;
20    }
```

실행결과   ● ● ●

몇 월? 6
성수기 요금 적용

[예제 4-9]에서 보면 13~14번째 줄과 16~17번째 줄은 같은 일을 하는 코드이다. 즉 month < 6 || month > 8과 !(month >= 6 && month <= 8)은 동일한 조건이다. 13~14번째 줄을 주석 처리하고 16~17번째 줄의 주석을 제거해서 실행 결과가 같은지 비교해보자.

(2) 논리 연산자 사용시 주의 사항

논리 연산자인 &&, ||를 관계 연산자과 함께 사용하면 관계 연산자부터 수행된다. 논리 연산자의 우선순위가 관계 연산자보다 낮기 때문이다.

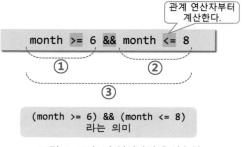

그림 4-16 논리 연산자의 우선순위

논리 연산자 중에서 && 연산자가 || 연산자보다 우선순위가 높다. 앞에서 봤던 워터파크 요금 계산의 예에서 6~8월 외에 주말에도 성수기 요금을 적용한다고 조건식을 고쳐보자. 주말이면 1, 아니면 0인 weekend 변수가 있을 때 조건식은 다음과 같다.

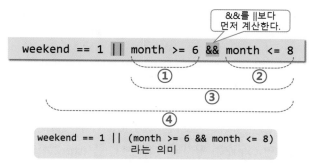

그림 4-17 &&와 ||의 우선순위

단항 연산자가 이항 연산자보다 우선순위가 높기 때문에 ! 연산자도 우선순위가 높다. 수식에 ! 연산자와 관계 연산자가 함께 사용될 때는 ! 연산을 먼저 수행한다.

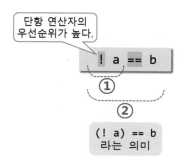

그림 4-18 ! 연산자의 우선순위

C에서 0이 아닌 값은 참이므로, 논리 NOT 연산자인 !을 이용하면 어떤 값이 거짓인지 확인할 수 있다. ! expr은 expr이 거짓일 때만 참이 되므로, ! expr은 expr == 0과 같은 의미이다.

```
is_peek = month >= 6 && month <= 8;      // is_peek는 성수기인지를 나타내는 int형 변수
if ( ! is_peek )                         // if ( is_peek == 0 )과 같은 의미
    printf("일반 요금 적용\n");
```

(3) 논리 연산자의 단축 계산

논리 연산자를 포함한 수식을 평가할 때는 우선 피연산자를 좌변, 우변의 순서로 평가한 다음, 전체 수식을 평가한다. 그런데 논리 연산자의 특성 때문에 피연산자의 평가가 생략되는 경우가 있다. 이것을 논리 연산자의 **단축 계산**(short circuit evaluation)이라고 한다.

&& 연산자는 피연산자 중 하나라도 거짓이면 수식의 값이 거짓이다. 따라서 expr1 &&

expr2에서 좌변의 expr1이 거짓이면 expr2는 평가되지 않는다. 즉 expr2는 expr1이 참일 때만 평가된다.

```
a > 0 && printf("abc") == 3   // a <= 0이면 printf("abc") == 3은 수행되지 않는다.
```

|| 연산자는 피연산자 중 하나라도 참이면 수식의 값이 참이다. 따라서 expr1 || expr2에서 좌변의 expr1이 참이면 expr2는 평가되지 않는다. 즉 expr2는 expr1이 거짓일 때만 평가된다.

```
a > 0 || --b < 0              // a > 0이면 --b < 0는 수행되지 않는다.
```

> 📝 **확인해봐요**
>
> 1. 피연산자가 모두 참일 때 연산의 결과가 참이 되는 논리 연산자는?
>   ① &&　　　② ||　　　③ !　　　④ &　　　⑤ |　　　⑥ ~
>
> 2. 참은 거짓으로, 거짓은 참으로 만드는 논리 연산자는?
>   ① &&　　　② ||　　　③ !　　　④ &　　　⑤ |　　　⑥ ~

4.2.6 비트 연산자

비트 연산자는 피연산자의 각 비트 단위로 수행되는 연산자이다. 예를 들어 피연산자가 4바이트크기의 int형이면 32비트의 2진 데이터 비트들에 대해서 연산을 수행한다. 비트 연산자는 피연산자로 정수형만 허용한다.

비트 연산자에는 **비트 논리 연산자**(bitwise logic operator)와 **비트 이동 연산자**(bitwise shift operator)가 있다.

표 4-9 비트 연산자의 의미

구분	비트 연산자	의미
비트 논리 연산자	a & b	a와 b의 각 비트 단위로 논리 AND 연산
	a | b	a와 b의 각 비트 단위로 논리 OR 연산
	a ^ b	a와 b의 각 비트 단위로 논리 XOR 연산
	~a	a의 각 비트 단위로 논리 NOT 연산
비트 이동 연산자	a ≪ b	a의 각 비트를 b개만큼 왼쪽으로 이동
	a ≫ b	a의 각 비트를 b개만큼 오른쪽으로 이동

(1) 비트 논리 연산자

비트 논리 연산자에는 &, |, ^, ~이 있다. 논리 연산자가 피연산자의 값으로 연산을 수행하는 반면에, 비트 논리 연산자는 각 비트에 대하여 연산을 수행한다.

표 4-10 비트 논리 연산의 결과

a의 비트	b의 비트	a & b의 비트	a | b의 비트	a ^ b의 비트	~a의 비트
0	0	0	0	0	1
0	1	0	1	1	1
1	0	0	1	1	0
1	1	1	1	0	0

&, |, ^ 연산자는 피연산자의 데이터형이 일치하지 않으면 형 변환을 수행하여 같은 형으로 만든 후, 피연산자의 각 비트에 대하여 비트 논리 연산을 수행한다. 예를 들어 'short & int'는 short을 int로 변환한 다음 32비트의 'int & int'로 처리한다.

~ 연산자는 피연산자가 int형보다 작은 크기의 정수형이면 int형으로 승격시킨 후, 피연산자의 각 비트를 반전시킨다. 즉 1은 0으로, 0은 1로 만든다.

[그림 4-19]는 unsigned short형의 변수 x, y에 대하여 비트 AND 연산의 처리 과정이다. 우선 unsigned short형 변수 x, y를 각각 32비트로 만든 다음, 같은 자리의 비트끼리 AND 연산을 수행한다. x가 0x12, y가 0xf0일 때, x & y을 수행한 결과는 0x00000010이다. 비트 AND 연산은 피연산자의 비트가 둘 다 1인 경우에만 1이 되기 때문이다.

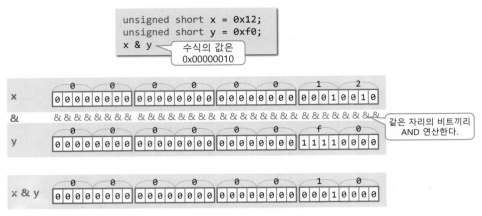

그림 4-19 비트 AND 연산

x와 y를 비트 AND 연산하면 x의 값 중에 y의 비트가 1인 부분의 값만 유지되고, 나머지 비트는 모두 0이 된다. [그림 4-20]을 보면 x의 각 비트는 y의 비트가 1인 부분은 통과하고, 0인 부분은 통과하지 못한다. 이처럼 비트 논리 연산에서 이용되어 특정 비트 값을 조작하기 위한 목적의 데이터를 비트마스크(bitmask) 또는 **마스크(mask)**라고 한다. y는 x의 4~7번 비트 값을 검사하기 위한 목적의 마스크이다.

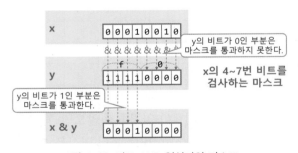

그림 4-20 비트 AND 연산자와 마스크

[그림 4-21]은 비트 OR 연산의 처리 과정이다. x가 0x12, y가 0xf0일 때, x | y을 수행한 결과는 0x000000f2이다. 비트 OR 연산은 피연산자의 비트 중 하나라도 1이면 1이 되기 때문이다.

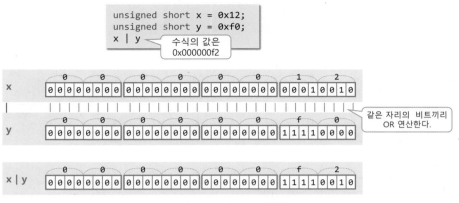

그림 4-21 비트 OR 연산

비트 OR 연산자를 이용하면 특정 비트를 강제로 1로 만드는 마스크를 만들 수 있다. [그림 4-22]를 보면 x의 각 비트는 y의 비트가 1인 부분은 모두 1이 되고, 0인 부분은 통과한다. y는 x의 4~7번 비트를 1로 만들고 0~3번 비트는 그대로 가져오는 마스크이다.

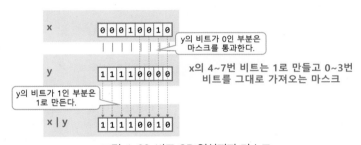

그림 4-22 비트 OR 연산자과 마스크

비트 XOR 연산자(^)는 피연산자의 같은 위치에 있는 비트에 대해서 XOR 연산을 수행한다. XOR는 배타적 논리합(exclusive OR)라고 하며, 피연산자의 비트가 서로 다른 값이면 1이 되고, 같은 값이면 0이 된다.

[그림 4-23]은 비트 XOR 연산의 처리 과정이다. x가 0x12, y가 0xf0일 때, x ^ y을 수행한 결과는 0x000000e2이다. 비트 XOR 연산은 피연산자의 비트가 서로 다른 경우에만 1이 되기 때문이다.

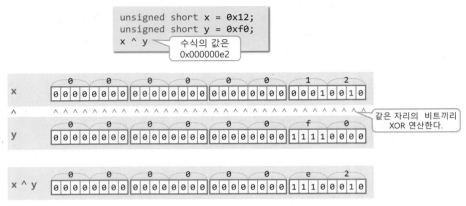

그림 4-23 비트 XOR 연산

비트 XOR 연산자를 이용하면 특정 비트를 토글(toggle)시키는 마스크를 만들 수 있다. 즉, 0은 1로, 1은 0으로 만든다. [그림 4-24]를 보면 x의 각 비트는 y의 비트가 1인 부분은 토글되고, 0인 부분은 통과한다. y는 x의 4~7번 비트는 토글시키고 0~3번 비트를 그대로 가져오는 마스크이다.

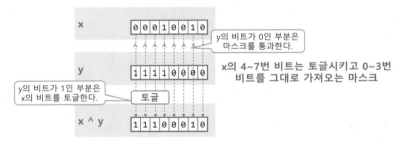

그림 4-24 비트 XOR 연산자와 마스크

비트 NOT 연산자는 피연산자의 각 비트를 반전시킨다. 즉, 0은 1로, 1은 0으로 만든다. [그림 4-25]는 비트 NOT 연산의 처리 과정이다. x가 0x12일 때, ~x을 수행한 결과는 0xffffffed이다. 비트 NOT 연산을 이용하면 2진 데이터의 모든 비트를 토글시킬 수 있다.

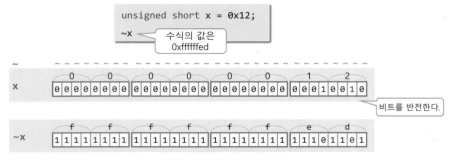

그림 4-25 비트 NOT 연산

> **예제 4-10** : 비트 논리 연산자의 사용 예

```
01    #include <stdio.h>
02
03    int main(void)
04    {
05
06        unsigned short x = 0x12;
07        unsigned short y = 0xF0;
08
09        printf("%08x & %08x = %08x\n", x, y, x & y);    // 비트 AND
10        printf("%08x | %08x = %08x\n", x, y, x | y);    // 비트 OR
11        printf("%08x ^ %08x = %08x\n", x, y, x ^ y);    // 비트 XOR
12        printf("~%08x = %08x\n", x, ~x);                // 비트 NOT
13
14        return 0;
15    }
```

실행결과

```
00000012 & 000000f0 = 00000010
00000012 | 000000f0 = 000000f2
00000012 ^ 000000f0 = 000000e2
~00000012 = ffffffed
```

(2) 비트 이동 연산자

비트 이동 연산자(<<, >>)는 좌변에 있는 피연산자의 비트들을 우변의 피연산자가 지정하는 만큼 왼쪽이나 오른쪽으로 이동(shift)하는 연산자이다.

<< 연산자는 비트들을 왼쪽으로 이동시키는데, 왼쪽으로 밀려난 비트는 사라지고 오른쪽 빈 자리에 0을 채운다. 왼쪽으로 1만큼 이동하면 값은 2배가 된다. 즉 n 비트 왼쪽 이동은 2^n을 곱하는 것과 같다.

[그림 4-26]을 보면 x가 0x00000012일 때 왼쪽으로 4비트 이동하면 0x00000120이 된다. 이 값은 0x12에 해당하는 18에 2^4를 곱한 값이다.

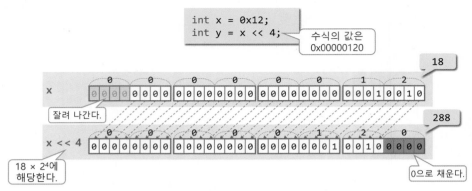

그림 4-26 비트 왼쪽 이동

>> 연산자는 비트들을 오른쪽으로 이동시키는데, 오른쪽으로 밀려난 비트는 사라지고 왼쪽 빈 자리에 부호 비트를 채운다. 즉, 양수는 0으로 채우고 음수는 1로 채운다. 오른쪽으로 1만큼 이동하면 값은 1/2배가 된다. 즉 n 비트 오른쪽 이동은 2^n으로 나누는 것과 같다. >> 연산자의 좌변이 부호 없는 정수형이면 왼쪽 빈 자리를 부호 비트가 아닌 0으로 채운다.

[그림 4-27]을 보면 x가 0x00000012일 때 오른쪽으로 4비트 이동하면 0x00000001이 된다. 이 값은 0x12에 해당하는 18을 2^4로 나눈 값이다.

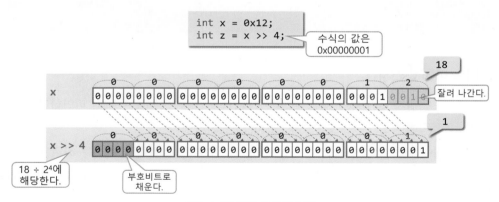

그림 4-27 비트 오른쪽 이동

예제 4-11 : 비트 이동 연산자의 사용 예

```
01    #include <stdio.h>
02
03    int main(void)
04    {
05        int x = 0x00000012;
06        int y = x << 4;
07        int z = x >> 4;
08
09        printf("x = %#08x, %d\n", x, x);    // 0x00000012, 18
10        printf("y = %#08x, %d\n", y, y);    // 0x00000120, 288 (18 * 16)
11        printf("z = %#08x, %d\n", z, z);    // 0x00000001, 1 (18 / 16)
12
13        return 0;
14    }
```

실행결과

```
x = 0x000012, 18       18 × 2⁴
y = 0x000120, 288
z = 0x000001, 1        18 ÷ 2⁴
```

📝 확인해봐요

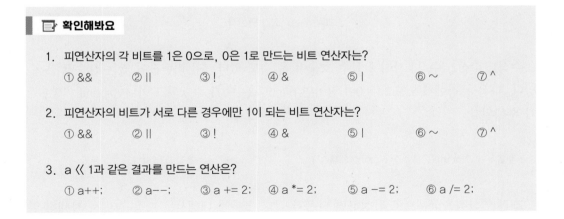

1. 피연산자의 각 비트를 1은 0으로, 0은 1로 만드는 비트 연산자는?

   ① &&   ② || ③ !   ④ &   ⑤ | ⑥ ~   ⑦ ^

2. 피연산자의 비트가 서로 다른 경우에만 1이 되는 비트 연산자는?

   ① &&   ② || ③ !   ④ &   ⑤ | ⑥ ~   ⑦ ^

3. a << 1과 같은 결과를 만드는 연산은?

   ① a++;   ② a--;   ③ a += 2;   ④ a *= 2;   ⑤ a -= 2;   ⑥ a /= 2;

4.2.7 그 밖의 연산자

그 밖의 연산자로는 조건 연산자(?:), 콤마 연산자(,), sizeof 연산자, 형 변환 연산자가 있다. sizeof연산자는 3장에서 이미 알아보았으므로 조건 연산자, 콤마 연산자, 형 변환 연산자에 대해 알아보도록 하자.

(1) 조건 연산자

조건 연산자(?:)는 피연산자가 3개인 삼항 연산자이다. 조건 연산자를 사용하는 형식은 다음과 같다.

형식	**수식1 ? 수식2 : 수식3**

사용예	```a > 0 ? a : -a```
	```a > b ? a : b```
	```num % 2 ? printf("odd"):printf("even")```

조건 연산자를 처리할 때는 ? 앞에 있는 수식1을 평가해서 참(1)이면 : 앞에 있는 수식2 가 연산의 결과가 된다. 수식1이 거짓(0)이면 : 뒤에 있는 수식3이 연산의 결과가 된다. 수식1, 수식2, 수식3은 변수나 상수 혹은 수식이나 리턴값이 있는 함수 호출이 될 수 있다. 조건 연산자를 포함한 수식도 다른 수식의 일부분으로 사용될 수 있다.

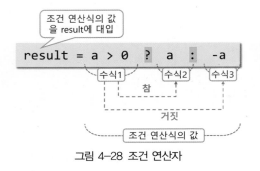

그림 4-28 조건 연산자

수식1, 수식2, 수식3 자리에 함수 호출이 올 수도 있다. 단, 리턴값이 있는 함수만 올 수 있다. 다음 문장에서 a % 2 != 0이 참이면 printf("홀수")가 수행되고 아니면 printf ("짝수") 가 수행된다.

```c
a % 2 != 0 ? printf("홀수") : printf("짝수");
```

조건 연산식을 if문으로 작성하면 다음과 같다. if문에 대해서는 다음 장에서 자세히 알 아볼 것이다.

```c
if (a % 2 != 0)          // 조건 연산문의 수식1
    printf("홀수");       // 조건 연산문의 수식2
else
    printf("짝수");       // 조건 연산문의 수식3
```

📋 **예제 4-12 : 조건 연산자의 사용 예**

```c
01   #include <stdio.h>
02
03   int main(void)
04   {
05       int a, b;
06       int result, max;
07
08       printf("2개의 정수? ");
09       scanf("%d %d", &a, &b);
10
11       printf("%d는 ", a);
12       a % 2 != 0 ? printf("홀수") : printf("짝수");
13       printf("입니다.\n");
14
15       result = a > 0 ? a : -a;
16       printf("a의 절대값: %d\n", result);
17
18       result = b > 0 ? b : -b;
19       printf("b의 절대값: %d\n", result);
20
21       max = a > b ? a : b;
22       printf("a, b 중 큰 값: %d\n", max);
23
24       return 0;
25   }
```

실행결과 ▪▪▪

```
2개의 정수? 3 -5
3는 홀수입니다
a의 절대값: 3
b의 절대값: 5
a, b 중 큰 값: 3
```

[예제 4-3]에서 전체 항목 수와 한 페이지에 보여줄 항목 수를 입력받아서 모두 몇 페이지인지 구하는 코드를 작성했는데, 조건 연산자를 이용하면 이 코드를 개선할 수 있다. [예제 4-3]에서는 모두 몇 페이지인지와 남은 항목 수를 출력했는데, 실제로는 남은 항목들도 한 페이지를 구성하므로 left가 0보다 크면 pages+1이 실제의 페이지 수가 된다.

📋 **예제 4-13** : 게시판 프로그램의 페이지 수 구하기

```c
01   #include <stdio.h>
02
03   int main(void)
04   {
05       int items = 0;  // 전체 항목 수
06       int pages = 0, left = 0;
07       int items_per_page = 0;   // 한 페이지 당 항목 수
08
09       printf("항목수? ");
10     scanf("%d", &items);
11
12       printf("한 페이지 당 항목수? ");
13       scanf("%d", &items_per_page);
14
15       pages = items / items_per_page;     // 페이지 수
16       left = items % items_per_page;      // 남은 항목 수
17       pages = left > 0 ? pages + 1 : pages;
18       printf("필요한 총 페이지수: %d\n", pages);
19       printf("마지막 페이지의 항목수: %d\n",
20           left > 0 ? left : items_per_page);
21
22       return 0;
23   }
```

> left > 0이면 left를 출력하고,
> 그렇지 않으면 items_per_page를 출력한다.

실행결과 ▪▪▪

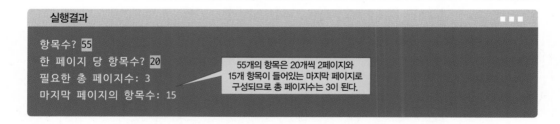

항목수? 55
한 페이지 당 항목수? 20
필요한 총 페이지수: 3
마지막 페이지의 항목수: 15

> 55개의 항목은 20개씩 2페이지와
> 15개 항목이 들어있는 마지막 페이지로
> 구성되므로 총 페이지수는 3이 된다.

마지막 페이지의 항목 수를 출력할 때도 left가 0보다 클 때는 left개이지만 left가 0이면 마지막 페이지에도 items_per_page개만큼 항목이 들어가므로 items_per_page를 출력하도록 조건 연산자를 이용한다.

실행결과 ▪▪▪

항목수? 60
한 페이지 당 항목수? 20
필요한 총 페이지수: 3
마지막 페이지의 항목수: 20

> 60개의 항목은 20개씩 3페이지로
> 구성되며 마지막 페이지에도
> 20개의 항목이 들어있다.

(2) 콤마 연산자

다소 이상하긴 하지만 콤마(,)도 연산자이다. 콤마를 중심으로 좌변과 우변에 각각 수식이 올 수 있는데, 수식의 값을 좌변, 우변 순서로 계산하고 우변에 있는 수식의 값이 연산의 결과가 된다.

```
int a, b, c;
a = 1, b = 2, c = 3;        // a = 1, b = 2, c = 3을 순서대로 수행하고
                            // 연산의 결과는 마지막에 수행한 c = 30의 값이다.
```

콤마 연산자는 다른 연산자에 비해서 우선순위가 가장 낮기 때문에 콤마 연산을 먼저 수행하려면 ( )를 사용해야 한다.

```
num = a++, ++b;        // a++의 결과를 num에 저장한 다음에 ++b을 수행
num = (a++, ++b);      // a++, ++b를 순서대로 수행한 다음 ++b의 결과를 num에 저장
```

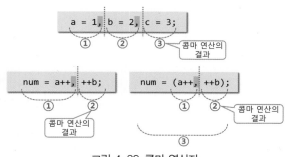

그림 4-29 콤마 연산자

콤마 연산자는 if문이나 for문 등에서 여러 수식을 한 문장으로 연결할 때 주로 사용된다.

```
int i, j;
for (i = 0, j = 10; i < 10; i++, j--)
    printf("%d %d ", i, j);
```

(3) 형 변환 연산자

형 변환(type conversion)이란 값의 데이터형을 변경하는 것이다. 형 변환에는 자동으로 수행되는 암시적인 형 변환과 직접 형 변환을 지정하는 명시적인 형 변환이 있다.

■ 암시적인 형 변환

따로 지정하지 않아도 자연스럽게 수행되는 형 변환을 **암시적인 형 변환**(implicit type conversion) 또는 **자동 형 변환**이라고 한다. 암시적인 형 변환은 서로 다른 데이터형의 값을 혼합 연산할 때 일어난다. 피연산자의 데이터형이 서로 다른 경우 피연산자의 데이터형이 같아지도록 형 변환한 후에 연산을 수행한다.

앞에서 살펴본 산술 연산 시 피연산자의 형 변환 규칙이 암시적인 형 변환이다. 이런 형 변환이 일어나는 대표적인 상황을 정리해보면 〈표 4-11〉과 같다.

표 4-11 암시적인 형 변환

수식	설명	형 변환	예
double op *type* *type* op double	*type*은 실수형 또는 정수형	double op double	1.23 * 4 100 > 99.0
float op *type* *type* op float	*type*은 정수형	float op float	3.0F + 'A' 12 < 10.0F
type op *type*	*type*은 char 또는 short	int op int	short a = 100, b = 200; a * b a & b

type1 op *type2*
 type2 op *type1*
	type1, *type2*가 정수형이고,
	 *type1*의 크기가 *type2*보다 클 때
		type1 op *type1*	int a = 100;
			 long b = 200L;
			 a – b
			 a == b

char, short형의 값이 자동으로 int형으로 형 변환되는 것을 정수의 승격이라고 하는데, 정수의 승격도 자동으로 수행되므로 암시적인 형 변환이다.

대입 연산이나 변수의 초기화에서도 암시적인 형 변환이 수행된다. 대입 연산자의 좌변 (l-value)과 우변(r-value)의 데이터형이 다르면, l-value의 데이터형에 맞추도록 형 변환이 일어난다. 대입 연산 시 형 변환을 하면서 값이 손실되면, 컴파일러는 경고 메시지를 보여준다.

```
int data = 1234.5;        // r-value 값이 손실되므로 컴파일 경고
```

[예제 4-14]에서는 short형의 변수 a, b를 입력받아서 a * b를 구한다. 이때 정수의 승격에 의해서 'int * int'의 연산으로 처리된다. a * b를 short형 변수인 c에 대입하면 int형에서 short형으로 형 변환이 일어난다.

📄 **예제 4-14** : 암시적인 형 변환

```
01    #include <stdio.h>
02
03    int main(void)
04    {
05        short a, b, c;
06
07        printf("정수 2개? ");
08        scanf("%hd %hd", &a, &b); // short형 변수 입력시 %hd 사용
09
10        printf("%d * %d = %d\n", a, b, a * b);        // a * b는 int * int로 처리
11        printf("sizeof(a * b) = %d\n", sizeof(a * b)); // 4
12
13        c = a * b;       // int형인 (a * b)를 short형으로 변환해서 대입
14        printf("c = %d\n", c);
15        printf("sizeof(c) = %d\n", sizeof(c));          // 2
16
17        return 0;
18    }
```

실행결과   ∎∎∎

```
정수 2개? 100 400
100 * 400 = 40000
sizeof(a * b) = 4
c = -25536 ──── 오버플로우
sizeof(c) = 2
```

[예제 4-14]에서 scanf 함수로 short형의 변수를 입력받기 위해서 %d 형식 문자열을 사용하면 다음과 컴파일 경고가 발생한다.

❗ **컴파일 경고**   ∎∎∎

1>c:\work\chap04\ex04_13\ex04_13\ex04_13.c(8): warning C4477: 'scanf' : 서식 문자열 '%d'에 'int *' 형식의 인수가 필요하지만 variadic 인수 1의 형식이 'short *'입니다.
1>c:\work\chap04\ex04_13\ex04_13\ex04_13.c(8): note: 서식 문자열에서 '%hd'을(를) 사용하는 것이 좋습니다.

---

scanf 함수로 정수를 입력받을 때, short형 변수일 때는 %hd를 사용하고, long형 변수일 때는 %ld를 사용해야 한다. 만약 컴파일 경고를 무시하고 %d를 그대로 사용하면 실행에러가 발생한다.

[예제 4-14]를 실행하면서 100과 400을 입력하면 100 * 400의 결과는 40000으로 올바

르게 출력된다. 그런데 a * b를 대입한 short형 변수 c에서는 오버플로우가 발생한다. a * b 연산은 'int * int'로 처리되기 때문에 연산의 결과인 40000도 int형이다. 그런데 이 값을 short형 변수인 c에 저장하면 short형의 최댓값인 32767보다 큰 값을 저장하므로 오버플로우가 발생한다.

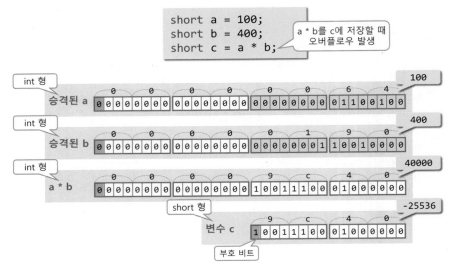

그림 4-30 정수의 승격과 오버플로우

■ 명시적인 형 변환

명시적인 형 변환을 하려면 수식 앞에 데이터형을 ( )와 함께 적어주며, 이것을 형 변환 연산자(type cast operator)라고 한다.

형식	(데이터형) 수식

사용예	`(double) 0`
	`(int) price * rate`
	`(double) 10 / (double) 20`

'int / int'는 몫을 정수로만 구한다. 다음 코드에서 average는 double형의 변수지만 (a + b) / 2가 항상 정수값이므로, 몫의 소수점 이하를 구할 수 없다.

```
int a, b;
double average;
scanf("%d %d", &a, &b);
average = (a + b) / 2;        // int / int를 구한 다음 double로 형 변환해서 저장
```

/ 연산의 결과를 실수로 구하려면 명시적인 형 변환이 필요하다. 피연산자 중 하나만 double로 형 변환하면 나머지 하나도 피연산자의 형 변환 규칙에 의해 double로 형 변환 된다.

```
average = (double)(a + b) / 2; // double / int이므로 double / double로 처리
```

📖 **예제 4-15** : 세 수의 평균 구하기

```
01    #include <stdio.h>
02
03    int main(void)
04    {
05        int a, b, c;
06        double average;
07
08        printf("정수 3개? ");
09        scanf("%d %d %d", &a, &b, &c);
10
11        average = (double)(a + b + c) / 3;   // 명시적인 형 변환 필요
12        printf("평균: %f\n", average);
13
14        return 0;
15    }
```

> / 연산자의 피연산자 중 하나를 실수형으로 형 변환 한다.

실행결과

정수 3개? 14 54 33
평균: 33.666667

> 몫을 소수점 이하까지 구할 수 있다.

형 변환 연산자를 사용할 때는 형 변환이 언제 수행되는지에 따라 연산의 결과가 달라 진다. (int)(1.5 + 3.8)은 더하기 연산을 먼저 형 변환하므로 5가 된다. 반면에, (int)1.5 + (int)3.8은 1.5와 3.8을 각각 1과 3으로 형 변환한 다음에 1 + 3을 수행하므로 4가 된다. 참고로 실수값을 정수형으로 형 변환하면 소수점 이하를 잘라 버린다. 즉 3.8를 int형으로 형 변환하면 4가 아니라 3이 된다.

```
int result1, result2;
result1 = (int)(1.5 + 3.8);           // 1.5 + 3.8을 먼저 수행한 다음 (int) 5.3
result2 = (int)1.5 + (int)3.8;        // (int)1.5와 (int)3.8을 먼저 수행한 다음 1 + 3
```

4.3 연산자의 우선순위와 결합 규칙

4.3.1 연산자의 우선순위

연산자의 우선순위(precedence)는 수식에서 여러 연산자가 함께 사용될 때 연산자의 수행 순서를 미리 정해 둔 것이다. 일반적인 연산자의 우선순위는 **단항 > 산술 > 관계 > 논리 > 대입 > 콤마** 연산자의 순이다. 〈표 4-12〉는 각 연산자의 우선순위와 결합 방향을 정리한 것이다. 표의 맨 위쪽에서 아래쪽으로 내려갈수록 우선순위가 낮아지며, 같은 칸에 있는 연산자들은 우선순위가 같다.

표 4-12 연산자 우선순위와 결합 방향

우선순위	연산자	의미	결합 방향
1	a++ a--	후위형 증감	→
	a( )	함수 호출	
	a[b]	배열 인덱스	
	a.b	멤버 접근	
	a->b	포인터를 통한 멤버 접근	
2	++a --a	전위형 증감	←
	+a -a	부호	
	!a ~a	논리 NOT, 비트 NOT	
	(type)a	형 변환	

우선순위	연산자	의미	결합 방향
2	*a	역참조	←
	&a	주소 구하기	
	sizeof(type) sizeof a	바이트 크기 구하기	
3	a*b a/b a%b	곱하기, 나누기, 나머지	→
4	a+b a-b	더하기, 빼기	→
5	a<<b a>>b	비트 왼쪽 이동, 비트 오른쪽 이동	→
6	a<b a<=b	작다, 작거나 같다	→
	a>b a>=b	크다, 크거나 같다	
7	a==b a!=b	같다, 같지 않다	→
8	a&b	비트 AND	→
9	a^b	비트 XOR	→
10	a|b	비트 OR	→
11	a&&b	논리 AND	→
12	a||b	논리 OR	→
13	a?b:c	조건	←
14	a=b	대입	←
	a+=b a-=b	복합 대입(더하기, 빼기)	
	a*=b a/=b a%=b	복합 대입(곱하기, 나누기, 나머지)	
	a<<=b a>>=b	복합 대입(비트 이동)	
	a&=b a^=b a|=b	복합 대입(비트 AND, XOR, OR)	
15	a,b	콤마	→

일반적인 연산자의 우선순위 정도만 기억해두고, 혼동이 될 때는 ( )를 사용하여 명확하게 우선순위를 지정하는 것이 좋다.

단항 연산자 > 산술 연산자 > 관계 연산자 > 논리 연산자 > 대입 연산자 > 콤마 연산자

그림 4-31 일반적인 연산자의 우선순위

콤마 연산자를 제외하면 대입 연산자의 우선순위가 가장 낮기 때문에 '변수 = 수식'의 형태인 경우 항상 수식의 값을 먼저 계산한다.

```
result = a + b * c;          // =의 우변에 있는 a + b * c를 먼저 계산한다.
```

관계 연산자는 논리 연산자보다 우선순위가 높기 때문에 값을 비교하는 수식을 논리 연산자로 연결할 때는 ( )를 쓰지 않아도 된다.

```
a > b && a < c               // (a > b) && (a < c)의 의미
```

산술 연산자는 관계 연산자나 논리 연산자보다 우선순위가 높기 때문에 산술 연산의 결과를 비교할 때는 ( )를 쓰지 않아도 된다.

```
a + 100 == b * 3             // (a + 100) == (b * 3)의 의미
```

4.3.2 연산자의 결합 규칙

연산자의 결합 규칙은 같은 우선순위의 연산자에 대해서 어느 방향으로 연산을 수행할지에 대한 규칙이다. 예를 들어 a + b + c는 ((a + b) + c)로 처리되는데, 이처럼 문장을 읽는 순서대로 처리되는 경우는 좌 → 우 방향으로 결합한다. 대부분의 연산자는 좌 → 우 방향으로 결합하고 단항 연산자와 대입 연산자는 우 → 좌 방향으로 결합한다.

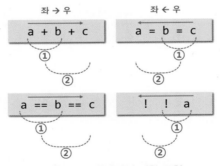

그림 4-32 연산자의 결합 규칙

예제 4-16 : 연산자의 우선순위와 결합 규칙

```c
01    #include <stdio.h>
02
03    int main(void)
04    {
05        int a = 10, b = 20, c = 30;
06        int result;
07
08        result = a + b * c;              // a + (b * c)
09        printf("result = %d\n", result);
10
11        result = (a + b) * c;            // (a + b) * c
12        printf("result = %d\n", result);
13
14        result = a < b && c < 0;         // (a < b) && (c < 0)
15        printf("result = %d\n", result);
16
17        return 0;
18    }
```

실행결과

```
result = 610
result = 900
result = 0
```

📝 **확인해봐요**

1. 수식에서 여러 연산자가 함께 사용될 때 연산자의 수행 순서를 미리 정해 둔 것은?

   ① 연산자의 우선순위   ② 연산자의 결합 규칙   ③ 피연산자의 형 변환 규칙

2. 같은 우선순위의 연산자에 대해서 어느 방향으로 연산을 수행할지에 대한 규칙은?

   ① 연산자의 우선순위   ② 연산자의 결합 규칙   ③ 피연산자의 형 변환 규칙

1. 수식의 기본 개념

- 연산자와 피연산자의 조합을 수식(expression)이라고 하고, 모든 수식에는 값이 있다. 수식의 값을 구하는 것을 '수식을 평가한다'라고 한다.
- 연산자는 피연산자의 개수에 따라서 단항 연산자, 이항 연산자, 삼항 연산자로 나눌 수 있다.

2. 연산자의 종류

- 산술 연산자로는 +, −, *, /, % 연산자가 있으며, 피연산자가 모두 정수면 연산의 결과도 정수이다.
- 정수와 실수의 혼합 연산 시 자동 형 변환 또는 암시적인 형 변환이 수행된다.
- 증감 연산자는 변수의 값을 1만큼 증가시키거나 감소시키는 단항 연산자이다.
- 증감 연산자는 전위형(++a, −−a)과 후위형(a++, a−−)이 있다.
- 대입 연산자는 연산자의 좌변에 있는 변수에 우변의 값을 저장한다.
- 대입 연산자는 산술 연산자, 비트 연산자와 합쳐서 복합 대입 연산자로 사용할 수 있다. 복합 대입 연산자로는 +=, −=, *=, /=, %=, &=, |=, ^=, ⟨⟨=, ⟩⟩=가 있다.
- 관계 연산자는 두 수의 값을 비교하기 위한 연산자로 ⟩, ⟩=, ⟨, ⟨=, ==, !=가 있다.
- 논리 연산자는 참과 거짓을 이용한 논리 연산 기능을 제공하며, &&, ||, !이 있다.
- 비트 연산자는 피연산자의 각 비트 단위로 수행되는 연산자로 &, |, ^, ~, ⟨⟨, ⟩⟩가 있다.
- 그 밖의 연산자로는 조건 연산자(?:), 콤마 연산자(,), sizeof 연산자, 형 변환 연산자가 있다.

3. 연산자의 우선순위와 결합 규칙

- 연산자의 우선순위는 수식에서 여러 연산자가 함께 사용될 때 연산자의 수행 순서를 미리 정해둔 것이다.
- 일반적인 연산자의 우선순위는 단항 ⟩ 산술 ⟩ 관계 ⟩ 논리 ⟩ 대입 ⟩ 콤마 연산자의 순이다.
- 연산자의 결합 규칙은 같은 우선순위의 연산자에 대해서 어느 방향으로 연산을 수행할지에 대한 규칙이다.
- 대부분의 연산자가 좌 → 우 방향으로 결합하고, 단항 연산자와 대입 연산자는 우 → 좌 방향으로 결합한다.

1. 연산자에 대한 설명을 읽고 설명이 맞으면 O, 틀리면 X를 선택하시오.

   (1) 연산자는 연산에 사용되는 기호이다.　　　　　　　　(　)

   (2) 연산의 대상이 되는 값을 피연산자라고 한다.　　　　(　)

   (3) 연산자를 포함하는 수식에는 항상 값이 있다.　　　　(　)

   (4) 피연산자가 없는 연산자도 있다.　　　　　　　　　　(　)

   (5) 프로그래머가 직접 연산자를 정의할 수 있다.　　　　(　)

   (6) 피연산자가 3개인 연산자를 이항 연산자라고 한다.　(　)

   (7) +나 −는 단항 연산자로 사용될 수 있다.　　　　　　(　)

   (8) sizeof도 연산자이다.　　　　　　　　　　　　　　　(　)

2. 다음 중 단항 연산자를 모두 고르시오.

   ① ++　　　　　　　② --　　　　　　　③ /　　　　　　　　④ %

   ⑤ 〉　　　　　　　⑥ !　　　　　　　⑦ ~

3. 산술 연산자에 대한 설명 중 잘못된 것을 모두 고르시오.

   ① 더하기(+), 빼기(−), 곱하기(*), 나누기(/), 나머지(%) 연산자가 있다.

   ② +, −는 부호 연산자로 사용될 수 있다.

   ③ 정수 / 정수는 몫을 소수점 이하까지 구한다.

   ④ 나머지(%) 연산자는 실수에도 사용할 수 있다.

   ⑤ 0으로 나누기를 하면 프로그램이 비정상 종료한다.

4. 다음 연산식의 결과가 어떤 형인지 쓰시오.

   (1) 10 + 0.5　　　　　　(　　　　)

   (2) 1.25 + 0.5F　　　　(　　　　)

   (3) char ch = 'a';

   　　ch + 1　　　　　　(　　　　)

   (4) short a = 10, b = 20;

   　　a − b　　　　　　　(　　　　)

   (5) 3.5F * 2　　　　　　(　　　　)

   (6) 123U + 5　　　　　　(　　　　)

5. 다음 연산의 결과를 쓰시오.

   (1) 3 / 5　　　　　　　　　　　　(2) 3 % 5

   (3) 0 < 10 < 5　　　　　　　　　(4) 1 < 10 && 10 < 5

   (5) x = 1 (x의 값이 0일 때)　　　(6) x == 1 (x의 값이 0일 때)

   (7) 5 << 2　　　　　　　　　　　(8) 16 >> 2

(9) (int)(2.5 + 1.6 * 2) (10) (int)2.5 + (int)(1.6 * 2)

(11) (int)2.5 + (int)1.6 * 2

6. 다음과 같이 선언된 변수에 대하여 연산 후 x, y, z 변수의 값을 쓰시오. (1)~(6) 각각에 대하여 x, y, z 변수가 다음과 같이 선언된 걸로 간주한다.

```
int x = 1, y = 2, z = 3;
```

(1) x = y = z; (2) z = ++x + y++;

(3) x *= y + 1; (4) z = x++ == y;

(5) x++, y--, ++z; (6) z = --y == x;

7. 다음 중 두 연산식의 값이 같은 것을 모두 고르시오.

① ++x와 x++ ② x = y와 x == y

③ x +=2와 x = x + 2 ④ !x와 ~x

⑤ x & y와 x && y ⑥ x << 2와 x * 2

⑦ x >> 1과 x / 2

8. 연산자 우선순위에 맞춰서 다음 연산식에 괄호를 추가하시오.

(1) a + b * c (2) b / c - d % 2

(3) a > 0 && a < 100 (4) a > b || c > 0 && a > c

(5) !a || !b (6) d = a + b / c

(7) a *= b + 3 (8) c = b = a

(9) c = b, b = a

9. 다음 중 C가 제공하는 연산자 아닌 것을 모두 고르시오.

① ~ ② ! ③ @ ④ #

⑤ % ⑥ ^ ⑦ ? :

10. 혼합 연산 시 피연산자의 형 변환 규칙에 대한 설명 중 잘못된 것을 모두 고르시오.

① 피연산자 중 하나가 실수이면 나머지도 실수로 변환한다.

② 피연산자 중 double형이 있으면 나머지도 double형으로 변환한다.

③ 피연산자가 하나는 float형, 하나는 double형이면 double형으로 변환한다.

④ 피연산자가 둘 다 short형이면 형 변환하지 않는다.

⑤ 피연산자가 둘 다 char형이면 형 변환하지 않는다.

⑥ 피연산자가 둘 다 정수형이면, 작은 형을 큰 형으로 변환한다.

11. 논리 연산자의 단축 계산에 대한 설명 중 잘못된 것은?

    ① lhs && rhs에서 lhs가 거짓이면 rhs는 계산하지 않는다.

    ② lhs && rhs에서 lhs가 참이면 rhs는 계산하지 않는다.

    ③ lhs || rhs에서 lhs가 참이면 rhs는 계산하지 않는다.

    ④ lhs || rhs에서 lhs가 거짓이면 rhs를 계산한다.

12. 비트 논리 연산에서 이용되어 특정 비트 값을 조작하기 위한 목적의 데이터를 무엇이라고 하는가?

13. 형 변환 연산자를 이용한 형 변환을 무엇이라고 하는가?

14. 다음 코드 중 형 변환이 일어나지 않는 경우를 모두 고르시오.

    ① int a = 1.0;   ② float f = 12.34;

    ③ int b = 10 / 3;   ④ int c = 'A';

    ⑤ double d = 12.34F;   ⑥ short a = 1, b = 2;

                                          printf("%d", a + b);

15. 다음 중 연산자의 결합 방향이 다른 것은?

    ① a + b   ② a * b

    ③ a << b   ④ a = b

    ⑤ a > b   ⑥ a & b

16. 다음은 연산자 우선순위의 일반적인 규칙이다. _____ 에 알맞은 연산자는?

    > 단항 〉 산술 〉 관계 〉 _____ 〉 대입 〉 콤마

17. 다음은 입장료를 계산하는 코드이다. 입장료가 성수기(6~8월)에는 70,000원이고, 성수기가 아닌 경우에는 35,000원이 되도록 조건 연산자를 이용해서 코드의 빈칸을 채우시오.

```
#include <stdio.h>

int main(void)
{
    int month;
    int fee;
```

```
    printf("몇 월? ");
    scanf("%d", &month);        // 몇 월인지 입력받는다.
    fee = _____;

    printf("입장료: %d\n", fee);
    return 0;
}
```

18. 다음 코드의 실행 결과는?

```c
#include <stdio.h>

int main(void)
{
    int a = 33;
    int b = 44;
    printf("%d, %d\n", a++, --b);
    return 0;
}
```

19. 다음 프로그램의 실행 결과는?

```c
#include <stdio.h>

int main(void)
{
    int x = 0xab, y = 0x0f;
    int z;

    z = x ^ y;
    printf("z = %08x\n", z);

    z = ~x | y << 4;
    printf("z = %08x\n", z);

    return 0;
}
```

1. 질량과 속력을 실수로 입력받아 운동 에너지를 구하는 프로그램을 작성하시오. 질량은 kg 단위, 속력은 m/s 단위로 입력받는다. [산술연산자/난이도 ★★]

$$운동 에너지 = \frac{1}{2} \times 질량 \times (속력)^2$$

★ 정수 나누기 연산 시 1/2는 연산의 결과가 정수이므로 0.5가 아니라 0이 된다. 따라서 1.0/2.0을 하거나 나누기 결과인 0.5를 대신 사용해야 한다.

2. 화씨 온도(°F)를 실수로 입력받아 섭씨 온도(°C)로 변환해서 출력하는 프로그램을 작성하시오. 화씨 온도를 섭씨 온도로 변환하는 공식은 다음과 같다. [산술연산자/난이도 ★★]

$$섭씨 온도 = \left(화씨 온도 - 32\right) \times \frac{5}{9}$$

실행결과 ■ ■ ■

```
화씨온도? 56
56.00 F = 13.33 C
```

★ 정수 나누기 연산 시 5/9는 0이 되므로 5.0/9.0를 사용해야 한다.

3. 질량과 부피를 실수로 입력받아 밀도를 구하는 프로그램을 작성하시오. 질량은 g 단위로 입력받고, 부피는 cm³ 단위로 입력받는다. [산술연산자/난이도 ★]

$$밀도(g/cm^3) = \frac{질량(g)}{부피(cm^3)}$$

★ 나누기 연산을 할 때 0으로 나누기를 하면 어떻게 될까? 부피에 0이 입력될 때 결과를 확인해보자.

4. 용매의 질량과 용질의 질량을 정수로 입력받아 용액의 퍼센트 농도를 구하는 프로그램을 작성하시오. 용매의 질량와 용질의 질량은 g 단위로 입력받는다. [연산자/난이도 ★★]

$$농도(\%) = \frac{용질의\ 질량}{용매의\ 질량 + 용질의\ 질량} \times 100$$

```
실행결과

용매(g)? 100
용질(g)? 15
농도: 13.04 %
```

5. 반지름과 높이를 정수로 입력받아 원기둥의 부피를 구하는 프로그램을 작성하시오. 이때 파이는 3.141592라고 하자. [산술연산자/난이도 ★]

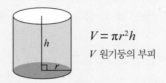

$$V = \pi r^2 h$$

V 원기둥의 부피

```
실행결과

반지름의 길이? 5
높이? 10
원기둥의 부피: 785.398000
```

6. 점 A의 좌표 (x1, y1)과 점 B의 좌표 (x2, y2)를 입력받아 두 점 A, B를 지나는 직선의 기울기를 구하는 프로그램을 작성하시오. [산술연산자/난이도 ★★]

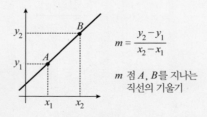

$$m = \frac{y_2 - y_1}{x_2 - x_1}$$

m 점 A, B를 지나는 직선의 기울기

```
실행결과

한 점의 좌표 (x1, y1)? 10 20
또 다른 점의 좌표 (x2, y2)? 40 50
직선의 기울기: 1.000000
```

7. 직각 삼각형에서 직각을 낀 두 변 a, b의 길이를 입력받아 빗변의 길이를 구하는 프로그램을 작성하시오. [산술연산자/난이도 ★★]

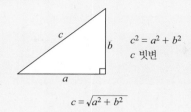

$$c^2 = a^2 + b^2$$
c 빗변

$$c = \sqrt{a^2 + b^2}$$

실행결과

```
밑변? 10
높이? 20
빗변의 길이: 22.360680
```

★ C 언어에는 제곱근을 구하는 연산자가 없다. 제곱근을 구할 때는 라이브러리 함수인 sqrt 함수를 이용한다. sqrt 함수를 사용하려면 #include <math.h>가 필요하다.
```
#include <math.h>
double x = sqrt(25.0); // x는 5.0
```

8. 반지름의 길이를 입력받아 구의 부피를 구하는 프로그램을 작성하시오. 이때 파이는 3.141592라고 하자. [산술연산자/난이도 ★★]

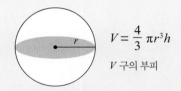

$$V = \frac{4}{3}\pi r^3 h$$
V 구의 부피

실행결과

```
반지름의 길이? 5
구의 부피: 523.598667
```

★ C 언어에는 제곱이나 세제곱을 구하는 연산자가 없다. 대신 * 연산자를 이용해서 여러 번 곱하거나 라이브러리 함수인 pow 함수를 이용한다. pow 함수를 사용하려면 #include <math.h>가 필요하다.
```
#include <math.h>
double x = pow(2, 3);       // x는 23이므로 8이 된다.
double y = pow(25, 0.5);    // y는 250.5이므로 5가 된다.
```

9. 동영상의 재생시간을 초 단위로 입력받아 몇 시간 몇 분 몇 초인지 출력하는 프로그램을 작성하시오. [나머지연산자/난이도 ★★]

실행결과

재생시간(초)? 4000
재생시간은 1시간 6분 40초입니다.

★ 조건 연산자를 이용하면 재생시간을 시, 분, 초로 변환한 값에 대하여 0인 경우 출력하지 않게 할 수 있다. 예를 들어 "재생시간은 0시간 3분 0초입니다." 대신 "재생시간은 3분입니다."라고 출력하게 만들 수 있다.

10. 항공권 예약 시 여정의 총 소요시간을 시간 단위로 입력받아서 며칠 몇 시간 몇 분인지 출력하는 프로그램을 작성하시오. 총 소요시간은 실수로 입력받는다. 예를 들어 소요시간이 10.5시간이면 10시간 30분이라는 의미이다. [나머지연산자/난이도 ★★]

실행결과

비행 소요시간(시간)? 31.5
비행 소요시간은 1일 7시간 30분입니다.

11. 제품의 가격과 할인율(%)을 입력받아서 할인가와 에누리 금액을 출력하는 프로그램을 작성하시오. [연산자 우선순위/난이도 ★★]

실행결과

제품의 가격? 24000
할인율(%)? 20
할인가: 19200원 (4800원 할인)

12. 내비게이션 앱에서 이동 거리와 예상 속력으로 도착 예정 시간을 구하는 프로그램을 작성하시오. 이동 거리는 km 단위로, 예상 속력은 km/h 단위로 입력받으며, 둘 다 실수로 입력받는다. 예상 소요 시간은 분 단위로 출력하며 정수로 출력한다. [형 변환/난이도 ★★]

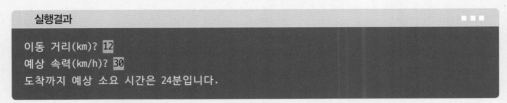

실행결과

이동 거리(km)? 12
예상 속력(km/h)? 30
도착까지 예상 소요 시간은 24분입니다.

13. 직선의 시작점의 좌표 (x1, y1)과 끝점의 좌표 (x2, y2)를 입력받아 두 점을 연결하는 직선의 길이를 구하는 프로그램을 작성하시오. [산술연산자/난이도 ★★]

> **실행결과**   ■ ■ ■
>
> 직선의 시작점 (x1, y1)? `0 0`
> 직선의 끝점 (x2, y2)? `10 20`
> 직선의 길이: 22.360680

14. 기본 요금과 월 사용량(kWh)을 입력받아 전기 요금을 계산하는 프로그램을 작성하시요. 사용량에 따른 요금은 190원/hWh이다. [산술연산자/난이도 ★]

전기요금 = 기본 요금 + 월사용량(kWh) × 190원/kWh

> **실행결과**   ■ ■ ■
>
> 기본 요금? `1600`
> 월 사용량(kWh)? `320`
> 전기 요금: 62400원

15. 우리가 알고 있는 환율은 매매기준율이다. 실제 달러를 구입할 때는 매매기준율에 은행의 환전수수료를 더해서 환율이 결정된다. 환전수수료는 환전우대율에 따라 달라진다. 환전수수료율은 은행마다 미리 정해지며, 환전우대율은 고객마다 다르게 책정된다. 환전수수료율은 1.75%로 정해져 있다고 가정하고 원-달러 매매기준율과 환전우대율(%)를 입력받아 달러를 살 때 적용되는 환율을 결정하고, 구입하고자 하는 달러가 얼마인지 입력받아서 몇 원에 해당하는지 출력하는 프로그램을 작성하시오. [연산자/난이도 ★★★]

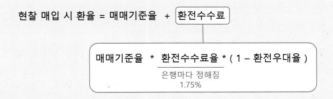

현찰 매입 시 환율 = 매매기준율 + 환전수수료

매매기준율 * 환전수수료율 * (1 - 환전우대율)
은행마다 정해짐
1.75%

> **실행결과**   ■ ■ ■
>
> 원/달러 매매기준율? `1190`
> 환율우대율(0~100%)? `70`
> 달러 살 때 환율은 1196.247500입니다.
> 구입할 달러(USD)? `2000`
> USD 2000.00 살 때 ==> KRW 2392495.00

16. 컴퓨터 시스템에서 색상을 표현하는 방법 중에 RGB 표기법은 red, green, blue에 8비트씩을 사용해서 색상을 표현하므로 24비트 트루컬러라고 한다. 컴퓨터 시스템에서는 32비트 데이터의 최하위 바이트부터 red, green, blue의 순서로 색상 정보를 저장하고 최상위 바이트는 사용하지 않고 0으로 채운다. 0~255사이의 값을 red, green, blue의 순서로 3개 입력받아서 RGB 색상을 만들어서 출력하는 프로그램을 작성하시오. RGB 색상을 출력할 때는 바이트 단위로 값을 알아보기 쉽도록 16진수로 출력한다. [비트연산자/난이도 ★★★]

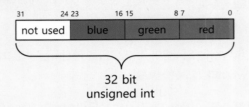

★ red, green, blue 값을 입력받을 때 0~255 범위의 값을 입력받아야 한다. 만약 255보다 큰 값을 입력하면 오버플로우로 처리하게 구현하시오. 즉, 예를 들어 256이 입력되면 0을 입력한 것으로 처리해야 한다.

★ RGB 색상을 출력하려면 printf 함수의 형식문자열로 "%06X"를 이용한다. 16진수로 6자리를 맞춰서 출력하고 값이 0이어도 0을 출력하라는 의미이다. 예를 들어 red, green, blue가 255, 0, 0인 경우 0000FF로 출력한다.

17. 32비트 크기의 데이터(부호 없는 정수형)에는 0~31번 비트가 존재한다. 7번째 비트만 1인 값, 15번째 비트만 1인 값, 23번째 비트만 1인 값, 31번째 비트만 1인 값을 구해서 16진수와 10진수로 출력하는 프로그램을 작성하시오. [비트연산자/난이도 ★]

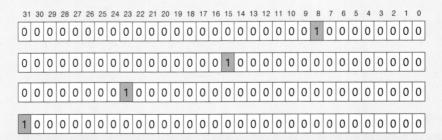

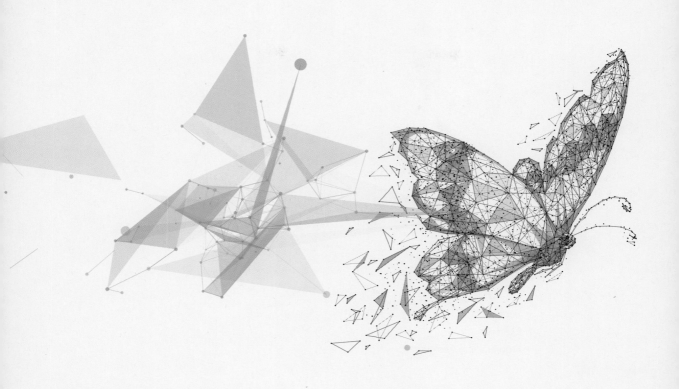

CHAPTER 5

제어문

제어문(control statement)은 프로그램의 수행 순서를 제어한다. 기본적인 C 프로그램은 main 함수 안의 문장들을 순서대로 수행하고 return을 만나면 종료한다. 문장들을 순서대로 수행하는 대신 조건에 따라 문장을 수행하거나 여러 번 반복 수행하게 만들려면 제어문을 이용한다.

제어문의 종류에는 조건문, 반복문, 분기문이 있다. 조건문은 조건에 따라 문장을 선택적으로 수행하게 만드는 문장으로 선택문이라고도 한다. 반복문은 조건에 따라 문장을 반복해서 수행하게 만드는 문장이다. 분기문은 실행의 흐름을 변경하기 위한 문장이다.

표 5-1 제어문의 종류

제어문의 종류	C 구문	설명
조건문	if	조건식이 참이면 문장을 수행한다.
	switch	정수식의 값에 따라 수행할 문장을 선택한다.
반복문	for	조건식이 참인 동안 문장을 반복 수행한다.
	while	
	do while	
분기문	break	switch나 반복문을 빠져나간다.
	continue	반복문의 시작으로 돌아간다.
	goto	지정된 레이블의 문장으로 이동한다.
	return	함수를 호출한 곳으로 돌아간다.

5.1 조건문

프로그램은 사용자의 선택에 따라 다르게 동작하기도 한다. 예를 들어 메신저 앱은 미리보기 선택 여부에 따라 메시지가 올 때마다 프로그램이 어떻게 동작할지가 달라진다. 미리보기 옵션이 선택된 경우에는 화면에 미리보기 창을 표시하고, 선택하지 않은 경우에는 화면에 표시하지 않는다. 메시지가 온 경우에 어떻게 처리할지를 의사코드(pseudocode)로 나타내 보면 다음과 같다.

```
if (미리보기 옵션이 선택되어 있으면)
    미리보기 창을 표시한다.
메시지를 알림센터에 등록한다.
```

또 다른 예로 워터 파크의 입장료 계산 프로그램에서 입장료가 성수기면 70,000원, 성수기가 아니면 35,000원으로 계산해야 한다고 해보자.

```
인원수를 입력받는다.
if (오늘 날짜가 성수기에 해당하면)
    결제금액 = 인원수 × 70000
else
    결제금액 = 인원수 × 35000
결제금액을 출력한다.
```

이런 선택 상황을 프로그램으로 작성할 때 조건문이 사용된다.

 질문 있어요

의사코드(pseudocode)는 무엇인가요?
의사코드란 특정 프로그래밍 언어가 아니라 일반적인 언어로 프로그램의 알고리즘을 기술하는 코드이다. 말 그대로 코드가 아니라 코드를 흉내낸 것이다. 프로그램의 논리를 대략적으로 기술할 때 주로 사용한다. 따로 구문이 정해진 것이 아니라 자유롭게 작성할 수 있으며, 프로그래밍 언어의 구문과 자연어를 함께 사용해서 작성한다.

5.1.1 if

(1) if의 기본

if문은 ( ) 안에 있는 조건식이 참이면 지정된 문장을 수행하고, 거짓이면 문장을 수행하지 않는다. if문의 형식은 다음과 같다.

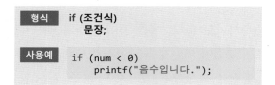

```
형식    if (조건식)
            문장;

사용예   if (num < 0)
            printf("음수입니다.");
```

if문을 순서도로 나타내면 [그림 5-1]과 같다.

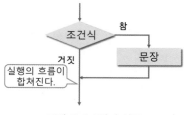

그림 5-1 if의 순서도

if문의 조건식으로 관계 연산자를 이용한 수식을 주로 사용한다.

```
if (num < 0)                          // num < 0은 참 또는 거짓
    printf("음수입니다.");
```

조건이 복잡할 때는 관계연산자와 논리 연산자를 조합해서 조건식을 나타낼 수도 있다.

```
int price = 35000;
if (month >= 6 && month <= 8)         // 성수기(6~8월)에 해당하면
    price = 70000;
```

어떤 조건이 거짓일 때만 문장을 수행하도록 코드를 작성하려면 논리 NOT 연산자(!)를 이용한다. if (! expr)은 expr이 거짓일 때만 지정된 문장을 수행한다.

```
if ( ! (month >= 6 && month <= 8) )   // 성수기(6~8월)가 아니면
    price = 35000;
```

[예제 5-1]은 if를 사용하는 간단한 예제이다. 사용자로부터 퀴즈 점수를 입력받아 70점 미만이면 재시라고 출력한다.

예제 5-1 : if의 사용 예

```
01    #include <stdio.h>
02
03    int main(void)
04    {
05        int score;
06
07        printf("퀴즈 점수를 입력하세요: ");
08        scanf("%d", &score);
09
10        if (score < 70)
11            printf("재시!!!\n");        // score < 70인 경우에 수행된다.
12
13        // if문 다음 문장에서 실행의 흐름이 다시 만난다.
14        printf("다음 수업은 일주일 후입니다.\n");
15
16        return 0;
17    }
```

[예제 5-1]에서 보면 if문의 다음 문장(14번째 줄)에서 실행의 흐름이 다시 합쳐지므로 score < 70이 참이든 거짓이든 관계없이 14번 문장은 수행된다.

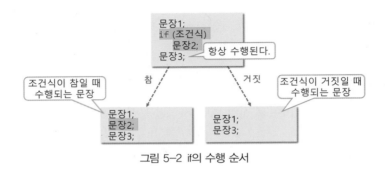

그림 5-2 if의 수행 순서

if의 조건식이 참일 때 수행할 문장이 여러 개면, 수행할 문장들을 { }로 묶어준다. 이처럼 { }으로 묶인 문장을 **복합문(compound statement)** 또는 **블록(block)**이라고 한다.

```
if (score < 70)              // 수행할 문장이 2개 이상이면 { }로 묶어준다.
{
    printf("재시!!!\n");
    printf("재시는 90점 이상이어야 통과입니다\n");
}
```

C의 블록은 { }로 결정되기 때문에 { } 없이 들여쓰기만 하면 다른 결과가 되므로 주의해야 한다.

```
if (score < 70)
    printf("재시\n");              // 여기까지가 if문
    printf("재시는 90점 이상이어야 통과입니다\n");          // if문의 다음 문장으로 간주한다.
```

if의 조건식이 참일 때 수행할 문장이 하나일 때도 { }를 써주는 편이 좋다. { }을 사용하는 편이 코드를 알아보기 쉽고 나중에 코드를 추가하기도 쉽기 때문이다.

```
if (num < 0)
{
    printf("음수입니다.");          // 수행할 문장이 1개일 때도 { }를 써주는 것이 좋다.
}
```

복합문은 if, while 등의 제어문에서만 사용하는 것이 아니라 단일문 대신 언제든지 사용할 수 있다.

if문에서 수행할 문장이 간단하면 한 줄에 써줄 수 있다. 다른 C 문장처럼 if문도 세미콜론(;)으로 끝난다.

```
if (score < 70)    printf("재시\n");   // 간단한 if문은 한 줄에 작성할 수 있다.
                                       // ;이 if문의 끝이다.
```

질문 있어요

복합문에서 { 는 어디에 써주나요?
복합문은 언제든지 단일문 대신 사용할 수 있다. 단일문이 사용될 위치에 { 을 쓰고 다음 줄에 들여쓰기 후에 복합문의 문장들을 나열한다. 그리고 다시 줄을 바꿔서 { 와 같은 열에 복합문의 끝을 나타내는 } 는 작성한다. 즉, 빈 줄에 { 과 }을 적어주고 { } 안의 문장들을 들여쓰기한다.

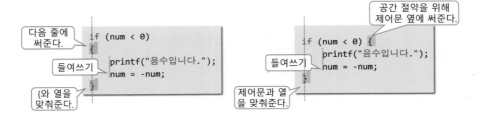

공간 절약을 위해서 { 를 제어문 옆쪽에 써줄 수 있다. 둘 중 어떤 방법을 해도 되지만, 일관성 있게 작성하는 것이 좋다.

(2) if else

if else문은 ( ) 안에 있는 조건식이 참이면 문장1을 수행하고, 거짓이면 문장2를 수행한다. 즉, 조건식에 따라 문장1과 문장2 중에서 하나만 수행된다.

```
형식    if (조건식)
          문장1;
       else
          문장2;
```

```
사용예   if (num < 0)
          printf("음수입니다.");
        else
          printf("양수입니다.");
```

if else문을 순서도로 나타내면 [그림 5-3]과 같다.

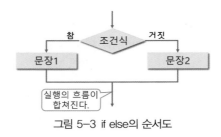

그림 5-3 if else의 순서도

if else는 조건식이 참일 때와 거짓일 때 각각 다른 문장을 수행한다. 예를 들어 퀴즈 점수가 70점 미만이면 재시, 70점 이상이면 통과라고 출력하는 프로그램을 작성하기 위해서 2개의 if문을 사용할 수 있다.

```
if (score < 70)
    printf("재시!!!\n");
if (score >= 70)          // score < 70이 거짓인 경우에 해당
    printf("통과!!!\n");
```

퀴즈 점수가 재시이면서 통과인 경우는 없다. 즉, 두 번째 if의 조건식은 score < 70이 거짓인 경우이므로 다시 score >= 70라는 조건을 검사하는 대신 else를 이용해서 하나의 if문으로 작성할 수 있다. else는 if의 조건식에 대하여 '그렇지 않으면'이라는 의미로 사용된다.

```
if (score < 70)
    printf("재시!!!\n");
else                      // 그렇지 않으면
    printf("통과!!!\n");
```

if else를 이용해서 두 수 중 큰 값을 구할 수 있다.

```
int max;

if (x > y)                    // x가 y보다 크면
    max = x;
else                          // 그렇지 않으면
    max = y;
```

if else 대신 조건 연산자와 대입 연산자를 이용해서 한 문장으로 작성할 수 있다.

```
int max = (x > y) ? x : y;
```

[예제 5-2]는 [예제 5-1]을 70점 미만이면 재시, 그렇지 않으면 통과라고 출력하도록 if else를 이용해서 수정한 것이다.

📑 **예제 5-2** : if else의 사용 예

```
01    #include <stdio.h>
02
03    int main(void)
04    {
05        int score;
06
07        printf("퀴즈 점수를 입력하세요: ");
08        scanf("%d", &score);
09
10        if (score < 70)
11            printf("재시!!!\n"); // score < 70인 경우에 수행된다.
12        else
13            printf("통과!!!\n"); // score >= 70인 경우에 수행된다.
14
15        return 0;
16    }
```

실행결과   ■ ■ ■

```
퀴즈 점수를 입력하세요: 90
통과!!!
```

[예제 5-3]은 if else를 이용하여 피제수가 0이 아니면 나누기를 수행하고 0이면 에러 메시지를 출력하는 코드이다.

📖 **예제 5-3** : 0으로 나누기 검사

```
01    #include <stdio.h>
02
03    int main(void)
04    {
05        int x, y;
06
07        printf("정수 2개를 입력하세요: ");
08        scanf("%d %d", &x, &y);
09
10        if (y != 0)
11            printf("%d / %d = %f\n", x, y, (double)x / y);
12        else
13            printf("0으로 나눌 수 없습니다.\n");
14
15        return 0;
16    }
```

> 소수점 이하까지 몫을 구하려면 double로 형 변환한다.

실행결과   ■ ■ ■

```
정수 2개를 입력하세요: 72 15
72 / 15 = 4.800000
```

[예제 5-3]에서 0으로 나누기를 하면 프로그램이 죽는 대신 "0으로 나눌 수 없습니다."
를 출력한다.

(3) 중첩된 if

if문 안에 다른 if문이 포함된 것을 **중첩된 if(nested if)**라고 한다.

예를 들어 미술관 입장료 기준 나이가 8세 이상이면 유료, 8세 미만은 무료이다. 유료인
경우 다시 65세 이상인지 검사해서 경로 우대 요금을 적용하고, 8세 이상 65세 미만이면
기본 요금을 적용하는 코드는 다음과 같다.

```
int fee = 0;
if (age >= 8)
{
    if (age >= 65)              // 중첩된 if
        fee = 5000;
    else
        fee = 10000;
}
```

이 코드에서 { }를 생략하면 코드의 의미가 혼동될 수 있으므로 주의해야 한다. else는 들여쓰기와 상관없이 항상 가장 가까운 if와 결합된다.

```
int fee = 0;
if (age >= 8)
    if (age >= 65)
        fee = 5000;
else                            // if (age >= 65)에 대한 else이다.
    fee = 10000;
```

[예제 5-4]는 중첩된 if를 이용해서 나이에 따라 입장료를 결정하는 코드이다.

📑 **예제 5-4** : 중첩된 if의 사용 예

```
01      #include <stdio.h>
02
03      int main(void)
04      {
05          int age, fee;
06
07          printf("나이? ");
08          scanf("%d", &age);
09                              중첩된 if
10          if (age >= 8) {
11              if (age >= 65) {              // if문 안에 다른 if문을 포함할 수 있다.
12                  fee = 5000;
13              }
14              else {
15                  fee = 10000;
16              }
17          }
18          else {
19              fee = 0;
20          }
21          printf("입장료: %d원\n", fee);
22
23          return 0;
24      }
```

실행결과 ···

나이? `20`
입장료: 10000원

(4) else if

나이에 따른 입장료 결정 코드에서 첫 번째 if문의 조건식을 반대로 만들고, if 다음 문장과 else 다음 문장의 위치를 바꾸면 다음과 같다.

```c
if (age < 8) {
    fee = 0;
}
else { // else 안에 또 다른 if문만 포함되어 있는 경우
    if (age >= 65) {
        fee = 5000;
    }
    else {
        fee = 10000;
    }
}
```

이처럼 if else에서 else의 블록 안에 다른 문장 없이 또 다른 if문만 들어있을 때, 이 문장은 다음과 같이 작성할 수 있다.

```c
if (age < 8) {
    fee = 0;
}
else if (age >= 65) {
    fee = 5000;
}
else {
    fee = 10000;
}
```

else if는 여러 가지 조건을 순서대로 검사한다. else if의 형식은 다음과 같다.

형식	if (조건식1)
	    문장1;
	else if (조건식2)
	    문장2;
	else
	    문장3;
| 사용예 | ```c
if (num < 0)
    printf("음수입니다.");
else if (num > 0)
    printf("양수입니다.");
else
    printf("0입니다.");
``` |
```

else if문에서는 else 앞에 있는 if문의 조건식이 거짓일 때만 else if 다음의 조건식을 검사한다. [그림 5-4]의 순서도를 보면 조건식1이 거짓일 때만 조건식2를 검사하고, 조건식2가 거짓일 때만 다시 조건식3을 검사한다.

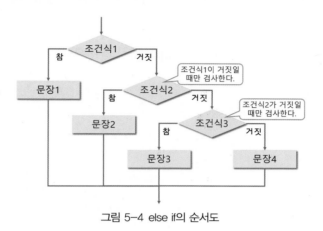

그림 5-4 else if의 순서도

else if문은 if문 다음에만 올 수 있다. else if문 다음에 또 다른 else if문을 여러 번 연결할 수 있으며 else if문 다음에 else와 함께 문장을 작성할 수도 있다.

예제 5-5 : else if의 사용 예

```
01    #include <stdio.h>
02
03    int main(void)
04    {
05        int age, fee;
06
07        printf("나이? ");
08        scanf("%d", &age);
09
10        if (age < 8) {
11            fee = 0;
12        }
13        else if (age >= 65) {     // age >= 8 && age >= 65라는 의미
14            fee = 5000;
15        }
16        else {
17            fee = 10000;
18        }
19        printf("입장료: %d원\n", fee);
20
21        return 0;
22    }
23
```

실행결과　　　　　　　　　　　　　　　　　　　　　　■■■

나이? `20`
입장료: 10000원

---

else if와는 다르게 서로 독립적인 조건을 여러 개 비교하는 경우도 있다. 이때 각각의 if 문은 else if로 연결되지 않으며 **다중 if(multiple if)**라고 부른다.

```c
fee = 10000;
if (age >= 65)      // 65세 이상이면 5000원 할인
    fee -= 5000;
if (is_local == 1)  // 지역 주민이면 1000원 할인
    fee -= -1000;
```

위의 코드에서 65세 이상과 지역 주민은 서로 독립적인 조건이다. 즉 65세 이상이면서 지역주민일 수도 있고 아닐 수도 있다. 이런 경우에는 다중 if를 사용한다. [그림 5-5]을 보면 중첩된 if, else if, 다중 if의 차이점을 알 수 있다.

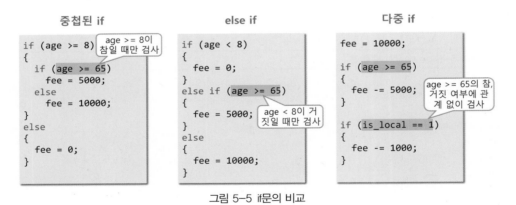

그림 5-5 if문의 비교

(5) else if의 활용

else if문은 선택적으로 코드를 수행하게 만들 때 유용하다. 메뉴 처리는 프로그램이 사용자의 선택에 따라 다른 코스를 수행하는 대표적인 예이다. 콘솔 프로그램에서는 텍스트 형태의 메뉴를 출력하고 메뉴 번호나 문자를 입력받아 선택된 메뉴 기능을 수행한다.

[예제 5-6]은 동영상 재생 프로그램의 메뉴를 간단히 구현한 것이다. 이 프로그램은 1~3 번 메뉴가 있고, 선택된 메뉴 번호를 정수로 입력받는다. 1은 파일 열기, 2는 재생, 3은 재생 옵션 기능이다. 아직 파일 입출력이나 동영상 재생 기능을 구현할 수 없으므로 메뉴를 선택하면 어떤 메뉴가 선택되었는지 간단히 출력한다.

예제 5-6 : else if를 이용한 텍스트 기반의 메뉴 처리

```c
01    #include <stdio.h>
02
03    int main(void)
04    {
05        int menu;                    // 선택된 메뉴 번호
06
07        printf("1.파일 열기\n");      // 메뉴를 출력한다.
08        printf("2.재생\n");
09        printf("3.재생 옵션\n");
10        printf("선택: ");
11
12        scanf("%d", &menu);          // 메뉴 번호를 입력받는다.
13        if (menu == 1) {             // 파일 열기 메뉴
14            printf("파일 열기 메뉴를 선택했습니다.\n");
15        }
16        else if (menu == 2) {        // 재생 메뉴
17            printf("재생 메뉴를 선택했습니다.\n");
18        }
19        else if (menu == 3) {        // 재생 옵션 메뉴
20            printf("재생 옵션 메뉴를 선택했습니다.\n");
21        }
22        else {                       // 1~3이 아닌 메뉴 번호를 선택하는 경우
23            printf("잘못 선택하셨습니다.\n");
24        }
25
26        return 0;
27    }
```

실행결과

```
1.파일 열기
2.재생
3.재생 옵션
선택: 1
파일 열기 메뉴를 선택했습니다.
```

　　else if를 활용하는 또 다른 예로 간단한 사칙 연산 계산기를 만들어볼 수 있다. [예제 5-7]
은 '78 + 21'와 같은 형식으로 입력을 받아서 +, −, *, / 연산 결과를 구해서 출력한다.

📎 **예제 5-7** : else if를 이용한 사칙연산 계산기

```
01    #include <stdio.h>
02
03    int main(void)
04    {
05        int a, b;                      // 피연산자
06        char op;                       // 연산자 기호를 문자로 저장할 변수
07
08        printf("수식? ");
09        scanf("%d %c %d", &a, &op, &b);     // 10 + 30 형태로 입력받는다.
10
11        if (op == '+') {
12            printf("%d + %d = %d\n", a, b, a + b);
13        }
14        else if (op == '-') {
15            printf("%d - %d = %d\n", a, b, a - b);
16        }
17        else if (op == '*') {
18            printf("%d * %d = %d\n", a, b, a * b);
19        }
20        else if (op == '/') {
21            if (b != 0)                     // 중첩된 if
22                printf("%d / %d = %.2f\n", a, b, (double)a / b);
23            else
24                printf("0으로 나눌 수 없습니다.\n");
25        }
26        else {                              // +, -, *, /가 아닌 경우
27            printf("잘못된 수식입니다.\n");
28        }
29
30        return 0;
31    }
```

> a/b를 실수로 구하려면 double로 형 변환

실행결과   ▪▪▪

수식? 78 + 21 ← 피연산자와 연산자 사이에 빈칸을 넣어도 되고 안 넣어도 된다.
78 + 21 = 99

[예제 5-7]은 '10 / 0'처럼 나누기 연산의 우변(rhs)이 0인 경우에 프로그램이 죽는 대신 에러 메시지를 출력한다.

실행결과   ▪▪▪

수식? 10/0 ← b가 0이어도 프로그램이 죽지 않는다.
0으로 나눌 수 없습니다.

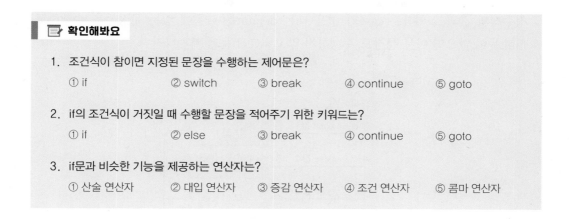

확인해봐요

1. 조건식이 참이면 지정된 문장을 수행하는 제어문은?
   ① if   ② switch   ③ break   ④ continue   ⑤ goto

2. if의 조건식이 거짓일 때 수행할 문장을 적어주기 위한 키워드는?
   ① if   ② else   ③ break   ④ continue   ⑤ goto

3. if문과 비슷한 기능을 제공하는 연산자는?
   ① 산술 연산자   ② 대입 연산자   ③ 증감 연산자   ④ 조건 연산자   ⑤ 콤마 연산자

5.1.2 switch

(1) switch의 기본

조건식이 참인지 거짓인지에 따라 둘 중 하나로 분기하는 if문과는 다르게 switch문은 정수식의 값에 따라서 여러 가지 경우 중 하나로 분기한다.

형식
```
switch (정수식) {
case 정수값1 :
    문장1;
    break;
case 정수값2 :
    문장2;
    break;
        ⋮
default :
    문장n;
    break;
}
```

사용예
```
switch (menu) {
case 1:
    printf("1번 메뉴 선택");
    break;
case 2:
    printf("2번 메뉴 선택");
    break;
default:
    printf("잘못 선택하셨습니다.\n");
    break;
}
```

switch문에는 case, break, default 키워드를 함께 사용한다. 먼저 switch의 ( ) 안에는 정수식을 써주는데, 정수식은 정수값을 가진 수식이다. 그 다음 { } 안에 하나 이상의 case 문을 작성한다. case문을 작성할 때는, case 다음에 정수값, 콜론(:)을 순서대로 써준다. case문마다 처리할 문장을 하나 이상 써줄 수 있는데, 이미 switch문 전체에 { }가 사용되었기 때문 case문에서는 { }를 생략할 수 있다. case에서 처리할 문장의 맨 마지막에는 break문을 써준다.

switch문이 수행되는 과정은 다음과 같다. 먼저 정수식의 값을 평가하고, case문 중에서 같은 값인 case를 찾아서 해당 case문 다음에 나열된 문장들을 수행한다. 이때 문장들을 순차적으로 수행하다가 break를 만나면 switch문을 빠져나간다.

정수식의 값과 일치하는 case가 없을 때는 default문 다음에 있는 문장들을 수행하고, default문이 없으면 아무 문장도 수행하지 않고 switch문을 빠져나간다.

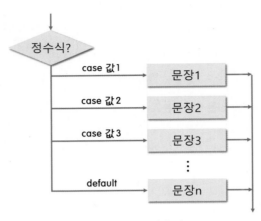

그림 5-6 switch의 순서도

다음은 default가 생략된 switch문이다. num % 2는 항상 0 또는 1이므로 default를 생략할 수 있다.

```c
switch (num % 2) {
case 0:
    printf("even\n");
    break;
case 1:
    printf("odd\n");
    break;
// default문을 생략할 수 있다.
}
```

(2) switch와 else if

else if로 작성한 코드는 switch를 이용해서 다시 작성할 수 있다.

[예제 5-8]은 [예제 5-6]에서 만든 동영상 재생 프로그램의 메뉴 선택 기능을 switch를 이용해서 다시 작성한 코드이다.

📑 **예제 5-8** : switch를 이용한 텍스트 기반의 메뉴 처리

```c
01    #include <stdio.h>
02
03    int main(void)
04    {
05        int menu;                // 선택된 메뉴 번호
06
07        printf("1.파일 열기\n");  // 메뉴를 출력한다.
08        printf("2.재생\n");
09        printf("3.재생 옵션\n");
10        printf("선택: ");
11
12        scanf("%d", &menu);       // 메뉴 번호를 입력받는다.
13        switch (menu) {
14        case 1:
15            printf("파일 열기 메뉴를 선택했습니다.\n");
16            break;
17        case 2:
18            printf("재생 메뉴를 선택했습니다.\n");
19            break;
20        case 3:
21            printf("재생 옵션 메뉴를 선택했습니다.\n");
22            break;
23        default:                     // 1~3이외의 메뉴 번호 선택 시
24            printf("잘못 선택하셨습니다.\n");
25            break;
26        }
27
28        return 0;
29    }
```

실행결과 ■ ■ ■

```
1.파일 열기
2.재생
3.재생 옵션
선택: 2
재생 메뉴를 선택했습니다.
```

[그림 5-7]을 보면 switch문의 수행 순서를 알 수 있다.

menu에 2가 입력된 경우 switch의 수행 순서

```
switch (menu) {        ① 정수식의 값
case 1:                  을 평가한다.
    printf("파일 열기 메뉴를 선택했습니다.\n");
② 값이 일치하는   break;                              ③ case 다음 문장
case를 찾는다.  case 2:                                을 수행한다.
    printf("재생 메뉴를 선택했습니다.\n");
    break;          ④ switch를
case 3:               탈출한다.
    printf("재생 줍션 메뉴를 선택했습니다.\n");
    break;
default:
    printf("잘못 선택하셨습니다.\n");
    break;
}
```

그림 5-7 switch의 수행 순서

[예제 5-9]는 [예제 5-7]의 사칙연산 계산기를 if else 대신 switch를 이용해서 다시 작성한 것이다.

📝 **예제 5-9** : switch를 이용한 사칙연산 계산기

```
01    #include <stdio.h>
02
03    int main(void)
04    {
05        int a, b;                    // 피연산자
06        char op;                     // 연산자 기호를 문자로 저장할 변수
07
08        printf("수식? ");
09        scanf("%d %c %d", &a, &op, &b);    // 10 + 30 형태로 입력받는다.
10
11        switch (op) {
12        case '+':
13            printf("%d + %d = %d\n", a, b, a + b);
14            break;
15        case '-':
16            printf("%d - %d = %d\n", a, b, a - b);
17            break;
18        case '*':
19            printf("%d * %d = %d\n", a, b, a * b);
20            break;
21        case '/':
22            if (b != 0)
23                printf("%d / %d = %.2f\n", a, b, (double)a / b);
24            else
```

```
25              printf("0으로 나눌 수 없습니다.\n");
26          break;
27     default:          // +, -, *, /가 아닌 경우
28          printf("잘못된 수식입니다.\n");
29          break;
30      }
31
32      return 0;
33  }
```

실행결과 ■ ■ ■

```
수식? 78 + 21
78 + 21 = 99
```

menu == 1처럼 값을 비교하는 조건식을 사용하고, 비교할 값이 2개 이상이면 switch를 사용하는 것이 좋다. 반면에, 단순한 정수값 비교 외의 조건을 검사해야 하는 경우에는 else if를 사용하는 것이 좋다. 예를 들어 값의 범위를 비교해야 하거나 실수나 문자열을 비교해야 하는 경우에는 else if를 사용한다.

비교할 값이 2개 미만일 때는 if를 사용한다.

```
switch (num % 2) {
case 0:
    printf("even\n");
    break;
case 1:
    printf("odd\n");
    break;
}
```

```
if (num % 2 == 0) {
    printf("even\n");
}
else {
    printf("odd\n");
}
```
> ==로 비교할 값이 2개 미만인 경우

그림 5-8 if를 사용해야 하는 경우

비교할 값이 2개 이상일 때는 switch를 사용한다.

```
if (menu == 1) {
    printf("메뉴1");
}
else if (menu == 2) {
    printf("메뉴2");
}
else if (menu == 3) {
    printf("메뉴3");
}
else {
    printf("에러");
}
```

```
switch (menu) {
case 1:
    printf("메뉴1");
    break;
case 2:
    printf("메뉴2");
    break;
case 3:
    printf("메뉴3");
    break;
default:
    printf("에러");
    break;
}
```
> ==로 비교할 값이 2개 이상인 경우

그림 5-9 switch를 사용해야 하는 경우

(3) switch 사용 시 주의 사항

switch문에서 break는 생략할 수 있다. break를 생략하면 선택된 case의 문장들을 모두 수행하고 나서, break를 만날 때까지 연속된 case의 문장들을 계속해서 수행한다. [그림 5-10]은 break를 생략했을 때 switch문의 수행 순서이다.

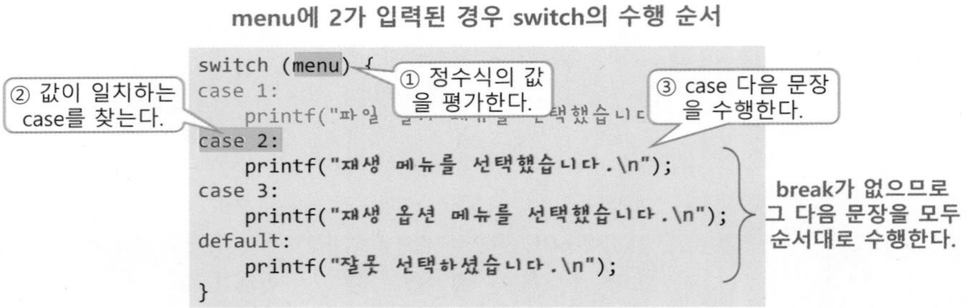

menu에 2가 입력된 경우 switch의 수행 순서

② 값이 일치하는 case를 찾는다.

① 정수식의 값을 평가한다.

③ case 다음 문장을 수행한다.

```
switch (menu) {
case 1:
    printf("파일 열기 메뉴를 선택했습니다.\n");
case 2:
    printf("재생 메뉴를 선택했습니다.\n");
case 3:
    printf("재생 옵션 메뉴를 선택했습니다.\n");
default:
    printf("잘못 선택하셨습니다.\n");
}
```

break가 없으므로 그 다음 문장을 모두 순서대로 수행한다.

그림 5-10 break 생략 시 switch의 수행 순서

[그림 5-10]처럼 실수로 break를 빠뜨리면, switch의 끝을 만날 때까지 나오는 모든 문장들을 수행한다.

의도적으로 특정 case에 대한 break를 생략할 수 있다. 예를 들어 미술관 입장료를 요일에 따라 정하는데 월요일은 할인 요금이고 주말인 토요일과 일요일은 주말 요금을 적용하려고 한다. 요일을 나타내는 day_of_week는 항상 0~6사이의 값이고, 0은 일요일, 1은 월요일, …, 6은 토요일을 의미한다. case 6: 다음에는 수행할 문장이 생략되었는데, 이 경우 다음 case 0: 의 문장이 순서대로 수행된다.

```
switch (day_of_week) {      // 항상 0~6사이의 값
case 1:                     // mon
    fee = 5000;             // 월요일은 할인 요금
    break;
case 6:                     // sat
case 0:                     // sun
    fee = 10000;            // 토,일은 주말 요금
    break;
default:
    fee = 8000;             // 화~목은 평일 요금
    break;
}
```

day_of_week가 6일 때와 0일 때 같은 코드를 수행한다.

참고로 case와 함께 지정되는 값은 순서에 상관없이 나열할 수 있다. 즉, case 0:, case 1:, case 2:가 꼭 순서대로 나열되지 않아도 된다.

switch문에서 default는 생략할 수 있다. switch문에 일치하는 case가 없고 default도 없으면, 아무것도 수행하지 않고 switch문을 빠져나간다. default는 switch문 안에 어디에나 써줄 수 있지만 주로 맨 끝부분에 작성하며, default에도 break를 써주는 것이 좋다.

menu에 5가 입력된 경우 switch의 수행 순서

```
switch (menu) {
default:
    printf("잘못 선택하셨습니다.\n");
    break;
case 1:
    printf("파일 열기 메뉴를 선택했습니다.");
    break;
case 2:
    printf("재생 메뉴를 선택했습니다.\n");
    break;
case 3:
    printf("재생 옵션 메뉴를 선택했습니다.\n");
    break;
}
```

① 정수식의 값을 평가한다.
② 값이 일치하는 case를 찾지 못하면 default를 찾는다.
③ default 다음 문장을 수행한다.
④ switch를 탈출한다.
default는 switch문의 아무데나 올 수 있다.

그림 5-11 default의 수행 순서

switch의 ( ) 안에는 정수식만 사용할 수 있으며, 실수나 문자열은 사용할 수 없다.

```
double x;
switch (x) {       // 실수값은 switch에서 사용할 수 없다.
case 0.1:          // case문에 정수값만 사용할 수 있다.
    ...
    break;
}
```

case에는 { }가 필요없지만, 특정 case에서만 사용되는 변수를 선언하려면 { }를 쓰고 그 안에 변수 선언 및 필요한 문장을 적어준다.

```
switch (menu) {
case 2:
    {
        int seconds;        // case 2에서만 사용되는 변수 선언
        scanf("%d", &seconds);
        printf("%d초간 재생합니다.\n", seconds);
        break;
    }
    ...
}
```

case 안에서 사용될 변수를 선언하려면 { }가 필요하다.

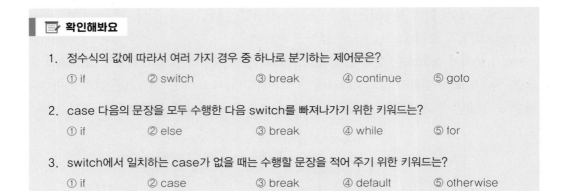

5.2 반복문

5.2.1 반복문의 필요성

5개의 정수를 입력받아서 합계를 구하는 코드를 작성하려고 한다. 첫 번째 정수를 입력받아서 sum에 더하고, 두 번째 정수를 입력받아서 sum에 더하는 작업을 다섯 번째 정수가 입력될 때까지 반복해야 한다. 이처럼 반복적으로 수행해야 하는 코드를 구현할 때 가장 간단한 방법은 복사해서 작성하는 것이다.

```c
int num, sum = 0;
scanf("%d", &num);
sum += num;
scanf("%d", &num);   // 같은 코드를 복사해서 작성한다.
sum += num;
scanf("%d", &num);   // 같은 코드를 복사해서 작성한다.
sum += num;
scanf("%d", &num);   // 같은 코드를 복사해서 작성한다.
sum += num;
scanf("%d", &num);   // 같은 코드를 복사해서 작성한다.
sum += num;

printf("합계: %d", sum);
```

여러 번 수행해야 하는 코드를 복사해서 작성하는 것은 좋은 방법이 아니다. 반복적으로 수행할 내용이 많아지거나 반복 횟수가 많아지면 코드 크기가 매우 커지게 된다. 또한 코드를 수정해야 할 필요가 있을 때, 복사한 코드를 모두 수정해야 한다. 반복문을 이용하면 이런 상황을 쉽게 해결할 수 있다.

```
int num, sum = 0;
int i;
for (i = 0; i < 5; i++)              // 반복문을 이용해서 구현한다.
{
    scanf("%d", &num);
    sum += num;
}
printf("합계: %d", sum);
```

반복문은 조건이 만족하는 동안 주어진 문장을 반복해서 수행하는 기능을 제공한다. 반복문은 루프(loop)라고도 부르며, C의 반복문에는 for, while, do while 세 가지가 있다.

반복문을 이용하면 프로그램을 좀더 유용하게 만들 수 있다. 앞에서 작성했던 사칙연산 계산기는 프로그램이 실행되면 한 번만 계산을 하고 종료한다. 반복문을 이용하면 사용자가 원하는 만큼 반복적으로 계산하도록 만들 수 있다.

```
while (!종료조건) {                   // 종료조건이 거짓인 동안 반복 수행한다.
    사칙연산 계산을 수행한다.
}
```

5.2.2 for

for문은 정해진 횟수만큼 반복해서 수행할 문장이 있을 때 주로 사용된다. for문은 세 가지 반복문 중에서 가장 정형화된 반복문이다.

(1) for의 기본

기본적인 for문의 사용 형식은 다음과 같다.

형식	`for (초기식; 조건식; 증감식)` `    반복할문장;`
사용예	`for (i = 0; i < 10; i++)` `    printf("%d ", i);`

for문은 초기식, 조건식, 증감식과 반복할 문장으로 구성된다. for문을 만나면 우선 초기식을 수행하고, 조건식을 검사해서 조건식이 참이면 반복할 문장을 수행한다. 반복할 문장을 수행하고 나면, 증감식을 수행하고, 다시 조건식 검사부터 반복한다. 계속해서 '조건식 → 반복할 문장 → 증감식' 순으로 수행을 하다가, 조건식이 거짓이 되면 for문을 빠져나간다.

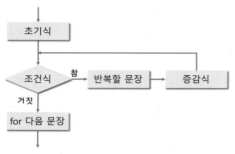

그림 5-12 for의 순서도

[예제 5-10]은 for를 이용해서 0~9을 출력하는 간단한 예제이다.

📑 **예제 5-10** : for의 사용 예

```
01    #include <stdio.h>
02
03    int main(void)
04    {
05        int i;
06        for (i = 0; i < 10; i++)  // i가 10이 되면 루프 탈출
07            printf("%d ", i);     // 반복할 문장
08        printf("\n");
09
10        return 0;
11    }
```

실행결과

```
0 1 2 3 4 5 6 7 8 9
```

---

for문의 초기식인 i = 0은 한번만 수행된다. 조건식인 i < 10이 참이면 printf("%d ", i);를 수행한다. 그 다음 증감식인 i++을 수행한다. 여기까지가 반복 1회차가 된다. 반복 2회차에서부터는 '조건식 → 반복할 문장 → 증감식'을 순서대로 수행하다가 조건식이 거짓이 되면 for를 탈출해서 다음 문장으로 이동한다.

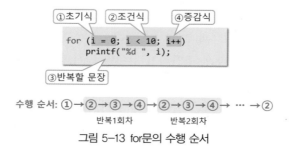

그림 5-13 for문의 수행 순서

ANSI C에서는 for문의 초기식에서 변수를 선언할 수 없다. ANSI C에서는 변수를 블록의 시작 부분에서만 선언할 수 있다고 제한하고 있기 때문이다. 참고로 C99를 지원하는 C/C++ 컴파일러에서는 for문의 초기식에서 변수를 선언할 수 있다. 이 책에서는 ANSI C 방식을 따르고 있으므로 for문에서 사용되는 루프 제어 변수를 for문 앞에 선언하고 있다.

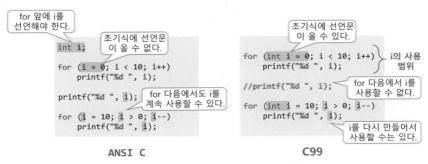

그림 5-14 for 초기식에서의 변수 선언

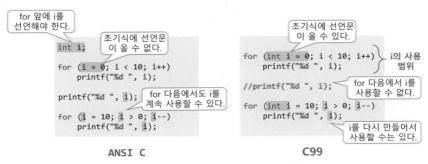

질문 있어요

for의 증감식에서 증감 연산자를 사용할 때 전위형과 후위형 중 어떤 것을 사용할까요?

증감 연산자는 단일 문장으로 사용될 때 전위형과 후위형의 차이가 없다. 다음 두 문장은 같은 의미이다.

```
for (i = 0; i < 10; i++) { ... }
for (i = 0; i < 10; ++i) { ... }
```

일반적으로 for문은 어떤 문장을 N번 반복 수행하는 용도로 사용되기 때문에 for(i = 0; i < N; i++)와 같은 형태로 자주 사용된다. 하지만 for문의 루프 제어 변수를 꼭 1씩 증가해야 하는 것은 아니다. 특정 값에서부터 시작해서 감소할 수도 있고, 2씩 더하거나 10씩 곱할 수도 있다. for문의 반복 회차마다 루프 제어 변수의 값을 변경해서, 언젠가 for의 조건식이 거짓이 되어 루프를 탈출할 수 있으면 된다.

```
for (i = 10; i > 0; --i)          // 루프 제어 변수를 10에서부터 1씩 감소시킨다.
    printf("%d ", i);

for (i = 0; i < 20; i += 2)        // 루프 제어 변수를 0에서부터 2씩 증가시킨다.
    printf("%d ", i);

for (j = 1; j <= 1000000; j *= 10)  // 루프 제어 변수를 1에서부터 10씩 곱한다.
    printf("%7d\n", j);
```

for문에서 반복할 문장이 여러 개일 때는 { }로 묶어준다.

```
for (i = 0; i < 5; i++)
{                              // 반복할 문장이 여러 개일 때 { }로 묶어준다.
    scanf("%d", &num);
    sum += num;
}
```

[예제 5-11]은 5개의 정수를 입력받아 합계를 구하는 프로그램이다.

예제 5-11 : 입력된 정수들의 합계 구하기

```
01    #include <stdio.h>
02
03    int main(void)
04    {
05        int num = 0;                // 입력받은 정수를 저장할 변수
06        int sum = 0;                // 합계를 저장할 변수
07        int i;                      // 루프 제어 변수
08
09        printf("정수 5개를 입력하세요: ");
10        for (i = 0; i < 5; i++)     // i가 5가 되면 루프 탈출
11        {
12            scanf("%d", &num);      // i가 0, 1, 2, 3, 4일 때 반복 수행
13            sum += num;
14        }
15        printf("합계: %d\n", sum);
16
17        return 0;
18    }
```

sum에 합계를 구해야 하므로 0으로 초기화한다.

실행결과

```
정수 5개를 입력하세요: 12 32 45 63 7
합계: 159
```

정수 5개를 입력할 때 빈칸, 탭, 줄바꿈 등으로 구분해서 입력한다.

[예제 5-11]을 보면 for의 각 반복 회차마다 num에 정수를 입력받아서 sum에 더한다.

(2) for의 여러 가지 변형

for문에서 루프 제어 변수를 여러 개 사용할 수 있다. 이때 콤마 연산자(,)가 유용하게 이용된다. for의 초기식은 한 문장이지만, 콤마 연산자를 이용해서 i = 0, j = 100처럼 여러 개의 수식을 나열할 수 있다. 증감식도 마찬가지이다.

```
int i, j; // 루프 제어 변수를 여러 개 사용할 수 있다.

for (i = 0, j = 100; i < 10 && j > 0; i++, j /= 10)
    printf("i = %d, j = %d\n", i, j);
```

for문의 초기식, 조건식, 증감식과 반복할 문장은 모두 생략할 수 있다. [그림 5-15]는 모두 올바른 for문이다.

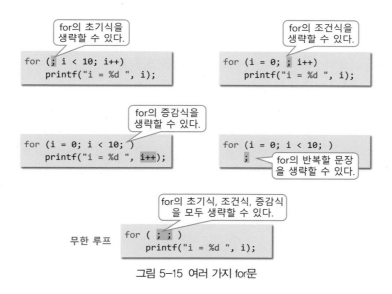

그림 5-15 여러 가지 for문

초기식, 조건식, 증감식을 생략하더라도 세미콜론은 반드시 써주어야 한다.

```
for ( )   // 세미콜론을 생략하면 컴파일 에러
    printf("hello");
```

for문에서 반복할 문장도 생략할 수 있으므로, for에서 ( )다음에 세미콜론을 쓰지 않도록 주의해야 한다.

```
for (i = 0; i < 10; i++);          // for의 반복할 문장이 생략된 경우로 처리된다.
    printf("i = %d ", i);          // printf문은 for문의 다음 문장이 된다.
```

위의 for문을 의미에 맞추어 다시 써보면 다음과 같다. 처리할 내용 없이 세미콜론(;)만
으로 이루어진 문장을 **널 문장(null statement)**이라고 한다.

```
for (i = 0; i < 10; i++)
    ;                              // 널 문장
printf("i = %d ", i);              // for문의 다음 문장
```

for에서 조건식을 생략하면 **무한 루프(infinite loop)**가 된다. 프로그램이 무한 루프로
들어가면 무한히 반복문을 수행하기 때문에 Ctrl + C 로 프로그램을 강제 종료해야 한다.
어떤 경우에는 의도적으로 무한 루프를 사용하기도 한다. for의 조건식을 생략하더라도
for문 안에서 if로 조건식을 검사해서 break로 for를 탈출할 수 있기 때문이다. break에 대
해서는 나중에 알아보도록 하자.

```
for ( ; ; )                        // 무한 루프
{
    printf("i = %d ", i++);
    if (i > 10)
        break;                     // break를 이용해서 for문을 빠져나간다.
}
```

for문에서 처음부터 조건식이 거짓인 경우에는 바로 for 루프를 탈출해서 for의 반복할
문장과 증감식은 한번도 수행되지 않는다.

```
for (i = 0; i > 10; i++)           // 처음부터 조건식이 거짓인 경우 바로 for를 탈출한다.
    printf("i = %d ", i);          // for의 반복할 문장은 한번도 수행되지 않는다.
```

질문 있어요

널 문장이 필요한가요?

널 문장을 직접 사용하는 경우는 많지 않다. 하지만 언제든지 세미콜론만으로 널 문장을 만들 수 있기 때문에 실수하지 않도록 주의해야 한다.

```
if (a > 0);        // 실수로 세미콜론을 쓰는 경우
    a = -a;        // if문의 다음 문장이 된다.
```

널 문장은 for문의 초기식, 조건식, 증감식에서 필요한 기능을 모두 수행해서 반복할 문장을 따로 지정할 필요가 없을 경우에 유용하게 쓰인다.

```
for (i = 0; i < 10; printf("%d\n", i++)) // 증감식으로 printf 함수 호출문이 사용된 경우
    ;       // 다음 줄에 세미콜론을 적어서 널 문장을 명확하게 표시하는 것이 좋다.
```

문장의 끝에 널 문장을 사용하면 널 문장이 사용되는지 확인하기 쉽지 않으므로, 널 문장을 의미하는 세미콜론(;) 대신 빈 중괄호 { }를 대신 사용하기도 한다.

```
for (i = 0; i < 10; printf("%d\n", i++)) { }
            // 빈 블록을 만들어서 수행할 문장이 없다고 명시적으로 표시할 수 있다.
```

(3) 중첩된 for

for문 안에 다시 for문을 사용하는 것을 **중첩된 for(nested for)**라고 한다.

[예제 5-12]는 중첩된 for문을 이용해서 직사각형을 그리는 코드이다. 콘솔 프로그램에서는 텍스트만 출력할 수 있으므로 입력된 문자를 가로로 width개, 세로로 height줄만큼 출력해서 직사각형을 그리는 코드이다.

📋 **예제 5-12 : 입력된 문자로 직사각형 그리기**

```
01    #include <stdio.h>
02
03    int main(void)
04    {
05        int width, height;
06        char ch;
07        int i, j;
08
```

```
09        printf("직사각형의 폭과 높이? ");
10        scanf("%d %d", &width, &height);
11        printf("직사각형을 그릴 문자? ");
12        scanf(" %c", &ch);                    // %c앞에 빈칸 지정
13
14        for (i = 0; i < height; i++)
15        {
16            for (j = 0; j < width; j++)     // 중첩된 for
17                printf("%c", ch);
18            printf("\n");
19        }
20
21        return 0;
22    }
```

실행결과 ∎ ∎ ∎

```
직사각형의 폭과 높이? 20 3
직사각형을 그릴 문자? *
********************
********************
********************
```

[예제 5-12]에서 주의할 부분은 12번째 줄에서 직사각형을 그릴 때 사용할 문자를 입력
받은 부분이다. 문자를 입력받으려면 scanf 함수에서 %c 서식 지정자를 사용한다. 12번째
줄을 다음처럼 작성해서 프로그램을 컴파일하고 실행해보면 직사각형이 올바르게 출력되
지 않는다.

```
scanf("%c", &ch);    // 형식 문자열에 빈칸이 없는 경우
```

**scanf의 형식 문자열에서 빈칸을 지정하면 이전 입력에서 입력 버퍼에 남아있는 공백
문자('\n', ' ', '\t')를 무시한다.** 콘솔 입력은 사용자가 키보드를 누르는 순간 입력이 프
로그램으로 전달되는 것이 아니라 입력 버퍼에 보관했다가 Enter 를 누르면 한꺼번에 프로
그램으로 전달된다. scanf 함수는 이 입력 버퍼에서 값을 읽어온다. [예제 5-12]를 실행하
면 먼저 직사각형의 폭과 높이를 정수로 입력한다. 이때의 입력 버퍼 상태는 [그림 5-16]
과 같다.

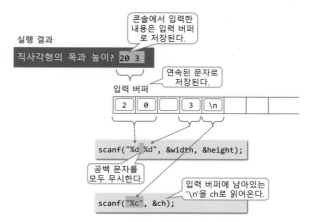

그림 5-16 입력 버퍼와 scanf 함수

scanf 함수는 입력 버퍼가 비어있을 때만 새로운 입력을 기다리기 때문에 scanf("%c", &ch);는 입력 버퍼에 남아있던 '\n'을 읽어와서 직사각형을 그릴 문자로 사용하게 된다. 이 문제를 해결하려면 scanf(" %c", &ch);처럼 %c 앞에 빈칸을 추가하면 된다. 정수나 실수 입력에서는 입력 버퍼의 공백 문자를 무시하고 정수, 실수를 입력받기 때문에 이런 현상이 발생하지 않지만 문자 입력의 경우에는 '\n'도 문자로 읽어오기 때문에 형식 문자열에 빈칸을 지정한 경우에만 입력 버퍼의 공백 문자를 무시한다.

```
scanf("%d%d", &width, &height);    // 정수, 실수 입력에서는 빈칸이 없어도 된다.
scanf(" %c", &ch);                 // 문자 입력에서는 빈칸이 있어야 공백 문자를 무시한다.
```

중첩된 for의 수행 순서는 다음과 같다. 먼저 바깥쪽 for의 i가 0일 때 안쪽 for가 j는 0부터 width보다 작은 동안 반복된다. 안쪽 for를 빠져나가면 printf("\n");이 수행되고 여기까지가 바깥쪽 for의 반복 1회차가 된다. 같은 수행이 i가 1, 2, …, height−1일 때까지 반복되고, i가 height가 되면 바깥쪽 for를 탈출한다.

📋 확인해봐요

1. 특정 횟수만큼 반복해서 수행할 문장이 있을 때 주로 사용되는 제어문은?
   ① if   ② switch   ③ for   ④ continue   ⑤ break

2. for문에서 조건에 관계없이 처음 한번만 수행되는 문장은?
   ① 초기식   ② 조건식   ③ 증감식   ④ 반복할 문장

3. for문의 조건식이 생략된 경우를 무엇이라고 하는가?
   ① 분기문   ② 루프   ③ 무한루프   ④ 출력문   ⑤ 선언문

5.2.3 while

(1) while의 기본

특정 횟수만큼 반복 수행되는 for문에 비해 while문은 보다 다양한 형태의 반복문을 처리할 수 있다.

형식	while (조건식)
	반복할문장;
사용예	i = 0;
	while (i < 10)
	printf("%d ", i++);

while문은 조건식과 반복할 문장으로 구성되며, 조건식이 참인 동안 반복할 문장을 수행한다. 조건식이 거짓이 되면 while문을 빠져나가 while문의 다음 문장을 수행한다.

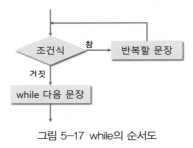

그림 5-17 while의 순서도

[예제 5-13]은 while를 이용해서 0~9을 출력하는 간단한 예제이다.

📋 **예제 5-13 : while의 사용 예**

```
01    #include <stdio.h>
02
03    int main(void)
04    {
05        int i = 0;
06        while (i < 10)           // i가 10이 되면 루프 탈출
07            printf("%d ", i++);  // 반복할 문장
08        printf("\n");
09
10        return 0;
11    }
```

실행결과   ■ ■ ■

```
0 1 2 3 4 5 6 7 8 9
```

while문은 조건식과 반복할 문장으로 구성되므로 사용 형식이 for문에 비해 간단하다. 따라서 for문의 초기식에 해당하는 루프 제어 변수의 초기화는 while문 전에 수행되어야 한다. 마찬가지로 for의 증감식은 while문의 반복할 문장에서 수행되어야 한다. 이때 i의 값을 먼저 출력하고 i를 증가시켜야 하므로 후위형 증가 연산자를 사용한다.

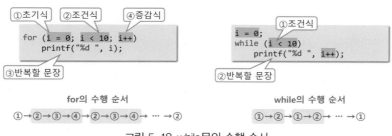

그림 5-18 while문의 수행 순서

[그림 5-18]처럼 for문을 while문으로 바꿔서 작성할 수도 있고, 반대로 while문을 for문으로 바꿔서 작성할 수도 있다. while문은 for문과 다르게 초기식이나 증감식을 사용하는 형식이 정해져 있지 않으므로, for의 초기식은 while문 앞에 써주고, for의 증감식은 while 블록 안쪽의 맨 끝에 써준다.

[예제 5-13]에서는 증감식을 printf 함수 호출에 포함시켰는데, 2개의 문장으로 나누어 써줄 수 있다. while문에서도 반복할 문장이 여러 개일 때는 { }로 묶어준다.

```
i = 0;
while (i < 10)
{
    printf("%d ", i);
    i++;                        // for의 증감식에 해당하는 문장
}
```

while문에서 처음부터 조건식이 거짓이면 while의 반복할 문장은 한번도 수행되지 않는다.

```
i = 0;
while (i > 10)                  // 처음부터 조건식이 거짓인 경우 바로 while을 탈출한다.
    printf("%d ", i++);        // while의 반복할 문장은 한번도 수행되지 않는다.
```

앞에서 for문으로 작성했던 예제들을 while문을 이용해서 다시 작성하면서 for와 while의 차이점을 느껴보자.

[예제 5-11]에서 5개의 정수를 입력받아 합계를 구하는 코드를 while문을 이용해서 다시 작성한 것이 [예제 5-14]이다.

📎 **예제 5-14 : 입력된 정수들의 합계 구하기**

```
01    #include <stdio.h>
02
03    int main(void)
04    {
05        int num = 0;
06        int sum = 0;
07        int i = 0;        // for의 초기식
08
09        printf("정수 5개를 입력하세요: ");
10        while (i < 5)   // 조건식
11        {
12            // 반복할 문장
13            scanf("%d", &num);
14            sum += num;
15            i++;           // for의 증감식
16        }
17        printf("합계: %d\n", sum);
18
19        return 0;
20    }
```

실행결과   ■ ■ ■

정수 5개를 입력하세요: 12 32 45 63 7 ┐ 실행 결과는
합계: 159   └ for문과 같다.

---

for로 작성한 코드는 언제든지 while로 작성할 수 있고, 반대의 경우도 마찬가지이다. for와 while 중에서 어떤 것을 사용할지 프로그래머가 마음대로 선택할 수 있다. 특정 횟수만큼 반복되는 작업은 for문으로 구현하는 편이 간단하다. 비교적 형식이 정해지지 않은 반복문을 구현할 때 주로 while문을 사용한다.

(2) while의 활용

for나 while 같은 반복문을 이용하면 앞에서 작성했던 프로그램을 더 유용하게 만들 수 있다. [예제 5-9]의 사칙연산 계산기 프로그램은 수식을 입력받아 계산하고 나면 바로 종료한다. while을 이용하면 한번만 계산하고 종료하는 대신 반복적으로 계산을 수행하게 만

들 수 있다.

[예제 5-15]는 while을 이용해서 반복 수행되는 계산기를 구현한 코드이다.

예제 5-15 : 반복 수행되는 사칙연산 계산기

```c
01    #include <stdio.h>
02
03    int main(void)
04    {
05        int a, b;
06        char op;
07        char yesno = 'Y';                       // 계속 수행할지를 나타내는 변수
08
09        while (yesno == 'Y' || yesno == 'y')
10        {
11            printf("수식? ");
12            scanf("%d %c %d", &a, &op, &b);        // 10 + 30 형태로 입력받는다.
13
14            switch (op) {
15            case '+':
16                printf("%d + %d = %d\n", a, b, a + b);
17                break;
18            case '-':
19                printf("%d - %d = %d\n", a, b, a - b);
20                break;
21            case '*':
22                printf("%d * %d = %d\n", a, b, a * b);
23                break;
24            case '/':
25                if (b != 0)
26                    printf("%d / %d = %.2f\n", a, b, (double)a / b);
27                else
28                    printf("0으로 나눌 수 없습니다.\n");
29                break;
30            default:                               // +, -, *, /가 아닌 경우
31                printf("잘못된 수식입니다.\n");
32                break;
33            }
34            printf("계속 하시겠습니까(Y/N)? ");
35            scanf(" %c", &yesno);
36        }
37
38        return 0;
39    }
```

처음에 while문을 수행해야 하므로 'Y'로 초기화 한다.

공백 문자를 무시하고 문자를 입력받으려면 %c앞에 빈칸을 지정한다.

계산기 프로그램을 반복 수행하게 하려면 먼저 프로그램의 종료 조건을 정해야 한다. 간단한 방법은 사용자에게 프로그램을 계속할지 물어보는 것이다. [예제 5-15]는 프로그램을 계속할지 여부를 문자(Y/N)로 입력받는다. 이 프로그램은 'Y'나 'y'가 입력되면 계속해서 실행되고, 'Y'나 'y'가 아닌 다른 문자가 입력되면 종료된다.

이 코드에서 주의할 부분은 yesno 변수의 초기화이다. while의 조건식에서 yesno 변수의 값을 비교하므로 선언 시 yesno를 'Y'나 'y'로 초기화해야 한다. yesno 변수를 초기화하지 않으면 while문에서 처음으로 조건식을 검사할 때 거짓이 되므로 바로 while 루프를 탈출한다.

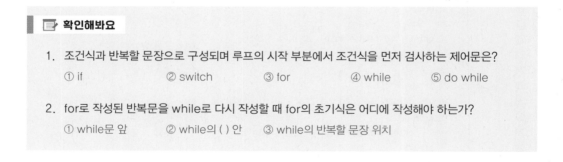

📝 **확인해봐요**

1. 조건식과 반복할 문장으로 구성되며 루프의 시작 부분에서 조건식을 먼저 검사하는 제어문은?
   ① if   ② switch   ③ for   ④ while   ⑤ do while

2. for로 작성된 반복문을 while로 다시 작성할 때 for의 초기식은 어디에 작성해야 하는가?
   ① while문 앞   ② while의 ( ) 안   ③ while의 반복할 문장 위치

5.2.4 do while

(1) do while의 기본

do while문은 일단 반복할 문장을 한번 수행하고 반복문의 끝부분에서 조건식을 검사해서 루프를 탈출할지 결정한다. 즉, for나 while과는 다르게 do while은 반드시 한번은 반복할 문장을 수행한다.

```
형식    do
           반복할문장;
        while (조건식);

사용예   i = 0;
        do
            printf("%d ", i++);
        while (i < 10);
```

do 다음에는 반복할 문장을 적어주는데, 반복할 문장이 여러 개일 때는 { } 안에 적어준다. 반복할 문장 다음에는 while(조건식)을 쓰고, ( ) 다음에는 do while문의 끝을 나타내는 세미콜론(;)을 써준다. 세미콜론을 빠뜨리면 컴파일 에러이므로 주의해야 한다.

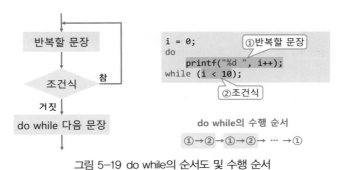

그림 5-19 do while의 순서도 및 수행 순서

[예제 5-16]은 do while을 이용해서 0~9를 출력하는 코드이다.

예제 5-16 : do while의 사용 예

```
01    #include <stdio.h>
02
03    int main(void)
04    {
05        int i = 0;
06        do
07            printf("%d ", i++);    // 반복할 문장
08        while (i < 10);            // i가 10이 되면 루프 탈출
09        printf("\n");
10
11        return 0;
12    }
```

실행결과 ▪▪▪

```
0 1 2 3 4 5 6 7 8 9
```

(2) for, while, do while의 비교

for와 while은 조건식을 먼저 검사해서 조건식이 참인 경우에만 반복할 문장을 수행한다. 반면에, do while은 우선 반복할 문장을 수행한 다음에 조건식을 검사한다. for나 while에서는 반복할 문장이 한 번도 수행되지 않을 수도 있다. 반면에 do while에서는 반드시 한 번은 수행된다.

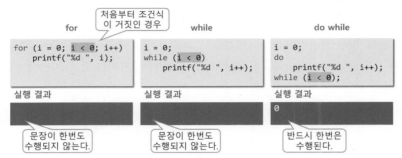

그림 5-20 for, while, do while의 차이점

[예제 5-17]은 [예제 5-15]의 계산기 프로그램을 do while로 수정한 것이다.

예제 5-17 : do while을 이용한 사칙연산 계산기

```
01    #include <stdio.h>
02
03    int main(void)
04    {
05        int a, b;
06        char op;
07        char yesno;                        // yesno의 초기화를 생략할 수 있다.
08
09        do {                               // 일단 한번 수행한다.
10            printf("수식? ");
11            scanf("%d %c %d", &a, &op, &b);    // 10 + 30 형태로 입력받는다.
12
13            switch (op) {
14            case '+':
15                printf("%d + %d = %d\n", a, b, a + b);
16                break;
17            case '-':
18                printf("%d - %d = %d\n", a, b, a - b);
19                break;
20            case '*':
21                printf("%d * %d = %d\n", a, b, a * b);
```

```
22              break;
23          case '/':
24              if (b != 0)
25                  printf("%d / %d = %.2f\n", a, b, (double)a / b);
26              else
27                  printf("0으로 나눌 수 없습니다.\n");
28              break;
29          default:    // +, -, *, /가 아닌 경우
30              printf("잘못된 수식입니다.\n");
31              break;
32          }
33          printf("계속 하시겠습니까(Y/N)? ");
34          scanf(" %c", &yesno);
35      } while (yesno == 'Y' || yesno == 'y');
36
37      return 0;
38  }
```

실행결과

```
수식? 3 + 10
3 + 10 = 13
계속 하시겠습니까(Y/N)? y
수식? 78 * 5
78 * 5 = 390
계속 하시겠습니까(Y/N)? y
수식? 56 & 3
잘못된 수식입니다.
계속 하시겠습니까(Y/N)? n
```

[예제 5-17]처럼 반복문의 끝부분에서 반복문의 탈출 여부를 결정해야 하는 프로그램에서는 while보다는 do while을 사용하는 것이 자연스럽다.

for나 while은 루프의 시작 부분, do while은 루프의 끝부분에서 조건을 검사해서 루프를 탈출한다. 하지만 루프가 처리하는 내용이 복잡해지면 시작이나 끝부분이 아닌 위치에서 루프를 탈출해야 한다. 이때 무한 루프와 break를 사용한다. [그림 5-21]처럼 while (1)로 무한 루프를 만들고 루프 내부에서 특정 시점에 루프 탈출 조건을 검사해서 break로 루프를 탈출한다.

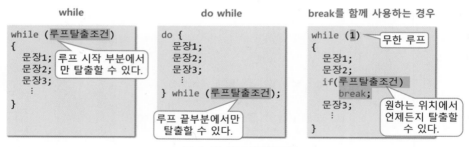

그림 5-21 루프 탈출 위치

📝 **확인해봐요**

1. 조건식과 반복할 문장으로 구성되며 반복할 문장이 반드시 한번은 수행되는 제어문은?

① if   ② switch   ③ for   ④ while   ⑤ do while

5.2.5 무한 루프

조건식을 생략한다. while에서는 항상 참인 값을 조건식에 써준다. while (1) 처럼 조건식으로 1을 써준다.

```
while (1)          // 무한 루프
{
    printf("infinite loop");
}
```

무한 루프는 무한히 수행되는 루프이다. for(; ;)이나 while(1) 같은 무한 루프는 조건식이 항상 참이기 때문에 일단 루프 안으로 들어가면 루프를 빠져나올 수 없다. 따라서 무한 루프를 수행중인 프로그램을 종료하려면 `Ctrl` + `C` 를 입력해서 강제 종료해야 한다.

[예제 5-18]은 [예제 5-8]의 메뉴 선택 기능을 무한 루프를 이용해서 반복 수행하도록 만든 코드이다. 이 프로그램은 루프 탈출 조건이 없으므로 `Ctrl` + `C` 로 종료해야 한다.

📋 **예제 5-18** : 무한 루프를 이용한 메뉴 처리

```
01    #include <stdio.h>
02
03    int main(void)
04    {
05        int menu;
06
07        while (1)      // 무한 루프이므로 Ctrl+C로 강제 종료한다.
08        {
09            printf("1.파일 열기\n");
10            printf("2.재생\n");
11            printf("3.재생 옵션\n");
12            printf("선택: ");
13
14            scanf("%d", &menu);
15            switch (menu) {
16            case 1:
17                printf("파일 열기 메뉴를 선택했습니다.\n");
18                break;
19            case 2:
20                printf("재생 메뉴를 선택했습니다.\n");
21                break;
22            case 3:
23                printf("재생 옵션 메뉴를 선택했습니다.\n");
24                break;
25            default:
26                printf("잘못 선택하셨습니다.\n");
27                break;
28            }
29        }
30
31        return 0;
32    }
```

실행결과

```
1.파일 열기
2.재생
3.재생 옵션
선택: 1
파일 열기 메뉴를 선택했습니다.
1.파일 열기
2.재생
3.재생 옵션
선택:
```
Ctrl+C로
강제 종료해야 한다.

[예제 5-18]의 무한 루프는 루프 탈출 조건을 검사하는 곳이 없기 때문에 `Ctrl` + `C` 로 프로그램을 강제 종료해야 한다. 그런데 `Ctrl` + `C` 를 이용한 강제 종료는 비정상 종료이 므로 안전한 방법이 아니다. 무한 루프를 안전하게 탈출하려면 break를 이용한다.

> 📝 **확인해봐요**
>
> 1. 다음 중 무한 루프가 아닌 것은?
>   ① if (1) { ⋯ }　　　② for (; ;) { ⋯ }　　　③ while (1) { ⋯ }　　　④ do { ⋯ } while (1);
>
> 2. 무한 루프를 들어간 프로그램을 강제 종료 시키는 키보드 입력은?
>   ① Ctrl+A　　　② Ctrl+B　　　③ Ctrl+C　　　④ Ctrl+D

5.3 분기문

분기문을 이용하면 문장의 실행 순서를 변경할 수 있다. 분기문에는 break, continue, goto, return 네 가지가 있다. break와 continue는 반복문과 함께 사용되어 반복문의 수행 순서를 변경하고, return은 함수를 호출한 곳으로 되돌아가게 만든다. goto는 제약 없이 실행의 흐름을 특정 위치로 이동시킨다. break는 switch를 탈출하기 위한 목적으로도 사 용된다.

5.3.1 break

(1) break의 기본

break문은 switch나 반복문과 함께 사용된다. break문을 switch문 안에 사용하면 제어 의 흐름이 switch를 탈출해서 switch의 다음 문장으로 이동한다. break문을 for, while, do while 등의 반복문 안에서 사용하면 반복문을 빠져나가게 된다.

[예제 5-19]는 break를 이용해서 for 루프를 탈출하는 코드이다.

📎 **예제 5-19 : break의 사용 예**

```
01    #include <stdio.h>
02
03    int main(void)
04    {
05        int i;
06
07        for (i = 10; i > 0; i--)
08        {
09            if (i % 3 == 0)        // 루프 탈출 조건
10                break;
11            printf("%d ", i);
12        }
13        printf("\n");
14
15        return 0;
16    }
```

실행결과 ■ ■ ■

```
10
```

[예제 5-19]의 실행 결과를 보면 10만 출력된다. i가 10일 때는 9번째 줄의 조건식이 거짓
이므로 for의 나머지 문장(반복할 문장, 증감식)을 수행한다. i가 9일 때는 9번째 줄 조건식
의 참이 되므로 break에 의해서 for문을 빠져나가 13번째 줄을 수행한다.

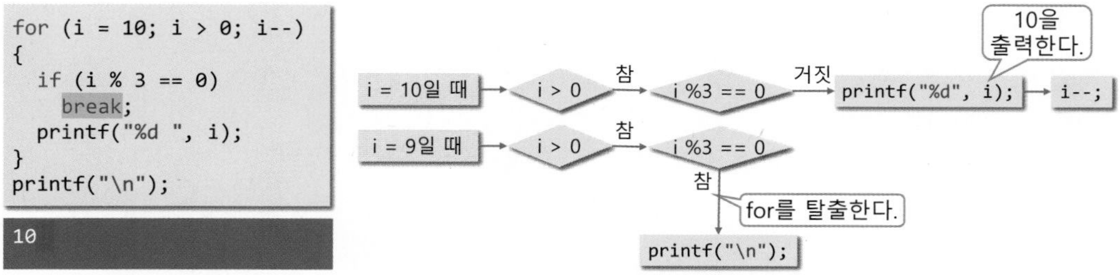

그림 5-22 반복문과 함께 사용된 break의 수행 순서

(2) break의 활용

break문은 무한 루프에서 유용하게 사용된다. 무한 루프와 break를 이용하면 루프의
시작 부분이나 끝부분이 아닌 원하는 위치에서 루프 탈출 조건을 검사해서 루프를 빠져나
올 수 있다.

[예제 5-20]은 [예제 5-18]의 메뉴 처리 프로그램에 종료 메뉴를 추가해서 안전하게 무한 루프를 탈출하도록 수정한 것이다.

예제 5-20 : 종료 메뉴를 가진 메뉴 처리 프로그램

```
01    #include <stdio.h>
02
03    int main(void)
04    {
05        int menu;
06
07        while (1)
08        {
09            printf("0.종료\n");
10            printf("1.파일 열기\n");
11            printf("2.재생\n");
12            printf("3.재생 옵션\n");
13            printf("선택: ");
14
15            scanf("%d", &menu);
16            if (menu == 0)   // menu를 입력받은 다음 루프 탈출 조건을 검사한다.
17                break;
18
19            switch (menu) {
20            case 1:
21                printf("파일 열기 메뉴를 선택했습니다.\n");
22                break;
23            case 2:
24                printf("재생 메뉴를 선택했습니다.\n ");
25                break;
26            case 3:
27                printf("재생 옵션 메뉴를 선택했습니다.\n");
28                break;
29            default:
30                printf("잘못 선택하셨습니다.\n");
31                break;
32            }
33        }
34        printf("프로그램을 종료합니다.\n");
35
36        return 0;
37    }
```

```
실행결과                                                        ■ ■ ■

0.종료
1.파일 열기
2.재생
3.재생 옵션
선택: 2
재생 메뉴를 선택했습니다.
0.종료
1.파일 열기
2.재생
3.재생 옵션            종료 메뉴를 선택해서
선택: 0                프로그램을 종료한다.
프로그램을 종료합니다.
```

　menu가 0인 경우는 switch에서 처리할 수 없으므로 주의해야 한다. 아래 코드처럼 switch문의 case 0:에서 break를 사용하면 switch만 빠져나갈 뿐 switch를 감싸고 있는 while 루프를 탈출할 수 없기 때문이다. 따라서 루프 탈출 조건인 menu가 0인 경우는 switch문 앞에 있는 별도의 if문에서 검사해야 한다.

```c
while (1)
{
    ⋮
    scanf("%d", &menu);
    switch (menu) { // 선택된 메뉴 번호
    case 0:         // 종료 메뉴 선택 시
        break;      // switch를 탈출할 뿐 while을 탈출할 수 없다.
    ⋮
    }
}
```

　[예제 5-15]의 사칙연산 계산기 프로그램은 연산을 할 때마다 "프로그램을 계속 하시겠습니까(Y/N)?"라고 사용자에게 물어보고 'Y'나 'y'가 입력되는 동안 반복 수행된다. [예제 5-21]은 수식으로 "0 0 0"이 입력되면 계산기 프로그램을 종료하도록 수정한 것이다. 사용자에게 매번 종료 여부를 묻는 대신 특정 값을 입력하면 프로그램을 종료하기로 미리 약속하는 편이 사용하기 쉽다. "0 0 0"처럼 입력되는 데이터의 끝을 나타내는 특별한 값을 **센티널(sentinel)**이라고 한다.

예제 5-21 : 센티널 값을 이용한 사칙연산 계산기

```c
01    #include <stdio.h>
02
03    int main(void)
04    {
05        int a, b;
06        char op;
07
08        while (1)          무한 루프
09        {
10            printf("수식? ");
11            scanf("%d %c %d", &a, &op, &b);
12
13            // 0 0 0이 입력되면 루프를 빠져나간다.
14            if (a == 0 && op == '0' && b == 0)
15                break;                  루프 탈출 조건
16
17            switch (op) {
18            case '+':
19                printf("%d + %d = %d\n", a, b, a + b);
20                break;
21            case '-':
22                printf("%d - %d = %d\n", a, b, a - b);
23                break;
24            case '*':
25                printf("%d * %d = %d\n", a, b, a * b);
26                break;
27            case '/':
28                if (b != 0)
29                    printf("%d / %d = %.2f\n", a, b, (double)a / b);
30                else
31                    printf("0으로 나눌 수 없습니다.\n");
32                break;
33            default:    // +, -, *, /가 아닌 경우
34                printf("잘못된 수식입니다.\n");
35                break;
36            }
37        }
38
39        return 0;
40    }
```

```
실행결과                                            ■ ■ ■

수식? 3 + 10
3 + 10 = 13
수식? 78 * 5
78 * 5 = 390
수식? 56 & 3
잘못된 수식입니다.          센티널 값이 입력되면
수식? 0 0 0               종료한다.
```

[예제 5-21]에서 입력된 값이 "0 0 0"인지 확인하는 조건식을 작성할 때 주의해야 한다. a, b는 정수로 입력받았으므로 직접 0과 비교해도 되지만 op는 문자로 입력받았으므로 '0' 문자와 비교해야 한다.

```
if (a == 0 && op == '0' && b == 0)       // 0을 문자로 입력받으므로 '0'과 비교한다.
    break;
```

5.3.2 continue

반복문 안에서 continue를 만나면 continue 다음에 있는 문장을 수행하는 대신 루프의 시작이나 끝부분으로 이동한다.

for문 안에서 continue를 만나면 for의 시작 부분으로 이동해서 증감식을 수행하고, 다시 조건식부터 검사한다. while문 안에서 continue를 만나면 while의 시작 부분으로 이동해서 조건식을 검사하고 루프를 반복한다. do while문 안에서 continue를 만나면 do while의 끝부분에 있는 조건식을 검사하고 루프를 반복한다.

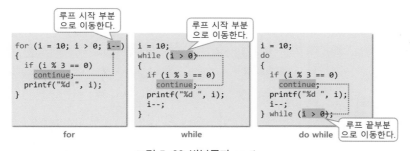

그림 5-23 반복문과 continue

[예제 5-22]는 break 대신 continue를 사용하도록 [예제 5-19]를 수정한 것이다. 반복문

안에서 continue를 만나면 for 루프를 빠져나가는 대신 for의 시작 부분으로 이동해서 루프를 반복한다.

📄 **예제 5-22** : continue의 사용 예

```
01    #include <stdio.h>
02
03    int main(void)
04    {
05        int i;
06
07        for (i = 10; i > 0; i--)
08        {
09            if (i % 3 == 0)
10                continue;          // 루프의 시작 부분으로 이동한다.
11            printf("%d ", i);
12        }
13        printf("\n");
14
15        return 0;
16    }
```

실행결과   ■ ■ ■

10 8 7 5 4 2 1 ──── i가 3의 배수일 때는 출력하지 않는다.

[예제 5-22]의 실행 결과를 보면 i=10부터 i > 0인 동안 i를 감소시키면서 출력하는데 i % 3 == 0일 때, 즉 i가 3의 배수일 때는 printf문은 수행되지 않고 for의 시작으로 이동해서 i를 감소시킨다. 이처럼 continue문은 실행의 흐름을 루프의 시작 부분으로 이동시키는 기능을 제공한다.

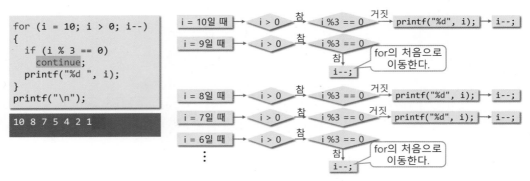

그림 5-24 반복문과 함께 사용된 continue의 수행 순서

5.3.3 goto

프로그램 수행 중 제어의 흐름을 프로그램의 특정 위치로 이동하려면 goto문을 사용한다. goto문을 사용하려면 먼저 이동할 문장을 가리키는 레이블(label)이 필요하다. 레이블을 정의할 때는 레이블 이름과 콜론(:)이 필요하다. 레이블도 C 언어의 식별자 규칙에 따라서 이름을 정한다.

[예제 5-23]은 goto를 사용하도록 [예제 5-19]를 수정한 것이다.

📄 **예제 5-23 : goto의 사용 예**

```
01    #include <stdio.h>
02
03    int main(void)
04    {
05        int i;
06
07        for (i = 10; i > 0; i--)
08        {
09            if (i % 3 == 0)
10                goto quit;          // quit 레이블이 지정하는 문장으로 이동한다.
11            printf("%d ", i);
12        }
13    quit:
14        printf("\n");
15
16        return 0;
17    }
```

실행결과 ■ ■ ■

10

---

goto문으로 제어의 흐름을 임의의 위치로 이동하게 되면, 프로그램이 이해하기 어려워진다. 따라서 꼭 필요한 경우가 아니면 goto문을 사용하지 않는 것이 좋다.

goto는 중첩된 루프의 안쪽 루프에서 한꺼번에 여러 개의 루프를 탈출해야 할 때 유용하게 사용된다.

```
while (1)
{
    i = 10;
    while (i > 0) {
        if (i % 3 == 0)
            goto quit;                    // 안쪽 while과 바깥쪽 while을 한꺼번에 탈출한다.
        printf("%d ", i--);
    }
}
quit:
printf("\n");
```

5.3.4 return

프로그램 수행 중에 return문을 만나면 함수를 호출한 곳으로 되돌아간다. main 함수 안에서 return문을 만나면 main 함수가 리턴하면서 프로그램이 종료된다.

[예제 5-24]는 return을 사용하도록 [예제 5-19]를 수정한 것이다.

예제 5-24 : return의 사용 예

```
01    #include <stdio.h>
02
03    int main(void)
04    {
05        int i;
06
07        for (i = 10; i > 0; i--)
08        {
09            if (i % 3 == 0)
10                return 1;                // main 함수를 리턴시킨다. (프로그램 종료)
11            printf("%d ", i);
12        }
13        printf("\n");
14
15        return 0;
16    }
```

실행결과

```
10
```

10번째 줄의 return 1;은 main 함수의 종료 코드를 리턴하는데, 0이 아닌 값을 리턴하면 비정상 종료라는 의미이다. 이 경우 프로그램이 끝까지 수행되지 못했다는 의미로 1을 리턴한다.

리턴값이 있는 함수에서는 return 다음에 값을 써주고, 리턴값이 없는 함수에서는 return만 써준다.

```c
void test(void)
{
    int i;
    for (i = 0; i < 10; i++)
    {
        if (i % 3 == 0)
            return;     // 리턴값이 없는 함수에서는 return만 써준다.
        printf("%d ", i);
    }
}
```

📝 확인해봐요

1. 루프의 시작 부분으로 이동해서 조건문 검사부터 다시 계속하도록 만드는 분기문은?
   ① break   ② continue   ③ goto   ④ return

2. 조건이 만족할 때 루프를 탈출하기위한 목적으로 사용되는 분기문은?
   ① break   ② continue   ③ goto   ④ return

3. 함수를 호출한 곳으로 되돌아가게 만드는 분기문은?
   ① break   ② continue   ③ goto   ④ return

1. 조건문

- if는 조건식이 참이면 지정된 문장을 수행하고, 거짓이면 문장을 수행하지 않는다.
- if의 조건식이 참일 때 수행할 문장이 여러 개면, 수행할 문장들을 { }로 묶어준다. { }로 묶인 문장들을 복합문 또는 블록이라고 한다.
- if의 조건식이 거짓일 때 수행할 문장을 지정하려면 else를 사용한다.
- 중첩된 if는 if문 안에 다른 if문을 포함하는 것이다.
- if else의 else 블록 안에 다른 문장 없이 또 다른 if문만 들어있을 때, else if로 작성할 수 있다.
- switch는 정수식의 값에 따라서 여러 가지 경우 중 하나로 분기한다.
- switch의 case에는 정수식이 특정 값일 때 수행할 문장을 기술한다. 문장을 수행한 다음 switch를 빠져나려려면 break가 필요하다.
- switch에서 정수식의 값과 일치하는 case가 없을 때는 default 다음에 나오는 문장들을 수행한다.
- switch로 작성한 문장은 else if로 작성할 수 있다.

2. 반복문

- for는 정해진 횟수만큼 지정된 문장을 반복 수행한다.
- for문은 초기식, 조건식, 증감식, 반복할 문장으로 구성되며, 각각은 생략할 수 있다.
- while은 조건식과 반복할 문장으로 구성되며, while의 조건식은 생략할 수 없다.
- do while문은 일단 반복할 문장을 한번 수행하고 반복문의 끝부분에서 조건식을 검사해서 루프를 탈출할지 결정한다.
- for나 while은 조건식이 거짓이면 반복할 문장을 한번도 수행하지 않을 수 있다. 반면에 do while은 반드시 한번은 수행한다.
- 조건식이 생략된 for나 조건식이 항상 참인 반복문을 무한 루프라고 한다. 무한 루프는 break를 이용해서 탈출한다.

3. 분기문

- break는 switch를 탈출하거나 반복문을 탈출하는 용도로 사용된다.
- break를 이용하면 루프의 시작 부분이나 끝부분이 아닌 원하는 위치에서 조건을 검사해서 루프를 탈출할 수 있다.
- 반복문 안에서 continue를 만나면, 루프의 시작 부분(for, while)이나 끝부분(do while)으로 이동해서 루프를 반복 수행한다.
- goto는 제어의 흐름을 프로그램의 특정 위치로 이동시킨다.
- return은 제어의 흐름이 함수를 호출한 곳으로 되돌아가게 만든다.

1. if에 대한 설명을 읽고 설명이 맞으면 O, 틀리면 X를 선택하시오.

    (1) if문의 조건식이 참이면 if 다음의 문장을 수행한다. 　　　　　　　　　　(　)

    (2) if문에는 반드시 else가 필요하다. 　　　　　　　　　　　　　　　　　　(　)

    (3) if문을 중첩해서 사용할 수 없다. 　　　　　　　　　　　　　　　　　　(　)

    (4) 조건 연산자 대신 if else를 사용할 수 있다. 　　　　　　　　　　　　　(　)

    (5) if문의 조건식이 참일 때 수행할 문장이 여러 개여도 { }로 묶어줄 필요가 없다. (　)

    (6) if else문에서 else 다음에 if문만 있을 때는 else if로 만들 수 있다. 　　　(　)

2. if의 조건식이 거짓일 때 수행할 문장을 기술하기 위해서 필요한 키워드를 쓰시오.

3. 다음 코드에서 조건 연산자를 이용한 문장을 if문으로 다시 작성하시오.

```c
#include <stdio.h>

int main(void)
{
    int num;
    unsigned int abs_value;

    scanf("%d", &num);
    abs_value = num > 0 ? num : -num;
    printf("%d\n", abs_value);

    return 0;
}
```

4. switch에 대한 설명을 읽고 설명이 맞으면 O, 틀리면 X를 선택하시오.

    (1) switch문의 ( ) 안에는 정수식을 써주어야 한다. 　　　　　　　　　　　(　)

    (2) 정수식의 값과 일치하는 case를 찾을 수 없으면 컴파일 에러가 발생한다. 　(　)

    (3) case문을 빠져나가기 위한 break는 생략할 수 있다. 　　　　　　　　　　(　)

    (4) case 다음에 실수값이나 문자열을 지정할 수 있다. 　　　　　　　　　　　(　)

    (5) case문에서 break가 없으면 break를 만나거나 switch의 끝을 만날 때까지 모든 문장을
        수행한다. 　　　　　　　　　　　　　　　　　　　　　　　　　　　　(　)

    (6) switch문에서 default는 생략할 수 없다. 　　　　　　　　　　　　　　　(　)

    (7) case문에서 수행할 문장이 여러 개여도 { }로 묶어줄 필요 없다. 　　　　　(　)

5. switch문에서 switch를 빠져나가기 위해 사용되는 키워드는?

6. 다음의 switch문을 if문으로 다시 작성하시오.

```c
#include <stdio.h>

int main(void)
{
    int day_of_week;  // 0은 일, 1은 월, ..., 6은 토
    int fee;

    scanf("%d", &day_of_week);
    switch (day_of_week) {
    case 1: // mon
        fee = 5000;
        break;
    case 6: // sat
    case 0: // sun
        fee = 10000;
        break;
    default:
        fee = 8000;
        break;
    }
    printf("fee = %d\n", fee);

    return 0;
}
```


7. for에 대한 설명을 읽고 설명이 맞으면 O, 틀리면 X를 선택하시오.

(1) for문의 초기식은 for문이 처음 시작될 때 한번만 수행된다.   (   )

(2) for문의 초기식, 조건식, 증감식은 생략할 수 없다.   (   )

(3) for문의 반복할 문장은 반드시 한번은 수행된다.   (   )

(4) for문에서 반복할 문장을 생략할 수 있다.   (   )

(5) for문의 조건식을 생략하면 무한 루프가 된다.   (   )

(6) for문의 증감식은 전위형 연산자만 사용할 수 있다.   (   )

(7) for문에서 반복할 문장이 여러 개면 { }로 묶어준다.   (   )

(8) for문에서 루프 제어 변수를 여러 개 사용할 수 있다.   (   )

8. 다음의 for문을 while문으로 다시 작성하시오.

```c
int main(void)
{
    int i;
    int sum = 0;
    int times = 1;
    for (i = 1; i <= 10; i++)
    {
        sum += i;
        times *= i;
    }

    return 0;
}
```

9. while과 do while에 대한 설명을 읽고 설명이 맞으면 O, 틀리면 X를 선택하시오.

(1) while문의 조건식이 참이면 문장을 수행한다.   (   )

(2) while문의 조건식은 루프의 시작 부분에서 검사한다.   (   )

(3) while문은 반복할 문장을 반드시 한번은 수행한다.   (   )

(4) while문의 조건식은 생략할 수 있다.   (   )

(5) while문은 for문에 비해 비정형화된 루프를 구현하는 데 적당하다.   (   )

(6) while문의 조건식이 참일 때 수행할 문장이 여러 개면 { }로 묶어준다. (   )

(7) do while문은 반복할 문장을 반드시 한번은 수행한다.   (   )

(8) do while문의 조건식은 루프의 시작 부분에서 검사한다.   (   )

10. 다음의 while문을 for문으로 다시 작성하시오.

```c
#include <stdio.h>

int main(void)
{
    int i, k;

    i = 0;
    k = 100;
    while (i < 10)
    {
        printf("%d ", k);
        k -= 10;
```

```
        i++;
    }

    return 0;
}
```

11. 분기문과 그 역할을 찾아서 연결하시오.

(1) break   ① 루프의 시작 부분으로 이동한다.

(2) continue   ② swich나 반복문을 탈출한다.

(3) goto   ③ 함수를 호출한 곳으로 돌아간다.

(4) return   ④ 레이블이 지정한 위치로 이동한다.

12. 분기문에 대한 설명 중 잘못된 것을 모두 고르시오.

① return문에는 반드시 값을 지정해야 한다.

② switch문에서 break를 생략할 수 있다.

③ goto문은 제어의 흐름을 특정 위치로 이동한다.

④ continue를 이용하면 반복문의 시작 부분으로 제어의 흐름을 이동할 수 있다.

⑤ 반복문 안에 switch가 포함된 경우 break를 이용해서 switch와 반복문을 한번에 탈출할 수 있다.

13. 다음의 중첩된 if문을 논리 연산자를 이용해서 하나의 if문으로 수정하시오.

```
#include <stdio.h>
int main(void)
{
    int age;
    int fee;

    scanf("%d", &age);
    fee = 0;
    if (age >= 8)
        if (age < 65)      // 중첩된 if
            fee = 10000;
    printf("fee = %d\n", fee);

    return 0;
}
```

14. 다음 중 무한루프를 모두 고르시오.

    ① for(; ;) { printf("a"); }   ② for(i = 0 ; 1 ; i++) { printf("%d", i); }

    ③ while ( ) { printf("a"); }   ④ while (1) { printf("a"); }

    ⑤ while (0) { printf("a"); }   ⑥ do { printf("a"); } while (1);

    ⑦ do { printf("a"); } while ( );

15. 다음 반복문 중에서 printf문이 최소한 한 번 실행되는 것은?

```
① for(i = 0 ; i < 0 ; i++) {          ② for(i = 10 ; i < 10 ; i--) {
        printf("%d", i);                     printf("%d", i);
   }                                      }

③ i = 0;                              ④ i = 0;
   do {                                  while (i < 0) {
       printf("%d", i++);                    printf("%d", i++);
   } while (i < 0);                      }
```

16. 다음 문장 중 컴파일 에러가 발생하는 것을 모두 고르시오.

```
① int i;
   for (i = 0 ; i < 0 ; ) {
       printf("%d", i);
   }
② int i, j;
   for (i = 0; j = 0 ; i < 10 && j < 20; i++; j+=2) {
       printf("%d %d", i, j);
   }
③ int i = 0;
   for ( ; ; ) {
       printf("%d", i++);
   }
④ int i = 0;
   while ( ) {
       printf("%d", i++);
   }
⑤ int i = 0;
   do
       printf("%d", i++);
   while (i < 20);
```

17. 다음 프로그램의 실행 결과는?

```c
#include <stdio.h>

int main(void)
{
    int n = 3;
    if (n > 0)
    {
        n *= 2;
        if (n < 5) {
            n += 5;
        }
        else {
            n -= 5;
        }
    }
    else {
        n++;
    }
    printf("n = %d\n", n);
    return 0;
}
```

18. 다음 코드의 실행 결과는?

```c
#include <stdio.h>

int main(void)
{
    int i;
    int n = 0;

    for (i = 1; i < 100; i *= 2)
        n += i;
    printf("n = %d\n", n);

    return 0;
}
```

19. 다음 코드의 실행 결과는?

```c
#include <stdio.h>

int main(void)
{
    int i = 1;
    int n = 1;
    while (i < 10)
    {
        n *= i;
        if (n > 20)
            break;
        i += 2;
    }
    printf("n = %d\n", n);
    return 0;
}
```

20. 다음 프로그램의 실행 결과는?

```c
#include <stdio.h>

int main(void)
{
    int i;
    int n = 0;
    for (i = 0; i <= 10; i++)
    {
        if (i % 3 != 0)
            continue;
        n += i;
    }
    printf("n = %d\n", n);
    return 0;
}
```

1. 점의 좌표 (x, y)를 입력받아 스크린 상의 선택 영역 내의 점인지 검사하는 프로그램을 작성하시오.
   스크린 상의 선택 영역은 직사각형 모양의 영역으로 직사각형의 좌상단점과 우하단점에 의해서 결
   정된다. [조건문/난이도 ★]

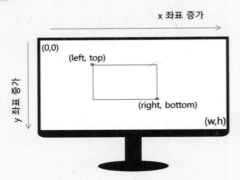

실행결과

```
선택 영역의 좌상단점 (left, top)? 10 20
선택 영역의 우하단점 (right, bottom)? 300 400
점의 좌표 (x, y)? 200 100
직사각형 모양의 선택 영역 내의 점입니다.
```

★ 스크린의 점의 좌표는 스크린의 좌상단점을 원점으로 하고 우측으로 갈수록 x좌표가 증가하고 아래쪽으로 갈수록 y
좌표가 증가한다. 예를 들어 해상도 1920x1080인 화면에서 그림에서 스크린의 우하단점인 (w,h)는 (1920, 1080)이
된다.

2. 이차원 평면에 있는 점의 좌표 (x, y)를 입력받아 어느 사분면의 점인지 출력하는 프로그램을 작성
   하시오. [조건문/난이도 ★]

실행결과

```
점의 좌표 (x, y)? 10 -10
4사분면에 있습니다.
```

★ 중첩된 if를 사용해서 구현하는 경우와 else if를 사용해서 구현하는 경우를 비교해보자.

3. 거스름돈의 금액을 입력받아 오만원, 만원, 천원, 백원, 십원짜리가 각각 몇 개 필요한지 구해서 출력하시오. 십원 미만 단위는 절사한다. [조건문/난이도 ★]

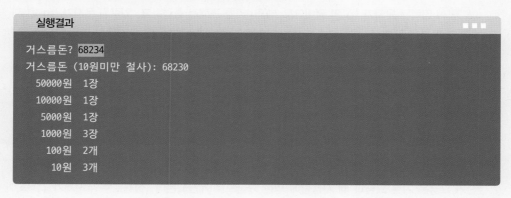

4. 연도를 입력받아 윤년인지 검사하는 프로그램을 작성하시오. 윤년이 되는 조건은 다음과 같다. [조건문/난이도 ★★]

- 4로 나누어 떨어지는 해는 윤년이다.
- 4로 나누어 떨어지는 해 중에서 100으로 나누어 떨어지는 해는 윤년이 아니다.
- 100으로 나누어 떨어지는 해 중에서 400으로 나누어 떨어지는 해는 윤년이다.

5. 온도를 입력받아 섭씨 온도는 화씨 온도로, 화씨 온도는 섭씨 온도로 변환하는 프로그램을 작성하시오. "27 C" 또는 "27 F"처럼 온도를 입력받을 때 섭씨인지 화씨인지 구분할 수 있는 문자를 함께 입력받는다. 함께 입력된 문자가 'C'면 섭씨 온도이므로 화씨 온도를 구해서 출력하고, 입력된 문자가 'F'면 화씨 온도이므로 섭씨 온도를 구해서 출력한다. [조건문/난이도 ★★]

$$섭씨\ 온도 = \left(화씨\ 온도 - 32\right) \times \frac{5}{9}$$

$$화씨\ 온도 = \left(섭씨\ 온도 \times \frac{9}{5}\right) + 32$$

6. 면적을 입력받아 평은 제곱미터로, 제곱미터는 평으로 변환하는 프로그램을 작성하시오. "50 p" 또는 "50 m"처럼 면적을 입력받을 때, 평인지 제곱미터인지 구분할 수 있는 문자를 함께 입력받는다. 함께 입력된 문자가 'p'면 평이므로 제곱미터를 구해서 출력하고, 입력된 문자가 'm'면 제곱미터이므로 평을 구해서 출력한다. $1m^2$는 0.3025평에 해당하고, 1평은 $3.305785m^2$에 해당한다.
[조건문/난이도 ★★]

실행결과

```
넓이? 160 m
160.00 제곱미터 == 48.40 평
```

7. 전기 요금은 기본 요금과 월 사용량에 의한 요금으로 계산되는데, 실제로는 누진제가 적용되어 단계별로 적용되는 기본 요금과 월 사용량 요금이 달라진다. 다음의 누진제 요금표를 참고하여 월 사용량을 입력받아 전기 요금을 계산하는 프로그램을 작성하시오. [조건문/난이도 ★★]

기본 요금(원/호)		전력량 요금(원/hWh)	
200kWh 이하 사용	910	처음 200kWh까지	93.3
201~400kWh 사용	1,600	다음 200kWh까지	187.9
400kWh 초과 사용	7,300	400kWh 초과	280.6

실행결과

```
월 사용량 (kWh)? 320
전기 요금 합계:  42808원
 - 기본 요금:    1600원
 - 전력량요금:  41208원
```

★ 예를 들어 월 사용량이 320kWh인 경우, 기본 요금은 1,600원이고, 전력량 요금은 200×93.3+120×187.9로 계산된다.

8. 비트 연산을 수행하는 계산기를 프로그램하시오. &는 비트 AND, |는 비트 OR, ^는 비트 XOR 연산을 처리한다. "0xAB & 0xCC"처럼 연산식을 입력해서 연산 결과를 구한다. 비트 연산이므로 연산식을 입력받을 때 10진수, 8진수, 16진수를 사용할 수 있게 하고, 연산의 결과는 16진수로 출력한다. [조건문/난이도 ★★]

실행결과

```
비트 연산식? 0x12345678 & 0xFF00FF00
12345678 & FF00FF00 = 12005600
```

9. 햄버거 가게의 계산서 프로그램을 작성하시오. 햄버거는 4000원, 콜라는 1500원, 감자튀김은 2000원이고, 세 가지를 세트로 주문하면 6500원이라고 하자. 햄버거, 콜라, 감자튀김의 수량을 입력받아서 최대한 세트로 구성하고 나머지는 단품으로 계산하도록 한다. 예를 들어 햄버거 2, 콜라 1, 감자튀김 3을 주문하면 계산은 세트 1, 햄버거 1, 감자튀김 2로 해야 한다. [조건문/난이도 ★★ ★]

```
실행결과                                                             ■ ■ ■

[햄버거 4000원, 감자튀김 2000원, 콜라 1500원, 세트 6500원]
햄버거 개수? 5
감자튀김 개수? 4
콜라 개수? 3


상품명        단가    수량    금액
세트         6500     3     19500
햄버거        4000     2      8000
감자튀김       2000     1      2000
-------------------------------
합계                         29500
```

10. 핸드폰 요금 계산서에 보면 "10원 미만 절사" 같은 표현을 볼 수 있다. 예를 들어 요금이 12345원 이면 실제 청구액은 12340원이 되는 것이다. 금액과 절사 단위를 입력받아 절사 기능을 처리하는 프로그램을 작성하시오. 절사 단위는 10^0, 10^1, 10^2처럼 10의 제곱수로 입력받아야 한다. 예를 들어 100원 미만 절사를 하려면 절사 단위로 2를 입력받는다. [반복문/난이도 ★]

```
실행결과                                                             ■ ■ ■

금액? 12345
절사단위 (10의 지수승)? 2
금액(100 미만 절사): 12300
```

11. 32비트 크기의 데이터(부호 없는 정수형)에 대해서 0~31번째 비트 각각 하나만 1인 값을 구해서 16진수와 10진수로 출력하는 프로그램을 작성하시오. [반복문/난이도 ★]

```
실행결과

 0번 비트만 1인 값: 00000001 1
 1번 비트만 1인 값: 00000002 2
 2번 비트만 1인 값: 00000004 4
 3번 비트만 1인 값: 00000008 8
 4번 비트만 1인 값: 00000010 16
 5번 비트만 1인 값: 00000020 32
 6번 비트만 1인 값: 00000040 64
 7번 비트만 1인 값: 00000080 128
 8번 비트만 1인 값: 00000100 256

...
28번 비트만 1인 값: 10000000 268435456
29번 비트만 1인 값: 20000000 536870912
30번 비트만 1인 값: 40000000 1073741824
31번 비트만 1인 값: 80000000 -2147483648
```

12. 원금과 연 이율(%)을 입력받아 1~10년 동안 연복리로 이자를 구해서 출력하는 프로그램을 작성하시오. 연복리를 계산하는 방법은 다음과 같다. [반복문/난이도 ★★]

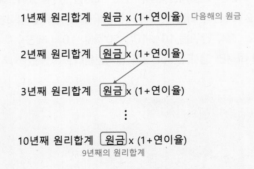

```
실행결과

원금? 1000000
연이율(%)? 2.5
 1년째 이자: 25000.00, 원리합계: 1025000.00
 2년째 이자: 25625.00, 원리합계: 1050625.00
 3년째 이자: 26265.63, 원리합계: 1076890.63
 4년째 이자: 26922.27, 원리합계: 1103812.89
 5년째 이자: 27595.32, 원리합계: 1131408.21
 6년째 이자: 28285.21, 원리합계: 1159693.42
 7년째 이자: 28992.34, 원리합계: 1188685.75
 8년째 이자: 29717.14, 원리합계: 1218402.90
 9년째 이자: 30460.07, 원리합계: 1248862.97
10년째 이자: 31221.57, 원리합계: 1280084.54
```

13. ASCII 코드를 이용해서 문자를 출력하는 프로그램을 작성하시오. ASCII 코드 중 0~31번, 127번은 제어 문자이므로 32~126번에 할당된 문자들만 출력하는데, 한 줄에 24개씩 출력하시오. [반복문,조건문/난이도 ★]

```
실행결과
 ! " # $ % & , ( ) * + , - . / 0 1 2 3 4 5 6 7
8 9 : ; < = > ? @ A B C D E F G H I J K L M N O
P Q R S T U V W X Y Z [ \ ] ^ _ ` a b c d e f g
h i j k l m n o p q r s t u v w x y z { | } ~
```

14. 고속도로의 과속 단속 방법 중 하나인 구간 단속은 구간 단속 시작 지점부터 종료 지점까지의 소요 시간과 거리를 이용해서 평균 주행 속력을 구하고 이 값으로 속도위반 여부를 판단하는 방식이다. 구간 단속 시작 지점에서 종료 지점까지의 소요 시간을 분으로 입력받고, 주행 거리를 km로 입력받아서 평균 속력이 100 km/h 이상이면 과속이라고 출력하는 프로그램을 작성하시오. [조건문/난이도 ★]

```
실행결과
구간 단속 소요 시간 (분)? 5
구간 단속 주행 거리 (km)? 10
평균 속력은 120.0 km/h입니다. 구간 단속 과속입니다.
```

15. 아르바이트비를 계산하는 앱을 작성하시오. 시급과 일일 근무 시간, 한달 근무 일수, 세금 적용 여부를 입력받아 예상 월급이 얼마인지 출력하시오. 세금 적용 여부는 미적용, 4대보험 공제 8.41%, 소득세 공제 3.3% 중 하나를 선택할 수 있게 한다. [조건문/난이도 ★★]

```
실행결과
시간당 급여? 8000
일일 근무 시간? 4
한달 근무 일수? 20
세금 적용 여부 0:미적용 1:4대보험공제(8.41%), 2:소득세공제(3.3%)? 2
예상 월급여: 618880원
```

16. 정수의 배수를 구해서 출력하는 프로그램을 작성하시오. 양의 정수를 입력받고 배수를 몇 개나 출력할지 입력받아 정수의 배수를 입력받은 개수만큼 출력하는 프로그램을 작성하시오. [반복문/난이도 ★]

17. 주차 시간을 분으로 입력받아서 주차 요금을 계산해서 출력하는 프로그램을 작성하시오. 주차 요금은 최초 30분은 2000원, 그 이후는 10분당 1000원씩으로 계산하며, 하루 최대 25000원을 넘을 수 없다. 주차 시간은 24시간을 넘을 수는 없다고 가정한다. [조건문/난이도 ★★]

18. 17번의 주차 요금 정산 프로그램을 주차 시간에 0이 입력될 때까지 반복 수행하도록 수정하시오. [조건문,반복문/난이도 ★★★]

```
주차 시간(분)? 2000
주차 시간은 최대 24시간(1440분)을 넘을 수 없습니다.
주차 시간(분)? 25
주차 요금: 2000원
주차 시간(분)? 300
주차 요금: 25000원
주차 시간(분)? 0
```

19. 영화배우 하정우씨는 영화 출연료를 전액 고정 출연료로 받을지 기본 출연료와 러닝 개런티로 받을
    지 고민하고 있다. 러닝 개런티는 보통 손익 분기점 관객 수를 초가하는 경우 관객 1인당 얼마로 계
    약을 하게 된다. 기본 출연료, 손익 분기점 관객 수, 관객 1인당 러닝 개런티를 입력받아서 예상 출
    연료를 계산해서 출력하는 프로그램을 작성하시오. 예상 관객 수가 백만 명, 2백만 명, …, 15백만
    명일 때의 예상 출연료를 구해서 출력한다. [반복문/난이도 ★★]

$$출연료 = 기본 출연료 + (손익 분기점 초과 관객 수) \times (관객 1인당 러닝 개런티)$$

실행결과

```
기본 출연료? 100000000
손익 분기점 관객 수? 2000000
관객 1인당 러닝 개런티? 50
관객  1000000명 일 때 예상 출연료:  100000000원
관객  2000000명 일 때 예상 출연료:  100000000원
관객  3000000명 일 때 예상 출연료:  150000000원
관객  4000000명 일 때 예상 출연료:  200000000원
관객  5000000명 일 때 예상 출연료:  250000000원
  ⋮
```

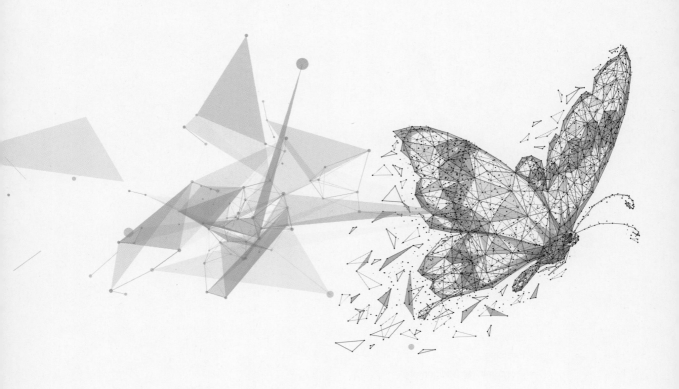

CHAPTER 6

함수

6.1 함수의 개념

6.1.1 함수의 필요성

함수(function)는 특정 기능을 제공하는 일련의 코드를 묶어서 이름을 붙인 것이다. 함수를 종종 블랙박스에 비유하는데, 블랙박스는 입력을 주면 특정 기능을 수행한 다음, 결과를 출력한다. 이때, 처리 과정은 보이지 않는다는 뜻에서 블랙박스라고 한다.

scanf나 printf 함수를 어떻게 사용했는지 생각해보면 블랙박스의 의미를 이해하기 쉽다. scanf나 printf 함수를 호출하기 위해서는, 인자의 의미와 호출 결과만 알면 될 뿐, 함수가 어떻게 입력과 출력을 처리하는지 자세히 알 필요가 없다.

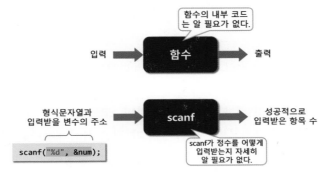

그림 6-1 함수는 블랙박스이다.

지금까지 작성한 프로그램에서는 main 함수 안에 프로그램이 수행하는 기능을 모두 구현하였다. 프로그램을 여러 개의 함수로 나누어 작성하는 이유는 **재사용성과 유지 보수의 용이성** 때문이다.

예를 들어 계산서를 출력할 때, 특정 문자를 화면에 N개만큼 출력해서 선을 그리는 기능이 필요하다고 해보자. for문을 이용해서 '-' 문자를 30개 연속해서 출력해서 선 그리는 코드는 [그림 6-2]와 같다. 선 그리는 코드가 한번만 필요할 때는 main 함수 안에 필요한 코드를 직접 작성한다.

필요한 코드를
main 함수 안에
직접 작성한다.

```
#include <stdio.h>
int main(void)
{
    int i;

    for (i = 0; i < 30; i++)
        printf("-");
    printf("\n");

    return 0;
}
```

'-'를 30개 출력해서
선 그리는 코드

그림 6-2 선 그리는 코드가 한번만 필요한 경우

　　그런데 계산서를 출력하려면 선 그리기 기능이 여러 번 필요하다. 가장 간단한 방법은 필요할 때마다 선 그리기 코드를 복사해서 적당히 고쳐주는 것이다.

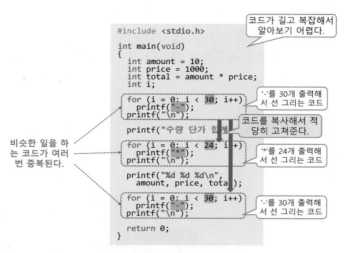

그림 6-3 선 그리는 코드를 여러 번 복사하는 경우

　　[그림 6-3]처럼 코드를 여러 번 복사해서 작성하면, 코드 길이가 길어지고 코드를 복사하고 고치는 과정에서 실수하기 쉽다. 또한 코드가 길고 복잡해지므로 알아보기 쉽지 않다. 또 다른 문제점은 선 그리기 코드를 수정하려고 할 때 발생한다. [그림 6-2]의 선 그리기 코드를 더 좋은 방식으로 개선한다고 해보자. 그런데 선 그리기 코드를 개선된 방법으로 수정하려면, 선 그리기 코드가 사용된 곳을 모두 찾아서 수정해야 한다.

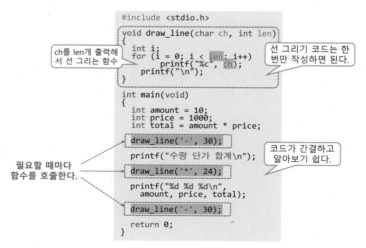

그림 6-4 함수를 사용하는 경우

이런 문제점을 해결할 수 있는 것이 바로 함수이다. 함수를 이용하면 특정 기능을 수행하는 코드를 한 번만 작성해두고, 필요할 때마다 호출해서 사용할 수 있다.

[그림 6-4]처럼 선 그리기 코드를 함수로 만든 경우에는, 선 그리기 코드를 수정하려면 함수 코드만 수정하면 된다.

함수의 장점을 정리해보면 다음과 같다.

- 코드가 중복되지 않으므로 간결하고 알아보기 쉽다.
- 한 번 작성해둔 코드를 여러 번 사용하므로 코드의 재사용성이 높다.
- 기능 위주로 함수를 작성해서 사용하므로 프로그램의 모듈화가 증대된다.
- 함수 코드를 수정하더라도 함수를 호출하는 부분은 수정할 필요가 없으므로 프로그램을 유지 보수하기 쉽다.

📝 **확인해봐요**

1. 특정 기능을 제공하는 일련의 코드를 묶어서 이름을 붙인 것은 무엇인가?

   ① 데이터형　　　② 변수　　　③ 제어문　　　④ 함수　　　⑤ 배열

2. 함수의 장점이 아닌 것은?

   ① 코드가 간결하고 알아보기 쉽다.　　　② 코드의 재사용성이 높다.

   ③ 프로그램의 모듈화가 증대된다.　　　④ 프로그램을 유지 보수하기 쉽다.

   ⑤ 코드가 중복된다.

6.1.2 함수의 종류

함수에는 진입점 함수, 라이브러리 함수, 사용자 정의 함수가 있다.

진입점 함수(entry point function)는 프로그램이 시작될 때 운영체제에 의해서 호출되는 특별한 함수로, main 함수가 진입점 함수이다.

라이브러리 함수(library function)는 C 프로그램에서 자주 사용하는 기능을 미리 함수로 준비해둔 것으로, scanf, printf 함수가 라이브러리 함수이다. 표준 C에서는 scanf, printf 외에 다양한 라이브러리 함수를 준비해두고 있으며, 이 함수들을 표준 C 라이브러리 함수라고 한다. 표준 C 라이브러리 외에도 컴파일러가 제공하는 라이브러리 함수도 있다. 라이브러리 함수는 이미 코드가 만들어져 있으므로 바로 호출해서 사용할 수 있다.

사용자 정의 함수(user-defined function)는 프로그래머가 직접 정의해서 사용하는 함

수로, [그림 6-4]의 draw_line 함수가 사용자 정의 함수이다. 6장에서는 사용자 정의 함수를 만들고 사용하는 방법에 대해 알아보자.

표 6-1 함수의 종류

종류	특징	예
진입점 함수	프로그램이 시작될 때 운영체제에 의해 호출된다.	`int main(void)` `{ … }`

라이브러리 함수	입출력과 같은 고유의 기능을 제공한다.
	라이브러리가 제공하므로 만들 필요는 없고, 사용만 하면 된다.
	라이브러리 함수를 호출하려면 라이브러리 헤더가 필요하다.
		`#include <stdio.h>`
		`char ch;`
		`scanf("%c", &ch);`
		`printf("%c", ch);`

사용자 정의 함수	프로그래머가 직접 정의하는 함수이다.
	프로그램에서 특정 기능을 제공하는 코드 부분을 묶어서 함수로 만들어 두고 사용한다.
		`void draw_line(`
		`    char ch,`
		`    int length)`
		`{ … }`

　C 프로그램은 main 함수와 여러 함수들로 구성되며, 프로그램이 수행되는 동안 수시로 함수들을 호출하게 된다. 이처럼 함수 단위로 프로그램을 작성하는 방식을 **절차적 프로그래밍**이라고 한다. C 언어는 대표적인 절차적 프로그래밍 언어이다.

질문 있어요

절차적 프로그래밍(Procedural Programming)은 무엇인가요?

프로그램을 작성하는 방법은 매우 다양하다. 프로그램이 처리할 내용을 순차적으로 나열하는 방식부터, 함수나 객체를 이용해서 프로그램을 작성하는 방식까지 다양한 방식이 존재한다. 이처럼 프로그램을 작성하는 방식을 프로그래밍 방법론(Programming Paradigm)이라고 한다. 대표적인 프로그래밍 방법론에는 절차적 프로그래밍, 객체지향 프로그래밍 등이 있다.

절차적 프로그래밍은 프로그램을 프로시저(procedure), 즉 함수로 나누어 작성하는 방식을 말하며, 종종 구조적 프로그래밍(Structured Programming)이라고도 불린다. 객체 지향 프로그래밍(Object-Oriented Programming)은 객체 중심의 프로그래밍 방식으로, 관련된 변수들과 함수들을 묶어서 객체 단위로 개발하는 방식이다.

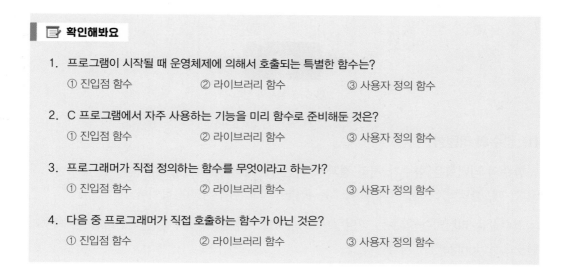

확인해봐요

1. 프로그램이 시작될 때 운영체제에 의해서 호출되는 특별한 함수는?
　① 진입점 함수　　　　　② 라이브러리 함수　　　　③ 사용자 정의 함수

2. C 프로그램에서 자주 사용하는 기능을 미리 함수로 준비해둔 것은?
　① 진입점 함수　　　　　② 라이브러리 함수　　　　③ 사용자 정의 함수

3. 프로그래머가 직접 정의하는 함수를 무엇이라고 하는가?
　① 진입점 함수　　　　　② 라이브러리 함수　　　　③ 사용자 정의 함수

4. 다음 중 프로그래머가 직접 호출하는 함수가 아닌 것은?
　① 진입점 함수　　　　　② 라이브러리 함수　　　　③ 사용자 정의 함수

6.2 함수의 기본

　프로그램에서 함수를 이용하려면 **함수의 정의, 함수의 호출, 함수의 선언**이 필요하다. 함수의 정의(definition)는 함수가 수행할 내용을 기술하는 것이다. 함수의 호출(call)은 이미 정의된 함수를 사용하는 것이고, 함수의 선언(declaration)은 함수에 대한 정보를 미리 제공하는 것이다.

6.2.1 함수의 정의

　C 언어에서 함수를 정의하는 기본적인 형식은 다음과 같다.

형식	리턴형　함수명(매개변수목록)
	{
	　　함수가 처리할 내용
	}

사용예	`int add(int x, int y)`
	`{`
	　　`return x + y;`
	`}`

　함수를 정의할 때는 **리턴형과 함수 이름, 매개변수 목록**이 필요하다. 리턴형과 함수 이름을 쓰고 ( ) 안에 매개변수 목록을 적어준다. 매개변수 목록은 데이터형과 매개변수를 한 쌍으로 하며, 하나 이상인 경우 콤마(,)로 나열한다. 매개변수가 없을 때는 void라고 적는다. 함수가 처리할 내용은 { } 안에 적어준다.

그림 6-5 함수의 정의

(1) 함수의 리턴형

함수의 리턴형은 함수가 처리 결과로 리턴하는 값의 데이터형이다. 함수를 블랙박스라고 할 때, 블랙박스에서 처리 후 나오는 출력이 바로 함수의 리턴값이다.

정수값을 리턴하는 함수는 리턴형으로 int형을 지정하고, 실수값을 리턴하는 함수는 리턴형으로 double형을 지정한다.

```
int add(int x, int y) { … }                // 정수값을 리턴하는 함수
double get_area(double radius) { … }       // 실수값을 리턴하는 함수
```

함수가 처리 결과로 리턴하는 값이 없을 때는 void라고 적어준다.

```
void draw_line(char ch, int len) { … }     // 리턴값이 없는 함수
```

리턴형을 생략하면, 컴파일러는 디폴트로 int형을 리턴하는 함수로 처리한다. 따라서 리턴값이 없을 때 void를 생략하면 안된다.

```
draw_line(char ch, int len) { … }          // int draw_line(char ch, int len)의 의미
```

리턴형이 int형일 때도 리턴형을 생략하지 말고 명시적으로 리턴형을 써주는 것이 좋다.

```
add(int x, int y) { … }                    // int형을 리턴한다는 의미로 리턴형을 생략하는 것은
                                           // 좋은 방법이 아니다.
```

함수는 반드시 하나의 값만 리턴할 수 있다. 함수의 처리 결과가 둘 이상일 때는 함수의 리턴값 대신 매개변수를 이용해야 한다.

(2) 함수의 이름

함수는 특정 기능을 제공하는 일련의 코드를 묶어서 이름을 붙인 것이므로 어떤 일을 하는 함수인지 명확하게 알 수 있는 이름을 정하는 것이 좋다.

```
void f1(void) { … }             // 어떤 일을 하는 함수인지 알 수 없다.
void play_video(void) { … }     // 동영상을 재생하는 함수라는 것을 알 수 있다.
```

함수의 이름도 식별자이므로 식별자를 만드는 규칙에 따라서 정해야 한다. 즉, 영문자, 숫자, 밑줄 기호(_)만을 사용해야 하고, 첫 글자는 반드시 영문자나 밑줄 기호(_)를 사용해야 한다. 어떤 일을 하는 함수인지 알 수 있도록 play_video처럼 '동사+목적어'의 형태로 이름을 정해준다. 하나 이상의 단어로 함수 이름을 정할 때는 연결되는 단어의 첫 글자를 대문자로 지정하거나 밑줄 기호(_)로 연결한다. 예를 들어, 동영상을 재생하는 함수는 play_video나 PlayVideo라고 정의할 수 있다.

```
int get_factorial(int num) { … }    // 팩토리얼을 구하는 함수      ┐ 소문자로 된
void open_file(void) { … }          // 파일 열기를 수행하는 함수    ├ 함수 이름
void read_data(void) { … }          // 데이터 읽기를 수행하는 함수  ┘

int GetFactorial(int num) { … }     // 팩토리얼을 구하는 함수      ┐ 대소문자를 혼용하는
void OpenFile(void) { … }           // 파일 열기를 수행하는 함수    ├ 함수 이름
void ReadData(void) { … }           // 데이터 읽기를 수행하는 함수  ┘
```

함수 이름을 정할 때는 일관성 있는 이름을 사용하는 것이 좋다. 따라서 대문자로 시작하는 함수 이름을 사용할지, 소문자로 시작하는 함수 이름을 사용할지를 미리 정해두는 것이 좋다. 참고로 표준 C 라이브러리에서는 bsearch, qsort, strcpy처럼 모두 소문자로 된 함수 이름을 사용한다.

반면에 Visual C++이 제공하는 Windows API, ATL, MFC 같은 라이브러리에서는, 함수명을 변수명과 구분하기 위해서 대문자로 시작하는 이름을 사용한다. 또, CreateWindow, BeginPaint처럼 연결되는 단어의 첫 글자를 대문자로 지정한다.

이 책에서는 표준 C 라이브러리의 방식을 따라서 변수명과 함수명에 대하여 모두 소문자로 된 이름을 사용하며, 여러 단어를 연결할 때는 밑줄 기호(_)를 사용한다. 이처럼 식별자로 사용되는 이름을 정할 때 적용되는 규칙을 **명명 규칙(Naming Convention)**이라고 하며, 프로그래머가 직접 자신만의 명명 규칙을 정하고 따르면 된다.

함수 이름은 함수를 구별하는 수단이므로 서로 다른 함수가 같은 이름을 사용할 수 없다.

```
// ch를 len개 출력해서 선 그리는 함수
void line(char ch, int len) { … }

// (x1,y1)~(x2,y2)사이의 선의 길이를 구하는 함수
double line(int x1, int y1, int x2, int y2) { … }
```

> 같은 이름을
> 사용해서는 안된다.

(3) 매개변수 목록

매개변수 목록은 함수 이름 다음의 ( ) 안에 적어준다. **매개변수(parameter)**는 함수를 호출한 곳에서 함수 안으로 전달되는 값을 변수이다. 함수를 호출하는 쪽과 함수 내부를 연결하는 역할을 하는 변수라는 의미로 '매개변수'라고 부른다. 함수를 호출할 때, 실제로 전달되는 값은 **인자(argument)** 또는 인수라고 부른다.

매개변수도 변수이므로 데이터형과 함께 선언해야 한다. 매개변수가 하나 이상일 때는 콤마(,)로 나열한다. 매개변수가 없으면 void라고 써준다. 매개변수는 함수가 호출될 때 생성되어 함수 안에서 사용되는 변수이며, 함수를 호출할 때 넘겨주는 인자의 값으로 초기화된다.

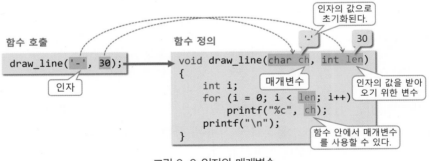

그림 6-6 인자와 매개변수

매개변수의 개수에는 제한이 없다. 즉, 함수의 매개변수가 아예 없을 수도 있고, 아주 많을 수도 있다. 매개변수가 없을 때는 void를 써주거나 생략할 수 있다.

```
void play_video(void) { … }        // 매개변수가 없는 함수
int get_factorial(int num) { … }   // 매개변수가 1개인 함수
int add(int x, int y) { … }        // 매개변수가 2개인 함수

void open_file() {}                // 매개변수가 없을 때 void를 생략할 수 있다.
```

매개변수의 데이터형을 생략하면 int로 간주한다. 매개변수의 이름을 생략하면 컴파일 에러가 발생한다.

```
void print_sum(count) { … }          // 매개변수의 데이터형을 생략하면 int로 간주한다.
void draw_line(char ch, int) { … }   // 매개변수의 이름을 생략하면 컴파일 에러
```

질문 있어요

매개변수의 개수는 정말 무제한인가요?
표준 C에서는 최소 127개의 매개변수를 지원해야 한다고 정하고 있으며 대부분의 컴파일러가 이보다 많은 매개변수의 사용을 허용하고 있다. 따라서 매개변수의 개수에는 신경쓰지 않아도 된다.

인자와 매개변수가 헷갈려요. 어떻게 구분하나요?
인자는 함수 호출 시 실제로 전달되는 값이다. 함수 안으로 전달된 값을 저장하기 위한 변수가 매개변수이다. 함수를 정의할 때는 아직 함수 호출 전이므로 '아직은 얼마인지 모르는 값을 저장할 변수를 준비하자'라는 의미로 매개변수를 선언한다. 간혹 인자와 매개변수라는 용어를 구분하지 않고 사용하기도 한다.

📋 확인해봐요

1. 함수의 리턴값이 없을 때 리턴형은?
   ① int   ② void   ③ double   ④ char   ⑤ short

2. 함수를 호출한 곳에서 함수 안으로 전달되는 값을 보관하기 위한 변수는?
   ① 인자   ② 매개변수   ③ 지역 변수   ④ 전역 변수   ⑤ extern 변수

3. 최대 공약수를 구하는 함수의 이름으로 적당하지 않은 것은?
   ① get_gcd   ② gcd   ③ GCD   ④ GetGCD   ⑤ f1

(4) 함수의 내용

함수를 정의할 때 리턴형, 함수명, 매개변수 목록을 작성한 다음, { } 안에 함수가 처리할 내용을 적어준다. 리턴형, 함수명, 매개변수 목록을 **함수의 헤더(header)**라고 하고, { } 안에 함수가 처리할 내용을 적어주는 부분을 **함수의 바디(body)**라고 한다. 함수의 정의는 헤더와 바디로 구성된다.

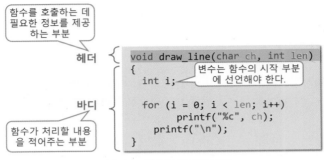

그림 6-7 함수의 헤더와 바디

함수의 바디도 일종의 블록이므로, { } 안에 C 문장을 나열해서 필요한 코드를 작성한다. 함수 안에서 변수를 선언하려면, 함수 바디의 시작 부분에 선언해야 한다. C에서는 변수의 선언문이 다른 문장보다 선행되어야 하기 때문이다. 변수의 선언문 외에도 다양한 제어문이나 수식을 이용해서 필요한 코드를 작성한다.

(5) 여러 가지 함수의 정의

■ 리턴값과 매개변수가 없는 함수

hi 함수와 bye 함수는 간단한 인사말을 출력하는 함수이므로 리턴값과 매개변수가 모두 필요 없다. 리턴값과 매개변수가 없는 함수에서는 리턴형과 매개변수 목록을 void로 지정한다.

```
void hi(void)                        // 리턴값과 매개변수가 없는 함수
{
    printf("Hi! Let's enjoy C programming.\n");
}                                    // 함수의 끝을 만나면 리턴한다.

void bye(void) { printf("Bye!\n"); }   // 간단한 함수는 한 줄로 작성할 수 있다.
```

void형의 함수는 정해진 코드를 수행하고, 함수의 끝을 만나면 리턴한다. 간단한 함수는 한 줄로 작성할 수도 있지만, 한 줄에 한 문장씩 나누어 써주는 편이 코드를 알아보기 쉽고 디버깅하기도 편하다.

void형의 함수 안에서 return문을 만나면, 그 이후의 문장은 수행하지 않고 바로 리턴한다.

```
void hi(void)
{
    printf("Hi! Let's enjoy C programming.\n");
    return;                                 // 리턴값을 지정하지 않는다.
    printf("이 문장은 수행되지 않는다.");       // 이 문장은 수행되지 않는다.
}
```

■ 리턴값은 없고 매개변수만 있는 함수

draw_line 함수는 문자(ch)와 문자의 개수(len)를 매개변수로 전달받아 선을 그리는 기능을 제공한다. 리턴값이 없으므로 리턴형은 void형으로 지정한다. 또한, 선을 그릴 때 사용할 문자(ch)는 char형의 매개변수로, 문자의 개수(len)는 int형의 매개변수로 받아온다.

```
void draw_line(char ch, int len)          // ch는 출력에 사용할 문자, len은 문자의 개수
{
    int i;
    for (i = 0; i < len; i++)             // ch를 len개 출력한다.
        printf("%c", ch);
    printf("\n");
}
```

print_sum 함수는 정수의 개수(count)를 매개변수로 전달받아서, count개의 정수를 입력받아 합계를 구해서 출력한다. 이 함수는 sum을 출력하고 바로 리턴하므로 리턴형을 void형으로 지정한다.

```
void print_sum(int count)                 // count는 입력받을 정수의 개수
{
    int i;
    int num;                              // 입력받을 정수를 저장할 변수
    int sum = 0;                          // 합계를 저장할 변수

    printf("%d개의 정수? ", count);
    for (i = 0; i < count; i++)           // 정수를 count개 입력받아 합계를 구한다.
    {
        scanf("%d", &num);
        sum += num;
    }
    printf("합계 : %d\n", sum);           // sum을 출력할 뿐 그 값을 리턴하지는 않는다.
}
```

■ 리턴값과 매개변수가 있는 함수

get_factorial 함수는 정수(num)를 매개변수로 전달받아 num!을 구해서 리턴한다. num!도 정수이므로 리턴형을 int형으로 지정한다.

```c
int get_factorial(int num)          // int형의 값을 리턴한다.
{
    int i;
    int result = 1;

    for (i = 1; i <= num; i++)       // num!을 구한다.
        result *= i;
    return result;                   // 구한 num! 값을 리턴한다.
}
```

리턴값이 있는 함수에서 return문을 생략하면 컴파일 경고가 발생하므로 반드시 써주어야 한다.

> ⚠ 컴파일 경고   ■ ■ ■
>
> 1>c:\work\chap06\ex06_05\ex06_05\factorial.c(11): warning C4716: 'get_factorial': 값을 반환해야 합니다.

get_area 함수는 반지름(radius)를 매개변수로 전달받아, 원의 면적을 구해서 리턴한다. 반지름과 원의 면적은 모두 double형으로 지정한다.

```c
double get_area(double radius)       // 원의 면적을 구하는 함수
{
    const double PI = 3.14159265359;
    return PI * radius * radius;
}
```

기존의 코드로부터 함수를 정의하는 과정은 다음과 같다.

① 코드에서 특정 기능을 수행하는 부분을 추출해서 함수의 이름을 정한다.

② 함수를 호출할 때 넘겨줄 값을 판단해서 매개변수로 만든다. 이때 매개변수의 데이터형과 이름을 정한다.

③ 함수 안에서 처리 결과로 생성되는 값을 결정하고 그 값의 데이터형을 함수의 리턴
형으로 정한다.

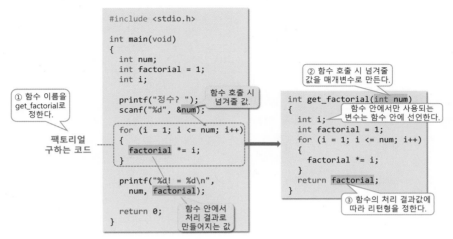

그림 6-8 기존의 코드로부터 함수를 정의하는 과정

기존의 코드 없이 처음부터 함수를 정의하는 과정도 비슷하다.

① 어떤 기능을 제공하는 함수인지에 따라 적당한 이름을 정한다.

② 함수의 기능을 수행하기 위해서 함수를 호출한 곳에서 받아올 값을 정하고, 그 값으
로 매개변수 목록을 작성한다.

③ 함수 안에서 처리 결과로 생성되는 값을 결정하고, 그 값의 데이터형을 함수의 리턴
형으로 정한다.

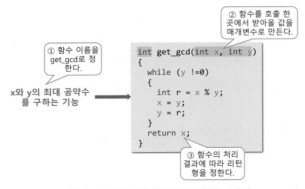

그림 6-9 처음부터 함수를 정의하는 방법

6.2.2 함수의 호출

함수는 특정 기능을 수행하는 코드를 한 번만 작성해두고, 필요할 때마다 불러 쓰는 기능이다. 이처럼 이미 만들어진 함수를 불러 쓰는 것을 **함수의 호출**이라고 한다. 함수를 호출할 때는 함수 이름 다음에 ( )를 쓰고, ( ) 안에 함수의 인자를 써준다. 인자는 함수를 호출할 때 넘겨주는 값을 말하며, **함수를 호출할 때 넘겨준 인자가 매개변수로 전달된다.**

함수를 호출하면 함수 내부의 코드를 수행하다가, 함수의 끝을 만나거나 return문을 만나면 함수를 호출한 곳으로 돌아온다. 이때, 리턴값이 있는 함수는 리턴값을 함수를 호출한 곳으로 전달한다.

함수를 호출하는 쪽과 함수의 정의는, 서로 데이터를 주고받는다. 인자는 함수를 호출하는 쪽에서 함수의 정의로 전달되며, 인자의 값이 매개변수에 전달된다. 반면에 리턴값은 함수 안에서 만들어져서 함수를 호출하는 쪽으로 전달된다.

그림 6-10 함수의 인자와 리턴값

(1) 리턴값과 매개변수가 없는 함수의 호출

매개변수가 없는 함수를 호출할 때는 hi();처럼 함수 이름 다음에 빈 괄호를 적어준다. ( )가 없으면 함수 호출이 아니다.

```
hi();  // 매개변수가 없는 함수의 호출
```

[예제 6-1]은 리턴값과 매개변수가 없는 hi 함수와 bye 함수를 정의하고 호출하는 코드이다.

📋 **예제 6-1** : 리턴값과 매개변수가 없는 함수의 사용 예

```
01    #include <stdio.h>
02
03    void hi(void)                      // 리턴형과 매개변수가 없는 함수
04    {
05        printf("Hi! Let's enjoy C programming.\n");
06    }                                  // 함수의 끝을 만나면 리턴한다.
07
08    void bye() { printf("Bye!\n"); }   // 간단한 함수는 한 줄로 작성할 수 있다.
09
10    int main(void)
11    {
12        hi();
13        bye();
14
15        hi();                          // 같은 함수를 여러 번 호출할 수 있다.
16        bye();
17
18        return 0;
19    }
```

```
실행결과                                                    ■ ■ ■

Hi! Let's enjoy C programming.
Bye!
Hi! Let's enjoy C programming.      같은 함수를 여러 번
Bye!                                호출할 수 있다.
```

[그림 6-11]은 **매개변수가 없는 함수의 호출 과정**이다.

① 지금까지 수행하던 문장의 위치를 보관해두고 함수가 정의된 곳으로 이동한다.

② 함수 정의 안에 있는 코드를 순서대로 수행한다.

③ return문이나 함수의 끝을 만나면, 함수를 호출한 곳으로 돌아온다.

④ 함수 호출문의 다음 문장을 계속해서 수행한다.

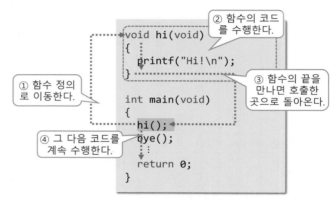

그림 6-11 매개변수가 없는 함수의 호출

함수를 사용하면, 함수 코드를 필요할 때마다 호출할 수 있으므로 코드의 재사용성이 높다. 또한 코드를 수정할 필요가 있을 때, 함수 정의만 수정하면 되므로 유지 보수하기도 쉬워진다.

(2) 리턴값은 없고 매개변수만 있는 함수의 호출

매개변수가 있는 함수를 호출할 때는 ( ) 안에 함수의 인자를 콤마(,)로 나열한다. 함수 호출 시 넘겨준 인자는 함수의 매개변수로 순서대로 전달된다.

■ draw_line 함수의 호출

ch를 len개만큼 출력해서 선을 그리는 draw_line 함수를 호출하려면, 문자와 정수를 순서대로 인자로 넘겨준다. 함수의 인자로 매개변수의 데이터형과 같은 형의 값을 전달해야 한다.

```
draw_line('-', 30);          // '-'로 30개 길이만큼 선을 그린다.

width = 3 + 8 + 8 + 2;
draw_line('*', width);       // '*'로 width개 길이만큼 선을 그린다.
```

인자의 데이터형이 매개변수의 데이터형과 일치하지 않으면 형 변환해서 전달한다.

```
draw_line(101, 50);          // 101을 char형으로 변환해서 인자로 전달한다.
```

[예제 6-2]는 매개변수가 있는 draw_line 함수를 정의하고 호출하는 코드이다.

예제 6-2 : 매개변수가 있는 draw_line 함수의 사용 예

```
01   #include <stdio.h>
02
03   // ch : 선 그릴 때 사용할 문자
04   // len : 선을 출력할 때 필요한 문자의 개수
05   void draw_line(char ch, int len)
06   {
07       int i;
08       for (i = 0; i < len; i++)
09           printf("%c", ch);
10       printf("\n");
11   }
12
13   int main(void)
14   {
15       int amount = 10;
16       int price = 1000;
17       int total = amount * price;
18       int width;                      // 계산서 헤더 폭
19
20       draw_line('-', 30);             // '-'로 30개 길이만큼 선을 그린다.
21
22       printf("수량    단가      합계\n");
23       width = 3 + 8 + 8 + 2;          // 계산서 헤더 폭
24       draw_line('*', width);          // '*'로 width개 길이만큼 선을 그린다.
25       printf("%3d %8d %8d\n", amount, price, total);
26
27       draw_line('-', 30);             // '-'로 30개 길이만큼 선을 그린다.
28
29       return 0;
30   }
```

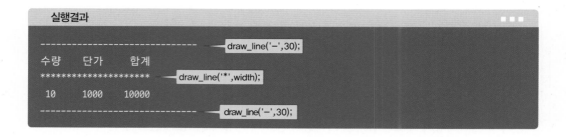

[그림 6-12]는 **매개변수가 있는 함수의 호출 과정**이다.

① 함수 호출 시 넘겨준 인자를 함수 정의에 있는 매개변수로 전달한다.

② 지금까지 수행하던 문장의 위치를 보관해두고 함수가 정의된 곳으로 이동한다.

③ 함수 정의 안에 있는 코드를 순서대로 수행한다.

④ return문이나 함수의 끝을 만나면, 함수를 호출한 곳으로 돌아온다.

⑤ 함수 호출문의 다음 문장을 계속해서 수행한다.

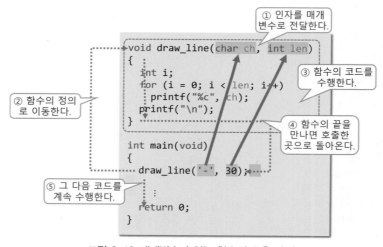

그림 6-12 매개변수가 있는 함수의 호출 과정

함수를 호출할 때는 항상 인자와 매개변수의 개수가 일치해야 한다.

```
draw_line('-');      // 인자와 매개변수의 개수가 다르므로 컴파일 에러
```

draw_line처럼 매개변수가 여러 개인 함수를 호출할 때 실수로 인자의 순서를 바꿔서
호출하면 어떻게 될까? C 컴파일러는 인자와 매개변수의 데이터형만 검사할 뿐 매개변수

의 의미에 맞게 인자가 전달되었는지 확인할 수 없다. 따라서 프로그래머가 함수를 호출할 때 매개변수의 의미에 맞게 순서대로 인자를 전달해야 한다.

```
draw_line(30, '-');            // 30을 ch로 전달하고 '-'를 len으로 전달한다.
                               // 컴파일 에러는 아니지만 인자의 순서가 잘못된 함수 호출이다.
```

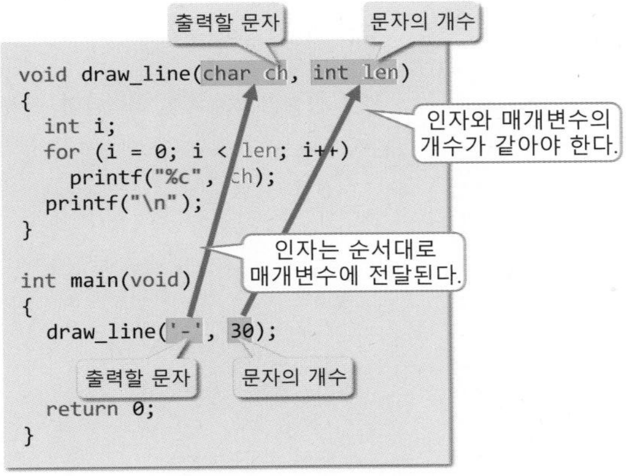

그림 6-13 함수 호출 시 인자와 매개변수

■ print_sum 함수의 호출

count개의 정수를 입력받아 합계를 구해서 출력하는 print_sum 함수를 호출하려면, 입력받을 정수의 개수를 인자로 전달한다. 함수를 여러 번 호출하기 위해 반복문 안에서 함수를 호출할 수도 있다.

```
for (i = 3; i < 10; i += 2)
{
    print_sum(i);            // 반복문 안에서 함수를 호출할 수 있다.
}
```

위 코드는 i가 3일 때부터 2씩 증가하므로 print_sum(3), print_sum(5), print_sum(7), print_sum(9)를 각각 호출한다. 즉, 정수 3개의 합계, 정수 5개의 합계, 정수 7개의 합계, 정수 9개의 합계를 각각 구해서 출력한다.

[예제 6-3]은 print_sum 함수를 정의하고 호출하는 코드이다.

📑 **예제 6-3** : 매개변수가 있는 print_sum 함수의 사용 예

```c
01   #include <stdio.h>
02
03   void print_sum(int count)
04   {
05       int i;
06       int num;                    // 입력받을 정수를 저장할 변수
07       int sum = 0;                // 합계를 저장할 변수
08
09       printf("%d개의 정수? ", count);
10       for (i = 0; i < count; i++)   // 정수를 count개 입력받아 합계를 구한다.
11       {
12           scanf("%d", &num);
13           sum += num;
14       }
15       printf("합계 : %d\n", sum);
16   }
17
18   int main(void)
19   {
20       int i;
21
22       for (i = 3; i < 10; i += 2)
23       {
24           print_sum(i);           // 반복문 안에서 함수를 호출할 수 있다.
25       }
26
27       return 0;
28   }
```

실행결과

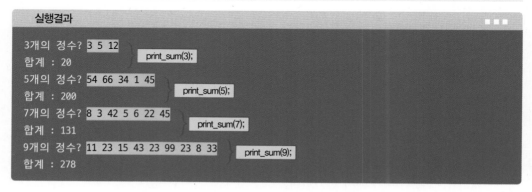

draw_line, print_sum 함수는 함수 안에서 출력을 수행할 뿐, 함수를 호출한 곳으로 값을 리턴하지 않으므로 모두 void형의 함수이다. 리턴형이 void형인 함수는 리턴값이 없으므로 수식이 아니다.

⊘ ```
printf("%d", print_sum(3));   // void형의 함수 호출은 리턴값이 없으므로 수식으로 사용할 수 없다.
```

> 📋 **확인해봐요**
>
> 1. 다음은 매개변수가 없는 함수의 호출과정이다. 순서대로 나열하시오.
>    ① 함수 정의 안에 있는 코드를 순서대로 수행한다.
>    ② 지금까지 수행하던 문장의 위치를 보관해두고 함수가 정의된 곳으로 이동한다.
>    ③ 함수 호출문의 다음 문장을 계속해서 수행한다.
>    ④ return문이나 함수의 끝을 만나면, 함수를 호출한 곳으로 돌아온다.
>
> 2. 다음은 매개변수가 있는 함수의 호출과정이다. 순서대로 나열하시오.
>    ① 함수 정의 안에 있는 코드를 순서대로 수행한다.
>    ② 함수 호출문의 다음 문장을 계속해서 수행한다.
>    ③ 지금까지 수행하던 문장의 위치를 보관해두고 함수가 정의된 곳으로 이동한다.
>    ④ return문이나 함수의 끝을 만나면, 함수를 호출한 곳으로 돌아온다.
>    ⑤ 함수 호출 시 넘겨준 인자를 함수 정의에 있는 매개변수로 전달한다.

### (3) 리턴값과 매개변수가 있는 함수의 호출

리턴값과 매개변수가 있는 함수를 호출할 때는, ( ) 안에 함수의 인자를 콤마(,)로 나열해서 함수를 호출한다. 또한 함수의 리턴값을 받아와서 다른 수식에 이용할 수 있다.

팩토리얼을 구하는 get_factorial 함수, 원의 면적을 구하는 get_area 함수, 두 정수의 최대공약수를 구하는 get_gcd 함수는 모두 리턴값과 매개변수가 있는 함수이다.

### ■ get_factorial 함수의 호출

정수 num에 대하여 num!을 구하는 get_factorial 함수를 호출하려면 정수를 인자로 전달한다.

```
get_factorial(5);    // 함수의 리턴값을 이용하지 않을 수도 있다.
```

그런데 get_factorial(5)를 호출하는 것만으로는 함수의 결과값을 확인할 수가 없다. 함수의 리턴값도 임시값이므로 따로 변수에 저장하지 않으면, 함수 호출문의 다음 문장으로 넘어갈 때 사라지기 때문이다.

함수의 리턴값은 변수에 저장할 수도 있고, 다른 수식의 일부분이나 다른 함수 호출의
```

인자로 사용할 수 있다.

```
int result;                 // 함수의 리턴값을 저장할 변수를 준비한다.
int x;                      // 수식에 사용할 변수

result = get_factorial(5);  // 함수의 리턴값을 변수에 대입한다.

x = get_factorial(4) + 1;   // 함수의 리턴값을 수식의 일부분(피연산자)으로 이용한다.

printf("%d", get_factorial(10));  // 함수의 리턴값을 printf 함수의 인자로 사용한다.
```

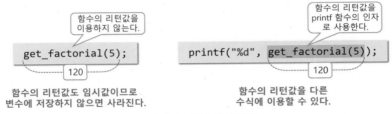

함수의 리턴값을
이용하지 않는다.

```
get_factorial(5);
```
120

함수의 리턴값도 임시값이므로
변수에 저장하지 않으면 사라진다.

함수의 리턴값을
printf 함수의 인자
로 사용한다.

```
printf("%d", get_factorial(5));
```
120

함수의 리턴값을 다른
수식에 이용할 수 있다.

그림 6-14 함수의 리턴값

[예제 6-4]는 get_factorial 함수를 정의하고 호출하는 코드이다.

📄 **예제 6-4** : get_factorial 함수의 사용 예

```
01   #include <stdio.h>
02
03   int get_factorial(int num)
04   {
05       int i;
06       int result = 1;
07
08       for (i = 1; i <= num; i++)    // num!을 구한다.
09           result *= i;
10       return result;               // num! 값을 리턴한다.
11   }
12
13   int main(void)
14   {
15       int i;
16       int fact;
17
18       for (i = 1; i <= 5; i++)
19       {
20           fact = get_factorial(i);    // get_factorial(i)의 리턴값을 저장한다.
21           printf("%2d! = %3d\n", i, fact);
```

```
22        }
23        get_factorial(5);    // 리턴값을 어디에도 이용하지 않는다.
24
25        return 0;
26    }
```

실행결과

```
1! =    1
2! =    2
3! =    6
4! =   24
5! = 120
```

[그림 6-15]는 **리턴값과 매개변수가 있는 함수의 호출 과정**이다.

① 인자를 매개변수로 전달한다.

② 지금까지 수행하던 문장의 위치를 보관해두고 함수가 정의된 곳으로 이동한다.

③ 함수 정의 안에 있는 코드를 순서대로 수행한다.

④ 함수 안에서 만들어진 리턴값을 함수를 호출한 곳으로 전달한다.

⑤ return문을 만나면, 함수를 호출한 곳으로 돌아온다.

⑥ 함수 호출문의 다음 문장을 계속해서 수행한다.

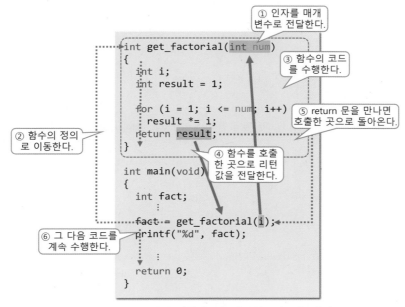

그림 6-15 리턴값과 매개변수가 있는 함수의 호출 과정

함수 호출 시 리턴값이 전달되는 과정만 다시 살펴보면 [그림 6-16]과 같다. 함수 안에서
return문이 넘겨주는 값이 함수 호출문의 값이 된다.

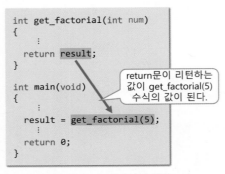

그림 6-16 리턴값의 전달

■ get_area 함수의 호출

[예제 6-5]는 원의 면적을 구해서 리턴하는 get_area 함수를 정의하고 호출하는 코드이다.

📄 **예제 6-5** : 원의 면적을 구하는 get_area 함수의 사용 예

```c
01   #include <stdio.h>
02
03   double get_area(double radius)        // 원의 면적을 구하는 함수
04   {
05       const double PI = 3.14159265359;
06       return PI * radius * radius;
07   }
08
09   int main(void)
10   {
11       int i;
12       for (i = 1; i <= 5; i++)
13       {
14           printf("반지름이 %d일 때 원의 면적: %.2f\n", i, get_area(i));
15       }
16
17       return 0;
18   }
```

```
실행결과                                                          ■ ■ ■
반지름이 1일 때 원의 면적: 3.14
반지름이 2일 때 원의 면적: 12.57
반지름이 3일 때 원의 면적: 28.27
반지름이 4일 때 원의 면적: 50.27
반지름이 5일 때 원의 면적: 78.54
```

[예제 6-5]는 for문을 이용해서 get_area 함수를 5번 호출한다. get_area 함수의 매개변수는 double형인데, 함수를 호출할 때 int형 변수 i를 인자로 넘겨준다. 이처럼 인자의 데이터형과 매개변수의 데이터형이 다른 경우에, 암시적인 형 변환이 수행된다. [그림 6-17]처럼 **함수 호출 시 매개변수가 생성되면서 인자로 초기화된다.** 이때 형이 일치하지 않으면 인자를 매개변수의 데이터형에 맞춰 형 변환한다.

매개변수는 인자로 초기화된다.

```
double get_area(double radius)
{
    const double PI = 3.14159265359;
    return PI * radius * radius;
}

int main(void)
{
    int i;
    for (i = 1; i <= 10; i++)
    {
        printf("%.2f", get_area(i));
    }

    return 0;
}
```

double radius = i;

인자를 매개변수의 데이터형에 맞춰 형 변환한다.

인자가 매개변수로 전달될 때 실제로 수행되는 문장

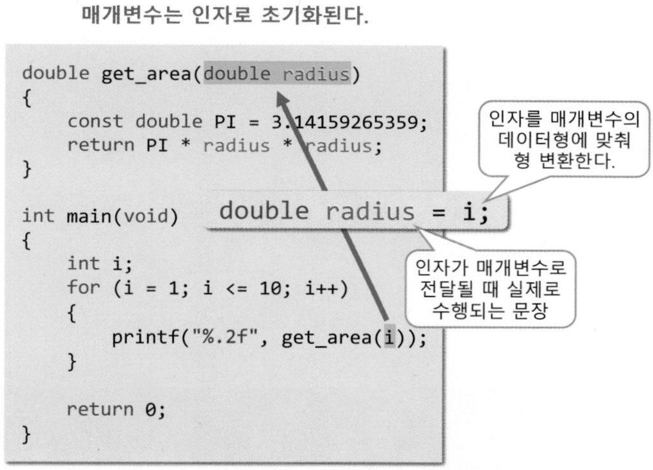

그림 6-17 인자 전달 과정의 의미

■ get_gcd 함수의 호출

[예제 6-6]은 두 정수의 최대공약수를 구하는 get_gcd 함수를 정의하고 호출하는 코드이다.

예제 6-6 : 두 정수의 최대공약수를 구하는 get_gcd 함수의 사용 예

```
01    #include <stdio.h>
02
03    int get_gcd(int x, int y)
04    {
```

```
05      int r;
06      while (y != 0) {     // 유클리드 호제법으로 최대공약수를 구한다.
07          r = x % y;
08          x = y;
09          y = r;
10      }
11      return x;
12  }
13
14  int main(void)
15  {
16      int x, y;
17      int gcd;
18
19      while (1) {
20          printf("정수 2개를 입력하세요. (0 0이면 종료): ");
21          scanf("%d %d", &x, &y);
22          if (x == 0 && y == 0)
23              break;
24          gcd = get_gcd(x, y);
25          printf("%d와 %d의 GCD: %d\n", x, y, gcd);
26      }
27      return 0;
28  }
```

실행결과

```
정수 2개를 입력하세요. (0 0이면 종료): 10 15
10와 15의 GCD: 5
정수 2개를 입력하세요. (0 0이면 종료): 42 36
42와 36의 GCD: 6
정수 2개를 입력하세요. (0 0이면 종료): 0 0
```

[예제 6-6]은 무한루프와 break를 이용해서 '0 0'이 입력될 때까지 반복해서 get_gcd 함수를 호출한다.

📝 확인해봐요

1. 다음은 리턴값과 매개변수가 있는 함수의 호출 과정이다. 순서대로 나열하시오.

   ① 함수 정의 안에 있는 코드를 순서대로 수행한다.

   ② 함수 호출문의 다음 문장을 계속해서 수행한다.

   ③ 지금까지 수행하던 문장의 위치를 보관해두고, 함수가 정의된 곳으로 이동한다.

   ④ return문을 만나면, 함수를 호출한 곳으로 돌아온다.

   ⑤ 함수 호출 시 넘겨준 인자를, 함수 정의에 있는 매개변수로 전달한다.

   ⑥ 함수 안에서 만들어진 리턴값을, 함수를 호출한 곳으로 전달한다

2. 함수의 리턴값에 대한 설명 중 잘못된 것은?

   ① 함수의 리턴값을 수식의 일부분으로 사용할 수 있다.

   ② 함수의 리턴값을 변수에 저장할 수 있다.

   ③ 함수의 리턴값을 다른 함수의 인자로 사용할 수 있다.

   ④ 함수의 리턴값을 받아오지 않으면 컴파일 에러이다.

(4) 함수 호출 시 주의 사항

■ 함수의 인자도 수식이다.

함수를 호출할 때, 상수, 변수, 연산식, 또는 다른 함수 호출의 리턴값을 함수의 인자로 사용할 수 있다. **항상 인자의 값을 먼저 평가한 다음 함수 호출이 수행된다.** 즉, 인자가 변수면 변수의 값을 읽어오고, 인자가 수식이면 수식의 값을 평가하고, 인자가 함수 호출문이면 먼저 함수를 호출해서 리턴값을 받아온다. 인자가 여러 개면 인자의 값을 모두 구한 다음에 함수 호출이 수행된다.

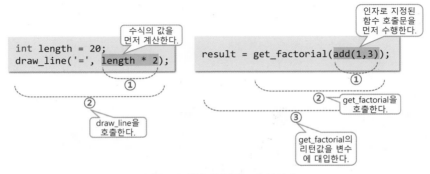

그림 6-18 함수의 인자도 수식이다.

■ **인자의 개수와 데이터형은 매개변수와 일치해야 한다.**

인자의 개수와 데이터형은 매개변수와 일치해야 한다. 즉, 매개변수가 3개 있는 함수를 호출할 때, 인자도 3개가 필요하다. 인자의 개수와 매개변수의 개수가 같지 않으면 컴파일 에러가 발생한다.

[예제 6-7]은 정수 3개를 비교해서 가장 큰 값을 구하는 get_max 함수를 정의하고 호출 하는 코드이다.

📚 **예제 6-7** : 3개의 정수 중 가장 큰 값을 구하는 get_max 함수의 사용 예

```
01    #include <stdio.h>
02
03    int get_max(int a, int b, int c)
04    {
05        int max = a > b ? a : b;
06        max = c > max ? c : max;
07        return max;
08    }
09
10    int main(void)
11    {
12        int x, y, z;
13
14        while (1)
15        {
16            printf("정수 3개를 입력하세요 (0 0 0 입력 시 종료): ");
17            scanf("%d %d %d", &x, &y, &z);
18
19            if (x == 0 && y == 0 && z == 0)
20                break;
21            printf("최댓값: %d\n", get_max(x, y, z));
22        }
23        return 0;
24    }
```

실행결과　　　　　　　　　　　　　　　　　　　　　　　　　　　　　■■■

```
정수 3개를 입력하세요 (0 0 0 입력 시 종료): 123 -234 5
최댓값: 123
정수 3개를 입력하세요 (0 0 0 입력 시 종료): 87 333 77
최댓값: 333
정수 3개를 입력하세요 (0 0 0 입력 시 종료): 0 0 0
```

인자의 개수가 매개변수보다 부족하면 컴파일 에러가 발생한다. 반면에 인자의 개수가 더 많으면 컴파일 경고만 발생한다. 함수를 호출할 때는 컴파일 경고와 컴파일 에러 모두 발생하지 않도록 인자를 매개변수의 개수만큼 전달해야 한다.

인자가 매개변수 보다 부족하므로 컴파일 에러

매개변수가 3개인 함수

```
get_max(10, 20);
```

```
get_max(10, 20, 30, 40);
```

인자가 매개변수 보다 많으므로 컴파일 경고

```
int get_max(int a, int b, int c)
{
    int max = a > b ? a : b;
    max = c > max ? c : max;
    return max;
}
```

그림 6-19 인자와 매개변수의 개수가 같아야 한다.

인자의 데이터형과 매개변수의 데이터형이 일치하지 않으면, 암시적인 형 변환이 일어난다. 매개변수가 int형인 get_max 함수를 호출하면서 실수값을 전달하면, double형의 인자를 int형으로 형 변환한다. 따라서 실제로는 get_max(12, 0, 7);이 호출되고, 함수의 리턴값은 12가 된다.

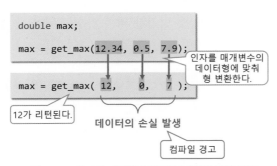

```
double max;

max = get_max(12.34, 0.5, 7.9);
```

인자를 매개변수의 데이터형에 맞춰 형 변환한다.

```
max = get_max( 12,    0,    7 );
```

12가 리턴된다. 데이터의 손실 발생

컴파일 경고

그림 6-20 인자와 매개변수의 데이터형이 다른 경우

함수 안에서 리턴형과 다른 형의 값을 리턴하면 리턴형으로 형 변환된다.

```
int dummy(void)
{
    return 0.5;
}
```

데이터의 손실이 일어날 수 있으므로 컴파일 경고

int형으로 형 변환

그림 6-21 리턴값과 리턴형이 다른 경우

■ **함수는 이름으로 구분한다.**

같은 이름의 함수를 여러 번 정의할 수 없으므로 비슷한 일을 하는 함수일 때도 반드시 다른 이름을 사용해야 한다.

<table>
<tr><td>같은 이름을 사용해서는 안된다.</td><td>함수마다 다른 이름을 사용해야 한다.</td></tr>
</table>

```
int get_max(int a, int b, int c)
{
  int max = a > b ? a : b;
  max = c > max ? c : max;
  return max;
}                          같은 이름의 함수를 재
                           정의하면 컴파일 에러
double get_max(double a, double b)
{
  return a > b ? a : b;
}
```

```
int get_imax(int a, int b, int c)
{
  int max = a > b ? a : b;
  max = c > max ? c : max;
  return max;
}                          반드시 다른 이름을
                           사용해야 한다.
double get_fmax(double a, double b)
{
  return a > b ? a : b;
}
```

그림 6-22 함수는 이름으로 구분한다.

정의되지 않은 함수나 잘못된 이름으로 함수를 호출하면, 링크 에러가 발생한다. 컴파일러는 정의되지 않은 함수를 int형을 리턴하는 함수라고 가정하고 컴파일 경고를 발생시킨다. 그 다음 링크 단계에서 다른 오브젝트 파일에 그 함수를 찾으려고 시도한다. 링크 단계에서 해당 함수를 찾을 수 없으면, 링커가 외부 기호를 찾을 수 없다는 에러를 발생시킨다.

```
int get_max(int a, int b, int c)
{
    int max = a > b ? a : b;
    max = c > max ? c : max;
    return max;
}

                    int main(void)
  잘못된 이름으로     {
  함수 호출 시
  링크 에러 발생        get_ma(1, 2, 3);
                        return 0;
                    }
```

그림 6-23 잘못된 이름으로 함수를 호출하는 경우

⚠ 컴파일 경고 및 링크 에러   ▪ ▪ ▪

1>c:\work\chap06\ex06_09\ex06_09\max.c(14): warning C4013: 'get_ma'이(가) 정의되지 않았습니다. extern은 int형을 반환하는 것으로 간주합니다.
1>max.obj : error LNK2019: _get_ma 외부 기호(참조 위치: _main 함수)에서 확인하지 못했습니다.
1>C:\work\chap06\ex06_09\Debug\ex06_09.exe : fatal error LNK1120: 1개의 확인할 수 없는 외부 참조입니다.

1. 다음 중 함수의 인자로 사용할 수 없는 것은?

① 변수   ② 상수   ③ 연산식

④ 리턴값이 있는 함수 호출   ⑤ 리턴값이 없는 함수 호출

2. 함수를 호출할 때 주의 사항이 아닌 것은?

① 이름이 같은 함수를 여러 번 정의할 수 있다.

② 인자와 매개변수의 데이터형이 다르면, 형 변환이 일어난다.

③ 리턴값의 데이터형과 리턴형이 다르면, 형 변환이 일어난다.

④ 함수 호출 전에 인자의 값을 먼저 계산한다.

⑤ 인자의 개수와 매개변수의 개수가 일치해야 한다.

6.2.3 함수의 선언

(1) 함수 선언의 필요성

함수를 호출하려면 먼저 함수가 정의되어 있어야 한다. 지금까지 작성한 예제에서는 함수의 정의가 main 함수보다 앞쪽에 있었으므로, main 함수에서 함수를 호출하는 데 아무 문제가 없었다.

간단한 프로그램에서는 함수의 정의를 함수의 호출보다 앞쪽에 넣어주는 것이 어렵지 않다. 그런데, 몇십 개의 함수들로 구성된 프로그램을 작성한다고 가정해보자. 각 함수들 사이의 호출 관계가 복잡하게 얽혀 있을 때, 함수 호출보다 앞쪽에 함수 정의를 넣어주는 것은 생각보다 어려운 작업이 될 것이다.

이런 상황을 쉽게 해결할 수 있는 것이 바로 **함수의 선언**이다. 함수의 선언은 함수의 리턴형, 이름, 매개변수에 대한 정보를 미리 알려준다. 함수의 선언은 **함수의 원형 (prototype)**이라고도 한다.

함수의 선언은 컴파일러에게 어떤 함수가 있다고 미리 알려준다. 함수의 선언문 다음에 함수 호출문을 만나면, 컴파일러는 해당 함수가 존재한다는 사실을 이미 알고 있으므로, 함수 호출문에 대해서 컴파일 에러를 발생시키지 않는다. 그 다음 함수 정의를 만나면, 함수 호출문과 함수 정의를 연결한다.

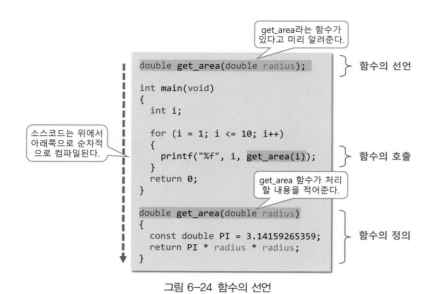

그림 6-24 함수의 선언

함수의 선언은 함수를 호출하기 위해서 필요한 정보(리턴형, 함수 이름, 매개변수 목록)를 제공한다.

(2) 함수 선언문

함수를 선언하는 기본 형식은 다음과 같다.

형식	**리턴형 함수명(매개변수목록);**
사용예	```int add(int x, int y);``` ```double get_area(double radius);```

함수를 선언할 때는 리턴형, 함수 이름, ( ) 안에 매개변수 목록을 적어주고, 맨 끝에 세미콜론(;)을 써준다.

```
void draw_line(char ch, int len);      // 함수 선언
```

함수의 선언에서 매개변수의 이름은 생략할 수 있다. 함수를 호출할 때는 매개변수의 개수와 데이터형만 필요하기 때문이다. 매개변수의 이름을 생략할 때는 매개변수의 데이터형만 콤마(,)로 나열한다.

```
void draw_line(char, int);            // 함수 선언에서 매개변수 이름은 생략할 수 있다.
```

함수 선언에서 함수 정의에 있는 매개변수 이름과 다른 이름을 사용해도 상관없다. 함수 원형에서 중요한 부분은 리턴형, 함수 이름, 매개변수의 개수와 데이터형이기 때문이다. 그런 이유로 함수 원형을 **함수의 시그니처(signature)**라고 한다.

함수 선언은 함수 정의의 헤더 부분과 일치해야 하므로, 함수 정의 후 헤더 부분을 복사해서 맨 끝에 세미콜론(;)을 붙이면 함수 선언문이 된다.

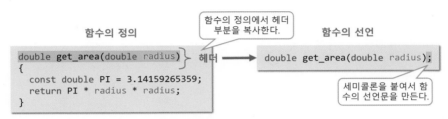

그림 6-25 함수 선언을 만드는 방법

함수 선언문은 소스 파일의 시작 부분에 넣어준다. 소스 파일에 #include문이 있으면, #include문 다음 위치에 넣어준다. 소스 파일의 시작 부분에 함수 선언문이 있으면, 함수가 정의된 위치에 상관없이 함수를 호출할 수 있다.

```
                            #include <stdio.h>

                            double get_area(double radius);

                            int main(void)
                            {
                               ⋮
                              printf("%f", get_area(i));
                               ⋮
                              return 0;
                            }

                            double get_area(double radius)
                            {
                              const double PI = 3.14159265359;
                              return PI * radius * radius;
                            }
```

함수 선언문은 #include문 다음에 넣어준다.

함수 선언문은 소스 파일의 시작 부분에 넣어준다.

함수가 정의된 위치에 상관 없이 호출할 수 있다.

그림 6-26 함수 선언문의 위치

[예제 6-8]은 앞에서 작성한 원의 면적을 구하는 get_area 함수와 선을 그리는 draw_line 함수를 함께 이용하는 코드이다. 함수가 정의된 위치에 상관없이 호출될 수 있도록, 소스 파일의 시작 부분에 함수 선언을 넣어준다.

📄 **예제 6-8 :** draw_line, get_area 함수의 선언

```c
01    #include <stdio.h>
02
03    void draw_line(char ch, int len);          } 함수 선언문
04    double get_area(double radius);
05
06    int main(void)
07    {
08        int i;
09
10        draw_line('-', 40);
11        for (i = 5; i <= 20; i+=5)
12        {
13            printf("반지름이 %d일 때 원의 면적: %.2f\n", i, get_area(i));
14        }
15        draw_line('-', 40);
16        return 0;
17    }
18
19    double get_area(double radius)          // 원의 면적을 구하는 함수
20    {
21        const double PI = 3.14159265359;
22        return PI * radius * radius;
23    }
24
25    void draw_line(char ch, int len)          // ch를 len개 출력해서 선을 그린다.
26    {
27        int i;
28        for (i = 0; i < len; i++)
29            printf("%c", ch);
30        printf("\n");
31    }
```

실행결과

```
----------------------------------------
반지름이 5일 때 원의 면적: 78.54
반지름이 10일 때 원의 면적: 314.16
반지름이 15일 때 원의 면적: 706.86
반지름이 20일 때 원의 면적: 1256.64
----------------------------------------
```

함수 선언이 없을 때 어떤 문제가 생기는지 알아보기 위해서 [예제 6-8]의 3~4번째 줄을 주석 처리하고 컴파일하면, 컴파일 경고와 컴파일 에러가 발생한다.

⚠ 컴파일 경고 및 컴파일 에러 ■ ■ ■

1>c:\work\chap06\ex06_10\ex06_10\prototype.c(15): warning C4013: 'get_area'이(가) 정의되지 않았습니다. extern은 int형을 반환하는 것으로 간주합니다.
⋮
1>c:\work\chap06\ex06_10\ex06_10\prototype.c(34): error C2371: 'get_area': 재정의. 기본 형식이 다릅니다.

선언되지 않은 함수를 호출하면 C 컴파일러는 int형을 리턴하는 함수로 간주한다. 즉, get_area 함수가 다음과 같이 선언된 것으로 보고 컴파일 경고를 발생시킨다.

🚫 `int get_area();`   // get_area 함수는 리턴형이 double형이므로 문제가 발생할 수 있다.

실제 get_area 함수의 정의는 매개변수나 리턴형이 다르기 때문에, get_area가 재정의되었다는 컴파일 에러가 발생한다.

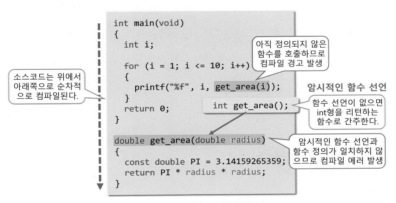

그림 6-27 함수 선언을 생략하는 경우

함수의 정의, 함수의 호출, 함수의 선언을 정리하면 〈표 6-2〉와 같다.

표 6-2 함수의 요건

구분	내용	예
함수의 정의	리턴형, 함수 이름, ( ) 안에 매개변수 목록을 써준 다음 { } 안에 실제로 함수가 처리할 내용을 기술한다.	`double get_area(double radius)` `{ ... }`
함수의 호출	앞에서 선언되거나 정의된 함수를 이용한다. 인자를 넘겨주고 리턴값을 받아올 수 있다.	`printf("%f", get_area(i));`
함수의 선언	함수 호출에 필요한 리턴형, 함수 이름, 매개변수 정보를 알려준다.	`double get_area(double radius);`

함수 호출보다 앞쪽에 함수가 정의된 경우에는 함수의 선언을 생략할 수 있지만 가능하면 프로그램의 시작 부분에 명시적으로 써주는 것이 좋다.

📝 **확인해봐요**

1. 함수의 리턴형, 이름, 매개변수에 대한 정보를 미리 알려주는 것을 무엇이라고 하는지 모두 고르시오.
   ① 함수의 정의   ② 함수의 선언   ③ 함수의 원형
   ④ 함수의 호출   ⑤ 함수의 시그니처

2. 다음 중 올바른 함수 선언이 아닌 것은?
   ① int add(int x, int y);   ② int add(int, int);   ③ int add(x, y);

3. 다음 중 함수 선언문의 적절한 위치는?
   ① 소스 파일의 시작 부분   ② 함수 정의 바로 앞
   ③ 함수 정의 뒤쪽   ④ 소스 파일의 끝부분

4. 다음 중 생략할 수 있는 것은?
   ① 함수의 선언   ② 함수의 정의
   ③ 함수의 이름   ④ 함수 호출 시 인자

6.3 지역 변수와 전역 변수

변수는 크게 지역 변수와 전역 변수로 나눌 수 있다. **지역 변수(local variable)는 함수나 블록 안에 선언되는 변수**로 함수나 블록 안에서만 사용할 수 있다. **전역 변수(global variable)은 함수 밖에 선언되는 변수**로 소스 파일 전체에서 사용할 수 있다.

표 6-3 지역 변수와 전역 변수

구분	지역 변수	전역 변수
선언 위치	함수나 블록 안	함수 밖
사용 범위	변수가 선언된 함수나 블록 안	소스 파일 전체
생존 기간	변수가 선언된 블록에 들어갈 때 생성되고 블록을 빠져나갈 때 소멸	프로그램이 시작될 때 생성되고 프로그램이 종료될 때 소멸
초기화하지 않는 경우	쓰레기값	0으로 초기화

지금까지 사용했던 변수들은 모두 지역 변수이다. 우선 지역 변수에 대해서 자세히 알아보도록 하자.

6.3.1 지역 변수

지역 변수는 블록 안에 선언되는 변수이다. 복합문이나 함수의 바디처럼 { }로 묶인 코드를 블록이라고 한다. 블록 안에서 지역적으로 사용된다고 해서 '지역 변수'라고 부른다.

(1) 지역 변수의 선언

ANSI C에서는 변수의 선언문이 다른 문장보다 선행되어야 하므로, 블록의 시작 부분에 변수를 선언해야 한다. C99에서는 변수의 선언 위치에 대한 제약이 없으므로 원하는 위치에 변수를 선언할 수 있다. 참고로 Visual C++의 C 컴파일러는, 변수의 선언 위치에 제약을 두고 있지 않다.

```
함수 안에 선언하는 경우

int get_gcd(int x, int y)
{
    int r;
    while (y != 0)
    {
        r = x % y;
        x = y;
        y = r;
    }
    return x;
}
```
함수 안에 선언된 지역 변수 r

```
while 블록 안에 선언하는 경우

int get_gcd(int x, int y)
{
    while (y != 0)
    {
        int r;
        r = x % y;
        x = y;
        y = r;
    }
    return x;
}
```
while 블록 안에 선언된 지역 변수 r

그림 6-28 지역 변수의 선언

지역 변수가 선언된 위치에 따라 지역 변수의 사용 범위가 결정된다. 함수 블록에 선언된 지역 변수는 함수 전체에서 사용할 수 있는 반면에, if나 while 같은 제어문의 블록 안에 선언된 변수는 해당 블록 안에서만 사용할 수 있다.

[그림 6-28]을 보면 get_gcd 함수의 지역 변수 r은, x % y를 저장하는 지역 변수이다. r은 while 블록 안에서만 사용되고, while 블록에서 저장된 값이 블록 밖에서는 사용되지 않으므로, while 블록 안에 선언할 수 있다. r을 while 블록 안에 선언하면 [그림 6-29]처럼 while 블록을 빠져나온 다음에는 r을 사용할 수 없다.

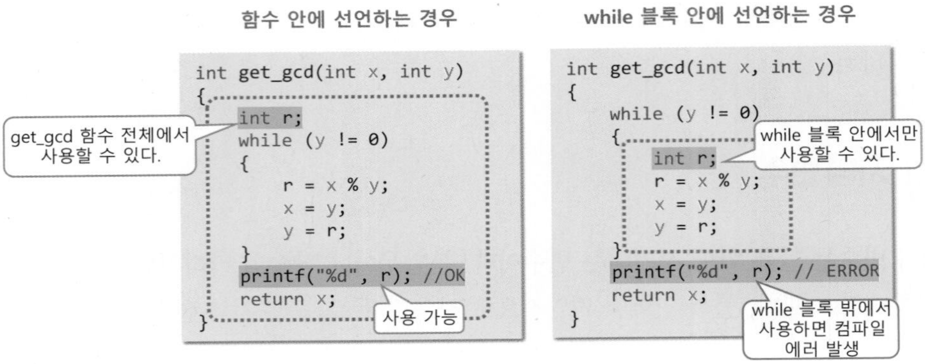

그림 6-29 지역 변수의 사용 범위

지역 변수는 초기화하지 않으면 쓰레기값을 가지므로, 초기화하고 사용하는 것이 안전하다. 어떤 값으로 초기화할지 알 수 없으면 0으로 초기화한다.

```
int a;          // 초기화하지 않으면 쓰레기값
int b = 0;      // 0으로 초기화하는 것이 좋다.
```

(2) 지역 변수의 생성과 소멸

지역 변수는 지역 변수가 선언된 블록이 시작될 때 생성되고, 블록을 빠져나갈 때 자동으로 소멸된다.

먼저 함수 안에 선언된 지역 변수의 경우를 생각해보자. 다음 코드에서 지역 변수 y는 dummy 함수가 호출될 때마다 매번 다시 생성되고 456으로 초기화된다. 함수의 끝부분에서 y를 감소시키면 455가 되지만, 함수가 리턴하면서 바로 소멸한다. 그 다음번에 다시 dummy 함수가 호출되면 y 변수가 새로 생성되면서 456으로 초기화된다. 즉, **함수 안에 선언된 지역 변수는 함수가 호출되는 횟수만큼 생성되고 소멸된다.**

```
void dummy()
{
    int y = 456;    // 함수가 호출될 때마다 매번 다시 생성된다.
    printf("y = %d\n", y);
    y--;            // 감소된 y는 함수가 리턴할 때 소멸된다.
}

int main(void)
{
    int i;
    for (i = 0; i < 3; i++)
        dummy();    // y = 456을 3번 출력한다.
}
```

이번에는 블록 안에 선언된 지역 변수의 경우를 생각해보자. 예를 들어 for 블록 안에 선언된 지역 변수는 for의 조건식이 참이어서 블록을 시작할 때 생성되고, for문의 끝을 만나 for문의 시작 부분으로 돌아가기 전에 소멸된다. 다음 코드에서 지역 변수 x는 for문의 i가 0일 때, i가 1일 때, i가 2일 때 매번 다시 생성된다. 즉, **반복문의 블록 안에 선언된 지역 변수는 반복문이 수행되는 횟수만큼 생성되고 소멸된다.**

```c
for (i = 0; i < 3; i++)
{
    int x = 123;            // for의 각 반복회차가 시작될 때마다 생성된다.
    printf("x = %d\n", x);  // x = 123을 3번 출력한다.
    x++;                    // 증가된 x는 블록의 끝을 만나면 소멸된다.
}
```

[예제 6-9]는 지역 변수가 생성되고 소멸되는 과정을 알아보기 위한 코드이다.

예제 6-9 : 지역 변수의 생성과 소멸 과정

```c
01  #include <stdio.h>
02
03  void dummy()
04  {
05      int y = 456;        // 함수가 호출될 때마다 매번 다시 생성된다.
06      printf("y = %d\n", y);
07      y--;                // 감소된 y는 함수가 리턴할 때 소멸된다.
08  }
09
10  int main(void)
11  {
12      int i;
13      for (i = 0; i < 3; i++)
14          dummy();
15      for (i = 0; i < 3; i++)
16      {
17          int x = 123;    // for의 각 반복회차가 시작될 때마다 생성된다.
18          printf("x = %d\n", x);
19          x++;            // 증가된 x는 블록의 끝을 만나면 소멸된다.
20      }
21      return 0;
22  }
```

실행결과   ∎∎∎

```
y = 456
y = 456
y = 456
x = 123
x = 123
x = 123
```

---

(3) 함수의 매개변수

함수의 매개변수도 지역 변수다. 즉, 함수가 호출될 때 생성되고 함수가 리턴할 때 소멸된다. 또한 함수 범위에서 선언된 지역 변수이므로 함수 전체에서 사용될 수 있다.

함수 안에서 매개변수의 값을 변경하면 어떻게 될까? 매개변수의 값을 2배로 만드는 double_it 함수가 호출되면 먼저 인자 x로 초기화된 매개변수 num이 생성된다. double_it 함수는 num을 2배로 만드는데, 주의할 점은 num이 지역 변수이므로 함수가 리턴될 때 소멸된다. 따라서 double_it(x); 이 리턴되면 이미 지역 변수 num은 소멸된 상태이고, x는 num과는 별개의 변수이므로 x의 값에는 변화가 없다.

다시 말해서, 함수 안에서 함수의 매개변수를 변경하는 것은 함수를 호출하는 쪽에 아무 영향도 주지 않는다.

```c
void double_it(int num)
{
    num *= 2;        // 매개변수 num을 두배로 만들어도 num은 함수가 리턴할 때 소멸된다.
}                매개변수를
            변경하는 것은 의미없다.
int main(void)
{
    int x = 5;
    double_it(x);    ◁── x는 변경되지 않는다.
    printf("x = %d\n", x);    // x = 5 출력
}
```

함수 안에서 만들어진 값을 함수를 호출하는 쪽에 넘겨주려면, 매개변수 대신 리턴값을 이용해야 한다.

```
int double_this(int num)
{
    return num * 2;            // 2배로 만든 값을 리턴한다.
}
```
┌─────────────────┐
│ 함수를 호출하는 쪽으로 │
│ 전달한다.   │
└─────────────────┘
```
int main(void)
{
```
┌─────────────────┐
│ 함수의 리턴값을 받아온다. │
└─────────────────┘
```
    int x = 5;
    x = double_this(x);
    printf("x = %d\n", x);     // x = 10 출력
}
```

[예제 6-10]은 지역 변수로서의 특징을 지닌 매개변수에 대해 알아보기 위한 코드이다.

예제 6-10 : 지역 변수로서의 매개변수

```
01    #include <stdio.h>
02
03    void double_it(int num)
04    {
05        num *= 2;                  // 매개변수 num은 함수가 리턴할 때 소멸된다.
06    }
07
08    int double_this(int num)
09    {
10        return num * 2;            // 2배로 만든 값을 리턴한다.
11    }
12
13    int main(void)
14    {
15        int x = 5;
16
17        double_it(x);              // x는 변경되지 않는다.
18        printf("double_it 호출 후 : x = %d\n", x);
19
20        x = double_this(x);        // 함수의 리턴값을 받아와서 x에 저장한다.
21        printf("double_this 호출 후 : x = %d\n", x);
22
23        return 0;
24    }
```

실행결과

```
double_it 호출 후 : x = 5
double_this 호출 후 : x = 10
```

(4) 지역 변수의 사용 범위

함수 안에 선언된 지역 변수를 다른 함수에서 사용하려고 하면 컴파일 에러가 발생한다.

```c
int main(void)
{
    int num = 0;                // main 함수 안에 선언되었으므로 main에서만 사용할 수 있다.
    printf("num = %d\n", num);
    test_local();
}

void test_local(void)
{
    num++;                      // 컴파일 에러
}
```

test_local 함수 안에 num을 다시 선언하면 어떻게 될까? 서로 다른 함수에서 같은 이름의 변수를 선언하면, 이름은 같지만 서로 다른 변수가 된다. 각각의 함수는 자신 안에 선언된 변수만 사용한다.

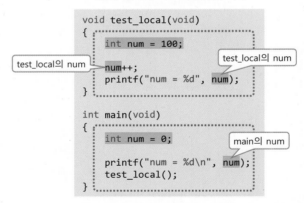

그림 6-30 서로 다른 함수에서 같은 이름의 변수를 선언하는 경우

[예제 6-11]은 서로 다른 함수에서 같은 이름의 지역 변수를 선언하는 코드이다.

📎 **예제 6-11 : 지역 변수의 사용 범위**

```
01    #include <stdio.h>
02
03    void test_local(void);
04
05    int main(void)
06    {
07        int num = 0;                          // main의 num 선언
08
09        printf("main: num = %d\n", num);      // main의 num 사용
10        test_local();
11
12        return 0;
13    }
14
15    void test_local(void)
16    {
17        int num = 100;                        // test_local의 num 선언
18
19        num++;                                // test_local의 num 사용
20        printf("test_local: num = %d\n", num); // test_local의 num 사용
21    }
```

실행결과 ▪▪▪

```
main: num = 0
test_local: num = 101
```

📝 **확인해봐요**

1. 함수나 블록 안에 선언되는 변수는?
   ① 지역 변수　　　　② 전역 변수　　　③ 인자　　　　　④ 구조체의 멤버의 원소

2. 지역 변수를 따로 초기화하지 않았을 때의 값은?
   ① 1　　　　　　　② 0　　　　　　③ 알 수 없다.　④ 0xFF

3. 지역 변수의 사용 범위는?
   ① 프로그램 전체　　② 소스 파일 전체　③ 지역 변수가 선언된 블록 안

6.3.2 전역 변수

전역 변수는 프로그램 전체에서 사용되는 변수이다. 전역 변수는 여러 함수에서 사용되어야 하므로 함수 안에 선언하는 대신 함수 밖에 선언한다.

(1) 전역 변수의 선언

전역 변수는 소스 파일의 시작 부분에 선언한다. #include문이 있는 경우에는 #include문 다음에 선언한다.

```c
#include <stdio.h>

int count;          // 전역 변수는 선언 시 따로 지정하지 않으면 0으로 초기화된다.

int main(void)
{
    return 0;
}
```

전역 변수도 선언 시 초기화할 수 있으며, 따로 초기화하지 않으면 자동으로 0으로 초기화된다.

(2) 전역 변수의 생성과 소멸

전역 변수는 프로그램이 시작될 때 한번만 생성되고, 프로그램이 수행되는 동안 여러 함수에서 사용되다가, 프로그램이 종료될 때 소멸된다. 따라서 함수 안에서 전역 변수를 변경하면 그 값이 함수가 리턴한 다음에도 계속 사용된다.

(3) 전역 변수의 사용 범위

전역 변수는 함수 밖에 선언하기 때문에 소스 파일 내에 있는 여러 함수에서 사용할 수 있다. 소스 파일의 시작 부분에 전역 변수를 선언하면, 같은 소스 파일의 모든 함수에서 전역 변수를 사용할 수 있다.

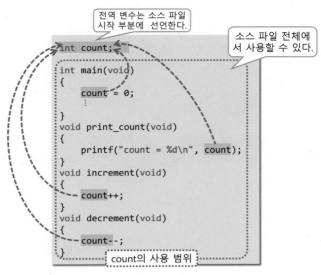

그림 6-31 전역 변수의 사용 범위

소스 파일의 시작 부분이 아니라 함수 정의 사이에 전역 변수를 선언하면, 전역 변수의 선언문 뒤쪽에 정의된 함수에서만 전역 변수를 사용할 수 있다. 따라서 **전역 변수는 소스 파일의 시작 부분에서 선언하는 것이 좋다.**

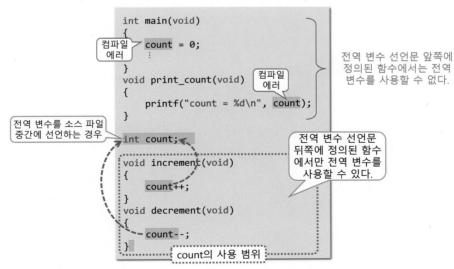

그림 6-32 전역 변수 선언문의 위치에 따른 사용 범위

[예제 6-12]는 전역 변수을 사용하는 간단한 코드이다.

예제 6-12 : 전역 변수의 선언 및 사용

```c
01    #include <stdio.h>
02
03    void print_count(void);
04    void increment(void);
05    void decrement(void);
06
07    int count;          // 전역 변수 선언
08
09    int main(void)
10    {
11        int i;
12
13        count = 0;
14        print_count();
15
16        for (i = 0; i < 3; i++)
17            increment();
18        print_count();
19
20        for (i = 0; i < 3; i++)
21            decrement();
22        print_count();
23
24        return 0;
25    }
26
27    void print_count(void)
28    {
29        printf("count = %d\n", count);
30    }
31
32    void increment(void)
33    {
34        count++;
35    }
36
37    void decrement(void)
38    {
39        count--;
40    }
```

실행결과

```
count = 0
count = 3
count = 0
```

프로그램이 크고 복잡할수록 꼭 필요한 경우가 아니면 전역 변수를 사용하지 않는 것이 좋다. 전역 변수에 잘못된 값을 저장하거나 전역 변수를 사용하는 코드를 수정했을 때, 프로그램 전체에 영향을 미치기 때문이다. 함수 사이의 정보 공유가 목적일 때는, 전역 변수보다 매개변수를 사용하는 것이 좋다.

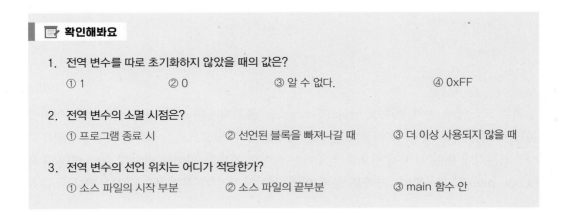

📋 확인해봐요

1. 전역 변수를 따로 초기화하지 않았을 때의 값은?
   ① 1　　　　　　② 0　　　　　　③ 알 수 없다.　　　　　　④ 0xFF

2. 전역 변수의 소멸 시점은?
   ① 프로그램 종료 시　　　　② 선언된 블록을 빠져나갈 때　　　③ 더 이상 사용되지 않을 때

3. 전역 변수의 선언 위치는 어디가 적당한가?
   ① 소스 파일의 시작 부분　　② 소스 파일의 끝부분　　　③ main 함수 안

6.3.3 변수의 영역 규칙

블록 안에 같은 이름의 변수를 여러 번 선언하면 컴파일 에러가 된다.

```
int main(void)
{
    double x = 0.5;
    int x = 1;          // 같은 이름의 변수를 여러 번 선언하면 컴파일 에러
     ⋮
}
```

블록 범위가 다를 때는 같은 이름의 변수를 여러 번 선언할 수 있다.

```
double x = 0.01;        // 전역 변수 x

int main(void)
{
    double x = 0.5;     // main의 지역 변수 x
```

```
    while (1)
    {
        double x = 1.23;                       // while 블록의 지역 변수 x
        printf("in while block: x = %f\n", x); // x는 1.23
        if (x > 1)                             // x는 1.23
            break;
    }
    printf("x = %f\n", x);                     // x는 0.5

    return 0;
}
```

위의 코드에서 전역 변수 x, main의 x, while 블록의 x는 서로 다른 변수이다. 이처럼 블록 범위가 다를 때 같은 이름의 변수를 재선언할 수 있으므로, 어떤 변수가 우선적으로 사용되는지에 대한 규칙이 필요하다. C에서는 이런 경우를 위해서 변수에 대한 **영역 규칙(scope rule)**을 제공하며, **가까운 블록 안에 선언된 변수가 우선적으로 사용된다**는 규칙이다.

[예제 6-13]은 변수의 영역 규칙을 알아보기 위한 코드이다.

예제 6-13 : 변수의 영역 규칙

```
01    #include <stdio.h>
02
03    void test(void);
04    double x = 0.01;                          // 전역 변수 x
05
06    int main(void)
07    {
08        double x = 0.5;                       // main의 지역 변수 x
09
10        while (1) {
11            double x = 1.23;                  // while 블록의 지역 변수 x
12            printf("in while block: x = %f\n", x); // x는 1.23
13            if (x > 1)                        // x는 1.23
14                break;
15        }
16        printf("in main block: x = %f\n", x); // x는 0.5
17        test();
18        return 0;
19    }
20
```

```
21    void test(void)
22    {
23        x *= 10;         // 전역 변수 x
24        printf("in test block: x = %f\n", x);
25    }
```

실행결과

```
in while block: x = 1.230000
in main block: x = 0.500000
in test block: x = 0.100000
```

[예제 6-13]의 실행 결과를 보면 가까운 블록 범위 안에 선언된 지역 변수가 우선적으로 사용된다. 안쪽 블록부터 변수를 찾다가 같은 이름의 지역 변수가 없으면 전역 변수 중에 같은 이름의 변수가 있는지 찾는다. 즉, 항상 지역 변수가 전역 변수보다 우선적으로 사용된다.

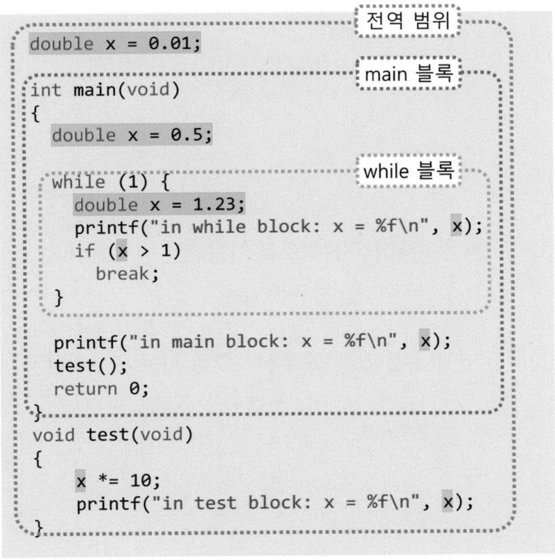

```
                                              전역 범위
double x = 0.01;

int main(void)                                main 블록
{
    double x = 0.5;

    while (1) {                               while 블록
        double x = 1.23;
        printf("in while block: x = %f\n", x);
        if (x > 1)
            break;
    }

    printf("in main block: x = %f\n", x);
    test();
    return 0;
}
void test(void)
{
    x *= 10;
    printf("in test block: x = %f\n", x);
}
```

그림 6-33 변수의 영역 규칙

if나 for, while 같은 제어문 없이 { }만 사용해서 새로운 블록 범위를 만들 수 있다.

```
int main(void)
{
    double x = 0.5;
    {                           // 새로운 블록을 시작한다.
        int x = 1;
        printf("x = %d\n", x);      // 1 출력
    }   // 블록을 빠져 나간다.
    printf("x = %f\n", x);          // 0.500000 출력
}
```

같은 이름의 지역 변수가 있으면 전역 변수를 사용할 수 없다. 전역 변수와 같은 이름의 지역 변수를 실수로 선언하지 않도록 전역 변수의 이름을 특별하게 짓는 것이 좋다. 전역 변수 이름 앞에 g_와 같은 접두사를 사용하면, 쉽게 전역 변수라는 것을 알아볼 수 있고 지역 변수와 이름이 같아지는 것도 방지할 수 있다.

```
double g_x = 0.01;              // 전역 변수 앞에 g_ 접두사를 붙여서 구분한다.

int main(void)
{
}
```

📝 **확인해봐요**

1. 가까운 블록 안에 선언된 변수 이름이 우선적으로 사용되는 규칙을 무엇이라고 하는가?
   ① 영역 규칙   ② 형 변환 규칙   ③ One Definition Rule

2. 지역 변수와 이름이 같은 전역 변수가 있을 때 우선적으로 사용되는 것은?
   ① 지역 변수   ② 전역 변수

6.4 표준 C 라이브러리 함수

C 프로그램에서 특정 기능을 제공하는 기본 단위가 함수이다. 그런데 C 프로그램마다 공통적으로 사용되는 기능들이 있다. 예를 들어 콘솔 프로그램에서 입출력을 처리하거나, 문자열을 조작하거나 데이터를 변환하는 등의 기능이 필요한데, 이런 기능들을 프로그램마다 매번 다시 구현하는 것은 번거롭다. 표준 C에서는 이런 기능들을 표준 C 라이브러

리 함수로 제공하고 있다. **표준 C 라이브러리는 C 컴파일러가 필수로 제공해야하는 플랫폼 독립적인 함수 집합이다.** 라이브러리 함수를 호출하려면 라이브러리 헤더 파일을 포함하고 호출할 함수의 원형을 알아야 한다. Visual Studio에서는 소스 코드 편집기에서 함수 이름을 클릭하거나, 함수 이름을 입력한 다음에 F1 키를 누르면, 라이브러리 레퍼런스 페이지를 확인할 수 있다.

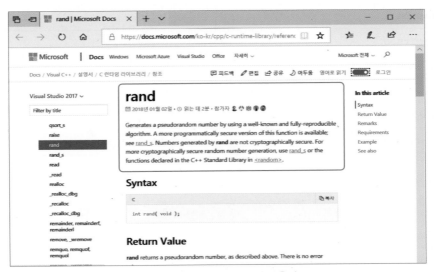

그림 6-34 Visual Studio의 도움말

Microsoft 사이트 외에도 구글 검색 등을 통해서도 C 라이브러리 레퍼런스 페이지를 검색할 수 있다. 라이브러리 레퍼런스 페이지에서는 함수에 대한 대략적인 설명, 함수 원형, 매개변수 및 리턴값에 대한 설명, 필요한 헤더 파일 및 요구사항, 간단한 사용 예 등을 확인할 수 있다.

〈표 6-4〉~〈표 6-8〉은 표준 C 라이브러리 헤더 파일별로 자주 사용되는 함수들을 정리한 것이다. 〈ctype.h〉의 문자 처리 함수와 〈string.h〉의 문자열 처리 함수는 9장에서, 〈stdio.h〉의 파일 입출력 함수는 12장에서 자세히 알아보도록 하자.

표 6-4 〈ctype.h〉

함수 원형	설명
int isalnum(int c);	알파벳이나 숫자인지 검사한다.
int isalpha(int c);	알파벳인지 검사한다.
int isdigit(int c);	숫자인지 검사한다.
int islower(int c);	소문자인지 검사한다.
int isupper(int c);	대문자인지 검사한다.
int isspace(int c);	공백 문자인지 검사한다.
int isxdigit(int c);	16진수 숫자인지 검사한다.
int tolower(int c);	소문자로 변환한다.
int toupper(int c);	대문자로 변환한다.

표 6-5 〈math.h〉

함수 원형	설명
double fabs(double x);	절대값을 구한다.
double fmod(double x, double y);	x를 y로 나눈 나머지를 구한다.
double exp(double x);	e^x를 구한다.
double log(double x);	$\log_e x$를 구한다.
double pow(double x, double y);	x의 y승 x^y를 구한다.
double sqrt(double x);	x의 제곱근을 구한다.
double sin(double x);	sin 값을 구한다.
double cos(double x);	cos 값을 구한다.
double tan(double x);	tan 값을 구한다.
double ceil(double x);	x보다 작지 않은 가장 작은 정수를 구한다.
double floor(double x);	x보다 크지 않은 가장 큰 정수를 구한다.

표 6-6 〈stdlib.h〉

분류	함수 원형	설명
데이터 변환	int atoi(const char *str);	문자열을 정수로 변환한다.
	double atof(const char *str);	문자열을 실수로 변환한다.
	long atol(const char *str);	문자열을 long형 값으로 변환한다.
난수 생성	int rand(void);	난수를 생성한다.
	void srand(unsigned int seed);	난수의 시드를 지정한다.
메모리 관리	void *malloc(size_t size);	size 바이트 크기의 동적 메모리를 할당한다.
	void free(void *memblock);	동적 메모리를 해제한다.
	void *calloc(size_t num, size_t size);	num×size 바이트 크기의 동적 메모리 배열을 할당하고 0으로 초기화한다.
	void *realloc(void *memblock, size_t size);	동적 메모리의 크기를 변경해서 재할당한다.
프로그램 지원 기능	void exit(int exit_code);	프로세스를 exit_code 종료코드로 종료시킨다.
	int system(const char *command);	운영체제가 제공하는 명령을 수행한다.

표 6-7 〈string.h〉

분류	함수 원형	기능
문자열 처리	char *strcpy(char *dest, const char *src);	문자열을 복사한다.
	char* strncpy(char *dest, const char *src, size_t cnt);	cnt개의 문자열을 복사한다.
	char* strcat(char *dest, const char *src);	문자열을 연결한다.
	char* strncat(char *dest, const char *src, size_t cnt);	cnt개의 문자열을 연결한다.
문자열 검사	size_t strlen(const char *s);	문자열의 길이를 구한다.
	int strcmp(const char *s1, const char *s2);	문자열을 비교한다.
	int strncmp(const char *s1, const char *s2, size_t cnt);	cnt개의 문자열을 비교한다.
	char* strstr(const char *s1, const char *s2);	부분 문자열을 검색한다.
	char* strtok(char *s1, const char *s2);	토큰을 구한다.
메모리 처리	void *memcpy(void *dest, const void *src, size_t cnt);	메모리를 복사한다.
	int memcmp(const void *buf1, const void *buf2, size_t cnt);	메모리를 비교한다.
	void *memmove(void *dest, const void *src, size_t cnt);	메모리를 이동한다.
	void *memset(void *dest, int c, size_t cnt);	메모리를 설정한다.

표 6-8 〈time.h〉

함수 원형	기능
time_t **time**(time_t *timer);	시스템 시간을 구한다.
struct tm ***localtime**(const time_t *timer);	time_t 를 tm 구조체로 변환한다.
time_t **mktime**(struct tm *timeptr); .	tm 구조체를 time_t로 변환한다.
char ***asctime**(const struct tm *timeptr);	tm 구조체를 문자열로 변환한다.
size_t **strftime**(char *dest, size_t sz, const char *format, const struct tm *tp);	형식 문자열로 날짜 시간 문자열을 생성한다.
clock_t **clock**(void);	CPU 클럭수를 리턴한다.

> ### 📝 확인해봐요
>
> 1. C 컴파일러가 필수로 제공해야하는 플랫폼 독립적인 함수 집합을 무엇이라고 하는가?
>   ① 표준 C 라이브러리   ② 표준 C++ 라이브러리   ③ Windows API
>
> 2. 다음 중 표준 C 라이브러리 헤더 파일이 아닌 것은?
>   ① 〈stdio.h〉   ② 〈string.h〉   ③ 〈math.h〉   ④ 〈stdlib.h〉   ⑤ 〈iostream〉

1. 함수의 개념
- 함수(function)는 특정 기능을 제공하는 일련의 코드를 묶어서 이름을 붙인 것이다.
- 함수를 사용하면 코드가 간결하고 알아보기 쉬우며, 코드의 재사용성이 높다. 또한 프로그램의 모듈화가 증대되고, 프로그램을 유지 보수하기 쉽다.
- 함수의 종류로는 진입점 함수, 라이브러리 함수, 사용자 정의 함수가 있다.

2. 함수의 기본
- 함수를 사용하려면 함수의 정의, 함수의 호출, 함수의 선언이 필요하다.
- 함수를 정의할 때는 함수의 리턴형과 함수 이름, 매개변수 목록이 필요하다.
- 함수의 리턴형은 함수가 처리 결과로 리턴하는 값의 데이터형이고, 매개변수는 함수를 호출한 곳에서 함수 안으로 전달되는 값을 보관하기 위한 변수이다. 같은 이름의 함수를 여러 번 정의할 수 없다.
- 함수의 호출은 이미 만들어진 함수를 불러 쓰는 것으로, 함수를 호출할 때 넘겨준 인자가 함수의 매개변수로 전달된다. 인자의 개수와 데이터형은 매개변수와 일치해야 한다.
- 함수 호출 시 인자를 매개변수로 전달하기 전에 인자의 값을 먼저 평가한다.
- 함수의 선언은 함수를 호출할 때 필요한 정보(리턴형, 함수 이름, 매개변수 목록)를 제공하며, 함수가 정의된 위치에 관계없이 함수를 호출하려면 함수의 선언이 필요하다.
- 함수의 선언을 함수의 원형, 함수의 시그니처라고 한다.

3. 지역 변수와 전역 변수
- 지역 변수는 함수나 블록 안에 선언되는 변수로 변수가 선언된 함수나 블록 안에서만 사용할 수 있다. 전역 변수는 함수 밖에 선언되는 변수로 소스 파일 전체에서 사용할 수 있다.
- 지역 변수는 따로 초기화하지 않으면 쓰레기값을 가지고, 전역 변수는 초기화하지 않으면 0으로 초기화된다.
- 지역 변수는 변수가 선언된 블록에 들어갈 때 생성되고 블록을 빠져나갈 때 소멸한다. 전역 변수는 프로그램이 시작될 때 생성되고 프로그램이 종료될 때 소멸한다.
- 매개변수도 지역 변수이므로 함수가 호출될 때 생성되고 함수가 리턴할 때 소멸된다.
- 블록 범위가 다르게 선언된 같은 이름의 변수가 여러 개 있을 때, 가까운 블록 안에 선언된 변수 이름이 우선적으로 사용된다.

1. **다음의 함수에 대한 설명 중 잘못된 것은?**

   ① 특정 기능을 제공하는 일련의 코드를 묶어서 이름을 붙인 것이다.

   ② 함수는 입력과 출력을 가진 블랙박스 모델이라고 볼 수 있다.

   ③ 함수를 호출하려면 함수가 어떻게 정의되었는지 구체적으로 알아야 한다.

   ④ 이미 작성한 코드로부터 함수를 정의할 수도 있다.

2. **다음 중 함수를 사용할 때의 장점을 모두 고르시오.**

   ① 코드가 중복되므로 실행 파일의 크기가 커진다.

   ② 코드의 재사용성이 증가된다.

   ③ 프로그램을 유지 보수하기 쉽다.

   ④ 코드가 길고 복잡해서 알아보기 힘들다.

   ⑤ 프로그램의 기능을 함수 단위로 나누어 두었기 때문에 코드를 수정하기가 쉽다.

   ⑥ 프로그램의 모듈화가 저해된다.

3. **함수에 대한 설명을 읽고 설명이 맞으면 O, 틀리면 X를 선택하시오.**

   (1) 함수의 정의는 생략할 수 있다.   (   )

   (2) 함수 선언 시 매개변수 이름은 생략할 수 있다.   (   )

   (3) 함수를 호출할 때, 인자의 개수와 매개변수의 개수가 같아야 한다.   (   )

   (4) 리턴값이 없는 함수는 리턴형을 생략한다.   (   )

   (5) 함수를 호출하려면 반드시 함수의 선언 또는 정의가 필요하다.   (   )

   (6) 함수를 호출하면 인자의 값을 먼저 계산한다.   (   )

   (7) 같은 이름의 함수를 여러 번 정의할 수 있다.   (   )

   (8) 함수 선언 시 매개변수의 데이터형은 생략할 수 있다.   (   )

   (9) 함수의 선언은 생략할 수 있다.   (   )

   (10) 함수는 한번만 호출할 수 있다.   (   )

4. **함수의 리턴형에 대한 설명 중 잘못된 것은?**

   ① 함수의 리턴형은 함수가 처리 결과로 리턴하는 값의 데이터형이다.

   ② 함수가 처리 결과로 리턴하는 값이 없을 때는 void라고 적어준다.

   ③ 리턴형을 생략하면 int형을 리턴하는 함수로 간주된다.

   ④ 2개 이상의 값을 리턴할 수도 있다.

5. **함수의 매개변수에 대한 설명 중 잘못된 것을 모두 고르시오.**

   ① 매개변수는 함수를 호출하는 쪽과 함수 내부를 연결하는 역할을 한다.

   ② 함수 호출 시 실제로 넘겨주는 값이다.

③ 함수가 가질 수 있는 매개변수의 개수에는 제한이 없다.

④ 함수의 매개변수도 지역 변수이다.

⑤ 함수를 정의할 때 매개변수의 데이터형과 이름은 생략할 수 있다.

⑥ 함수를 호출할 때 인자의 데이터형이 매개변수의 데이터형과 같지 않으면 형 변환한다.

6. 함수를 정의할 때 필요한 세 가지를 쓰시오.

7. 변수명이나 함수명 같은 식별자를 정할 때 적용되는 규칙을 무엇이라고 하는가?

8. 가로와 세로의 길이를 매개변수로 전달받아 직사각형의 둘레를 구하는 함수의 원형을 작성하시오. 단, 가로와 세로의 길이, 직사각형의 둘레는 모두 정수이다.

9. 한 변의 길이를 매개변수로 전달받아 정사각형의 넓이를 구하는 함수의 원형을 작성하시오. 단, 한 변의 길이와 정사각형의 넓이는 모두 실수이다.

10. 문자를 매개변수로 전달받아 공백 문자인지 검사하는 함수의 원형을 작성하시오.

11. 다음은 매개변수가 있는 함수의 호출 과정이다. 올바른 순서대로 나열하시오.

A. 지금까지 수행하던 문장의 위치를 보관해두고 함수가 정의된 곳으로 이동한다.

B. 인자를 함수 정의에 있는 매개변수로 전달한다.

C. 함수 호출문의 다음 문장을 계속해서 수행한다.

D. return문이나 함수의 끝을 만나면, 함수를 호출한 곳으로 돌아온다.

E. 함수 정의 안에 있는 코드를 순서대로 수행한다.

12. 리턴값과 매개변수가 있는 함수 호출에 대한 설명을 읽고 설명이 맞으면 O, 틀리면 X를 선택하시오.

(1) 함수 호출 시 인자의 값이 매개변수로 전달된다.   (   )

(2) 함수의 리턴값은 반드시 변수에 저장해야 한다.   (   )

(3) 함수의 인자가 수식인 경우 수식의 값을 먼저 계산한다.   (   )

(4) 함수의 인자가 함수 호출문이면 함수 호출 후 리턴값을 인자로 사용한다.   (   )

(5) 함수의 리턴값이 리턴형과 일치하지 않으면 형 변환한다.   (   )

(6) 리턴형이 있는 함수에서 return문을 생략할 수 있다.   (   )

(7) 매개변수가 여러 개인 함수에서 매개변수의 순서도 중요하다.   (   )

13. 지역 변수에 대한 설명 중 잘못된 것을 모두 고르시오.

    ① 지역 변수는 함수나 블록 안에 선언되는 변수이다.

    ② 지역 변수가 선언된 함수나 블록 안에서만 사용할 수 있다.

    ③ 지역 변수는 프로그램이 시작될 때 생성되고 프로그램이 종료될 때 소멸한다.

    ④ 서로 다른 함수에서 같은 이름의 지역 변수를 선언할 수 없다.

    ⑤ 다른 함수에 선언된 지역 변수를 사용할 수 없다.

14. 함수 밖에 선언되어 프로그램 전체에서 사용될 수 있는 변수를 무엇이라고 하는가?

15. 다음 코드에서 박스로 표시된 부분을 함수로 정의하시오. 함수의 리턴형, 함수의 이름, 매개변수를 어떻게 정할지 직접 판단한다.

```c
#include <stdio.h>

int main(void)
{
    int a, b;        // 피연산자
    char op;         // 연산자 기호를 문자로 저장할 변수

    printf("수식? ");
    scanf("%d %c %d", &a, &op, &b);     // 10 + 30 형태로 입력받는다.

    if (op == '+') {
        printf("%d + %d = %d\n", a, b, a + b);
    }
    else if (op == '-') {
        printf("%d - %d = %d\n", a, b, a - b);
    }
    else if (op == '*') {
        printf("%d * %d = %d\n", a, b, a * b);
    }
    else if (op == '/') {
        if (b != 0) // 중첩된 if
            printf("%d / %d = %.2f\n", a, b, (double)a / b);
        else
            printf("0으로 나눌 수 없습니다.\n");
    }
    else {           // +, -, *, /가 아닌 경우
        printf("잘못된 수식입니다.\n");
    }

    return 0;
}
```

16. 지역 변수와 전역 변수에 대한 **설명을** 읽고 설명이 맞으면 O, 틀리면 X를 선택하시오.

   (1) 함수의 매개변수는 지역 변수이다.   (   )

   (2) 블록 안에 선언된 변수는 해당 블록을 빠져나온 다음에도 사용할 수 있다.   (   )

   (3) 지역 변수는 블록을 빠져나갈 때 자동으로 해제된다.   (   )

   (4) 함수 안에 선언된 지역 변수는 함수가 호출되는 횟수만큼 생성되고 소멸된다.   (   )

   (5) 반복문의 블록 안에 선언된 지역 변수는 반복문이 수행되는 횟수만큼 생성되고 소멸된다.   (   )

   (6) 함수 안에서 매개변수를 변경하면 함수를 호출한 곳에 있는 인자의 값이 변경된다.   (   )

   (7) 소스 파일에서 전역 변수가 선언된 위치에 관계없이 전역 변수를 사용할 수 있다.   (   )

   (8) 전역 변수와 이름이 같은 지역 변수가 있으면 전역 변수를 사용할 수 없다.   (   )

17. 다음 코드는 직사각형의 폭과 높이, 문자를 입력받아서 문자로 직사각형을 출력한다. 이 코드에서 함수로 정의할 만한 부분을 찾고 적절한 함수로 정의하시오.

```c
#include <stdio.h>

int main(void)
{
    int width, height;
    char ch;
    int i, j;

    printf("직사각형의 폭과 높이? ");
    scanf("%d %d", &width, &height);
    printf("직사각형을 그릴 문자? ");
    scanf(" %c", &ch);

    for (i = 0; i < height; i++)
    {
        for (j = 0; j < width; j++)
            printf("%c", ch);
        printf("\n");
    }

    return 0;
}
```

18. 다음 중 올바른 함수 선언이 아닌 것은?

① `void dummy(void);`   ② `int get_gcd(int x, int y);`

③ `int get_gcd(int, int);`   ④ `int get_factorial(num);`

⑤ `int get_factorial(int);`

19. 다음 프로그램에서 _____에 필요한 코드를 작성하시오

```c
#include <stdio.h>

--------------------------------------------------------

int main(void)
{
    int hour, min, sec;
    printf("시간? ");
    scanf("%d", &hour);
    printf("분? ");
    scanf("%d", &min);
    printf("초? ");
    scanf("%d", &sec);
    printf("%d시간 %d분 %d초 = %d초\n", hour, min, sec,
        get_seconds(hour, min, sec));

    return 0;
}

int get_seconds(int hours, int minutes, int seconds)
{
    int result = 0;
    result += (hours * 60 * 60);
    result += (minutes * 60);
    result += seconds;
    return result;
}
```

20. 다음 프로그램의 실행 결과를 쓰시오.

```c
#include <stdio.h>

int data = 100;

int main(void)
{
    int data = 10;
    int i;

    for (i = 0 ; i < data ; i++)
    {
        int data = 1;
        data += 3;
        if (data > 10)
            break;
    }
    printf("data = %d\n", data);

    return 0;
}
```

1. 가로와 세로의 길이를 매개변수로 전달받아 직사각형의 둘레를 구하는 get_perimeter 함수를 작성하시오. get_perimeter 함수를 이용해서 입력받은 가로, 세로의 길이로 직사각형의 둘레를 구하는 프로그램을 작성하시오. [리턴값과 매개변수가 있는 함수/난이도 ★]

```
실행결과

가로? 10
세로? 20
직사각형의 둘레: 60
```

2. 한 변의 길이를 매개변수로 전달받아 정사각형의 넓이를 구하는 get_area_of_square 함수를 작성하시오. get_area_of_square 함수를 이용해서 입력받은 한 변의 길이로 정사각형의 넓이를 구하는 프로그램을 작성하시오. [리턴값과 매개변수가 있는 함수/난이도 ★]

```
실행결과

한 변의 길이? 2.5
정사각형의 면적: 6.250000
```

3. 두 점 사이의 직선 거리를 구하는 distance 함수를 작성하시오. distance 함수를 이용해서 입력받은 시작점부터 끝점 사이의 직선 거리를 구하는 프로그램을 작성하시오. [리턴값과 매개변수가 있는 함수/난이도 ★]

```
실행결과

직선의 시작점 좌표? 0 0
직선의 끝점 좌표? 3 4
(0, 0)~(3, 4) 직선의 길이: 5.000000
```

4. 제품의 가격과 할인율을 인자로 받아서 할인가를 리턴하는 discount_price 함수를 정의하시오. discount_price 함수를 이용해서 판매되는 제품에 대해서 동일한 할인율을 적용해서 할인가를 구하는 프로그램을 작성하시오. 할인율을 먼저 입력받은 다음, 반복적으로 입력된 제품의 가격에 대하여 할인가를 구해서 출력하며, 제품의 가격으로 0이 입력되면 프로그램을 종료한다. [리턴값과 매개변수가 있는 함수/난이도 ★★]

```
실행결과

할인율(%)? 20
제품의 가격? 5000
할인가: 4000원
제품의 가격? 2000
할인가: 1600원
```

5. 인자로 전달받은 정수가 짝수인지 검사하는 is_even 함수와 홀수인지 검사하는 is_odd 함수를 작성하시오. 두 함수를 이용해서 0이 입력될 때까지 입력된 정수들에 대해서 짝수의 개수와 홀수의 개수를 구해서 출력하는 프로그램을 작성하시오. [리턴값과 매개변수가 있는 함수/난이도 ★★]

```
실행결과                                               ■ ■ ■
정수를 빈칸으로 구분해서 입력하세요.(마지막에 0 입력)
12 324 53 41 374 91 23 456 82 7 67 812 0
입력받은 정수 중 짝수는 6개, 홀수는 6개입니다.
```

6. 다음과 같이 메뉴를 출력하고 선택된 메뉴 항목의 번호를 리턴하는 choose_menu 함수를 작성하시오. 잘못된 번호를 선택하면 올바른 번호를 선택할 때까지 계속 메뉴를 출력하고 다시 선택받아야 한다. 즉, choose_menu 함수는 반드시 0~3사이의 값을 리턴해야 한다. choose_menu 의 리턴값에 따라 어떤 메뉴가 선택되었는지 간단히 출력하는 프로그램을 작성하시오. [리턴값은 있고 매개변수는 없는 함수/난이도 ★★]

```
실행결과                                               ■ ■ ■
[1.파일 열기  2.파일 저장  3.인쇄  0.종료] 선택? 1
파일 열기를 수행합니다.
[1.파일 열기  2.파일 저장  3.인쇄  0.종료] 선택? 5
[1.파일 열기  2.파일 저장  3.인쇄  0.종료] 선택? 0
```

7. 소수(prime number)는 1과 자기 자신만으로 나누어지는 자연수이다. 인자로 전달받은 정수가 소수인지 검사하는 is_prime 함수를 작성하시오. 이 함수를 이용해서 1에서 N사이의 소수를 구해서 출력하고 모두 몇 개인지 출력하는 프로그램을 작성하시오. N은 사용자로부터 입력받는다. [리턴값과 매개변수가 있는 함수/난이도 ★★]

```
실행결과                                               ■ ■ ■
1~N사이의 소수를 구합니다. N은? 100
  2   3   5   7  11  13  17  19  23  29  31  37  41  43  47
 53  59  61  67  71  73  79  83  89  97
소수는 모두 25개입니다.
```

8. RGB 색상으로부터 red, green, blue 값을 각각 추출하는 get_red, get_green, get_blue 함수를 정의하시오. 이 함수들을 이용해서 입력받은 RGB 색상의 red, green, blue 값을 출력 하는 프로그램을 작성하시오. [리턴값과 매개변수가 있는 함수/난이도 ★]

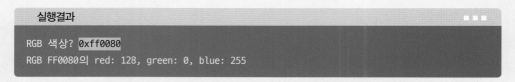

```
실행결과                                                                ■ ■ ■

RGB 색상? 0xff0080
RGB FF0080의 red: 128, green: 0, blue: 255
```

9. red, green, blue를 인자로 전달해서 RGB 색을 만들어 리턴하는 make_rgb 함수를 정의하시 오. 앞에서 정의한 get_red, get_green, get_blue 함수를 함께 이용해서 입력받은 RGB 색상 의 보색을 구해서 출력하는 프로그램을 작성하시오. [리턴값과 매개변수가 있는 함수/난이도 ★]

```
실행결과                                                                ■ ■ ■

RGB 색상? 0xff0080
RGB FF0080의 보색: 00FF7F
```

★ RGB 색상의 보색은 red, green, blue의 각 비트를 반전해서 구할 수 있다. 즉, 비트 NOT 연산을 이용하면 된다. 하지 만, 단순히 RGB 색을 반전하면 사용되지 않는 최상위 바이트(0x00)도 반전되므로, red, green, blue 각각을 구해서 반전하고 그 값으로 다시 RGB 색상을 만들어야 한다.

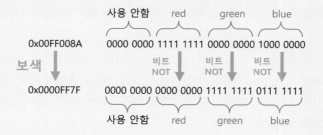

10. 프로그램을 작성하다보면 0~(N-1) 범위에 있는 임의의 정수를 생성해야 하는 경우가 자주 있다. 표준 C 라이브러리의 rand 함수를 이용해서 0에서 (N-1) 사이에 있는 임의의 정수를 리턴하는 random 함수를 정의하시오. random 함수를 이용해서 0~99 범위에 있는 임의의 정수 10개를 생성하고 그 합계를 구하는 프로그램을 작성하시오. [표준 C 라이브러리 함수 이용/난이도 ★★]

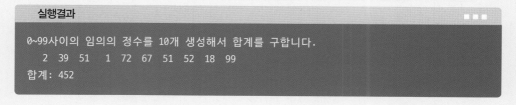

```
실행결과                                                                ■ ■ ■

0~99사이의 임의의 정수를 10개 생성해서 합계를 구합니다.
  2  39  51   1  72  67  51  52  18  99
합계: 452
```

11. 연산자와 2개의 피연산자를 인자로 받아와서 사칙연산을 수행하는 calculator 함수를 작성하시오. 이때, 연산자는 문자로 받아오고, 피연산자는 실수로 받아온다. 이 함수를 이용해서 "0 0 0"이 입력될 때까지 사칙연산의 결과를 구해서 출력하는 프로그램을 작성하시오. [리턴값과 매개변수가 있는 함수/난이도 ★★]

> **실행결과**
>
> 수식 (0 0 0 입력 시 종료)? 12.34 + 0.123
> 12.463000
> 수식 (0 0 0 입력 시 종료)? 1234.34 * 0.012
> 14.812080
> 수식 (0 0 0 입력 시 종료)? 0 0 0

12. 윤년인지 검사하는 is_leap_year 함수를 작성하시오. 이 함수를 이용해서 2000년부터 2100년 사이에 있는 윤년을 모두 구해서 출력하는 프로그램을 작성하시오. [리턴값과 매개변수가 있는 함수/난이도 ★]

> **실행결과**
>
> 2000~2100사이의 윤년
> 2000 2004 2008 2012 2016 2020 2024 2028 2032 2036
> 2040 2044 2048 2052 2056 2060 2064 2068 2072 2076
> 2080 2084 2088 2092 2096

13. 연도와 월을 인자로 전달받아 그 달이 며칠인지 리턴하는 get_days_of_month 함수를 작성하시오. 12번에서 작성한 is_leap_year 함수를 이용해도 된다. get_days_of_month 함수를 이용해서 입력받은 연도의 1월부터 12월까지의 날짜수를 출력하는 프로그램을 작성하시오. [리턴값과 매개변수가 있는 함수/난이도 ★★]

> **실행결과**
>
> 연도? 2020
> [2020년]
> 1월: 31일 2월: 29일 3월: 31일 4월: 30일 5월: 31일 6월: 30일
> 7월: 31일 8월: 31일 9월: 30일 10월: 31일 11월: 30일 12월: 31일

14. 연, 월, 일을 인자로 전달받아 유효한 날짜인지 검사하는 check_date 함수를 작성하시오. 인자로 넘겨 받은 날짜가 유효한 날짜면 1을, 아니면 0을 리턴한다. 12, 13번에서 작성한 is_leap_year 함수와 get_days_of_month 함수를 이용해도 좋다. check_date 함수를 이용해서 날짜를 입력받는 프로그램을 작성하시오. 사용자가 잘못된 날짜를 입력하면 유효할 날짜를 입력할 때까지 계속해서 다시 입력받도록 처리한다. [리턴값과 매개변수가 있는 함수/난이도 ★★★]

```
실행결과                                                      ■■■

날짜 (연 월 일)? 2022 13 1
잘못 입력하셨습니다. 유효한 날짜를 입력하세요.
날짜 (연 월 일)? 2022 1 40
잘못 입력하셨습니다. 유효한 날짜를 입력하세요.
날짜 (연 월 일)? 2022 1 1
입력한 날짜는 2022년 1월 1일입니다.
```

15. 정수를 몇 번째 자리에서 반올림할지 지정하는 round_pos 함수를 작성하시오. 예를 들어 round_pos(12345, 1);은 12350을 리턴하고 round_pos(12345, 2);는 12300을 리턴해야 한다. 1357을 1~3번째 자리에서 반올림한 결과를 각각 구해서 출력하는 프로그램을 작성하시오. [리턴값과 매개변수가 있는 함수/난이도 ★★]

```
실행결과                                                      ■■■

1번째 자리에서 반올림한 결과: 1360
2번째 자리에서 반올림한 결과: 1400
3번째 자리에서 반올림한 결과: 1000
```

16. 32비트 데이터와 비트 위치 pos를 인자로 전달받아 32비트 데이터의 pos번째 비트가 1이면 1을, 아니면 0을 리턴하는 is_bit_set 함수를 정의하시오. pos는 0~31사이의 값이어야 하며, pos에 잘못된 값이 전달되면 −1을 리턴한다. 이 함수를 이용해서 입력받은 정수를 2진수로 출력하는 프로그램을 작성하시오. [리턴값과 매개변수가 있는 함수/난이도 ★★]

```
실행결과                                                      ■■■

정수? 0x12345678
12345678: 0001 0010 0011 0100 0101 0110 0111 1000
```

17. 인자로 전달된 점의 좌표가 어느 사분면의 점인지 리턴하는 get_quadrant 함수를 작성하시오. 1~4사분면이면 1~4를 리턴하고, 원점이나 x축 또는 y축 위의 점은 0을 리턴하도록 작성하시오. get_quadrant 함수를 이용해서 입력받은 점의 좌표가 어느 사분면의 점인지 출력하는 프로그램을 작성하시오. [리턴값과 매개변수가 있는 함수/난이도 ★★]

```
실행결과
점의 좌표 (x, y)? 10 20
1사분면의 점입니다.
점의 좌표 (x, y)? -10 20
2사분면의 점입니다.
점의 좌표 (x, y)? 0 0
```

18. 인자로 전달된 정수의 약수를 구해서 출력하는 divisors 함수를 작성하시오. 0~999사이의 임의의 정수 3개를 생성하고 divisors 함수를 이용해서 각각의 약수를 출력하는 프로그램을 작성하시오. [리턴값은 없고 매개변수만 있는 함수/난이도 ★★]

```
실행결과
56의 약수: 1 2 4 7 8 14 28 56 => 총 8개
793의 약수: 1 13 61 793 => 총 4개
101의 약수: 1 101 => 총 2개
```

19. 수치 데이터와 스케일을 인자로 받아 그래프를 출력하는 graph 함수를 작성하시오. 예를 들어 graph(1200, 100);은 100마다 *를 하나씩 출력하므로 *을 12개 출력하고, graph(1200, 10);은 10마다 *을 하나씩 출력하므로 *을 120개 출력한다. 0~9999사이의 임의의 숫자 3개를 생성하고 스케일 100으로 그래프로 출력하는 프로그램을 작성하시오. [리턴값은 없고 매개변수만 있는 함수/난이도 ★★]

```
실행결과
6880:*********************************************************************
3052:******************************
5113:***************************************************
```

20. 인자로 전달된 월 사용량으로 전기 요금을 계산하는 electric_charge 함수를 작성하시오. 전기 요금은 기본 요금과 월 사용량에 의한 전력량 요금으로 계산된다. 누진제 요금표를 참고하여 단계별로 적용되는 기본 요금과 전력량 요금을 계산하시오. electric_charge 함수를 이용해서 월 사용량을 입력받아 전기 요금을 출력하는 프로그램을 작성하시오. [리턴값과 매개변수가 있는 함수/난이도 ★★★]

기본 요금(원/호)		전력량 요금(원/hWh)	
200kWh 이하 사용	910	처음 200kWh까지	93.3
201~400kWh 사용	1,600	다음 200kWh까지	187.9
400kWh 초과 사용	7,300	400kWh 초과	280.6

실행결과

```
월 사용량 (kWh)? 350
전기 요금:  48445원
월 사용량 (kWh)? 420
전기 요금:  69152원
월 사용량 (kWh)? -1
```

CHAPTER 7

배열

7.1 배열의 기본

7.1.1 배열의 개념

배열(array)은 같은 데이터형의 변수를 메모리에 연속적으로 할당하고 같은 이름으로 사용하는 기능이다. 예를 들어 5개의 정수를 입력받아서 합계를 구하는 코드를 한다고 해보자. 첫 번째 방법은 int형 변수를 하나 선언 해서 여러 번 재사용하는 것이다. 이 경우 합계를 구할 수는 있지만 for문이 빠져나오는 시점에는 마지막에 입력된 정수만 남아 있게 되므로 나머지 값들은 더 이상 사용할 수 없다. 만약 입력된 값들을 한번만 사용하는 것이 아니라 계속해서 사용하려면 이 방법은 사용할 수 없다.

변수를 하나만 선언한다.

```
int main(void)
{
    int num;
    int sum = 0;
    int i;

    for (i = 0; i < 5; i++)
    {
        scanf("%d", &num);
        sum += num;
    }
    printf("sum = %d\n", sum);
    printf("num = %d\n", num);

    return 0;
}
```

같은 변수를 여러 번 재사용한다.

마지막에 입력된 정수값만 보관되므로 입력된 값들을 계속 사용할 수 없다.

그림 7-1 하나의 변수를 여러 번 재사용하는 경우

두 번째 방법은 int형 변수를 5개 선언해서 입력된 값을 따로따로 저장하는 것이다. 이 경우 입력된 값들은 계속해서 사용할 수 있지만 변수 이름이 모두 다르기 때문에 반복문을 사용할 수 없다. 반복문을 사용하는 대신 비슷한 코드를 나열해야 하므로 코드가 길고 복잡해진다. 입력받을 값이 10개, 100개가 되면 문제는 더 심각해진다.

이 두 방법의 문제점을 모두 해결할 수 있는 것이 바로 배열이다. 배열을 이용하면 변수를 한꺼번에 여러 개 만들어서 같은 이름으로 사용할 수 있다. 배열 안에 들어가는 변수 하나하나를 **배열의 원소(element)**라고 한다. 배열 전체가 같은 이름의 변수이므로 배열의 각 원소를 구분하기 위해서 **인덱스(index)**를 사용한다. 이름이 같은 사람이 여러 명일 때 박지민1, 박지민2, …처럼 번호를 붙여서 구분하듯이 배열의 각 원소를 구분하기 위한 번호를 인덱스라고 한다. **C에서 배열의 인덱스는 항상 0부터 시작한다.** 즉, num[0], num[1], …와 같은 방식으로 배열의 각 원소를 구분한다.

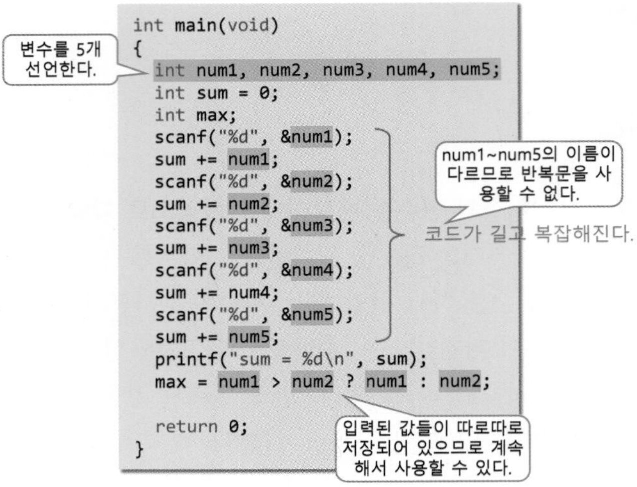

```
변수를 5개          int main(void)
선언한다.          {
                      int num1, num2, num3, num4, num5;
                      int sum = 0;
                      int max;
                      scanf("%d", &num1);
                      sum += num1;              num1~num5의 이름이
                      scanf("%d", &num2);        다르므로 반복문을 사
                      sum += num2;               용할 수 없다.
                      scanf("%d", &num3);
                      sum += num3;              코드가 길고 복잡해진다.
                      scanf("%d", &num4);
                      sum += num4;
                      scanf("%d", &num5);
                      sum += num5;
                      printf("sum = %d\n", sum);
                      max = num1 > num2 ? num1 : num2;

                      return 0;              입력된 값들이 따로따로
                  }                         저장되어 있으므로 계속
                                            해서 사용할 수 있다.
```

그림 7-2 이름이 다른 변수를 여러 개 사용하는 경우

배열의 각 원소는 변수이다. 원소마다 따로따로 값을 저장하고, 원소 하나하나를 개별적인 변수로 사용할 수 있다. 배열은 for나 while 같은 반복문 안에서 배열의 각 원소에 대하여 같은 코드를 수행하기 위한 목적으로 사용된다.

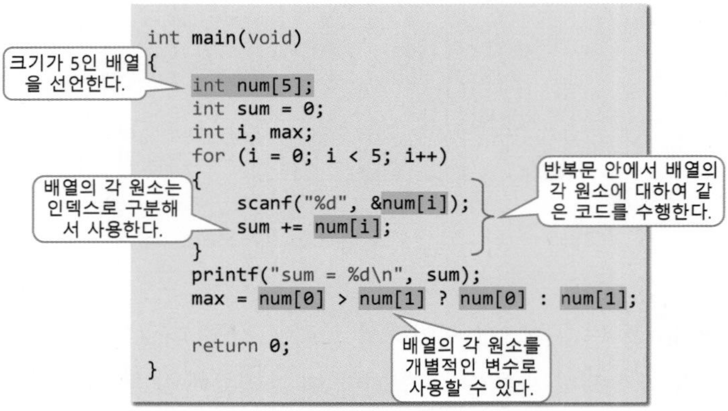

```
크기가 5인 배열    int main(void)
을 선언한다.       {
                      int num[5];
                      int sum = 0;
                      int i, max;
                      for (i = 0; i < 5; i++)
배열의 각 원소는   {                         반복문 안에서 배열의
인덱스로 구분해         scanf("%d", &num[i]);  각 원소에 대하여 같
서 사용한다.           sum += num[i];         은 코드를 수행한다.
                      }
                      printf("sum = %d\n", sum);
                      max = num[0] > num[1] ? num[0] : num[1];

                      return 0;             배열의 각 원소를
                  }                         개별적인 변수로
                                            사용할 수 있다.
```

그림 7-3 배열을 사용하는 경우

배열의 각 원소는 개별적인 변수지만 변수를 따로따로 선언할 때와는 다르게 **배열의 모든 원소는 항상 연속된 메모리에 할당된다.** 배열의 이름은 원소 하나하나를 가리키는 것이 아니라 배열 전체에 대한 이름이 된다. 배열의 원소를 개별적인 변수로 사용하려면 배열 이름과 인덱스를 함께 사용해야 한다. [그림 7-4]에서 보면 배열 이름에 인덱스가 지정된 num[0], num[1], …이 배열 원소의 이름이 된다.

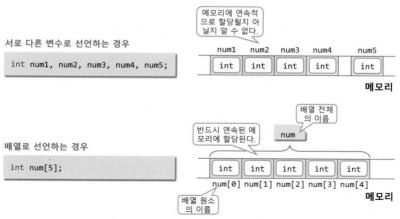

그림 7-4 일반 변수와 배열의 차이점

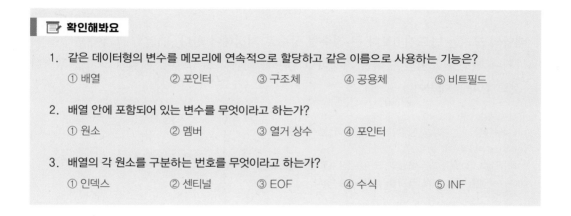

1. 같은 데이터형의 변수를 메모리에 연속적으로 할당하고 같은 이름으로 사용하는 기능은?
    ① 배열   ② 포인터   ③ 구조체   ④ 공용체   ⑤ 비트필드

2. 배열 안에 포함되어 있는 변수를 무엇이라고 하는가?
    ① 원소   ② 멤버   ③ 열거 상수   ④ 포인터

3. 배열의 각 원소를 구분하는 번호를 무엇이라고 하는가?
    ① 인덱스   ② 센티널   ③ EOF   ④ 수식   ⑤ INF

7.1.2 배열의 선언

배열을 선언하려면 배열 원소의 데이터형과 배열의 이름을 쓰고 [ ] 안에 배열의 크기를 지정한다. **배열의 크기는 배열에 들어있는 원소의 개수이다.**

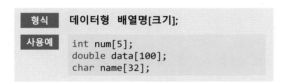

```
int num[5];
double data[100];
char name[32];
```

컴파일러는 배열의 선언문을 만나면 지정된 데이터형의 변수를 배열의 크기만큼 메모리에 연속적으로 할당하고, 그 전체에 배열 이름을 붙인다. 예를 들어 원소가 N개인 type형 배열을 선언하면 sizeof(type) × N만큼 메모리를 할당하며 'sizeof(type) × N'이 배열의 바이트 크기가 된다.

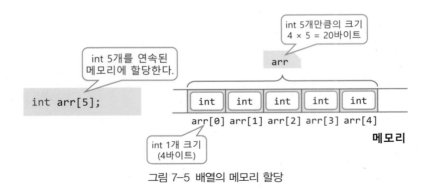

그림 7–5 배열의 메모리 할당

```
int num[5];        // 4 * 5 = 20바이트 할당
double data[100];  // 8 * 100 = 800바이트 할당
char name[32];     // 1 * 32 = 32바이트 할당
```

배열의 크기는 반드시 0보다 큰 정수형 상수로 지정해야 한다. 배열의 크기에 변수를 사용하거나 변수를 포함한 수식을 지정하면 컴파일 에러가 발생한다. 배열의 크기를 생략하는 것도 컴파일 에러이다.

```
    int num[0];         // 배열의 크기는 0이 될 수 없다.
    int size = 100;
    double data[size];  // 배열의 크기를 변수로 지정할 수 없다.
    char name[];        // 크기를 생략할 수 없다.
```
컴파일 에러

배열의 크기를 지정할 때 매크로 상수를 사용할 수도 있다.

```
#define MAX 5
int arr[MAX];      // 배열의 크기를 지정할 때 매크로 상수를 사용할 수 있다.
```

const 변수는 변수이므로 배열의 크기를 지정할 때 사용할 수 없다.

```
    const int max = 10; // max는 값을 변경할 수 없는 변수이다.
    int arr[max];       // 배열의 크기를 지정할 때 변수를 사용할 수 없으므로 컴파일 에러
```

sizeof 연산자를 배열 이름에 대하여 사용하면 배열의 바이트 크기를 구할 수 있다. 배열 이름이 arr일 때 sizeof(arr)는 배열 전체의 바이트 크기이다.

```
int arr[5];
int byte_size = sizeof(arr);              // 배열의 바이트 크기
printf("배열의 바이트 크기: %d\n", byte_size);
```

sizeof 연산자를 이용하면 배열 이름으로부터 배열의 크기(원소의 개수)를 구할 수 있다. arr가 배열 이름일 때 'sizeof(arr) / sizeof(arr[0])'은 항상 배열의 크기가 된다. '배열 전체 바이트 수 / 원소 하나의 바이트 수'로 구한 값은 항상 배열의 크기가 된다. 아래 코드에서 size1, size2, size3은 모두 같은 값이다.

```
int arr[5];
int size1, size2, size3;
size1 = sizeof(arr) / sizeof(arr[0]);     // 배열의 크기(원소의 개수)
printf("배열의 크기: %d\n", size1);

size2 = sizeof(arr) / sizeof(arr[1]);     // 배열의 크기
size3 = sizeof(arr) / sizeof(int);        // 배열의 크기
```

[예제 7-1]은 배열의 바이트 크기와 배열의 크기를 구하는 코드이다.

📄 **예제 7-1** : 배열의 바이트 크기와 크기 구하기

```
01    #include <stdio.h>
02
03    int main(void)
04    {
05        int arr[5];                       // 크기가 5인 배열 선언
06        int byte_size = 0;                // 배열의 바이트 크기를 저장할 변수
07        int size = 0;                     // 배열의 크기를 저장할 변수
08        int i;
09
10        byte_size = sizeof(arr);          // 배열의 바이트 크기
11        printf("배열의 바이트 크기: %d\n", byte_size);
12
13        size = sizeof(arr) / sizeof(arr[0]);  // 배열의 크기(원소의 개수)
14        printf("배열의 크기: %d\n", size);
15
16        for (i = 0; i < size; i++)
17            arr[i] = 0;
18
19        return 0;
20    }
```

실행결과

```
배열의 바이트 크기: 20
배열의 크기: 5
```

배열의 크기를 구해서 변수에 저장하는 코드는 왜 필요할까? [그림 7-6]처럼 크기가 5인 배열을 사용하는 코드에서 배열의 크기를 10으로 변경하려면 배열의 선언문과 함께 배열의 크기가 사용되는 곳을 모두 찾아서 수정해야 한다. 반면에 배열의 크기를 구해서 size 변수에 저장해둔 경우에는 배열의 선언문에서 크기가 변경되더라도 size 변수를 이용하는 코드는 수정할 필요가 없다.

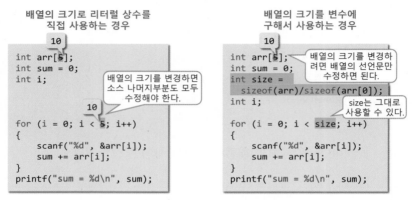

그림 7-6 배열의 크기를 구해서 사용하는 경우

배열의 크기를 나타내는 매크로 상수를 이용할 수도 있다. 배열의 크기를 나타내는 매크로 상수를 정의하고, 소스 코드에서 배열의 크기가 필요할 때마다 매크로 상수를 이용한다. 이 경우에 배열의 크기를 변경하려면 매크로 정의만 수정하면 된다.

배열의 크기를 매크로
상수로 지정하는 경우

```
                    10
#define ARR_SIZE 5        배열의 크기를 변경
                         하려면 매크로 정의
int arr[ARR_SIZE];        만 수정하면 된다.
int sum = 0;
                         배열의 크기를 변경
                         해도 나머지 코드는
int i;                    수정할 필요가 없다.

for (i = 0; i < ARR_SIZE; i++)
{
    scanf("%d", &arr[i]);
    sum += arr[i];
}
printf("sum = %d\n", sum);
```

그림 7-7 배열의 크기를 매크로 상수로 지정하는 경우

[예제 7-2]는 매크로 상수로 배열의 크기를 지정하는 코드이다.

📄 **예제 7-2 : 매크로 상수로 배열의 크기를 지정하는 경우**

```
01    #include <stdio.h>
02
03    #define ARR_SIZE 5                    // 배열의 크기로 사용할 매크로 상수의 정의
04
05    int main(void)
06    {
07        int arr[ARR_SIZE];                // 배열의 크기를 매크로 상수로 지정할 수 있다.
08        int i;
09
10        for (i = 0; i < ARR_SIZE; i++)    // 배열의 크기가 필요하면 ARR_SIZE 이용
11            arr[i] = 0;
12
13        printf("arr = ");
14        for (i = 0; i < ARR_SIZE; i++)    // 배열의 크기가 필요하면 ARR_SIZE 이용
15            printf("%d ", arr[i]);
16        printf("\n");
17
18        return 0;
19    }
```

실행결과

```
arr = 0 0 0 0 0
```

이 코드에서 배열의 크기를 변경하려면 3번째 줄의 매크로 정의만 변경하면 된다.

```
#define ARR_SIZE 10        // 배열의 크기를 10으로 변경한다.
```

📝 **확인해봐요**

1. 배열을 선언할 때 필요한 것을 모두 고르시오.

    ① 원소의 데이터형   ② 배열의 이름   ③ 배열의 크기   ④ 배열의 바이트 크기

2. 배열의 크기는 무엇으로 지정해야 하는가?

    ① 0보다 큰 정수형 상수   ② 변수   ③ 수식   ④ 0   ⑤ 실수

3. 다음 중 배열의 크기를 구할 때 사용되는 연산자는?

    ① ≪   ② ≫   ③ sizeof   ④ &   ⑤ *

7.1.3 배열의 초기화

배열의 초기화는 배열 원소의 초기화를 의미한다. 배열의 원소도 초기화하지 않으면 쓰레기값을 가진다. **배열을 초기화하려면 { } 안에 배열 원소의 초기값을 콤마(,)로 나열한다.**

형식	데이터형 배열명[크기] = {초기값목록};

사용예	`int num[5] = {10, 20, 30, 40, 50};`
	`double data[100] = {0};`
	`char name[32] = "Jin";`

배열을 초기화할 때는 배열의 0번째 원소부터 배열의 초기값이 나열된 순서대로 초기화한다.

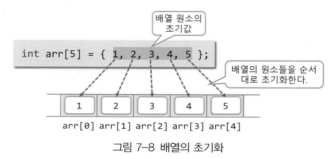

그림 7-8 배열의 초기화

[예제 7-3]은 배열을 초기화하는 코드이다.

📋 **예제 7-3** : 가장 기본적인 배열의 초기화

```
01    #include <stdio.h>
02
03    int main(void)
04    {
05        int arr[5] = { 1, 2, 3, 4, 5 };        // 배열의 크기만큼 초기값을 지정한다.
06        int i;
07
08        printf("arr = ");
09        for (i = 0; i < 5; i++)
10            printf("%d ", arr[i]);
11        printf("\n");
12
13        return 0;
14    }
```

실행결과

```
arr = 1 2 3 4 5
```

배열의 크기보다 초기값을 적게 지정하면, 배열의 0번째 원소부터 순서대로 초기화하고 초기값이 모자란 나머지 원소는 0으로 초기화한다.

```
int amount[5] = { 1, 1, 5 };        // 1, 1, 5, 0, 0으로 초기화
```

초기값을 원소의 개수보다 많이 지정하면 컴파일 에러가 된다.

```
int amount[5] = { 1, 1, 5, 2, 10, 3 }; // 컴파일 에러
```

배열의 초기값은 반드시 하나 이상 지정해야 한다. { } 안을 비워 두면 컴파일 에러가 발생한다.

```
int amount[5] = { };                // 컴파일 에러
```

배열 전체를 0으로 초기화하려면 { } 안에 0을 써준다. 배열도 초기화한 다음에 사용하는 것이 안전하므로, 초기값이 따로 없으면 0으로 초기화한다.

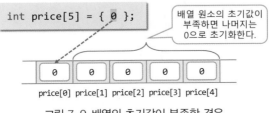

그림 7-9 배열의 초기값이 부족한 경우

[예제 7-4]는 배열의 크기보다 초기값을 적게 지정해서 배열을 초기화하는 코드이다.

> 📑 **예제 7-4 : 배열의 크기보다 초기값을 적게 지정하는 경우**

```c
01    #include <stdio.h>
02
03    int main(void)
04    {
05        int amount[5] = { 1, 1, 5 };      // 1, 1, 5, 0, 0으로 초기화
06        int price[5] = { 0 };             // 배열 전체를 0으로 초기화
07        int i;
08
09        printf("amount = ");
10        for (i = 0; i < 5; i++)
11            printf("%d ", amount[i]);
12        printf("\n");
13
14        printf("price  = ");
15        for (i = 0; i < 5; i++)
16            printf("%d ", price[i]);
17        printf("\n");
18        return 0;
19    }
```

실행결과

```
amount = 1 1 5 0 0
price  = 0 0 0 0 0
```

배열을 초기화하는 경우에는 배열의 크기를 생략할 수 있다. 초기값의 개수로부터 배열의 크기를 유추할 수 있기 때문이다. 배열을 초기화하면서 크기를 생략하면, 초기값의 개수가 배열의 크기가 된다.

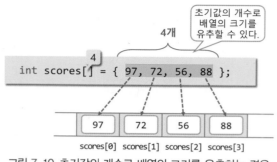

그림 7-10 초기값의 개수로 배열의 크기를 유추하는 경우

초기화하지 않고 배열의 크기를 생략하면 컴파일 에러가 발생한다. 크기를 알 수 없는 배열을 메모리에 할당할 수 없기 때문이다.

```
int scores[];                           // 초기화하지 않고 배열의 크기를 생략할 수 없다.
```

배열의 크기를 생략하고 초기값의 개수로 배열의 크기를 정할 때는 sizeof 연산자를 이용해서 배열의 크기를 별도의 변수에 구해두고 사용한다.

```
int size = sizeof(scores) / sizeof(scores [0]);   // size는 4이다.
```

배열이 전역 변수일 때는 초기화하지 않아도 모든 원소가 0으로 초기화된다.

```
int globals[10];                        // 전역 변수이므로 0으로 초기화된다.

int main(void)
{
     ⋮
}
```

❓ 질문 있어요

배열을 초기화할 때 콤마의 위치가 이상해요. 왜 그럴까요?

배열을 초기화할 때는 { } 안에 초기값을 콤마로 나열하는데, 초기값의 마지막 다음에도 콤마를 적어주는 경우가 있다.

```
int arr[10] = {1, 2, 3, 4, 5,};         // 맨 끝에 콤마가 있어도 유효한 문장이다.
```

C 문법에서는 { } 안의 마지막 값 다음에도 콤마를 쓰는 것을 허용하는데 그 이유는 다음과 같은 코드 때문이다. 배열의 초기값을 { } 안에 나열하면서 여러 줄에 나누어 써줄 수 있는데, 이 경우 //을 이용해서 특정 줄을 주석 처리할 수 있다. 이 경우 10, 11, 12 부분이 주석 처리되어도 앞 줄의 7, 8, 9,가 유효한 문장이므로 9 다음에 있는 콤마를 삭제할 필요가 없다. 또, 앞 줄의 끝부분에 콤마가 있으므로 초기값을 추가하기도 쉽다.

```
int arr[ ] = {
    7, 8, 9,        // 맨 끝에 콤마가 있어도 유효한 문장이다.
//    10, 11, 12,   // 초기화 코드 중 일부를 주석 처리한다.
    13, 14, 15,     // 앞 줄 끝에 콤마가 있으므로 초기값을 추가하기도 쉽다.
};
```

> ### 📝 확인해봐요
>
> 1. 배열의 초기값을 나열할 때 필요한 기호는?
>   ① { }   ② ( )   ③ [ ]   ④ ⟨ ⟩
>
> 2. 배열이 지역 변수일 때 초기화하지 않으면 어떤 값이 되는가?
>   ① 1   ② 0   ③ −1   ④ 쓰레기값
>
> 3. 배열이 전역 변수일 때 초기화하지 않으면 어떤 값이 되는가?
>   ① 1   ② 0   ③ −1   ④ 쓰레기값

7.1.4 배열의 사용

(1) 배열 원소의 사용

배열의 원소에 접근하려면 인덱스 또는 첨자를 이용한다. 배열 이름 다음에 [ ]를 쓰고 [ ] 안에 인덱스를 지정하면 배열 원소의 값을 읽거나 변경할 수 있다. C에서 배열의 인덱스는 항상 0~(배열의 크기 − 1)사이의 값이다. 예를 들어, 크기가 5인 배열 arr의 원소는 arr[0], arr[1], arr[2], arr[3], arr[4]가 된다. 배열의 원소는 메모리에 연속적으로 할당되므로 arr[0] 다음에는 arr[1]이 할당되고, arr[1] 다음에는 arr[2]가 할당된다. 나머지 원소도 마찬가지이다.

배열 원소에 값을 대입하거나 읽어올 수도 있고, 다른 수식의 일부로 사용하거나 함수의 인자로 전달할 수도 있다. 즉, int형 배열의 원소는 int형 변수로 사용할 수 있다.

```
arr[0] = 5;                        // 배열의 원소에 값을 대입할 수 있다.
arr[1] = arr[0] + 10;              // 배열의 원소를 수식에 이용할 수 있다.
arr[2] = add(arr[0], arr[1]);      // 배열의 원소를 함수의 인자로 전달할 수 있다.
printf("정수를 2개 입력하세요: ");
scanf("%d %d", &arr[3], &arr[4]);  // 배열의 원소에 정수값을 입력받을 수 있다.
```

[예제 7-5]는 배열 원소를 사용하는 방법을 알아보기 위한 코드이다.

📑 **예제 7-5 : 배열 원소의 사용**

```
01    #include <stdio.h>
02    #define ARR_SIZE 5
03
04    int add(int a, int b)              //  int형의 매개변수를 갖는 함수
05    {
06        return a + b;
07    }
08
09    int main(void)
10    {
11        int arr[ARR_SIZE] = { 0 };         // 배열 전체를 0으로 초기화
12        int i;
13
14        arr[0] = 5;
15        arr[1] = arr[0] + 10;              // 배열의 원소를 수식에 이용할 수 있다.
16        arr[2] = add(arr[0], arr[1]);      // 함수의 인자로 전달할 수 있다.
17        printf("정수를 2개 입력하세요: ");
18        scanf("%d %d", &arr[3], &arr[4]);  // 배열의 원소에 값을 입력받을 수 있다.
19
20        for (i = 0; i < ARR_SIZE; i++)
21            printf("%d ", arr[i]);
22        printf("\n");
23
24        return 0;
25    }
```

실행결과 ■■■

```
정수를 2개 입력하세요: 55 66
5 15 20 55 66
```

배열은 주로 for문과 함께 사용한다. for문을 이용하면 배열의 각 원소에 대해서 같은 코드를 반복해서 수행할 수 있다.

```
for (i = 0; i < ARR_SIZE; i++)
    printf("%d ", arr[i]);    // i번째 원소를 출력한다.
printf("\n");
```

배열의 인덱스에는 변수나 변수를 포함한 수식을 사용할 수 있다. 배열의 인덱스로 사용되는 수식은 그 값이 정수형이어야 한다.

```
arr[i] = arr[i-1] * 2;          // 배열의 인덱스로 정수식을 사용해야 한다.
```

배열을 사용할 때, 배열의 인덱스가 유효 범위를 벗어나지 않도록 주의해야 한다. 예를 들어 크기가 5인 배열의 인덱스는 0~4 사이의 값만 사용해야 한다. 유효 범위 밖의 인덱스를 사용하더라도 컴파일 에러는 발생하지 않는다.

크기가 5인 배열 arr에서 arr[5]을 사용하면 arr[4]의 다음 위치를 int형 변수인 것처럼 접근한다. arr는 0~4번 원소에 대해서만 메모리를 할당했으므로 arr[4]의 다음 위치에는 무엇이 있는지 알 수 없다. 그런데 arr[5]는 arr[4]의 다음 위치에서 정수를 읽어오므로 메모리에 남아 있는 의미 없는 값, 즉 쓰레기값이 출력된다.

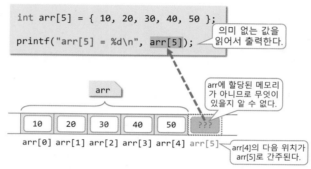

그림 7-11 잘못된 인덱스로 배열 원소를 읽어오는 경우

더 심각한 문제는 arr[5]에 값을 저장하려고 할 때 발생한다. arr[5]에 값을 저장하면 arr[5] 위치에 있는 다른 변수를 엉뚱하게 변경하게 된다. 물론 arr[5]에 해당하는 위치가 아예 할당되지 않은 메모리일 수도 있다. 엉뚱한 변수의 값을 변경하거나 할당되지 않은 메모리에 값을 저장하는 것은 프로그램이 죽거나 오동작하는 원인이므로 주의해야 한다.

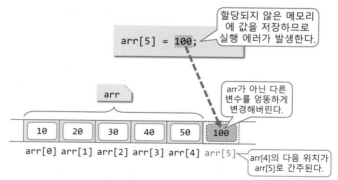

그림 7-12 잘못된 인덱스로 배열 원소를 변경하는 경우

[예제 7-6]은 잘못된 인덱스 사용시의 문제점을 알아보기 위한 코드이다.

예제 7-6 : 잘못된 인덱스를 사용하는 경우

```
01    #include <stdio.h>
02
03    int main(void)
04    {
05        int arr[5] = { 10, 20, 30, 40, 50 };
06        int i;
07
08        printf("arr = ");
09        for (i = 0; i < 5; i++)
10            printf("%d ", arr[i]);
11        printf("\n");
12
13        printf("arr[5] = %d\n", arr[5]);    // 할당되지 않은 메모리를 읽어온다.
14        arr[5] = 100;                       // 할당되지 않은 메모리를 변경한다. (실행 에러)
15
16        return 0;
17    }
```

실행결과

```
arr = 10 20 30 40 50
arr[5] = -858993460  ← 쓰레기값
```

배열의 인덱스로 수식을 사용할 때도, 수식의 값이 인덱스의 유효 범위를 벗어나지 않도록 주의해야 한다.

```
arr[i + 1] = 200;    // i가 -1~3인 경우에만 유효한 인덱스
```

(2) 배열의 복사

원소의 데이터형과 배열의 크기가 같더라도 배열을 다른 배열에 대입할 수는 없다.

```
int x[5] = { 10, 20, 30, 40, 50 };
int y[5] = { 0 };
```

⊘ `y = x;`   // 배열에 다른 배열을 대입할 수 없으므로 컴파일 에러

배열을 다른 배열에 대입할 수는 없지만, for문을 이용해서 배열 원소를 다른 배열의 원

소에 대입할 수는 있다. 배열의 모든 원소에 대하여 원소끼리 대입하면 배열 전체를 복사할 수 있다.

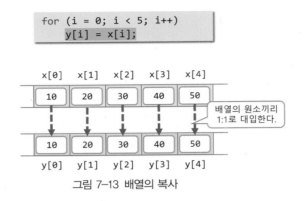

그림 7-13 배열의 복사

[예제 7-7]는 원소의 데이터형과 배열의 크기가 같을 때, 배열을 다른 배열로 복사하는 코드이다.

예제 7-7 : 배열의 복사

```
01    #include <stdio.h>
02
03    int main(void)
04    {
05        int x[5] = { 10, 20, 30, 40, 50 };
06        int y[5] = { 0 };
07        int i;
08
09        //y = x;                    // 배열을 다른 배열에 대입하면 컴파일 에러
10
11        for (i = 0; i < 5; i++)
12            y[i] = x[i];            // 배열의 원소끼리 1:1로 대입한다. (배열의 복사)
13
14        printf("y = ");
15        for (i = 0; i < 5; i++)
16            printf("%d ", y[i]);
17        printf("\n");
18
19        return 0;
20    }
```

> x와 y는 크기와 데이터형이 같은 배열이다.

실행결과

```
y = 10 20 30 40 50
```

(3) 배열의 비교

배열이 같은지 비교하기 위해서 == 연산자로 직접 배열을 비교하면 올바른 결과를 얻을 수 없다.

```
int x[5] = { 10, 20, 30, 40, 50 };
int y[5] = { 10, 20, 30, 40, 50 };
int i;

if (x == y)          // x와 y의 주소가 같은지 비교한다.
    printf("두 배열이 같습니다\n");
```

인덱스 없이 배열 이름만 사용하면 배열의 시작 주소를 의미한다. x와 y는 서로 다른 배열이므로 주소가 서로 다르다. x == y은 x 배열과 y 배열의 값이 같은지를 비교하는 것이 아니라 x 배열과 y 배열의 주소가 같은지 비교한다.

질문 있어요

배열의 이름이 배열의 시작 주소라는 것을 확인할 수 있나요?
printf 함수는 포인터(주소)를 출력하기 위한 형식 문자열로 %p를 제공한다. 만일 %p 서식 지정자로 배열의 이름을 출력하면 배열의 시작 주소가 16진수로 출력된다.

```
int x[] = { 1, 2, 3 };
printf("%p\n", x);          // 배열의 시작 주소를 16진수로 출력한다.
```

배열의 내용이 같은지 비교하려면 for문을 이용해서 원소끼리 비교해야 한다. 배열의 내용이 같다는 것은 배열 안에 있는 모든 원소의 값이 같다는 의미이다.

```
is_equal = 1;            // 배열의 내용이 같은지를 나타내는 변수
for (i = 0; i < 5; i++)
{
    if (x[i] != y[i])    // 배열의 원소끼리 비교한다.
    {
        is_equal = 0;    // 서로 다른 원소가 있으면 더이상 비교할 필요가 없다.
        break;
    }
}

if (is_equal == 1)       // 모든 원소가 같으면 is_equal은 1이다.
    printf("두 배열이 같습니다.\n");
```

[예제 7-8]은 원소의 데이터형과 배열의 크기가 같은 경우에 서로 다른 배열의 내용이 같은지 비교하는 코드이다.

📄 **예제 7-8 : 배열의 비교**

```
01    #include <stdio.h>
02
03    int main(void)
04    {
05        int x[5] = { 10, 20, 30, 40, 50 };
06        int y[5] = { 10, 20, 30, 40, 50 };
07        int i;
08        int is_equal;
09
10        if (x == y)              // x와 y의 주소가 같은지 비교한다.
11            printf("두 배열의 주소가 같습니다.\n");
12
13        is_equal = 1;            // 배열의 내용이 같은지를 나타내는 변수
14        for (i = 0; i < 5; i++) {
15            if (x[i] != y[i]) {  // 배열의 원소끼리 비교한다.
16                is_equal = 0;    // 서로 다른 원소가 있으면 더이상 비교할 필요가 없다.
17                break;
18            }
19        }
20        if (is_equal == 1)       // 모든 원소가 같으면 is_equal은 1이다.
21            printf("두 배열의 내용이 같습니다.\n");
22
23        return 0;
24    }
```

실행결과   • • •

두 배열의 내용이 같습니다.

📋 **확인해봐요**

1. 크기가 4인 배열에서 유효한 인덱스의 범위는?

   ① 0~3   ② 1~4   ③ 0~4   ④ -1~3   ⑤ -1~4

2. 배열 간의 대입이 안되므로 배열을 복사하려면 어떻게 해야 하는가?

   ① 원소끼리 비교   ② 원소끼리 대입   ③ 원소끼리 & 연산   ④ 원소끼리 | 연산

3. 배열의 이름은 어떤 값인가?

   ① 배열의 시작 주소   ② 배열의 크기   ③ 배열의 0번 원소의 값

7.2 배열의 활용

7.2.1 배열의 탐색과 정렬

예를 들어 인터넷 가격 비교 사이트에서 구매할 물건을 검색한다고 해보자. 검색할 상품명을 입력하면 여러 쇼핑몰의 판매 상품 정보 중에서 상품명이 일치하는 항목을 찾아서 화면에 표시해야 한다. 이처럼 **데이터 중에서 특정 값을 가진 항목을 찾는 기능**이 '**탐색(search)**'이다.

또한 가격 비교 사이트에서 검색 결과로 표시한 상품 목록을 낮은 가격 순으로 보거나 높은 가격 순으로 확인하기도 한다. 이처럼 **데이터를 조건에 따라서 나열하는 기능**을 '**정렬(sort)**'이라고 한다.

탐색과 정렬은 컴퓨터 알고리즘 중에서 가장 기본적이면서 활용도가 높으며, 다양한 알고리즘이 존재한다. 배열에 저장된 데이터에 대해서 탐색과 정렬을 수행하는 방법을 알아보도록 하자.

(1) 배열의 탐색

배열의 탐색에서는 탐색키(key)와 같은 값을 가진 원소를 찾는다. 여기서 탐색키는 찾을 값을 의미한다. 탐색 알고리즘 중 가장 간단한 방법은 **순차 탐색(sequential search)**이다. 순차 탐색은 배열의 0번째 원소부터 순서대로 탐색키와 비교해서 값이 일치하는 원소를 찾는다.

배열의 모든 원소에 대해서 탐색키와 배열의 원소를 비교해야 하므로 for문을 이용한다.

```
for (i = 0; i < size; i++)    // size는 data 배열의 크기
    if (data[i] == key)       // 배열의 원소와 키 비교
        printf("찾은 원소의 인덱스: %d\n", i);
```

[예제 7-9]는 int형 배열에서 입력받은 값(탐색키)을 찾는 코드이다. 탐색키를 찾으면 탐색키와 일치하는 원소의 인덱스를 출력한다.

📑 **예제 7-9** : 배열의 탐색

```c
01    #include <stdio.h>
02
03    int main(void)
04    {
05        int data[] = { 78, 34, 52, 15, 63, 15, 25 };
06        int size;
07        int key, i;
08
09        size = sizeof(data) / sizeof(data[0]);
10        printf("data = ");
11        for (i = 0; i < size; i++)
12            printf("%d ", data[i]);
13        printf("\n");
14
15        printf("찾을 값(키)? ");
16        scanf("%d", &key);
17        for (i = 0; i < size; i++)
18            if (data[i] == key)   // 배열의 원소와 키 비교
19                printf("찾은 원소의 인덱스: %d\n", i);
20        return 0;
21    }
```

실행결과

```
data = 78 34 52 15 63 15 25
찾을 값(키)? 15
찾은 원소의 인덱스: 3
찾은 원소의 인덱스: 5
```

> key와 같은 값인 모든 원소의 인덱스를 출력한다.

[예제 7-9]는 탐색키와 일치하는 원소가 여러 개면 각각의 인덱스를 모두 출력한다.

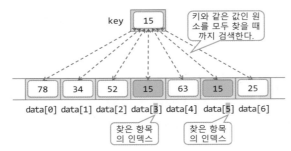

그림 7-14 탐색키와 일치하는 항목을 모두 찾는 경우

 탐색 조건에 따라서 탐색키와 일치하는 항목을 모두 찾아야 하는 경우도 있고 첫 번째 항목만 찾는 경우도 있다. break를 이용하면 탐색키와 같은 값을 가진 원소를 찾은 직후에 for문을 탈출할 수 있다. 탐색키를 찾으면 found를 1로 변경하고 for문을 빠져나온다. for문을 빠져나온 후 found가 1이면 탐색이 성공한 경우이고 i가 찾은 원소의 인덱스이다.

```
found = 0;          // 탐색이 성공하면 1, 실패하면 0
for (i = 0; i < size; i++) {
    if (data[i] == key) {
        found = 1; // 탐색 성공 시 1로 변경
        break;      // 탐색 성공 시 for 탈출
    }
}
if (found == 1)     // 탐색 성공인 경우 i가 찾은 항목의 인덱스이다.
    printf("찾은 원소의 인덱스: %d\n", i);
else
    printf("탐색 실패\n");
```

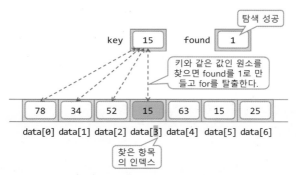

그림 7-15 탐색키와 일치하는 첫 번째 항목만 찾는 경우

[예제 7-10]은 탐색키를 찾으면 for문을 빠져나오도록 [예제 7-9]를 수정한 것이다.

📑 **예제 7-10** : 탐색의 성공, 실패를 확인하는 경우

```
01    #include <stdio.h>
02
03    int main(void)
04    {
05        int data[] = { 78, 34, 52, 15, 63, 15, 25 };
06        int size;
07        int key, i;
08        int found;      // 탐색이 성공하면 1, 실패하면 0
09
```

```
10        size = sizeof(data) / sizeof(data[0]);
11        printf("arr = ");
12        for (i = 0; i < size; i++)
13            printf("%d ", data[i]);
14        printf("\n");
15
16        printf("찾을 값(키)? ");
17        scanf("%d", &key);
18        found = 0;
19        for (i = 0; i < size; i++) {
20            if (data[i] == key) {
21                found = 1;
22                break; // 탐색 성공 시 for 탈출
23            }
24        }
25        if (found == 1) // 탐색 성공인 경우 i가 찾은 항목의 인덱스이다.
26            printf("찾은 원소의 인덱스: %d\n", i);
27        else
28            printf("탐색 실패\n");
29        return 0;
30    }
```

실행결과

```
arr = 78 34 52 15 63 15 25
찾을 값(키)? 15
찾은 원소의 인덱스: 3
```

> key와 같은 값인 첫 번째 원소의
> 인덱스만 출력한다.

탐색 알고리즘 중에 2진 탐색(binary search)은 배열을 정렬한 상태에서 탐색을 수행하므로 효율적인 탐색이 가능하다. 표준 C 라이브러리는 2진 탐색을 수행하는 bsearch 함수를 제공한다.

```
void* bsearch(const void *key, const void *ptr, size_t count, size_t size,
    int(*comp)(const void*, const void*));      // <stdlib.h>을 포함해야 한다.
```

(2) 배열의 정렬

배열의 정렬에서는 원소들을 비교해서 크기가 커지는 순서 또는 작아지는 순서로 원소들의 위치를 바꾼다. 크기가 커지는 순서를 오름차순(ascending order)라고 하고, 크기가 작아지는 순서를 내림차순(descending order)라고 한다. 즉, 정렬에는 오름차순 정렬과

내림차순 정렬이 있다.

데이터가 정렬되어 있으면 데이터에 대한 여러 가지 작업이 간단해진다. 배열이 정렬되어 있으면, 최솟값을 찾거나 최댓값을 찾는 작업은 배열의 0번 원소나 마지막 원소를 가져오면 된다. 배열을 탐색할 때도 2진 탐색을 할 수 있으므로 빠른 탐색이 가능하다.

다양한 정렬 알고리즘 중 비교적 간단한 **선택 정렬(selection sort)**을 이용해서 배열을 정렬하는 방법을 알아보자.

선택 정렬은 배열의 원소 중 가장 작은 값을 찾아서 배열의 첫 번째 위치로 옮기고, 그 다음 작은 값을 찾아서 배열의 두 번째 위치로 옮기는 식으로 정렬한다.

다음 코드에서 index는 data[i+1]~data[SIZE-1] 중에서 가장 작은 원소의 인덱스를 찾아서 저장하기 위한 변수이다. 안쪽 for문을 모두 수행하고 나면 data[i]~data[SIZE-1]중에서 가장 작은 원소의 인덱스가 index가 된다. 따라서 data[i]와 data[index]를 맞바꾼다. i와 index가 같으면 가장 작은 원소가 이미 data[i]에 있으므로 맞바꿀 필요가 없다. 바깥쪽 for는 0번째 작은 원소, 1번째 작은 원소, ..., (SIZE-2)번째로 작은 원소를 찾는다.

```
for (i = 0; i < SIZE - 1; i++)        // 0~(i-1)까지는 정렬된 상태이다.
{
    index = i;
    for (j = i + 1; j < SIZE; j++)
    {
        // data[i]~data[SIZE-1]중에서 가장 작은 원소의 인덱스를 index에 저장한다.
        if (data[index] > data[j])
            index = j;
    }
    // i번째 원소를 index에 있는 원소와 맞바꾼다.
    if (i != index)
    {
        temp = data[i];
        data[i] = data[index];
        data[index] = temp;
    }   // i번째 원소가 i번째로 작은 값이 된다.
}
```

[그림 7-16]을 보면 선택 정렬이 수행되는 과정을 알 수 있다.

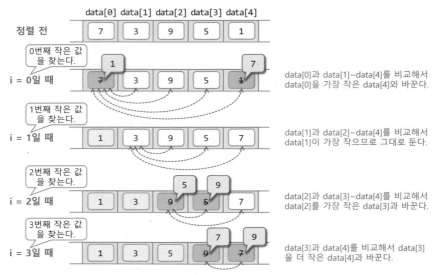

그림 7-16 선택 정렬의 수행 과정

[예제 7-11]은 오름차순으로 선택 정렬을 수행하는 코드이다.

📑 **예제 7-11** : 선택 정렬

```
01    #include <stdio.h>
02
03    #define SIZE 5
04
05    int main(void)
06    {
07        int data[SIZE] = { 7, 3, 9, 5, 1 };
08        int i, j;
09        int index, temp;
10
11        for (i = 0; i < SIZE - 1; i++)        // 0~(i-1)까지는 정렬된 상태이다.
12        {
13            index = i;                        // 정렬할 배열 중 가장 작은 원소의 인덱스
14            for (j = i + 1; j < SIZE; j++) {
15                // data[i]~data[SIZE-1]중 가장 작은 원소의 인덱스를 index에 저장
16                if (data[index] > data[j])    // 오름차순 정렬
17                    index = j;
18            }
19            // i번째 원소를 index에 있는 원소와 맞바꾼다.
20            if (i != index) {
21                temp = data[i];
```

```
22              data[i] = data[index];
23              data[index] = temp;
24          }   // i번째 원소가 i번째로 작은 값이 된다.
25      }
26      printf("정렬 후: ");
27      for (i = 0; i < SIZE; i++)
28          printf("%d ", data[i]);
29      printf("\n");
30      return 0;
31  }
```

실행결과 ■ ■ ■

정렬 후: 1 3 5 7 9

내림차순으로 선택 정렬을 수행하려면 안쪽 for문의 조건식을 수정한다.

```
for (j = i + 1; j < SIZE; j++) {
    if (data[index] < data[j])   // 내림차순 정렬
}
```

참고로 표준 C 라이브러리는 퀵 정렬을 수행하는 qsort 함수를 제공한다. 이 함수의 사용 방법은 11장에서 알아보도록 하자.

```
void qsort(void *ptr, size_t count, size_t size,
    int(*compare)(const void *, const void *));          // <stdlib.h>을 포함해야 한다.
```

📋 **확인해봐요**

1. 데이터 중에서 특정 값을 가진 항목을 찾는 기능을 무엇이라고 하는가?
   ① 탐색   ② 정렬   ③ 분할   ④ 병합

2. 데이터를 조건에 따라 순서대로 나열하는 기능을 무엇이라고 하는가?
   ① 탐색   ② 정렬   ③ 분할   ④ 병합

3. 표준 C 라이브러리 함수 중에서 2진 탐색 기능을 제공하는 함수는 무엇인가?
   ① bsearch   ② qsort   ③ rand   ④ strcpy   ⑤ sqrt

4. 표준 C 라이브러리 함수 중에서 퀵 정렬 기능을 제공하는 함수는 무엇인가?
   ① bsearch   ② qsort   ③ rand   ④ strcpy   ⑤ sqrt

7.2.2 다차원 배열

(1) 다차원 배열의 개념

다차원 배열은 원소에 접근할 때 2개 이상의 인덱스를 사용한다. 다차원 배열은 행렬이나 표, 폭과 높이가 있는 이미지 데이터 등을 저장하는 데 이용할 수 있다.

다차원 배열이 필요한 경우를 알아보기 위해서 간단한 성적 처리 프로그램을 생각해보자. 중간고사 점수, 기말고사 점수, 과제 점수를 int형으로 저장하려면 먼저 int scores[3]; 처럼 원소가 3개인 int 배열이 필요하다.

```
int scores[3];      // 점수 3개를 저장하기 위한 배열
```

그런데 scores는 학생 1명의 점수만을 저장한다. 학생이 5명이면 scores 배열이 5개 필요하다. 이것을 2차원 배열로 선언하면 다음과 같다.

```
int scores[5][3];   // 점수 3개를 저장하기 위한 배열이 5개 필요하다.
```

2차원 배열은 행(row)과 열(column)의 개념으로 이해하면 쉽다. [그림 7-17]처럼 점수의 개수가 열이 되고 학생수가 행이 되므로, 필요한 원소의 개수는 '열×행'으로 계산할 수 있다. 2차원 배열도 1차원 배열처럼 메모리에 연속적으로 할당된다. int scores[5][3];은 int를 3개씩 5번, 3×5=15개 할당하라는 의미가 된다.

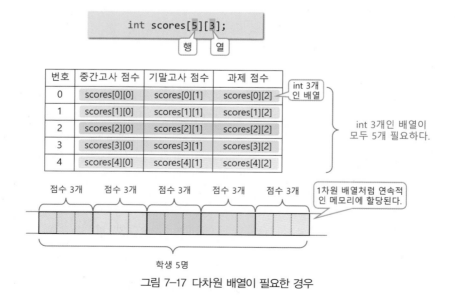

그림 7-17 다차원 배열이 필요한 경우

다차원 배열의 차수에는 제한이 없다. 즉, 3차원 배열, 4차원 배열도 얼마든지 만들 수 있다. 3차원 이상인 경우에는 행과 열의 개념으로 파악할 수 없으므로 배열의 의미를 이해하기 위한 일반적인 방법이 필요하다. 배열 이름 바로 다음의 [ ] 안에 나오는 것이 배열의 크기이고, 나머지 부분은 배열의 원소형으로 보면 된다.

```
int a[2];          // 1차원 배열 ⇒ 크기는 2이고, 원소형은 int
int b[3][2];       // 2차원 배열 ⇒ 크기는 3이고, 원소형은 int[2]
int c[4][3][2];    // 3차원 배열 ⇒ 크기는 4이고, 원소형은 int[3][2]
int d[5][4][3][2]; // 4차원 배열 ⇒ 크기는 5이고, 원소형은 int[4][3][2]
```

예를 들어, int b[3][2];는 int[2]가 3개 들어있는 배열이다. int c[4][3][2];는 int[3][2]가 4개 들어있는 배열이다.

[그림 7-18]의 2차원 배열 b는 int[2]가 3개 들어있는 배열이다. b의 원소가 3개인데 각 원소를 b[0], b[1], b[2]이라 부를 수 있다. 즉, b[i]는 int 2개짜리 배열의 이름으로 볼 수 있다. 따라서 b[i]라는 배열 이름으로 int 2개인 배열의 원소에 접근하려면 b[i][0], b[i][1]처럼 사용해야 한다.

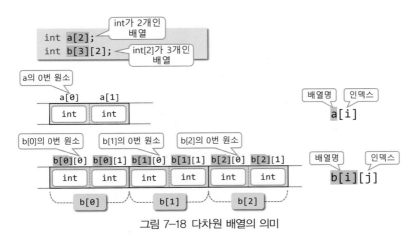

그림 7-18 다차원 배열의 의미

다차원 배열의 의미를 파악하는 또 다른 방법은 전체 원소의 개수를 기준으로 판단하는 것이다. 다차원 배열의 크기는 배열의 각 크기를 곱한 값이므로 차수가 늘어나면 배열의 크기도 곱에 비례해서 커진다.

```
int x[100];              // 원소가 100개인 배열
int y[200][100];         // 원소가 100×200개인 배열
int z[300][200][100];    // 원소가 100×200×300개인 배열
```

다차원 배열 중 2차원 배열은 자주 사용되지만, 3차원 이상의 배열을 잘 사용되지 않는다.

(2) 2차원 배열의 선언 및 사용

2차원 배열을 선언할 때는 배열 이름 다음에 [ ] 안에 배열의 행 크기와 열 크기를 각각 써준다. 이때 원소의 개수는 (열 크기)×(행 크기)이다.

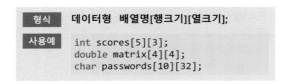

형식 | **데이터형 배열명[행크기][열크기];**

사용예
```
int scores[5][3];
double matrix[4][4];
char passwords[10][32];
```

2차원 배열의 원소들도 1차원 배열처럼 메모리에 연속적으로 할당된다. 예를 들어, int data[3][2];는 먼저 data[0][0], data[0][1]가 순서대로 메모리에 할당되고, 그 다음에 data[1][0], data[1][1]의 순서로 할당된다.

```
int data[3][2];    // int를 2개씩 3번 할당한다. 즉, int를 2×3만큼 할당한다.
```

2차원 배열의 크기를 지정할 때도 매크로 상수를 사용하는 것이 좋다.

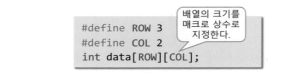

```
#define ROW 3
#define COL 2
int data[ROW][COL];
```
배열의 크기를 매크로 상수로 지정한다.

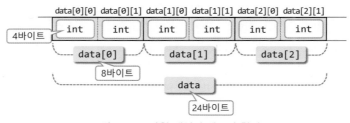

그림 7-19 2차원 배열의 메모리 할당

2차원 배열의 바이트 크기를 구할 때도 sizeof 연산자를 이용한다. sizeof(data)는 2차원 배열 전체의 바이트 크기를 구하는 반면에, sizeof(data[0])은 data 배열의 0번 원소, 즉 int 2개인 배열의 크기를 구한다.

```
printf("%d\n", sizeof(data));            // 배열 전체의 바이트 크기
printf("%d\n", sizeof(data[0]));         // int 2개인 data[0]의 바이트 크기
printf("%d\n", sizeof(data[0][0]));      // int인 data[0][0]의 바이트 크기
```

2차원 배열은 원소에 접근할 때 인덱스를 2개 사용한다. 인덱스를 여러 개 사용할 때는 가장 오른쪽 인덱스부터 증가되고, 가장 오른쪽 인덱스가 모두 증가되면 다시 그 왼쪽에 있는 인덱스가 증가된다. int data[3][2];로 선언된 2차원 배열의 원소를 메모리에 할당된 순서대로 접근하면 [그림 7-20]과 같다.

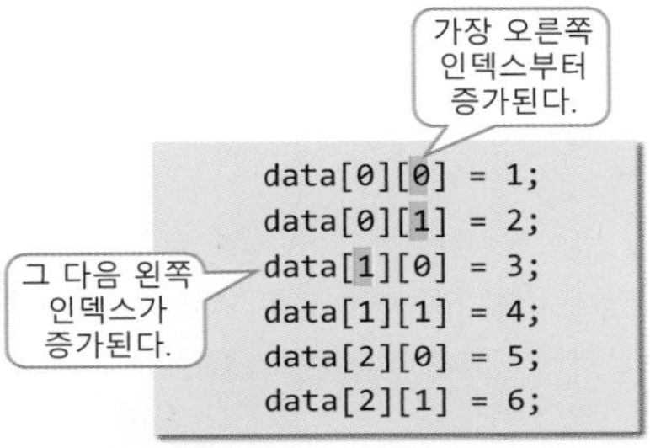

그림 7-20 2차원 배열 원소의 순차적인 접근

2차원 배열은 중첩된 for와 함께 사용한다. 안쪽 for문을 이용해서 열 인덱스를 증가시키고, 바깥쪽 for문을 이용해서 행 인덱스를 증가시키면 2차원 배열의 원소가 메모리에 할당된 순서대로 접근할 수 있다.

```
for (i = 0, k = 0; i < ROW; i++)         // 행 인덱스를 증가시킨다.
    for (j = 0; j < COL; j++)            // 열 인덱스를 증가시킨다.
        data[i][j] = ++k;               // 배열의 원소에 0부터 1씩 커지는 값을 저장한다.
```

[예제 7-12]는 2차원 배열을 선언하고 사용하는 코드이다.

📄 **예제 7-12 : 2차원 배열의 선언 및 사용**

```
01    #include <stdio.h>
02    #define ROW 3
03    #define COL 2
04
05    int main(void)
06    {
07        int data[ROW][COL];
08        int i, j, k;
09
```

```
10        for (i = 0, k = 0; i < ROW; i++)    // 행 인덱스를 증가시킨다.
11          for (j = 0; j < COL; j++)         // 열 인덱스를 증가시킨다.
12            data[i][j] = ++k;               // 배열의 원소에 0부터 1씩 커지는 값을 저장한다.
13
14        for (i = 0; i < ROW; i++) {
15          for (j = 0; j < COL; j++)
16            printf("%3d ", data[i][j]);
17          printf("\n");                     // 행마다 줄바꿈 문자를 출력한다.
18        }
19
20        printf("sizeof(data) = %d\n", sizeof(data));
21        printf("sizeof(data[0]) = %d\n", sizeof(data[0]));
22        printf("sizeof(data[0][0]) = %d\n", sizeof(data[0][0]));
23        return 0;
24    }
```

실행결과

```
  1    2
  3    4
  5    6
sizeof(data) = 24
sizeof(data[0]) = 8
sizeof(data[0][0]) = 4
```

(3) 2차원 배열의 초기화

2차원 배열을 초기화할 때는 초기값을 열 크기의 개수만큼씩 { }로 묶어서 다시 { } 안에 나열한다. 안쪽 { }를 적어줄 때는 { }와 { } 사이에 콤마(,)가 필요하다.

```
int data[3][2] = {
    {10, 20}, {30, 40}, {50, 60}
};
```

이 코드는 data[0]을 {10, 20}으로 초기화하고, data[1]을 {30, 40}으로 초기화하고, data[2]를 {50, 60}으로 초기화한다. data[0]가 int 2개인 배열이므로 data[0][0]을 10으로, data[0][1]을 20으로 초기화한다. 나머지 data[1]과 data[2]도 마찬가지 방법으로 초기화한다.

2차원 배열의 초기값을 열 크기의 개수만큼씩 { }로 묶지 않고 { } 안에 값만 나열할 수도 있다. 이 경우에는 2차원 배열의 원소가 메모리에 할당된 순서대로 초기화한다.

```
int data[3][2] = {10, 20, 30, 40, 50, 60};        // data[0][0]부터 순서대로 초기화
```

2차원 배열을 초기화할 때도 초기값을 생략하면 나머지 원소를 0으로 초기화한다.

```
int x[4][3] = {              // {{1, 2, 3}, {4, 5, 0}, {6, 0, 0}, {0, 0, 0}}으로 초기화
    {1, 2, 3},
    {4, 5},
    {6}
};
int y[3][2] = {1, 2, 3};     // {{1, 2}, {3, 0}, {0, 0}}으로 초기화
```

2차원 배열을 초기화하면 배열의 행 크기를 생략할 수 있다. 2차원 배열의 열 크기는 생략할 수 없는데, 열 크기가 있어야 주어진 초기값을 몇 개씩 묶을지 알 수 있기 때문이다.

아래 코드의 w 배열은 열 크기가 3이므로 {1, 2}처럼 초기값이 생략되어도 {1, 2, 0}으로 초기화해야 하는 것을 알 수 있다. 또한 안쪽 { }가 3개이므로 w의 행 크기가 3이라는 것을 유추할 수 있다. z 배열은 초기값을 { }로 묶지 않고 지정했으므로 앞에서부터 열 크기인 2개씩 묶어서 행 크기가 4라는 것을 유추한다.

```
int w[][3] = {               // int w[3][3];으로 할당되고
    {1, 2}, {3}, {4, 5}      // {{1, 2, 0}, {3, 0, 0}, {4, 5, 0}}으로 초기화된다.
};
int z[][2] = {               // int z[4][2];로 할당되고
    1, 2, 3, 4, 5, 6, 7      // {{1, 2}, {3, 4}, {5, 6}, {7, 0}}으로 초기화된다.
};
```

열 크기를 생략하면 어떻게 될까? v 배열은 행 크기가 3이라는 것만 알 수 있고 int가 몇 개씩 3개 필요한지 유추할 수 없으므로 컴파일 에러이다.

```
int v[3][] = {               // 열 크기를 유추할 수 없으므로 컴파일 에러
    {1, 2}, {3}, {4, 5, 6}
};
```

3차원 배열, 4차원 배열의 경우에도 배열의 첫 번째 크기만 생략할 수 있다.

```
int s[][2][2] = {            // s[2][2][2]로 할당되고
    1, 2, 3, 4, 5, 6         // {{{1, 2}, {3, 4}}, {{5, 6}, {0, 0}}}으로 초기화된다.
};
```

[예제 7-13]은 2차원 배열을 초기화하는 코드이다.

📑 **예제 7-13** : 2차원 배열의 초기화

```
01    #include <stdio.h>
02    #define ROW 3
03    #define COL 2
04
05    int main(void)
06    {
07        int data[ROW][COL] = {
08            {10, 20}, {30, 40}, {50, 60},
09        };
10        int i, j;
11
12        for (i = 0; i < ROW; i++) {
13            for (j = 0; j < COL; j++)
14                printf("%3d ", data[i][j]);
15            printf("\n");
16        }
17        return 0;
18    }
```

실행결과   ▪▪▪

```
10   20
30   40
50   60
```

📋 **확인해봐요**

1. 배열 원소에 접근할 때 인덱스를 여러 개 사용하는 것을 무엇이라고 하는가?
   ① 1차원 배열   ② 다차원 배열   ③ 구조체   ④ 공용체

2. int arr[N][M];으로 선언되는 2차원 배열에서 int형인 원소의 개수는 모두 몇 개인가?
   ① N개   ② M개   ③ (N+M)개   ④ (N×M)개

3. int arr[N][M];으로 선언되는 2차원 배열에서 int[M]형인 원소의 개수는 모두 몇 개인가?
   ① N개   ② M개   ③ (N+M)개   ④ (N×M)개

7.2.3 함수의 인자로 배열 전달하기

배열도 함수의 인자로 전달할 수 있다. 배열을 이용하는 여러 가지 기능을 함수로 작성해 보자.

(1) 배열의 원소를 출력하는 print_array 함수

크기가 5인 int형 배열의 원소를 출력하는 print_array 함수를 정의하려면 다음과 같이 함수의 매개변수로 배열을 선언하면 된다.

```c
void print_array(int arr[5])  // 매개변수를 배열로 선언한다.
{
    int  i;
    for (i = 0; i < 5; i++)   // 배열의 크기만큼 for문을 반복한다
        printf("%d ", arr[i]);
    printf("\n");
}
```

배열을 매개변수로 가진 함수를 호출하려면 함수의 인자로 배열의 이름을 전달한다.

```c
int x[5] = {1, 2, 3, 4, 5};
print_array(x);        // 함수를 호출할 때 배열의 이름을 인자로 전달한다.
```

그런데 크기가 5가 아닌 배열을 print_array 함수의 인자로 전달해도 컴파일 에러가 발생하지 않는다.

```c
int y[3] = {0};     // 크기가 3인 배열
int z[10] = {0};    // 크기가 10인 배열

print_array(y);     // y의 원소 3개와 쓰레기값 2개가 출력된다.
print_array(z);     // z의 원소 10개 중 5개만 출력된다.
```

print_array(y);와 print_array(z);가 원소 5개를 출력하는 이유는 함수 정의에서 for문이 i < 5인 동안 원소를 출력하기 때문이다. 다양한 크기의 int형 배열을 출력하는 print_array 함수를 정의하려면 배열의 크기를 함수의 매개변수로 받아와야 한다. [그림 7-21]은 배열과 배열의 크기를 매개변수로 받아오는 print_array 함수의 정의이다.

```
                        ┌─────────────────┐              ┌─────────────────┐
                        │ 크기를 지정하지 않고 │              │ 배열의 크기를 매개변 │
                        │  배열로 선언한다.   │              │   수로 받아온다.   │
                        └────────┬────────┘              └────────┬────────┘
  void print_array(int arr[], int size)
  {
      int  i;
      for (i = 0; i < size; i++)            ┌─────────────────┐
      {                                     │ 함수안에서 배열의   │
          printf("%d ", arr[i]);            │ 크기가 필요하면 매  │
      }                                     │ 개변수를 이용한다.  │
      printf("\n");                         └─────────────────┘
  }
```

그림 7-21 배열과 배열의 크기가 매개변수인 함수의 정의

함수의 매개변수로 배열을 선언할 때는 배열의 크기를 생략한다. int arr[ ]는 매개변수가 int형 배열이라는 것만 알려줄 뿐 크기는 알려주지 않는다. int arr[5]로 선언하더라도 [ ] 안에 써준 크기는 아무 의미가 없다.

[예제 7-14]는 int형 배열의 원소를 출력하는 print_array 함수를 정의하고 호출하는 코드이다.

📄 **예제 7-14 :** print_array 함수의 정의 및 호출

```
01   #include <stdio.h>
02   #define MAX 10
03   void print_array(int arr[], int size);      // 함수 선언
04
05   int main(void)
06   {
07       int scores[] = { 99, 98, 67, 72, 90, 82 };
08       int size = sizeof(scores) / sizeof(scores[0]);
09       int arr[MAX] = { 0 };
10
11       print_array(scores, size);         // 크기가 6인 int 배열 출력
12       print_array(arr, MAX);             // 크기가 10인 int 배열 출력
13       return 0;
14   }
15
16   void print_array(int arr[], int size)     // 배열의 원소를 출력하는 함수
17   {
18       int  i;
19       for (i = 0; i < size; i++)
20           printf("%d ", arr[i]);
21       printf("\n");
22   }
```

실행결과

```
99 98 67 72 90 82
0 0 0 0 0 0 0 0 0 0
```

 질문 있어요

함수 안에서 배열의 크기를 직접 구할 수는 없나요?

x가 배열의 이름일 때 배열의 크기는 sizeof(x) / sizeof(x[0])로 구할 수 있다. 그런데 함수의 매개변수로 받아온 배열에 대해서는 이 방법을 사용할 수 없다.

```c
void print_array(int arr[])
{
    int  i;
    int size = sizeof(arr) / sizeof(arr[0]);      // 잘못된 코드
    for (i = 0; i < size; i++)
        printf("%d ", arr[i]);
    printf("\n");
}
```

함수의 매개변수로 사용된 배열은 배열인 것처럼 보이지만 사실은 포인터이다. 아직 포인터에 대해서 알아보지 않았기 때문에 이 방법으로는 배열의 크기를 구할 수 없고, 함수의 또 다른 매개변수로 배열의 크기를 받아와야 한다는 점만 기억하자.

(2) 배열을 복사하는 copy_array 함수

배열을 복사하는 copy_array 함수는 다음과 같이 정의할 수 있다. 이 함수는 원본 배열인 source, 타겟 배열인 target, 그리고 배열의 크기를 매개변수로 선언한다. 배열을 복사하려면, 데이터형과 크기가 같은 source와 target 배열에 대해서 source의 모든 원소를 target의 원소에 대입한다.

```c
void copy_array(int source[], int target[], int size)
{
    int i;
    for (i = 0; i < size; i++)
        target[i] = source[i];          // 배열의 원소를 복사한다.
}
```

두 배열의 크기가 같으므로 배열의 크기는 하나만 매개변수로 받아오면 된다.

[예제 7-15]는 배열을 복사하는 copy_array 함수를 정의하고 호출하는 코드이다.

📑 **예제 7-15** : copy_array 함수의 정의 및 호출

```
01    #include <stdio.h>
02    #define SIZE 7
03    void copy_array(int source[], int target[], int size);
04    void print_array(int arr[], int size);
05
06    int main(void)
07    {
08        int x[SIZE] = { 10, 20, 30, 40, 50 };
09        int y[SIZE] = { 0 };
10
11        printf("x = ");
12        print_array(x, SIZE);
13        copy_array(x, y, 5);
14        printf("y = ");
15        print_array(y, SIZE);
16        return 0;
17    }
18
19    void copy_array(int source[], int target[], int size)
20    {
21        int i;
22        for (i = 0; i < size; i++)
23            target[i] = source[i];          // 배열의 원소를 복사한다.
24    }
25
26    void print_array(int arr[], int size)
27    {
28        int  i;
29        for (i = 0; i < size; i++)
30            printf("%d ", arr[i]);
31        printf("\n");
32    }
```

실행결과   ▪▪▪

```
x = 10 20 30 40 50 0 0
y = 10 20 30 40 50 0 0
```

질문 있어요

print_array 함수나 copy_array 함수를 int 배열이 아닌 문자 배열이나 실수형 배열에도 사용할 수 있나요?

print_array 함수와 copy_array 함수에 int 배열이 아닌 char형 배열이나 double형 배열을 전달하면 인자와 매개변수의 데이터형이 일치하지 않는다는 컴파일 경고가 발생한다. 이 경고를 무시하고 함수를 호출하면 실행 에러가 발생한다. 즉, 메모리에는 char형 배열이나 double형 배열이 있는데, print_array 함수나 copy_array 함수는 이 배열을 int형 배열인 것처럼 사용하기 때문에 문제가 된다.

배열을 함수의 인자로 전달할 때는 반드시 매개변수와 형이 일치해야 하므로 컴파일 경고를 무시해서는 안된다.

확인해봐요

1. 함수 정의에서 배열형의 매개변수를 선언하기 위해서 필요한 것이 아닌 것은?

　① 배열 원소의 데이터형　　　　　② 배열 이름　　　③ 배열의 크기

2. int arr[5];로 배열이 선언되어 있을 때, 함수의 인자로 arr 배열을 전달하기 위해서 넘겨주는 값은?

　① arr　　　　　② arr[0]　　　　③ &arr　　　　④ sizeof(arr)

1. 배열의 기본

- 배열(array)은 같은 데이터형의 변수를 메모리에 연속적으로 할당하고 같은 이름으로 사용하는 기능이다.
- 배열에 들어있는 각각의 변수를 배열의 원소라고 하며, 배열의 각 원소를 구분하기 위해서 인덱스를 사용한다. 배열 원소의 인덱스는 0부터 시작한다.
- 배열을 선언할 때 배열의 크기는 반드시 0보다 큰 정수형 상수로 지정해야 한다. 배열의 크기를 지정할 때 매크로 상수는 사용할 수 있지만 const 변수나 변수를 포함한 수식은 사용할 수 없다.
- 배열을 초기화하려면 { } 안에 배열 원소의 초기값을 콤마(,)로 나열한다. 배열의 크기보다 초기값이 부족하면 나머지 원소는 0으로 초기화한다.

```
int arr[5] = { 1, 2, 3, 4, 5 };
```

- 배열을 초기화할 때는 배열의 크기를 생략할 수 있다.

```
int arr[] = { 1, 2, 3, 4, 5 };          // arr는 크기가 5인 배열
```

- 배열을 사용할 때는 배열의 인덱스가 0~(배열의 크기 – 1) 범위를 벗어나지 않도록 주의해야 한다.
- 배열에 다른 배열을 대입하거나 배열끼리 직접 관계 연산자로 비교할 수 없다. 대신 배열의 원소를 대입하거나 배열의 원소끼리 비교해야 한다.

2. 배열의 활용

- 탐색은 데이터 중에서 특정 값을 가진 항목을 찾는 기능이고, 정렬은 데이터를 조건에 따라서 나열하는 기능이다.
- 표준 C 라이브러리는 2진 탐색을 수행하는 bsearch 함수와 퀵 정렬을 수행하는 qsort 함수를 제공한다.
- 2차원 배열을 선언할 때는 배열의 행 크기와 열 크기를 지정한다. 배열의 원소의 개수는 (열 크기)×(행 크기)만큼 할당된다.

```
int data[3][2];
```

- 2차원 배열은 원소에 접근할 때 인덱스를 2개 사용한다.
- 2차원 배열을 초기화할 때는 행 크기만 생략할 수 있다.

```
int data[][2] = {1, 2, 3, 4, 5, 6};     // int data[3][2];로 선언된다.
```

- 함수의 매개변수로 배열을 전달하려면, 크기를 지정하지 않은 배열형으로 선언하고, 배열의 크기도 함께 전달한다.

```
void print_array(int arr[], int size);
```

- 함수를 호출 시 배열을 전달하려면, 배열의 이름만 써준다. 배열의 크기도 인자로 전달해야 한다.

```
int x[5] = {1, 2, 3, 4, 5};
print_array(x, 5);
```

1. 배열에 대한 설명 중 잘못된 것은?

① 배열의 원소들은 모두 같은 데이터형이다.

② 배열의 원소들은 메모리에 연속적으로 할당된다.

③ 배열의 원소에 접근할 때는 1부터 시작하는 인덱스를 사용한다.

④ 배열의 이름만 사용하면 배열의 시작 주소를 의미한다.

2. 다음 중 배열의 선언이 잘못된 것을 모두 고르시오.

① `int arr[10];`

② `int arr[0];`

③ `const int ARRAY_SIZE = 5;`
   `double data[ARRAY_SIZE];`

④ `#define MAX 10`
   `int arr[MAX];`

⑤ `double data[ ];.`

⑥ `int size = 10;`
   `int arr[size];`

3. 배열에 대한 설명을 읽고 설명이 맞으면 O, 틀리면 X를 선택하시오.

(1) 배열의 크기는 반드시 0보다 큰 정수형 상수로 지정해야 한다.   (   )

(2) 배열의 크기를 지정할 때 const 변수를 사용할 수 있다.   (   )

(3) 서로 다른 데이터형의 변수들을 하나로 묶는 데 배열을 사용한다.   (   )

(4) 배열 이름이 arr일 때 배열의 크기(원소의 개수)는 sizeof(arr)로 구할 수 있다.   (   )

(5) 배열 이름이 arr일 때 sizeof(arr)는 배열 전체의 바이트 크기이다.   (   )

(6) 배열을 초기화할 때 배열의 크기보다 초기값이 부족하면 컴파일 에러가 발생한다.   (   )

(7) 배열을 초기화할 때는 배열의 크기를 생략할 수 있다.   (   )

(8) 전역 변수로 선언된 배열은 따로 초기화하지 않아도 0으로 초기화된다.   (   )

(9) 배열의 인덱스는 0~(배열의 크기−1) 범위의 값이다.   (   )

(10) 배열에 대하여 잘못된 인덱스를 사용하면 컴파일 에러가 발생한다.   (   )

4. 다음 중 배열의 초기화가 잘못된 것을 모두 고르시오.

① `int x[3] = { 1, 2, 3, 4, 5 };`

② `double y[3] = { 1, 2, 3 };`

③ `char z[3] = { 'a' };`

④ `int w[ ] = { 10, 20, 30 };`

⑤ `double v[1] = 1.0;`

5. 다음 코드 중에서 컴파일 에러 및 실행 에러가 발생할 수 있는 코드를 모두 고르시오.

①
```c
int x[3] = { 10, 20, 30 };
int i = 0;
for ( i = 0; i < 4 ; i++)
    arr[i] += 10;
```

②
```c
int a[5] = { 1, 2, 3, 4, 5 };
int b[5];
b = a;
```

③
```c
int arr[5] = { 0 };
arr[2] = arr[0] + arr[1];
```

④
```c
double z[3];
scanf("%lf", &z[0]);
```

⑤
```c
char str[20];
str = "abc";
```

6. 알고리즘 중에서 데이터를 조건에 따라 나열하는 기능을 무엇이라고 하는가?

7. 다차원 배열에 대한 설명 중 잘못된 것을 모두 고르시오.

① 다차원 배열을 선언할 때는 배열의 크기를 2개 이상 지정한다.

② 다차원 배열의 원소를 사용할 때는 1차원 배열처럼 인덱스를 하나만 사용한다.

③ 다차원 배열의 모든 원소도 연속된 메모리에 할당된다.

④ 2차원 배열의 크기는 행 크기와 열 크기 모두 생략할 수 있다.

⑤ 2차원 배열에서 전체 원소의 개수는 (열 크기)×(행 크기)개이다.

8. 다차원 배열의 초기화 코드 중에서 잘못된 것을 모두 고르시오.

① `int arr[3][2] = { {1, 2}, {3, 4}, {5, 6} };.` ② `double data[2][3] = { {0.1} {0.2} };`

③ `double x[ ][2] = { 0.1, 0.2, 3, };` ④ `int y[2][ ] = { { 1, 2, 3}, {4, 5, 6} };`

⑤ `int z[2][3] = { };` ⑥ `double w[4][5] = { 0 };`

9. 배열을 함수로 인자로 전달하는 방법에 대한 설명을 읽고 설명이 맞으면 O, 틀리면 X를 선택하시오.

(1) 함수의 매개변수를 배열로 선언한다. (   )

(2) 함수의 매개변수를 배열로 선언할 때는 배열의 크기는 생략한다. (   )

(3) 함수를 호출할 때는 배열의 원소를 인자로 전달한다. (   )

(4) 함수 안에서 배열의 크기가 필요할 때는 배열의 크기도 매개변수로 전달받는다. (   )

(5) 함수 안에서 sizeof 연산자를 이용해서 배열의 크기를 직접 구할 수 있다. (   )

(6) 함수 안에서 배열의 원소에 접근할 때는 인덱스를 사용한다. (   )

10. 다음과 같이 선언된 배열이 있을 때, sizeof 연산자를 이용해서 배열의 크기를 구하는 코드를 ____ 부분에 작성하시오.

```
double values[] = { 1, 2, 3.1, 5.2, 4.5, 7.5, 7.1, 8.7 };
int count = _____;      // 배열의 크기(원소의 개수)
```

11. 다음은 정수형 배열에 대하여 모든 원소의 합을 구하는 코드이다. ____ 부분에 필요한 코드를 작성하시오.

```
#include <stdio.h>

int main(void)
{
    int orders[] = { 12, 34, 57, 45, 67, 99, 13, 46, 78, 44, 56 };
    int sz = sizeof(orders) / sizeof(orders[0]);
    int sum = 0;
    int i;

    for (i = 0; i < sz; i++)
        _____
    printf("합계 : %d\n", sum);

    return 0;
}
```

12. 다음은 피보나치 수열을 구해서 크기가 20인 배열에 저장하고 출력하는 코드이다. ____ 부분에 필요한 코드를 작성하시오. 피보나치 수열은 바로 앞의 두 수의 합으로 구해지며, 처음 두 항은 1이다.

```
int main(void)
{
    int fibo[20] = { 1, 1 };
    int sz = sizeof(fibo) / sizeof(fibo[0]);
    int i;

    for (_____)
        fibo[i+2] = fibo[i] + fibo[i+1];

    for (i = 0; i < sz; i++)
        printf("%d ", fibo[i]);
    printf("\n");

    return 0;
}
```

13. 다음은 구구단을 구해서 2차원 배열에 넣어두고 사용하는 코드이다. 2차원 배열의 gugu는 인덱스가 0부터 시작하므로 gugu[0][0]에 1×1을 저장하고, gugu[8][8]에 9×9를 저장해야 한다. ____부분에 필요한 코드를 작성하시오.

```c
#include <stdio.h>

int main(void)
{
    int gugu[9][9] = { 0 };
    int i, j;
    int num;

    for (i = 1; i <= 9; i++)
        for (j = 1; j <= 9; j++)
            ①_____

    printf("몇 단? ");
    scanf("%d", &num);
    for (j = 1; j <= 9; j++)
        printf("%d*%d = %d ", num, j,②_____);
    printf("\n");

    return 0;
}
```

14. 정수형 배열을 매개변수로 전달받아 배열 전체를 0으로 채우는 함수의 원형을 작성하시오.

15. 다음은 0~99사이의 임의의 정수로 배열을 채우는 코드이다. 박스로 표시된 부분을 적절한 함수로 정의하시오.

```c
#include <stdio.h>
#include <stdlib.h>
#include <time.h>

int main(void)
{
    int arr[10];
    int i;
```

```
    srand((unsigned int)time(NULL));

    // 0~99사이의 임의의 정수로 배열을 채운다.
    for (i = 0; i < 10; i++)
        arr[i] = rand() % 100;   .

    for (i = 0; i < 10; i++)
        printf("%d ", arr[i]);
    printf("\n");

    return 0;
}
```

★ srand 함수는 난수의 시드를 지정하는 표준 C 라이브러리 함수로 프로그램 전체에서 한번만 호출하면 된다. 난수의 시드를 임의의 수로 지정하기 위해서 time 함수가 리턴하는 값을 이용하는 경우가 많다. time 함수는 인코딩된 시간값을 리턴하는 표준 C 라이브러리 함수이다. 난수를 생성할 때는 rand 함수를 이용하는데, rand 함수는 0~32767사이의 임의의 정수를 리턴하는 표준 C 라이브러리 함수이다. 0~(N-1) 범위의 임의의 정수를 생성하려면 rand() % N처럼 나머지 연산자를 이용한다.

16. 다음 코드의 실행 결과를 쓰시오.

```
#include <stdio.h>

int main(void)
{
    int x[4][3] = { {1, 2, 3}, {4, 5}, {6} };
    int i, j;

    for (i = 0; i < 3; i++)
        for (j = 0; j < 3; j++)
            x[3][j] += x[i][j];

    for (i = 0; i < 4; i++)
    {
        for (j = 0; j < 3; j++)
            printf("%2d ", x[i][j]);
        printf("\n");
    }

    return 0;
}
```

1. 등차수열은 앞의 항에 항상 일정한 수(공차)를 더하여 만들어가는 수열이다. 크기가 10인 정수형 배열에 대하여 등차수열로 값을 채우려고 한다. 첫 번째 항의 값과 공차(common difference)를 입력받아서 배열을 채우고 출력하는 프로그램을 작성하시오. [배열/난이도 ★]

```
실행결과                                              ■ ■ ■

첫 번째 항? 1
공차? 5
등차수열: 1 6 11 16 21 26 31 36 41 46
```

2. 등비수열은 앞의 항에 항상 일정한 수(공비)를 곱하여 만들어가는 수열이다. 크기가 10인 실수형 배열에 대하여 등비수열로 값을 채우려고 한다. 첫 번째 항의 값과 공비(common ratio)를 입력받아서 배열을 채우고 출력하는 프로그램을 작성하시오. [배열/난이도 ★]

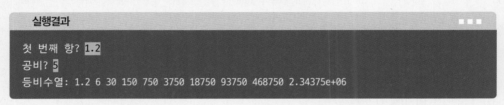

```
실행결과                                              ■ ■ ■

첫 번째 항? 1.2
공비? 5
등비수열: 1.2 6 30 150 750 3750 18750 93750 468750 2.34375e+06
```

3. 특정 값으로 초기화된 정수형 배열에 대하여 배열의 원소 중 최댓값과 최솟값을 찾아서 출력하는 프로그램을 작성하시오. 배열의 초기값은 마음대로 정하시오. [배열/난이도 ★]

```
실행결과                                              ■ ■ ■

배열: 23 45 62 12 99 83 23 50 72 37
최댓값: 99
최솟값: 12
```

4. 특정 값으로 초기화된 정수형 배열에 대하여 배열의 원소 중 최댓값을 가진 원소와 최솟값을 가진 원소를 찾아서 인덱스와 값을 함께 출력하는 프로그램을 작성하시오. 배열의 초기값은 마음대로 정하시오. [배열/난이도 ★★]

```
실행결과                                              ■ ■ ■

배열: 23 45 62 12 99 83 23 50 72 37
최댓값: 인덱스=4, 값=99
최솟값: 인덱스=3, 값=12
```

5. 특정 값으로 초기화된 정수형 배열에 대하여 사용자가 입력한 값을 배열의 끝에서부터 역순으로 찾아서 찾은 원소의 인덱스를 출력하는 프로그램을 작성하시오. 같은 값을 가진 원소를 찾을 수 없으면 에러 메시지를 출력하고, 같은 값을 가진 원소가 여러 개일 때는 첫 번째로 찾은 원소의 인덱스를 출력한다. 배열의 초기값은 마음대로 정하시오. [배열/난이도 ★]

```
실행결과                                            ▪▪▪

배열: 23 45 62 12 99 83 23 50 12 37
찾을 값? 12
12는 8번째 원소입니다.
```

6. 크기가 10인 실수형 배열에 대해서 원소들을 역순으로 만드는 프로그램을 작성하시오. 실수형 배열의 초기값은 마음대로 정하시오. [배열의 인덱스 사용/난이도 ★]

```
실행결과                                            ▪▪▪

배열: 1.2 3.1 4.3 4.5 6.7 2.3 8.7 9.5 2.3 5.8
역순: 5.8 2.3 9.5 8.7 2.3 6.7 4.5 4.3 3.1 1.2
```

7. 정수형 배열의 모든 원소를 특정 값으로 채우는 fill_array 함수를 작성하시오. 예를 들어 fill_array(arr, 10, 1);은 크기가 10인 arr 배열의 모든 원소에 1을 대입하라는 의미이다. 크기가 20인 배열을 선언해서 입력받은 값으로 배열 전체를 채우고 출력하는 프로그램을 작성하시오. [배열을 매개변수로 전달하는 함수/난이도 ★★]

```
실행결과                                            ▪▪▪

배열의 원소에 저장할 값? 5
5 5 5 5 5 5 5 5 5 5 5 5 5 5 5 5 5 5 5 5
```

8. 상품 가격이 저장된 정수형 배열에 대하여 할인율(%)을 입력받아 할인된 가격을 계산해서 출력하는 프로그램을 작성하시오. 상품 가격이 저장된 배열의 크기는 5이고, 상품 가격은 입력받아서 사용한다. 할인된 가격은 별도의 배열에 저장해야 한다. [여러 개의 배열 사용/난이도 ★★]

```
실행결과                                            ▪▪▪

상품가 5개를 입력하세요:
12000 18000 20000 50000 5600
할인율(%)? 20
가격:  12000 --> 할인가:   9600
가격:  18000 --> 할인가:  14400
가격:  20000 --> 할인가:  16000
가격:  50000 --> 할인가:  40000
가격:   5600 --> 할인가:   4480
```

9. 1~12월의 핸드폰 요금을 배열에 저장하고 화면에 막대 그래프로 출력하는 프로그램을 작성하시오. 12개월의 핸드폰 요금이 들어있는 배열을 특정 값으로 초기화해서 사용하고, 핸드폰 요금 2000원 당 '*'를 하나씩 막대 그래프로 출력한다. [배열 원소를 함수의 인자로 전달/난이도 ★★]

```
실행결과

 1월  36000:******************
 2월  42000:*********************
 3월  38000:*******************
     :
12월  65000:********************************
```

10. 3×3 행렬의 합을 구하는 프로그램을 작성하시오. 행렬로 사용될 2차원 배열은 마음대로 초기화해도 된다. [2차원 배열/난이도 ★★]

$$\begin{bmatrix} a_{11} & a_{12} & a_{13} \\ a_{21} & a_{22} & a_{23} \\ a_{31} & a_{32} & a_{33} \end{bmatrix} + \begin{bmatrix} b_{11} & b_{12} & b_{13} \\ b_{21} & b_{22} & b_{23} \\ b_{31} & b_{32} & b_{33} \end{bmatrix} = \begin{bmatrix} a_{11}+b_{11} & a_{12}+b_{12} & a_{13}+b_{13} \\ a_{21}+b_{21} & a_{22}+b_{22} & a_{23}+b_{23} \\ a_{31}+b_{31} & a_{32}+b_{32} & a_{33}+b_{33} \end{bmatrix}$$

```
실행결과

x 행렬:
 10  20  30
 40  50  60
 70  80  90
y 행렬:
  9   8   7
  6   5   4
  3   2   1
x + y 행렬:
 19  28  37
 46  55  64
 73  82  91
```

11. 각 학생의 한 학기 성적은 중간고사 30점, 기말고사 30점, 팀프로젝트 30점, 출석 10점으로 계산
된다. 학생이 모두 5명일 때, 학생별 총점을 구하고 중간고사, 기말고사, 팀프로젝트, 출석의 평균
점을 구해서 출력하는 프로그램을 작성하시오. 성적을 저장하는 2차원 배열은 다음과 같이 초기화
해서 사용한다. [2차원배열과 1차원 배열/난이도 ★★★]

실행결과

```
학 생   1번:    28    28    26     9 ==>   91
학 생   2번:    30    27    30    10 ==>   97
학 생   3번:    25    26    24     8 ==>   83
학 생   4번:    18    22    22     5 ==>   67
학 생   5번:    24    25    30    10 ==>   89
항목별 평균:    25.00 25.60 26.40  8.40
```

12. 기차표 예매 프로그램을 작성하려고 한다. 간단한 구현을 위해 좌석은 모두 10개라고 하자. 예매할
좌석수를 입력받아 빈 자리를 할당한다. 예매할 때마다 각 좌석의 상태를 출력한다. O이면 예매 가
능, X는 예매 불가를 의미한다. 더 이상 예매할 수 없으면 프로그램을 종료한다. [배열/난이도 ★★★]

실행결과

```
현재 좌석: [ O O O O O O O O O O ]
예매할 좌석수? 3
1 2 3 번 좌석을 예매했습니다.
현재 좌석: [ X X X O O O O O O O ]
예매할 좌석수? 4
4 5 6 7 번 좌석을 예매했습니다.
현재 좌석: [ X X X X X X X O O O ]
예매할 좌석수? 3
8 9 10 번 좌석을 예매했습니다.
```

13. 비트 OR 연산자를 이용하면 두 이미지를 합칠 수 있다. 크기가 같은 2개의 unsigned char 배열을 비트 OR 연산한 결과를 출력하는 프로그램을 작성하시오. **unsigned char 배열 2개는 크기가 16인 배열로 선언**하고 임의의 **데이터(0~255)를 채우고, 비트 OR 연산 결과를 저장할 배열을 따로 선언해서 사용하시오.** [여러 개의 배열, 비트OR연산/난이도 ★★]

> **실행결과** ● ● ●
>
> ```
> image1: FC C5 13 B9 15 A6 1E 27 38 2D 7C 43 7B 16 DC 34
> image2: EB F7 D6 3E 8B 8D C8 A8 80 4A 76 5E 0B 71 54 68
> image3: FF F7 D7 BF 9F AF DE AF B8 6F 7E 5F 7B 77 DC 7C
> ```

★ unsigned char 배열을 임의의 값으로 채우려면 srand, time, rand 함수를 이용한다.
```
srand( (unsigned int) time(0) );
for(i = 0 ; i < 16 ; i++)
    image[i] = rand() % 256;   // 0~255사이의 임의의 값
```

14. 음악 재생 프로그램에는 재생 목록에 있는 곡들을 임의의 순서로 뒤섞는 셔플 기능이 있다. 이 셔플 기능처럼 크기가 10인 정수형 배열의 원소를 임의의 순서로 뒤섞는 프로그램을 작성하시오. 크기가 10인 정수형 배열은 0~99사이의 임의의 정수로 채워서 테스트한다. [배열/난이도 ★★★]

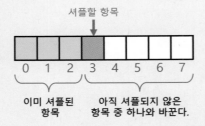

> **실행결과** ● ● ●
>
> ```
> 셔플 전: 12 64 80 42 67  9  8  7 56 48
> 셔플 후: 80 64  7 42 12 56  8 67 48  9
> ```

15. 정수형 배열을 매개변수로 전달받아 배열 전체를 0으로 채우는 zero_array 함수를 작성하시오.
[배열을 매개변수로 전달하는 함수의 정의/난이도 ★]

> **실행결과** ● ● ●
>
> ```
> 0 0 0 0 0 0 0 0 0 0
> ```

16. 정수형 배열과 키 값을 매개변수로 전달받아 배열에서 키 값을 찾아 인덱스를 리턴하는 find_array 함수를 작성하시오. 키 값을 찾을 수 없으면 −1을 리턴한다. [배열을 매개변수로 전달하는 함수의 정의/난이도 ★]

```
실행결과                                          ■ ■ ■
23 45 62 12 99 83 23 50 72 37
찾을 값? 12
12는 3번째 원소입니다.
```

17. 수학에서 다중집합(multiset)은 원소의 중복을 허용한다. 최대 10개의 정수형 원소를 저장할 수 있는 다중집합을 프로그램하시오. 정수를 입력받아 집합의 원소를 추가하고, 그 때마다 집합의 원소들을 출력하시오. [배열/난이도 ★★]

```
실행결과                                          ■ ■ ■
배열에 추가할 원소? 10
10
배열에 추가할 원소? 20
10 20
배열에 추가할 원소? 10
10 20 10
⋮
```

18. 수학에서 집합(set)은 다중집합(multiset)과 다르게 원소의 중복을 허용하지 않는다. 최대 10개의 정수형 원소를 저장할 수 있는 집합(set)을 구현하시오. 정수를 입력받아 집합의 원소로 추가하고, 그 때마다 집합의 원소들을 출력하시오. [배열/난이도 ★★★]

```
실행결과                                          ■ ■ ■
배열에 추가할 원소? 10
10
배열에 추가할 원소? 20
10 20
배열에 추가할 원소? 10
해당 원소가 이미 [0]에 존재합니다.
10 20
⋮
```

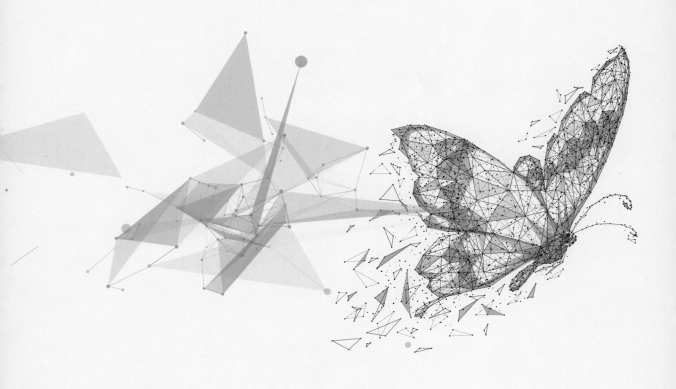

CHAPTER 8

포인터

8.1 포인터의 기본

포인터는 C 언어가 지닌 양날의 검이다. 포인터는 사용하기 복잡하고 까다롭지만 포인터를 이용하면 메모리를 효율적으로 관리해서 고성능의 프로그램을 작성할 수 있다. 하지만 포인터를 잘못 사용하거나 나쁜 의도로 사용하는 경우에 버퍼 오버런을 일으켜 프로그램이 오동작하거나 프로그램을 해킹에 취약하게 만드는 원인이 된다.

포인터는 저수준의 프로그램을 만들 때 유용하게 사용되며, 함수나 배열 같은 고급 언어로서의 기능에서도 활용된다. 포인터를 사용하지 않고도 C 프로그램을 작성할 수는 있지만, 좋은 프로그램을 작성하기는 어렵다.

8.1.1 포인터의 개념

포인터(pointer)는 주소(address)를 저장하는 변수이다. 예를 들어 char형 변수에 저장된 값은 문자 코드이고, int형 변수에 저장된 값은 정수이다. 마찬가지로 포인터 변수에 저장된 값은 주소이다.

메모리에는 각각의 바이트를 구분하기 위한 주소(번지)가 있다. 데이터형의 크기가 플랫폼마다 다른 것처럼 주소의 크기도 플랫폼에 따라 다르다. 32비트 플랫폼에서는 주소가 32비트, 즉 4바이트이고, 64비트 플랫폼에서는 주소가 64비트, 즉 8바이트이다. 이 책에서는 주소의 크기를 4바이트로 가정한다. 32비트 플랫폼에서는 주소로 32비트를 사용하므로 사용할 수 있는 주소 범위는 32비트가 모두 0인 주소부터 32비트가 모두 1인 주소, 즉, 0x00000000번지부터 0xffffffff번지까지이다. **32비트 플랫폼에서는 주소가 4바이트 크기이므로 포인터 변수의 크기도 4바이트이다.**

그림 8-1 32비트 플랫폼의 메모리 주소 공간

변수가 할당되는 메모리의 주소는 컴파일러가 결정하며, 프로그래머는 필요할 때 그 주소를 이용할 수 있다. 대부분의 운영체제와 C 컴파일러는 메모리를 안전하게 사용하기 위한 여러 가지 기법으로 메모리를 할당하므로 프로그래머는 변수의 주소에 대해 신경쓸 필요가 없다. 포인터를 사용할 때도 주소값 자체가 아니라 포인터가 어떤 변수를 가리키는지가 중요하다.

그림 8-2 포인터는 다른 변수를 가리킨다.

포인터는 주소로 변수에 접근할 수 있는 방법을 제공한다. 포인터라는 이름에서 알 수 있듯이 **포인터는 다른 변수를 가리키는 변수이다.** 즉, 포인터는 주소를 이용해서 다른 변수에 접근할 수 있도록 도와준다.

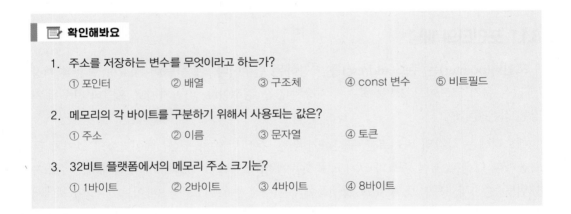

📋 **확인해봐요**

1. 주소를 저장하는 변수를 무엇이라고 하는가?
   ① 포인터   ② 배열   ③ 구조체   ④ const 변수   ⑤ 비트필드

2. 메모리의 각 바이트를 구분하기 위해서 사용되는 값은?
   ① 주소   ② 이름   ③ 문자열   ④ 토큰

3. 32비트 플랫폼에서의 메모리 주소 크기는?
   ① 1바이트   ② 2바이트   ③ 4바이트   ④ 8바이트

8.1.2 포인터의 선언 및 초기화

(1) 포인터의 선언

포인터 변수를 선언할 때는 데이터형과 *를 쓴 다음 변수명을 적어준다. * 기호는 포인터 수식어로, 그 다음에 있는 변수를 포인터로 만든다. 포인터 변수는 간단히 포인터라고 부른다.

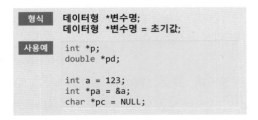

```
형식   데이터형 *변수명;
       데이터형 *변수명 = 초기값;

사용예  int *p;
       double *pd;

       int a = 123;
       int *pa = &a;
       char *pc = NULL;
```

포인터를 선언할 때 지정하는 데이터형은 포인터가 가리키는 변수의 데이터형이다. 포인터 수식어 *는 데이터형 쪽에 붙여 써도 되고 변수 쪽으로 붙여 써도 된다. 하지만 변수 쪽으로 붙여 써주는 것이 좋다.

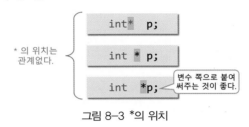

* 의 위치는 관계없다.

변수 쪽으로 붙여 써주는 것이 좋다.

그림 8-3 *의 위치

질문 있어요

포인터를 선언할 때 *를 변수 쪽으로 붙여 써주는 것이 좋은 이유는 무엇 때문인가요?

포인터를 한 줄에 여러 개 선언하는 경우를 생각해보자. *를 변수 이름 앞에 쓰면 해당 변수를 포인터로 만든다. 따라서 다음 코드의 p1, p2, p3는 모두 포인터이다.

```
int *p1, *p2, *p3;    // p1, p2, p3는 모두 포인터이다.
```

*를 데이터형 쪽으로 붙여 쓰면 어떻게 될까? 이 경우에도 *는 바로 다음 변수를 포인터로 만드므로 p1은 포인터 변수가 되지만, p2와 p3는 int형 변수가 된다. 그런데 int*을 앞쪽에 써주었기 때문에 p2와 p3가 int*형이 되는 것처럼 혼동할 수 있다. 따라서 *를 변수 쪽으로 붙여 써주는 것이 의미가 명확하므로 더 좋은 방법이다.

```
int* p1, p2, p3;      // p1은 포인터, p2와 p3는 int형 변수이다.
int *p1, p2, p3;      // p1만 포인터라는 것을 파악하기 쉽다.
```

포인터는 용도별로 구분해서 사용하므로 포인터를 선언할 때 포인터가 가리키는 변수의 데이터형을 명시한다. 예를 들어 동생이 등산을 갈 때는 등산화를 신고, 축구를 하러 갈 때는 축구화를 신는다고 가정하면, 동생이 신은 신발만 보면 무엇을 하러 가는지 구별할 수 있다. 포인터도 비슷하다. int*형은 int형 변수의 주소를 저장하는 포인터형, double* 형은 double형 변수의 주소를 저장하는 포인터형이다. 포인터의 데이터형을 보면 포인터가 가리키는 변수가 어떤 형인지 알 수 있다. int*형의 변수를 간단히 int 포인터, double* 형의 변수를 double 포인터라고 한다.

```
int *pi;          // int 포인터, 즉 int형 변수의 주소를 저장하는 변수
double *pd;       // double 포인터, 즉 double형 변수의 주소를 저장하는 변수
```

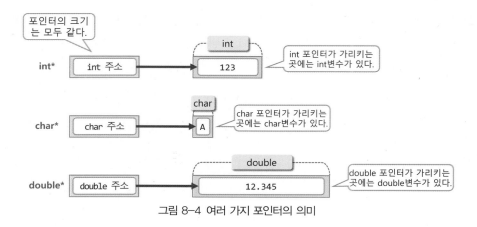

그림 8-4 여러 가지 포인터의 의미

어떤 형의 변수를 가리키는지에 따라 포인터의 용도를 구분해서 사용해야 한다. int 변수를 가리킬 때는 int 포인터를, double 변수를 가리킬 때는 double 포인터를 사용해야 한다.

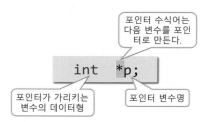

그림 8-5 포인터 선언문의 의미

포인터의 데이터형이 다르더라도 포인터의 크기는 항상 같다. int 포인터와 double 포인터는 모두 주소를 저장하기 때문이다. 포인터의 크기는 플랫폼에 의해서 결정된다. 즉, 32비트 플랫폼에서는 포인터가 항상 4바이트 크기이고, 64비트 플랫폼에서는 8바이트 크기이다.

포인터의 크기를 확인할 때도 sizeof 연산자를 이용한다.

```
int *pi;
double *pd;
printf("sizeof(pi) = %d\n", sizeof(pi));      // 4바이트 (32비트 플랫폼 기준)
printf("sizeof(pd) = %d\n", sizeof(pd));      // 4바이트
```

sizeof 연산자는 데이터형에도 사용할 수 있다. 포인터형은 데이터형과 *로 나타낸다.

```
printf("sizeof(int*) = %d\n", sizeof(int*));           // 4바이트
printf("sizeof(double*) = %d\n", sizeof(double*));      // 4바이트
```

[예제 8-1]은 sizeof 연산자를 이용하여 포인터와 포인터형의 크기를 알아보는 예제이다.

📝 **예제 8-1 : 포인터의 바이트 크기 구하기**

```
01    #include <stdio.h>
02
03    int main(void)
04    {
05        int *pi;          // *는 변수명 쪽으로 붙여준다.
06        double *pd;
07        char *pc;
08
09        printf("sizeof(pi) = %zd\n", sizeof(pi));        // 4바이트 (32비트 플랫폼)
10        printf("sizeof(pd) = %zd\n", sizeof(pd));        // 4바이트
11        printf("sizeof(pc) = %zd\n", sizeof(pc));        // 4바이트
12
13        printf("sizeof(int*) = %zd\n", sizeof(int*));        // 4바이트
14        printf("sizeof(double*) = %zd\n", sizeof(double*));        // 4바이트
15        printf("sizeof(char*) = %zd\n", sizeof(char*));        // 4바이트
16
17        return 0;
18    }
```

실행결과

```
sizeof(pi) = 4
sizeof(pd) = 4
sizeof(pc) = 4
sizeof(int*) = 4
sizeof(double*) = 4
sizeof(char*) = 4
```

포인터의 크기는 항상 같다.

❓ 질문 있어요

64비트 운영체제를 사용하고 있는데 포인터의 크기가 8바이트라고 출력되지 않아요. 왜 그럴까요?

[예제 8-1]을 빌드해서 실행해보면 64비트 운영체제를 사용하고 있는 시스템에서도 포인터의 크기가 4바이트라고 출력된다. 그 이유는 Visual Studio의 프로젝트 구성 때문이다. .Visual Studio는 C++ 프로젝트를 생성하면 디폴트로 솔루션 플랫폼을 'x86'으로 지정하는데, 32비트 애플리케이션으로 실행 파일을 생성한다는 의미이다. 32비트 애플리케이션은 32비트 플랫폼과 64비트 플랫폼 모두에서 실행할 수 있으므로 디폴트로 32비트 애플리케이션 개발을 선택하는 것이다. 따라서 32비트 애플리케이션에서는 주소가 32비트, 즉 4바이트로 처리된다.

continued

질문 있어요

64비트 애플리케이션으로 실행 파일을 생성하려면 [빌드] → [구성관리자] 메뉴를 선택하고, 활성 솔루션 플랫폼을 'x64'로 선택한다.

이 경우에 컴파일을 하면 컴파일 경고가 발생하는데, 이 컴파일 경고는 sizeof 연산자의 결과값이 64비트 플랫폼에서 unsigned long long형의 값이기 때문에 %d로 출력하면 값을 제대로 출력하지 못할 수 있으므로 대신 %zd 형식 문자열을 사용하도록 권고한다. 이 컴파일 경고는 무시해도 상관없다.

> ⚠ 컴파일 경고
>
> 1>c:\work\chap08\ex08_01\ex08_01\pointer_size.c(9): warning C4477: 'printf' : 서식 문자열 '%d'
> 에 'int' 형식의 인수가 필요하지만 variadic 인수 1의 형식이 'size_t'입니다.
> 1>c:\work\chap08\ex08_01\ex08_01\pointer_size.c(9): note: 서식 문자열에서 '%zd'을(를) 사용하는
> 것이 좋습니다.

(2) 포인터의 초기화

포인터도 변수이므로 초기화하지 않으면 쓰레기값을 가진다. 포인터를 초기화할 때 직접 16진수 주소로 초기화하면 컴파일 에러가 발생한다. 0x12345678은 주소가 아니라 16진수 정수값이기 때문이다.

```
int *p1 = 0x12345678;      // 포인터를 정수값으로 초기화하므로 컴파일 에러
```

(int*)0x12345678처럼 형 변환해서 포인터에 대입하면 컴파일 에러는 발생하지 않지만 실행 에러가 발생한다. 0x12345678번지에 무엇이 들어있는지 모르면서 포인터로 접근해서 변경할 수 있기 때문이다. 운영체제가 심각한 상황이 되지 않도록 메모리 보호 기능을 제공하지만, 이런 식으로 포인터를 사용해서는 안된다. 다시 말해서 **포인터에 직접 절대 주소를 대입해서는 안된다.**

```
int *p2 = (int*)0x12345678;   // 메모리 주소를 직접 사용하면 실행 에러가 발생한다.
```

포인터를 사용할 때는 주소가 몇 번지인지가 중요한 것이 아니라, 어떤 변수의 주소인지가 중요하다. 변수의 주소를 구할 때는 **주소 구하기(addresss-of) 연산자**인 &를 이용한다. p3는 int 포인터이므로 int 변수의 주소를 구해서 p3를 초기화할 수 있다.

```
int a = 10;
int *p3 = &a;       // int 변수 a의 주소를 구해서 int 포인터인 p3를 초기화한다.
```

포인터를 선언할 때 어떤 주소로 초기화할지 알 수 없으면 0으로 초기화한다.

```
int *p4 = 0;        // 어떤 변수의 주소로 초기화할지 알 수 없으면 0으로 초기화한다.
```

포인터를 0으로 초기화할 때 NULL 매크로를 이용할 수도 있다.

```
int *p5 = NULL;     // 0 대신 NULL을 사용할 수 있다.
```

NULL 매크로는 표준 C 라이브러리에 정의된 매크로 상수이며, ⟨stdio.h⟩를 포함하면 사용할 수 있다. NULL 매크로의 정의는 다음과 같다.

```
#define NULL ((void *)0)
```

[예제 8-2]는 포인터를 선언하고 초기화하는 예제이다.

예제 8-2 : 포인터의 선언 및 초기화

```
01   #include <stdio.h>
02
03   int main(void)
04   {
05       //int *p1 = 0x12345678;        // 컴파일 에러
06       int *p2 = (int*)0x12345678;    // 실행 에러가 발생한다.
07
08       int a = 10;
09       int *p3 = &a;   // a의 주소를 구해서 p를 초기화한다.
10
```

```
11        int *p4 = 0;    // 어떤 주소로 초기화할지 알 수 없으면 0으로 초기화한다.
12        int *p5 = NULL; // 0 대신 NULL을 사용할 수 있다.
13
14        printf("p2 = %p\n", p2);
15        printf("p3 = %p\n", p3);
16        printf("p4 = %p\n", p4);          주소를 출력할 때는
17        printf("p4 = %p\n", p5);          %p 형식 문자열을 이용한다.
18
19        return 0;
20    }
```

실행결과

```
p2 = 12345678        %p는 주소를
p3 = 00EFFA38        16진수로 출력한다.
p4 = 00000000
p4 = 00000000
```

[예제 8-2]를 여러 번 실행해보면 p3의 값이 매번 달라지는 것을 발견할 수 있다. 즉, 변수 a의 주소가 실행할 때마다 달라지는데, 운영체제가 메모리 보호를 위해 프로그램을 실행할 때마다 매번 다른 주소를 할당하기 때문이다.

포인터에 저장된 주소값은 중요하지 않으므로 앞으로 포인터의 값을 나타낼 때는 어떤 형의 포인터인지 구분할 수 있도록 'int 주소'처럼 표기할 것이다. 'int 주소'는 int형 변수의 주소라는 의미이다. 또한 [그림 8-6]처럼 화살표로 어떤 변수를 가리키는지 표시할 것이다.

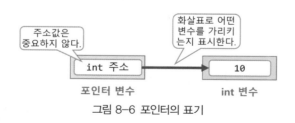

그림 8-6 포인터의 표기

📝 확인해봐요

1. 변수의 주소를 구하는 연산자는?

　① *　　　　　② &　　　　　③ .　　　　　④ →　　　　　⑤ ^

2. 포인터 변수에 0 번지를 저장할 때 대신 사용되는 매크로는?

　① EOF　　　　② ZERO　　　　③ NULL　　　　④ null

8.1.3 포인터의 사용

포인터를 사용하려면, 변수의 주소를 구할 때 사용되는 주소 구하기 연산자와 포인터가 가리키는 변수에 접근하도록 도와주는 역참조(dereference) 연산자가 필요하다.

주소 구하기 연산자는 & 다음에 나오는 변수의 주소를 구한다. & 연산의 결과는 항상 주소이며, & 다음에 있는 변수에 대한 포인터형이다.

```
int x = 10;
int *p = &x;               // p는 a의 주소로 초기화된다.
```

& 연산자는 l-value, 즉 변수에만 사용할 수 있으며, 상수나 수식에는 사용할 수 없다. 대입 연산자의 좌변을 l-value라고 하며, l-value는 변수를 의미한다.

```
p = &123;                  // 상수에는 주소가 없으므로 컴파일 에러
p = &(x + 1);              // (x + 1)은 l-value가 아니므로 컴파일 에러
p = &printf("hello");      // 함수 호출도 l-value가 아니므로 컴파일 에러
```

포인터가 가리키는 변수에 접근하려면 역참조 연산자 *를 사용한다. **포인터 앞에 *를 쓰면 포인터가 가리키는 변수의 값을 읽어오거나 변경할 수 있다.** 포인터가 다른 변수를 가리키는 것을 '참조한다'라고도 하는데, 역참조 연산자는 참조와 반대 방향으로 포인터가 가리키는 변수를 끌고 와서 사용한다는 의미로 '역참조'라고 부른다. * 연산의 결과는 * 다음에 있는 포인터가 가리키는 변수의 데이터형이 된다. 예를 들어 p가 int*형 변수일 때, *p는 int형이 된다.

```
printf("%d", *p);          // p가 가리키는 int형 변수의 값을 출력하라는 의미
*p = 20;                   // p가 가리키는 int형 변수에 20을 대입하라는 의미
```

역참조 연산자를 사용하면 그 자리에 포인터가 가리키는 변수가 대신 끌려와서 사용된다. p가 x를 가리킬 때, *p가 사용되는 곳에 x가 대신 사용된다고 볼 수 있다.

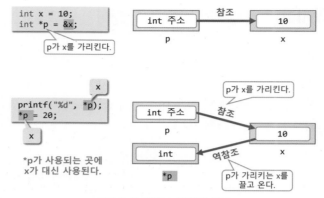

그림 8-7 역참조 연산의 의미

역참조 연산자는 간접 참조(indirection) 연산자라고도 한다. 변수에 직접 접근하는 것이 아니라 포인터를 통해서 간접적으로 접근한다는 의미이다.

* 연산자는 반드시 포인터에만 사용할 수 있으며, 포인터가 아닌 변수나 수식에는 사용할 수 없다.

```
int x = 10;
*x = 30;                        // 일반 변수에는 * 연산자를 사용할 수 없으므로 컴파일 에러
*(x + 1) = 40;                  // 수식에는 * 연산자를 사용할 수 없으므로 컴파일 에러
```

[예제 8-3]은 포인터를 이용해서 다른 변수에 접근하는 코드이다.

📋 **예제 8-3** : 포인터의 사용

```
01    #include <stdio.h>
02
03    int main(void)
04    {
05        int x = 10;
06        int *p = &x;                // p는 a의 주소로 초기화한다.
07
08        printf(" x = %d\n", x);
09        printf("&x = %p\n", &x);     // &x는 주소값이므로 %p로 출력
10
11        printf(" p = %p\n", p);
12        printf("*p = %d\n", *p);     // *p는 int형 변수이므로 %d로 출력
13        printf("&p = %p\n", &p);     // 포인터도 변수이므로 주소가 있다.
14
15        *p = 20;                     // x = 20;으로 수행된다.
```

```
16        printf("*p = %d\n", *p);   // printf("*p = %d\n", x);로 수행된다.
17
18        return 0;
19   }
```

실행결과

```
 x = 10
&x = 0117FA00
 p = 0117FA00
*p = 10
&p = 0117F9F4
*p = 20
```

📝 **확인해봐요**

1. 다음 중 주소 구하기 연산자 &를 사용할 수 있는 것은?

   ① 변수   ② 상수   ③ 수식   ④ 함수 호출문

2. 포인터가 가리키는 변수에 접근할 때 사용되는 연산자는?

   ① *   ② &   ③ .   ④ →   ⑤ ^

3. 다음 중 역참조 연산자 *를 사용할 수 있는 것은?

   ① 포인터가 아닌 변수 ② 상수   ③ 수식   ④ 포인터

8.1.4 포인터의 용도

변수 이름을 직접 사용하는 대신 변수의 주소를 구해서 포인터에 저장하고, 포인터로 다시 역참조 연산을 하는 이유는 무엇 때문일까? 변수 이름을 사용할 수 있으면 굳이 포인터를 쓸 필요가 없다.

그렇다면 포인터는 언제 사용할까? 포인터가 필요한 첫 번째 경우는 **변수의 이름을 직접 사용할 수 없을 때**이다. 예를 들어 test 함수에서 main 함수에 선언된 지역 변수 x를 변경해야 한다고 해보자. 지역 변수는 변수가 선언된 블록에서만 사용할 수 있으므로 test에서는 main의 지역 변수 x를 사용할 수 없다.

```
void test(void)
{
    x = 20;            // x는 main의 지역 변수이므로 test에서는 사용할 수 없다.
}

int main(void)
{
    int x = 10;
    test();
    printf("x = %d\n", x);
}
```

x를 test 함수의 매개변수로 받아오면 어떻게 될까? test1 함수가 호출될 때 매개변수 x
가 생성되면서 main의 x, 즉 10으로 초기화된다. test1의 x와 main의 x는 이름은 같지만
서로 다른 변수이다. test1 함수 안에서 변경되는 x는 test1의 x이고, 이 변수는 test1 함수
가 리턴할 때 소멸된다. 따라서 test1 함수가 호출된 다음에도 main의 x에는 변화가 없다.
복사본을 수정해도 원본의 값은 변경되지 않기 때문이다.

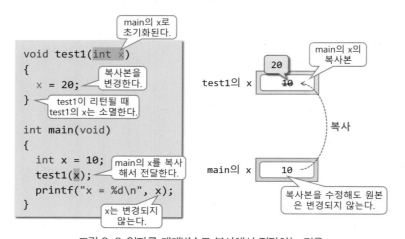

그림 8-8 인자를 매개변수로 복사해서 전달하는 경우

이런 상황을 해결할 수 있는 것이 포인터이다. 변수의 이름을 직접 사용할 수 없을 때
포인터를 이용하면 주소로 접근할 수 있다. main의 x는 main의 지역 변수이므로 다른 함
수에서는 사용할 수 없다. 하지만 x의 주소를 넘겨주면 다른 함수에서 주소를 이용해서
main의 x에 접근할 수 있다. test2 함수의 매개변수 p는 main의 x를 가리킨다. 따라서 포
인터 p로 main의 x를 끌어와서(역참조) 사용할 수 있다.

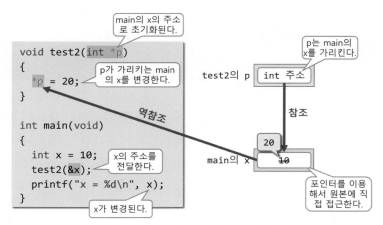

그림 8-9 인자를 포인터로 전달하는 경우

[예제 8-4]는 포인터가 필요한 경우를 알아보기 위한 코드이다.

예제 8-4 : 포인터가 필요한 경우

```
01    #include <stdio.h>
02
03    void test1(int x)    // 매개변수 x는 main의 x로 초기화된 지역 변수
04    {
05        x = 20;          // x는 test1의 지역 변수이므로 test1이 리턴할 때 소멸된다.
06    }
07
08    void test2(int *p)   // p는 main의 x의 주소로 초기화된 포인터이다.
09    {
10        *p = 20;         // p가 가리키는 변수, 즉 main의 x에 20을 대입한다.
11    }
12
13    int main(void)
14    {
15        int x = 10;
16        test1(x);        // main의 x를 함수의 매개변수 x로 복사해서 전달한다.
17        printf("test1 호출 후 x = %d\n", x);          // x의 값은 변경되지 않는다.
18
19        test2(&x);       // test2 함수를 호출할 때 x의 주소를 넘겨준다.
20        printf("test2 호출 후 x = %d\n", x);          // x의 값이 변경된다.
21
22        return 0;
23    }
```

```
실행결과                                                              ■ ■ ■

test1 호출 후 x = 10
test2 호출 후 x = 20
```

포인터가 필요한 또 다른 상황은 **포인터가 어떤 변수를 가리킬지 모르는 상황에서 코드를 작성하는 경우**이다. 포인터가 어떤 변수를 가리킬지 프로그램 실행 중에 결정된다고 해보자. 포인터가 어떤 변수를 가리킬지 알 수 없지만 포인터를 이용하면 '그 변수'로 어떤 작업을 수행하도록 코드를 작성할 수 있다. 다음 코드를 보면 p는 조건식의 참, 거짓에 따라 a의 주소가 될 수도 있고 b의 주소가 될 수도 있다. p가 어떤 변수를 가리키든지 상관없이 나머지 코드에서는 *p를 이용해서 그 변수를 끌어와서 이용할 수 있다.

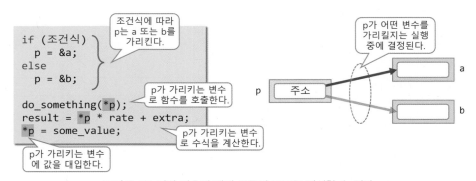

그림 8-10 여러 변수에 대해 공통의 코드를 작성할 수 있다.

변수의 이름을 직접 사용하는 경우에는 a를 처리하는 코드와 b를 처리하는 코드를 따로 작성해야 하므로 비슷한 코드가 반복된다. 이런 코드 중복은 코드를 복잡하고 알아보기 힘들게 만들며, 유지 보수하기도 어렵다.

```
if (조건식) {  // 변수 이름을 직접 사용하므로 변수가 달라지면 코드를 다시 작성해야 한다.
    do_something(a);
    result = a * rate + extra;
    a = some_value;
}
else {        // a를 처리할 때와 비슷한 코드가 반복되므로 처리할 내용이 많으면 비효율적이다.
    do_something(b);
    result = b * rate + extra;
    b = some_value;
}
```

이런 상황에서 포인터를 사용하면 여러 변수에 대한 처리를 공통의 코드로 수행하게 만들 수 있다. 이 밖에도 포인터가 필요한 상황이 다양하지만 우선은 이 정도만 알아보도록 하자.

📋 **확인해봐요**

1. 다음 중 포인터를 꼭 사용해야 하는 경우는?

   ① 변수의 주소를 확인해보고 싶을 때   ② 포인터가 어떤 기능인지 알아보고 싶을 때

   ③ 다른 함수의 지역 변수에 접근하고 싶을 때   ④ 프로그램을 알아보기 힘들게 작성하고 싶을 때

2. 다음 중 포인터가 유용하게 사용될 수 있는 경우는?

   ① 여러 변수를 공통의 코드로 처리하고 싶을 때   ② 프로그래밍을 잘한다고 뽐내고 싶을 때

   ③ 이름을 사용할 수 있는 변수를 주소로 접근하고 싶을 때   ④ 전역 변수에 접근할 때

8.1.5 포인터 사용 시 주의 사항

포인터는 유용한 기능이지만 잘못 사용하면 실행 에러를 발생시키는 원인이 된다. 두 가지 주의 사항만 잘 지키면 안전하게 포인터를 사용할 수 있다.

(1) 포인터는 초기화하고 사용하는 것이 안전하다.

포인터를 초기화하지 않고 사용하면 실행 에러가 발생한다.

```
int *q;    // 초기화하지 않으면 쓰레기값
*q = 10;   // 어디인지 모르는 메모리에 함부로 값을 저장하므로 실행 에러가 발생한다.
```

포인터가 쓰레기값일 때 포인터 변수로 역참조 연산을 하면 어디인지 모르는 메모리를 끌어와서 사용하게 된다. 특히 어디인지 모르는 메모리에 함부로 값을 저장하려고 하면 심각한 문제를 일으킬 수 있다.

포인터 선언 시 어떤 변수를 가리켜야 할지 알 수 없으면 널 포인터로 초기화한다. 널 포인터는 값이 0이지만 메모리 0번지를 의미하는 것이 아니라 어떤 변수도 가리키지 않는다는 뜻이다.

```
int *q = NULL;    // 아직 가리키는 변수가 없을 때 널 포인터로 초기화한다.
```

널 포인터로 역참조 연산을 하면 실행 에러가 발생한다. 운영체제가 메모리 0번지에 대

한 접근을 예외로 처리하기 때문이다. **포인터를 안전하게 사용하려면 널 포인터가 아닌 경우에만 역참조 연산을 수행해야 한다.**

```
if (q != NULL)      // q가 널 포인터가 아닌 경우에만 역참조 연산을 수행한다.
   *q = 100;
```

q가 널 포인터가 아닌지 검사할 때는 if (q)라고 해도 된다.

```
if (q)              // if (q != NULL)과 같은 의미
   *q = 100;
```

(2) 포인터의 데이터형과 포인터가 가리키는 변수의 데이터형이 같아야 한다.

포인터를 사용할 때 **포인터의 데이터형이 포인터가 가리키는 변수의 데이터형과 같아야 한다.** 즉, int 변수의 주소는 int*형 변수에 저장해야 하고, double 변수의 주소는 double* 형 변수에 저장해야 한다. 형이 일치하지 않으면 컴파일 경고가 발생하며, 실행 중에 심각한 실행 에러가 발생할 수 있다.

```
    int x = 1;
    double *pd = NULL;
⊘   pd = &x;           // 데이터형이 같지 않으면 컴파일 경고
⊘   *pd = 12.34;       // 컴파일 경고를 무시하고 사용하면 실행 에러가 발생한다.
```

double*형의 pd에 x의 주소, 즉 int*형의 값을 저장하면 형이 일치하지 않으므로 컴파일 경고가 발생한다. 컴파일 경고를 무시하고 pd를 사용해서 pd가 가리키는 변수를 변경하려고 하면 실행 에러가 발생한다. pd가 가리키는 곳에는 int형 변수 x가 있는데, pd로 역참조 연산을 하면 이것을 double형 변수로 사용하기 때문이다. pd가 가리키는 변수를 변경하면 엉뚱한 메모리가 변경된다.

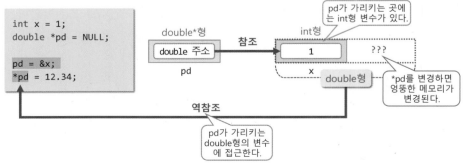

그림 8-11 포인터형이 일치하지 않는 경우

포인터 관련 컴파일 경고가 발생하면 무시하지 말고 코드를 수정해서 컴파일 경고를 모두 없애는 것이 좋다. 포인터 때문에 발생하는 실행 에러는 찾기가 쉽지 않으므로 처음부터 실행 에러가 발생하지 않도록 방어적으로 코드를 작성하는 것이 안전하다.

 질문 있어요

*의 용도가 헷갈려요. 어떻게 구분하나요?

포인터를 처음 배울 때 가장 혼동되는 것이 *의 사용이다. *의 용도는 세 가지이다. 첫째, *는 수식에서 산술 연산자로 사용된다.

```
int a = 10 * 20;     // 곱하기 연산자(이항 연산자)
```

둘째, *는 변수 선언 시 포인터 수식어로 사용된다. 이때 *는 연산자가 아니라 변수 선언문에서 변수를 포인터로 만드는 역할을 한다.

```
int *p1, *p2;        // *는 포인터 수식어로 p1, p2를 포인터로 만든다.
```

셋째, *는 포인터와 함께 사용되어 역참조 연산을 수행한다. 즉, 포인터가 가리키는 변수에 접근한다. 이 경우에는 반드시 포인터와 함께 사용해야 한다.

```
*p1 = 123;           // p1이 가리키는 변수를 역참조한다.
```

📝 **확인해봐요**

1. 포인터가 어떤 변수도 가리키지 않는다는 의미로 사용되는 값은?
   ① NULL   ② 0xFFFFFFFF   ③ EOF   ④ −1

2. double형 변수의 주소를 저장할 때 사용되는 포인터형은?
   ① char*   ② short*   ③ int*   ④ long*   ⑤ double*

3. char*형의 포인터 변수로 가리킬 수 있는 것은?
   ① char형 변수   ② short형 변수   ③ int형 변수   ④ long형 변수

8.1.6 const 포인터

값을 변경할 수 없는 변수를 선언할 때 const를 사용한다. 포인터를 선언할 때도 const 를 사용할 수 있는데, const를 지정하는 위치에 따라 const 포인터의 의미가 달라진다. const는 포인터가 가리키는 데이터형 앞에 써줄 수도 있고, 변수 이름 앞에 써줄 수도 있고, 양쪽 모두에 써줄 수도 있다.

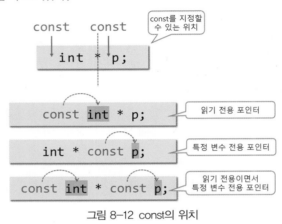

그림 8-12 const의 위치

(1) const 데이터형 *변수;

const가 데이터형 앞에 있으면 포인터가 가리키는 변수의 값을 변경할 수 없다. 포인터 가 가리키는 변수에 접근할 때, const 변수인 것처럼 접근한다. 따라서 포인터가 가리키는 변수의 값을 읽을 수만 있고 변경할 수 없다. 이런 const 포인터를 **읽기 전용 포인터**라고 한다. const 포인터로 가리키는 변수를 변경하면 컴파일 에러가 발생한다.

```
int a = 10, b = 20;
const int *p1 = &a;        // p1는 a에 읽기 전용으로 접근한다.
printf("*p1 = %d\n", *p1); // p1으로 a를 읽어올 수 있다.
*p1 = 100;                 // p1이 가리키는 변수를 변경할 수 없다.
```

a가 const인지에 관계없이 p1으로 접근하는 동안에만 const 변수인 것처럼 사용한다.

```
a = 100;                   // a는 const가 아니므로 a를 직접 변경할 수는 있다.
(*p1)++;                   // p1이 가리키는 변수를 변경할 수 없다.
```

읽기 전용 포인터를 사용할 때, 포인터 자신의 값(포인터에 저장된 주소)은 변경할 수 있다. 즉, 포인터가 다른 변수를 가리키게 만들 수 있다.

```
p1 = &b;                  // p1이 다른 변수를 가리킬 수 있다. 이제 p1은 b를 가리킨다.
printf("*p1 = %d\n", *p1);  // p1이 가리키는 변수 b를 출력한다.
```

읽기 전용 포인터는 선언 시 널 포인터로 초기화하고, 원하는 시점에 특정 변수의 주소를 저장하고 사용할 수 있다.

```
const int *p1 = NULL;     // p1는 가리키는 변수가 없다.
int sum = 12345;

p1 = &sum;                // 원하는 시점에 변수의 주소를 저장한다.
```

세 가지 const 포인터 중 가장 많이 사용되는 것이 읽기 전용 포인터이다.

(2) 데이터형 * const 변수;

const가 변수 이름 앞에 있으면 포인터 자신의 값(포인터에 저장된 주소)을 변경할 수 없다. 주소를 변경할 수 없으므로 **특정 변수의 전용 포인터**가 된다. 이 const 포인터로는 다른 변수를 가리킬 수 없다.

```
int *const p2 = &a; // p2는 a 전용 포인터이다. 즉 a에 접근하는 용도로만 사용된다.
p2 = &b;            // p2는 다른 변수를 가리킬 수 없다.
```

특정 변수 전용 포인터가 가리키는 변수의 값은 변경할 수 있다. 즉, p2로 역참조해서 a를 변경할 수 있다.

```
*p2 = 100;        // p2가 가리키는 변수의 값을 변경할 수 있다.
```

특정 변수 전용 포인터는 선언 시 초기화하지 않으면 그 이후에 주소를 저장할 수 없으므로 선언 시 반드시 초기화해야 한다. 초기화를 생략해도 컴파일 에러가 발생하지 않으므로 주의해야 한다.

```
int *const p2;    // 초기화하지 않으면 p2는 쓰레기값이고 나중에 주소를 저장할 수도 없다.
```

(3) const 데이터형 * const 변수;

const가 데이터형과 변수 이름 앞에 양쪽 다 있으면, **읽기 전용 포인터이면서 특정 변수 전용 포인터**가 된다. 이 포인터는 반드시 초기화해야 하며, 이 포인터로 가리키는 변수의 값도 변경할 수 없고 포인터 자신의 값(포인터에 저장된 주소)도 변경할 수 없다.

```
const int * const p3 = &a;      // p3는 a 전용 포인터이면서 a에 읽기 전용으로 접근한다.
*p3 = 100;                      // p3가 가리키는 변수를 변경할 수 없다.
p3 = &b;                        // p3는 다른 변수를 가리킬 수 없다.
```

[예제 8-5]는 const 포인터의 의미를 알아보기 위한 코드이다.

📑 **예제 8-5** : const 포인터의 의미

```
01    #include <stdio.h>
02
03    int main(void)
04    {
05        int a = 10, b = 20;
06
07        const int *p1 = &a;          // p1는 a에 읽기 전용으로 접근한다.
08        int *const p2 = &a;          // p2는 a 전용 포인터이다.
09        const int * const p3 = &a;   // p3는 읽기 전용 + a 전용 포인터
10
11        printf("*p1 = %d\n", *p1);   // p1으로 a를 읽어온다.
12        //*p1 = 100;                 // *p1은 const 변수로 간주되므로 컴파일 에러
13        p1 = &b;                     // p1이 다른 변수를 가리킬 수는 있다. 이제 p1은 b를 가리킨다.
14        printf("*p1 = %d\n", *p1);   // p1으로 b를 읽어온다.
15
16        //p2 = &b;                   // p2가 다른 변수를 가리키게 할 수 없으므로 컴파일 에러
17        *p2 = 100;                   // p2가 가리키는 변수의 값을 변경할 수 있다.
18        printf("*p2 = %d\n", *p2);
19
20        //*p3 = 100;                 // 컴파일 에러
21        //p3 = &b;                   // 컴파일 에러
22        printf("*p3 = %d\n", *p3);   // p3이 가리키는 변수의 값을 읽어온다.
23
24        return 0;
25    }
```

실행결과   ● ● ●

```
*p1 = 10
*p1 = 20
*p2 = 100
*p3 = 100
```

📋 확인해봐요

1. 다음 중 읽기 전용 포인터형인 것은?

   ① const char*   ② char*   ③ char * const   ④ int * const

2. 다음 중 특정 변수 전용 포인터형인 것은?

   ① const char*   ② char*   ③ char * const   ④ int *

3. 다음 중 읽기 전용 포인터이면서 특정 변수 전용 포인터형인 것은?

   ① const double*   ② double * const   ③ const char * const

8.2 포인터의 활용

8.2.1 배열과 포인터의 관계

C의 배열과 포인터는 밀접하게 연관되어 있다. 배열을 포인터처럼 사용할 수도 있고, 포인터를 배열인 것처럼 사용할 수도 있다. 배열과 포인터의 관계를 이해하기 위해서 먼저 포인터의 연산에 대해 알아보자.

(1) 포인터의 연산

포인터에도 연산자를 사용할 수 있다. 포인터에 대해 사용할 수 있는 연산자를 정리한 것이 〈표 8-1〉이며, +, - 연산과 ++, -- 연산이 주로 사용된다.

표 8-1 포인터의 연산

연산자	의미
p + N	주소에 포인터가 가리키는 데이터형의 크기×N만큼 더한다.
p - N	주소에서 포인터가 가리키는 데이터형의 크기×N만큼 뺀다.
p1 - p2	포인터가 가리키는 데이터형의 개수로 주소의 차를 구한다.
++p, p++	주소를 포인터가 가리키는 데이터형 크기만큼 증가시킨다.
--p, p--	주소를 포인터가 가리키는 데이터형 크기만큼 감소시킨다.
p1 = p2	같은 형의 포인터끼리 대입한다.
p1 == p2	주소가 같은지 비교한다.
p1 != p2	주소가 다른지 비교한다.

연산자	의미
p[N]	포인터를 배열 이름인 것처럼 사용해서 N번째 원소에 접근한다.
*p	p가 가리키는 변수에 접근한다.
&p	p의 주소를 구한다.
p->m	p가 가리키는 구조체의 멤버 m에 접근한다.

■ **포인터와 +, - 연산**

포인터에 대한 +, - 연산은 '포인터+정수', '포인터-정수', '포인터-포인터'의 형태로 나눌 수 있다. 먼저 포인터에 정수를 더하거나 빼는 경우부터 생각해보자. '포인터+정수'는 '정수+정수' 연산과는 다르게 처리된다. 예를 들어 포인터 p에 주소 0x100번지가 저장되어 있다고 가정하자. p+1의 값은 0x101일 수도 있고, 0x104일 수도 있고, 0x108이 될 수도 있다. p+1의 값은 p의 데이터형에 의해서 결정된다.

p+N 연산의 결과는 p에 p가 가리키는 데이터형 N개 크기만큼 더한 주소이다. p-N 연산의 결과는 p에서 p가 가리키는 데이터형 N개 크기만큼 뺀 주소이다. p가 int*형이면 p+N의 값은 p에 int N개 크기(4×N바이트)만큼 더한 주소가 된다. p가 double*형이면 p+N은 p에 double N개 크기(8×N바이트)만큼 더한 주소가 된다.

[예제 8-6]은 '포인터+정수' 연산의 결과를 알아보기 위한 코드이다.

예제 8-6 : '포인터+정수' 연산의 결과

```
01    #include <stdio.h>
02
03    int main(void)
04    {
05        int *p = (int*)0x100;       // 포인터 연산을 확인하기 위해 절대 주소를 대입한다.
06        double *q = (double*)0x100;
07        char *r = (char*)0x100;
08
09        printf("int*  : %p, %p, %p\n", p, p + 1, p + 2);      // 4바이트씩 차이
10        printf("double*: %p, %p, %p\n", q, q + 1, q + 2);      // 8바이트씩 차이
11        printf("char* : %p, %p, %p\n", r, r + 1, r + 2);      // 1바이트씩 차이
12
13        return 0;
14    }
```

```
실행결과                                                      ■ ■ ■

int*    : 00000100, 00000104, 00000108
double*: 00000100, 00000108, 00000110
char*   : 00000100, 00000101, 00000102
```

　[예제 8-6]에서는 int*형 변수 p, double*형 변수 q, char*형 변수 r를 각각 0x100으로 초기화한다. 포인터 변수에 절대 주소를 저장해서는 안되지만 포인터 연산의 결과를 알아보기 쉽도록 p, q, r에 각각 0x100번지가 들어있다고 가정한다. p, q, r이 포인터이므로 0x100을 포인터형으로 형 변환해서 초기화한다.

```
int *p = (int*)0x100;          // p에 0x100번지가 들어있다고 가정한다.
double *q = (double*)0x100;    // q에 0x100번지가 들어있다고 가정한다.
char *r = (char*)0x100;        // r에 0x100번지가 들어있다고 가정한다.
```

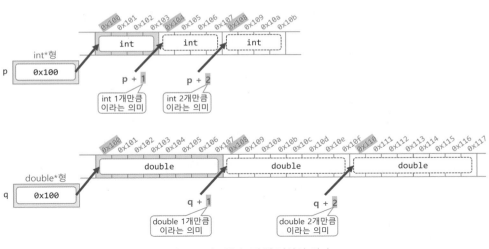

그림 8-13 '포인터+정수' 연산의 의미

　[그림 8-13]를 보면 '포인터+정수' 연산의 의미를 알 수 있다. p+1은 p가 가리키는 변수의 주소에 int 1개만큼 더한 주소를 구한다. p+2는 p가 가리키는 변수의 주소에 int 2개만큼 더한 주소를 구한다. '포인터+정수' 연산은 포인터가 가리키는 주소에 마치 배열이 있는 것처럼 메모리에 접근한다.

　int*형 변수인 p에는 int형 변수의 주소를 저장할 수 있다. int 배열 arr의 0번 원소인 arr[0]은 int형 변수이므로 arr[0]의 주소를 포인터 p에 저장할 수 있다.

```
int arr[5] = { 1, 2, 3, 4, 5 };
int *p = &arr[0];   // arr[0]은 int형 변수이므로 arr[0]의 주소를 p에 저장할 수 있다.
```

이 경우에 p+1를 구하면 arr[0]의 주소에 int 1개만큼 더한 주소, 즉 arr[1]의 주소가 된다. p+2를 구하면 arr[0]의 주소에 int 2개만큼 더한 주소, 즉 arr[2]의 주소가 된다. 결국 p가 arr[0]의 주소일 때, p+1은 arr[1]의 주소, p+2는 arr[2]의 주소, ···, p+i은 arr[i]의 주소가 된다.

```
for (i = 0; i < 5; i++)
    printf("%p", p + i);      // arr[i]의 주소를 출력한다.
```

p에 역참조 연산을 적용해보면 *p는 arr[0]을, *(p+1)은 arr[1]을, *(p+2)는 arr[2]를, ···, *(p+i)는 arr[i]를 의미한다.

```
for (i = 0; i < 5; i++)
    printf("%d ", *(p + i));   // arr[i]를 출력한다.
```

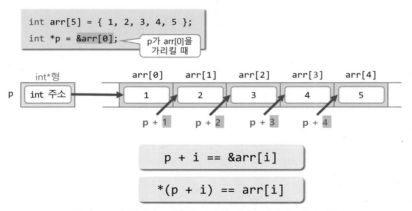

그림 8-14 포인터가 arr[0]을 가리킬 때의 '포인터+정수' 연산

[예제 8-7]은 배열의 0번 원소를 가리키는 포인터에 '포인터+정수' 연산을 수행한 결과를 확인하는 코드이다.

📖 **예제 8-7** : 배열의 0번 원소를 가리키는 포인터와 '포인터+정수' 연산의 결과

```
01    #include <stdio.h>
02
03    int main(void)
04    {
05        int arr[5] = { 1, 2, 3, 4, 5 };
06        int *p = &arr[0];          // arr[0]의 주소를 p에 저장할 수 있다.
```

```
07        int i;
08
09        for (i = 0; i < 5; i++)
10        {
11            printf("p + %d = %p, ", i, p + i);          // arr[i]의 주소를 출력
12            printf("*(p + %d) = %d\n", i, *(p + i));  // arr[i]를 출력
13        }
14
15        return 0;
16    }
```

실행결과   ■■■

```
p + 0 = 0019F7E8, *(p + 0) = 1
p + 1 = 0019F7EC, *(p + 1) = 2
p + 2 = 0019F7F0, *(p + 2) = 3
p + 3 = 0019F7F4, *(p + 3) = 4
p + 4 = 0019F7F8, *(p + 4) = 5
```

'포인터+정수' 연산의 특성 때문에 포인터를 배열인 것처럼 사용할 수 있다. 배열과 포인터의 관계는 잠시 후에 다시 알아보도록 하자.

같은 형의 포인터에 대해서 '포인터-포인터' 연산을 수행하면 두 포인터의 주소 차를 구하는데 포인터가 가리키는 데이터형 몇 개 크기만큼 차이가 나는지를 구한다.

```
int offset = &arr[2] - &arr[0];          // offset은 2가 된다.
```

■ 포인터와 ++, -- 연산

포인터에 대한 증감 연산도 포인터형에 의해 연산의 결과가 결정된다. p++이나 ++p는 p가 가리키는 데이터형 1개 크기만큼 주소를 증가시킨다. p--이나 --p는 p가 가리키는 데이터형 1개 크기만큼 주소를 감소시킨다.

포인터의 증감 연산도 포인터가 배열의 0번 원소를 가리킬 때 의미 있게 사용된다. p+1과 비교하면, p+1은 p의 값을 변경하지 않지만 p++이나 ++p는 p의 값을 직접 변경한다.

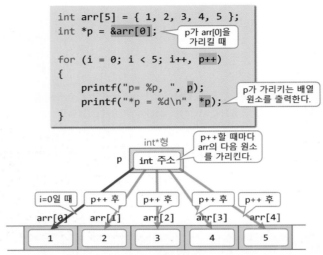

그림 8-15 포인터가 arr[0]을 가리킬 때의 포인터 증감 연산

[예제 8-8]은 배열의 0번 원소를 가리키는 포인터에 증감 연산을 수행한 결과를 확인하는 코드이다.

📄 **예제 8-8** : 배열의 0번 원소를 가리키는 포인터에 증감 연산을 수행한 결과

```
01   #include <stdio.h>
02
03   int main(void)
04   {
05       int arr[5] = { 1, 2, 3, 4, 5 };
06       int *p = &arr[0];                  // arr[0]의 주소를 p에 저장한다.
07       int i;
08
09       for (i = 0; i < 5; i++, p++)        // p는 &arr[0]~&arr[4]의 값이 된다.
10       {
11           printf("p= %p, ", p);           // p가 가리키는 원소가 계속 바뀐다.
12           printf("*p = %d\n", *p);         // p가 역참조하는 원소도 계속 바뀐다.
13       }
14
15       return 0;
16   }
```

실행결과   ● ● ●

```
p= 00B3FAD4, *p = 1
p= 00B3FAD8, *p = 2
p= 00B3FADC, *p = 3
p= 00B3FAE0, *p = 4
p= 00B3FAE4, *p = 5
```

포인터에 대해서 증감 연산자와 역참조 연산자를 함께 사용할 때는 연산자 우선순위를 신경써야 한다. ++ 연산자가 역참조 연산자보다 우선순위가 높으므로 *p++은 *(p++)의 의미가 된다. 즉, p를 증가시킨다.

```
for (i = 0; i < 5; i++)
{
    printf("p= %p, ", p);
    printf("*p = %d\n", *p++);          // *p를 출력한 다음 p++을 수행한다.
}
```

포인터를 증가시키는 것이 아니라 포인터가 역참조하는 변수를 증가시키려면 (*p)++로 써주어야 한다.

```
for (i = 0; i < 5; i++)
{
    printf("p= %p, ", p);
    printf("*p = %d\n", (*p)++);          // p가 가리키는 arr[0]을 증가시킨다. p는 변경되지 않는다.
}
```

혼동되면 역참조 연산자와 증감 연산자를 따로 사용하는 것이 좋다.

```
for (i = 0; i < 5; i++)
{
    printf("p= %p, ", p);
    printf("*p = %d\n", *p);
    p++;                                  // 혼동되면 연산식을 나눠서 작성하는 것이 좋다.
}
```

📋 **확인해봐요**

1. int*형의 포인터 p에 0x2000번지가 저장되어 있을 때 p+2의 값은? (32비트 플랫폼인 경우)

   ① 0x2002   ② 0x2000   ③ 0x2004   ④ 0x2008   ⑤ 0x2010

2. char*형의 포인터 pc에 0x4000번지가 저장되어 있을 때 pc++후 pc의 값은? (32비트 플랫폼인 경우)

   ① 0x4000   ② 0x4001   ③ 0x4002   ④ 0x4004   ⑤ 0x4008

(2) 배열처럼 사용되는 포인터

포인터는 변수를 가리킬 수도 있고, 배열의 원소를 가리킬 수도 있다. 예를 들어 int*형의 포인터 p는 int 변수의 주소를 저장할 수도 있고, int 배열의 0번 원소의 주소를 저장할 수도 있다. int 배열의 0번 원소도 int 변수이기 때문이다.

정리해보면 **_type_형의 포인터는 _type_형의 변수 또는 _type_형 배열의 원소를 가리킬 수 있다**. _type_형의 변수는 원소가 1개인 _type_형의 배열로 볼 수 있으므로 이런 경우의 포인터를 **배열 원소를 가리키는 포인터**라고 한다. 지금까지 우리가 사용한 포인터는 모두 배열 원소를 가리키는 포인터이다.

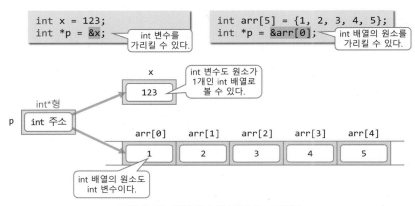

그림 8-16 배열 원소를 가리키는 포인터

배열 원소를 가리키는 포인터는 배열의 0번 원소의 주소로 초기화할 수 있다.

```
int arr[5] = { 1, 2, 3, 4, 5 };
int *p = &arr[0];    // arr[0]의 주소를 p에 저장한다.
```

그런데 배열 이름을 인덱스 없이 사용하면 배열의 시작 주소를 의미한다. 배열의 시작 주소에는 항상 0번 원소가 있기 때문에 arr와 &arr[0]은 항상 같은 값이다.

```
int *p = arr;        // arr 배열의 시작 주소(&arr[0])를 p에 저장한다.
```

질문 있어요

배열의 주소를 구할 때 &를 사용하면 안되나요?

배열의 시작 주소를 구할 때는 & 없이 배열의 이름을 사용한다. &arr처럼 주소 구하기 연산자를 사용하면 배열 전체의 주소라는 의미가 되므로 주의해야 한다.

```
int arr[5] = { 1, 2, 3, 4, 5 };
int *p = &arr;      // &arr는 int[5]의 주소이므로 p와 형이 일치하지 않으므로 컴파일 경고
```

&arr로 구한 주소는 배열에 대한 포인터가 되므로 int (*p)[5];로 포인터 변수를 선언해야 한다.

```
int arr[5] = { 1, 2, 3, 4, 5 };
int (*p)[5] = &arr; // 배열에 대한 포인터이므로 OK
```

배열에 대한 포인터는 이어지는 내용인 8.2.2 여러 가지 포인터에서 알아볼 것이다.

배열 원소를 가리키는 포인터는 배열 이름인 것처럼 사용할 수 있다. 즉, 배열처럼 [ ]로 포인터가 가리키는 배열의 원소에 접근할 수 있다. C 컴파일러는 배열 원소를 가리키는 포인터에 대하여 p[i]를 항상 *(p+i)로 처리한다. p[i]와 *(p+i)가 같은 의미이므로 p[i]를 사용하는 것이 좋다. *(p+i)보다 p[i]를 사용하는 것이 알아보기 쉽고 의미도 명확하기 때문이다.

```
for (i = 0; i < 5; i++)
    printf("%d ", p[i]);       // p를 배열 이름인 것처럼 사용한다.
```

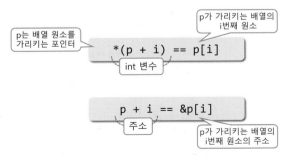

그림 8-17 포인터를 배열처럼 사용할 수 있다.

[예제 8-9]는 배열 원소를 가리키는 포인터를 배열인 것처럼 사용하는 코드이다.

📃 **예제 8-9** : 포인터를 배열인 것처럼 사용하는 경우

```
01    #include <stdio.h>
02
03    int main(void)
04    {
05        int arr[5] = { 1, 2, 3, 4, 5 };
06        int *p = arr;    // 배열의 이름, 배열의 시작 주소, &arr[0]은 모두 같다.
07        int i;
08
09        for (i = 0; i < 5; i++)
10            printf("p[%d] = %d\n", i, p[i]);        // p를 배열 이름인 것처럼 사용한다.
11        return 0;
12    }
```

실행결과

```
p[0] = 1
p[1] = 2
p[2] = 3
p[3] = 4
p[4] = 5
```

배열의 원소를 가리키는 포인터는 배열의 어떤 원소든지 가리킬 수 있다. p가 arr[2]를 가리킬 때, p는 arr[2]를 *p 또는 p[0]으로 접근한다.

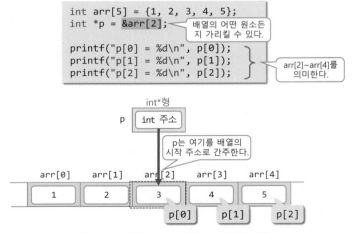

그림 8-18 배열 원소에 대한 포인터의 사용 예

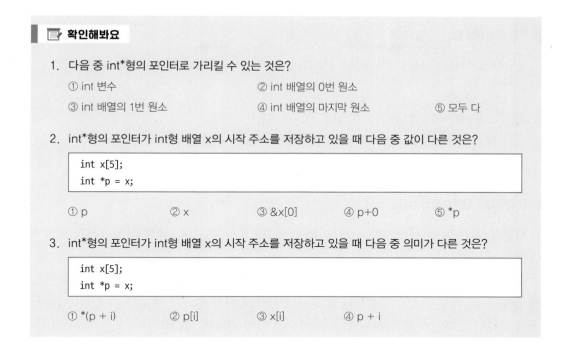

(3) 포인터처럼 사용되는 배열

배열의 이름은 배열의 시작 주소를 의미한다. 따라서 배열 이름을 포인터인 것처럼 사용할 수 있다. arr[i] 대신 *(arr+i)라고 써도 된다. C 컴파일러는 항상 arr[i]와 *(arr+i)를 동일하게 처리한다.

```
int arr[5] = { 1, 2, 3, 4, 5 };
for (i = 0; i < 5; i++)
    printf("%d ", *(arr+i));   // 배열 이름인 arr를 포인터인 것처럼 사용할 수 있다.
```

arr[i]와 *(arr+i)가 같은 의미라면 arr[i]를 쓰는 것이 좋다.

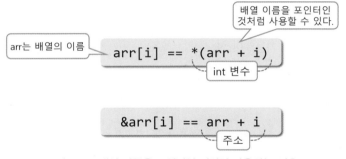

그림 8-19 배열 이름을 포인터인 것처럼 사용하는 경우

> 📝 **확인해봐요**
>
> 1. 배열 x에 대하여 다음 중 의미가 다른 것은?
>
>   ① x[i]   ② x + i   ③ *(x + i)
>
> 2. double형 배열 y에 대해서 다음 중 의미가 다른 것은?
>
>   ① y   ② y + 0   ③ &y[0]   ④ y[0]

(4) 배열과 포인터의 비교

배열과 포인터는 사용 방법만 같을 뿐 본질적으로는 다르다. 배열과 포인터가 어떻게 다른지 비교해보자.

배열 이름은 포인터인 것처럼 사용할 수 있는데, 그 의미로 보면 특정 변수 전용 포인터에 해당한다. 배열은 메모리에 할당되고 나면 배열의 시작 주소를 변경할 수 없다. 따라서 배열 이름으로 대입 연산을 하거나 증감 연산을 하면 컴파일 에러가 된다.

```
int x[5] = { 1, 2, 3, 4, 5 };
int y[5];
y = x;  // y 배열의 시작 주소를 변경할 수 없다.
x++;    // x 배열의 시작 주소를 변경할 수 없다.
```

❓ **질문 있어요**

배열 이름의 의미를 포인터로 선언해보면 어떻게 될까요?

int 배열 x에 대해서, 배열 이름이 가진 포인터로서의 의미를 코드를 적어보면 다음과 같다.

```
int * const x = &x[0];        // x는 x 배열의 시작 주소로 초기화된 x 배열 전용 포인터
```

물론 이런 식의 코드를 작성할 수는 없다. 그 의미만 따져보면 x는 x 배열의 시작 주소로 초기화된 포인터이며 const로 선언되었기 때문에 x 자신을 변경할 수 없다. 즉, x는 x 배열 전용 포인터인 것이다. 배열 이름으로 대입 연산을 할 수 없는 이유가 바로 이 때문이다.

```
int x[5];
int y[5];
y = x;                  // y 배열 전용 포인터인 y로 x 배열을 가리킬 수 없다.
```

반면에, 포인터는 값을 변경할 수 있으므로 포인터에 다른 주소를 저장할 수 있다. 즉 포인터가 다른 배열을 가리킬 수 있다.

```
p = y;                    // p는 이제 y[0]을 가리킨다.

for (i = 0; i < 5; i++, p++)  // p는 y[0]~y[4]를 가리킨다.
    printf("%d ", *p);
```

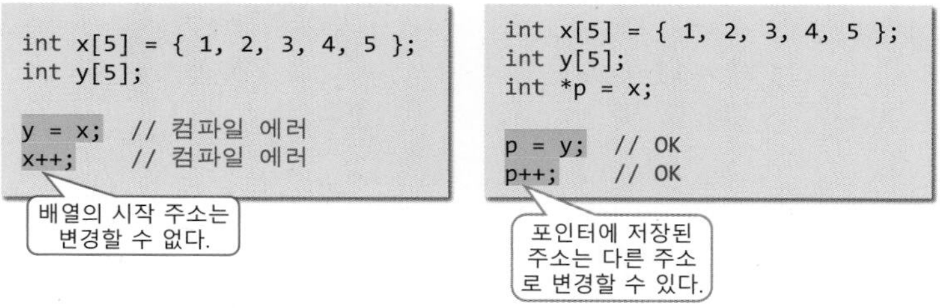

```
int x[5] = { 1, 2, 3, 4, 5 };
int y[5];

y = x;   // 컴파일 에러
x++;     // 컴파일 에러
```
배열의 시작 주소는 변경할 수 없다.

```
int x[5] = { 1, 2, 3, 4, 5 };
int y[5];
int *p = x;

p = y;   // OK
p++;     // OK
```
포인터에 저장된 주소는 다른 주소로 변경할 수 있다.

그림 8-20 배열과 포인터의 차이점

[예제 8-10]은 배열과 포인터의 차이점을 알아보기 위한 코드이다.

예제 8-10 : 배열과 포인터의 차이점

```
01    #include <stdio.h>
02
03    int main(void)
04    {
05        int x[5] = { 1, 2, 3, 4, 5 };
06        int y[5];
07        int *p = x;            // p는 x[0]을 가리킨다.
08        int i;
09
10        for (i = 0; i < 5; i++)
11            printf("%d ", p[i]);
12        printf("\n");
13
14        p = y;                 // p는 이제 y[0]을 가리킨다.
15        for (i = 0; i < 5; i++)
16            p[i] = x[i];        // p가 가리키는 y 배열에 x 배열을 복사한다.
17
18        for (i = 0; i < 5; i++, p++)
19            printf("%d ", *p);
20        printf("\n");
21        return 0;
22    }
```

실행결과

```
1 2 3 4 5
1 2 3 4 5
```

📑 **확인해봐요**

1. 다음 중 변경할 수 있는 것은?
   ① 배열의 시작 주소   ② 배열의 0번 원소의 주소
   ③ 특정 변수 전용 포인터에 저장된 주소   ④ 포인터에 저장된 주소

8.2.2 여러 가지 포인터의 선언

포인터는 다양하게 활용될 수 있다. 포인터가 원소인 배열을 만들 수도 있고, 배열 전체를 가리키는 포인터를 선언할 수도 있고, 포인터의 주소를 저장하는 포인터를 선언할 수도 있다. 심지어는 함수의 주소를 저장하는 포인터를 선언할 수도 있다. 어떤 식으로 포인터를 선언할 수 있는지 살펴보고 구체적인 이용 방법은 나중에 다시 알아보도록 하자.

(1) 포인터 배열

포인터 배열은 주소를 저장하는 배열이다. 즉, 포인터 배열의 각 원소가 다른 변수를 가리키는 포인터이다. 포인터 배열을 선언하려면 데이터형, 포인터 수식어(*), 배열 이름을 순서대로 쓰고, [ ] 안에 배열의 크기를 지정한다.

int *arr[5];에서 arr은 크기가 5인 배열이다. 이때 배열의 원소형이 int*형이므로 arr는 int*형 변수를 5개 저장하는 배열이다. arr 배열의 원소가 주소이므로 널 포인터로 초기화하는 것이 안전하다.

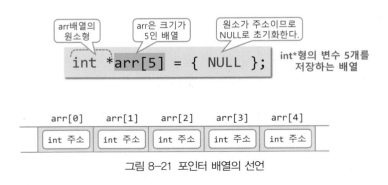

그림 8-21 포인터 배열의 선언

포인터 배열의 각 원소를 int 변수의 주소로 초기화할 수 있다. arr 배열이 a의 주소, b의 주소, c의 주소, d의 주소, e의 주소로 초기화된 경우에 arr[i]가 가리키는 int형 변수에 접근하려면 *arr[i]를 이용해야 한다.

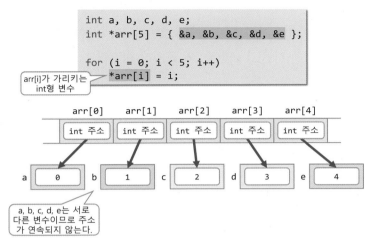

그림 8-22 포인터 배열의 사용

[예제 8-11]은 포인터 배열을 선언하고 사용하는 코드이다.

예제 8-11 : 포인터 배열의 선언 및 사용

```
01    #include <stdio.h>
02
03    int main(void)
04    {
05        int a, b, c, d, e;
06        int *arr[5] = { &a, &b, &c, &d, &e };      // 포인터 배열
07        int i;
08
09        for (i = 0; i < 5; i++)
10        {
11            *arr[i] = i;
12            printf("%d ", *arr[i]);                // arr[i]는 포인터이다.
13        }
14        printf("\n");
15
16        return 0;
17    }
```

실행결과

```
0 1 2 3 4
```

포인터 배열은 주소를 저장하는 배열이라는 점만 기억하자. 포인터 배열은 구조체, 동적 메모리와 함께 유용하게 사용되는 기능이다.

(2) 배열에 대한 포인터

배열에 대한 포인터는 배열 전체를 가리키는 포인터이다. 배열에 대한 포인터를 선언하려면 배열의 데이터형을 쓴 다음, ( ) 안에 *와 포인터 변수명을 쓰고, 마지막으로 [ ] 안에 배열의 크기를 지정한다.

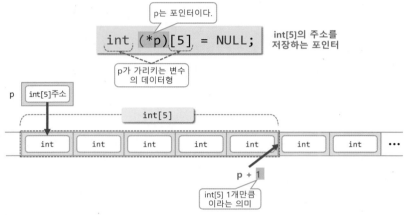

그림 8-23 배열에 대한 포인터의 선언

p는 크기가 5인 int 배열의 주소를 저장하는 포인터이다. 즉, 포인터가 가리키는 곳에 크기가 5인 int 배열이 있다.

배열 원소에 대한 포인터와 배열에 대한 포인터가 어떻게 다른지 구별하려면 p+1 연산의 결과를 보면 알 수 있다. 배열 원소에 대한 포인터로 p+1을 하면, 포인터에 배열 원소 크기를 더한 주소가 된다. 반면에 배열에 대한 포인터로 p+1을 하면, 포인터에 배열 전체 크기를 더한 주소가 된다.

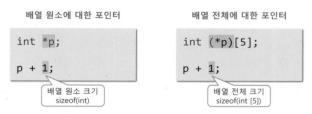

그림 8-24 배열 원소에 대한 포인터 vs. 배열 전체에 대한 포인터

배열에 대한 포인터는 2차원 배열과 함께 사용된다. 2차원 배열에는 행 크기(N)와 열 크기(M)가 있어 전체 원소가 M×N개 생성된다. 이때 열 크기만큼 만들어진 묶음을 가리킬 때 배열에 대한 포인터를 사용한다.

```
int data[3][5]               // 5×3 배열, int[5] 묶음이 3개 있다는 의미
int(*p)[5] = &data[0];       // 2차원 배열의 int[5] 묶음의 주소를 가리킨다.
```

배열에 대한 포인터를 사용할 때는 2차원 배열인 것처럼 인덱스 2개를 사용한다. [예제 8-12]는 배열에 대한 포인터를 선언하고 사용하는 코드이다.

📄 **예제 8-12** : 배열에 대한 포인터의 선언 및 사용

```
01    #include <stdio.h>
02
03    int main(void)
04    {
05        int data[3][5] = {
06            {1, 2, 3, 4, 5},
07            {6, 7, 8, 9, 10},
08            {11, 12, 13, 14, 15}
09        };
10        int(*p)[5] = &data[0];          // int[5] 배열에 대한 포인터
11        int i, j;
12
13        for (i = 0; i < 3; i++)
14        {
15            for (j = 0; j < 5; j++)
16                printf("%2d ", p[i][j]);  // 2차원 배열인 것처럼 사용한다.
17            printf("\n");
18        }
19
20        return 0;
21    }
```

실행결과

```
 1  2  3  4  5
 6  7  8  9 10
11 12 13 14 15
```

(3) 이중 포인터

이중 포인터(double pointer)는 포인터의 주소를 저장하는 포인터이다. 이중 포인터를 선언할 때는 포인터형을 쓰고, 포인터 수식어(*), 포인터 변수명을 써준다. 다음 코드에서 int*가 포인터형, pp가 포인터 변수명이 된다.

```
int x = 10;
int *p = &x;        // 포인터
int **pp = &p;      // 이중 포인터
```

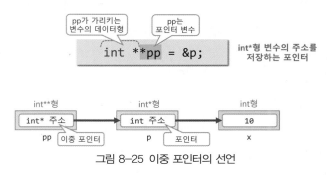

그림 8-25 이중 포인터의 선언

이중 포인터가 가리키는 변수에 접근할 때도 역참조 연산자를 사용한다. 이중 포인터가 가리키는 포인터를 이용해서 다시 int 변수에 접근하려면 역참조 연산을 2번 해야 한다.

```
**pp = 20;          // (*pp)는 p를 끌어오고 다시 *p가 x를 끌어온다.
```

그림 8-26 이중 포인터의 역참조 연산

여러 가지 포인터를 선언하는 방법을 알아봤는데, 이 중에서 포인터 배열 정도만 자주 사용되는 기능이다. 복잡한 포인터 기능을 다 알아 둘 필요는 없으므로 포인터에 대한 부담을 좀 내려놓고 포인터 선언문이 어떤 의미인지 정도만 알아 두도록 하자.

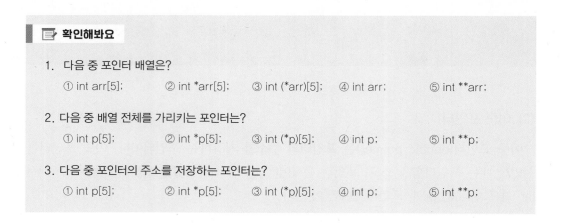

📋 **확인해봐요**

1. 다음 중 포인터 배열은?

　① int arr[5];　　② int *arr[5];　　③ int (*arr)[5];　　④ int arr;　　⑤ int **arr;

2. 다음 중 배열 전체를 가리키는 포인터는?

　① int p[5];　　② int *p[5];　　③ int (*p)[5];　　④ int p;　　⑤ int **p;

3. 다음 중 포인터의 주소를 저장하는 포인터는?

　① int p[5];　　② int *p[5];　　③ int (*p)[5];　　④ int p;　　⑤ int **p;

8.3 함수와 포인터

8.3.1 함수의 인자 전달 방법

서로 다른 함수 사이에서는 정보를 공유하기 위해서 함수의 인자와 리턴값을 사용한다.

그림 8-27 함수의 인자와 리턴값

매개변수가 포인터형일 때는 함수 안에서 매개변수가 가리키는 인자의 값을 변경할 수 있다. 이런 인자 전달 방법을 포인터에 의한 전달 방법이라고 한다.

기본적인 인자 전달 방법인 값에 의한 전달 방법을 다시 한번 알아보고, 포인터에 의한 전달 방법에서는 어떻게 함수를 호출한 쪽에 있는 변수를 변경할 수 있는지 구체적으로 알아보도록 하자.

8.3.2 값에 의한 전달

값에 의한 전달(passing by value) 방법은 함수를 호출 시 넘겨주는 인자를 매개변수로 복사해서 전달하는 방식이다. 함수의 매개변수는 함수가 호출될 때 생성되는 지역 변수로, 함수 호출 시 넘겨주는 인자의 값으로 초기화된다.

원의 면적을 구하는 get_area 함수의 매개변수 radius는 반지름을 전달받는 데 사용된다.

```
double get_area(double radius)
{
    const double PI = 3.14159265359;
    return PI * radius * radius;
}
int main(void)
{
    double result = get_area(2.5);        // 2.5를 매개변수 radius에 복사해서 전달한다.
    printf("%f", result);
}
```

get_area(2.5);를 호출하면 double radius = 2.5;에 해당하는 문장이 함수 호출 시 인자를 전달하면서 수행된다. 즉, 매개변수인 radius가 생성되면서 2.5로 초기화된다. 이때, 인자의 값이 매개변수로 '복사'되므로 **복사에 의한 전달**(passing by copy)이라고도 한다.

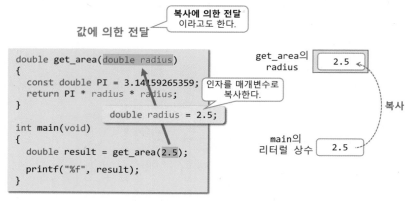

그림 8-28 값에 의한 전달

포인터에 의한 전달 방법이 필요한 경우를 알아보기 위해서 두 변수의 값을 맞바꾸는 swap 함수를 정의해보자.

```c
void swap(int x, int y)
{
    int temp = x;              // 임시 변수에 x의 값 저장
    x = y;
    y = temp;
}
```

main 함수에 지역 변수 a, b를 선언하고 swap(a, b);를 호출하는 코드는 다음과 같다.

```c
int main(void)
{
    int a = 3, b = 7;
    printf("a = %d, b = %d\n", a, b);    // a = 3, b = 7 출력
    swap(a, b);
    printf("a = %d, b = %d\n", a, b);    // a = 3, b = 7 출력
}
```

그런데 swap(a, b)를 호출한 다음 a, b를 출력해보면 a, b의 값에 변화가 없다. 그 이유는 값에 의한 전달 방법을 사용했기 때문이다. swap 함수의 매개변수인 x와 y는 swap 함수 안에 선언된 지역 변수이다. swap 함수 안에서 x와 y의 값을 서로 맞교환 하더라도 swap을 호출한 main의 a, b의 값에는 변화가 없다. 매개변수 x, y는 인자 a, b의 복사본이므로 swap 함수 안에서 복사본인 x, y를 변경해도 원본인 a, b의 값은 변경되지 않는다.

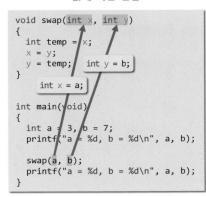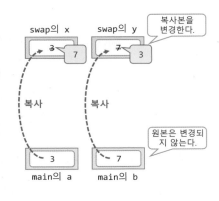

값에 의한 전달

그림 8-29 값에 의한 전달로 구현한 swap 함수

swap 함수는 값에 의한 전달 방법으로는 구현할 수 없다. 이처럼 함수를 호출한 곳에 있는 변수를 함수 안에서 직접 변경해야 하는 경우에는 포인터에 의한 전달 방법을 사용한다.

8.3.3 포인터에 의한 전달

(1) 포인터에 의한 인자 전달 방법

포인터에 의한 전달(passing by pointer) 방법은 변수의 값을 전달하는 대신 변수의 주소를 전달하는 방식이다. 함수를 정의할 때, 함수를 호출한 곳에 있는 지역 변수는 사용할 수 없다. 대신 함수를 호출한 곳에 있는 지역 변수의 주소를 매개변수로 받아오면 포인터를 통해서 해당 변수에 접근할 수 있다.

swap 함수를 포인터에 의한 전달 방법으로 정의해보자. 우선 매개변수는 인자의 데이터형을 가리키는 포인터로 선언한다.

```
void swap(int *x, int *y);    // 매개변수는 포인터형으로 선언한다.
```

함수를 호출할 때는 인자를 직접 전달하는 대신 인자의 주소를 전달한다.

```
swap(&a, &b);                 // 인자의 주소를 전달한다.
```

함수를 정의할 때는 매개변수가 포인터형이므로 역참조 연산으로 매개변수가 가리키는 변수에 접근한다.

```
void swap(int *x, int *y)      // x, y는 인자의 주소이다.
{
    int temp = *x;             // x가 가리키는 변수의 값을 temp에 저장한다.
    *x = *y;                   // y가 가리키는 변수의 값을 x가 가리키는 변수에 저장한다.
    *y = temp;                 // temp를 y가 가리키는 변수에 저장한다.
}
```

포인터에 의한 전달 방법으로 인자를 전달하면 함수 호출 시 넘겨준 주소가 매개변수인 포인터에 저장된다. 따라서 함수 안에서 매개변수인 포인터를 통해서 함수를 호출한 곳에 있는 변수에 접근할 수 있다.

포인터에 의한 전달

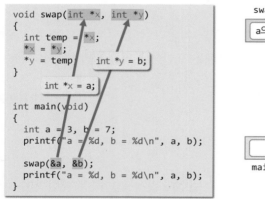 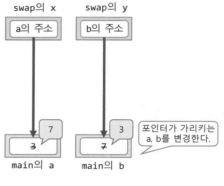

그림 8-30 포인터에 의한 전달로 구현한 swap 함수

[예제 8-13]는 포인터에 의한 전달 방법으로 구현한 swap 함수 코드이다.

📄 **예제 8-13** : 포인터에 의한 전달 방법으로 구현한 swap 함수

```
01    #include <stdio.h>
02    void swap(int *x, int *y);
03
04    int main(void)
05    {
06        int a = 3, b = 7;
07
08        printf("a = %d, b = %d\n", a, b);
09        swap(&a, &b);    // 포인터에 의한 전달
10        printf("a = %d, b = %d\n", a, b);
```

```
11        return 0;
12    }
13
14    void swap(int *x, int *y)      // x, y는 인자의 주소이다.
15    {
16        int temp = *x;            // x가 가리키는 변수의 값을 temp에 저장한다.
17        *x = *y;                  // y가 가리키는 변수의 값을 x가 가리키는 변수에 저장한다.
18        *y = temp;                // temp를 y가 가리키는 변수에 저장한다.
19    }
```

실행결과

```
a = 3, b = 7
a = 7, b = 3
```
a, b의 값이
서로 바뀐다.

　포인터에 의한 전달 방법은 함수의 처리 결과를 매개변수로 전달할 때 유용하게 사용된다. 함수의 처리 결과를 받아올 때 리턴값을 사용하는데, 함수의 처리 결과가 2개 이상일 때는 리턴값으로 받아올 수 없다. 이런 경우에 포인터에 의한 전달 방법을 이용한다.

(2) 함수의 처리 결과를 매개변수로 전달하는 과정

　두 정수의 합과 곱을 구하는 get_sum_product 함수를 정의해보자. 이 함수의 입력으로 2개의 정수가 필요하고, 출력으로 합과 곱을 구해야 한다. 함수의 처리 결과가 2개 이상이므로 포인터에 의한 전달 방법을 사용한다. **포인터에 의한 전달 방법을 이용해서 함수의 처리 결과를 매개변수로 전달하는 과정**은 다음과 같다.

① 함수의 원형을 정할 때, 처리 결과를 저장할 변수를 가리키는 포인터형으로 매개변수를 선언한다. 합과 곱을 int형 변수에 저장해야 하므로 int*형의 sum과 product를 매개변수로 선언한다.

```
void get_sum_product(int x, int y, int *sum, int *product);
```

② 함수를 호출할 때, 처리 결과를 받아올 변수의 주소를 전달한다.

```
int result1, result2;
get_sum_product(10, 20, &result1, &result2);
```

③ 함수를 정의할 때, 포인터형의 매개변수가 가리키는 곳에 처리 결과를 저장한다.

```c
void get_sum_product(int x, int y, int *sum, int *product)
{
    *sum = x + y;
    *product = x * y;
}
```

[예제 8-14]는 2개 이상의 처리 결과를 포인터에 의한 전달 방법을 이용해서 매개변수로 전달하는 get_sum_product 함수를 정의하고 호출하는 코드이다.

예제 8-14 : 함수의 처리 결과를 매개변수로 전달하는 get_sum_product 함수

```c
01    #include <stdio.h>
02    void get_sum_product(int x, int y, int *sum, int *product);
03
04    int main(void)
05    {
06        int result1, result2;
07
08        // 2. 함수를 호출할 때 처리 결과를 받아올 변수의 주소를 전달한다
09        get_sum_product(10, 20, &result1, &result2);
10        printf("sum = %d, product = %d\n", result1, result2);
11        return 0;
12    }
13
14        // 1. 처리 결과를 저장할 변수를 가리키는 포인터형으로 매개변수를 선언한다.
15    void get_sum_product(int x, int y, int *sum, int *product)
16    {
17        // 3. 포인터형의 매개변수가 가리키는 곳에 처리 결과를 저장한다.
18        *sum = x + y;
19        *product = x * y;
20    }
```

실행결과

```
sum = 30, product = 200
```

get_sum_product 함수의 sum이나 product처럼 함수의 처리 결과를 함수를 호출한 곳으로 전달하기 위한 매개변수를 출력 매개변수라고 하며, 출력 매개변수는 포인터형으로 선언해야 한다.

함수의 매개변수는 매개변수의 용도에 따라 세 가지로 구분할 수 있다.

① **입력 매개변수(in parameter)**: 함수를 호출한 곳에서 입력을 받아오기 위한 매개변수로 함수 안에서 사용될 뿐 변경되지 않는다. get_area 함수의 radius나 get_sum_product 의 x, y가 입력 매개변수이다. 입력 매개변수는 값으로 전달한다.

② **출력 매개변수(out parameter)**: 함수의 출력을 함수를 호출한 곳으로 전달하기 위한 매개변수로 함수 안에서 변경된다. get_sum_product 함수의 sum과 product가 출력 매개변수이다. 출력 매개변수는 포인터로 전달한다.

③ **입출력 매개변수(in-out parameter)**: 함수의 입력과 출력 모두로 사용되는 매개변수로 함수 안에서 그 값이 사용도 되고 변경도 된다. swap 함수의 x, y가 입출력 매개변수이다. 입출력 매개변수도 값을 변경해야 하므로 포인터로 전달한다.

매개변수의 용도에 따라 인자 전달 방법이 결정되므로, 함수를 정의할 때 우선 매개변수의 용도를 판단해야 한다.

scanf 함수의 두 번째 매개변수가 대표적인 출력 매개변수이다. scanf 함수로 입력을 받으려면 입력받은 값을 저장할 변수의 주소를 두 번째 인자로 전달한다. scanf 함수는 입력을 처리한 다음 출력 매개변수가 가리키는 곳에 값을 저장하고 리턴한다.

```
int num;
scanf("%d", &num);   // scanf에서 입력된 값을 받아올 변수의 주소를 전달한다.
```

📝 확인해봐요

1. 함수를 호출 시 넘겨주는 인자를 매개변수로 복사해서 전달하는 방식을 무엇이라고 하는가?
   ① 값에 의한 전달   ② 포인터에 의한 전달   ③ 레퍼런스에 의한 전달

2. 함수를 호출 시 변수의 값을 전달하는 대신 변수의 주소를 전달하는 방식을 무엇이라고 하는가?
   ① 값에 의한 전달   ② 포인터에 의한 전달   ③ 복사에 의한 전달

3. 함수의 출력을 함수를 호출한 곳으로 전달하기 위한 매개변수로 함수 안에서 변경되는 매개변수는?
   ① 입력 매개변수   ② 출력 매개변수   ③ 지역 변수   ④ 전역 변수

8.3.4 배열의 전달

배열을 함수의 인자로 전달하려면 크기를 생략한 배열형의 매개변수와 배열의 크기를 전달하는 매개변수가 필요하다.

```
void print_array(int arr[], int size);
```

C에서는 **배열을 함수의 인자로 전달할 때 항상 포인터로 전달한다.** 겉으로 보기에는 배열인 것처럼 보이지만 실제로는 포인터로 전달한다. 따라서 다음 두 문장을 항상 같은 뜻이며 둘 중 어떤 것을 사용해도 상관없다.

```
void print_array(int arr[], int size);
void print_array(int *arr, int size);
```

첫 번째 매개변수인 int arr[ ];는 배열 원소를 가리키는 포인터형이다. arr은 배열인 것처럼 사용되지만 실제로는 포인터이기 때문에 sizeof(arr)는 항상 4바이트이다. sizeof(arr)를 이용해서 배열의 크기를 구할 수 없으므로 배열의 크기도 매개변수로 받아와야 한다.

```
void print_array(int *arr, int size)        // 배열의 크기는 매개변수로 받아와야 한다.
{
    // sizeof(arr)가 4이므로 이 방법으로는 배열의 크기를 구할 수 없다.
    int sz = sizeof(arr) / sizeof(arr[0]);  // sz는 배열의 크기가 아니다.
      ⋮
}
```

함수 호출 시 인자로 배열을 전달하려면, 배열의 이름, 즉 배열의 시작 주소를 전달한다.

```
int x[5] = {1, 2, 3, 4, 5};
print_array(x, 5);                          // 함수 호출 시 배열의 이름을 인자로 전달한다.
```

배열은 항상 포인터로 전달하기 때문에 입력 매개변수인지 출력 매개변수인지를 구분하기 위한 별도의 방법이 필요하다. 배열을 입력 매개변수로 사용하려면 const 포인터형의 매개변수를 선언한다. print_array 함수의 첫 번째 매개변수인 const int arr[ ];는 const int *arr;와 같은 의미이다. arr가 읽기 전용 포인터이므로 print_array 함수 안에서 arr가 가리키는 배열의 원소를 변경하려고 하면 컴파일 에러가 발생한다.

```
void print_array(const int arr[], int size)   // arr는 입력 매개변수
{
    arr[0] = 100;   // arr가 가리키는 배열의 원소를 변경할 수 없다.
    arr[0]++;       // arr가 가리키는 배열의 원소를 변경할 수 없다.
}
```

배열이 입력 매개변수로 사용될 때는 const 포인터를 사용하는 것이 좋다. const를 지정하면 함수 안에서 실수로 배열을 변경하더라도 컴파일 에러가 발생하므로 쉽게 확인할 수 있다. 또한 매개변수의 의미도 명확하므로 코드가 이해하기 쉽고 알아보기 쉬워진다.

copy_array 함수도 다음과 같이 수정할 수 있다.

```
void copy_array(const int source[], int target[], int size);
```

copy_array 함수는 source가 가리키는 배열을 target이 가리키는 배열로 복사하므로 source는 입력 매개변수, target은 출력 매개변수이다. 따라서 source에만 const를 지정한다.

[예제 8-15]는 배열을 입력 매개변수로 사용하는 함수를 정의하고 호출하는 코드이다.

📄 **예제 8-15 : 배열을 입력 매개변수로 사용하는 함수**

```
01  #include <stdio.h>
02  #define SIZE 10
03  void copy_array(const int source[], int target[], int size);
04  void print_array(const int arr[], int size);
05
06  int main(void)
07  {
08      int x[SIZE] = { 10, 20, 30, 40, 50 };
09      int y[SIZE] = { 0 };
10
11      printf("x = ");
12      print_array(x, SIZE);
13      copy_array(x, y, SIZE);
14      printf("y = ");
15      print_array(y, SIZE);
16      return 0;
17  }
18
19  void copy_array(const int source[], int target[], int size)
20  {
```

```
21        int i;
22        for (i = 0; i < size; i++)
23            target[i] = source[i];
24    }
25
26    void print_array(const int arr[], int size)  // arr는 입력 매개변수
27    {
28        int  i;
29        for (i = 0; i < size; i++)
30            printf("%d ", arr[i]);
31        printf("\n");
32    }
```

실행결과 ■ ■ ■

```
x = 10 20 30 40 50 0 0 0 0 0
y = 10 20 30 40 50 0 0 0 0 0
```

배열을 함수의 매개변수로 전달하는 방법을 정리하면 다음과 같다.

① 함수의 매개변수는 배열 원소에 대한 포인터형으로 선언한다. int형 배열을 매개변수로
   가진 함수는 다음 코드 중 하나로 정의할 수 있다. 다음 두 문장은 같은 뜻이다.

```
void print_array(int *arr);
void print_array(int arr[]);
```

② 함수를 정의할 때 배열의 크기가 필요하면 배열의 크기도 매개변수로 받아와야 한다.

```
void print_array(int *arr, int size);
```

③ 배열이 입력 매개변수일 때는 const 키워드를 지정한다.

```
void print_array(const int *arr, int size);
```

④ 배열을 매개변수로 가진 함수를 호출할 때는 배열의 이름을 인자로 전달한다.

```
int x[5] = {1, 2, 3, 4, 5};
print_array(x, 5);
```

⑤ 함수를 정의할 때는 매개변수인 포인터를 배열 이름인 것처럼 인덱스와 함께 사용한다.

```
void print_array(const int arr[], int size)
{       ⋮
    for (i = 0; i < size; i++)
        printf("%d ", arr[i]);
        ⋮
}
```

📋 확인해봐요

1. 배열을 함수의 인자로 전달하는 때는 어떤 방법을 사용하는가?
   ① 값에 의한 전달　　　　　　② 포인터에 의한 전달　　　　　　③ 복사에 의한 전달

2. double 배열이 함수의 입력 매개변수일 때 매개변수의 데이터형은?
   ① double arr[]　　　　　　② double *arr　　　　　　③ const double *arr

1. 포인터의 기본

- 포인터(pointer)는 주소를 저장하는 변수이며, 다른 변수를 가리키는 변수이다.
- 포인터를 선언할 때 지정하는 데이터형은 포인터가 가리키는 변수의 데이터형이다.
- 포인터의 데이터형이 다르더라도 포인터의 크기는 항상 같다. 포인터의 크기는 32비트 플랫폼에서는 4바이트, 64비트 플랫폼에서는 8바이트이다.
- 포인터에 저장할 주소를 구하려면 변수와 함께 주소 구하기 연산자 &를 사용한다.
- 포인터와 포인터가 가리키는 변수의 데이터형은 일치해야 한다.
- 포인터가 가리키는 변수의 값을 읽어오거나 변경하려면 포인터 앞에 역참조 연산자 *를 사용한다.
- 포인터는 변수의 이름을 직접 사용할 수 없거나 여러 변수를 공통의 코드로 처리하고자 할 때 유용하게 사용된다.
- 포인터가 가리키는 변수가 없을 때는 NULL로 초기화한다.
- const 키워드를 이용하면 읽기 전용 포인터나 특정 변수 전용 포인터를 만들 수 있다.

2. 포인터의 활용

- '포인터 + 정수' 연산은 포인터가 가리키는 데이터형에 따라 연산의 결과가 결정된다. 즉, p + 1에서 1의 의미는 p가 int*형일 때는 int 1개라는 뜻이 되고, p가 double*형일 때는 double 1개라는 뜻이 된다.
- 배열 원소에 대한 포인터는 변수 하나를 가리킬 수도 있고, 배열을 가리킬 수도 있다. 배열의 시작 주소와 배열의 0번 원소의 주소가 같기 때문이다.
- 배열 원소를 가리키는 포인터는 배열 이름인 것처럼 인덱스를 사용할 수 있다. 즉, p[i]처럼 사용할 수 있으며 *(p + i)와 같은 의미이다.
- 배열 이름은 배열의 시작 주소이므로 배열 이름을 포인터 변수인 것처럼 사용할 수 있다. 하지만 배열 이름은 특정 변수 전용 포인터처럼 주소를 변경할 수 없다.
- 포인터 배열은 배열의 원소가 포인터인 배열이다.
- 배열에 대한 포인터는 배열 전체를 가리키는 포인터이다.
- 이중 포인터는 포인터의 주소를 저장하는 포인터이다.
- 함수의 처리 결과를 매개변수로 받아올 때 포인터에 의한 전달 방법을 사용한다.
- 배열을 함수의 인자로 전달할 때는 항상 포인터로 전달하며, 배열이 입력 매개변수일 때는 const 포인터로 전달한다.

1. 포인터에 대한 설명을 읽고 설명이 맞으면 O, 틀리면 X를 선택하시오.

  (1) 포인터는 다른 변수를 가리키는 변수이다.   (   )

  (2) 포인터의 크기는 포인터가 가리키는 변수의 크기와 같다.   (   )

  (3) 포인터는 다른 변수의 주소를 저장한다.   (   )

  (4) 포인터를 이용하면 이름을 직접 사용할 수 없는 변수에도 접근할 수 있다. (   )

  (5) 포인터에 직접 절대 주소를 저장하고 사용할 수 있다.   (   )

  (6) int 포인터로 double 변수를 가리키고 사용해도 아무 문제없다.   (   )

  (7) 포인터를 초기화하지 않고 사용하는 것은 위험하다.   (   )

  (8) 포인터의 크기를 구할 때 sizeof 연산자를 이용한다.   (   )

2. 널 포인터에 대한 설명 중 잘못된 것은?

  ① NULL은 〈stdio.h〉에 정의된 매크로 상수이다.

  ② NULL 매크로는 0으로 정의된 매크로이다.

  ③ 널 포인터에 대하여 역참조 연산자(*)를 사용하면 메모리 0번지에 값을 저장할 수 있다.

  ④ 포인터가 가리키는 변수가 없을 때 널 포인터로 만든다.

3. 다음 중 포인터의 선언이 잘못된 것을 모두 고르시오.

  ① int arr[10];   ② double x;

    int *p = arr;   double *pd = x;

  ③ int a;   ④ char *pc = NULL;

    short *ps = &a;

  ⑤ int z;

    int *pz = &z;

4. 다음과 같이 포인터가 선언되어 있을 때 보기 중 잘못된 코드를 모두 고르시오.

```
double x;
double *pd = NULL;
```

  ① pd = &x;   ② pd = &0.5;

  ③ pd = (x * 0.1);   ④ pd = &x;

                                             *pd = 0.5;

  ⑤ *x = 0.5;

5. 포인터 사용에 대한 설명 중 잘못된 것은?

① 주소 구하기 연산자(&)는 상수나 수식에는 사용할 수 없다.

② 포인터의 데이터형은 포인터가 가리키는 변수의 데이터형과 같아야 한다.

③ 포인터를 초기화하지 않으면 자동으로 0으로 초기화된다.

④ 역참조 연산자(*)는 포인터 변수에만 사용할 수 있다.

⑤ &를 사용하면 포인터의 주소도 구할 수 있다.

6. 다음과 같이 포인터가 선언되어 있을 때, 포인터 연산의 결과를 구하시오.

```
int data[] = { 1, 3, 5, 7, 9 };
int *p1 = data;      // p1에 저장된 data의 주소가 0x400번지라고 가정한다.
```

(1) *p1

(2) p1 + 1

(3) *(p1 + 1)

(4) p1[1]

(5) p1 + 3

7. 다음과 같이 포인터가 선언되어 있을 때, 포인터 연산의 결과를 구하시오.

```
int data[] = { 1, 3, 5, 7, 9 };
int *p2 = &data[2]; // p1에 저장된 data[2]의 주소가 0x408번지라고 가정한다.
```

(1) *p2

(2) p2[0]

(3) *(p2 + 1)

(4) p2[1]

(5) *(p2 + 2)

(6) p2[2]

8. 다음과 같이 const 포인터가 선언되어 있을 때, 컴파일 에러가 발생하는 코드를 모두 고르시오.

```
int data[] = { 1, 3, 5, 7, 9 };
int num[5];
const int *ptr = data;
```

① *ptr = 10;

② ptr = num;

③ ptr = &data[1];

④ (*ptr)++;

⑤ ++ptr;

⑥ ptr[1] = 30;

9. 다음 중 배열 이름이 포인터로서 가진 의미를 가장 잘 표현한 코드는?

```
int data[] = { 1, 3, 5, 7, 9 };
```

① int *data;   ② const int *data;

③ int * const data;   ④ const int * const data;

10. 다음과 같이 선언된 포인터에 대한 코드의 실행 결과 중 잘못된 것을 모두 고르시오.

```
short prices[] = { 1000, 2000, 3000, 4000 };    // prices의 주소는 0x200번지
short *ps = prices;                             // ps의 주소는 0x20A번지
```

코드	실행 결과
① printf("%d", *ps);	1000
② printf("%p", ps);	00000200
③ printf("%p", &ps);	0000020a
④ printf("%p", ps+1);	00000201
⑤ printf("%d", ps[3]);	4000
⑥ printf("%p", &ps[3]);	0000020c
⑦ printf("%d", sizeof(*ps));	2
⑧ printf("%d", sizeof(ps));	2

11. 배열과 포인터에 대한 설명을 읽고 설명이 맞으면 O, 틀리면 X를 선택하시오.

(1) 배열 이름은 배열의 시작 주소이다.   (   )

(2) 배열 원소를 가리키는 포인터는 배열 이름인 것처럼 사용할 수 있다.   (   )

(3) 포인터에 다른 배열의 시작 주소를 저장할 수 있다.   (   )

(4) 배열 이름도 포인터처럼 증감 연산을 할 수 있다.   (   )

(5) 배열의 시작 주소에 다른 배열의 시작 주소를 대입할 수 있다.   (   )

(6) 배열의 시작 주소를 저장하는 포인터를 증가시키면 배열의 다음 원소를 가리키게 된다. (   )

(7) 배열의 시작 주소는 변경할 수 없다.   (   )

12. 다음과 같이 선언된 배열과 포인터에 대해서 여러 가지 수식 중 의미가 다른 하나는?

```
short prices[10] = { 0 };
short *ps = prices;
```

① prices[i]   ② *(prices + i)

③ *(ps + i)   ④ ps + i

⑤ ps[i]

13. 다음과 같이 선언된 배열과 포인터에 대한 코드 중 컴파일 에러가 발생하는 것을 모두 고르시오.

```
double x[10], y[10], z[5];
double *pd = x;
```

① pd = y;   ② pd = z;

③ x = y;   ④ x = z;

⑤ ++pd;   ⑥ pd += 3;

⑦ ++z;

14. 함수의 인자 전달 방법에 대한 설명 중에서 잘못된 것을 모두 고르시오.

① 값에 의한 전달 방법은 인자를 매개변수로 복사해서 전달한다.

② 함수 안에서 변경되는 인자는 포인터로 전달해야 한다.

③ void f(int arr[]);와 void f(int *arr);는 서로 다른 함수이다.

④ 배열을 함수의 인자로 전달할 때는 복사해서 전달한다.

⑤ 배열을 입력 매개변수로 전달하려면 const 포인터형의 매개변수를 사용한다.

⑥ 함수 안에서 매개변수로 전달받은 배열의 크기를 sizeof 연산자로 구할 수 있다.

15. 다음 프로그램의 실행 결과를 쓰시오.

```c
#include <stdio.h>

int main(void)
{
    int arr[5] = { 1, 2, 3, 4, 5 };
    int *p = NULL;
    int i;
    p = arr;
    for (i = 0; i < 5; i++)
    {
        printf("%d ", ++(*p));
        p++;
    }
    printf("\n");
    return 0;
}
```

16. 다음 프로그램의 실행 결과를 쓰시오.

```c
#include <stdio.h>

int main(void)
{
    int arr[5] = { 1, 2, 3, 4, 5 };
    int *p = NULL;
    int i;
    p = arr;
    for (i = 0; i < 5; i++)
    {
        printf("%d ",*p++);
    }
    printf("\n");
    return 0;
}
```

17. 두 정수의 최대 공약수와 최소 공배수를 구하는 함수의 원형을 작성하시오. 하나의 함수로 최대 공약수와 최소 공배수를 모두 구해야 한다.

18. 다음은 int 배열의 합계와 평균을 구하는 get_sum_average 함수의 정의이다. ___ 부분에 필요한 코드를 작성하시오.

```c
#include <stdio.h>

int get_sum_average(_____)
{
    int sum = 0;
    int i;
    for (i = 0; i < size; i++)
        sum += arr[i];
    if (average != NULL)
        *average = (double)sum / size;
    return sum;
}

int main(void)
{
    int scores[5] = { 98, 99, 78, 85, 91 };
    double ave;

    printf("합계 : %d\n", get_sum_average(scores, 5, &ave));
    printf("평균 : %.2f\n", ave);

    return 0;
}
```

1. 크기가 3인 double형 배열의 모든 원소의 주소를 출력하는 프로그램을 작성하시오. 단, 주소 구하기 연산자를 사용하지 마시오. [포인터인 것처럼 사용되는 배열/난이도 ★]

> **실행결과**
> ```
> x[0]의 주소: 0136F830
> x[1]의 주소: 0136F838
> x[2]의 주소: 0136F840
> ```

★ 배열 이름을 포인터인 것처럼 이용하면 주소 구하기 연산자 없이도 배열 원소의 주소를 구할 수 있다.
★ double 배열의 각 원소의 주소가 8바이트씩 차이 나는지 확인한다.

2. 배열 원소를 가리키는 포인터와 포인터 연산을 이용해서 실수형 배열의 모든 원소를 출력하는 프로그램을 작성하시오. 실수형 배열은 크기가 10이고 값은 마음대로 지정해서 사용한다. [배열 원소를 가리키는 포인터/난이도 ★]

> **실행결과**
> ```
> 0.10  2.00  3.40  5.20  4.50  7.80  9.70  1.40  6.60  7.20
> ```

3. 배열 원소를 가리키는 포인터가 배열의 첫 번째 원소를 가리킬 때 포인터 연산을 이용해서 정수형 배열의 모든 원소를 순서대로 출력한다. 그 다음, 포인터가 배열의 마지막 원소를 가리키게 하고, 배열의 원소를 역순으로 출력하는 프로그램을 작성하시오. 정수형 배열은 크기가 10이고 마음대로 초기화해서 사용한다. [배열 원소를 가리키는 포인터/난이도 ★]

> **실행결과**
> ```
> 배열: 44  32  65  23  45  76  77  89  23  45
> 역순: 45  23  89  77  76  45  23  65  32  44
> ```

4. 배열 원소를 가리키는 포인터를 이용해서 실수형 배열의 평균을 구하는 프로그램을 작성하시오. 실수형 배열은 크기가 10이고 마음대로 초기화해서 사용한다. [배열 원소를 가리키는 포인터/난이도 ★]

> **실행결과**
> ```
> 배열: 0.10  2.00  3.40  5.20  4.50  7.80  9.70  1.40  6.60  7.20
> 평균: 4.790000
> ```

5. 등차수열은 앞의 항에 항상 일정한 수(공차)를 더하여 만들어가는 수열이다. 배열과 배열의 크기, 공차(common difference)를 매개변수로 받아서 등차수열로 배열을 채우는 arith_seq 함수를 정의하시오. 첫 번째 항의 값은 배열의 0번 원소에 넣어서 전달한다. arith_seq 함수를 이용해서 입력받은 첫 번째 항과 공차로 크기가 10인 정수형 배열에 대하여 등차수열을 구하고 출력하는 프로그램을 작성하시오. [배열을 매개변수로 전달하는 경우, 포인터에 의한 전달/난이도 ★★]

> **실행결과**
>
> 첫 번째 항? 1
> 공차? 2
> 등차수열: 1 3 5 7 9 11 13 15 17 19

6. 정수형 배열에 대하여 배열의 원소 중 최댓값과 최솟값을 찾는 get_min_max 함수를 정의하시오. 크기가 10인 int 배열에 대해서 원하는 값으로 초기값을 채운 다음 get_min_max 함수로 최댓값과 최솟값을 찾아서 출력하시오. [배열을 매개변수로 전달하는 경우, 포인터에 의한 전달 /난이도 ★★]

> **실행결과**
>
> 배열: 23 45 62 12 99 83 23 50 72 37
> 최댓값: 99
> 최솟값: 12

7. 실수형 배열에 대해서 원소들을 역순으로 만드는 reverse_array 함수를 작성하시오. 크기가 10인 double 배열에 대해서 원하는 값으로 초기값을 채운 다음 reverse_array 함수의 호출 결과를 확인하는 프로그램을 작성하시오. [배열을 매개변수로 전달하는 경우/난이도 ★]

> **실행결과**
>
> 배열: 1.2 3.1 4.3 4.5 6.7 2.3 8.7 9.5 2.3 5.8
> 역순: 5.8 2.3 9.5 8.7 2.3 6.7 4.5 4.3 3.1 1.2

8. 정수형 배열을 특정 값으로 채우는 fill_array 함수를 작성하시오. 단, 포인터와 포인터 역참조 연산자를 이용한다. fill_array 함수를 이용해서 크기가 20인 int 배열을 입력받은 값으로 채우고 출력하는 프로그램을 작성하시오. [배열을 매개변수로 전달하는 함수/난이도 ★★]

> **실행결과**
>
> 배열의 원소에 저장할 값? 5
> 배열: 5 5 5 5 5 5 5 5 5 5 5 5 5 5 5 5 5 5 5 5

9. 열 크기가 5인 2차원 int 배열의 모든 원소를 특정 값으로 채우는 fill_2d_array 함수를 작성하시오. 함수의 매개변수로 배열 전체에 대한 포인터와 배열의 행 크기를 전달한다. 열 크기가 5, 행 크기가 4인 2차원 배열을 입력받은 값으로 채우고 출력하는 프로그램을 작성하시오. [배열에 대한 포인터/난이도 ★★]

실행결과

```
배열의 원소에 저장할 값? 5
5 5 5 5 5
5 5 5 5 5
5 5 5 5 5
5 5 5 5 5
```

10. 3×3 행렬의 합을 구하는 add_matrix 함수를 작성하시오. add_matrix 함수를 이용해서 행렬의 합을 구하는 프로그램을 작성하시오. 행렬로 사용될 2차원 배열은 마음대로 초기화해도 된다. [배열에 대한 포인터 / 난이도 ★★]

$$\begin{bmatrix} a_{11} & a_{12} & a_{13} \\ a_{21} & a_{22} & a_{23} \\ a_{31} & a_{32} & a_{33} \end{bmatrix} + \begin{bmatrix} b_{11} & b_{12} & b_{13} \\ b_{21} & b_{22} & b_{23} \\ b_{31} & b_{32} & b_{33} \end{bmatrix} = \begin{bmatrix} a_{11} + b_{11} & a_{12} + b_{12} & a_{13} + b_{13} \\ a_{21} + b_{21} & a_{22} + b_{22} & a_{23} + b_{23} \\ a_{31} + b_{31} & a_{32} + b_{32} & a_{33} + b_{33} \end{bmatrix}$$

실행결과

```
x 행렬:
10  20  30
40  50  60
70  80  90
y 행렬:
 9   8   7
 6   5   4
 3   2   1
x + y 행렬:
19  28  37
46  55  64
73  82  91
```

11. 직사각형의 넓이와 둘레를 구하는 get_rect_info 함수를 작성하시오. 직사각형의 가로, 세로의 길이를 입력받은 다음 get_rect_info 함수를 이용해서 직사각형의 넓이와 둘레를 구해서 출력하는 프로그램을 작성하시오. [포인터에 의한 전달/난이도 ★★★]

> **실행결과**
>
> 가로? `10`
> 세로? `20`
> 넓이: 200, ·둘레: 60

12. 정수형 배열과 키 값을 매개변수로 전달받아 배열에서 키 값을 모두 찾아 인덱스를 배열에 저장해서 리턴하는 find_all_in_array 함수를 작성하시오. 이 함수는 찾은 항목의 개수를 리턴한다. 예를 들어 배열에서 12를 2개 찾았으면 2를 리턴하고 찾은 항목의 인덱스는 매개변수인 인덱스 배열에 저장한다. 항목을 찾을 수 없으면 0을 리턴한다. [배열을 매개변수로 전달하는 함수/난이도 ★★★]

> **실행결과**
>
> 12 45 62 12 99 83 23 12 72 37
> 찾을 값? `12`
> 찾은 항목은 모두 3개입니다.
> 찾은 항목의 인덱스: 0 3 7

★ find_all_in_array 함수에서 입력 매개변수로 필요한 것은 다음과 같다.
  ① 정수형 배열 ② 배열의 크기 ③ 키
★ find_all_in_array 함수에서 출력 매개변수로 필요한 것은 찾은 항목의 인덱스를 저장할 배열이다. 이 배열의 크기는 ①번의 정수형 배열과 같은 크기라고 가정한다.
★ 이 함수의 리턴값은 출력 매개변수인 인덱스 배열에 저장된 인덱스의 개수이다.

13. 크기가 같은 2개의 정수형 배열을 매개변수로 전달받아 두 배열의 원소들의 값을 맞바꾸는 swap_array 함수를 작성하시오. swap_array 함수를 이용해서 크기가 10인 두 배열의 값을 맞바꾸는 프로그램을 작성하시오. 배열의 초기값은 마음대로 정해도 된다. [배열을 매개변수로 전달하는 함수 /난이도 ★★]

> **실행결과**
>
> a: 1 3 5 7 9 11 13 15 17 19
> b: 0 2 4 6 8 10 12 14 16 18
> << swap_array 호출 후 >>
> a: 0 2 4 6 8 10 12 14 16 18
> b: 1 3 5 7 9 11 13 15 17 19

14. 정수형 배열을 1~(N-1)사이의 임의의 정수로 채워주는 rand_array 함수를 작성하시오. rand_
    array 함수를 이용하면 임의의 정수 1개를 생성할 수도 있고 배열 크기만큼 생성할 수도 있다. 이
    함수로 0~9사이의 값을 생성해 count 변수에 저장한 다음, count번만큼 크기가 10인 int 배열
    에 0~99사이의 임의의 정수를 채우고 출력하는 프로그램을 작성하시오. [배열 원소를 가리키는 포인터,
    배열을 매개변수로 전달하는 함수/난이도 ★★]

```
 실행결과                                          ...

 count = 3
 22 16 23 33 58 40 33 67 88 72
 79 85 22 68 20  6 32 57 11  3
 27 12 67 86 36 57 57 99  4  1
```

★ int 변수는 크기가 1인 int 배열로 생각할 수 있다.
   int count;
   rand_array(&count, 1, 10);   // 0~9사이의 임의의 정수를 생성해서 count 변수에 저장한다.

15. 7장의 선택 정렬 코드를 이용해서 정수형 배열을 정렬하는 sort_array 함수를 정의하시오. 크기가
    10인 int 배열에 0~99사이의 임의의 정수를 채운 다음 sort_array 함수로 정렬한 결과를 출력하
    는 프로그램을 작성하시오. [배열을 매개변수로 전달하는 함수/난이도 ★★★]

```
 실행결과                                          ...

 정렬 전: 90  6 96 40 62 48 26 89 48 25
 정렬 후:  6 25 26 40 48 48 62 89 90 96
```

16. 15번의 sort_array 함수에 정렬 순서를 지정하는 매개변수를 추가해서 오름차순 정렬과 내림차순
    정렬을 모두 처리할 수 있는 sort_array_with_order 함수로 정의하시오. 크기가 10인 int 배열에
    0~99사이의 임의의 정수를 채운 다음 sort_array_with_order 함수로 오름차순 정렬 결과와 내
    림차순 정렬 결과를 모두 출력하는 프로그램을 작성하시오. [배열을 매개변수로 전달하는 함수/난이도 ★★★]

```
 실행결과                                          ...

 정렬 전         : 45 24 53 89 38 92  0 24 66 33
 오름차순 정렬 후:  0 24 24 33 38 45 53 66 89 92
 내림차순 정렬 후: 92 89 66 53 45 38 33 24 24  0
```

★ 정렬 순서를 의미하는 매크로 상수를 정의해서 사용할 수 있다.
   #define ASCENDING   0
   #define DESCENDING 1
★ 정렬 순서를 잘못 지정한 경우에 어떻게 처리할지 생각해보자. 정렬 순서는 0 또는 1로 지정해야 하는데 잘못된 값이
   매개변수로 전달되면 정렬을 하지 않을 수도 있고, 디폴트로 오름차순 정렬을 하도록 만들 수도 있다.

17. 수학에서 다중집합(multiset)은 원소의 중복을 허용한다. 정수형 배열과 배열의 크기, 현재 들어있는 원소의 개수를 매개변수로 전달해서 원소를 추가하는 add_to_multiset 함수를 작성하시오. add_to_multiset이 호출되고 나면 현재 들어있는 원소의 개수가 증가되어야 한다. 원소는 최대 배열의 크기만큼만 추가할 수 있다. 더 이상 원소를 추가할 수 없으면 0을 리턴하고, 원소를 추가하는 경우에는 1을 리턴한다. add_to_multiset 함수를 이용해서 입력받은 정수를 집합의 원소를 추가하고, 그 때마다 집합의 원소들을 출력하는 프로그램을 작성하시오. [배열을 매개변수로 전달하는 함수, 포인터에 의한 전달/난이도 ★★★]

```
실행결과

배열에 추가할 원소? 10
10
배열에 추가할 원소? 20
10 20
배열에 추가할 원소? 10
10 20 10
⋮
```

★ add_to_multiset 함수는 입력 매개변수로 필요한 것은 다음과 같다.
  ① 배열의 크기 ② 배열에 원소로 추가할 값
★ add_to_multiset 함수에서 입출력 매개변수로 필요한 것은 다음과 같다.
  ① int 배열 ② 다중집합에 추가된 원소의 개수를 저장하는 변수
★ 이 함수의 리턴값은 다중집합에 원소를 추가했으면 1, 아니면 0이다.

18. 수학에서 집합(set)은 다중집합(multiset)과 다르게 원소의 중복을 허용하지 않는다. 정수형 배열과 배열의 크기, 현재 들어있는 원소의 개수를 매개변수로 전달해서 원소를 추가하는 add_to_set 함수를 작성하시오. add_to_set이 호출되고 나면 현재 들어있는 원소의 개수가 증가되어야 한다. 원소는 최대 배열의 크기만큼만 추가할 수 있다. 더 이상 원소를 추가할 수 없거나 이미 같은 값의 원소가 있으면 0을 리턴하고, 원소를 추가하는 경우에는 1을 리턴한다. add_to_set 함수를 이용해서 입력받은 정수를 집합의 원소를 추가하고, 그 때마다 집합의 원소들을 출력하는 프로그램을 작성하시오. [배열을 매개변수로 전달하는 함수, 포인터에 의한 전달/난이도 ★★★]

```
실행결과

배열에 추가할 원소? 10
10
배열에 추가할 원소? 20
10 20
배열에 추가할 원소? 10
해당 원소가 이미 [0]에 존재합니다.
10 20
⋮
```

CHAPTER 9

문자열

9.1 문자 배열

9.1.1 문자와 문자열

텍스트 기반의 콘솔 프로그램은 콘솔에서의 입력과 출력을 모두 문자로 처리한다. 예를 들어 정수를 입력하기 위해서 키보드에서 1을 누르면 실제로는 '1'에 해당하는 문자가 입력 버퍼에 저장된다. 표준 입력 함수인 scanf는 입력 버퍼에서 문자들을 읽어서 형식 문자열에 따라 정수나 실수 등으로 변환하는 작업을 해준다. 출력도 비슷하다. 표준 출력 함수인 printf는 정수나 실수 등의 출력할 값을 형식 문자열을 이용해서 문자열로 변환하고 문자열을 콘솔로 출력한다. 이처럼 입력과 출력의 기본 단위인 문자와 문자열에 대해 자세히 알아볼 필요가 있다.

문자열(string)은 연속된 문자들의 모임이다. C에서 문자열은 큰따옴표(" ")로 묶어주며, 문자열의 끝에는 널 문자('\0')를 함께 저장한다. 이처럼 끝을 나타내는 널 문자를 함께 저장하는 문자열을 **널 종료 문자열(null-terminated string)**이라고 한다. 문자열과 다르게 문자는 작은따옴표(' ')로 묶어주고 하나의 문자로 구성된다. 앞에서 본 것처럼 'A'는 문자지만 "A"는 널 문자를 함께 저장하는 문자열이다.

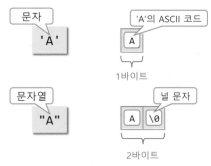

그림 9-1 문자와 문자열

문자 상수는 'A'나 '\012'처럼 문자나 문자코드를 작은따옴표로 묶어서 나타낸다. 문자 변수로는 char형의 변수를 사용하며, 문자의 ASCII 코드를 저장한다.

문자열도 상수와 변수로 나눌 수 있다. 문자열 상수는 값이 변경되지 않는 문자열이며, "A"나 "hello world"처럼 큰따옴표로 묶어서 표시한다. 문자열 상수를 **문자열 리터럴**이라고도 한다.

문자열 변수는 프로그램을 실행하는 동안에 변경될 수 있는 문자열이며, **문자열 변수로 문자 배열을 사용한다.** 사용자로부터 입력받은 문자열을 저장하거나, 프로그램이 실행되는 동안에 내용이 변경되는 문자열을 저장하려면 문자 배열을 사용해야 한다.

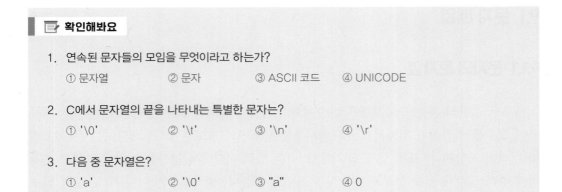

확인해봐요

1. 연속된 문자들의 모임을 무엇이라고 하는가?
   ① 문자열 ② 문자 ③ ASCII 코드 ④ UNICODE

2. C에서 문자열의 끝을 나타내는 특별한 문자는?
   ① '\0' ② '\t' ③ '\n' ④ '\r'

3. 다음 중 문자열은?
   ① 'a' ② '\0' ③ "a" ④ 0

9.1.2 문자 배열의 선언 및 초기화

문자 배열을 선언할 때는 '저장할 문자열의 길이 + 1'만큼 배열의 크기를 지정한다. 문자열을 저장할 때 널 문자를 함께 저장해야 하기 때문이다.

```
char str[10];                    // 길이가 9인 문자열을 저장하기 위한 문자 배열
```

문자 배열을 초기화할 때 { } 안에 초기값으로 문자들을 나열한다. 다음 코드는 주어진 초기값으로 str[0]~str[2]를 초기화하고 나머지 원소는 0으로 초기화한다. 널 문자의 ASCII 코드가 0이므로 str[3]~str[9]는 널 문자로 채워진다.

```
char str[10] = { 'a', 'b', 'c' };    // { } 안에 문자 상수를 나열해서 초기화한다.
```

보통은 문자 배열을 초기화할 때, 문자열 리터럴을 이용한다. { } 안에 문자를 작은따옴표로 일일이 나열하는 것이 귀찮은 작업이기 때문이다.

```
char str[10] = "abc";            // 문자 배열은 문자열 리터럴로 초기화한다.
```

초기값인 문자열 리터럴의 길이가 '문자 배열의 크기-1'보다 작으면 배열의 나머지 원소를 널 문자로 초기화한다. 문자열 리터럴의 길이가 '문자 배열의 크기-1'보다 크면 컴파일 경고가 발생한다. 이때, 주어진 문자열로 배열이 초기화되지만 맨 끝에 널 문자가 저장되지는 않는다. C에서는 문자열이 널 문자로 끝난다고 가정하기 때문에 문자열의 끝에 널 문자가 없으면 문제가 발생할 수 있다. 따라서 문자 배열의 크기를 충분히 크게 지정해야 한다.

```
⊘    char str[10] = "very long string";    // 컴파일 경고
```

그림 9-2 문자 배열의 크기보다 긴 문자열로 초기화하는 경우

초기값을 지정할 때는 문자 배열의 크기를 생략할 수 있다. 이때 컴파일러는 '초기값으로 지정한 문자열의 길이 + 1'의 크기로 문자 배열을 할당한다.

```
char str[] = "abcde";                    // 크기가 6인 배열로 할당
```

문자 배열 전체를 널 문자로 초기화하려면 문자 배열을 널 문자열(" ")로 초기화한다. 널 문자열은 널 문자 하나로 이루어진 문자열로 문자 없이 큰따옴표 2개로 표시한다.

```
char str[10] = "";                       // 널 문자열로 초기화한다.
```

문자 배열의 초기값이 따로 없을 때는 널 문자열로 초기화하는 것이 안전하다.

📋 **확인해봐요**

1. 저장할 문자열의 길이가 5일 때 문자 배열의 최소 크기는?

   ① 4　　　　　② 5　　　　　③ 6　　　　　④ 7

2. 문자 배열 전체를 널 문자로 초기화하는 코드는?

   ① char str[10] = 0;　　　　　② char str[10] = '\0';

   ③ char str[10] = "\n";　　　　④ char str[10] = "";

9.1.3 문자 배열의 사용

문자 배열도 인덱스를 이용해서 배열의 원소에 접근한다.

```
char str[] = "abc";
int size = sizeof(str) / sizeof(str[0]);
int i;

for (i = 0; i < size; i++)
    printf("%c", str[i]);                 // 문자 배열의 원소를 출력할 때는 %c를 이용한다.
printf("\n");
```

문자 배열의 각 원소는 char형이므로 %c 형식 문자열로 출력하고, for문을 이용하면 문자열 전체를 출력할 수 있다. 하지만 더 간단한 방법은 %s 형식 문자열을 이용하는 것이다.

```
printf("%s", str);                       // 문자 배열을 출력할 때는 %s 형식 문자열을 이용한다.
```

형식 문자열 없이 문자 배열을 직접 printf 함수의 첫 번째 인자로 전달할 수 있다.

```
printf(str);                             // printf 함수의 인자로 문자 배열을 전달할 수 있다.
```

[예제 9-1]은 문자 배열을 초기화하고 출력하는 코드이다.

예제 9-1 : 문자 배열의 초기화 및 출력

```
01    #include <stdio.h>
02
03    int main(void)
04    {
05        char str1[10] = { 'a', 'b', 'c' };
06        char str2[10] = "abc";
07        char str3[] = "abc";                 // str3은 크기가 4인 배열
08        char str4[10] = "very long string";   // 컴파일 경고
09        int size = sizeof(str1) / sizeof(str1[0]);
10        int i;
11
```

```
12        printf("str1 = ");
13        for (i = 0; i < size; i++)
14            printf("%c", str1[i]);        // 배열처럼 for문으로 출력할 수 있다.
15        printf("\n");
16
17        printf("str2 = %s\n", str2);        // 문자 배열을 %s로 출력한다.
18
19        printf("str3 = ");
20        printf(str3);                       // 문자 배열을 직접 printf 함수의 인자로 전달할 수 있다.
21        printf("\n");
22
23        printf("str4 = %s\n", str4);
24
25        return 0;
26    }
```

실행결과 ■ ■ ■

```
str1 = abc
str2 = abc
str3 = abc
str4 = very long 儆儆儆儆儆
```

> str4의 맨 끝에 널문자가 없으므로
> 문자열의 끝을 감지할 수 없다.

문자 배열을 배열의 크기보다 긴 문자열로 초기화하면 문자열의 끝을 나타내는 널 문자가 저장되지 않는다. printf 함수는 문자열을 출력할 때 널 문자를 만날 때까지 출력한다. 따라서 널 문자가 없는 문자열을 출력하면 문자열의 뒤에 쓰레기값이 함께 출력된다. 문자 배열에 문자열을 저장할 때는 문자열의 끝에 널 문자를 저장하도록 주의해야 한다.

문자 배열에 저장된 문자열을 변경하려면 어떻게 해야 할까? 문자 배열에 저장된 문자열 중 특정 문자를 변경하려면 인덱스를 이용한다.

```
char str[10] = "abc";
str[0] = 'A';        // str 배열은 "Abc"로 변경된다.
```

문자 배열을 사용할 때도 인덱스의 유효 범위를 벗어나지 않도록 주의해야 한다.

```
str[20] = 'A';        // 유효 범위를 벗어나는 인덱스를 사용하면 안된다. (실행 에러)
```

문자열 전체를 다른 문자열로 변경하려면 어떻게 해야 할까? 제일 쉽게 생각해볼 수 있는 방법은 문자 배열에 새로운 문자열을 대입하는 것이다. 그런데 문자 배열에 다른 문자 열을 대입하면 컴파일 에러가 발생한다. 배열의 시작 주소는 변경할 수 없기 때문이다.

⊘　str = "XYZ";　　　// 배열 이름은 배열의 시작 주소이므로 변경할 수 없다.

　문자 배열에 저장된 문자열을 개별 문자들로 다루는 대신 문자열 전체에 대해서 여러 가지 기능을 수행할 수 있도록 표준 C에서는 문자열 처리 함수를 라이브러리 함수로 제공하고 있다.

📋 **확인해봐요**

1. 문자 배열에 저장된 문자열을 출력할 때 사용되는 printf 함수의 형식 문자열은?

　① %d　　　　② %c　　　　③ %s　　　　④ %f

2. printf 함수로 문자열을 출력할 때 어떤 문자를 만날 때까지 출력하는가?

　① '\0'　　　　② '\t'　　　　③ '\n'　　　　④ '\r'

9.2 표준 C의 문자열 처리 함수

　표준 C 라이브러리는 다양한 문자열 처리 함수를 제공한다. 문자열을 복사하거나, 문자열의 길이를 구하거나, 문자열을 비교할 때 문자열 처리 함수를 이용하면 간단히 처리할 수 있다.

그림 9-3 문자열 처리 함수

　문자열 처리 함수를 사용하려면 〈string.h〉를 포함해야 하며, 함수 이름은 str로 시작한다. 〈표 9-1〉은 표준 C 라이브러리의 문자열 처리 함수 목록이다.

표 9-1 표준 C 라이브러리의 문자열 처리 함수

문자열 처리 함수	설명
strlen(str);	str의 길이를 구한다. (널 문자 제외)
strcmp(lhs, rhs);	lhs와 rhs를 비교해서 같으면 0을, lhs > rhs면 0보다 큰 값을, lhs < rhs면 0보다 작은 값을 리턴한다.
strncmp(lhs, rhs, cnt);	lhs와 rhs를 cnt개만큼 비교한다. 리턴값은 strcmp와 같다.
strcpy(dest, src);	src를 dest로 복사한다.
strncpy(dest, src, cnt);	src를 dest로 cnt개만큼 복사한다.
strcat(dest, src);	dest의 끝에 src를 연결한다.
strncat(dest, src, cnt);	dest의 끝에 src를 cnt개 연결한다.
strchr(str, ch);	str에서 ch 문자를 찾는다.
strstr(str, substr);	str에서 substr 문자열을 찾는다.
strtok(str, delim);	str을 delim을 이용해서 토큰으로 분리한다.

문자열 처리 함수와 함께 자주 사용되는 표준 C 라이브러리 함수로 문자 처리 함수가 있다. 문자 처리 함수는 어떤 종류의 문자인지 검사하는 기능과 대소문자 변환 기능을 제공하며, 〈ctype.h〉에 선언되어 있다. 〈표 9-2〉는 표준 C 라이브러리의 문자 처리 함수 목록이다.

표 9-2 표준 C 라이브러리의 문자 처리 함수

함수 원형	설명
int isalnum(int c);	알파벳이나 숫자인지 검사한다.
int isalpha(int c);	알파벳인지 검사한다.
int isdigit(int c);	숫자인지 검사한다.
int islower(int c);	소문자인지 검사한다.
int isupper(int c);	대문자인지 검사한다.
int isspace(int c);	공백 문자인지 검사한다.
int isxdigit(int c);	16진수 숫자인지 검사한다.
int tolower(int c);	소문자로 변환한다.
int toupper(int c);	대문자로 변환한다.

그 밖에도 문자열을 정수나 실수로 변환하거나 정수나 실수로 문자열을 만드는 데이터 변환 함수들이 있다. 〈표 9-3〉은 이런 표준 C 라이브러리의 데이터 변환 함수 목록이다.

표 9–3 표준 C 라이브러리의 데이터 변환 함수

헤더 파일	함수 원형	설명
<stdlib.h>	int atoi(const char *str);	문자열을 정수로 변환한다.
	double atof(const char *str);	문자열을 실수로 변환한다.
	long atol(const char *str);	문자열을 long형 값으로 변환한다.
<stdio.h>	int sscanf(const char *buff, const char *format, ...);	문자열로부터 정수나 실수를 읽어온다.
	int sprintf(char *buff, const char* format, ...);	정수나 실수를 형식 문자열을 이용해서 문자열로 만든다.

9.2.1 문자열의 길이 구하기

strlen 함수는 널 문자를 제외한 문자열의 길이를 구한다. strlen 함수의 원형은 다음과 같다.

```
size_t strlen(const char *str);        // str은 입력 매개변수
```

strlen의 매개변수는 입력 매개변수이므로 const char*이다. 즉, 문자열의 길이를 구하는 동안 문자열의 내용은 변경되지 않는다.

질문 있어요

strlen 함수가 리턴하는 size_t는 어떤 데이터형인가요?

size_t는 표준 C 라이브러리에서 정의된 데이터형으로 크기를 나타내는 데 사용되는 부호 없는 정수형이다.

```
typedef unsigned int size_t;    // stdio.h에 정의
```

typedef는 기존의 데이터형에 새로운 이름을 붙이는 기능으로, 위의 문장은 unsigned char을 size_t라는 이름으로 정의한다. strlen이 리턴하는 문자열의 길이는 0보다 크거나 같은 정수이므로 size_t형을 사용한다. sizeof 연산자가 구하는 변수나 데이터형의 크기도 size_t형이다.

size_t형은 unsigned형이지만 size_t형의 값을 저장할 때는 간단히 int형 변수에 저장하고 사용하기도 한다.

```
int len = strlen(s1);           // unsigned int에서 int로 형 변환해서 저장
```

참고로 64비트 플랫폼에서는 size_t형이 부호 없는 64비트 정수로 정의된다.

```
typedef long long size_t;       // 64비트 플랫폼에서의 size_t 정의
```

strlen 함수의 인자로 문자 배열과 문자열 리터럴을 사용할 수 있다.

```
char s1[] = "hello";
char s2[] = "";                         // 널 문자열

printf("s1의 길이: %d\n", strlen(s1));   // 문자 배열에 저장된 문자열의 길이
printf("s2의 길이: %d\n", strlen(s2));   // 널 문자열의 길이
printf("길이: %d\n", strlen("bye bye")); // 문자열 리터럴의 길이
```

sizeof 연산자는 배열의 크기를 구하는 반면에 strlen 함수는 널 문자를 제외한 문자열의 길이를 구한다.

```
printf("s1의 크기 : %d\n", sizeof(s1));   // 문자 배열의 바이트 크기(널 문자 포함)
```

그림 9-4 strlen 함수

[예제 9-2]는 문자열의 길이를 구하는 strlen 함수를 사용하는 코드이다. 표준 C 라이브러리가 제공하는 문자열 처리 함수를 사용하려면 〈string.h〉를 포함해야 한다.

📎 **예제 9-2** : strlen 함수의 사용 예

```
01   #include <stdio.h>
02   #include <string.h>                    // 문자열 처리 함수 사용 시 포함
03
04   int main(void)
05   {
06       char s1[] = "hello";
07       char s2[] = "";                     // 널 문자열
08       int len = 0;
09
10       printf("s1의 길이: %d\n", strlen(s1));   // 널 문자를 제외한 문자열의 길이
11       printf("s2의 길이: %d\n", strlen(s2));   // 널 문자열의 길이
12       printf("길이: %d\n", strlen("bye bye")); // 문자열 리터럴의 길이
13
```

```
14        printf("s1의 크기 : %d\n", sizeof(s1));        // 문자 배열의 바이트 크기
15
16        len = strlen(s1);
17        if (len > 0)
18            s1[len - 1] = '\0';                        // 마지막 한 글자를 삭제한다.
19        printf("s1 = %s\n", s1);
20
21        return 0;
22    }
```

실행결과

```
s1의 길이: 5
s2의 길이: 0
길이: 7
s1의 크기 : 6
s1 = hell
```

strlen 함수를 이용해서
문자열의 마지막 1글자를 삭제한다.

문자열의 마지막 글자를 한 글자 삭제하려면 문자열의 길이(len)를 구해서 len-1 위치에 널 문자를 저장한다.

```
len = strlen(s1);
if (len > 0)
    s1[len - 1] = '\0';        // 마지막 한 글자를 삭제한다.
```

9.2.2 문자열의 복사

strcpy 함수는 src 문자열을 dest 문자 배열로 복사한다. strcpy 함수의 원형은 다음과 같다.

```
char *strcpy(char *dest, const char *src);        // dest는 출력, src는 입력 매개변수
```

strcpy의 첫 번째 매개변수는 출력 매개변수로, 문자 배열을 지정해야 한다. 두 번째 매개변수는 입력 매개변수로, 복사할 문자열을 지정한다. strcpy 함수는 char*형을 리턴하는데, 문자열을 복사한 후 dest와 같은 값을 리턴하므로 이 값은 잘 사용되지 않는다.

```
#define SIZE 10
char s1[SIZE] = "abcde";
char s2[SIZE] = "";
strcpy(s2, s1);              // s1를 s2로 복사한다.
```

strcpy 함수는 s1의 문자들을 s2로 복사하는 데, 널 문자를 만날 때까지 복사한다. 이때 널 문자도 복사되므로 복사 후 s2도 널 종료 문자열이다. 문자 배열에 저장된 문자열을 다른 문자열로 변경하려면 strcpy 함수를 이용한다.

strcpy 함수를 호출할 때는 첫 번째 인자로는 문자 배열을, 두 번째 인자로는 문자 배열이나 리터럴을 전달한다.

```
strcpy(s2, s1);             // 문자 배열 s1을 문자 배열 s2로 복사해서 s2를 변경한다.
strcpy(s2, "good job");     // 문자열 리터럴을 s2로 복사해서 s2를 변경한다.
```

첫 번째 인자로 문자열 리터럴을 전달하면 실행 에러가 발생한다. 문자열 리터럴은 변경할 수 없기 때문이다.

⊘   strcpy("not allowed", s2,);   // s2를 문자열 리터럴에 복사할 수 없으므로 실행 에러

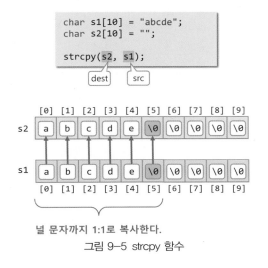

널 문자까지 1:1로 복사한다.
그림 9-5 strcpy 함수

strcpy 함수를 사용할 때는 실행 에러가 발생할 수 있으므로 주의해야 한다. src 문자열을 dest 배열로 복사하려면 dest 배열의 크기가 strlen(src)+1보다 크거나 같아야 한다. 그런데 strcpy 함수는 첫 번째 매개변수인 dest의 크기 정보가 없기 때문에 무조건 src 문자

열의 널 문자를 만날 때까지 문자열을 복사한다.

```
char str[4];
strcpy(str, "abcde");   // str의 크기가 "abcde"보다 작아도 무조건 복사하므로 실행 에러가 발생한다.
```

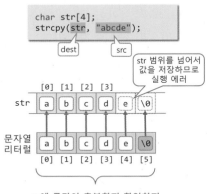

그림 9-6 strcpy 함수의 버퍼 오버런 문제점

[그림 9-6]처럼 할당 받은 메모리 범위를 넘어서 메모리에 값을 저장할 때 메모리가 변조 (corrupt)되는 상황을 버퍼 오버런이라고 한다. C 초기에 만들어진 표준 C 라이브러리 함수들은 버퍼 오버런의 위험성이 있기 때문에 Visual Studio는 이런 함수들에 대해 컴파일 경고를 발생시킨다. strcpy 함수도 마찬가지이다.

> **! 컴파일 경고**   ■ ■ ■
>
> 1>c:\work\chap09\ex09_03\ex09_03\copy.c(12): warning C4996: 'strcpy': This function or variable may be unsafe. Consider using strcpy_s instead. To disable deprecation, use _CRT_SECURE_NO_WARNINGS. See online help for details.

컴파일 경고 메시지를 보면 strcpy 대신 strcpy_s 함수를 사용하도록 권고하고 있다. strcpy_s 같은 안전 문자열 처리 함수는 C11에서 표준으로 채택되었으며, 예외 처리 등의 추가 기능을 함께 사용해야 하므로 ANSI C를 기준으로 개발할 때는 잘 사용되지 않는다. 문자열 처리 함수에 대한 컴파일 경고를 발생시키지 않으려면 소스 파일의 시작 부분에 다음과 같이 매크로를 정의한다.

```
#define _CRT_SECURE_NO_WARNINGS      // 라이브러리 헤더 앞에 정의한다.
#include <stdio.h>
#include <string.h>                  // 문자열 처리 함수 사용 시 포함
```

src 문자열의 일부만 복사할 때는 strncpy 함수를 이용한다.

```
char *strncpy(char *dest, const char *src, size_t count);
```

　strncpy 함수의 count 매개변수에는 복사할 글자 수를 지정하는데, 널 문자까지 포함해서 지정한다. strncpy도 src를 count개 복사할 만큼 dest의 크기가 충분한지 검사하지는 않으므로 주의해야 한다. 또한 src 문자열의 일부분만 복사하는 경우 맨 끝에 널 문자를 저장하지 않으므로 직접 널 문자를 저장해야 한다.

```
char phone[] = "010-1234-5678";
char str[4];
strncpy(str, phone, 3);        // "010"를 str로 복사한다.
str[3] = '\0';                 // 널 문자를 직접 저장해야 한다.
```

　[예제 9-3]는 strcpy 함수를 이용해서 입력받은 2개의 문자 배열의 내용을 맞바꾸는 코드이다.

📃 **예제 9-3 : 문자열의 교환**

```
01   #define _CRT_SECURE_NO_WARNINGS      // 라이브러리 헤더 앞에 정의한다.
02   #include <stdio.h>
03   #include <string.h>                  // 문자열 처리 함수 사용 시 포함
04   #define SIZE 32
05
06   int main(void)
07   {
08       char str1[SIZE] = "";            // 널 문자열로 초기화한다.
09       char str2[SIZE] = "";            // 널 문자열로 초기화한다.
10       char temp[SIZE];
11
12       printf("2개의 문자열? ");
13       scanf("%s %s", str1, str2);      // 빈칸으로 구분해서 문자열 입력
14       printf("str1 = %s, str2 = %s\n", str1, str2);
15
16       // 두 문자 배열을 swap한다.
17       strcpy(temp, str1);              // str1을 temp로 복사한다.
18       strcpy(str1, str2);              // str2을 str1로 복사한다.
19       strcpy(str2, temp);              // temp을 str2로 복사한다.
20       printf("str1 = %s, str2 = %s\n", str1, str2);
21       return 0;
22   }
```

```
실행결과                                                    ■■■
2개의 문자열? apple orange
str1 = apple, str2 = orange
str1 = orange, str2 = apple
```

📋 확인해봐요

1. 널 문자를 제외한 문자열의 길이를 구하는 표준 C 라이브러리 함수는?

   ① strlen　　　　② strcpy　　　　③ strcmp　　　　④ strcat　　　　⑤ sizeof

2. 문자열을 복사하는 표준 C 라이브러리 함수는?

   ① strlen　　　　② strcpy　　　　③ strcmp　　　　④ strcat　　　　⑤ strchr

3. 메모리 범위를 넘어서 메모리에 값을 저장할 때 메모리가 변조되는 상황을 무엇이라고 하는가?

   ① 정수의 언더플로우　　　　　　② 정수의 오버플로우
   ③ 버퍼오버런　　　　　　　　　④ 버퍼클리어

9.2.3 문자열의 비교

strcmp 함수는 lhs 문자열과 rhs 문자열을 알파벳 순으로 비교한다. strcmp 함수의 원형은 다음과 같다.

```
int strcmp(const char *lhs, const char *rhs);
```

lhs와 rhs는 둘 다 입력 매개변수이다. 즉, 문자열을 비교할 때 문자열의 내용은 변경되지 않는다. strcmp 함수는 lhs와 rhs가 같으면 0을, lhs가 rhs보다 알파벳 순으로 앞쪽이면 음수를, 뒤쪽이면 양수를 리턴한다.

문자열을 비교할 때는 관계 연산자 대신 strcmp 함수를 사용해야 한다. 관계 연산자를 사용하면 문자열의 내용을 비교하는 대신 문자열의 주소를 비교하기 때문이다.

```
char s1[SIZE] = "apple";
char s2[SIZE] = "apple";
if (s1 == s2)        // s1과 s2의 주소를 비교한다.
    printf("same address\n");
```

strcmp 함수는 널 문자를 만날 때까지 두 문자열의 각 문자가 같은지 비교한다. strcmp 함수의 인자로 문자 배열을 전달할 수도 있고, 문자열 리터럴을 전달할 수도 있다.

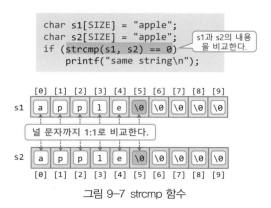

그림 9-7 strcmp 함수

[예제 9-4]는 strcmp 함수를 이용해서 문자열을 비교하는 코드이다.

📖 **예제 9-4 : 문자열의 비교**

```
01    #define _CRT_SECURE_NO_WARNINGS        // 라이브러리 헤더 앞에 정의한다.
02    #include <stdio.h>
03    #include <string.h>                    // 문자열 처리 함수 사용 시 포함
04    #define SIZE 10
05
06    int main(void)
07    {
08        char s1[SIZE] = "apple";
09        char s2[SIZE] = "apple";
10        char password[SIZE];
11
12        if (s1 == s2)                       // s1의 주소와 s2의 주소를 비교하면 안된다.
13            printf("same address\n");
14
15        if (strcmp(s1, s2) == 0)            // s1과 s2의 내용을 비교한다.
16            printf("same string\n");
17
18        printf("패스워드? ");
19        scanf("%s", password);              // 패스워드를 입력받는다.
20        if (strcmp(password, "abcd1234") == 0)   // 등록된 패스워드와 비교한다.
21            printf("login succeeded\n");
22        else
23            printf("login failed\n");
24
25        return 0;
26    }
```

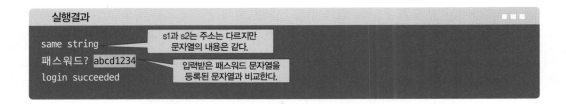

문자열의 일부만 비교할 때는 strncmp 함수를 이용한다.

```
int strncmp(const char *lhs, const char *rhs, size_t count);
```

strncmp 함수는 count 매개변수를 이용해서 비교할 글자 수를 지정할 수 있다.

```
if (strncmp("hello everyone!", "hello there", 5) == 0)        // 5글자만 비교한다.
    printf("same\n");
```

> 📝 **확인해봐요**
>
> 1. 문자열을 알파벳 순으로 비교하는 표준 C 라이브러리 함수는?
>   ① strlen   ② strcpy   ③ strcmp   ④ strcat   ⑤ sizeof
>
> 2. strcmp("zero", "apple");이 리턴하는 값은?
>   ① 0   ② 0보다 큰 값   ③ 0보다 작은 값

9.2.4 문자열의 연결

strcat 함수는 dest 문자열의 끝에 src 문자열을 복사해서 연결한다. strcat 함수의 원형은 다음과 같다.

```
char *strcat(char *dest, const char *src);
```

strcat 함수의 첫 번째 매개변수는 출력 매개변수로, 문자 배열을 지정해야 한다. 두 번째 매개변수는 입력 매개변수로 dest에 있는 문자열 끝에 연결할 문자열을 지정한다.

　strcat 함수도 dest 문자 배열에 src 문자열을 연결할 만큼 메모리가 충분한지를 확인하지 않는다. 따라서 strcat 함수를 호출할 때도 첫 번째 인자로 넘겨주는 문자 배열의 크기가 두 번째 인자인 문자열을 연결할 만큼 충분히 큰지 확인하고 사용해야 한다.

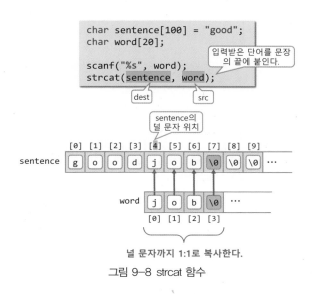

그림 9-8 strcat 함수

　[예제 9-5]는 strcat 함수를 이용해서 입력받은 단어들을 연결해서 문장을 만드는 코드이다. "."가 입력될 때까지 문자열을 입력받아서 sentence 문자 배열에 연결한다.

📋 **예제 9-5 : 문자열의 연결**

```
01  #define _CRT_SECURE_NO_WARNINGS
02  #include <stdio.h>
03  #include <string.h>
04
05  int main(void)
06  {
07      char sentence[100] = "";
08      char word[20];
09
10      do {
11          printf("단어? ");
12          scanf("%s", word);
13          strcat(sentence, word);      // 입력받은 단어를 문장 끝에 붙인다.
14          strcat(sentence, " ");       // 단어를 구분할 수 있도록 " "을 붙인다.
15      } while (strcmp(word, ".") != 0);   // "."이 입력될 때까지 반복한다.
16
```

```
17        printf("%s\n", sentence);
18
19        return 0;
20    }
```

실행결과

```
단어? this
단어? program
단어? tests
단어? strcat
단어? .
this program tests strcat .
```

문자열을 일부만 연결할 때는 strncat 함수를 이용한다.

```
char *strncat(char *dest, const char *src, size_t count);
```

> **확인해봐요**
>
> 1. 문자열의 끝에 다른 문자열을 복사해서 연결하는 표준 C 라이브러리 함수는?
>   ① strlen   ② strcpy   ③ strcmp   ④ strcat   ⑤ strchr
>
> 2. 문자열의 끝에 다른 문자열을 n개 복사해서 연결하는 표준 C 라이브러리 함수는?
>   ① strnlen   ② strncpy   ③ strncmp   ④ strncat   ⑤ strchr

9.2.5 문자열의 검색

strchr 함수는 str에서 ch 문자가 있는지 찾고, strstr 함수는 str에서 substr 문자열이 있는지 찾는다.

```
char *strchr(const char *str, int ch);
char *strstr(const char* str, const char* substr);
```

strchr와 strstr은 문자나 문자열을 찾으면 찾은 위치의 주소를 리턴한다. 이 주소는 문자열에 포함된 문자의 주소이므로 char*형이다. 문자나 문자열을 찾을 수 없으면 NULL을 리턴한다.

strchr(filename, '.');은 filename 배열에서 '.' 문자가 들어있는 위치를 리턴한다. 만일 '.'을 제외하고 파일 확장자 부분만 출력하려면 p+1를 printf 함수의 인자로 전달하면 된다.

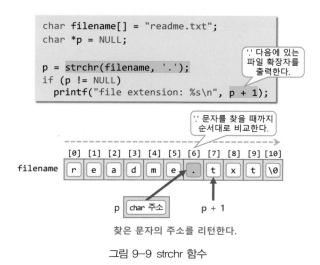

```
char filename[] = "readme.txt";
char *p = NULL;

p = strchr(filename, '.');
if (p != NULL)
  printf("file extension: %s\n", p + 1);
```

'.' 다음에 있는 파일 확장자를 출력한다.

'.' 문자를 찾을 때까지 순서대로 비교한다.

　　　　　[0] [1] [2] [3] [4] [5] [6] [7] [8] [9] [10]
filename   r   e   a   d   m   e   .   t   x   t   \0

p char 주소　　　p + 1

찾은 문자의 주소를 리턴한다.

그림 9-9 strchr 함수

[예제 9-6]은 strchr 함수를 이용해서 파일명을 저장하는 문자열에서 확장자를 찾는 코드이다. 또한 strstr 함수를 이용해서 파일 확장자가 ".txt"인지 확인한다.

📄 예제 9-6 : 문자열의 검색

```
01   #define _CRT_SECURE_NO_WARNINGS
02   #include <stdio.h>
03   #include <string.h>
04
05   int main(void)
06   {
07       char filename[] = "readme.txt";
08       char *p = NULL;
09
10       p = strchr(filename, '.');
11       if (p != NULL)
12           printf("file extension: %s\n", p + 1);
13
14       p = strstr(filename, ".txt");
15       if (p != NULL)
16           printf("file type: TEXT file\n");
17
18       return 0;
19   }
```

실행결과

```
file extension: txt
file type: TEXT file
```

📝 **확인해봐요**

1. 문자열에서 특정 문자를 찾는 표준 C 라이브러리 함수는?

  ① strstr   ② strcpy   ③ strcmp   ④ strcat   ⑤ strchr

2. 문자열에서 특정 문자열를 찾는 표준 C 라이브러리 함수는?

  ① strstr   ② strcpy   ③ strcmp   ④ strcat   ⑤ strchr

3 문자열을 검색하는 strchr이나 strstr 함수가 문자나 문자열을 찾았을 때 리턴하는 값은?

  ① 문자열 중 찾은 문자의 인덱스   ② 찾은 위치의 주소

  ③ 0   ④ 찾은 문자 또는 문자열의 개수

9.2.6 문자열의 토큰 나누기

strtok 함수는 str 문자열을 delim 문자열에 있는 구분 문자들을 이용해서 분리한다.

```
char *strtok(char *str, const char *delim);
```

문장에서 더 이상 나눌 수 없는 최소 단위를 토큰이라고 한다. strtok 함수는 주어진 문자열을 delim에 있는 문자들을 이용해서 토큰으로 쪼개고 토큰의 주소를 리턴한다. 더 이상 토큰이 없으면 NULL을 리턴한다. strtok 함수를 호출하고 나면 첫 번째 매개변수인 str이 변경되므로 주의해야 한다.

첫 번째 strtok 함수 호출 후에 이전 문자열에서 다음 토큰을 구하려면 strtok 함수의 첫 번째 인자로 NULL을 지정한다. strtok 함수의 첫 번째 인자로 NULL을 지정하면 계속해서 다음 토큰을 얻을 수 있다.

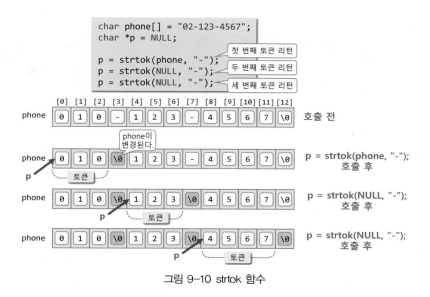

그림 9-10 strtok 함수

[예제 9-7]은 strtok 함수를 이용해서 전화번호 문자열을 지역번호, 국번, 개별 번호로 나누는 코드이다.

예제 9-7 : 문자열의 토큰 나누기

```c
01  #define _CRT_SECURE_NO_WARNINGS
02  #include <stdio.h>
03  #include <string.h>
04
05  int main(void)
06  {
07      char phone[] = "02-123-4567";
08      char *p = NULL;
09
10      p = strtok(phone, "-");
11      printf("area code: %s\n", p);
12      p = strtok(NULL, "-");
13      printf("prefix: %s\n",p);
14      p = strtok(NULL, "-");
15      printf("line number: %s\n", p);
16
17      return 0;
18  }
```

```
area code: 02
prefix: 123
line number: 4567
```

> **📝 확인해봐요**
>
> 1. 문자열에서 구분 문자들로 토큰을 분리하는 표준 C 라이브러리 함수는?
>   ① strstr   ② strcpy   ③ strtok   ④ strcat   ⑤ strchr
>
> 2. 첫 번째 strtok 함수 호출 후에 이전 문자열에서 다음 토큰을 구하려면 strtok 함수의 첫 번째 인자로 무엇을 지정해야 하는가?
>   ① 이전 문자열   ② 첫 번째 strtok 함수의 리턴값   ③ NULL

9.2.7 문자열의 입출력

scanf 함수로 문자열을 입력받을 때는 %s 형식 문자열을 사용한다.

```
char str[128];
scanf("%s", str);           // 입력된 문자열 중 공백 문자 전까지를 str로 읽어온다.
```

%s 형식 문자열로 이용할 때 scanf 함수는 "good job"처럼 빈칸을 포함한 문자열을 입력하면 "good"만 str로 읽어온다. 이것은 scanf 함수의 기본 동작 때문이다. scanf 함수는 입력 버퍼에서 문자열을 읽어올 때 항상 공백 문자까지만 입력으로 가져온다. 빈칸을 포함한 문자열을 입력받으려면 scanf 함수 대신 gets 함수를 이용한다.

```
char *gets(char *str);      // 버퍼 오버런에 매우 취약하므로 사용하지 않는 것이 좋다.
```

gets 함수는 문자 배열의 주소를 전달하면 줄바꿈 문자가 입력될 때까지 입력된 문자열을 str에 저장한다. 이 함수는 문자 배열을 출력 매개변수로 전달하면서 배열의 크기를 전달하지 않으므로 버퍼 오버런에 매우 취약한 함수이다. gets 함수는 C99에서 더 이상 사용하지 않도록 권고되었고, C11에서는 완전히 제거되었다. 그런 이유에서 gets 함수 대신 fgets 함수 또는 gets_s 함수를 사용하는 것이 좋다.

```
char *fgets(char *str, int count, FILE *stream);
char *gets_s(char *str, size_t n);
```

fgets 함수는 파일로부터 줄바꿈 문자를 만날 때까지 한 줄의 문자열을 읽어오는 함수이다. 이 함수의 마지막 인자로 stdin을 지정하면 표준 입력인 콘솔에서 한 줄의 문자열을 입력받는다. 두 번째 인자로 배열의 크기를 지정하면 줄바꿈 문자가 입력될 때까지 또는 최대 count−1 글자를 입력받아서 str에 저장하고 문자열의 끝에 널 문자를 저장한다. str에는 줄바꿈 문자까지 포함된다.

```
char str[128];
fgets(str, sizeof(str), stdin);      // 줄바꿈 문자까지를 str로 읽어온다.
printf(str);                         // 출력 후 줄이 바뀐다. (줄바꿈 문자 포함)
```

fgets 함수 대신 gets_s 함수를 사용할 수도 있다. gets_s 함수도 한 줄의 문자열을 읽어오는데, 읽어온 문자열의 맨 끝에 줄바꿈 문자는 포함되지 않는다.

```
char str[128];
gets_s(str, sizeof(str));            // 줄바꿈 문자를 빼고 str로 읽어온다.
printf(str);                         // 출력 후 줄이 바뀌지 않는다. (줄바꿈 문자 포함X)
```

❓ 질문 있어요

gets_s 함수에서 두 번째 인자에 sizeof(str)을 지정하는 이유는 무엇 때문인가요?

gets_s 함수의 두 번째 매개변수에는 첫 번째 매개변수로 지정한 문자 배열의 크기를 전달해야 한다. str의 크기가 128이므로 gets_s 함수의 두 번째 매개변수에 128을 써줄 수도 있다.

```
char str[128];
gets_s(str, 128);                    // 직접 str의 크기를 써줄 수도 있다.
```

이 경우에는 str 배열의 크기를 변경하면 gets_s 함수를 호출하는 코드를 함께 수정해야 한다. 반면에 gets_s 함수의 두 번째 매개변수로 sizeof(str)를 써주는 경우에는 str 배열의 크기를 변경해도 gets_s 함수를 호출하는 부분은 수정할 필요가 없다.

```
char str[256];                       // str 배열의 크기를 변경한다.
fgets(str, sizeof(str), stdin);      // sizeof(str)은 수정할 필요가 없다.
```

printf 함수를 이용해서 출력을 할 때는 필요한 곳에서 직접 줄바꿈 문자를 출력해야 한다. 반면에 puts 함수는 문자열의 끝에 있는 널 문자를 줄바꿈 문자로 바꾸어 출력을 처리한다. 따라서 항상 출력 후 커서가 다음 줄로 이동한다.

```c
int puts(const char *str);
```

puts 함수로 문자열을 출력할 때는 줄바꿈 문자를 따로 출력할 필요가 없다.

```c
puts("hello there");          // "hello there\n"를 출력한다.
```

gets_s 함수나 puts 함수는 sscanf, sprintf 함수와 함께 사용되는 경우가 많다. 콘솔에서 매번 값을 입력받는 대신 한 줄의 문자열을 gets_s 함수로 읽어온 다음, sscanf 함수를 이용해서 문자열로부터 형식 문자열에 따라 변환해서 읽어 올 수 있다.

```c
int sscanf(const char *buffer, const char *format, ...);
```

sscanf 함수는 첫 번째 매개변수가 문자열이고 나머지는 scanf 함수와 사용 방법이 동일하다. 이 함수는 첫 번째 매개변수인 문자열에서 형식 문자열에 지정된 대로 값을 읽어 온다.

```c
char str[128];
int n;
gets_s(str, sizeof(str));     // 줄바꿈 문자까지를 str로 읽어온다.
sscanf(str, "%d", &n);        // str에서 정수를 읽어서 n에 저장한다.
```

출력을 할 때도 여러 번의 printf 함수를 호출하는 대신 출력할 문자열을 sprintf 함수로 준비한 다음 puts 함수로 한번에 출력할 수 있다. sprintf 함수의 원형은 다음과 같다.

```c
int sprintf(char *buffer, const char *format, ...);
```

sprintf 함수는 첫 번째 매개변수가 문자 배열이고 나머지는 scanf 함수와 사용 방법이 동일하다. 이 함수는 형식 문자열에 지정된 대로 문자열을 만들어서 buffer에 저장한다.

```c
sprintf(out_str, "%02d:%02d:%02d", hour, min, sec);     // 출력할 문자열을 만든다.
puts(out_str);
```

[예제 9-8]은 문자열 입출력 함수를 사용하는 간단한 코드이다.

예제 9-8 : 문자열의 입출력

```
01    #define _CRT_SECURE_NO_WARNINGS
02    #include <stdio.h>
03    #include <string.h>
04
05    int main(void)
06    {
07        char in_str[128];
08        char out_str[128];
09        int hour = 12, min = 30, sec = 45;
10
11        printf("문자열? ");
12        gets_s(in_str, sizeof(in_str));              // 빈칸을 포함한 문자열 입력
13        puts(in_str);                                // 문자열과 줄바꿈 문자를 함께 출력한다.
14        sprintf(out_str, "%02d:%02d:%02d", hour, min, sec);// 문자열을 만든다.
15        puts(out_str);
16        return 0;
17    }
```

실행결과

```
문자열? gets_s can read string including spaces.
gets_s can read string including spaces.
12:30:45
```

〈표 9-4〉는 표준 C 라이브러리가 제공하는 문자열 입출력 함수를 정리한 것이다.

표 9-4 표준 C 문자열 입출력 함수

문자열 처리 함수	설명
scanf("%s", str);	공백 문자까지 문자열을 입력받아서 str에 저장한다.
printf(str); printf("%s", str);	str을 출력한다.
gets_s(str, count);	한 줄의 문자열을 읽어 줄바꿈 문자를 빼고 str에 저장한다.
fgets(str, count, stdin);	줄바꿈 문자를 포함한 한 줄의 문자열을 읽어서 str에 저장한다.
puts(str);	str과 줄바꿈 문자를 출력한다.
sscanf(str, "형식문자열", …);	str에서 형식 문자열에 지정된 대로 값을 읽어온다.
sprintf(str, "형식문자열", …);	str을 형식 문자열에 지정된 대로 만든다.

> 📋 **확인해봐요**
>
> 1. 다음 중 빈칸을 포함한 문자열을 입력받는 함수가 아닌 것은?
>   ① gets   ② get_s   ③ fgets   ④ puts
>
> 2. 공백 문자를 만날 때까지 문자열을 입력받으려면 어떻게 해야 하는가?
>   ① scanf 함수를 %s로 호출한다.   ② gets 함수를 이용한다.
>
> 3. 문자열과 줄바꿈 문자를 함께 출력하는 함수는?
>   ① gets   ② puts   ③ printf   ④ fgets

9.3 문자열 포인터

9.3.1 char*형의 문자열 포인터

문자열 포인터는 char*형의 변수로 문자열의 주소를 저장하는 포인터이다.

```
char *p = "abcde";  // p는 "abcde"의 주소를 저장하는 포인터이다.
```

위의 문장이 어떤 의미인지 알아보기 위해서 문자열 리터럴에 대해 먼저 알아보자.

(1) 문자열 리터럴의 의미

상수는 필요할 때 잠깐동안 CPU 레지스터에 값을 넣어두고 사용하는 임시값이다. 따라서 상수는 메모리에 할당되지 않으며 주소가 없다.

```
🚫  int *pi = &10;     // 10의 주소를 구할 수 없으므로 컴파일 에러
```

그런데 문자열 리터럴은 예외적으로 메모리에 할당된다. 문자열 리터럴은 길이가 정해진 것이 아니기 때문에 CPU 레지스터에 보관할 수 없기 때문이다. C 컴파일러는 텍스트 세그먼트라는 특별한 메모리 영역에 문자열 리터럴을 보관하고 그 주소를 대신 사용한다. 예를 들어 "abcde"라는 문자열 리터럴의 데이터형은 char[6]이며, "abcde"는 이름 없는 문자 배열로 생각할 수 있다. 배열 이름 대신 문자열 리터럴을 직접 사용한다고 생각하면 된다.

```
printf("%d", sizeof("abcde")); // "abcde"의 데이터형이 char[6]이므로 6을 출력한다.
printf("abcde");               // "abcde" 주소에 있는 문자열을 출력한다.
```

배열 이름이 배열의 주소를 의미하는 것처럼 **문자열 리터럴은 문자열 리터럴의 주소를 의미한다**.

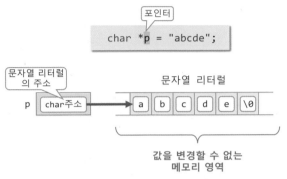

그림 9-11 문자열 리터럴의 의미

문자열 리터럴은 문자 배열처럼 메모리에 저장되지만 값을 변경할 수 없다. 문자열 리터럴이 저장되는 텍스트 세그먼트는 변경할 수 없는 메모리이기 때문이다. 따라서 문자열 리터럴은 읽기 전용으로만 사용해야 하며 변경하면 실행 에러가 발생한다.

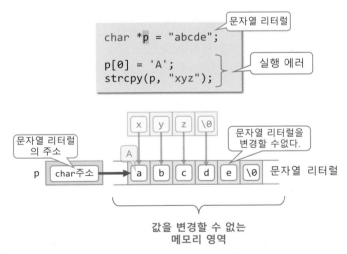

그림 9-12 문자열 리터럴은 변경할 수 없다.

[그림 9-13]의 hobby = "golf";는 문자열 리터럴을 변경하는 문장이 아니다. 이 문장은 "dance"의 주소로 초기화된 hobby에 "golf"의 주소를 저장한다. 즉, hobby가 가리키는 대상만 달라진다.

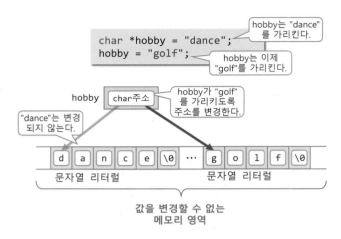

그림 9-13 문자열 포인터의 변경

실행 에러의 위험이 있으므로, char*형의 문자열 포인터는 문자열 리터럴을 가리키는 용도로 사용하지 않는 것이 좋다.

```
char *p = "abcde";       // 컴파일 에러는 아니지만 이렇게 사용하지 않는 것이 좋다.
strcpy(p, "xyz");        // p가 가리키는 문자열 리터럴 변경 시 실행 에러가 발생한다.
```

？ 질문 있어요

"abc" "xyz"처럼 문자열 리터럴을 연속해서 사용하는 것은 무슨 뜻인가요?

문자열 리터럴을 연속해서 사용하면 하나로 합쳐진다.

```
char str[] = "abc" "xyz";      // "abc" "xyz"은 "abcxyz"으로 합쳐진다.
```

간단한 특성이지만 긴 문자열을 만들거나 출력해야 할 때 유용하다. 문자열의 중간에서 줄을 바꾸려면 역슬래시를 문자열의 끝에 붙이고 다음 줄에 문자열을 계속해서 써준다. 이때, 다음 줄에 써주는 문자열을 들여쓰기하면 빈칸도 문자열의 일부가 되어 버린다.

```
if (x > 0)
    printf("This is very long string, \
which can be connected all together automatically.\n");          // 들여쓰기를 할 수 없다.
```

이런 경우에 문자열 리터럴의 자동 연결 특성을 이용하면 다음과 같이 써줄 수 있다. " "로 감싸인 문자열 리터럴을 여러 개 연속해서 사용하면 자동으로 하나의 문자열 리터럴로 합쳐진다.

```
if (x > 0)
    printf("This is very long string, "
        "which can be connected all together automatically.\n");  // 들여쓰기를 할 수 있다.
```

(2) 문자열 포인터의 용도

char*형의 포인터는 문자 배열을 가리키는 데 사용된다.

```
char str[64] = "";
char *p = str;              // p는 str 배열을 가리킨다.
```

p는 배열 원소를 가리키는 포인터이므로 배열인 것처럼 사용할 수 있다.

```
p[0] = 'H';                 // p가 str을 가리키므로 str[0]을 변경한다.
```

strcpy 함수를 이용해서 p가 가리키는 문자열을 변경할 수 있다.

```
strcpy(p, "test string");   // p가 가리키는 str을 변경한다.
```

문자 배열을 직접 사용하지 않고 포인터를 사용하는 이유는 무엇일까? 포인터를 이용하면 문자열의 시작 주소 뿐만 아니라 특정 위치를 가리키게 할 수 있기 때문이다. 문자열 포인터가 유용하게 사용되는 경우를 알아보기 위해 [그림 9-14]를 보자.

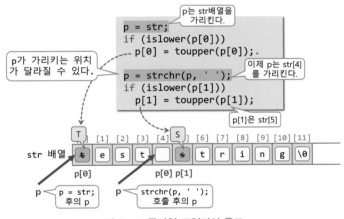

그림 9-14 문자열 포인터의 용도

    p가 str 배열을 가리키고 있을 때, 먼저 p[0]이 소문자인지 검사하기 위해서 islower 함수를 호출한다. p[0]이 소문자면 toupper 함수를 이용해서 대문자로 변환한다. 그리고 다음 단어를 찾기 위해서 strchr 함수를 호출한다. strchr(p, ' ');은 p가 가리키는 문자열 중 ' ' 문자 위치의 주소를 리턴하는데 그 주소를 p에 다시 저장할 수 있다. 이제 p는 str[4]의 주소가 된다. p가 가리키는 곳(p[0])에는 ' '이 들어있고 p[1]이 다음 단어의 첫 글자이므로 p[1]을 같은 방법으로 대문자로 변환한다.

    이런 식으로 문자 배열의 특정 위치를 가리키도록 문자열 포인터를 변경해 가면서 문자열에 대한 처리를 할 수 있다.

    [예제 9-9]는 문자열 포인터를 이용해서 문자 배열에 저장된 단어의 첫 글자를 대문자로 바꾸는 코드이다.

📄 **예제 9-9** : 문자열 포인터가 문자 배열을 가리키는 경우

```
01  #define _CRT_SECURE_NO_WARNINGS
02  #include <stdio.h>
03  #include <string.h>
04  #include <ctype.h>              // 문자 처리 라이브러리
05
06  int main(void)
07  {
08      char str[64] = "";
09      char *p = str;              // p는 str 배열을 가리킨다.
10
11      strcpy(p, "test string"); // p가 가리키는 문자 배열을 변경한다.
12
13      if (islower(p[0]))          // 단어의 첫 글자를 대문자로 바꾼다.
14          p[0] = toupper(p[0]); // p가 가리키는 str[0]을 변경한다.
15
16      p = strchr(p, ' ');        // str중 ' ' 문자의 주소를 포인터 p에 저장한다.
17
18      if (islower(p[1]))
19          p[1] = toupper(p[1]); // ' ' 다음 문자를 대문자로 바꾼다.
20      puts(str);
21      return 0;
22  }
```

실행결과 ∎∎∎

```
Test String
```

📑 **확인해봐요**

1. 다음과 같이 초기화된 포인터 변수가 있을 때 포인터 p에 저장된 값은?

```
char *p = "apple";
```

① "apple" 문자열 ② "app" 문자열 ③ "apple" 문자열 리터럴의 주소 ④ 'a' 문자

2. char*형의 포인터에 저장하기에 적당한 값은?
   ① char 배열의 시작 주소   ② char 변수의 값   ③ 문자열 리터럴의 주소

9.3.2 const char*형의 문자열 포인터

const char*형은 읽기 전용의 문자열 포인터이므로 문자열의 내용을 읽어볼 수만 있고 변경할 수 없다.

```
const char *p = "abcde";    // 읽기 전용 문자열 포인터
```

const 포인터로 포인터가 가리키는 대상을 변경하려고 하면 컴파일 에러나 컴파일 경고가 발생한다. 다음 문장은 대입 연산자의 l-value인 p[0]이 const이므로 컴파일 에러가 된다.

⊘ p[0] = 'A';   // p가 가리키는 문자열을 변경할 수 없다. (컴파일 에러 발생)

const char*형의 변수를 매개변수가 char*형인 함수로 전달하면 컴파일 경고가 발생한다. const char*형을 char*형으로 변환하면 문제가 발생하기 때문이다.

⊘ strcpy(p, "xyz");   // strcpy의 매개변수와 p의 데이터형이 같지 않다. (컴파일 경고 발생)

컴파일 경고나 컴파일 에러는 실행 에러보다 찾기 쉽다. const char*형으로 문자열 리터럴을 가리키는 경우에는 실수로 문자열 리터럴을 변경하려고 하더라도 쉽게 찾을 수 있다.
const char*형의 포인터는 문자 배열을 가리킬 수도 있다. 이때도 문자 배열의 내용을 읽어볼 수만 있고 변경할 수는 없다.

```
    char str[64] = "";
    const char *p = str;           // const 포인터로 문자 배열을 가리킬 때는 읽기 전용으로 접근
⊘   p[0] = 'A';                    // p가 가리키는 문자열을 변경할 수 없다. (컴파일 에러 발생)
⊘   strcpy(p, "xyz");              // strcpy의 매개변수와 p의 데이터형이 같지 않다. (컴파일 경고 발생)
```

const char*형은 함수의 매개변수를 입력 매개변수로 지정할 때 유용하다. 문자열을 매개변수로 전달받는 함수를 만들 때, 문자열이 함수 안에서 변경되지 않으면 const char*형의 매개변수를 사용하는 것이 좋다.

다음은 문자열에 있는 공백 문자의 개수를 세는 count_space 함수의 정의이다.

```
int count_space(const char* s)  // s는 입력 매개변수
{
    int count = 0;
    while (s[0] != '\0')        // while (*s != '\0') 과 같은 의미
    {
        if (isspace(s[0]))      // *s가 공백 문자인지 검사한다.
            count++;
        s++;                    // s는 다음 문자를 가리킨다.
    }
    return count;
}
```

count_space 함수는 문자열의 내용을 변경하지 않으므로 매개변수의 데이터형을 const char*형으로 지정한다. 배열을 함수의 인자로 전달할 때는 배열의 크기를 함께 전달한다. 그런데, 문자열을 전달할 때는 널 문자로 문자열의 끝을 알 수 있기 때문에 배열의 크기가 필요 없다.

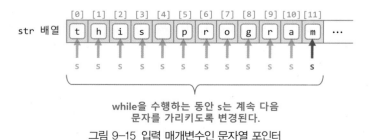

그림 9-15 입력 매개변수인 문자열 포인터

　while문의 끝부분에서 s++;을 하고 있는 데 s가 읽기 전용 포인터지만 다른 문자를 가리킬 수 있으므로 s가 문자열의 다음 문자를 가리키도록 s를 증가시킨다. 즉, while 문을 수행하는 동안 s는 문자열의 첫 번째 문자부터 차례차례 다음 문자를 가리키다가 널 문자를 가리키게 되면 while문을 탈출한다.

　[예제 9-10]은 함수의 입력 매개변수로 const char*형을 사용하는 코드이다. count_space 함수는 입력 매개변수로 전달된 문자열에 있는 공백 문자의 개수를 구해서 리턴한다.

예제 9-10 : count_space 함수의 정의

```
01   #define _CRT_SECURE_NO_WARNINGS
02   #include <stdio.h>
03   #include <string.h> // 문자열 처리 라이브러리
04   #include <ctype.h>  // 문자 처리 라이브러리
05   int count_space(const char* s);
06
07   int main(void)
08   {
09       char str[64] = "this program\ttests const pointer to string\n";
10
11       puts(str);
12       printf("공백 문자의 개수: %d\n", count_space(str));
13       return 0;
14   }
15
16   int count_space(const char* s)  // s는 입력 매개변수
17   {
18       int count = 0;
19       while (s[0] != '\0') {        // while (*s != '\0') 과 같은 의미
20           if (isspace(s[0]))        // *s가 공백 문자인지 검사한다.
21               count++;
22           s++;                      // s는 다음 문자를 가리킨다.
23       }
24
25       //s[0] = 'A';                 // s가 가리키는 문자열을 변경할 수 없다.
26       //strcpy(s, "xyz");           // strcpy의 매개변수와 데이터형이 같지 않다.
27       return count;
28   }
```

실행결과

```
this program    tests const pointer to string

공백 문자의 개수: 7
```

📝 **확인해봐요**

1. 문자열의 내용을 읽어볼 수만 있고 변경할 수는 없도록 제한하려고 할 때 사용되는 포인터형은?
   ① const char*   ② char*   ③ char* const

2. 문자열을 함수의 입력 매개변수로 전달하려고 할 때 사용되는 포인터형은?
   ① const char*   ② char*   ③ char* const

9.3.3 문자열 사용을 위한 가이드라인

문자열을 어떤 형으로 저장할지 선택하는 기준을 정리하면 다음과 같다.

① 사용자로부터 입력받거나 변경할 수 있는 문자열, 즉 문자열 변수는 문자 배열에 저장한다.
② 프로그램 실행 중에 변경되지 않는 문자열, 즉 문자열 상수는 문자열 리터럴로 나타낸다.

문자열을 가리키는 포인터를 선언할 때, **어떤 형의 문자열 포인터를 사용할지 선택하는 기준**을 정리하면 다음과 같다.

① char*형의 포인터는 문자 배열, 즉 변경할 수 있는 문자열을 가리킬 때만 사용한다.
② const char*형의 포인터는 변경할 수 없는 문자열을 가리킬 때 사용한다.
③ 문자열 리터럴을 가리킬 때는 const char*형의 포인터를 사용한다.
④ 문자 배열을 읽기 전용으로 접근할 때는 const char*형의 포인터를 사용한다.

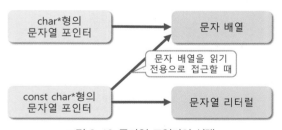

그림 9-16 문자열 포인터의 선택

문자열을 매개변수로 전달하는 함수를 정의할 때의 주의 사항은 다음과 같다.

① 문자열이 출력 매개변수일 때는 char*형의 매개변수를 사용하고 문자 배열의 크기도 매개변수로 받아와야 한다. 함수 안에서 문자열을 변경할 때는 문자 배열의 크기를 넘어서지 않도록 주의해야 한다.

② 문자열이 입력 매개변수일 때는 const char*형의 매개변수를 사용한다. 이때는 널 문자로 문자열의 끝을 확인할 수 있으므로 문자 배열의 크기를 매개변수로 받아올 필요없다.

③ 문자열을 사용할 때는 문자 배열처럼 인덱스를 사용할 수 있다.

문자열을 매개변수로 전달하는 함수를 호출할 때의 주의 사항은 다음과 같다.

① 매개변수의 데이터형이 char*형일 때는 문자 배열과 char*형의 포인터만 인자로 전달할 수 있다. 함수 호출 후 인자로 전달된 문자열의 내용이 변경될 수 있다.

② 매개변수의 데이터형이 const char*형일 때는 문자 배열, 문자열 리터럴, char*형의 포인터, const char*형의 포인터를 모두 인자로 전달할 수 있다. 함수 호출 후에도 인자로 전달된 문자열의 내용은 달라지지 않는다.

이 주의 사항들을 기억하면서 두 문자열의 내용을 맞바꾸는 swap_string 함수를 정의해보자. 먼저 swap_string 함수는 문자열 2개를 매개변수로 받아와야 하며, 함수 안에서 그 값을 읽어서 변경해야 하므로 입출력 매개변수이다. 문자열 lhs와 rhs는 입출력 매개변수이므로 char*형으로 선언한다. 문자 배열을 변경하려면 배열의 크기가 필요하므로 size를 인자로 전달한다.

```
int swap_string(char* lhs, char* rhs, int size);
```

swap_string 함수는 lhs의 길이나 rhs의 길이가 size보다 큰 경우에는 문자열을 서로 맞바꿀 수 없으므로 0을 리턴한다. 함수가 항상 성공하는 것이 아니라 성공할 수도 있고 실패할 수도 있을 때는 리턴형을 int형으로 정의하고, 함수 성공 시 1을 리턴하고 실패 시 0을 리턴하게 정의할 수 있다.

```
int swap_string(char* lhs, char* rhs, int size)
{
    int lhs_len = strlen(lhs);
    int rhs_len = strlen(rhs);
    char temp[SIZE] = "";

    if (lhs_len + 1 > size || rhs_len + 1 > size)
        return 0;  // swap_string 실패
```

```
    strcpy(temp, lhs);
    strcpy(lhs, rhs);
    strcpy(rhs, temp);
    return 1;        // swap_string 성공
}
```

swap_string 함수를 호출하려면 매개변수가 char*형이므로 문자 배열을 인자로 전달해
야 한다.

```
swap_string(str1, str2, SIZE);        // swap_string의 인자로 문자 배열만 전달할 수 있다.
```

문자열 리터럴을 전달하면 컴파일 에러가 발생하지 않더라도 실행 에러가 발생할 수 있다.

🚫 `swap_string(str1, "no good", size);    // 실행 에러`

[예제 9-11]은 swap_string 함수를 정의하고 호출하는 코드이다.

📑 **예제 9-11** : swap_string 함수의 정의 및 호출

```
01    #define _CRT_SECURE_NO_WARNINGS
02    #include <stdio.h>
03    #include <string.h>
04    #define SIZE 128
05    int swap_string(char* lhs, char* rhs, int size);
06
07    int main(void)
08    {
09        char str1[SIZE] = "";
10        char str2[SIZE] = "";
11
12        printf("문자열 2개? ");
13        scanf("%s %s", str1, str2);
14
15        printf("str1=%s, str2=%s\n", str1, str2);
16        swap_string(str1, str2, SIZE);
17        printf("str1=%s, str2=%s\n", str1, str2);
18        return 0;
19    }
20
21    int swap_string(char* lhs, char* rhs, int size)
```

```
22   {
23       int lhs_len = strlen(lhs);
24       int rhs_len = strlen(rhs);
25       char temp[SIZE] = "";
26
27       if (lhs_len + 1 > size || rhs_len + 1 > size)
28           return 0;    // swap_string 실패
29
30       strcpy(temp, lhs);
31       strcpy(lhs, rhs);
32       strcpy(rhs, temp);
33       return 1;        // swap_string 성공
34   }
```

실행결과

```
문자열 2개? ski golf
str1=ski, str2=golf
str1=golf, str2=ski
```

📋 확인해봐요

1. char*형의 포인터에 저장해도 안전한 값은?

   ① 문자 배열의 주소　　　　② 문자열 리터럴의 주소　　　　③ const char*형의 주소

2. const char*형의 포인터의 용도가 아닌 것은?

   ① 문자열 리터럴을 가리킨다.　　　　　　　　② 읽기 전용의 문자 배열을 가리킨다.

   ③ 입력 매개변수의 데이터형으로 사용된다.　　　　④ 가리키는 문자열을 변경한다.

3. 다음 중 const char*형의 매개변수를 가진 함수의 인자로 전달할 수 있는 것은?

   ① 문자열 리터럴의 주소　　　　② 문자 배열의 주소　　　　③ char*형 포인터

   ④ const char*형 포인터　　　　⑤ 모두 다

9.4 문자열의 배열

도서 목록을 저장한다고 해보자. 책의 제목을 문자열로 저장하려면 문자 배열이 필요한데, 책이 여러 권이라면 문자 배열이 다시 여러 개 필요하다. 즉, 문자열을 여러 개 저장하려면 2차원 배열이 필요하다.

그런데 문자열 중에는 변경되지 않는 문자열도 있다. 예를 들어 프로그램 실행 중에 표시할 도움말 문자열을 배열로 모아두려고 한다. 도움말로 사용될 문자열의 내용은 변경되지 않으므로 문자열 리터럴의 주소만 배열로 저장하면 된다. 즉, 문자열 포인터의 배열을 사용하면 된다.

9.4.1 2차원 문자 배열

2차원 문자 배열을 선언할 때는 널 문자를 포함한 문자열의 길이를 열 크기로, 문자열의 개수를 행 크기로 지정한다. 예를 들어 5권의 책 제목을 30글자의 문자열로 저장하려면 다음과 같이 선언한다.

```
char books[5][30];   // 문자열의 길이가 30인 문자열을 5개 저장한다.
```

2차원 문자 배열을 초기화하려면 { } 안에 문자열을 나열한다. books는 행 크기가 5인 배열이므로 문자열을 5개 나열한다.

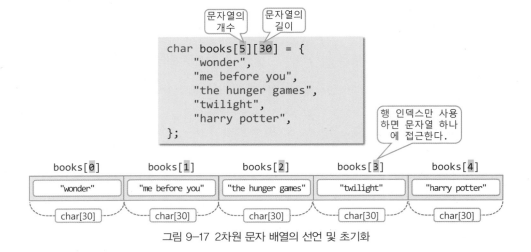

그림 9-17 2차원 문자 배열의 선언 및 초기화

2차원 문자 배열의 각 문자열에 접근하려면 행 인덱스만 사용한다. 예를 들어 books 배열의 경우 books[i]는 책 제목 하나를 의미한다.

```
for (i = 0; i < 5; i++)
    printf("책 제목: %s\n", books[i]);   // i번째 문자열에 접근한다.
```

i번째 문자열의 j번째 문자에 접근하려면 books[i][j]처럼 행 인덱스와 열 인덱스를 모두 사용한다.

```
for (i = 0; i < 5; i++)
{
    if (islower(books[i][0]))              // 각 문자열의 0번 문자를 대문자로 만든다.
        books[i][0] = toupper(books[i][0]);
}
```

[예제 9-12]는 2차원 문자 배열을 선언 및 초기화해서 사용하는 코드이다.

예제 9-12 : 2차원 문자 배열의 선언 및 초기화

```
01    #define _CRT_SECURE_NO_WARNINGS
02    #include <stdio.h>
03    #include <string.h>
04    #include <ctype.h>
05
06    int main(void)
07    {
08        char books[5][30] = {
09            "wonder",            // books[0]의 초기값
10            "me before you",     // books[1]의 초기값
11            "the hunger games",  // books[2]의 초기값
12            "twilight",          // books[3]의 초기값
13            "harry potter",      // books[4]의 초기값
14        };
15        int i = 0;
16
17        for (i = 0; i < 5; i++)
18            printf("책 제목: %s\n", books[i]);      // i번째 문자열 사용
19
20        for (i = 0; i < 5; i++)
21        {
22            if (islower(books[i][0]))              // i번째 문자열의 0번째 문자 사용
```

```
23              books[i][0] = toupper(books[i][0]);
24      }
25
26      puts("<< 변경 후 >>");
27      for (i = 0; i < 5; i++)
28          printf("책 제목: %s\n", books[i]);
29
30      return 0;
31  }
```

실행결과

```
책 제목: wonder
책 제목: me before you
책 제목: the hunger games
책 제목: twilight
책 제목: harry potter
<< 변경 후 >>
책 제목: Wonder
책 제목: Me before you
책 제목: The hunger games
책 제목: Twilight
책 제목: Harry potter
```

2차원 문자 배열에 저장된 문자열에 대하여 strlen, strcpy, strcmp, strcat 등의 문자열 처리 함수를 사용하려면 행 인덱스만 지정해서 사용한다.

[예제 9-13]은 2차원 문자 배열을 [예제 9-11]의 swap_string 함수를 이용해서 오름차순 으로 정렬하는 코드이다.

예제 9-13 : 2차원 문자 배열의 정렬

```
01  #define _CRT_SECURE_NO_WARNINGS
02  #include <stdio.h>
03  #include <string.h>
04
05  int swap_string(char* lhs, char* rhs, int size);
06
07  #define MAX  5     // 2차원 배열의 행 크기
08  #define BUF_SZ 30  // 2차원 배열의 열 크기
09
```

```
10    int main(void)
11    {
12        char books[MAX][BUF_SZ] = {
13            "Wonder",
14            "Me before you",
15            "The hunger games",
16            "Twilight",
17            "Harry potter",
18        };
19        int i, j;
20        int index;
21
22        puts("≪ 정렬 전 ≫");
23        for (i = 0; i < MAX; i++)
24            puts(books[i]);
25
26        for (i = 0; i < MAX - 1; i++)
27        {
28            index = i;
29            for (j = i + 1; j < MAX; j++)
30            {
31                if (strcmp(books[index], books[j]) > 0)     // 문자열을 비교한다.
32                    index = j;
33            }
34            if (i != index)
35            {
36                swap_string(books[index], books[i], BUF_SZ); // 문자열을 맞바꾼다.
37            }
38        }
39
40        puts("≪ 정렬 후 ≫");
41        for (i = 0; i < MAX; i++)
42            puts(books[i]);
43
44        return 0;
45    }
46
47    int swap_string(char* lhs, char* rhs, int size)
48    {
49        int lhs_len = strlen(lhs);
50        int rhs_len = strlen(rhs);
51        char temp[BUF_SZ] = "";
52
```

```
53        if (lhs_len + 1 > size || rhs_len + 1 > size)
54            return 0;   // swap_string 실패
55
56        strcpy(temp, lhs);
57        strcpy(lhs, rhs);
58        strcpy(rhs, temp);
59        return 1;        // swap_string 성공
60    }
```

실행결과   ■ ■ ■

```
<< 정렬 전 >>
Wonder
Me before you
The hunger games
Twilight
Harry potter
<< 정렬 후 >>
Harry potter
Me before you
The hunger games
Twilight
Wonder
```

9.4.2 문자열 포인터 배열

같은 문자열 리터럴을 여러 번 사용할 때는 문자열 포인터에 문자열 리터럴의 주소를 저장해두고 사용할 수 있다. const char*형의 포인터로 문자열 리터럴을 가리키는 경우에는 문자열 리터럴을 수정하려면 포인터 선언문만 수정한다.

```
const char *msg = "Error! Try again.";  // 문자열 리터럴을 수정하려면 여기만 고친다.
puts(msg);                               // 같은 문자열 리터럴을 여러 번 사용할 수 있다.
   ⋮
puts(msg);                               // 같은 문자열 리터럴을 여러 번 사용할 수 있다.
```

이렇게 주소를 저장해두고 여러 번 사용하는 문자열 리터럴이 여러 개면 문자열 포인터 배열이 필요하다. 문자열 리터럴의 주소가 원소인 배열은 const char*형의 포인터 배열로 선언한다.

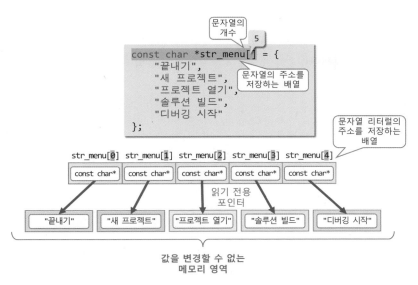

그림 9-18 문자열 포인터 배열

문자열 포인터 배열은 배열의 원소가 const char*형이므로 문자열 각각을 읽기 전용으로 접근한다. 문자열에 접근하려면 배열의 인덱스를 이용해서 str_menu[i]처럼 접근한다.

```
for (i = 0; i < sz_menu; i++)
    printf("%d.%s\n", i, str_menu[i]);   // i번째 문자열 리터럴을 출력한다.
```

[예제 9-14]는 문자열 포인터 배열을 이용해서 메뉴를 출력하고 메뉴 번호를 선택받아서 선택된 메뉴 문자열을 출력하는 코드이다.

예제 9-14 : 문자열 포인터 배열의 사용 예

```
01   #define _CRT_SECURE_NO_WARNINGS
02   #include <stdio.h>
03   #include <string.h>
04
05   int main(void)
06   {
07       const char *str_menu[] = {          // str_menu는 원소가 5개인 포인터 배열
08           "끝내기",
09           "새 프로젝트",
10           "프로젝트 열기",
11           "솔루션 빌드",
12           "디버깅 시작"
13       };
```

```
14        int sz_menu = sizeof(str_menu) / sizeof(str_menu[0]);
15        int menu;
16
17        while (1)
18        {
19            int i;
20            for (i = 0; i < sz_menu; i++)
21                printf("%d.%s\n", i, str_menu[i]);
22
23            printf("메뉴 선택? ");
24            scanf("%d", &menu);
25            if (menu == 0)          // menu를 입력받은 다음 루프 탈출 조건을 검사한다.
26                break;
27            else if (menu > 0 && menu < sz_menu)
28                printf("%s 메뉴를 선택했습니다.\n\n", str_menu[menu]);
29            else
30                printf("잘못 선택했습니다.\n\n");
31        }
32
33        return 0;
34    }
```

실행결과

```
0.끝내기
1.새 프로젝트
2.프로젝트 열기
3.솔루션 빌드
4.디버깅 시작
메뉴 선택? 1
새 프로젝트 메뉴를 선택했습니다.

0.끝내기
1.새 프로젝트
2.프로젝트 열기
3.솔루션 빌드
4.디버깅 시작
메뉴 선택? 0
```

포인터 배열에 저장할 주소가 문자 배열의 주소일 때는 char*형의 포인터 배열을 선언한다.

```
char book1[] = "wonder";
char book2[] = "me before you";
char book3[] = "the hunger games";
char *books[] = { book1, book2, book3 };        // 문자 배열의 주소가 원소인 포인터 배열
```

이때는 books 포인터 배열에 저장된 포인터로 문자열을 변경할 수 있으며, 2차원 배열인 것처럼 사용할 수 있다.

```
books[0][0] = 'W';   // *books[0] = 'W';와 같은 뜻
books[1][0] = 'M';   // *books[1] = 'M';와 같은 뜻
books[2][0] = 'T';   // *books[2] = 'T';와 같은 뜻
```

문자 배열을 여러 개 묶어서 사용하려면 2차원 문자 배열을 사용하는 것이 간편하므로, char*형의 포인터 배열을 이런 식으로 사용하지는 않는다. char*형의 포인터 배열은 문자 배열이 동적 메모리에 할당되는 경우에 주로 사용한다. 동적 메모리에 대해서는 나중에 다시 알아볼 것이다.

📋 확인해봐요

1. 변경할 수 있는 문자열을 여러 개 저장하려면 무엇을 사용해야 하는가?
   ① 2차원 문자 배열   ② char*형의 포인터 배열
   ③ const char*형의 포인터 배열   ④ 문자 배열

2. 문자열 리터럴의 주소를 여러 개 저장하려면 무엇을 사용해야 하는가?
   ① 2차원 문자 배열   ② char*형의 포인터 배열
   ③ const char*형의 포인터 배열   ④ 문자 배열

1. 문자 배열

- C에서 문자열은 연속된 문자들의 모임이며, 문자열의 끝을 나타내는 널 문자를 함께 저장한다.
- 문자 배열을 선언할 때는 '저장할 문자열의 길이 + 1'만큼 배열의 크기를 지정한다.
- 문자 배열을 초기화할 때는 문자열 리터럴을 이용한다.
- 문자 배열 전체를 널 문자로 초기화하려면 문자 배열을 널 문자열("")로 초기화한다.
- 문자 배열에 저장된 문자열의 특정 문자를 읽거나 변경하려면 [ ]를 이용한다.

2. 표준 C의 문자열 처리 함수

- 표준 C 라이브러리의 문자열 처리 함수를 사용하려면 〈string.h〉를 포함해야 하며, 함수 이름은 str로 시작한다.
- strlen 함수는 널 문자를 제외한 문자열의 길이를 구한다.
- strcpy(dest, src) 함수는 src 문자열을 dest 문자 배열로 복사한다. 문자 배열의 내용을 변경하려면 대입 연산자 대신 strcpy 함수를 이용한다. strcpy 함수는 버퍼오버런의 위험이 있으므로 주의해서 사용해야 한다.
- strcmp 함수는 문자열을 알파벳 순으로 비교한다. 문자열을 비교할 때는 관계 연산자 대신 strcmp 함수를 사용해야 한다.
- strcat(dest, src) 함수는 dest 문자열의 끝에 src 문자열을 복사해서 연결한다.
- strchr 함수는 str에서 ch 문자가 있는지 찾고, strstr 함수는 str에서 substr 문자열이 있는지 찾아서 찾은 위치(char*)를 리턴한다.
- strtok(str, delim) 함수는 str 문자열을 delim 문자열에 있는 구분 문자들을 이용해서 분리한다.
- 빈칸을 포함한 한 줄의 문자열을 입력받으려면 gets, fgets, gets_s 함수를 이용한다. gets는 더 이상 사용되지 않는 함수이므로 fgets나 gets_s를 이용하는 것이 좋다.
- 문자열을 출력하고 줄을 바꾸려면 puts 함수를 이용한다.

3. 문자열 포인터

- 문자열 리터럴은 상수지만 변경할 수 없는 메모리 영역에 문자열을 저장하고 그 주소를 사용한다. 즉, 문자열 리터럴은 문자열 리터럴의 주소를 의미한다.
- const char*형은 읽기 전용의 문자열 포인터이므로 문자열의 내용을 읽어볼 수만 있고 변경할 수는 없다.
- char*형의 포인터는 문자 배열, 즉 변경할 수 있는 문자열을 가리킬 때만 사용하는 것이 좋다.
- const char*형의 포인터는 문자열 리터럴이나 읽기 전용의 문자 배열, 즉 변경할 수 없는 문자열을 가리킬 때 사용한다.

4. 문자열의 배열

- 2차원 문자 배열을 선언할 때는 널 문자를 포함한 문자열의 길이를 열 크기로, 문자열의 개수를 행 크기로 지정한다. 2차원 문자 배열의 각 문자열에 접근하려면 행 인덱스만 사용한다.
- 문자열 포인터 배열은 문자열의 주소가 원소인 배열이다. const char*형의 포인터 배열은 문자열 리터럴 여러 개의 주소를 묶어서 저장할 때 유용하다.

Exercise

1. 문자열에 대한 설명을 읽고 설명이 맞으면 O, 틀리면 X를 선택하시오.

(1) C의 문자열은 문자열의 끝에 널 문자를 저장한다. ( )

(2) 'a'는 문자 상수이고 "a"는 문자열 상수이다. ( )

(3) 변경할 수 있는 문자열은 문자 배열에 저장한다. ( )

(4) "abc"를 저장하려면 크기가 3인 문자 배열이 필요하다. ( )

(5) 문자 배열을 초기화하지 않으면 쓰레기값을 가진다. ( )

(6) 문자 배열에 다른 문자열을 대입할 수 있다. ( )

(7) 문자 배열에 인덱스를 사용하면 문자 하나를 읽거나 변경할 수 있다. ( )

(8) 문자 배열을 초기화할 때 문자열 리터럴을 사용할 수 있다. ( )

2. 표준 C 라이브러리가 제공하는 문자열 처리 함수와 함수에 대한 설명을 찾아서 연결하시오.

(1) strcpy   ① 널 문자를 제외한 문자열의 길이를 구한다.

(2) strlen   ② 문자열의 끝에 다른 문자열을 복사해서 연결한다.

(3) strcat   ③ 문자열을 알파벳 순으로 비교한다

(4) strcmp   ④ 문자열을 구분 문자로 분리한다.

(5) strchr   ⑤ 문자열 중에서 특정 문자의 위치를 찾는다.

(6) strtok   ⑥ 문자열 중에서 특정 문자열의 위치를 찾는다.

(7) strstr   ⑦ 문자열에 다른 문자열을 복사한다.

3. 다음 중 strcpy 함수를 잘못 사용하고 있는 코드를 모두 고르시오.

```
① char s1[10];
   strcpy(s1, "abc");

② char s2[10];
   strcpy("apple", s2);

③ strcpy("hello", "bye");

④ char s3[3];
   strcpy(s3, "good job");

⑤ char s4[] = "xyz";
   char s5[4];
   strcpy(s5, s4);
```

4. 다음 코드의 실행 결과를 쓰시오.

```
char str[20] = "abc";
strcpy(str, "def");
strcat(str, "xyz");
printf(str);
```

5. 표준 C 라이브러리의 문자열 처리 함수와 리턴값의 의미가 잘못 연결된 것을 모두 고르시오.

<u>함수 이름</u>   <u>리턴값의 의미</u>
① strlen   널 문자를 포함한 문자열의 길이
② strcpy   src를 dest로 복사한 다음 dest와 같은 값
③ strcat   src를 dest의 끝으로 복사한 다음 dest와 같은 값
④ strcmp   두 문자열이 같으면 1, 다르면 0
⑤ strchr   문자를 찾은 위치
⑥ strtok   토큰 문자열의 주소

6. 한 줄의 문자열을 줄바꿈 문자와 함께 콘솔로 출력하는 표준 C 라이브러리 함수는 무엇인가?

7. 표준 C 라이브러리의 문자열 처리 함수에 대한 설명을 읽고 설명이 맞으면 O, 틀리면 X를 선택하시오.

(1) 문자열 처리 함수를 사용하려면 〈string.h〉를 포함해야 한다. ( )
(2) strlen 함수는 문자 배열이나 문자열 리터럴의 길이를 구한다. ( )
(3) strcpy 함수를 사용할 때는 문자열을 복사할 만큼 메모리가 충분한지 신경써야 한다. ( )
(4) strcpy 함수는 널 문자는 복사해주지 않으므로 문자열을 복사한 다음 널 문자를 직접 저장해야 한다.
( )
(5) strcat 함수를 사용할 때는 src 문자열을 dest 문자 배열의 널 문자 위치에 복사해서 연결한다. ( )
(6) 문자열을 n개 비교할 때는 strncmp 함수를 사용한다. ( )
(7) strchr 함수는 문자열 중에서 부분 문자열을 검색하는 데 사용되고, strstr 함수는 문자열 중에서 특정 문자를 검색하는 데 사용된다. ( )
(8) strtok 함수는 항상 첫 번째 토큰만 분리할 수 있다. ( )

8. 문자열에서 형식 문자열에 지정된 대로 값을 변환해서 읽어오는 표준 C 라이브러리 함수는 무엇인가?

9. 다음과 같이 선언된 문자열 포인터에 대하여 각각의 코드가 출력하는 값은 무엇인지 쓰시오.

```
const char *p = "BTS";        // "BTS"의 주소는 0x2000번지라고 가정한다.
```

(1) printf("%p", p);
(2) printf("%c", *p);
(3) printf("%s", p);
(4) printf("%c", p[1]);

10. 다음 중 컴파일 에러나 컴파일 경고, 실행 에러가 발생할 수 있는 코드를 모두 고르시오.

① `char* p = "fake love";`
   `p[0] = 'F';`

② `char song[] = "anpanman";`
   `char *p = song;`
   `p[0] = 'A';`

③ `char *p = "mic drop";`
   `strcat(p, " remix");`

④ `char song[] = "dna";`
   `if (strcmp(song, "DNA") == 0)`
   `     printf("same song");`

⑤ `const char *p = "tear";`
   `int len = strlen(p);`

⑥ `const char *favorite = "dna";`
   `favorite = "best of me";`

11. 문자열 사용을 위한 가이드라인 중 잘못된 것을 모두 고르시오.

① 변경할 수 있는 문자열은 문자 배열에 저장한다.

② char*형의 포인터는 문자 배열을 가리키는 용도로 사용한다.

③ 문자열 리터럴을 가리킬 때는 const char*형의 포인터를 사용한다.

④ 문자 배열을 읽기 전용으로 접근할 때는 char*형의 포인터를 사용한다.

⑤ 문자열이 입력 매개변수일 때는 char* const형의 매개변수를 사용한다.

⑥ 문자열이 출력 매개변수일 때는 char*형의 매개변수를 사용한다.

⑦ 호출할 함수의 매개변수가 char*형일 때는 문자 배열 뿐만 아니라 문자열 리터럴도 전달할 수 있다.

12. 집 주소 10개를 문자열로 저장하려고 한다. 각각의 문자열의 길이가 40이라고 할 때, address라는 이름으로 문자열 배열을 선언하시오.

13. 다음은 입력받은 문자열이 "admin"와 같은지 비교하는 코드이다. ___ 부분에 필요한 코드를 작성하시오.

```
char id[40];
gets_s(id, sizeof(id));
if (_____)
    printf("valid user");
else
    printf("invalid user");
```

14. 다음과 같이 선언된 문자열 배열에 대하여 수식의 값이 무엇인지 쓰시오.

```
char songs[][20] = { "dna", "fake love", "mic drop" };
```

(1) songs[0]

(2) songs[1][0]

(3) songs[0][1]

(4) songs[2]

(5) sizeof(songs) / sizeof(songs[0])

(6) sizeof(songs[0]) / sizeof(songs[0][0])

(7) sizeof(songs) / sizeof(char)

(8) sizeof(songs[0])

15. 다음과 같이 선언된 문자열 배열에 대하여 각각의 코드가 출력하는 값은 무엇인지 쓰시오.

```
char *bts[] = { "Jin", "Jungkook", "Suga", "RM", "J-Hope", "Jimin", "V" };
```

(1) printf("%s\n", *bts);

(2) printf("%c\n", bts[2][0]);

(3) printf("%s\n", *(bts + 6));

(4) printf("%c\n", bts[0][2]);

(5) printf("%d\n", sizeof(bts) / sizeof(bts[0]));

(6) printf("%d\n", sizeof(bts[0]));

16. 다음 프로그램의 실행 결과를 쓰시오.

```
#include <stdio.h>
#include <ctype.h>

int main(void)
{
    char str[] = "This is sample string for test.";
    int len = strlen(str);
    char *p = str;
```

```
    for (p = str; *p != '\0'; p++)
    {
        if (isspace(*p))
        {
            char *q = 0;
            for (q = p + 1; *q != '0'; q++)
                *(q - 1) = *q;
            *(q - 1) = 0;
        }
    }
    puts(str);

    return 0;
}
```

17. 다음은 입력받은 정수의 개수만큼 문자열의 끝에 있는 문자를 삭제하는 프로그램이다. ___에 알맞은 코드를 작성하시오.

```
#include <stdio.h>

int main(void)
{
    char str[] = "This is sample string for test.";
    int len = strlen(str);
    int num;

    printf("몇 개? ");
    scanf("%d", &num);
    _____
    puts(str);

    return 0;
}
```

1. 한 줄의 문자열을 입력받아서 공백 문자(' ', '\n', '\t', '\f', '\r', '\v')의 개수를 세는 프로그램을 작성하시오. [문자 배열/난이도 ★]

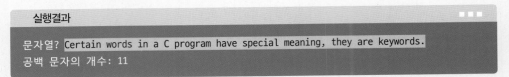

```
실행결과                                                    ■ ■ ■
문자열? Certain words in a C program have special meaning, they are keywords.
공백 문자의 개수: 11
```

2. 문자 배열을 매개변수로 전달받아 공백 문자(' ', '\n', '\t', '\f', '\r', '\v')를 모두 제거하는 remove_space 함수를 작성하시오. remove_space 함수를 이용해서 입력받은 문자열에서 빈칸을 모두 제거하고 출력하는 프로그램을 작성하시오. [문자열을 입출력 매개변수로 전달하는 함수/난이도 ★★]

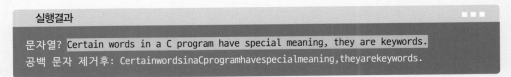

```
실행결과                                                    ■ ■ ■
문자열? Certain words in a C program have special meaning, they are keywords.
공백 문자 제거후: CertainwordsinaCprogramhavespecialmeaning,theyarekeywords.
```

3. 입력받은 문자열의 소문자는 대문자로, 대문자는 소문자로 변환하는 프로그램을 작성하시오. [문자 변환/난이도 ★]

```
실행결과                                                    ■ ■ ■
문자열? Lowercase letters will be changed into UPPERCASE LETTERS.
변환 후: lOWERCASE LETTERS WILL BE CHANGED INTO uppercase letters.
```

4. 문자열을 역순으로 만드는 reverse_string 함수를 작성하시오. reverse_string 함수를 이용해서 입력받은 한 줄의 문자열을 역순으로 출력하는 프로그램을 작성하시오. [문자열을 매개변수로 전달하는 함수/난이도 ★]

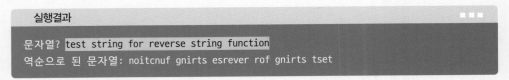

```
실행결과                                                    ■ ■ ■
문자열? test string for reverse string function
역순으로 된 문자열: noitcnuf gnirts esrever rof gnirts tset
```

5. 대소문자를 구분하지 않고 문자열을 비교하는 strcmp_ic 함수를 작성하시오. strcmp_ic(lhs, rhs) 함수의 리턴값은 strcmp와 마찬가지로 lhs가 rhs보다 크면 0보다 큰 값, 두 문자열이 같으면 0, lhs가 rhs보다 작으면 0보다 작은 값을 리턴한다. strcmp_ic 함수를 이용해서 입력받은 두 문자열을 비교하는 프로그램을 작성하시오. [문자 배열/난이도 ★★]

> **실행결과**
>
> 첫 번째 문자열 ? how long
> 두 번째 문자열 ? How Long
> how long와 How Long가 같습니다.

★ strcmp 함수를 이용하지 말고 직접 두 문자열을 1대1로 비교하는 함수로 작성해야 한다. 대소문자를 구분하지 않고 비교하려면 둘 다 소문자로 만들어서 비교하거나 대문자로 만들어서 비교한다.

6. 시간 문자열이 유효한 시간인지 확인하는 check_time_str 함수를 작성하시오. 예를 들어 "120000"는 12:00:00에 해당하는 유효한 시간 문자열이지만 "327892"는 유효한 시간 문자열이 아니다. check_time_str 함수를 이용해서 입력된 문자열이 올바른 시간 문자열인지 검사해서 출력하는 프로그램을 작성하시오. [문자열 변환 함수/난이도 ★★]

> **실행결과**
>
> 시간(.입력 시 종료)? 123456
> 123456는 유효한 시간입니다.
> 시간(.입력 시 종료)? 345678
> 잘못 입력했습니다. hhmmss형식으로 입력하세요.
> 시간(.입력 시 종료)? .

7. 전화번호 문자열이 올바른 형식의 전화번호인지 검사하는 check_phone_str 함수를 작성하시오. 전화번호는 "01012345678" 형식으로 입력받는다. 국번은 "010"만 가능하다고 가정한다. check_phone_str 함수를 이용해서 입력된 문자열이 올바른 전화번호 문자열인지 검사해서 출력하는 프로그램을 작성하시오. [문자열 변환 함수/난이도 ★★]

> **실행결과**
>
> 전화번호(.입력 시 종료)? Abc
> 잘못 입력했습니다. 01012345678 형식으로 입력하세요.
> 전화번호(.입력 시 종료)? 010-3456-2345
> 잘못 입력했습니다. 01012345678 형식으로 입력하세요.
> 전화번호(.입력 시 종료)? 01034562345
> 01034562345는 유효한 전화번호입니다.
> 전화번호(.입력 시 종료)? .

8. 시저 암호는 간단한 치환 암호로 암호화하고자 하는 문자열의 각 알파벳을 특정 개수만큼 더하거나 빼서 다른 알파벳으로 치환하는 방식이다. 예를 들어 B를 3만큼 더해서 치환하면 E가 되는 식이다. 문자열과 키 값(치환할 문자의 이동 거리)를 입력 받아서 암호화된 문자열을 출력하는 프로그램을 작성하시오. [문자 처리 함수, 문자 배열/난이도 ★★]

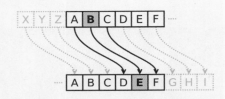

실행결과

```
문자열? ABC
암호 키(정수)? 3
암호화된 문자열: DEF
문자열? encoded sentence
암호 키(정수)? 5
암호화된 문자열: jshtiji xjsyjshj
문자열? .
```

9. 파일 이름과 확장자를 입력으로 받아서 확장자를 포함한 파일명을 출력하는 프로그램을 작성하시오. [문자열 처리 함수/난이도 ★]

실행결과

```
파일명? report181101
확장자? doc
전체 파일명: report181101.doc
```

10. 영문으로 된 이름을 입력받아 이니셜을 출력하는 프로그램을 작성하시오. [문자 배열, 문자열 검색/난이도 ★]

실행결과

```
영문 이름? kim jung kook
이니셜: KJK
영문 이름? Charlie Puth
이니셜: CP
영문 이름? .
```

11. 영어 단어를 입력받아 끝말잇기 게임을 하려고 한다. 게임 참가자가 입력한 단어가 이전에 입력된 단어의 마지막 문자로 시작하는지 검사해서 게임을 계속할 수 있게 한다. 잘못된 단어가 입력되면 지금까지 끝말잇기를 몇 번 연속 성공했는지 출력한다. 간단한 구현을 위해서 입력된 단어가 올바른 단어인지 검사하지 않는다. 예를 들어 "abc"도 올바른 단어로 간주한다. 입력된 단어는 반드시 3 글자 이상이어야 한다. [문자열 처리 함수/난이도 ★★]

```
실행결과                                                    ■ ■ ■

word? christmas
word? ski
word? so
too short, try again
word? bye
WRONG WORD!!! YOU FAILED!!!
count: 2
```

12. 입력받은 문자열에 대하여 이동할 글자 수를 입력받아 왼쪽이나 오른쪽으로 회전(rotate)한 결과를 출력하는 프로그램을 작성하시오. 예를 들어 "abcdef"를 오른쪽으로 2글자 회전하면 "efabcd"가 된다. 이동할 글자 수가 음수면 왼쪽으로, 양수면 오른쪽으로 이동한다. 이동할 글자수로 0이 입력되면 프로그램을 종료한다. [문자 배열/난이도 ★★★]

```
실행결과                                                    ■ ■ ■

문자열? Happy Halloween
이동할 글자수? 3
eenHappy Hallow
이동할 글자수? 0
```

★ rotate 알고리즘은 reverse 알고리즘을 이용해서 구현할 수 있다. 문자열이 AB 패턴일 때 BA 패턴을 얻으려면 (reverse_A reverse_B)의 reverse를 구하면 된다.

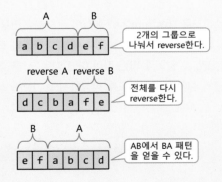

13. 앱의 사용 팁을 보여주는 프로그램을 작성하시오. 정해진 팁을 문자열의 배열에 저장해두고 사용자가 Enter 를 누를 때마다 랜덤하게 팁을 출력하게 한다. Ctrl + Z 를 입력하면 프로그램을 종료한다. [문자열 포인터 배열/난이도 ★]

> **실행결과** ■ ■ ■
>
> 엔터키를 누를 때마다 사용 팁을 보여줍니다.
> Live Photo의 스틸 이미지를 변경할 수 있습니다.
> 스크린 타임에서 iPhone의 하루 사용 시간을 확인할 수 있습니다.
> ^Z

★ 표준 C 라이브러리의 문자 입력 함수인 getchar 함수를 이용해서 처리할 수 있다.
```
while (getchar() != EOF)     // Ctrl+Z와 엔터키가 입력 될 때까지 1문자씩 입력받는다.
{
}
```

14. 인터넷 사이트에 회원 가입을 하려는 사용자로부터 아이디를 입력받아 유효한 아이디인지 검사하는 프로그램을 작성하시오. 아이디는 영문자로 시작해야 하고, 영문자와 숫자로만 구성되며 최소 8자가 되어야 한다. [문자 배열, 문자 처리 함수/난이도 ★★]

> **실행결과** ■ ■ ■
>
> ID? guest
> ID는 8자 이상이어야 합니다.
> ID? 1004guest
> ID는 영문자로 시작해야 합니다.
> ID? anonymous
> anonymous는 ID로 사용할 수 있습니다.

15. 시, 분, 초에 해당하는 정수값으로 "hh:mm:ss" 형식의 문자열로 만들어 리턴하는 time_to_string 함수를 작성하시오. time_to_string 함수에는 문자 배열과 배열의 크기, 시, 분, 초 값을 인자로 전달해야 한다. 전달된 시, 분, 초 값이 올바른 값이 아닌 경우 -1을 리턴하고, 시간 문자열을 생성한 경우에는 생성된 문자열의 길이를 리턴하도록 작성하시오. [문자열을 매개변수로 전달하는 함수, 문자열 변환/난이도 ★★]

> **실행결과** ■ ■ ■
>
> 시 분 초? 12 34 56
> 12:34:56

16. 인터넷 사이트에 로그인하려는 사용자로부터 아이디와 패스워드를 입력받아 로그인 과정을 처리하려고 한다. 사용자 5명의 아이디와 패스워드가 이미 등록되어 있을 때, 입력받은 아이디에 해당하는 패스워드와 사용자가 입력한 패스워드가 일치하면 로그인을 허용하는 프로그램을 작성하시오. 사용자가 입력한 아이디가 존재하지 않거나, 아이디에 해당하는 패스워드가 일치하지 않으면 에러 메시지 출력 후 아이디와 패스워드를 다시 입력받게 한다. 3번의 재시도 후에도 올바른 아이디와 패스워드를 입력하지 못하면 로그인 실패 에러 메시지를 출력한다. 아이디 문자열 배열과 패스워드 문자열 배열은 마음대로 정해서 사용한다. [문자열의 배열/난이도 ★★★]

```
실행결과

ID: suga
PW: dna!awesome
해당 id가 없습니다.

ID: parkjimin
PW: bestofme
패스워드가 틀렸습니다.

ID: parkjimin
PW: @BestOfMe@

로그인 성공!
```

17. 입력받은 노래 제목을 최대 20개 저장하고 관리하는 프로그램을 작성하시오. 노래 제목의 길이는 최대 40글자라고 가정한다. 간단한 메뉴로 노래 제목을 추가하는 기능, 노래 제목을 수정하는 기능, 노래 목록을 출력하는 기능을 처리한다. [문자열의 배열/난이도 ★★★]

```
실행결과

[ 0.종료 1.추가 2.수정 3.목록 ] 선택? 1
노래 제목? DNA
[ 0.종료 1.추가 2.수정 3.목록 ] 선택? 1
노래 제목? Fke Love
[ 0.종료 1.추가 2.수정 3.목록 ] 선택? 3
<< 노래 목록 >>
DNA
Fke Love
[ 0.종료 1.추가 2.수정 3.목록 ] 선택? 2
찾을 노래 제목? Fke Love
수정할 제목? Fake Love
[ 0.종료 1.추가 2.수정 3.목록 ] 선택? 3
<< 노래 목록 >>
DNA
Fake Love
[ 0.종료 1.추가 2.수정 3.목록 ] 선택? 0
```

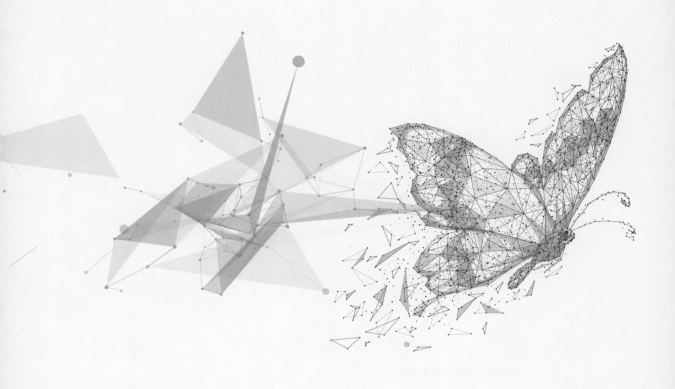

CHAPTER 10

구조체

10.1 구조체의 기본

10.1.1 구조체의 개념

구조체는 서로 다른 데이터형의 변수들을 하나로 묶어서 사용하는 기능이다. 구조체가 왜 필요한지 알아보기 위해서 스마트폰의 연락처를 관리하는 앱을 작성하려고 한다. 연락처마다 이름, 전화번호, 벨 소리를 저장하기 위한 변수가 필요하다.

```
char name[20];      // 이름
char phone[20];     // 전화번호(01012345678 형식의 문자열로 저장)
int ringtone;       // 벨 소리(0~9 선택)
```

연락처마다 name, phone, ringtone 변수가 필요하므로 이 변수들을 하나로 묶어주면 관리하기 편리하다. 구조체는 이처럼 서로 다른 데이터형의 변수들을 하나로 묶을 때 유용한 기능이다.

```
struct contact      // 연락처
{
    char name[20]; // 이름
    char phone[20]; // 전화번호(01012345678 형식의 문자열로 저장)
    int ringtone;  // 벨 소리(0~9 선택)
};
```

C에서 구조체는 사용자 정의형을 만드는 방법을 제공한다. 객체 지향 프로그래밍 언어인 C++은 구조체 개념을 확장해서 클래스를 정의하고 객체를 다루는 기능을 제공한다.

📝 **확인해봐요**

1. 서로 다른 데이터형의 변수들을 하나로 묶어서 사용하는 기능은 무엇인가?
   ① 문자열   ② 배열   ③ 구조체   ④ 포인터

2. C에서 사용자 정의형을 만들 수 있는 것은?
   ① 문자열   ② 배열   ③ 구조체   ④ 포인터

10.1.2 구조체의 정의

구조체를 사용하려면 먼저 구조체를 정의해야 한다. 구조체를 정의하는 기본적인 형식은 다음과 같다.

형식	

```
struct 태그명 {
    데이터형  멤버명;
    데이터형  멤버명;
     ⋮
};
```

사용예	

```
struct contact
{
    char name[20];
    char phone[20];
    int ringtone;
};
```

구조체를 정의하려면 struct 키워드와 태그 이름(tag name)이 필요하다. **태그 이름**은 구조체를 구별하기 위한 식별자이다. 태그 이름 다음에는 { }를 쓰고, { } 안에 구조체의 멤버를 나열한다. 구조체를 구성하는 변수를 **구조체의 멤버**라고 하는데, 일반 변수처럼 데이터형과 변수명으로 구조체의 멤버를 선언한다. 구조체 정의문도 맨 끝에 세미콜론(;)이 필요하다. 정의된 구조체는 struct contact처럼 struct 키워드와 태그 이름으로 구분해서 사용한다.

그림 10-1 구조체의 정의

[그림 10-1]처럼 연락처마다 저장해야 할 정보를 모아서 contact 구조체를 정의할 수 있다. 이름과 전화번호는 문자열로 저장해야 하므로 name과 phone 멤버를 문자 배열로 선언한다. 벨 소리는 등록된 벨 소리를 나타내는 0~9사이의 값을 저장하도록 int형으로 선언한다. 이처럼 구조체의 멤버는 기본형이나 배열이나 포인터형의 변수로 선언할 수 있다.

구조체는 함수 안이나 밖에 정의할 수 있다. 구조체를 함수 안에 정의하면 해당 함수에서만 사용할 수 있다. 구조체를 여러 함수에서 사용하는 것이 일반적이므로 구조체는 함수 밖에 정의하며, 소스 파일의 시작 부분에 써주는 것이 좋다.

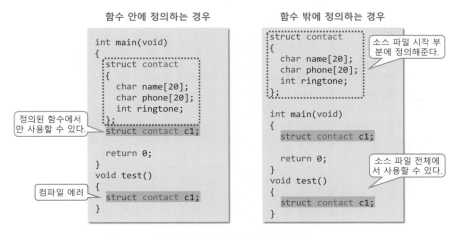

그림 10-2 구조체 정의문의 위치

구조체는 사용자 정의형을 만드는 기능이므로 구조체를 정의하면 새로운 데이터형이 만들어진다. 주의할 점은 데이터형만 정의할 뿐 구조체 변수가 생성되는 것은 아니다. 구조체 정의문은 'name, phone, ringtone이라는 멤버를 가진 contact 구조체를 새로운 데이터형으로 사용하겠다'고 컴파일러에게 알려준다. 구조체를 정의하는 것만으로는 메모리가 할당되지 않으며, 구조체형의 변수를 선언해야 구조체 변수가 메모리에 할당된다.

sizeof 연산자를 이용하면 구조체의 바이트 크기를 구할 수 있다.

```
printf("contact 구조체의 크기 = %d\n", sizeof(struct contact));
```

구조체형은 struct 키워드와 태그 이름을 함께 사용해야 한다. 예를 들어 struct contact은 구조체 중에서 contact이라는 이름의 구조체를 사용하겠다는 뜻이다. struct 키워드 없이 태그 이름만 사용할 수 없다.

```
printf("contact 구조체의 크기 = %d\n", sizeof(contact));    // 컴파일 에러
```

[예제 10-1]은 연락처 정보를 저장하기 위한 contact 구조체를 정의하고, 구조체의 바이트 크기를 확인하는 코드이다.

예제 10-1 : 구조체의 정의

```
01    #include <stdio.h>
02
03    // 구조체는 함수 밖에 정의하며, 소스 파일의 시작 부분에 써준다.
04    struct contact     // 연락처 구조체
05    {
06        char name[20]; // 이름
07        char phone[20]; // 전화번호(01012345678 형식의 문자열로 저장)
08        int ringtone;   // 벨 소리(0~9 선택)
09    };
10
11    int main(void)
12    {
13        printf("contact 구조체의 크기 = %d\n", sizeof(struct contact));
14        //printf("contact 구조체의 크기 = %d\n", sizeof(contact));     // 컴파일 에러
15
16        return 0;
17    }
18
19    void test()
20    {
21        struct contact c1;      // 여러 함수에서 구조체를 사용할 수 있다.
22    }
```

실행결과 ■ ■ ■

```
contact 구조체의 크기 = 44
```

[예제 10-1]에서 contact 구조체의 정의를 main 함수 안쪽으로 옮겨서 컴파일해보자. contact 구조체가 main 함수 안에 정의된 경우에는 test 함수에서 구조체를 사용할 수 없다.

[예제 10-1]의 실행 결과를 보면 contact 구조체의 크기는 멤버인 name, phone, ringtone의 바이트 크기를 모두 더한 44바이트이다.

질문 있어요

어떤 구조체의 크기는 멤버들의 크기를 모두 더한 것보다 큰데 왜 그런가요?

원칙적으로 구조체의 크기는 멤버들의 크기를 모두 더한 것과 같아야 한다. 그런데 어떤 경우에는 구조체의 크기가 더 커지는 경우가 있다. 다음의 구조체 정의를 보자.

continued

질문 있어요

```
struct tdata {
    char c;                         // 1바이트
    int i;                          // 4바이트
    double d;                       // 8바이트
};
int main(void)
{
    printf("%d\n", sizeof(struct tdata));   // 16바이트
}
```

tdata 구조체의 크기는 모든 멤버들의 크기의 합인 13바이트가 아니라 16바이트이다. 이런 경우가 발생하는 이유는 메모리 정렬(alignment) 때문이다. 대부분의 CPU는 메모리에 접근할 때 1바이트 단위, 2바이트 단위, 4바이트 단위로 접근하는 방식을 취하는데, 이런 메모리 접근 단위에 맞춰서 변수를 할당하면 효율적으로 메모리에 접근할 수 있다. 이때 메모리가 정렬되었다고 한다. 효율적인 메모리 접근을 위해서 C 컴파일러는 구조체 멤버 사이에 사용되지 않는 데이터 바이트를 삽입하기도 하는데, 이것을 패딩(padding)이라고 한다. 이런 패딩 때문에 구조체의 크기가 멤버들의 크기의 합보다 커지는 경우가 발생한다.

컴파일러가 패딩의 사용 여부를 결정하기 때문에 구조체의 크기는 sizeof 연산자로 구해서 사용해야 한다. 컴파일러 지시어를 이용하면 구조체의 멤버들 사이에 패딩을 넣지 않게 만들 수 있다.

```
#pragma pack(push,1)                // 메모리를 1바이트 단위로 정렬한다. (패딩 사용 X)
struct tdata {
    char c;
    int i;
    double d;
};
#pragma pack(pop)
```

📝 확인해봐요

1. 구조체를 구별하기 위해 struct 키워드와 함께 사용되는 이름은?

   ① 태그 이름   ② 변수 이름   ③ 함수 이름   ④ 매크로 상수

2. 구조체를 구성하는 변수를 무엇이라고 하는가?

   ① 원소   ② 주소   ③ 멤버   ④ const 변수   ⑤ 전역 변수

3. 구조체의 멤버가 메모리에 할당되는 시점은?

   ① 구조체를 정의할 때   ② 프로그램이 시작될 때

   ③ 구조체 변수를 선언할 때   ④ 함수가 호출될 때

10.1.3 구조체 변수의 선언 및 초기화

구조체 변수를 선언하려면 struct 키워드와 구조체 태그명을 쓴 다음, 구조체 변수명을 써준다.

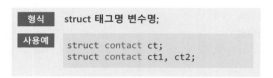

구조체를 사용할 때 struct 키워드를 생략할 수 없으므로 'struct 태그명' 형태로 사용해야 한다.

```
struct contact ct;    // 구조체 변수 ct를 메모리에 할당한다.
contact ct;           // struct을 생략할 수 없다. (컴파일 에러)
```

구조체 변수가 메모리에 할당될 때 구조체의 멤버들이 선언된 순서대로 메모리에 할당된다.

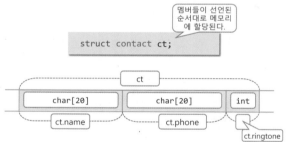

그림 10-3 구조체 변수의 메모리 할당

구조체 변수도 초기화하지 않으면 쓰레기값을 가진다. 구조체 변수를 초기화하려면 { } 안에 멤버들의 초기값을 멤버들이 선언된 순서대로 나열한다.

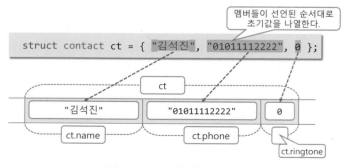

그림 10-4 구조체 변수의 초기화

{ } 안에 지정한 구조체의 초기값이 멤버의 개수보다 부족하면 나머지 멤버들을 0으로 초기화한다.

```
struct contact ct = { "김석진", "01011112222" };        // ringtone은 0으로 초기화
```

멤버의 개수보다 초기값을 더 많이 지정하면 컴파일 에러가 발생한다.

```
struct contact ct = { "김석진", "01011112222", 0, 1 };   // 멤버보다 초기값이 많으면 안된다.
```

구조체의 초기값으로 { 0 }을 지정하면 모든 멤버를 0으로 초기화한다.

```
struct contact ct = { 0 };                              // 모든 멤버를 0으로 초기화
```

구조체를 정의하면서 구조체 변수를 함께 선언할 수 있다. 다음 코드는 앱 정보를 저장하는 app_info 구조체를 정의하면서 함께 변수를 선언한다.

```
struct app_info {
    char name[128];
    char path[128];
    int version;
} this_app;        // app_info 구조체를 정의하면서 this_app 변수를 선언한다.
```

구조체를 정의하면서 변수를 함께 선언할 때는 구조체의 태그 이름을 생략할 수 있다. 하지만 태그 이름이 생략된 구조체는 나중에 다시 사용할 수 없으므로 일회성으로 사용되는 구조체가 아니라면 태그 이름을 지정하는 것이 좋다.

```
struct {           // 태그 이름을 생략하는 경우
    char name[128];
    char path[128];
    int version;
} this_app;        // 이름이 없는 구조체이므로 더 이상 사용할 수 없다.
```

📝 **확인해봐요**

1. 구조체 변수의 초기값은 어떤 기호로 감싸서 지정해야 하는가?

   ① ( )   ② { }   ③ [ ]   ④ ⟨ ⟩   ⑤ " "

2. 구조체의 멤버들이 메모리에 할당되는 순서는?

   ① 멤버의 크기가 큰 것부터 할당한다.   ② 멤버의 크기가 작은 것부터 할당한다.

   ③ 구조체 정의에 선언된 순서대로 할당한다.   ④ 멤버 중 사용빈도가 높은 것부터 선언된다.

10.1.4 구조체 변수의 사용

구조체의 멤버에 접근하려면 멤버 접근 연산자(.)를 이용한다. 구조체 변수 이름 다음에 .을 쓰고 멤버 이름을 적어준다. 구조체의 멤버도 변수이므로 수식에 사용하거나 함수 호출의 인자로 사용할 수도 있다.

```
ct.ringtone = 5;                    // 구조체의 멤버를 int 변수로 사용한다.
strcpy(ct.phone, "01011112223");    // 구조체의 멤버를 문자 배열로 사용한다.

printf("이    름: %s\n", ct.name);
printf("전화번호: %s\n", ct.phone);
printf("벨 소 리: %d\n", ct.ringtone);
```

위의 코드에서 ct.ringtone은 int형 변수이고, ct.name과 ct.phone은 크기가 20인 문자 배열이다. ct.phone을 변경하려면 문자열 처리 함수인 strcpy를 이용한다.

그림 10-5 멤버 접근 연산자

구조체의 멤버는 구조체에 속한 변수이므로 **항상 구조체 변수를 통해서만 접근할 수 있다.** 구조체 변수 없이 사용하면 구조체의 멤버가 아닌 일반 변수라는 뜻이 된다.

> ⊘   `ringtone = 5;`   `// 구조체의 멤버가 아닌 일반 변수 ringtone을 의미한다.`

 구조체 변수를 여러 개 선언하면, 구조체 변수는 서로 다른 메모리에 할당되며 구조체의 멤버들도 각각 할당된다. 구조체 변수 이름으로 멤버에 접근하므로 어떤 변수의 멤버를 사용하는지 구분할 수 있다.

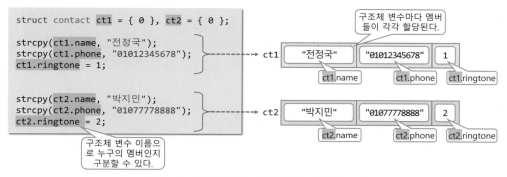

그림 10-6 여러 개의 구조체 변수를 사용하는 경우

 [예제 10-2]는 contact 구조체 변수를 여러 개 선언해서 각각의 멤버에 값을 저장하고 출력하는 코드이다.

예제 10-2 : 구조체 변수의 선언 및 사용

```
01   #include <stdio.h>
02   #include <string.h>
03
04   struct contact                      // 연락처 구조체
05   {
06       char name[20];                  // 이름
07       char phone[20];                 // 전화번호(01012345678 형식의 문자열로 저장)
08       int ringtone;                   // 벨 소리(0~9 선택)
09   };
10
11   int main(void)
12   {
13       struct contact ct = { "김석진", "01011112222", 0 };
14       struct contact ct1 = { 0 }, ct2 = { 0 };
15
16       ct.ringtone = 5;                // ringtone 멤버를 int 변수로 사용한다.
17       strcpy(ct.phone, "01011112223");  // phone 멤버를 문자 배열로 사용한다.
18       printf("이    름: %s\n", ct.name);
19       printf("전화번호: %s\n", ct.phone);
```

```
20          printf("벨 소 리: %d\n", ct.ringtone);
21
22          strcpy(ct1.name, "전정국");      // 구조체 변수 이름으로 누구의 멤버인지 구별한다.
23          strcpy(ct1.phone, "01012345678");
24          ct1.ringtone = 1;
25          printf("이      름: %s\n", ct1.name);
26          printf("전화번호: %s\n", ct1.phone);
27          printf("벨 소 리: %d\n", ct1.ringtone);
28
29          // ct2로 연락처 정보를 입력받는다.
30          printf("이름? ");                  // 구조체 변수 이름으로 누구의 멤버인지 구별한다.
31          scanf("%s", ct2.name);
32          printf("전화번호? ");
33          scanf("%s", ct2.phone);
34          printf("벨 소리(0~9)? ");
35          scanf("%d", &ct2.ringtone);
36          printf("이      름: %s\n", ct2.name);
37          printf("전화번호: %s\n", ct2.phone);
38          printf("벨 소 리: %d\n", ct2.ringtone);
39
40          return 0;
41      }
```

실행결과

```
이      름: 김석진
전화번호: 01011112223
벨 소 리: 5
이      름: 전정국
전화번호: 01012345678
벨 소 리: 1
이름? 박지민
전화번호? 01077778888
벨 소리(0~9)? 2
이      름: 박지민
전화번호: 01077778888
벨 소 리: 2
```

contact 구조체의 name이나 phone은 문자 배열이므로 문자열 처리 함수에 인자로 전달할 수 있다. 단, 구조체 변수 이름과 멤버 접근 연산자를 이용해서 구조체의 멤버를 사용해야 한다.

확인해봐요

1. 구조체 변수의 멤버에 접근할 때 사용되는 연산자는?
   ① ( )　　　② .　　　③ [ ]　　　④ *　　　⑤ &

2. 구조체의 멤버가 문자 배열일 때 문자열을 변경하려면 어떻게 해야 하는가?
   ① 문자열을 대입한다.　　　② strcpy 함수로 문자열을 복사한다.
   ③ 문자열을 변경할 수 없다.　　　④ 다른 문자 배열을 대입한다.

3. 구조체의 멤버에 대한 설명으로 맞는 것은?
   ① 구조체의 멤버는 구조체를 정의할 때 메모리에 할당된다.
   ② 구조체의 멤버는 구조체 변수마다 메모리에 따로 할당된다.
   ③ 서로 다른 구조체 변수는 멤버를 공유한다.
   ④ 구조체의 멤버는 구조체 없이 사용할 수 있다.

10.1.5 구조체 변수 간의 초기화와 대입

같은 구조체형의 변수들끼리 서로 초기화하거나 대입할 수 있다. 구조체 변수를 다른 구조체 변수로 초기화하면, 동일한 멤버 간에 1:1로 복사해서 초기화한다. 다음 코드는 ct1과 같은 값이 되도록 ct2를 초기화한다.

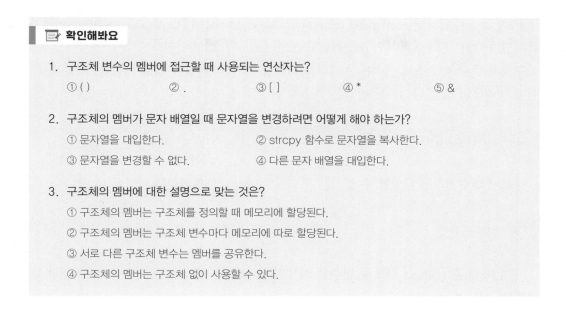

```
struct contact ct1 = {
    "전정국", "01012345678", 1
};

struct contact ct2 = ct1;
```

구조체 변수를 다른 구조체 변수로 초기화할 수 있다.

그림 10-7 같은 형의 구조체 변수 간의 초기화

같은 구조체형의 변수를 대입할 때도 동일한 멤버 간에 1:1로 대입한다. 초기화는 변수가 메모리에 할당될 때 값을 저장하는 것이고, 대입은 이미 생성된 변수에 값을 저장하는 것이다. ct를 ct2에 대입하면 ct의 모든 멤버가 ct2로 대입된다.

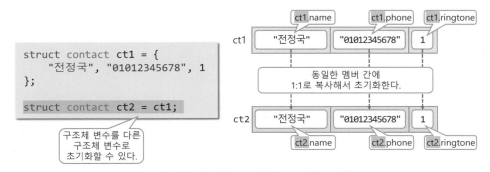

```
ct2 = ct; // ct의 모든 멤버를 ct2의 멤버로 대입한다.
```

ct2에 ct를 대입하면 ct.name이 ct2.name으로, ct.phone이 ct2.phone으로 배열 전체가 복사된다. 기본형의 멤버인 ct.ringtone도 ct2.ringtone으로 대입된다.

구조체 변수에 구조체 변수를 초기화할 때처럼 { } 안에 나열된 값을 대입할 수 없다. { } 안에 멤버들의 값을 나열하는 방식은 구조체 변수를 초기화할 때만 사용할 수 있다.

⊘   `ct2 = { "김석진", "01011112222" };`   `// { }는 초기화할 때만 사용할 수 있다.`

구조체 변수끼리는 대입할 수 있지만 구조체의 멤버인 배열끼리는 대입할 수 없다.

⊘   `ct2.name = ct.name;`   `// 구조체의 멤버인 배열을 다른 배열에 대입할 수 없다.`

[예제 10-3]은 contact 구조체 변수를 이용해서 contact 구조체 변수를 초기화하거나 대입하는 코드이다.

📃 **예제 10-3** : 구조체 변수 간의 초기화와 대입

```
01   #include <stdio.h>
02   #include <string.h>
03
04   struct contact                      // 연락처 구조체
05   {
06       char name[20];                  // 이름
07       char phone[20];                 // 전화번호(01012345678 형식의 문자열로 저장)
08       int ringtone;                   // 벨 소리(0~9 선택)
09   };
10
11   int main(void)
12   {
13       struct contact ct = { "김석진", "01011112222", 0 };
14       struct contact ct1 = { "전정국", "01012345678", 1 };
15       struct contact ct2 = ct1;       // 구조체 변수로 초기화할 수 있다.
16       printf("ct1으로 초기화 후의 ct2 = %s, %s, %d\n", ct2.name, ct2.phone, ct2.ringtone);
17
18       ct2 = ct;                       // 구조체 변수를 대입할 수 있다.
19       printf("ct를 대입한 후의 ct2 = %s, %s, %d\n", ct2.name, ct2.phone, ct2.ringtone);
20
21       return 0;
22   }
```

실행결과

```
ct1으로 초기화 후의 ct2 = 전정국, 01012345678, 1
ct를 대입한 후의 ct2 = 김석진, 01011112222, 0
```

📋 **확인해봐요**

1. 구조체 변수를 같은 구조체형의 변수로 초기화하면 어떻게 되는가?

   ① 모든 멤버를 0으로 초기화한다.   ② 초기화하지 않고 쓰레기값이 된다.

   ③ 멤버 대 멤버로 복사해서 초기화한다.   ④ 컴파일 에러가 발생한다.

2. 구조체 변수에 같은 구조체형의 변수를 대입하면 어떻게 되는가?

   ① 컴파일 에러가 발생한다.   ② 기본형인 멤버는 대입되지만 배열인 멤버는 대입되지 않는다.

   ③ 동일한 멤버 간에 1:1로 대입된다.   ④ 배열인 멤버는 주소만 대입된다.

10.1.6 구조체 변수의 비교

구조체 변수에는 관계 연산자를 사용할 수 없으므로 구조체 변수끼리 직접 비교해서는 안된다.

```
🚫  if (ct1 == ct2)                          // 구조체 변수에 관계연산자를 사용할 수 없다.
        printf("ct1과 ct2의 값이 같습니다\n");
```

두 구조체 변수의 값이 같은지 비교하려면 구조체 변수끼리 비교하는 대신 멤버 대 멤버로 비교한다. contact 구조체의 name과 phone 멤버는 문자열이므로 문자열 비교 함수인 strcmp 함수를 이용한다. contact 구조체의 ringtone 멤버는 int형이므로 == 연산자로 비교할 수 있다.

```
if (strcmp(ct1.name, ct2.name) == 0 && strcmp(ct1.phone, ct2.phone) == 0
    && ct1.ringtone == ct2.ringtone)          // 모든 멤버가 같은지 비교한다.
    printf("ct1과 ct2의 값이 같습니다\n");
```

[예제 10-4]는 2개의 contact 구조체 변수가 같은지 비교하는 코드이다.

📚 **예제 10-4 : 구조체 변수의 비교**

```c
01  #include <stdio.h>
02  #include <string.h>
03
04  struct contact
05  {
06      char name[20];
07      char phone[20];
08      int ringtone;
09  };
10
11  int main(void)
12  {
13      struct contact ct1 = { "전정국", "01012345678", 1 };
14      struct contact ct2 = ct1;
15
16      if (strcmp(ct1.name, ct2.name) == 0 && strcmp(ct1.phone, ct2.phone) == 0
17          && ct1.ringtone == ct2.ringtone)
18          printf("ct1과 ct2의 값이 같습니다.\n");
19      else
20          printf("ct1과 ct2의 값이 같지 않습니다.\n");
21      return 0;
22  }
```

실행결과 ▪▪▪

ct1과 ct2의 값이 같습니다.

📝 **확인해봐요**

1. 같은 구조체형의 변수가 같은지 비교하려면 어떻게 해야 하는가?

   ① == 연산자로 비교한다.　　　　　　　② = 연산자로 비교한다.

   ③ != 연산자로 비교한다.　　　　　　　④ 각각의 멤버가 같은지 멤버끼리 1:1로 비교한다.

2. 구조체의 멤버가 문자 배열일 때 멤버끼리 같은지 비교하려면 어떻게 해야 하는가?

   ① 배열 이름을 == 연산자로 비교한다.　② 배열 이름을 = 연산자로 비교한다.

   ③ 배열 이름을 != 연산자로 비교한다.　④ strcmp 함수로 비교한다.

10.1.7 typedef

구조체를 사용하려면 struct 키워드와 태그명을 함께 적어준다. 매번 struct 키워드를 적어주는 것은 불편할 때 유용한 기능이 typedef이다. **typedef를 이용하면 기존의 데이터형에 대한 별명(alias)을 만들 수 있다.**

(1) typedef의 정의

typedef를 정의하려면, typedef 키워드 다음에 기존의 데이터형 이름을 쓰고, 기존의 데이터형에 대하여 사용할 새로운 이름을 써준다. 이때 기존의 데이터형은 기본 데이터형이나 파생 데이터형이 될 수도 있고, 구조체나 공용체 같은 사용자 정의형이 될 수도 있다.

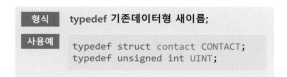

```
형식    typedef 기존데이터형 새이름;

사용예   typedef struct contact CONTACT;
         typedef unsigned int UINT;
```

구조체를 사용할 때 typedef를 이용해서 'struct 태그명'을 대신 사용될 이름을 정해두면 편하다.

```
struct contact
{
    char name[20];
    char phone[20];
    int ringtone;
};
typedef struct contact CONTACT;              // struct contact 대신 사용될 이름을 정의한다.
```

typedef로 데이터형 이름을 정의하고 나면, struct contact이라고 쓰는 대신 간단하게 CONTACT을 데이터형 이름으로 사용할 수 있다. 즉, CONTACT이 struct contact의 별명이 된다.

```
CONTACT ct = { "김석진", "01011112222", 0 };      // CONTACT은 struct contact의 별명이다.
```

typedef로 정의된 이름이 'struct 태그명'보다 간단하므로 구조체를 정의하면서 typedef를 함께 정의하기도 한다.

```
typedef struct contact
{
    char name[20];
    char phone[20];
    int ringtone;
} CONTACT;                    // 구조체를 정의하면서 typedef도 함께 정의한다.
```

typedef 정의 후에도 기존의 데이터형을 그대로 사용할 수 있다. 기존의 데이터형과 typedef로 정의된 데이터형은 이름만 다를 뿐 같은 데이터형이다.

```
CONTACT ct = { "김석진", "01011112222", 0 };
struct contact ct1 = { "전정국", "01012345678", 1 };  // 기존의 데이터형을 그대로 사용할 수 있다.
```

구조체에 대하여 typedef로 구조체형 이름을 정할 때, 모두 대문자로된 이름을 사용하는 경우가 많다.

```
typedef struct point {        // point는 태그명
    int x, y;
} POINT;                      // 구조체형 이름으로 모두 대문자로 된 이름을 사용하는 경우가 많다.
```

또 다른 방식은 typedef 정의 후에는 태그명이 잘 사용되지 않으므로 태그명을 다르게 두고, 구조체 이름을 정하는 것이다. 태그명에는 태그명이라는 것을 알 수 있도록 tag_를 접두사로 사용하기도 한다.

```
typedef struct tag_point {    // tag_point는 태그명
    int x, y;
} point;                      // 구조체형 이름이 point가 된다.
```

이 책에서는 구조체를 정의할 때 typedef를 함께 정의하고, 구조체형 이름으로 모두 대문자로 된 이름을 사용할 것이다.

typedef라는 키워드 때문에 혼동할 수 있는데, typedef는 새로운 데이터형을 정의하는 기능은 아니다.

질문 있어요

구조체에 대한 typedef 정의가 항상 필요한가요?

구조체를 정의할 때 typedef 정의를 함께 해야 하는지에 대해서는 C 프로그래머 사이에서도 의견 차이가 있다. 먼저 일부 프로그래머들은 struct contact보다 CONTACT을 사용하는 것이 간단하기 때문에 구조체에 대한 typedef 정의를 선호한다. 또 다른 프로그래머들은 CONTACT처럼 typedef로 정의된 이름을 사용하면 CONTACT이 구조체라는 것을 숨기기 때문에 struct contact처럼 명확하게 구조체라는 것을 밝히고 사용하는 것을 더 좋은 방식이라고 본다. 두 가지 주장이 모두 충분한 이유가 있기 때문에 어떤 방식을 사용할지는 프로그래머의 선택에 달려 있다.

참고로 C++에서는 구조체를 정의하면 typedef 정의 없이 구조체 이름이 바로 데이터형이 된다.

```
struct point {        // C++에서 point가 데이터형 이름이 된다.
    int x, y;
};
```

(2) typedef의 사용 목적

typedef는 구조체형 이름을 만들 때만 사용되는 기능은 아니다. **typedef문은 프로그램의 이식성과 가독성을 향상시키기 위한 목적으로 사용된다.**

이식성의 의미를 알아보기 위해, 점의 좌표를 저장하는 point 구조체를 정의한다고 해보자. 좌표를 저장하는 멤버 x, y를 int형 변수로 선언하면 정수 좌표를 사용한다는 뜻이다.

```
typedef struct point {
    int x, y;      // 정수 좌표
} POINT;
```

그런데 어떤 플랫폼에서는 점의 좌표로 실수 좌표를 사용한다고 해보자. 이 경우 x, y 멤버를 double형으로 선언하도록 point 구조체의 정의를 변경해야 한다.

```
typedef struct point {
    double x, y;   // 실수 좌표
} POINT;
```

그런데, 우리가 만든 프로그램은 정수 좌표를 사용하는 플랫폼과 실수 좌표를 사용하는 플랫폼에서 모두 실행되어야 한다. 그러면 소스 파일을 정수 좌표를 사용하는 버전과 실수 좌표를 사용하는 버전으로 따로 작성해야 할까? 좌표가 정수인지 실수인지만 다르고 나머지 처리가 같다면, 같은 일을 하는 코드를 다시 작성하는 대신 하나의 소스 파일로 정수 좌표와 실수 좌표를 모두 처리할 수 있으면 유용할 것이다. 이런 상황을 해결할 수 있는 방법을 typedef가 제공한다.

점의 좌표를 직접 int형 변수로 선언하는 대신 좌표에 사용되는 데이터형(int형)에 coord_t이라는 별명을 먼저 준비한다. 그 다음 좌표형에 필요한 곳에 int형 대신 coord_t 형을 사용한다.

```
typedef int coord_t;              // 좌표에 사용되는 데이터형(int형)을 coord_t라고 부른다.
typedef struct point {
    coord_t x, y;                 // x, y는 coord_t형으로 선언한다. 이 경우 coord_t는 int형이다.
} POINT;
```

실수 좌표를 사용하려면 typedef 정의 부분을 변경한다.

```
typedef double coord_t;           // 이제 double형이 coord_t가 된다.
typedef struct point {
    coord_t x, y;                 // x, y는 coord_t형, 즉 double형의 변수이다.
} POINT;
```

전처리기의 조건부 컴파일 기능을 이용하면 플랫폼에 따라서 typedef int coord_t;와 typedef double coord_t; 중 한 문장만 처리하게 만들 수 있다. 소스 파일의 나머지 부분에서도 int형과 double형을 직접 사용하는 대신 coord_t형을 사용해서 코드를 작성한다. 이렇게 소스 코드를 작성하면, coord_t형의 정의만 변경해서 나머지 소스 코드에 일괄적으로 영향을 줄 수 있다.

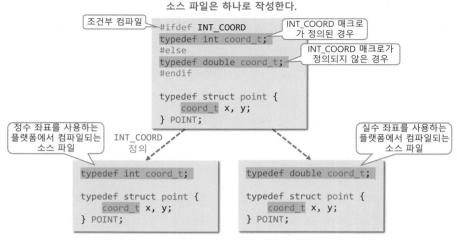

그림 10-8 typedef와 이식성

이식성은 하나의 소스 파일로 여러 플랫폼에서 수정 없이 컴파일되고 실행될 수 있는 특성이다. typedef와 조건부 컴파일 기능을 이용하면 이식성 있는 코드를 작성할 수 있다.

typedef를 사용해야 하는 또 다른 이유는 가독성 때문이다. 예를 들어 1바이트 크기의 2진 데이터를 저장하는 변수를 선언하려고 한다.

```
unsigned char binary_data;    // unsigned char는 부호 없는 문자형이라는 의미
```

unsignd char형은 원래 문자 코드를 저장하기 위한 데이터형이므로 변수에 저장된 값이 문자 코드인지 2진 데이터인지 구분이 쉽지 않다. typedef로 unsigned char형에 대하여 byte형이라는 이름을 붙이고 사용하면, byte형의 변수는 1바이트 크기의 2진 데이터를 저장하는 변수라는 의미를 강조할 수 있다.

```
typedef unsigned char byte;    // 1바이트 크기의 2진 데이터를 나타내는 데이터형을 정의한다.
byte binary_data;              // 1바이트 크기의 2진 데이터를 저장하는 변수를 선언한다.
```

표준 C 라이브러리에서 사용되는 time_t, clock_t, FILE 등도 typedef로 정의된 데이터형이다.

📑 **확인해봐요**

1. 기존의 데이터형에 대한 별명(alias)을 만들 때 사용되는 키워드는?
   ① typedef   ② maketype   ③ type   ④ deftype

2. 다음 중 typedef를 사용하기 위한 목적을 모두 고르시오.
   ① 프로그램의 이식성   ② 프로그램의 가독성   ③ 코딩의 간편성   ④ 모두 다

10.2 구조체의 활용

구조체를 정의하면 구조체는 새로운 데이터형이 된다. 이 구조체형은 기본형을 사용하는 것처럼 어디든지 사용할 수 있다. 구조체 배열이나 포인터를 선언할 수 있고, 매개변수의 데이터형이나 리턴형으로 사용할 수 있다. 다른 구조체를 정의할 때 멤버의 데이터형으로 구조체형을 사용할 수도 있다.

10.2.1 구조체 배열

같은 구조체형의 변수를 여러 개 묶어서 사용하려면 구조체 배열을 선언한다. 구조체 배열을 선언하려면, 배열 이름을 쓰고 [ ] 안에 배열의 크기를 지정한다. 구조체 배열의 원소들도 메모리에 연속적으로 할당된다.

```
CONTACT contacts[5];         // 크기가 5인 CONTACT 구조체 배열 선언
```

구조체 배열을 선언 시 초기화하려면 { } 안에 배열 원소의 초기값을 나열한다. 배열의 원소가 구조체 변수이므로 구조체의 초기값을 { }로 묶어서 배열의 초기값으로 { } 안에 나열한다. 구조체 배열을 초기화할 때도 배열의 크기를 생략할 수 있다.

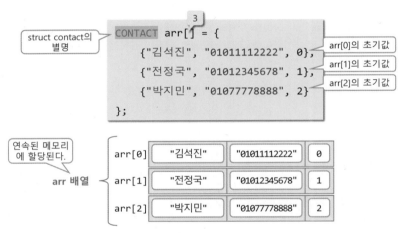

그림 10-9 구조체 배열

구조체 배열의 원소에 접근하려면 인덱스를 이용한다. 구조체 배열의 원소가 가진 멤버에 접근하려면 멤버 접근 연산자 .를 이용한다. **arr가 구조체 배열의 이름일 때 구조체의 멤버에 접근하려면 arr[i].*member* 형식으로 접근한다.**

```
for (i = 0; i < size; i++)
{   // arr[i]가 CONTACT 변수이므로 arr[i].name처럼 구조체의 멤버에 접근한다.
    printf("%6s %11s %d\n", arr[i].name, arr[i].phone, arr[i].ringtone);
}
```

구조체 배열의 i번째 원소는 arr[i]가 된다. arr[i]는 구조체 변수이므로 arr[i]의 멤버에 접근하려면 arr[i].name처럼 멤버 접근 연산자를 이용한다.

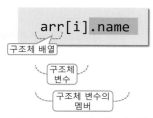

그림 10-10 구조체 배열의 사용

[예제 10-5]는 CONTACT형 배열, 즉 구조체 배열을 선언하고 사용하는 코드이다.

예제 10-5 : 구조체 배열

```
01   #include <stdio.h>
02   #include <string.h>
03
04   typedef struct contact
05   {
06       char name[20];
07       char phone[20];
08       int ringtone;
09   } CONTACT;
10
11   int main(void)
12   {
13       CONTACT arr[] = {          // 초기화하는 경우에는 배열의 크기를 생략할 수 있다.
14           {"김석진", "01011112222", 0},
15           {"전정국", "01012345678", 1},
16           {"박지민", "01077778888", 2}
17       };
18       int size = sizeof(arr) / sizeof(arr[0]);
19       int i;
20
21       printf(" 이름    전화번호    벨\n");
22       for (i = 0; i < size; i++)
23       {
24           printf("%6s %11s %d\n", arr[i].name, arr[i].phone, arr[i].ringtone);
25       }
26       return 0;
27   }
```

실행결과

```
이름    전화번호    벨
김석진 01011112222 0
전정국 01012345678 1
박지민 01077778888 2
```

구조체 배열을 이용하면 다양한 기능을 코드로 구현할 수 있다. CONTACT 구조체 배열에 저장된 연락처에 대하여 검색 기능을 구현해보자. 먼저 검색할 이름을 별도의 문자 배열에 입력받는다.

```c
char name[20];                    // 문자 배열 선언
printf("이름? ");
scanf("%s", name);                // 검색할 이름을 별도의 문자 배열에 입력받는다.
```

index는 입력받은 이름과 일치하는 구조체 배열 원소의 인덱스를 저장하기 위한 변수로 −1로 초기화한다. 이름이 같은 원소를 찾기 위해 arr[i].name과 입력받은 name을 strcmp 함수로 비교하고, 두 문자열이 같으면 i를 index에 저장한다. for문을 끝까지 수행한 후에도 index가 −1이면 검색이 실패한 것을 알 수 있다. 0은 유효한 인덱스이므로 원소를 찾지 못한 경우에 index는 −1이라고 가정해야 한다.

```c
int index = -1;                   // 이름을 찾을 수 없으면 -1
for (i = 0; i < size; i++)
{
    if (strcmp(arr[i].name, name) == 0) // 문자열 비교
    {
        index = i;                // name와 이름이 같은 arr 배열의 원소를 찾아서 그 인덱스를
        break;                    // index 변수에 저장하고 for를 탈출한다.
    }
}
```

[예제 10-6]은 입력받은 이름을 CONTACT형 배열에서 찾아서 전화번호를 출력하는 코드이다.

📝 **예제 10-6** : 구조체 배열의 검색

```c
01    #include <stdio.h>
02    #include <string.h>
03
04    #define STR_SIZE 20          // 문자열의 길이
05
06    typedef struct contact
07    {
08        char name[STR_SIZE];
09        char phone[STR_SIZE];
```

```
10        int ringtone;
11    } CONTACT;
12
13    int main(void)
14    {
15        CONTACT arr[] = {                        // 초기화된 CONTACT 구조체 배열
16            {"김석진", "01011112222", 0},
17            {"전정국", "01012345678", 1},
18            {"박지민", "01077778888", 2},
19            {"김남준", "01098765432", 9},
20            {"민윤기", "01011335577", 5},
21            {"정호석", "01024682468", 7},
22            {"김태형", "01099991111", 3}
23        };
24        int size = sizeof(arr) / sizeof(arr[0]); // 배열의 크기
25        int i;
26        char name[STR_SIZE];                     // 입력받은 이름을 저장할 문자 배열
27        int index;
28
29        printf("이름? ");
30        scanf("%s", name);
31
32        index = -1;                              // 이름을 찾을 수 없으면 -1
33        for (i = 0; i < size; i++)
34        {
35            if (strcmp(arr[i].name, name) == 0)  // 문자열 비교
36            {
37                index = i;
38                break;
39            }
40        }
41        if (index >= 0)                          // 검색 성공
42        {
43            printf("%s의 전화번호: %s\n", arr[index].name, arr[index].phone);
44        }
45        else                                     // 검색 실패
46        {
47            printf("연락처를 찾을 수 없습니다.\n");
48        }
49
50        return 0;
51    }
```

실행결과

이름? 김태형
김태형의 전화번호: 01099991111

📝 **확인해봐요**

1. 같은 구조체형의 변수를 여러 개 묶어서 사용하려면 어떻게 해야 하는가?

   ① 구조체 배열을 선언한다.   ② 구조체가 멤버인 구조체를 정의한다.

   ③ 구조체 변수를 따로 따로 선언한다.   ④ 구조체 포인터를 선언한다.

2. arr가 구조체 배열의 이름일 때 구조체 배열의 i번째 원소인 구조체의 멤버에 접근하려면 어떻게 해야 하는가? (멤버의 이름은 *member*라고 가정한다.)

   ① arr[i]   ② arr[i].*member*   ③ arr[i]–>*member*   ④ arr[*member*]

10.2.2 구조체 포인터

구조체 포인터는 구조체 변수의 주소를 저장하는 포인터이다. 구조체 포인터를 선언할 때는 구조체형과 *(포인터 수식어) 다음에 포인터 변수명을 써준다. 구조체 변수의 주소도 & 연산자로 구해서 형이 일치하는 구조체 포인터에 저장할 수 있다.

```
struct contact ct = { "김석진", "01011112222", 0 };
struct contact *p = &ct;              // p는 CONTACT 구조체 변수 ct를 가리킨다.
```

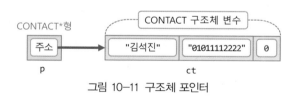

그림 10-11 구조체 포인터

구조체 포인터로 구조체 변수의 멤버에 접근하려면 간접 멤버 접근 연산자인 –> 연산자를 사용한다.

```
p->ringtone = 5;                 // p가 가리키는 구조체의 멤버에 접근한다.
strcpy(p->phone, "01011112223"); // p가 가리키는 구조체의 멤버에 접근한다.
```

간접 멤버 접근 연산자를 이용하는 대신 역참조 연산자(*)와 멤버 접근 연산자(.)를 이용할 수 있다. p가 CONTACT 포인터이므로 *p는 CONTACT형 변수를 의미한다. *p가 구조체 변수이므로 멤버에 접근하려면 (*p).name처럼 써준다. 이때, *p.name은 *(p.name)을 의미하므로 ( )로 *p를 묶어줘야 한다.

```
(*p).ringtone = 5;                    // p가 가리키는 구조체의 멤버에 접근한다.
strcpy((*p).phone, "01011112223");   // p가 가리키는 구조체의 멤버에 접근한다.
```

(*p).name 보다는 p->name이 간단하므로 구조체 포인터로 멤버에 접근할 때는 -> 연산자를 주로 사용한다. 정리하면 구조체 변수로 멤버에 접근할 때는 . 연산자를 사용하고, 구조체 포인터로 멤버에 접근할 때는 -> 연산자를 사용한다.

구조체 변수.멤버

```
CONTACT ct = {
  "김석진", "01011112222", 0
};

ct.ringtone = 5;
```

구조체 포인터->멤버

```
CONTACT *p = &ct;


p->ringtone = 5;
```

그림 10-12 구조체의 멤버 접근 연산자

[예제 10-7]은 CONTACT 구조체 포인터를 사용하는 간단한 코드이다.

예제 10-7 : 구조체 포인터

```
01    #include <stdio.h>
02    #include <string.h>
03
04    #define STR_SIZE 20
05
06    typedef struct contact
07    {
08        char name[STR_SIZE];
09        char phone[STR_SIZE];
10        int ringtone;
11    } CONTACT;
12
13    int main(void)
14    {
15        CONTACT ct = { "김석진", "01011112222", 0 };
16        CONTACT *p = &ct;          // p는 CONTACT 구조체 변수 ct를 가리킨다.
17
```

```
18        p->ringtone = 5;              // p가 가리키는 구조체의 멤버에 접근한다.
19        strcpy(p->phone, "01011112223");
20        printf("이     름: %s\n", p->name);
21        printf("전화번호: %s\n", p->phone);
22        printf("벨 소 리: %d\n", p->ringtone);
23
24        return 0;
25    }
```

실행결과

```
이     름: 김석진
전화번호: 01011112223
벨 소 리: 5
```

구조체 포인터가 언제 유용하게 사용되는지 알아보기 위해서 CONTACT 구조체 배열을 이용해서 전화를 거는 기능을 구현해보자. 물론 전화를 걸 수는 없기 때문에 이름으로 검색을 해서 전화번호를 출력하는 것으로 대신 처리한다. [예제 10-6]의 구조체 검색 코드를 while문으로 감싸서 반복적으로 수행하도록 작성하면 다음과 같다. 검색할 이름으로 "."이 입력되면 while문을 빠져나간다.

```
while (1)
{
    printf("이름? ");
    scanf("%s", name);
    if (strcmp(name, ".") == 0)        // name이 "."이면 while 탈출
        break;

    // 전화번호 검색 코드
}
```

이 프로그램에 마지막으로 통화한 연락처를 최근 통화 기록으로 남기는 기능을 추가하려고 한다. CONTACT 구조체 포인터인 recent를 선언하고 전화번호 검색이 성공하면 recent는 arr[index]를 가리키게 만든다.

```
CONTACT *recent = NULL;              // 마지막으로 검색한 연락처를 가리키는 CONTACT 구조체 포인터
while (1)
{
    ⋮
```

```
    if (index >= 0)              // 검색 성공
    {
        printf("%s의 전화번호 %s로 전화를 겁니다....\n",
            arr[index].name, arr[index].phone);
        recent = &arr[index];    // recent는 찾은 CONTACT 구조체 배열의 원소를 가리킨다.
    }
}
```

recent 포인터는 마지막으로 검색한 CONTACT 배열의 원소를 가리킨다. recent를 이용해서 CONTACT 배열의 원소에 접근할 수 있으며, recent가 CONTACT*형이므로 recent가 가리키는 원소를 변경할 수 있다.

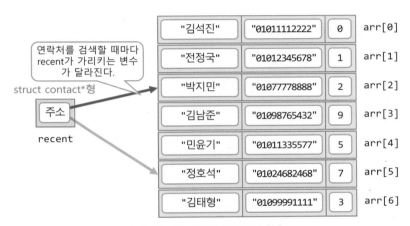

그림 10-13 구조체 포인터의 활용

[예제 10-8]은 구조체 포인터를 이용해서 마지막으로 검색한 구조체 배열의 원소를 가리키는 기능을 구현한 것이다.

예제 10-8 : 구조체 포인터의 활용

```
01    #include <stdio.h>
02    #include <string.h>
03
04    #define STR_SIZE 20
05
06    typedef struct contact
07    {
08        char name[STR_SIZE];
09        char phone[STR_SIZE];
10        int ringtone;
11    } CONTACT;
12
13    int main(void)
```

```
14   {
15       CONTACT arr[] = {
16           {"김석진", "01011112222", 0},
17           {"전정국", "01012345678", 1},
18           {"박지민", "01077778888", 2},
19           {"김남준", "01098765432", 9},
20           {"민윤기", "01011335577", 5},
21           {"정호석", "01024682468", 7},
22           {"김태형", "01099991111", 3}
23       };
24       int size = sizeof(arr) / sizeof(arr[0]);
25       int i;
26       char name[STR_SIZE];
27       int index;
28       CONTACT *recent = NULL;           // CONTACT 구조체 포인터
29
30       while (1)
31       {
32           printf("이름(. 입력 시 종료)? ");
33           scanf("%s", name);
34           if (strcmp(name, ".") == 0)    // name이 "."이면 while 탈출
35               break;
36
37           index = -1;
38           for (i = 0; i < size; i++)
39           {
40               if (strcmp(arr[i].name, name) == 0)
41               {
42                   index = i;
43                   break;
44               }
45           }
46           if (index >= 0)                // 검색 성공
47           {
48               printf("%s의 전화번호 %s로 전화를 겁니다....\n",
49                   arr[index].name, arr[index].phone);
50               recent = &arr[index];      // recent는 찾은 CONTACT 구조체 배열의 원소를 가리킨다.
51           }
52           else                           // 검색 실패 시 recent는 널 포인터
53           {
54               printf("연락처를 찾을 수 없습니다.\n");
55           }
56       }
57       if (recent)      // recent가 NULL이 아니면 최근 통화 연락처를 출력한다.
58           printf("최근 통화: %s %s\n", recent->name, recent->phone);
59
60       return 0;
61   }
```

```
실행결과                                                    ∎∎∎
이름(. 입력 시 종료)? 전정국
전정국의 전화번호 01012345678로 전화를 겁니다....
이름(. 입력 시 종료)? 김석진              .이 입력될 때까지 연락처를
김석진의 전화번호 01011112222로 전화를 겁니다....  반복적으로 검색한다.
이름(. 입력 시 종료)? .
최근 통화: 김석진 01011112222    recent는 마지막으로 찾은
                              CONTACT 배열의 원소를 가리킨다.
```

구조체 변수를 가리키는 포인터가 읽기 전용 포인터로 사용될 때는 const 포인터로 선언하는 것이 좋다. recent는 최근 통화 연락처 정보를 읽어보기만 하고 변경하지 않으므로 const 포인터로 선언할 수 있다.

```
const CONTACT *recent = NULL;          // CONTACT형 변수에 대한 읽기 전용 포인터
```

const 포인터로 구조체 변수에 접근할 때는 구조체 변수의 값을 변경할 수 없다.

⊘ ```
recent->ringtone = 1;   // recent가 가리키는 구조체 변수를 변경할 수 없다.
```

### 질문 있어요

**recent를 구조체 포인터가 아니라 CONTACT 구조체 변수로 선언하면 안되나요?**
recent를 포인터가 아니라 CONTACT 구조체 변수로 선언하면 다음과 같이 코드를 수정해야 한다.

```
CONTACT recent = { 0 };      // 최근 통화 연락처의 복사본을 저장할 CONTACT 변수
while (1)
{
    ⋮
    if (index >= 0)          // 검색 성공
    {
        printf("%s의 전화번호 %s로 전화를 겁니다....\n",
            arr[index].name, arr[index].phone);
        recent = arr[index]; // recent에 찾은 CONTACT 배열의 원소를 복사한다.
    }
}
printf("최근 통화: %s %s\n", recent.name, recent.phone);
```

continued
```

질문 있어요

위에 코드에서 볼 수 있듯이 recent에 arr[index]를 대입하면 arr[index]가 recent 변수로 복사된다. while 문을 빠져나와서 최근 통화 기록을 출력하는 것도 잘 처리하는 것처럼 보인다.

그런데 최근 통화 기록으로 연락처를 수정하고 싶다고 해보자. recent로 최근에 통화한 연락처를 수정하는 코드는 다음과 같다.

```
strcpy(recent.name, new_name);        // arr의 원소가 아닌 recent만 변경한다.
strcpy(recent.phone, new_phone);
```

그런데, recent는 arr[index]의 복사본이므로 recent를 변경해도 arr[index]는 바뀌지 않는다. 또 다른 문제점은 검색을 한번도 하지 않았을 때의 recent의 값이다. recent가 포인터일 때는 NULL로 초기화해서 최근 통화 기록이 없다는 것을 표시할 수 있지만 recent가 CONTACT 변수일 때는 어떤 값으로 초기화할 것인지가 명확하지 않다.

포인터는 기존의 변수에 대한 복사본을 만드는 대신 기존의 변수에 직접적으로 접근할 수 있는 방법을 제공한다. 즉, arr 배열에 있는 원소 중 하나를 recent라는 포인터로 언제든지 접근할 수 있는 것이다. recent가 포인터일 때는 recent로 직접 arr[index]를 변경할 수 있다.

```
strcpy(recent->name, new_name);        // recent가 가리키는 arr의 원소를 변경한다.
strcpy(recent->phone, new_phone);
```

📋 확인해봐요

1. 구조체 포인터로 포인터가 가리키는 구조체 변수의 멤버에 접근하려면 어떤 연산자를 사용하는가?

① .　　　　　　② →　　　　　　③ 〉　　　　　　④ *　　　　　　⑤ &

2. p가 구조체 포인터일 때 p가 가리키는 구조체 변수의 멤버에 접근할 수 있는 방법을 모두 고르시오.
(멤버의 이름은 *member*라고 가정한다.)

① p.*member*　　　　② p-〉*member*　　　　③ (*p)-〉*member*　　　　④ (*p).*member*

10.2.3 함수의 인자로 구조체 전달하기

구조체 변수도 함수의 인자로 전달할 수 있다. 구조체 변수를 함수의 인자로 전달할 때 값에 의한 전달 방법과 포인터에 의한 전달 방법을 모두 사용할 수 있다.

(1) 값에 의한 전달

점의 좌표를 나타내는 point 구조체와 구조체에 대한 typedef의 정의는 다음과 같다.

```
typedef struct point
{
    int x, y;                    // 점의 좌표
} POINT;
```

점의 좌표를 출력하는 기능을 함수로 정의하려면, POINT 구조체 변수를 매개변수로 전달해야 한다. 점의 좌표를 출력할 뿐 변경하지 않으므로, POINT 구조체는 입력 매개변수이다. 일반적으로 입력 매개변수는 값으로 전달하므로 print_point 함수를 다음과 같이 정의할 수 있다.

```
void print_point(POINT pt)    // pt는 입력 매개변수이므로 값으로 전달한다.
{
    printf("(%d, %d)", pt.x, pt.y);
}
```

main 함수에서 POINT형의 변수를 선언하고 print_point 함수를 호출하는 코드는 다음과 같다.

```
int main(void)
{
    POINT pt1 = { 10, 20 };
    print_point(pt1);          // pt1을 함수의 매개변수인 pt로 복사해서 전달한다.
}
```

인자를 값으로 전달하면 매개변수로 복사해서 전달한다. 즉, main 함수에 선언된 pt1이 print_point 함수의 pt로 복사된다. 이때 pt1의 좌표를 출력하기 위해서 복사본인 pt를 생성하고, 좌표를 출력한 다음 복사본인 pt는 함수가 리턴할 때 소멸된다.

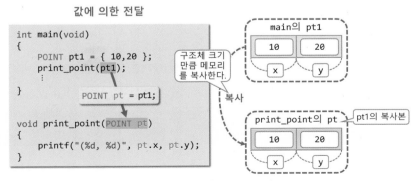

그림 10-14 값에 의한 전달

[예제 10-9]은 POINT 구조체를 값으로 전달하는 print_point 함수를 정의하고 호출하는 코드이다.

📎 **예제 10-9 : 구조체를 값으로 전달하는 경우**

```
01    #include <stdio.h>
02
03    typedef struct point
04    {
05        int x, y;    // 점의 좌표
06    } POINT;
07
08    void print_point(POINT pt);
09
10    int main(void)
11    {
12        POINT arr[] = {
13            {0, 0}, {10, 10}, {20, 20}, {30, 30}, {40, 40},
14        };
15        int sz = sizeof(arr) / sizeof(arr[0]);
16        int i;
17
18        for (i = 0; i < sz; i++)
19        {
20            print_point(arr[i]);   // arr[i]를 pt로 복사해서 전달한다.
21            printf(" ");
22        }
23        printf("\n");
24
25        return 0;
26    }
27
28    void print_point(POINT pt)    // 값에 의한 전달
29    {
30        printf("(%d, %d)", pt.x, pt.y);
31    }
```

실행결과

```
(0, 0) (10, 10) (20, 20) (30, 30) (40, 40)
```

[예제 10-9]는 arr[i]를 직접 출력하는 대신 불필요하게 pt로 복사하는 작업을 반복하므로 비효율적이다. 매개변수 pt를 메모리에 생성하면서 메모리도 추가로 사용하고, arr[i]를

pt로 복사하는데 추가적인 CPU 명령어를 수행하기 때문에 시간적·공간적 성능 저하가 발생한다.

이런 성능 저하는 구조체의 크기가 커질수록 심각해진다. 따라서 기본형에 비해 크기가 큰 구조체는 복사하는 대신 구조체의 주소를 전달하는 것이 좋다.

(2) 포인터에 의한 전달

구조체를 복사하지 않고 전달하려면 포인터로 전달한다. 매개변수의 데이터형을 포인터형으로 선언하고 함수를 호출할 때는 구조체 변수의 주소를 전달한다.

```
void print_point(POINT *pt)         // 포인터에 의한 전달
{
    printf("(%d, %d)", pt->x, pt->y);   // 구조체 포인터로 멤버에 접근한다.
}

int main(void)
{
    POINT pt = { 10, 20 };
    print_point(&pt);                   // 함수를 호출할 때는 구조체 변수의 주소를 전달한다.
}
```

함수 안에서는 구조체 포인터로 구조체의 멤버에 접근해야 하므로 간접 멤버 접근 연산자(->)를 이용한다.

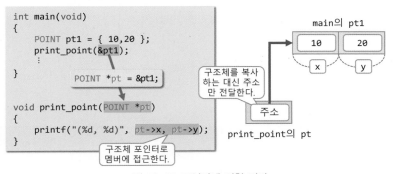

그림 10-15 포인터에 의한 전달

[예제 10-10]은 POINT 구조체를 포인터로 전달하는 print_point 함수를 정의하고 호출하는 코드이다.

📚 **예제 10-10 : 구조체를 포인터로 전달하는 경우**

```c
01    #include <stdio.h>
02
03    typedef struct point
04    {
05        int x, y;        // 점의 좌표
06    } POINT;
07
08    void print_point(POINT *pt);
09
10    int main(void)
11    {
12        POINT arr[] = {
13            {0, 0}, {10, 10}, {20, 20}, {30, 30}, {40, 40},
14        };
15        int sz = sizeof(arr) / sizeof(arr[0]);
16        int i;
17
18        for (i = 0; i < sz; i++)
19        {
20            print_point(&arr[i]); // 구조체 변수의 주소를 전달한다.
21            printf(" ");
22        }
23        printf("\n");
24
25        return 0;
26    }
27
28    void print_point(POINT *pt)   // 포인터에 의한 전달
29    {
30        printf("(%d, %d)", pt->x, pt->y);
31    }
```

실행결과   ▪ ▪ ▪

```
(0, 0) (10, 10) (20, 20) (30, 30) (40, 40)
```

POINT 구조체처럼 크기가 작은 구조체는 값으로 전달할 때와 포인터로 전달할 때의 성능 차이가 거의 없다. 하지만, CONTACT 구조체처럼 구조체 안에 배열이 포함되거나 멤버가 많은 경우에 포인터로 전달하면 구조체 변수가 불필요하게 복사되는 것을 막을 수 있다.

　구조체를 포인터로 전달할 때, 입력 매개변수인지 출력 매개변수인지를 구분하기 위한 방법이 필요하다. 이 경우 const 포인터가 유용하게 쓰인다. **구조체가 입력 매개변수일 때는 const 포인터형으로 선언한다.** print_point 함수의 매개변수도 const POINT*형으로 선언할 수 있다.

```
void print_point(const POINT *pt);        // 입력 매개변수는 const 포인터로 전달한다.
```

　const 포인터는 읽기 전용 포인터이므로 함수 안에서 포인터가 가리키는 구조체 변수의 값을 읽어볼 수는 있지만 변경할 수는 없다. 함수 안에서 const 포인터가 가리키는 구조체 변수를 변경하려고 하면 컴파일 에러가 발생한다.

```
void print_point(const POINT *pt)
{
    pt->x = 100;                       // const 포인터가 가리키는 구조체의 멤버는 변경할 수 없다.
    printf("(%d, %d)", pt->x, pt->y);
}
```

　구조체 변수가 함수의 출력 매개변수이거나 입출력 매개변수일 때는 const 포인터가 아닌 일반 포인터로 전달한다. 이때는 구조체 포인터를 이용해서 포인터가 가리키는 구조체 변수를 변경할 수 있다. set_point 함수는 점의 좌표를 변경하는 함수로, 첫 번째 매개변수 pt가 가리키는 POINT형 변수의 멤버를 매개변수인 x와 y로 변경하는 함수이다.

```
void set_point(POINT *pt, int x, int y) // pt는 출력 매개변수
{
    pt->x = x;                         // pt가 가리키는 구조체의 멤버를 변경한다.
    pt->y = y;
}
```

　[예제 10-11]은 크기가 5인 POINT형 배열에 set_point 함수를 이용해서 임의의 점의 좌표를 저장하고 출력하는 코드이다.

📖 **예제 10-11** : 구조체형의 출력 매개변수를 가진 함수의 정의

```c
01    #include <stdio.h>
02    #include <stdlib.h>
03    #include <time.h>
04
05    typedef struct point
06    {
07        int x, y;
08    } POINT;
09
10    void print_point(const POINT *pt);
11    void set_point(POINT *pt, int x, int y);
12
13    int main(void)
14    {
15        POINT arr[5] = { 0 };
16        int sz = sizeof(arr) / sizeof(arr[0]);
17        int i;
18
19        srand((unsigned int)time(NULL));      // 난수의 시드를 지정한다.
20        for (i = 0; i < sz; i++)
21        {
22            int x = rand() % 100;             // 0~99사이의 임의의 정수를 생성한다.
23            int y = rand() % 100;
24            set_point(&arr[i], x, y);         // arr[i]를 임의의 좌표로 설정한다.
25        }
26        for (i = 0; i < sz; i++)
27        {
28            print_point(&arr[i]);
29            printf(" ");
30        }
31        printf("\n");
32
33        return 0;
34    }
35
36    // 점의 좌표를 출력하는 함수 (pt는 입력 매개변수)
37    void print_point(const POINT *pt)
38    {
39        printf("(%d, %d)", pt->x, pt->y);
40    }
41
42    // 점의 좌표를 변경하는 함수 (pt는 출력 매개변수)
43    void set_point(POINT *pt, int x, int y)
44    {
45        pt->x = x;                            // pt가 가리키는 구조체의 멤버를 변경한다.
46        pt->y = y;
47    }
```

실행결과

```
(49, 47) (6, 89) (12, 4) (33, 32) (99, 52)
```

난수를 생성해서 사용하므로
실행할 때마다 좌표가 달라진다.

[예제 10-11]에서는 POINT 배열을 선언 시 초기화하는 대신 set_point 함수를 이용해서 임의의 좌표로 지정한다. 프로그램을 작성할 때 임의의 정수를 생성하는 기능이 자주 사용되는데, ⟨stdlib.h⟩의 rand 함수를 이용하면 난수를 생성할 수 있다.

```
int rand();
```

이 함수는 0~RAND_MAX 사이의 난수를 생성한다. RAND_MAX는 ⟨stdlib.h⟩에 정의된 매크로 상수이며 32767로 정의되어 있다. 0~(N-1) 범위의 난수를 생성하려면 나머지 연산자를 이용해서 rand( ) % N을 구한다.

```
int x = rand() % 100;        // 0~99사이의 임의의 정수를 생성한다.
```

그런데 rand 함수를 호출해보면 난수가 생성되는 순서가 늘 일정하다. 난수를 생성하는 기준 값을 시드(seed)라고 하는데, rand 함수는 시드를 따로 지정하지 않으면 늘 같은 시드를 사용하기 때문이다. 따라서 rand 함수를 호출하기 전에 프로그램 시작 부분에서 시드를 지정하는 srand 함수를 호출하는 것이 좋다.

```
void srand(unsigned seed);
```

시드를 지정할 때는 매개변수로 unsigned int형의 값을 지정하는데 보통 time 함수의 리턴값을 시드로 사용한다. time 함수는 시스템으로부터 읽은 날짜와 시간을 time_t형의 값으로 리턴한다.

```
time_t time(time_t *arg);
```

다음은 time 함수를 이용해서 시드를 지정하는 코드이다.

```
srand((unsigned int) time(NULL));        // time 함수의 리턴형과 srand의 매개변수형이
                                         // 일치하지 않으므로 형 변환해야 한다.
```

구조체 변수를 함수의 매개변수로 전달하는 방법을 정리하면 다음과 같다.

① 함수의 매개변수는 구조체 포인터형을 선언한다.

```
void print_point(POINT *pt);
```

② 구조체 변수가 입력 매개변수일 때는 const 키워드를 지정한다.

```
void print_point(const POINT *pt);
```

③ 구조체를 매개변수로 전달받는 함수를 호출할 때는 구조체 변수의 주소를 인자로 전달한다.

```
POINT pt = { 10, 20 };
print_point(&pt);
```

④ 함수를 정의할 때는 매개변수인 포인터로 구조체의 멤버에 접근한다.

```
void print_point(const POINT *pt)
{
    printf("(%d, %d)", pt->x, pt->y);
}
```

📝 **확인해봐요**

1. 구조체를 복사하지 않고 함수의 매개변수로 전달할 때는 어떤 방법을 사용하는가?
   ① 값에 의한 전달   ② 복사에 의한 전달
   ③ 포인터에 의한 전달   ④ 구조체는 함수로 전달할 수 없다.

2. CONTACT 구조체가 입력 매개변수일 때 다음 중 매개변수의 선언으로 가장 좋은 것은?
   ① CONTACT ct;   ② CONTACT *ct;
   ③ CONTACT * const ct;   ④ const CONTACT *ct;

10.2.4 비트필드

구조체를 정의할 때, **비트필드를 이용하면 구조체가 가진 멤버를 비트 단위로 사용하도록 설정할 수 있다.** 비트필드를 정의할 때는 멤버 이름 다음에 :을 쓰고 비트 수를 적어준다. 비트필드는 메모리 사용을 최소화하거나 정해진 바이트 안에 정보를 인코딩하기 위한 목적으로 사용된다.

날짜를 저장하는 DATE 구조체를 비트필드로 정의하면 다음과 같다.

```
typedef struct date {
    unsigned short year:7;     // 7비트에 연도를 저장한다. (0~99사이의 값)
    unsigned short month:4;    // 4비트에 월을 저장한다. (1~12 사이의 값)
    unsigned short day:5;      // 5비트에 일을 저장한다. (1~31 사이의 값)
} DATE;
```

DATE 구조체의 멤버인 year는 0~99사이의 값, month는 1~12사이의 값, day는 1~31 사이의 값이다. year는 7비트, month는 4비트, day는 5비트만 있으면 범위 내의 값을 모두 표현할 수 있다. 모두 합해서 16비트이므로 unsigned short형의 변수 하나를 비트 단위로 나누어 사용할 수 있다.

```
printf("DATE의 크기 = %d\n", sizeof(DATE));     // 2바이트
```

비트필드를 메모리에 할당할 때는 첫 번째 멤버를 최하위 비트(least significant bit)에서 부터 할당한다. [그림 10-16]은 비트필드로 정의된 DATE 구조체의 메모리 구조이다.

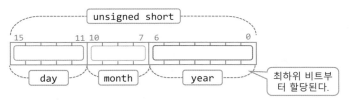

그림 10-16 DATE 비트필드의 메모리 구조

모든 멤버의 비트 수를 더한 값이 데이터형보다 커지면 해당 데이터형을 배열로 할당한다. 예를 들어 DATA 구조체에 요일을 추가하면 DATE 구조체의 크기가 4바이트가 된다.

```
typedef struct date {
    unsigned short year : 7;
    unsigned short month : 4;
    unsigned short day : 5;
    unsigned short the_day_of_week : 3;     // unsigned short을 하나 더 할당한다.
} DATE;
printf("DATE의 크기 = %d\n", sizeof(DATE));     // 4바이트
```

비트필드는 구조체와 같은 방법으로 사용한다. 단, 비트필드의 멤버는 정해진 비트로 값을 표현하므로 주어진 비트로 표현할 수 있는 범위를 벗어나는 값을 저장하면 오버플로우가 발생한다.

```
DATE dday;
dday.year = 22;
dday.month = 11;
dday.day = 40;                                                      // 오버플로우가 발생해서 8이 된다.
printf("%d/%d/%d\n", dday.year + 2000, dday.month, dday.day);  // 날짜 출력
```

[예제 10-12]는 날짜를 저장하는 DATE 구조체를 비트필드로 정의하고 사용하는 코드이다.

📄 **예제 10-12** : 비트필드의 정의 및 사용

```
01    #include <stdio.h>
02
03    typedef struct date {
04        unsigned short year:7;
05        unsigned short month:4;
06        unsigned short day:5;
07                                    // unsigned short the_day_of_week : 3;
08    } DATE;
09
10    int main(void)
11    {
12        DATE dday;
13        dday.year = 22;             // 연도를 0~99사이의 값으로 저장한다.
14        dday.month = 11;
15        dday.day = 30;
16
17        printf("DATE의 크기 = %d\n", sizeof(DATE));
18        printf("%d/%d/%d\n", dday.year+2000, dday.month, dday.day);
19
20        return 0;
21    }
```

실행결과

```
DATE의 크기 = 2
2022/11/30
```

비트필드를 정의할 때 중간에 일부 비트를 비워 두고 멤버를 특정 비트에 할당할 수 있다. 사용하지 않는 비트를 지정하려면 멤버 이름 없이 데이터형 다음에 :과 비트 수만 써준다.

```
typedef struct date {
    unsigned short year : 7;
    unsigned short : 1;              // 1비트를 사용하지 않는다.
    unsigned short month : 4;
    unsigned short : 4;              // 4비트를 사용하지 않는다.
    unsigned short day : 5;
} DATE;
```

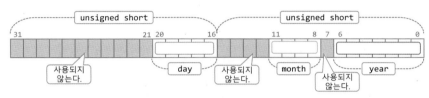

그림 10-17 비트필드의 메모리 할당

구조체 안에 일반 멤버와 비트필드를 함께 정의할 수 있다.

```
typedef struct date {
    unsigned short year : 7;
    unsigned short month : 4;
    unsigned short day : 5;
    char the_day_of_week[4];         // 요일을 문자열로 저장하는 경우
} DATE;
```

비트 필드는 자주 사용되는 기능이 아니므로 구조체의 멤버를 비트 단위로 할당할 수 있다는 점만 기억하자.

📝 **확인해봐요**

1. 구조체가 가진 멤버를 비트 단위로 사용하도록 설정하는 기능을 무엇이라고 하는가?
   ① 비트 AND   ② 비트 OR   ③ 비트멤버   ④ 비트필드

2. 비트필드를 사용하는 이유를 모두 고르시오.
   ① 메모리 사용을 최소화하기 위해서   ② 정해진 바이트 안에 정보를 인코딩하기 위해서
   ③ 멤버들 사이에 메모리를 공유하기 위해서

10.2.5 구조체의 멤버로 다른 구조체 변수 사용하기

구조체를 정의할 때 다른 구조체의 변수를 멤버로 선언할 수 있다. 즉, 구조체 변수 안에 다른 구조체 변수가 멤버로 포함될 수 있다.

직선에 대한 정보를 저장하는 LINE 구조체를 정의하려면 직선의 시작점과 끝점의 좌표를 멤버로 선언해야 한다. 이때 점의 좌표를 나타내는 POINT형을 이용할 수 있다.

```
typedef struct point              // 점의 좌표
{
    int x, y;
} POINT;

typedef struct line               // 직선
{
    POINT start, end;             // 다른 구조체형의 변수를 멤버로 선언한다.
} LINE;
```

LINE 구조체 변수를 선언하면 start와 end가 메모리에 할당되는데, start와 end는 각각 POINT 구조체 변수이다. LINE 구조체 변수를 초기화하려면 { } 안에 start와 end의 초기값을 나열한다.

```
LINE ln1 = { {10, 20}, {30, 40} };      // start는 {10, 20}으로 end는 {30, 40}으로 초기화
```

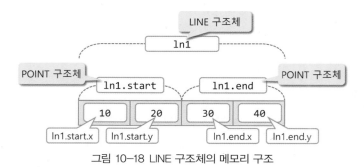

그림 10-18 LINE 구조체의 메모리 구조

초기값이 멤버보다 부족하면 나머지 멤버는 0으로 초기화한다.

```
LINE ln1 = { 0 };   // start, end의 x, y가 모두 0으로 초기화된다.
```

LINE 구조체 변수를 사용할 때 멤버 접근 연산자를 이용한다. ln1.start와 ln1.end가 POINT 구조체 변수이므로 다시 POINT 구조체 변수의 멤버에도 접근할 수 있다.

```
ln1.end.x = 100;
ln1.end.y = 200;
```

LINE 구조체를 매개변수로 전달받아 직선의 길이를 구하는 get_length 함수를 정의하면 다음과 같다. LINE 구조체를 입력 매개변수로 전달해야 하므로 const LINE*형을 사용한다. 매개변수 ln이 포인터이므로 멤버 접근 시 ln->end처럼 사용해야 하며, 다시 POINT 구조체 변수의 x, y에 접근하려면 ln->end.x처럼 사용해야 한다.

```
double get_length(const LINE *ln)        // ln은 입력 매개변수이므로 const 포인터로 전달
{
    int dx = ln->end.x - ln->start.x;
    int dy = ln->end.y - ln->start.y;
    return sqrt(dx*dx + dy * dy);
}
```

[예제 10-13]은 POINT 구조체 변수를 멤버로 가진 LINE 구조체를 정의하고 사용하는 코드이다.

📑 **예제 10-13** : LINE 구조체의 정의 및 사용

```
01    #include <stdio.h>
02    #include <math.h>
03
04    typedef struct point        // 점의 좌표
05    {
06        int x, y;
07    } POINT;
08
09    typedef struct line         // 직선
10    {
11        POINT start, end;       // 멤버로 다른 구조체의 변수를 선언한다.
12    } LINE;
13
14    double get_length(const LINE *ln);
15
16    int main(void)
17    {
18        LINE ln1 = { {10,20}, {30,40} };
19
20        printf("직선의 시작점: (%d, %d)\n", ln1.start.x, ln1.start.y);
21        printf("직선의 끝점: (%d, %d)\n", ln1.end.x, ln1.end.y);
22
23        printf("직선의 길이: %f\n", get_length(&ln1));
```

```
24          return 0;
25      }
26
27      double get_length(const LINE *ln)      // 직선의 길이 구하는 함수
28      {
29          int dx = ln->end.x - ln->start.x;
30          int dy = ln->end.y - ln->start.y;
31          return sqrt(dx*dx + dy * dy);
32      }
```

실행결과

```
직선의 시작점: (10, 20)
직선의 끝점: (30, 40)
직선의 길이: 28.284271
```

📑 **확인해봐요**

1. 다음 중 구조체의 멤버가 될 수 있는 것은?

　① 기본형의 변수　　　　　② 포인터 변수　　　　　③ 배열
　④ 다른 구조체 변수　　　　⑤ 모두 다

10.3 공용체와 열거체

10.3.1 열거체

열거체(enumerated type)는 정수형의 일종으로 열거형이라고도 한다.

(1) 열거체의 개념

게임 프로그램에서 이동방향을 나타내기 위한 변수를 선언하려고 한다. 동, 서, 남, 북 중 하나로 이동할 수 있다고 가정하면 이 변수는 0~3사이의 값을 가질 수 있으므로 int형 변수로 선언할 수 있다.

```
int d1 = 0;        // 0~3사이의 값 (0:북, 1:남, 2:동, 3:서)
```

그런데 코드의 다른 부분에서 d1 변수의 값을 변경하면 그 때 저장하는 값이 어떤 의미인지 알아보기 쉽지 않다.

```
d1 = 2;                    // 2가 어떤 의미인지 알 수 없다.
```

0~3사이의 값을 사용하는 대신 매크로 상수를 정의할 수 있다. 매크로 상수를 정의할 때는 프로그래머가 매크로 상수의 값을 직접 지정해야 한다.

```
#define NORTH    0         // 프로그래머가 직접 값을 지정해야 한다.
#define SOUTH    1
#define EAST     2
#define WEST     3
```

매크로 상수를 정의해서 사용하면 코드의 의미가 분명해지므로 코드의 가독성이 증가한다.

```
d1 = EAST;                 // 코드의 의미가 분명해진다.
```

매크로 상수를 추가로 정의하려면 기존의 매크로 상수와 값이 겹치지 않도록 주의해야 한다. 실수로 기존의 매크로 상수와 같은 값으로 정의하는 경우 컴파일 에러가 발생하지 않으므로 이런 실수를 찾기가 쉽지 않다.

```
#define NORTHEAST    3     // 실수로 기존의 매크로 상수와 같은 값으로 정의하는 경우
#define NORTHWEST    5
```

정수형 상수를 정의하는 간단한 방법이 바로 열거체와 열거 상수를 이용하는 것이다. 열거체는 정수형 변수가 특정 값들 중 한가지 값을 가질 때 유용하게 사용할 수 있으며, 정수형 변수가 가질 수 있는 값들을 열거 상수로 정의한다.

```
enum direction {NORTH, SOUTH, EAST, WEST};    // 열거체와 열거 상수를 정의하는 경우
```

열거체와 열거 상수는 프로그램의 가독성을 향상시키는 기능이다.

(2) 열거체의 정의 및 사용

열거체를 정의하려면 enum 키워드와 태그명을 쓰고, { } 안에 열거 상수를 나열한다. 열거 상수는 이름이 있는 정수형 상수이다.

형식	enum 태그명 {열거상수1, 열거상수2, ...};

사용예	`enum color {RED, GREEN, BLUE};`
	`enum direction {`
	`    NORTH, SOUTH, EAST, WEST`
	`};`

방향을 나타내기 위한 데이터형인 direction를 열거체로 정의하면 다음과 같다.

```
enum direction {NORTH, SOUTH, EAST, WEST};
```

direction 열거체를 정의할 때 { } 안에 나열된 이름인 NORTH, SOUTH, EAST, WEST 가 열거 상수이다. 열거체는 C 컴파일러에 의해 int형으로 처리되고, 열거 상수는 정수형 상수가 된다. 따로 지정하지 않으면 열거 상수는 0부터 1씩 증가되는 값으로 정의된다. 즉, NORTH가 0, SOUTH가 1, EAST가 2, WEST가 3으로 정의된다.

열거 상수를 정의할 때는 프로그래머가 값을 지정할 필요가 없다. 컴파일러가 0부터 1씩 증가하는 값을 순서대로 할당하기 때문이다. 따라서 열거 상수를 추가할 때도, { }의 끝부분에 이름만 추가하면 된다.

```
// 값을 지정하지 않고 열거 상수의 이름만 추가하면 자동으로 값이 할당된다.
enum direction {NORTH, SOUTH, EAST, WEST, NORTHEAST, NORTHWEST};
```

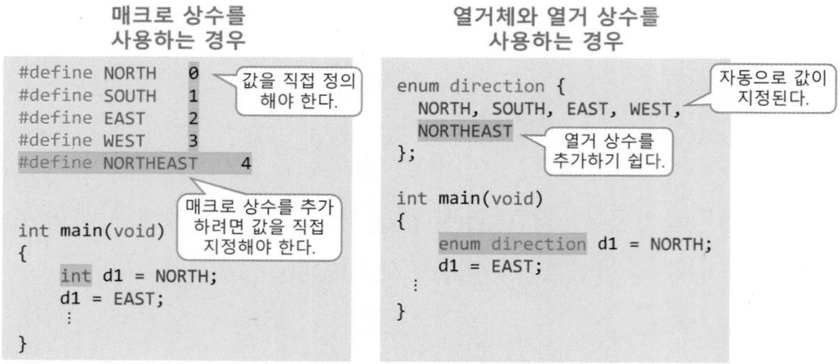

그림 10-19 매크로 상수 vs. 열거 상수

열거 상수를 특정 값으로 정의할 수 있는데, 열거 상수 이름 다음에 =를 쓰고 열거 상수의 값을 써준다.

```
enum direction {NORTH=1, SOUTH=-1, EAST=10, WEST=-10};
```

열거 상수 중 일부에만 값을 지정하면, 나머지 열거 상수는 그보다 1씩 커지는 정수값으로 자동으로 설정된다.

```
enum direction {NORTH=1, SOUTH, EAST, WEST};    // SOUTH는 2, EAST는 3, WEST는 4
```

열거체도 사용자 정의형이므로 열거체형의 변수를 선언하거나 배열 또는 포인터를 선언할 수 있다. 열거체를 사용할 때도 'enum 태그명' 형식으로 사용해야 한다. enum을 생략하고 사용하려면 typedef로 데이터형 이름을 정의한다. 열거체 변수는 열거체 정의에 나열된 열거 상수로 초기화하거나 대입할 수 있다.

```
enum direction d1 = NORTH;                  // 열거 상수로 초기화한다.
d1 = EAST;                                  // 열거 상수로 대입하므로 값의 의미가 명확하다.
```

열거체 상수는 정수형 상수이므로 switch문의 case에도 사용할 수 있다.

```
switch (d1)
{
case NORTH:                                 // 열거 상수는 case에 사용할 수 있다.
    printf("북쪽으로 이동합니다\n");
    break;
     ⋮
}
```

매크로 상수를 사용하는 대신 열거 상수를 사용하면 디버깅할 때 도움이 된다. C/C++ 컴파일러의 디버깅 기능은 실행 중에 변수의 값을 확인할 수 있는데, int형 변수는 값이 int형으로 표시되는 반면에 열거체 변수는 열거 상수 이름이 표시되므로 값의 의미를 파악하기가 더 쉽다.

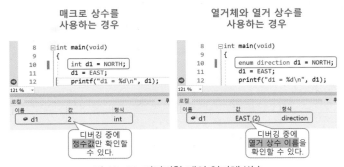

그림 10-20 디버깅할 때의 열거체 변수

열거체는 컴파일러에 의해 int형으로 처리되므로 열거체 변수의 값을 출력하면 정수로 출력된다.

```
d1 = EAST;
printf("d1 = %d\n", d1);                    // 2가 출력된다.
```

열거체를 정의할 때 열거체의 태그명을 생략하면 열거 상수만 정수형 상수로 정의된다.

```
enum {NORTH, SOUTH, EAST, WEST};            // 열거 상수만 정의하는 경우
```

[예제 10-14]는 열거체와 열거 상수를 정의하고 사용하는 코드이다.

예제 10-14 : 열거체와 열거 상수의 정의 및 사용

```
01    #include <stdio.h>
02
03    enum direction {NORTH, SOUTH, EAST, WEST};
04
05    int main(void)
06    {
07        enum direction d1 = NORTH;        // 열거체 변수 선언
08
09        d1 = EAST;                        // 열거체 변수에 열거 상수를 대입한다.
10        printf("d1 = %d\n", d1);          // 2가 출력된다.
11
12        switch (d1)
13        {
14        case NORTH:                       // 열거 상수는 case문에 사용할 수 있다.
15            printf("북쪽으로 이동합니다.\n");
16            break;
17        case SOUTH:
18            printf("남쪽으로 이동합니다.\n");
19            break;
20        case EAST:
21            printf("동쪽으로 이동합니다.\n");
22            break;
23        case WEST:
24            printf("서쪽으로 이동합니다.\n");
25            break;
26        }
27        return 0;
28    }
```

```
d1 = 2
동쪽으로 이동합니다.
```

열거체 변수에 정수값을 대입해도 컴파일 에러가 발생하지는 않는다. 열거체 변수가 int 형 변수로 처리되기 때문이다. 하지만 열거체 변수에 정수값을 대입하는 것은 좋은 코드가 아니므로 피하는 것이 좋다.

```
d1 = 10;   // 컴파일 에러는 발생하지 않지만 좋은 코드가 아니다.
```

📝 확인해봐요

1. 열거체는 C 컴파일러에 의해서 어떤 형으로 처리되는가?

   ① int형   ② double형   ③ void형   ④ void*형

2. 열거체를 정의할 때 열거 상수의 값을 지정하지 않으면 어떻게 되는가?

   ① 모든 열거 상수가 0이 된다.

   ② 첫 번째 열거 상수는 0이고, 순서대로 1씩 증가하는 값이 된다.

   ③ 열거 상수의 값을 지정하지 않으면 컴파일 에러이다.

   ④ 랜덤하게 지정된다.

10.3.2 공용체

공용체는 여러 멤버들이 메모리를 공유해서 사용하는 기능이다. 구조체의 멤버들이 메모리에 순차적으로 할당되는 데 비해 **공용체의 멤버들은 같은 주소에 할당되고, 서로 메모리를 공유한다.** 여러 멤버들이 메모리를 공유하기 때문에 한 멤버의 값을 변경하면 다른 멤버들의 값이 함께 변경된다.

공용체를 정의하려면 union 키워드와 태그명을 쓰고 { } 안에 공용체의 멤버들을 선언한다. 공용체도 구조체처럼 'union 태그명'으로 구분해서 사용한다. union 키워드를 생략하고 사용하려면 typedef로 데이터형 이름을 정의해야 한다.

```
형식    union 태그명 {
            데이터형  멤버명;
            데이터형  멤버명;
              ⋮
        };
```

```
사용예   typedef union color_t {
            unsigned int color;
            unsigned char rgb[4];
        } COLOR_T;
```

공용체가 어떤 식으로 메모리에 할당되는지 알아보기 위해서 여러 가지 데이터형의 멤버로 구성된 test 공용체를 정의해보자.

```
union test {     // 공용체의 모든 멤버가 같은 주소에 할당된다.
    int i;
    char c;
    short s;
};
```

공용체를 정의하면 공용체도 구조체처럼 새로운 데이터형이 된다. 즉, 공용체형의 변수를 선언하거나 배열 또는 포인터를 만들 수 있다. 공용체도 'union 태그명' 형식으로 사용된다.

```
union test t1;     // test 공용체 변수를 선언한다.
```

공용체 변수의 멤버들은 모두 같은 주소에 할당된다. 즉, t1의 멤버인 i, c, s는 메모리를 공유하게 된다. 따라서, 공용체의 크기는 멤버 중 가장 큰 멤버의 크기와 같다.

```
printf("sizeof(union test) = %d\n", sizeof(union test));     // 4바이트 크기
```

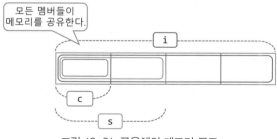

그림 10-21 공용체의 메모리 구조

공용체의 모든 멤버는 메모리를 공유하기 때문에 주소가 같다.

```
printf("t1.i의 주소 = %p\n", &t1.i);     // 멤버들의 주소가 모두 같다.
printf("t1.c의 주소 = %p\n", &t1.c);
printf("t1.s의 주소 = %p\n", &t1.s);
```

공용체는 여러 멤버 중 한 번에 하나만 사용할 수 있기 때문에, 공용체를 초기화할 때는 { } 안에 첫 번째 멤버의 초기값만 지정한다.

```
union test t1 = { 0x12345678 };            // t1.i를 초기화한다.
```

공용체의 멤버에 접근할 때도 멤버 접근 연산자인 .를 사용한다. 공용체 포인터로 멤버에 접근할 때는 간접 멤버 접근 연산자인 ->를 사용한다.

t1.i가 초기화되면 이 값은 t1.i의 값이면서 t1.c와 t1.s의 값이기도 하다. 따라서 t1의 i, c, s 멤버의 값을 출력하면 다음과 같다.

```
printf("t1.i = %x\n", t1.i);            // 12345678 출력
printf("t1.c = %x\n", t1.c);            // 78 출력
printf("t1.s = %x\n", t1.s);            // 5678 출력
```

? 질문 있어요

t1.c와 t1.s는 78과 5678로 출력되는 이유는 무엇 때문인가요?

메모리에 데이터를 저장하는 방식은 두 가지이다. 리틀 엔디안(little endian)은 데이터의 최하위 바이트부터 메모리에 저장하는 방식이고, 빅 엔디안(big endian)은 최상위 바이트부터 메모리에 저장하는 방식이다. 어떤 방식으로 저장되는 지에 따라 같은 변수를 저장하더라도 메모리에 쓰여지는 값이 달라진다.

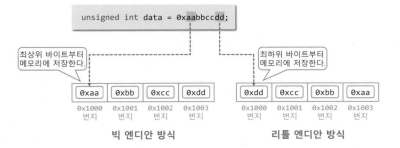

인텔 계열의 CPU는 리틀 엔디안 방식을 사용하고, 모토로라 계열의 CPU는 빅 엔디안 방식을 사용한다. PC에서는 주로 인텔 계열의 CPU가 사용되므로 t1.i가 0x12345678일 때 0x78부터 메모리에 저장된다. 따라서 t1.c의 값은 0x78이 된다. 마찬가지로 t2.s는 0x5678이 된다.

이처럼 공용체의 메모리 구조는 프로그램이 실행되는 플랫폼의 CPU에 영향을 받기 때문에 이식성 있는 코드를 작성할 때는 공용체의 사용에 주의해야 한다. 참고로 비트필드도 메모리 저장 방식에 영향을 받는다.

[예제 10-15]는 공용체를 정의하고 사용하는 코드이다.

📖 **예제 10-15** : 공용체의 정의 및 사용

```
01    #include <stdio.h>
02
03    union test {
04        int i;                      // 모든 멤버가 같은 주소에 할당된다.
05        char c;
06        short s;
07    };
08
09    int main(void)
10    {
11        union test t1 = { 0x12345678 };    // t1.i를 초기화한다.
12
13        printf("sizeof(union test) = %d\n", sizeof(union test));
14
15        printf("t1.i의 주소 = %p\n", &t1.i); // 멤버들의 주소가 모두 같다.
16        printf("t1.c의 주소 = %p\n", &t1.c);
17        printf("t1.s의 주소 = %p\n", &t1.s);
18
19        printf("t1.i = %x\n", t1.i);        // 12345678 출력
20        printf("t1.c = %x\n", t1.c);        // 78 출력
21        printf("t1.s = %x\n", t1.s);        // 5678 출력
22
23        return 0;
24    }
```

실행결과 ▪▪▪

```
sizeof(union test) = 4
t1.i의 주소 = 00EFFD6C
t1.c의 주소 = 00EFFD6C          모든 멤버의
t1.s의 주소 = 00EFFD6C          주소가 같다.
t1.i = 12345678
t1.c = 78
t1.s = 5678
```

이번에는 공용체가 유용하게 사용되는 예를 알아보자. 컴퓨터 시스템에서 색상을 표현하는 방법 중에 RGB 표기법은 red, green, blue에 8비트씩을 사용해서 색상을 표현하므로 24비트 트루컬러라고 한다. 컴퓨터 시스템에서는 32비트 데이터의 최하위 바이트부터 red, green, blue의 순서로 색상 정보를 저장하고 최상위 바이트는 사용하지 않고 0으로 채워서 트루컬러를 나타낸다.

그림 10-22 RGB 색상

RGB 색상을 red, green, blue로 구분해서 사용할 때도 있지만 전체 32비트 값으로 접근해야 할 때도 있다. 공용체를 이용하면 RGB 색상을 쉽게 32비트 값으로 접근할 수 있다.

```
typedef union color_t {
    unsigned int color;             // 32비트 데이터로 접근할 때 사용되는 멤버
    unsigned char rgb[4];           // red, green, blue를 나누어 접근할 때 사용되는 멤버
} COLOR_T;
```

RGB 색상을 바이트 단위로 접근해서 읽어오거나 변경하려면 rgb 멤버를 사용하고, RGB 색상을 32비트 데이터로 다루려면 color 멤버를 사용한다. 이처럼 공용체를 이용하면 같은 값을 여러 가지 의미로 해석해서 접근할 수 있다.

```
COLOR_T c1;

c1.rgb[0] = 0xFF;                       // red
c1.rgb[1] = 0xAB;                       // green
c1.rgb[2] = 0x1F;                       // blue
c1.rgb[3] = 0x0;                        // not used

printf("rgb color = %08X\n", c1.color); // 32비트 데이터로 사용한다.
```

[예제 10-16]은 공용체를 이용해서 RGB 색상을 표현하고 사용하는 코드이다.

📝 **예제 10-16 : 공용체를 이용한 RGB 색상 표현**

```
01    #include <stdio.h>
02
03    typedef union color_t {
04        unsigned int color;
05        unsigned char rgb[4];           // rgb[0]은 red, rgb[1]은 blue, rgb[2]는 green,
06                                        // rgb[3]은 not used
07    } COLOR_T;
```

```
08    int main(void)
09    {
10        COLOR_T c1;
11
12        c1.rgb[0] = 0xFF;                     // red
13        c1.rgb[1] = 0xAB;                     // green
14        c1.rgb[2] = 0x1F;                     // blue
15        c1.rgb[3] = 0x0;                      // not used
16
17        printf("rgb color = %08X\n", c1.color);   // 32비트 데이터로 사용한다.
18
19        return 0;
20    }
```

실행결과

```
rgb color = 001FABFF
```

　공용체와 비트필드는 CPU의 메모리 저장 방식에 영향을 받기 때문에 플랫폼 독립적인 코드를 작성할 때는 특히 주의해야 한다.

📝 확인해봐요

1. 모든 멤버들이 같은 주소에 할당되고 메모리를 공유하는 것은?

   ① 구조체　　　　　② 비트필드　　　③ 공용체　　　　④ 배열

2. 공용체의 멤버들이 메모리에 할당되는 순서는?

   ① 멤버들이 선언된 순서대로 할당된다.　② 멤버들 중 크기가 큰 것부터 메모리에 할당된다.

   ③ 모든 멤버가 같은 주소에 할당된다.　④ 멤버들이 선언된 순서의 역순으로 할당된다.

1. 구조체의 기본

- 구조체는 서로 다른 데이터형의 변수들을 하나로 묶어서 사용하는 기능이다.
- 구조체를 정의하려면 struct, 태그 이름 다음에 { } 안에 멤버들의 데이터형과 이름을 나열한다. 구조체를 정의하면 새로운 사용자 정의형이 만들어지며 'struct 태그 이름'이 구조체형 이름이 된다.
- 구조체 변수를 선언하면 멤버들이 선언된 순서대로 메모리에 할당된다.
- 구조체 변수를 초기화하려면 { } 안에 멤버들의 초기값을 선언된 순서대로 나열한다.
- 구조체의 멤버에 접근하려면 멤버 접근 연산자(.)를 이용한다. 구조체 변수명 다음에 .을 쓰고 멤버명을 써준다. 멤버 접근 연산자로 접근한 구조체의 멤버도 일반 변수처럼 사용할 수 있다.
- 같은 구조체형의 변수들끼리 서로 초기화나 대입이 가능하다. 구조체 변수를 다른 구조체 변수로 초기화하면, 동일한 멤버 간에 1:1로 복사해서 초기화한다. 같은 구조체형의 변수를 대입할 때도 동일한 멤버 간에 1:1로 대입한다.
- 구조체 변수는 직접 관계 연산자로 비교할 수 없으며, 멤버 대 멤버로 비교해야 한다.
- typedef를 이용하면 'struct 태그명' 대신 사용할 수 있는 구조체 이름을 정의할 수 있다. 구조체를 정의하면서 구조체에 대한 typedef를 함께 정의할 수 있다.

```
typedef struct contact {
    char name[20];
    char phone[20];
    int ringtone;
} CONTACT;          // 구조체를 정의하면서 typedef를 함께 정의한다.
```

2. 구조체의 활용

- 구조체 배열의 원소는 구조체 변수이다. arr가 구조체 배열의 이름일 때 구조체 배열 원소의 멤버에 접근하려면 arr[i].*member* 로 접근한다.
- 구조체 포인터는 구조체 변수의 주소를 저장하는 포인터이다. 구조체 포인터로 포인터가 가리키는 구조체 변수의 멤버에 접근하려면 간접 멤버 접근 연산자(->)를 이용한다. p가 구조체 포인터일 때 p가 가리키는 구조체 변수의 멤버에 접근하려면 p->*member* 혹은 (*p).*member* 로 접근한다.
- 구조체를 함수의 매개변수로 전달할 때는 포인터로 전달하는 것이 좋다. 값으로 전달하면 구조체 변수를 복사해서 전달하기 때문이다. 입력 매개변수일 때는 const 포인터로 전달해서 함수 안에서 구조체를 변경하지 못하게 만든다.
- 비트필드를 이용하면 구조체의 멤버를 비트 단위로 할당할 수 있다. 비트필드는 메모리 사용을 최소화하거나 정해진 바이트 안에 정보를 인코딩하기 위한 목적으로 사용된다.
- 구조체를 정의할 때 다른 구조체 변수를 멤버로 선언할 수 있다.

3. 공용체와 열거체

- 정수형 변수가 정해진 값들 중 한가지 값을 가질 때 열거체로 정의할 수 있다. 열거체가 가질 수 있는 값들을 열거 상수로 정의한다. 열거체는 int형으로 처리되며, 열거 상수는 정수형 상수가 된다.
- 공용체는 모든 멤버가 같은 주소에 할당되어 메모리를 공유한다. 공용체를 이용하면 같은 값을 여러 가지 의미로 해석해서 접근할 수 있다.
- 공용체는 멤버들이 메모리를 공유하기 때문에 한 멤버를 변경하면 나머지 멤버도 영향을 받는다.

1. 구조체에 대한 설명 중 잘못된 것은?

   ① 구조체는 사용자 정의형을 만드는 기능이다.

   ② 구조체형의 변수나 포인터를 선언할 수 있다.

   ③ 구조체형의 배열을 만들 수 있다.

   ④ 구조체는 같은 데이터형의 변수들을 메모리에 연속적으로 할당한다.

2. 다음 구조체를 정의하는 코드에서 틀린 부분을 모두 찾아서 수정하시오.

```
struct product {
    char name[20];
    amount;
    int price;
}
```

3. 구조체에 대한 설명을 읽고 설명이 맞으면 O, 틀리면 X를 선택하시오.

   (1) 구조체를 정의하면 구조체의 멤버가 메모리에 할당된다.   (   )

   (2) 구조체의 멤버로 기본형의 변수, 포인터, 배열을 사용할 수 있다.   (   )

   (3) 구조체 안에 다른 구조체 변수를 멤버로 사용할 수 있다.   (   )

   (4) 구조체의 바이트 크기는 모든 멤버들의 바이트 크기를 더한 것보다 크거나 같다. (   )

   (5) 구조체 변수를 선언하면 구조체의 멤버들이 모두 같은 주소에 할당된다.   (   )

   (6) 구조체 변수를 여러 개 생성하면 구조체 변수마다 멤버들이 생성된다.   (   )

   (7) 함수 안에 선언된 구조체 변수는 지역 변수이다.   (   )

   (8) 구조체를 사용할 때는 struct 없이 태그명만 사용한다.   (   )

4. 다음과 같이 정의된 point 구조체에 대하여 구조체 변수를 선언하고 초기화하는 코드 중에서 잘못된 것을 모두 고르시오.

```
struct point {
    int x, y;
};
```

   ① struct point p1;   ② point p2;

   ③ struct point p3 = {0};   ④ struct point p4 = 0;

   ⑤ struct point p5 = {100, 0};   ⑥ struct point p7 = {100, 0, 200};

   　 struct point p6 = p5;

5. 다음과 같이 정의된 person 구조체와 구조체 변수에 대하여 구조체 변수를 사용하는 코드 중에서 잘못된 것을 모두 고르시오.

```
struct person {
    char name[40];
    char address[80];
    char gender;
};

struct person prs1 = { "Park jimin", "Seoul, Korea", 'M' };
struct person prs2;
```

① prs2 = prs1;   ② prs2.gender = 'F';

③ prs2.name = "Rap Monster";   ④ strcpy(prs2.address, "Busan, Korea");

⑤ prs1.name[5] = 'J';   ⑥ prs2.address = prs1.address;

⑦ prs2 = {"Kim Sukjin", "Seoul, Korea", 'M'};   ⑧ if (strcmp(name, "Park jimin") == 0)
                                                        printf("found");

⑨ if (prs1 == prs2)
      printf("same person");

6. 기존의 데이터형에 대한 별명을 만들기 위한 키워드를 쓰시오.

7. 다음과 같이 정의된 MOVIE 구조체에 대하여 구조체 배열과 포인터를 사용하는 코드 중에서 잘못된 것을 모두 고르시오.

```
typedef struct movie {
    char title[40];
    int viewer;
    double rate;
} MOVIE;

MOVIE movies[] = { {"Avengers"}, {"MI:Fallout"}, {"ant-man"} };
MOVIE *p = movies;
```

① strcat(movies[0].title, ": Infinity War");   ② movies[2].title[0] = 'A';

③ p->rate = 9.9;   ④ p[0].viewer = 2000;

⑤ puts(p.title);   ⑥ p = movies[1];

8. 구조체, 비트필드, 공용체에 대한 설명을 읽고 설명이 맞으면 O, 틀리면 X를 선택하시오.

    (1) 공용체의 멤버들은 선언된 순서대로 메모리에 할당된다.   (   )

    (2) 비트필드는 구조체의 멤버를 비트 단위로 할당한다.   (   )

    (3) 비트필드의 멤버들은 최상위 비트에서부터 할당된다.   (   )

    (4) 비트필드의 모든 멤버들은 연속된 비트에 할당된다.   (   )

    (5) 공용체의 크기는 멤버 중 가장 큰 멤버의 크기와 같다.   (   )

    (6) 공용체는 'union 태그명'으로 사용해야 한다.   (   )

    (7) 비트필드와 공용체는 CPU의 메모리 저장 방식에 영향을 받는다.   (   )

    (8) 공용체의 멤버 중 하나의 값을 변경하면 나머지 멤버들의 값도 변경된다. (   )

9. 다음 중 typedef를 정의하는 방법이 잘못된 것은?

    ① typedef unsigned int color_t;   ② typedef color_t unsigned int;

    ③ typedef enum color {red, green, blue} COLOR;   ④ typedef struct { int x, y; } point;

10. 다음 중 구조체 포인터 p로 구조체의 멤버 m에 접근하는 방법 중 잘못된 것은?

    ① p->m   ② (*p).m

    ③ p[0].m   ④ p.m

11. 다음과 같이 POINT 구조체가 정의되어 있을 때 두 점의 좌표를 맞바꾸는 swap_point 함수의 원형을 작성하시오.

```
typedef struct point {
    int x, y;
} POINT;
```

12. 다음과 같이 MOVIE 구조체가 정의되어 있을 때 is_same_movie 함수의 원형을 작성하시오. is_same_movie 함수는 2개의 MOVIE 구조체를 매개변수로 전달받아 영화 제목이 같으면 1을, 다르면 0을 리턴하는 함수이다.

```
typedef struct movie {
    char title[40];
    int viewer;
    double rate;
} MOVIE;
```

13. 열거체와 열거 상수에 대한 설명을 읽고 설명이 맞으면 O, 틀리면 X를 선택하시오.

   (1) 열거체는 사용자 정의형이다.   (   )

   (2) 열거체형의 변수를 선언하면 int형 변수가 만들어진다.   (   )

   (3) 열거 상수는 나열된 순서대로 0부터 1씩 커지는 값으로 할당된다.   (   )

   (4) 열거 상수의 값은 마음 대로 지정할 수 없다.   (   )

   (5) 문자열 상수나 실수형 상수는 열거 상수로 만들 수 없다.   (   )

   (6) 함수 안에 정의된 열거 상수는 함수 안에서만 사용할 수 있다.   (   )

   (7) 열거체와 열거 상수를 사용하면 프로그램의 가독성이 향상된다.   (   )

14. 다음 중 열거체와 열거 상수의 정의가 잘못된 것을 모두 고르시오.

   ① enum the_day_of_week { SUN, MON, TUE, WED, THE, FRI, SAT };

   ② enum menu_items { "open", "close", "quit" };

   ③ enum { SMALL=1, MEDIUM, LARGE };

   ④ enum open_mode { read=0x1, write, append, text=0x10, binary=0x20 };

   ⑤ enum tax_rate { income_tax=0.33, property_tax=0.5 };

15. 다음과 같이 정의된 공용체 dummy의 크기는 얼마인가?

```
union dummy {
    char str[4];
    int num;
    double ratio;
};
```

   ① 4바이트   ② 8바이트   ③ 16바이트   ④ 32바이트

16. 다음은 날짜를 저장하는 DATE 구조체에 대하여 날짜와 요일을 저장하고 출력하는 코드이다. ___ 부분에 필요한 코드를 작성하시오.

```
#include <stdio.h>
enum the_day_of_week { ①_____ };
const char* str_the_day[] = { "일", "월", "화", "수", "목", "금", "토" };

typedef struct date {
    int year, month, day;
    ②_____ the_day;   // 요일 (the_day_of_week 열거체 변수)
} DATE;
```

```
int main(void)
{
    DATE d1;
    d1.year = 2022;
    d1.month = 11;
    d1.day = 3;
    d1.the_day = THU;     // THU는 열거 상수

    printf("%d년 %d월 %d일 (%s)\n", d1.year, d1.month, d1.day,
        ③_____);

    return 0;
}
```

실행결과

2022년 11월 3일 (목)

17. 다음 프로그램의 실행 결과를 쓰시오.

```
#include <stdio.h>
#include <string.h>

enum open_mode { read = 0x0, write, append, text = 0x10, binary = 0x20 };

struct file_info {
    char filename[128];
    enum open_mode mode;    // read, write, append 중 한 값과
                            // text, binary 중 한 값을 비트 OR한 값
};

int main(void)
{
    struct file_info fin;
    strcpy(fin.filename, "output.txt");
    fin.mode = write | text;

    printf("파일명: %s\n", fin.filename);
    printf("열기모드: %02X\n", fin.mode);

    return 0;
}
```

18. 비트필드와 공용체를 이용하면 바이트 데이터에 비트 단위로 정보를 인코딩할 수 있다. 다음은 1바이트 크기의 명령어를 처리할 수 있는 간단한 CPU를 시뮬레이팅하는 코드이다. CPU가 처리할 수 있는 연산은 add, sub, mul, div 네 가지이고, 각각의 연산은 0~7사이의 피연산자 lhs와 rhs를 사용한다. 즉, 이 CPU는 0~7사이의 값 2개로 add, sub, mul, div를 수행할 수 있다. 이 CPU가 처리할 1바이트 크기의 명령어를 인코딩할 수 있게 하기 위해서 inst 비트필드를 다음과 같이 정의한다. 그 다음 인코딩된 명령어를 1바이트 데이터로 읽을 수 있도록 INSTRUCTION 공용체를 정의한다. INSTRUCTION 공용체를 매개변수로 전달받아 인코딩된 명령어를 디코딩해서 출력하는 decode 함수를 정의하고, 나머지 코드를 입력해서 실행해보시오.

```c
#include <stdio.h>

struct inst {
    unsigned char opcode : 2;        // CPU가 처리할 수 있는 연산(0~3사이의 값)
    unsigned char lhs : 3;           // 연산의 피연산자(0~7사이의 값)
    unsigned char rhs : 3;           // 연산의 피연산자(0~7사이의 값)
};

enum {add, sub, mul, div};           // opcode 네 가지(0~3)

typedef union instruction {
    unsigned char byte;              // 명령어를 1바이트 데이터로 처리하기 위한 멤버
    struct inst encode;              // 명령어를 인코딩하기 위한 멤버
} INSTRUCTION;

void decode(INSTRUCTION inst)
{
    // 아래의 실행결과를 보고 decode 함수를 구현하시오.



















}
```

```
int main(void)
{
    //공용체는 첫 번째 멤버를 초기화한다. 즉 byte 멤버를 초기화한다.
    INSTRUCTION code[] = { 0xa8, 0xb2, 0x1c, 0x9f, 0x44 }; // 명령어 코드 블록
    int size = sizeof(code) / sizeof(code[0]);
    int i;
    for(i = 0 ; i < size; i++)           // code에 있는 명령어를 순서대로 디코딩한다.
        decode(code[i]);

    return 0;
}
```

실행결과

```
instructon A8 means add 2 5
instructon B2 means mul 4 5
instructon 1C means add 7 0
instructon 9F means div 7 4
instructon 44 means add 1 2
```

1. 인터넷 사이트에 로그인할 때 사용되는 아이디와 패스워드를 관리하기 위한 LOGIN 구조체를 정의하시오. 아이디와 패스워드는 각각 최대 20글자까지 입력할 수 있다. LOGIN 구조체 변수를 선언한 다음 아이디와 패스워드를 입력받아 저장하고 출력하는 프로그램을 작성하시오. 패스워드를 출력할 때는 패스워드의 내용은 보이지 않도록 패스워드 글자 수만큼 *을 대신 출력하시오. [구조체의 정의/난이도 ★]

```
실행결과

ID? Guest
Password? Idontknow
ID: Guest
PW: *********
```

2. 1번 프로그램의 아이디와 패스워드를 항상 소문자로 저장하려고 한다. LOGIN 구조체를 매개변수로 전달받아 구조체에 저장된 아이디와 패스워드를 모두 소문자로 만드는 make_lower 함수와 아이디와 패스워드를 출력하는 print_login 함수를 정의하시오. [구조체를 매개변수로 전달하는 함수/난이도 ★★]

```
실행결과

ID? Guest
Password? Idontknow
ID: guest
PW: *********
```

3. LOGIN 구조체 배열을 이용해서 로그인 과정을 프로그램으로 작성하시오. 아이디를 입력받아 LOGIN 구조체 배열에서 아이디를 찾은 다음 입력받은 패스워드와 등록된 패스워드를 비교해서 같으면 "로그인 성공"이라고 출력한다. LOGIN 구조체 배열은 크기가 5인 배열로 선언하고 적당한 값으로 초기화해서 사용한다. [구조체 배열/난이도 ★★]

```
실행결과

ID? guest
PW: idontknow
로그인 성공
ID? .
```

4. 연월일을 나타내는 DATE 구조체와 DATE 구조체를 매개변수로 전달받아 날짜를 "2022/1/1"처럼 출력하는 print_date 함수를 정의하시오. DATE 구조체와 print_date 함수를 이용해서 입력받은 날짜를 출력하는 프로그램을 작성하시오. [구조체의 정의, 구조체를 매개변수로 전달하는 함수/난이도 ★]

> **실행결과**
>
> 연? 2022
> 월? 1
> 일? 1
> 2022/1/1

5. DATE 구조체를 매개변수로 전달받아 날짜를 오늘 날짜로 지정하는 set_as_today 함수를 정의하시오. 시스템으로부터 현재 날짜와 시간을 구할 때는 〈time.h〉의 time 함수와 localtime 함수를 이용한다. DATE 구조체와 set_as_today, print_date 함수를 이용해서 오늘 날짜를 출력하는 프로그램을 작성하시오. [구조체를 매개변수로 전달하는 함수, 표준 C 라이브러리의 time, localtime 함수/난이도 ★★]

> **실행결과**
>
> 오늘 날짜는 2022/1/1 입니다.

★ 〈time.h〉의 time 함수와 localtime 함수를 이용해서 오늘 날짜를 구하는 방법은 다음과 같다. localtime 함수가 리턴하는 tm 구조체의 멤버로부터 연(tm_year), 월(tm_mon), 일(tm_mday) 값을 읽어서 사용하면 된다.

```
time_t t = time(NULL);              // 시스템 시간을 time_t라는 인코딩된 값으로 읽어온다.
struct tm *today = localtime(&t);   // time_t형의 값을 tm 구조체로 변환한다.
int y, m, d;
y = today->tm_year + 1900;          // tm_year 멤버: 연도에서 1900을 뺀 값
m = today->tm_mon + 1;              // tm_mon 멤버: 0~11사이의 값
d = today->tm_mday;                 // tm_mday 멤버: 1~31사이의 값
```

6. DATE 구조체를 2개를 매개변수로 전달받아 날짜가 같은지 비교하는 is_same_date 함수를 정의하시오. DATE 구조체 배열을 선언해서 공휴일에 해당하는 날짜로 초기화한 다음 입력받은 날짜가 공휴일인지 검사하는 프로그램을 작성하시오. 입력받은 날짜가 "0 0 0"이면 프로그램을 종료한다. [구조체를 매개변수로 전달하는 함수, 구조체 배열/난이도 ★★★]

> **실행결과**
>
> 날짜(연월일)? 2022 1 1
> 2019/1/1은 공휴일입니다.
> 날짜(열월일)? 2022 1 2
> 2019/1/2은 공휴일이 아닙니다.
> 날짜(열월일)? 0 0 0

7. 날짜에서 월은 1~12사이의 값이다. 월을 나타내는 열거체와 열거 상수를 정의하고, 이 열거체를 이용하도록 DATE 구조체의 정의를 변경하시오. 날짜를 "Jan 1 2022" 형식으로 출력하는 print_date_eng 함수를 정의하시오. set_as_today 함수와 print_date_eng 함수를 이용해서 오늘 날짜를 영어식 표기법으로 출력하는 프로그램을 작성하시오. [열거체, 구조체를 매개변수로 전달하는 함수/난이도 ★★]

> **실행결과**　　　　　　　　　　　　　　　　　　　■ ■ ■
>
> Today is Jan 1 2022

8. 커피숍에서 판매되는 제품 정보를 나타내는 PRODUCT 구조체를 정의하시오. 각 제품별로 제품명, 가격, 재고를 저장할 수 있어야 한다. PRODUCT 구조체를 매개변수로 전달받아 제품 정보를 출력하는 print_product 함수를 정의하시오. PRODUCT 구조체 변수를 선언한 다음 제품명, 가격, 재고를 입력받아 저장하고 출력하는 프로그램을 작성하시오. 참고로 제품명은 빈칸 없는 한 단어로 입력한다. [구조체의 정의, 구조체를 매개변수로 전달하는 함수/난이도 ★]

> **실행결과**　　　　　　　　　　　　　　　　　　　■ ■ ■
>
> 제품명? 아메리카노
> 가격? 4000
> 재고? 10
> [아메리카노 4000원 재고:10]

9. PRODUCT 구조체를 매개변수로 전달받아 주문 처리를 하는 order 함수를 정의하시오. order 함수는 PRODUCT 구조체와 주문 수량을 매개변수로 전달받는 함수이다. 재고가 주문 수량보다 적으면 주문할 수 없으므로 0을 리턴하고, 재고가 주문 수량보다 많으면 주문 수량만큼 재고를 감소시키고 결제 금액을 리턴한다. 주문 수량으로 0이 입력될 때까지 반복해서 주문 처리를 하는 프로그램을 작성하시오. [구조체를 매개변수로 전달하는 함수/난이도 ★★]

> **실행결과**　　　　　　　　　　　　　　　　　　　■ ■ ■
>
> 제품명? 아메리카노
> 가격? 4000
> 재고? 10
> 주문 수량? 3
> 결제 금액: 12000 재고: 7
> 주문 수량? 20
> 재고가 부족합니다.
> 주문 수량? 0

10. PRODUCT 구조체를 이용해서 최대 5개의 제품 정보를 입력받아 저장하고 출력하는 프로그램을 작성하시오. 제품명으로 "."가 입력되거나 5개의 제품 정보를 모두 입력하면, 지금까지 입력된 제품 정보를 출력하고 종료한다. [구조체 배열/난이도 ★]

11. PRODUCT 구조체 배열을 이용해서 제품명을 입력받아 검색 후 주문 처리하는 프로그램을 작성하시오. 주문 수량을 입력받아 결제 금액을 알려주고, 제품 재고를 주문 수량만큼 감소시켜야 한다. 제품명으로 검색할 수 없거나 찾은 제품의 재고가 주문 수량보다 적으면 에러 메시지를 출력한다. PRODUCT 구조체 배열은 크기가 5인 배열로 선언하고 적당한 값으로 초기화해서 사용한다. [구조체 배열/난이도 ★★★]

```
실행결과                                          ■■■

주문할 제품명? 아메리카노
주문할 수량? 5
결제 금액: 20000   아메리카노 재고: 5
주문할 제품명? 카페라떼
주문할 수량? 3
결제 금액: 13500   카페라떼 재고: 7
주문할 제품명? .
[아메리카노 4000원 재고:5]
[카페라떼 4500원 재고:7]
[플랫화이트 5000원 재고:10]
```

12. 4바이트 데이터를 2바이트씩 나눠서 low word와 high word로 구분해서 사용하려고 한다. 4바이트 데이터를 2개의 word로 접근할 수 있도록 공용체 mydata를 정의하시오. 공용체의 멤버로는 4바이트 데이터로 접근하는 dword와 2개의 워드로 접근하는 words를 선언한다. low word, high word 값을 매개변수로 전달받아 mydata 공용체로 만들어 리턴하는 make_dword 함수를 정의하시오. [공용체/난이도 ★★]

```
실행결과                                                    ▪ ▪ ▪

low word? 0x1234
high word? 0xabcd
dword data: abcd1234
```

★ scanf 함수의 형식 문자열로 "%i"를 지정하면 10진수, 8진수, 16진수를 접두사로 구분해서 입력할 수 있다. 8진수는 012처럼 0을 접두사로 사용하고, 16진수는 0x12처럼 0x를 접두사로 사용한다.
★ short형 변수를 scanf 함수로 입력받으려면 "%hi"처럼 형식 문자열에 h를 함께 지정한다.

13. 직사각형 정보를 나타내는 RECT 구조체를 정의하시오. 직사각형은 좌하단점과 우상단점으로 구성되며 점의 좌표는 POINT 구조체를 이용해서 나타낸다. 직사각형 정보를 출력하는 print_rect 함수를 정의하고, RECT 구조체 변수를 선언해서 직사각형 정보를 입력받고 출력하는 프로그램을 작성하시오. [구조체 변수를 멤버로 가진 구조체의 정의/난이도 ★★]

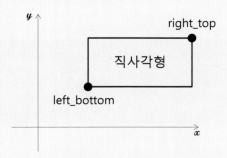

```
실행결과                                                    ▪ ▪ ▪

직사각형의 좌하단점(x,y)? 10 20
직사각형의 우상단점(x,y)? 100 200
[RECT 좌하단점:(10, 20) 우상단점:(100, 200)]
```

14. 크기가 3인 RECT 구조체 배열을 선언하고 0~99사이의 임의의 좌표로 설정한다. 직사각형의 우상단점의 좌표가 좌하단점보다 크도록 정규화하는 normalize_rect 함수와 직사각형의 중심점의 좌표를 구하는 center_rect 함수를 정의하고 배열 전체에 대하여 각각 호출하는 프로그램을 작성하시오. [구조체 배열, 구조체를 매개변수로 전달하는 함수/난이도 ★★]

> **실행결과** ▪▪▪
>
> ```
> [RECT 좌하단점:(79, 9) 우상단점:(85, 39)]    중심점: (82, 24)
> [RECT 좌하단점:(8, 66) 우상단점:(78, 98)]    중심점: (43, 82)
> [RECT 좌하단점:(11, 92) 우상단점:(58, 96)]   중심점: (34, 94)
> ```

★ 예를 들어 직사각형의 좌하단점이 (10, 60)이고 우상단점이 (30, 20)일 때 정규화하면 좌하단점이 (10, 20)이 되고, 우상단점이 (30, 60)이 된다. 즉, 두 점의 x좌표 중 작은 값이 좌하단점의 x좌표가, 두 점의 y좌표 중 작은 값이 좌하단점의 y좌표가 되도록 값을 바꾸는 것을 정규화(normalize)라고 한다.
★ 직사각형의 중심점의 좌표를 구하는 center_rect 함수는 POINT 구조체 변수를 리턴하는 함수로 정의할 수 있다.

15. 점의 좌표를 나타내는 POINT 구조체에 대해서 두 점의 좌표를 맞바꾸는 swap_point 함수를 정의하시오. 크기가 10인 POINT 구조체 배열에 대하여 x좌표를 기준으로 선택 정렬하는 프로그램을 작성하시오. POINT 구조체 배열의 초기값은 마음대로 정한다. [구조체를 매개변수로 전달하는 함수/난이도 ★★★]

> **실행결과** ▪▪▪
>
> ```
> <<정렬 전>>
> (7, 4)(12, 93)(22, 31)(1, 20)(34, 53)(41, 2)(32, 9)(21, 31)(8, 2)(3, 5)
> <<정렬 후>>
> (1, 20)(3, 5)(7, 4)(8, 2)(12, 93)(21, 31)(22, 31)(32, 9)(34, 53)(41, 2)
> ```

16. 음원 사이트에 등록된 노래 정보를 관리하기 위한 프로그램을 작성하시오. 노래마다 곡명, 가수, 장르, 재생 시간을 저장할 수 있게 SONG 구조체를 정의한다. 장르는 열거체와 열거 상수를 이용해서 나타내시오. SONG 구조체 배열을 선언하고 적절히 초기화한 다음 전체 노래 목록을 장르별로 출력하는 프로그램을 작성하시오. [구조체 배열, 구조체를 매개변수로 전달하는 함수/난이도 ★★]

> **실행결과** ▪▪▪
>
> | 제목 | 아티스트 | 장르 | 재생시간 |
> |------|----------|------|----------|
> | 별 보러 가자 | 박보검 | ballad | 316초 |
> | Awake | 방탄소년단 | ballad | 226초 |
> | I'm Fine | 방탄소년단 | hip-hop | 209초 |
> | 봄날 | 방탄소년단 | hip-hop | 274초 |
> | 아낙네 | MINO | hip-hop | 241초 |
> | thank u, next | Ariana Grande | pop | 208초 |
> | Attention | Charlie Puth | pop | 211초 |
> | How Long | Charlie Puth | pop | 198초 |

17. 노래 정보 관리 프로그램에 검색 기능을 추가하려고 한다. 곡명 또는 가수명을 입력받아서 해당 노래 정보를 찾아서 출력하는 프로그램을 작성하시오. 곡명이나 가수명이 일치하는 노래가 여러 개면 모두 출력한다. [구조체를 매개변수로 전달하는 함수/난이도 ★★]

```
실행결과                                                          ▪ ▪ ▪

키워드(제목/아티스트)? 방탄
I'm Fine          방탄소년단          hip-hop     209초
봄날               방탄소년단          hip-hop     274초
Awake             방탄소년단          ballad      226초
키워드(제목/아티스트)? 별
별 보러 가자         박보검              ballad      316초
키워드(제목/아티스트)? .
```

18. 음원 사이트의 플레이리스트 기능을 구현하려고 한다. 이미 등록된 SONG 구조체 배열이 있을 때, 전체 곡 목록을 보여주고 사용자로부터 플레이리스트에 추가할 노래를 번호로 선택하게 한다. 플레이리스트에 노래를 추가할 때마다 플레이리스트의 곡 목록과 전체 재생 시간이 얼마인지를 출력한다. 플레이리스트에는 최대 5곡만 등록할 수 있다. [구조체 포인터 배열/난이도 ★★★]

```
실행결과                                                          ▪ ▪ ▪

    제목                아티스트             장르        재생시간
 1: thank u, next      Ariana Grande      pop        208초
 2: Attention         Charlie Puth       pop        211초
 3: 별 보러 가자         박보검              ballad      316초
 4: How Long          Charlie Puth       pop        198초
 5: I'm Fine          방탄소년단          hip-hop     209초
 6: 봄날               방탄소년단          hip-hop     274초
 7: Awake             방탄소년단          ballad      226초
 8: 아낙네             MINO               hip-hop     241초
플레이리스트에 추가할 곡 번호? 4
<< 플레이리스트 >>
How Long             Charlie Puth       pop             198초
총 재생시간 : 198초
플레이리스트에 추가할 곡 번호? 8
<< 플레이리스트 >>
How Long             Charlie Puth       pop             198초
아낙네                MINO               hip-hop         241초
총 재생시간 : 439초
플레이리스트에 추가할 곡 번호? 9
잘못된 곡 번호입니다.
플레이리스트에 추가할 곡 번호? 0
```

★ 노래 정보는 이미 SONG 구조체 배열에 저장되어 있으므로 플레이리스트 목록은 구조체 배열 원소를 가리키는 포인터 배열을 이용한다. 사용자가 선택한 곡 번호로 SONG 배열 원소의 주소를 playlist[i]에 저장한다. SONG 구조체 배열의 인덱스는 0번부터 시작하고 노래 번호는 1번부터 시작하므로 주의해야 한다.
SONG *playlist[5] = {NULL};

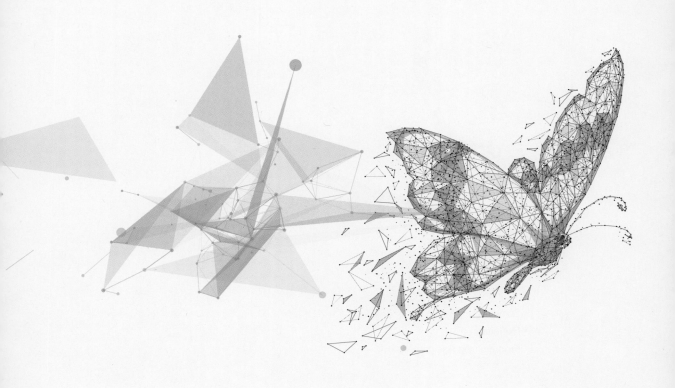

CHAPTER 11

변수, 함수의 활용 및
동적 메모리

11.1 변수의 활용

11.1.1 변수의 특성

지금까지 변수를 선언할 때는 변수의 데이터형과 이름, 초기값을 사용하였다. 그런데 변수에는 데이터형 외에도 변수의 영역과 생존 기간, 연결 특성을 지정할 수 있다.

변수의 영역(scope)은 변수가 사용될 수 있는 범위를 의미하는데, 블록 범위와 파일 범위로 나눌 수 있다. 블록 범위는 { }에 의해 결정되며, 블록 범위 안에 선언된 지역 변수는 해당 블록에서만 사용될 수 있다. 함수 밖에 선언된 전역 변수는 파일 범위에서 사용될 수 있다. 즉, 전역 변수는 전역 변수가 선언된 소스 파일 전체에서 사용될 수 있다.

변수의 생존 기간(lifetime)은 변수가 언제 생성되고 소멸되는지를 의미한다. 생존 기간에 따라 변수를 자동 할당 변수와 정적 할당 변수, 동적 할당 변수로 구분할 수 있다.

자동 할당(static memory allocation) 변수는 블록에 들어갈 때 메모리가 생성되고 블록을 빠져나갈 때 메모리가 소멸된다. 자동 할당 변수는 메모리의 스택(stack) 영역에 생성되며, 생성될 때마다 매번 주소가 달라질 수 있다. 변수의 생성과 소멸이 '자동'으로 처리된다는 의미에서 '자동' 할당 변수라고 하며, 지역 변수가 자동 할당 변수에 해당한다.

정적 할당(static memory allocation) 변수는 프로그램이 시작될 때 메모리가 생성되고, 프로그램이 종료될 때 메모리가 소멸된다. 정적 메모리(static memory) 영역에 생성되며, 변수의 생성 시점과 종료 시점이 정해져 있다는 의미에서 '정적' 할당 변수라고 한다. 전역 변수가 정적 할당 변수에 해당한다.

동적 할당(dynamic memory allocation) 변수는 프로그래머가 원하는 시점에 메모리를 할당하고, 원하는 시점에 해제할 수 있다. 동적으로 할당된 변수는 메모리의 힙(heap) 영역에 생성되며, malloc 함수를 이용해서 할당하고 free 함수를 이용해서 해제한다. 변수의 생성과 소멸을 실행 중에 동적으로 결정할 수 있다는 의미에서 '동적' 할당 변수라고 한다.

변수의 연결 특성(linkage)은 변수를 하나의 소스 파일에서만 사용할지, 프로그램 전체에서 사용할지 결정한다. 지역 변수는 블록 안에서만 사용할 수 있기 때문에 따로 연결 특성을 갖지 않는다. 전역 변수만 연결 특성을 가질 수 있는데, 내부 연결과 외부 연결로 구분할 수 있다.

내부 연결(internal linkage)는 전역 변수를 하나의 소스 파일에서만 사용하도록 제한한다. static 키워드를 지정하면 전역 변수가 내부 연결 특성을 가지게 된다.

외부 연결(external linkage)는 전역 변수를 프로그램 전체에서 사용할 수 있게 만든다. 전역 변수는 디폴트로 외부 연결 특성을 갖는다. 전역 변수는 외부 연결 특성을 가지더라도 다른 소스 파일에서 자동으로 사용될 수 있는 것은 아니다. 다른 소스 파일에 선언된 전역 변수를 참조하려면 전역 변수에 대한 extern 선언이 필요하다.

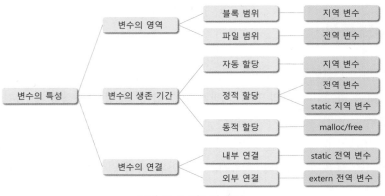

그림 11-1 변수의 특성

변수의 특성 중 변수의 영역은 변수가 선언된 위치에 따라 결정된다. 변수의 특성 중 생존 기간과 연결 특성에 영향을 주는 키워드를 **기억 부류 지정자(storage class specifier)**라고 한다. C의 기억 부류 지정자에는 auto, register, static, extern 네 가지가 있다. 이 중 auto와 register는 지역 변수에만 사용할 수 있다. static과 extern은 함수의 연결 특성을 지정하는 데도 사용할 수 있다.

기억 부류 지정자는 변수 선언문이나 함수 선언문의 맨 앞에 써준다.

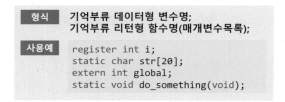

기억 부류 지정자 중에서 auto, register, static은 지역 변수의 생존 기간과 할당 위치에 영향을 준다. static와 extern은 전역 변수와 함수의 연결 특성을 지정하기 위해서 사용된다.

📝 **확인해봐요**

1. 다음 중 변수의 특성은?

   ① 변수의 영역   ② 변수의 생존 기간   ③ 변수의 연결 특성   ④ 모두 다

2. 생존 기간과 연결 특성에 영향을 주기 위한 키워드를 무엇이라고 하는가?

   ① 변수의 속성   ② 변수의 데이터형   ③ 변수의 초기값   ④ 기억 부류 지정자

11.1.2 auto와 register

auto로 선언된 지역 변수는 블록에 들어갈 때 자동으로 생성되고, 블록을 빠져나갈 때 자동으로 소멸된다. **지역 변수는 디폴트로 auto 변수이다.**

```c
int main(void)
{
    int a = 10;     // 지역 변수는 auto를 생략해도 auto 변수이다.
    auto int b = 20;
    ⋮
}
```

auto를 지정한 b뿐만 아니라, auto를 지정하지 않은 a도 auto 변수이다. auto로 지정된 변수를 자동 변수(automatic variable)라고 한다.

register는 변수를 메모리에 할당하는 대신 CPU의 레지스터에 할당한다. 변수를 레지스터에 할당하는 이유는 수행 속도 때문이다. 메모리에 있는 변수에 접근하려면 메모리에서 데이터를 로드(load)하거나 메모리로 데이터를 저장(store)하는 CPU 명령어를 수행해야 한다. load/store 명령어는 다른 명령어에 비해서 더 많은 CPU 클럭을 사용하기 때문에 레지스터에 접근하는 것보다 속도가 느리다. 따라서 변수를 레지스터에 할당하면 변수에 좀 더 빠르게 접근할 수 있다.

```c
register int i;     // 자주 반복적으로 사용되는 변수를 register로 지정한다.
for (i = 0; i < 10000; i++)
    sum += i;
```

자주 반복적으로 사용되는 변수를 register로 선언하면, 프로그램의 실행 속도를 높일 수 있다. 보통 루프 제어 변수를 레지스터 변수로 선언해서 사용한다. 그런데, 레지스터 변수로 선언하더라도 변수가 레지스터에 할당되지 않을 수 있다. CPU 레지스터의 개수가 제한되어 있으므로 무조건 레지스터에 할당할 수 없기 때문이다.

실제로 레지스터에 할당되었는지 여부에 관계없이 레지스터 변수에 대해서는 주소 구하기 연산자를 사용할 수 없다.

```c
register int i;
printf("%p", &i);   // register 변수의 주소를 구할 수 없으므로 컴파일 에러
```

대부분의 C/C++ 컴파일러는 코드 최적화 단계에서 자동으로 레지스터 변수를 설정하는 기능을 제공하므로 register를 직접 지정할 필요는 없다. 실제로 auto와 register 키워드

는 거의 사용되지 않는다.

11.1.3 extern

(1) One Definition Rule

extern의 의미를 이해하려면 선언(declaration)과 정의(definition)을 구분해야 한다. 함수의 정의는 실제 함수가 처리할 내용을 기술하는 것이고, 함수의 선언은 함수에 대한 정보를 알려준다. 즉, 선언은 '~라는 함수가 어딘가에 있다.'라고 알려주고, 정의는 그 함수가 '구체적으로 ~을 하는 함수이다.'라고 알려준다. C 언어의 **ODR(One Definition Rule)** 규칙에 의하면 함수는 프로그램 전체에서 한번만 정의하고, 선언은 여러 번 할 수 있다.

```
void do_something(void)
{
  printf("one definition");
}

int main(void)
{
  do_something();

  return 0;
}

void do_something(void)
{
  printf("one definition");
}
```

함수의 정의

함수는 한번만 정의할 수 있다.

함수의 정의

함수 재정의는 컴파일 에러

함수는 여러 번 선언할 수 있다.

```
void do_something(void);

int main(void)
{
  do_something();

  return 0;
}

void do_something(void);

void do_something(void)
{
  printf("one definition");
}
```

함수의 선언

함수 선언은 여러 번 할 수 있다.

함수의 선언

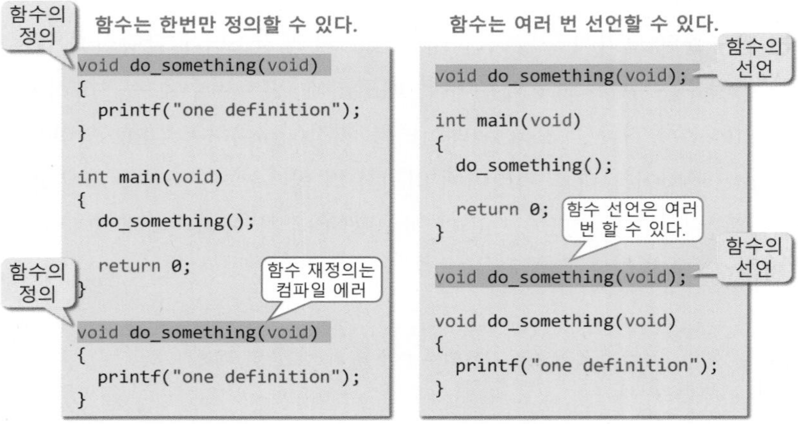

그림 11-2 One Definition Rule

변수의 경우에도 선언과 정의를 구분할 수 있을까? 지금까지 변수의 선언과 정의를 구분하지 않고 사용했는데, 변수는 선언과 정의가 동시에 이루어지기 때문이다. 변수의 선언은 변수의 데이터형과 이름을 알려주고, 변수의 정의는 변수의 메모리를 할당하고 초기화한다.

```
int a = 10;        // 변수의 선언이면서 정의
```

extern 키워드는 변수에 대하여 정의는 하지 않고 선언만 하게 만든다. **변수를 extern으로 선언하면 '~라는 변수가 있다.'라고 알려줄 뿐 메모리를 할당하지는 않는다.** 변수는 선언과 정의가 함께 이루어지므로 선언만 하는 경우를 'extern 선언'이라고 한다. ODR 규칙에 의하면 변수도 한번만 정의(메모리 할당 및 초기화)하고, extern 선언은 여러 번 할 수 있다.

(2) 전역 변수의 extern 선언

extern 키워드는 지역 변수에는 사용할 수 없고, 전역 변수에만 사용할 수 있다. extern 선언을 이용하면 **전방 선언(forward declaration)**이 가능하다.

전역 변수를 소스 파일의 중간 부분에 선언(정의)하면, 전역 변수의 선언문 다음에 있는 함수에서만 전역 변수를 사용할 수 있다.

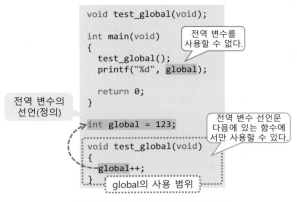

그림 11-3 전역 변수 선언문의 위치

소스 파일의 시작 부분에 전역 변수의 extern 선언을 넣어주면, 전역 변수가 선언(정의)된 위치에 관계없이 전역 변수를 사용할 수 있다. 즉, **전역 변수의 extern 선언은 전역 변수의 사용 범위를 확장한다.**

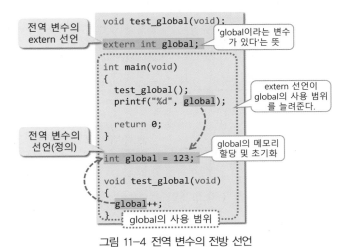

그림 11-4 전역 변수의 전방 선언

전역 변수의 extern 선언은 파일 범위를 벗어나는 외부 연결 특성을 제공한다. 전역 변수는 원칙적으로 전역 변수가 선언된 소스 파일 범위에서 사용할 수 있다. 다른 소스 파일에 선언(정의)된 전역 변수를 사용하려면 해당 변수의 extern 선언이 필요하다.

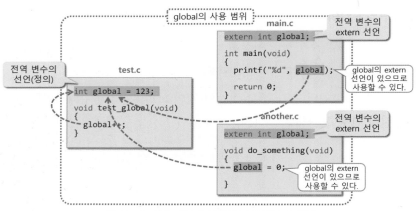

그림 11-5 다른 파일에 선언된 전역 변수의 사용

[그림 11-5]는 여러 개의 소스 파일이 하나의 프로그램을 구성하는 경우이다. 전역 변수 global은 그 중에서 test.c에서 선언(정의)되어 있다. 즉, test.c에서 global을 메모리에 할당 하고 초기화한다. main.c와 another.c에서는 다른 소스 파일에서 선언(정의)된 global 변 수에 대해서 extern 선언이 있어야 global을 사용할 수 있다. **extern은 전역 변수의 사용 범위를 extern 선언이 된 파일까지 확장한다.**

같은 프로그램 내의 소스 파일이 여러 개일 때, 전역 변수의 extern 선언은 소스 파일마 다 필요하다. 어떤 소스 파일에 전역 변수의 extern 선언이 없으면 해당 파일에서는 전역 변수를 사용할 수 없다.

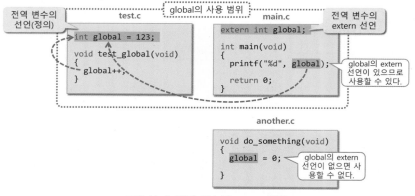

그림 11-6 전역 변수의 extern 선언

전역 변수의 extern 선언을 함수 안에 넣어주면, 그 함수에서만 전역 변수를 사용할 수 있다. [그림 11-7]처럼 main.c의 test_extern 함수 안에 전역 변수의 extern 선언이 들어 있으면, test_extern 함수에서는 global을 사용할 수 있지만, main.c의 다른 함수에서는 global을 사용할 수 없다.

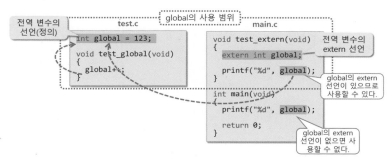

그림 11-7 전역 변수의 extern 선언 위치

변수의 extern 선언 시 초기화를 하면 변수에 대한 메모리가 할당된다. 즉, 초기화를 할 때는 변수의 선언(정의)로 간주되므로 주의해야 한다.

```
extern int global = 123;      // 초기화를 하면 변수의 메모리가 할당된다.
```

정리하면, 전역 변수의 선언문 다음 세 가지 중 한가지 형태이다. 첫 번째는 가장 기본적인 전역 변수의 선언(정의)으로, 변수의 메모리 할당과 초기화가 이루어진다.

```
int global = 123;             // 변수의 선언이면서 정의(메모리 할당 및 초기화)
```

두 번째는, extern 선언 시 초기화를 하는 경우로, 이때도 선언과 정의가 동시에 이루어진다.

```
extern int global = 123;      // 변수의 선언이면서 정의(메모리 할당 및 초기화)
```

세 번째는 '~라는 변수가 있다'라고 알려주는 extern 선언이다. 이 경우에는 메모리가 할당되지 않으므로, 변수가 선언만 되고 정의되지 않는다.

```
extern int global;            // 메모리는 할당되지 않고 '~라는 변수가 있다.'라고 알려준다.
```

전역 변수에 대한 선언(정의)는 프로그램의 여러 소스 파일 중 하나에만 써주어야 한다. 반면에 전역 변수의 extern 선언은 전역 변수를 사용하려는 소스 파일마다 필요하다.

[예제 11-1]은 다른 소스 파일에 정의된 전역 변수를 사용하기 위해서 extern 선언을 하는 코드이다.

> 📝 **예제 11-1 : 전역 변수의 extern 선언**

[test.c]

```
01    #include <stdio.h>
02
03    int global = 123;                // 변수의 선언이면서 정의(메모리 할당 및 초기화)
04
05    void test_global(void)
06    {
07        global++;
08    }
```

[main.c]

```
01    #include <stdio.h>
02
03    void test_global(void);          // 다른 소스 파일의 함수를 호출하려면 함수 선언 필요
04
05    extern int global;               // 'global이라는 변수가 있다.'라고 알려준다.
06
07    int main(void)
08    {
09        test_global();
10        printf("global = %d\n", global);
11
12        return 0;
13    }
```

실행결과   ▪▪▪

```
global = 124
```

📋 **확인해봐요**

1. 지역 변수는 디폴트로 어떤 기억 부류로 지정되는가?

   ① auto   ② register   ③ static   ④ extern

2. 변수와 함수에 대하여 정의는 한번만, 선언은 여러 번 할 수 있다는 규칙을 무엇이라고 하는가?

   ① 영역 규칙   ② 기억 부류 규칙

   ③ One Definition Rule   ④ One Declaration Rule

3. 전역 변수의 사용 범위를 다른 소스 파일까지 확장하는 기억 부류 지정자는?

   ① auto   ② register   ③ static   ④ extern

11.1.4 static

static의 용도는 세 가지로 구분할 수 있다.

- **static 지역 변수**: 지역 변수의 생존 기간에 영향을 준다. 자동 할당인 지역 변수의 생존 기간을 정적 할당으로 변경한다. 지역 변수가 프로그램 시작 시 생성되고, 프로그램 종료 시 소멸되게 만든다.
- **static 전역 변수**: 전역 변수의 연결 특성에 영향을 준다. 전역 변수가 내부 연결 특성을 갖게 만든다.
- **static 함수**: 함수의 연결 특성에 영향을 준다. 함수가 내부 연결 특성을 갖게 만든다.

(1) static 지역 변수

지역 변수를 static으로 선언하면 전역 변수처럼 프로그램이 시작할 때 메모리에 생성되고 프로그램이 종료할 때 소멸된다. 하지만, 전역 변수와는 다르게 static 지역 변수는 선언된 함수 안에서만 사용할 수 있다.

```
void test_static(void)
{
    int local = 0;          // 함수가 호출될 때마다 생성된다.
    static int s_local = 0;  // 프로그램 시작 시 생성된다.

    printf("local = %d, ", local++);
    printf("s_local = %d\n", s_local++);
}                           // 함수 리턴 시 local을 소멸되지만 s_local을 소멸되지 않는다.
```

test_static 함수를 호출하면, 지역 변수인 local이 메모리에 할당되면서 0으로 초기화된다. 함수 안에서 local++을 수행하면 local은 1이 된다. 하지만 local은 지역 변수이므로 함수가 리턴할 때 자동으로 소멸된다. test_static 함수를 여러 번 호출하면, 그때마다 local은 메모리에 새로 생성되고 초기화된 다음 사용되다가, 함수가 리턴할 때 자동으로 소멸된다. 따라서 test_static 함수의 호출 횟수에 상관없이 항상 local = 0이라고 출력한다.

반면에 static 지역 변수인 s_local은 프로그램이 시작될 때 한번만 메모리에 생성되고 초기화된다. 함수 안에서 s_local++를 수행할 때마다 1씩 증가된다. static 지역 변수는 함수가 리턴해도 소멸되지 않고 계속 메모리에 남아서 다음 번 함수 호출에 다시 이용된다. 따라서 test_static 함수를 호출할 때마다 s_local은 1씩 증가된 값이 출력된다.

[예제 11-2]는 static 지역 변수와 지역 변수를 비교해보기 위한 간단한 코드이다.

📑 **예제 11-2** : static 지역 변수

```
01    #include <stdio.h>
02
03    void test_static(void)
04    {
05        int local = 0;          // 함수가 호출될 때마다 생성된다.
06        static int s_local = 0; // 프로그램 시작 시 생성된다.
07
08        printf("local = %d, ", local++);
09        printf("s_local = %d\n", s_local++);
10    }                           // 함수 리턴 시 local을 소멸되지만 s_local을 소멸되지 않는다.
11
12    int main(void)
13    {
14        int i = 0;
15        for (i = 0; i < 5; i++)
16            test_static();      // test_static을 5번 호출한다.
17
18        return 0;
19    }
```

실행결과

```
local = 0, s_local = 0
local = 0, s_local = 1
local = 0, s_local = 2
local = 0, s_local = 3
local = 0, s_local = 4
```

static 지역 변수는 같은 함수의 여러 호출 사이에서 공유되는 변수이다. 어떤 함수가 여러 번 호출되는 동안 이전 호출에서 만든 값을 다음 번 호출에도 사용하려면 static 지역 변수로 선언한다.

예를 들어 누산기 기능을 수행하는 accumulator 함수를 정의하려고 한다. 일반 계산기는 '10 + 20'처럼 피연산자를 2개 지정하는데 비해, 누산기는 이전 연산의 결과를 lhs로 사용하므로 '+ 10'처럼 연산자와 피연산자만으로 연산을 수행한다. accumulator 함수의 정의는 다음과 같다.

```
void accumulator(char op, int operand)
{
    static int result = 0;   // 연산의 결과를 다음 번 연산에 사용할 수 있게 저장한다.
    switch (op)
```

```
    {
    case '+':
        result += operand;
        break;
    case '-':
        result -= operand;
        break;
    case '*':
        result *= operand;
        break;
    case '/':
        result /= operand;
        break;
    default:
        return;
    }
    printf("%c %d = %d\n", op, operand, result);
}
```

accumulator 함수의 static 지역 변수인 result는, 프로그램이 시작될 때 한번만 생성되고 계속 사용되다가 프로그램이 종료될 때 소멸된다. 따라서 accumulator 함수가 호출될 때마다 이전 연산의 결과를 계속해서 이용할 수 있다.

result를 일반 지역 변수로 선언하면 result는 accumulator 함수가 호출될 때마다 매번 다시 생성되고 0으로 초기화되므로 누산기 기능을 구현할 수 없다.

[예제 11-3]은 static 지역 변수를 이용한 accumulator 함수를 정의하고 호출하는 코드이다.

📋 **예제 11-3** : 누산기 기능을 제공하는 accumulator 함수의 정의 및 호출

```
01    #include <stdio.h>
02
03    void accumulator(char op, int operand);
04
05    int main(void)
06    {
07        while (1)
08        {
09            char op;
10            int num;
11            printf("연산자와 정수를 입력하세요(. 0 입력시 종료): ");
12            scanf(" %c %d", &op, &num);
13            if (op == '.' && num == 0)
14                break;
```

```
15              accumulator(op, num);
16      }
17
18      return 0;
19  }
20
21  void accumulator(char op, int operand)
22  {
23      static int result = 0;     // 프로그램 시작 시 한번만 생성되고 초기화된다.
24      switch (op)
25      {
26      case '+':
27          result += operand;    // result에 저장된 이전 연산 결과를 이용한다.
28          break;
29      case '-':
30          result -= operand;
31          break;
32      case '*':
33          result *= operand;
34          break;
35      case '/':
36          result /= operand;
37          break;
38      default:
39          return;
40      }
41      printf("%c %d = %d\n", op, operand, result);
42  }
```

실행결과 ▪ ▪ ▪

```
연산자와 정수를 입력하세요(. 0 입력시 종료): + 10
+ 10 = 10
연산자와 정수를 입력하세요(. 0 입력시 종료): + 30
+ 30 = 40
연산자와 정수를 입력하세요(. 0 입력시 종료): * 5
* 5 = 200
연산자와 정수를 입력하세요(. 0 입력시 종료): . 0
```

result를 전역 변수로 선언하면 어떻게 될까? 이 경우에도 result 변수에 남아있는 이전 연산의 결과를 계속 이용할 수 있다. 하지만 result를 전역 변수로 선언하면, 다른 함수에서도 result 변수를 읽어보거나 변경할 수 있게 된다. 반면에 result 변수를 accumulator 함수의 static 지역 변수로 선언하면, result의 사용 범위가 accumulator 함수로 제한된다.

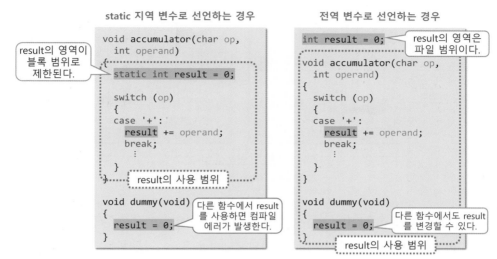

그림 11-8 static 지역 변수와 전역 변수의 비교

일반적으로 변수의 사용 범위가 좁을수록 프로그램의 가독성이 좋아지고, 모듈화가 잘 된다. result처럼 함수 안에서만 사용되는 변수는 전역 변수보다 static 지역 변수로 선언하는 것이 좋다.

 질문 있어요

모듈화는 무엇인가요?

소프트웨어 공학에서 모듈(module)이란 소프트웨어를 구성하는 기본적인 단위이다. 보통은 독립적인 기능을 제공하는 단위를 말한다. 작게는 함수들도 모듈이 될 수 있고, 비슷한 기능을 제공하는 함수들을 묶어 놓은 라이브러리도 모듈이 될 수 있다. 소프트웨어를 개발하기 위해서 소프트웨어를 작은 여러 개의 모듈로 나누는 것을 모듈화라고 한다. 모듈화가 잘된 소프트웨어는 모듈 간의 독립성이 높기 때문에 어떤 모듈을 수정하더라도 소프트웨어의 나머지 부분은 영향을 받지 않는다. 전역 변수를 사용하면 함수들 사이에 종속성이 발생하기 때문에 모듈화가 어려워지고, 모듈 간의 독립성이 낮아진다. 모듈화의 관점에서 보면 전역 변수는 가능한 한 사용하지 않는 것이 좋다.

---

(2) static 전역 변수

전역 변수를 static으로 선언하면 전역 변수의 연결 특성을 내부 연결로 지정한다. 전역 변수는 디폴트로 extern으로 선언된 것으로 간주되는데, **전역 변수에 static을 지정하면 선언된 소스 파일에서만 전역 변수를 사용하도록 제한한다.**

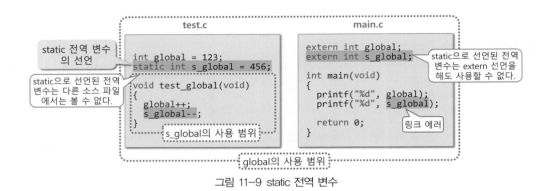

그림 11-9 static 전역 변수

test.c에 전역 변수로 선언된 global은 extern 선언이 있으면 main.c에서 사용할 수 있다. 하지만, test.c에 static 전역 변수로 선언된 s_global는 extern 선언을 해도 main.c에서는 사용할 수 없고, test.c에서만 사용할 수 있다.

static 전역 변수는 전역 변수의 사용 범위를 특정 소스 파일로 제한하는 기능이다. 큰 프로그램은 여러 개의 소스 파일로 나누어 작성하는데, 소스 파일별로 관련된 함수들을 모아서 정의하는 것이 일반적이다. 이때, 특정 소스 파일에 정의된 함수들 사이에서만 공유되는 변수가 있으면 static 전역 변수로 선언한다.

〈표 11-1〉은 지역 변수와 static 지역 변수, 전역 변수, static 전역 변수에 대하여 여러 가지 특징을 다시 한 번 정리한 것이다.

표 11-1 지역 변수와 static 지역 변수, 전역 변수와 static 전역 변수

구분	지역 변수	static 지역 변수	전역 변수	static 전역 변수
선언 위치	함수 안	함수 안	함수 밖	함수 밖
생성 시점	변수 선언 시	프로그램 시작 시	프로그램 시작 시	프로그램 시작 시
소멸 시점	함수 리턴 시	프로그램 종료 시	프로그램 종료 시	프로그램 종료 시
사용 범위	함수 안	함수 안	프로그램 전체	선언된 소스 파일
초기화하지 않았을 때	쓰레기값	0으로 초기화	0으로 초기화	0으로 초기화

(3) static 함수

함수는 디폴트로 extern으로 선언되어 외부 연결 특성을 가진다. 따로 지정하지 않아도 extern이 되므로, 함수 선언 시 extern 키워드는 생략한다. 함수가 외부 연결 특성을 가지므로, 함수 선언이 있으면 다른 소스 파일에 정의된 함수를 자유롭게 호출할 수 있다.

```
int get_factorial(int num)    // extern이 생략된 함수 선언
```

함수 정의에도 디폴트로 extern이 생략된 것이다.

```
int get_factorial(int num)    // extern이 생략된 함수 정의
{
    int i;
    int result = 1;

    for (i = 1; i <= num; i++)
        result *= i;
    return result;
}
```

함수를 선언하거나 정의할 때 따로 써주지 않아도 extern이 생략된 것이므로, 함수는 기본적으로 외부 연결 특성을 가진다.

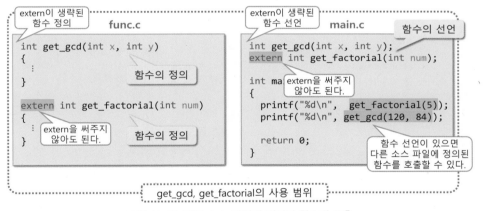

그림 11-10 다른 소스 파일에 정의된 함수의 호출

[예제 11-4]는 다른 소스 파일에 정의된 함수를 호출하기 위해서 함수 선언을 사용하는 코드이다. get_factorial, get_gcd 함수의 정의는 func.c에 넣어주고, main 함수의 정의는 별도의 소스 파일인 main.c에 작성하였다. main 함수에서 get_factorial, get_gcd 함수를 호출할 수 있도록 main.c의 시작 부분에 get_factorial, get_gcd 함수의 선언을 써준다.

📖 **예제 11-4** : 다른 소스 파일에 정의된 함수의 호출

[func.c]

```
01  // 함수의 정의를 모아놓은 소스 파일 func.c
02
03  int get_gcd(int x, int y)            // extern이 생략된 함수 정의
04  {
05      int r;
06      while (y != 0) {
07          r = x % y;
08          x = y;
09          y = r;
10      }
11      return x;
12  }
13
14  extern int get_factorial(int num)    // extern을 명시적으로 써줄 수 있다.
15  {
16      int i;
17      int result = 1;
18
19      for (i = 1; i <= num; i++)
20          result *= i;
21      return result;
22  }
```

[main.c]

```
01  #include <stdio.h>
02  #include <stdlib.h>                  // srand, rand 호출 시 필요
03  #include <time.h>                    // time 호출 시 필요
04
05  // 다른 소스 파일에 정의된 함수를 호출하려면 함수 선언이 필요하다.
06  int get_gcd(int x, int y);           // extern이 생략된 함수 선언
07  extern int get_factorial(int num);   // extern을 명시적으로 써줄 수 있다.
08
09  int main(void)
10  {
11      int i;
12      srand((unsigned int)time(NULL));  // 난수의 시드를 지정한다.
13
```

```
14        // 0~9사이의 임의의 정수에 대해서 팩토리얼을 구한다.
15        for (i = 0; i < 5; i++)
16        {
17            int num = rand() % 10;
18            printf("%2d! = %7d\n", num, get_factorial(num));
19        }
20
21        // 0~99사이의 임의의 정수 2개에 대해서 최대 공약수를 구한다.
22        for (i = 0; i <= 5; i++)
23        {
24            int a = rand() % 100;
25            int b = rand() % 100;
26            printf("%2d와 %2d의 GCD = %2d\n", a, b, get_gcd(a, b));
27        }
28
29        return 0;
30    }
```

실행결과

```
 4! =      24
 6! =     720
 5! =     120
 4! =      24
 2! =       2
24와 24의 GCD = 24
97와 32의 GCD =  1
34와 75의 GCD =  1
51와 39의 GCD =  3
97와  2의 GCD =  1
43와 33의 GCD =  1
```

static 함수는 함수가 정의된 소스 파일에서만 함수를 호출할 수 있고, 다른 소스 파일에서는 함수 선언이 있어도 호출할 수 없다. [그림 11-11]처럼 func.c의 get_factorial 함수를 static으로 정의하면, 같은 소스 파일에 있는 test_factorial 함수에서는 get_factorial 함수를 호출할 수 있지만, 다른 소스 파일에 있는 main 함수에서는 get_factorial 함수를 호출할 수 없다. 즉, get_factorial 함수를 static으로 정의하면, 다른 소스 파일에서는 이 함수를 아예 볼 수 없으므로 함수 선언이 있어도 호출할 수 없다.

함수를 static 함수로 만들려면 함수의 선언 또는 정의에 static 키워드를 지정한다.

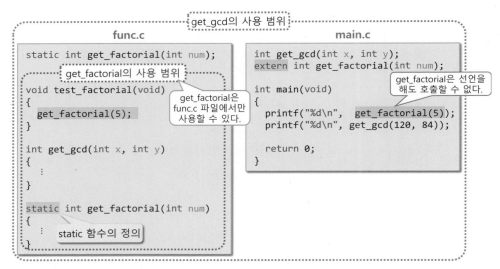

그림 11-11 static 함수의 사용 범위

이처럼 **static 키워드는 전역 변수나 함수와 함께 사용되어 전역 변수나 함수의 가시성 (visibility)을 파일 범위로 제한한다**. 즉, 전역 변수나 함수가 정의된 소스 파일 밖에서는 해당 변수나 함수를 보이지 않게 만든다.

함수와 전역 변수를 사용하기 위한 가이드라인을 정리하면 다음과 같다.

① 소스 파일은 기능 단위로 나누어 작성한다. 관련된 함수와 전역 변수를 모아서 소스 파일을 구성한다. 소스 파일명도 의미 있는 이름으로 정하는 것이 좋다.

② 소스 파일에서 외부로 노출해야 하는 함수나 전역 변수는 extern으로 정의한다. 이 때 extern 키워드는 생략할 수 있다. 프로그램의 나머지 부분에서 함수나 전역 변수를 사용할 수 있도록 헤더 파일을 만들고 헤더 파일에 함수 선언과 전역 변수의 extern 선언을 넣어준다. 소스 파일명이 test.c면 헤더 파일명은 test.h로 지정한다.

③ 소스 파일 내부에서만 사용되는 함수나 전역 변수는 static으로 정의한다.

④ 프로그램의 나머지 부분에서 test.c에 있는 함수나 전역 변수를 사용하려면 헤더 파일인 test.h를 포함한다.

함수와 전역 변수를 사용하려면 헤더 파일이 필요한데, 헤더 파일을 구성하는 방법은 13 장에서 알아보도록 하자.

11.2 함수의 활용

11.2.1 재귀 함수

재귀 함수(recursive function)는 자기 자신을 다시 호출하는 함수이다. 프로그래밍 기법 중 재귀 기법(recursion)은 어떤 문제를 비슷한 유형의 다른 문제로 바꾸어 처리하는 방법 이다. 재귀 함수는 큰 문제를 비슷한 종류의 작은 문제들로 나누어 처리하는 **분할 정복 알 고리즘(divide and conquer)**을 구현할 때 주로 사용된다.

재귀 기법에 대해 알아보기 위한 예로 팩토리얼을 구하는 과정을 생각해보자.

$$n! = \begin{cases} 1, & n = 0 \\ n \times (n-1)!, & n > 0 \end{cases}$$

n!은 n×(n−1)!로 정의된다. 마찬가지로 (n−1)!은 다시 (n−1)×(n−2)!로 바꾸어 처리할 수 있다. 이런 식으로 계속하면 n!은 n×(n−1)×(n−2)× … ×1로 구할 수 있다. 이런 재귀 기법을 함수로 구현한 것이 재귀 함수이다.

(1) 재귀 함수의 정의

팩토리얼 구하는 함수 get_factorial을 재귀 함수로 정의하면 다음과 같다.

```
int get_factorial(int num)
{
    if (num <= 1)                      // 재귀 함수의  종료 조건
        return 1;
    return num * get_factorial(num - 1);    // get_factorial 함수를 다시 호출한다.
}
```

get_factorial 함수는 n이 1보다 작거나 같으면 1을 리턴하고, 그렇지 않으면 n * get_factorial(n - 1);을 리턴한다. 수식에 함수 호출이 있으면 먼저 함수를 호출한 다음에 수식을 계산한다. 따라서 get_factorial 함수가 리턴하기 전에 get_factorial(n - 1)을 먼저 호출하고 그 결과에 n을 곱해서 리턴한다.

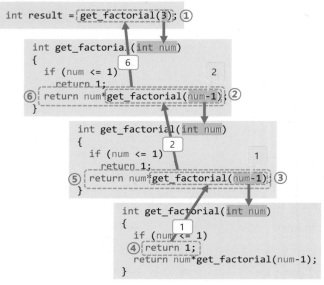

그림 11-12 재귀 함수의 호출 과정

[그림 11-12]은 get_factorial(3)이 호출되는 과정이다. get_factorial(3)은 get_factorial(2)를 호출하고, get_factorial(2)는 다시 get_factorial(1)을 호출한다. get_factorial(1)은 num이 1보다 작거나 같으므로 1을 리턴한다. get_factorial(1)의 리턴값에 2를 곱한 다음 get_factorial(2)가 리턴하고, 다시 get_factorial(2)의 리턴값에 3을 곱해서 get_factorial(3)이 리턴한다.

재귀 함수는 무한히 자기 자신을 호출해서는 안되며 반드시 종료 조건이 필요하다. get_factorial의 종료 조건은 num ≤ 1이다.

[예제 11-5]는 팩토리얼을 구하는 get_factorial 함수를 재귀 함수로 정의하고 호출하는 코드이다.

📑 **예제 11-5 : 재귀 함수의 정의 및 호출**

```
01    #include <stdio.h>
02
03    int get_factorial(int num);
04
05    int main(void)
06    {
07        int i;
08
09        for (i = 0; i <= 10; i++)              // get_factorial(0)~get_factorial(10)을 호출한다.
10            printf("%2d! = %7d\n", i, get_factorial(i));
11
12        return 0;
13    }
14
15    int get_factorial(int num)                 // 재귀 함수로 정의된 get_factorial
16    {
17        if (num <= 1)
18            return 1;
19        return num * get_factorial(num - 1); // get_factorial 함수를 다시 호출한다.
20    }
```

실행결과

```
 0! =        1
 1! =        1
 2! =        2
 3! =        6
 4! =       24
 5! =      120
 6! =      720
 7! =     5040
 8! =    40320
 9! =   362880
10! = 3628800
```

두 정수의 최대 공약수를 구할 때도 재귀 기법을 이용할 수 있다. 두 정수의 최대 공약수를 구하는 공식은 다음과 같다.

$$GCD(x, y) = \begin{cases} y, & x\%y = 0 \\ GCD(y, x\%y), & x\%y \neq 0 \end{cases}$$

최대 공약수를 구하는 get_gcd 함수를 재귀 함수로 정의하면 다음과 같다.

```
int get_gcd(int x, int y)
{
    if (x % y == 0)                    // 재귀 함수의 종료 조건
        return y;
    return get_gcd(y, x % y);          // get_gcd를 다시 호출한다.
}
```

x를 y로 나누어 떨어지면 get_gcd 함수는 더 이상 get_gcd를 호출하지 않고 리턴한다. C에서는 호출 스택을 이용해서 함수의 호출 과정을 처리한다.

[그림 11-13]를 살펴보자. 프로그램 시작 시 main 함수가 제일 먼저 호출 스택에 들어간다. main에서 get_gcd(120, 84);를 호출하면 get_gcd(120, 84);를 호출 스택에 넣고, get_gcd(120, 84);는 리턴 전에 자기 자신을 다시 호출하므로 get_gcd(84, 36);를 다시 호출 스택에 쌓는다. get_gcd(84, 36);도 리턴 전에 다시 get_gcd(36, 12);를 호출하므로 get_gcd(36, 12);를 다시 호출 스택에 쌓는다. get_gcd(36, 12);는 종료 조건을 만족하므로 12를 리턴하고, 이때 호출 스택에 맨 위에 있던 get_gcd(36, 12);를 제거한다. get_gcd(36, 12);가 12를 리턴하면 그 값을 다시 get_gcd(84, 36);이 리턴하면서 호출 스택의 맨 위에 있는 get_gcd(84, 36);를 제거한다. 다시 한번 get_gcd(84, 36);이 12를 리턴하면 그 값을 다시 get_gcd(120, 84);가 리턴하면서 호출 스택의 맨 위에 있는 get_gcd(120, 84);를 제거하고 main으로 12를 리턴한다. 이처럼 호출 스택은 후입 선출(Last-In First-Out) 방식으로 동작한다.

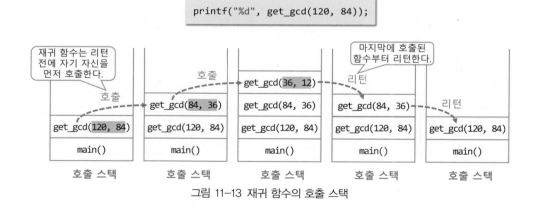

그림 11-13 재귀 함수의 호출 스택

재귀 함수는 리턴 전에 자기 자신을 반복적으로 호출하므로 함수 호출의 깊이(depth)가 깊어진다. 함수가 리턴하지 않고 몇 번이나 호출되고 있는지를 '함수 호출의 깊이'라고 한다. [그림 11-13]에서 get_gcd(36, 12);가 호출되었을 때 함수 호출의 깊이가 가장 깊다.

[예제 11-6]은 최대 공약수를 구하는 get_gcd 함수를 재귀 함수로 정의하고 호출하는 코드이다.

📀 **예제 11-6 : get_gcd 함수의 정의 및 호출**

```
01    #include <stdio.h>
02
03    int get_gcd(int x, int y);
04
05    int main(void)
06    {
07        int a = 0, b = 0;
08
09        while (1)
10        {
11            printf("2개의 정수(0 0 입력 시 종료)? ");
12            scanf("%d %d", &a, &b);
13
14            if (a == 0 && b == 0)
15                break;
16            printf("%d와 %d의 GCD = %d\n", a, b, get_gcd(a, b));
17        }
18
19        return 0;
20    }
21
22    int get_gcd(int x, int y)     // 재귀 함수로 정의된 get_gcd
23    {
24        if (x % y == 0)
25            return y;
26        return get_gcd(y, x % y);
27    }
```

실행결과 ■ ■ ■ ■

```
2개의 정수(0 0 입력 시 종료)? 120 84
120와 84의 GCD = 12
2개의 정수(0 0 입력 시 종료)? 36 96
36와 96의 GCD = 12
2개의 정수(0 0 입력 시 종료)? 81 18
81와 18의 GCD = 9
2개의 정수(0 0 입력 시 종료)? 0 0
```

(2) 재귀 함수와 반복문

성능 측면에서 보면 재귀 함수보다 반복문으로 구현하는 것이 좋다. 재귀 함수를 호출하면 함수가 리턴 전에 여러 번 반복적으로 호출되므로, 함수 호출 시 오버헤드가 크다. 따라서 반복문을 사용해서 구현하는 것보다 수행 속도가 느려진다.

CPU 명령어, 즉 기계어의 관점으로 보면, 함수 호출 시 여러 가지 준비가 필요하다. 우선 현재 수행중인 코드에서 함수 코드로 이동하므로 함수가 리턴할 때 돌아올 위치를 저장해둔다. 그 다음 함수 호출 시 넘겨줄 인자가 있다면, 인자를 스택에 저장한다. 또한, 함수 안에서 지역 변수를 생성하면 함수가 리턴할 때 이런 지역 변수를 모두 해제한다. 리턴할 때도 리턴값을 함수를 호출한 곳으로 전달한 다음에 저장해둔 위치로 돌아온다. 재귀 함수는 이런 함수 호출이 반복적으로 일어나므로 함수 호출의 오버헤드가 크다. 즉, 함수가 기능을 수행하는 것보다 함수 호출을 준비하는 데 더 많은 시간을 보낸다.

재귀 함수로 구현하는 경우

```c
int get_factorial(int num)
{
  if (num <= 1)
    return 1;
  return num*get_factorial(num-1);
}
```

알고리즘이 직관적이고 이해하기 쉽다.

반복문으로 구현하는 경우

```c
int get_factorial(int num)
{
  int i;
  int result = 1;

  for (i = 1; i <= num; i++)
    result *= i;
  return result;
}
```

반복적인 함수 호출보다 효율적이다.

그림 11-14 재귀 함수와 반복문의 비교

성능 상의 오버헤드가 있긴 하지만, 재귀 기법은 문제 해결을 위한 알고리즘을 단순화한다는 장점이 있으므로 의미 있게 사용할 수 있다. 단, 재귀 함수를 이용해서 함수를 호출할 때는 함수 호출의 깊이가 너무 깊어지지 않도록 신경써야 한다.

📋 **확인해봐요**

1. 자기 자신을 다시 호출하는 함수를 무엇이라고 하는가?
   ① 재귀 함수　　　② 콜백 함수　　　③ 접근자 함수　　　④ 멤버 함수

2. 큰 문제를 비슷한 종류의 작은 문제들로 나누어 처리하는 문제 해결 방식을 무엇이라고 하는가?
   ① 분할 정복 알고리즘　　　② 하향식 접근 방법
   ③ 상향식 접근 방법　　　④ 추상화

11.2.2 함수 포인터

(1) 함수 포인터의 기본

함수 포인터는 함수의 주소를 저장하는 포인터이다. 지금까지는 포인터에 변수의 주소만 저장했는데, 함수의 주소도 포인터에 저장할 수 있다. 변수와 마찬가지로 함수도 메모리의 특정 번지에 할당된다.

컴파일 및 링크 결과로 만들어지는 실행 파일은 메모리를 여러 개의 세그먼트로 구분해서 사용한다. 함수 코드나 문자열 리터럴은 실행 중에 변경되지 않으므로 **텍스트 세그먼트**라는 읽기 전용 영역에 할당된다. 전역 변수나 static 변수는 초기화 여부에 따라 **데이터 세그먼트**나 **bss 세그먼트**에 할당된다. 지역 변수는 **스택** 영역에 할당되고 동적 메모리는 **힙** 영역에 할당된다. 프로그램을 실행하면 실행 파일이 메모리로 로드되는데, 텍스트 세그먼트에 있는 함수 코드도 메모리의 특정 번지로 로드되므로, 함수도 주소를 가진다.

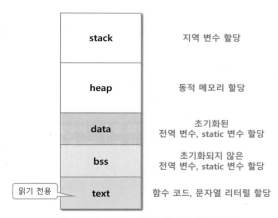

그림 11-15 프로그램의 메모리 레이아웃

함수의 주소를 저장하는 포인터를 함수에 대한 포인터 또는 함수 포인터라고 한다. 함수 포인터를 선언하는 기본적인 형식은 다음과 같다.

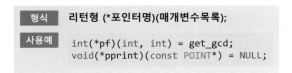

```
형식    리턴형 (*포인터명)(매개변수목록);

사용예   int(*pf)(int, int) = get_gcd;
         void(*pprint)(const POINT*) = NULL;
```

함수 포인터를 선언하려면 함수 포인터가 가리킬 함수의 원형이 필요하다. 변수에 대한 포인터를 선언할 때 포인터가 가리키는 변수와 포인터의 데이터형이 같아야 하는 것처럼, 함수 포인터를 선언할 때도 함수의 원형과 포인터의 데이터형이 같아야 한다. 예를 들어 get_gcd 함수의 원형은 다음과 같다.

```
int get_gcd(int x, int y);    // 함수 포인터로 가리킬 함수 원형
```

함수 포인터를 선언하려면 먼저 리턴형을 쓰고, ( ) 안에 *와 함께 포인터 변수명을 쓴 다음, 다시 ( ) 안에 매개변수 목록을 써준다. 매개변수 목록에서 매개변수 이름은 생략할 수 있다.

get_gcd 함수의 주소를 저장할 포인터는 다음과 같이 선언할 수 있다.

```
int (*pf)(int, int);          // pf는 함수 포인터 변수
```

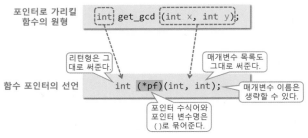

그림 11-16 함수 포인터의 선언

이때 포인터 수식어와 포인터 변수명을 반드시 ( )로 묶어주어야 한다. 만일 ( )로 묶지 않으면 int*형을 리턴하고 매개변수가 (int, int)인 함수의 선언문이 된다.

```
int *pf(int, int);            // int*형을 리턴하고 매개변수가 (int, int)인 pf 함수의 선언
```

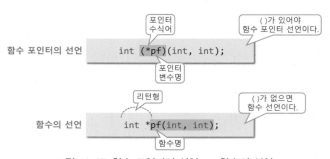

그림 11-17 함수 포인터의 선언 vs. 함수의 선언

함수 포인터도 초기화를 하지 않으면 쓰레기값을 가진다. 함수 포인터가 아직 가리키는 함수가 없으면 널 포인터로 초기화한다.

```
int (*pf)(int, int) = NULL;            // 함수 포인터도 널 포인터로 초기화할 수 있다.
```

함수 포인터를 특정 함수의 주소로 초기화하려면 = 다음에 주소 구하기 연산자(&)와 함께 함수의 이름을 적어준다.

```
int (*pf)(int, int) = &get_gcd;        // 함수 이름 앞에 &를 써서 함수의 주소를 구한다.
```

함수의 주소를 구할 때는 & 연산자 없이 함수 이름만 써도 된다. 배열 이름이 배열의 시작 주소인 것처럼 **함수 이름은 함수의 시작 주소를 의미한다.**

```
int (*pf)(int, int) = get_gcd;         // 함수 이름은 함수의 주소를 의미한다.
```

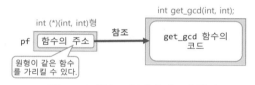

그림 11-18 함수 포인터의 메모리 할당

함수 포인터를 널 포인터로 초기화하고 나중에 함수 주소를 대입할 수도 있다.

```
int (*pf)(int, int) = NULL;            // 널 포인터로 초기화한다.
pf = get_gcd;                          // 필요할 때 함수 주소를 대입한다.
```

함수 이름과 함께 ( ) 안에 인자를 지정하면 함수 호출문이 되므로, 함수의 주소를 구할 때는 ( ) 없이 함수 이름만 사용하거나 &와 함께 함수 이름을 지정해야 한다.

```
pf = get_gcd;                          // get_gcd는 함수의 주소
pf = get_gcd(10, 20);                  // get_gcd(10,20)의 리턴값을 함수 포인터에 저장할 수 없다.
```

역참조 연산자를 이용해서 함수 포인터가 가리키는 함수를 호출할 수 있다.

```
printf("%d", (*pf)(10, 20));           // 역참조 연산자를 이용해서 pf가 가리키는 함수를 호출한다.
```

이때도 역참조 연산자와 함수 포인터를 ( )로 묶어주어야 한다. ( )를 생략하면 *(pf(10, 20));로 처리되며, pf(10, 20)의 리턴값에 역참조 연산을 한다는 의미가 된다.

```
(*pf)(10, 20);              // pf가 가리키는 get_gcd 함수를 호출한다.
*pf(10, 20);               // pf(10, 20)의 리턴값에 역참조 연산을 한다는 의미
```

함수 포인터로 함수를 호출할 때, 역참조 연산자 없이 함수 포인터를 직접 함수 이름인 것처럼 사용할 수 있다.

```
printf("%d", pf(10, 20));       // 역참조 연산자 없이 pf로 직접 함수를 호출할 수 있다.
```

함수 호출 시 get_gcd(10, 20);처럼 함수 이름을 사용하는데, C에서 함수 이름은 함수의 시작 주소를 의미한다. 함수 포인터도 함수의 주소이므로 pf(10,20);처럼 역참조 연산 없이 함수를 호출할 수 있다.

함수 포인터도 값을 변경할 수 있다. 즉, 함수 포인터에 저장된 주소를 변경해서 함수 포인터가 다른 함수를 가리키게 만들 수 있다. 단, 이때도 함수 포인터의 원형과 함수 포인터가 가리키는 함수의 원형이 같아야 한다.

```
int add(int a, int b);        // get_gcd와 원형(리턴형, 매개변수 목록)이 같은 함수

pf = add;                 // pf는 이제 add 함수를 가리킨다.
pf(10, 20);               // add(10, 20);을 호출한다.
```

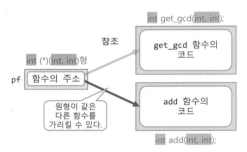

그림 11-19 함수 포인터의 값을 변경할 수 있다.

함수 포인터로 형이 일치하지 않는 함수를 가리키면 컴파일 경고가 발생한다. 컴파일 경고를 무시하고 함수를 호출하면 실행 에러가 발생할 수 있으므로, 함수 포인터는 형이 일치하는 함수를 가리킬 때만 사용해야 한다.

```
int get_factorial(int n);
```

⊘ `pf= get_factorial;`   // 함수 포인터와 함수의 원형이 일치하지 않으므로 컴파일 경고

가리키는 함수가 없을 때 함수 포인터에 NULL을 저장하므로, 함수 포인터로 함수를 호출하기 전에 널 포인터인지 검사하는 것이 안전하다.

```
if (pf)                    // pf로 함수를 호출하기 전에 널 포인터인지 검사하는 것이 안전하다.
    printf("GCD = %d\n", pf(10, 20));
```

[예제 11-7]은 함수 포인터를 선언하고 함수 포인터로 함수를 호출하는 코드이다.

📖 **예제 11-7 : 함수 포인터의 선언 및 사용**

```
01    #include <stdio.h>
02
03    typedef struct point
04    {
05        int x, y;
06    } POINT;
07
08    void print_point(const POINT *pt)
09    {
10        printf("(%d, %d)", pt->x, pt->y);
11    }
12
13    int get_gcd(int x, int y)
14    {
15        if (x % y == 0)
16            return y;
17        return get_gcd(y, x % y);
18    }
19
20    int add(int a, int b)
21    {
22        return a + b;
23    }
24
25    int main(void)
26    {
```

```
27      int(*pf)(int, int) = &get_gcd;              // 함수 포인터의 선언 및 초기화
28      void(*pprint)(const POINT*) = print_point;  // 함수 포인터의 선언 및 초기화
29      POINT pt = { 10, 20 };
30
31      if (pf)         // pf로 함수를 호출하기 전에 널 포인터인지 검사하는 것이 안전하다.
32          printf("GCD = %d\n", pf(10, 20));        // pf가 가리키는 get_gcd를 호출한다.
33
34      pf = add;                                    // pf는 이제 add를 가리킨다.
35      printf("10 + 20 = %d\n", (*pf)(10, 20));     // pf가 가리키는 add를 호출한다.
36
37      pprint(&pt);    // pprint가 가리키는 print_point를 호출한다.
38
39      return 0;
40  }
```

실행결과

```
GCD = 10
10 + 20 = 30
(10, 20)
```

📑 확인해봐요

1. 원형이 int f(int);인 함수의 주소를 저장하는 함수 포인터 p가 있을 때, p로 함수를 호출하는 코드
   중 맞는 것을 모두 고르시오.
   ① p(10);   ② (*p)(10);   ③ *p(10);   ④ p();

2. 원형이 void f(int x, double y);인 함수를 가리키는 포인터 선언은?
   ① void p(int, double);   ② void *p(int, double);
   ③ void (*p)(int, double);   ④ void *p;

(2) 함수 포인터형

함수 포인터를 선언할 때 직접 포인터 변수를 선언하는 대신 먼저 typedef를 이용해서 함
수 포인터형을 정의할 수 있다. 함수 포인터형을 정의하는 기본적인 형식은 다음과 같다.

형식　typedef 리턴형 (*포인터형명)(매개변수목록);

사용예
```
typedef int(*FUNCPTR)(int, int);
typedef void(*PPRT)(const POINT*);
```

함수 포인터형을 정의하는 방법은 함수 포인터를 선언하는 방법과 비슷하다. 함수 포인터형을 정의하려면 먼저 typedef를 쓰고, 리턴형을 쓴 다음 ( ) 안에 *와 함께 함수 포인터형 이름을 쓴다. 그 다음에 ( ) 안에 매개변수 목록를 써준다. 맨 앞에 typedef를 써준다는 것만 빼면 함수 포인터 변수를 선언할 때와 같다. 주의할 점은 typedef로 정의한 것은 데이터형 이름이 된다.

```
typedef int(*FUNCPTR)(int, int);        // FUNCPTR은 데이터형 이름이다.
```

typedef는 기존의 데이터형에 대한 별명을 만드는 기능이다. 즉, 위의 typedef 정의는 int(*)(int, int)형을 FUNCPTR이라는 별명으로 사용한다는 뜻이 된다.

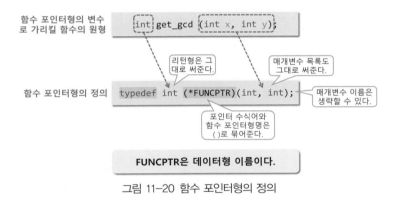

그림 11-20 함수 포인터형의 정의

함수 포인터형을 정의하고 나면, 이 데이터형을 이용해서 변수를 선언할 수 있다. FUNCPTR이 포인터형이므로, 포인터 수식어는 필요 없다. FUNCPTR형의 변수로 선언된 pf은 함수 포인터 변수가 된다.

```
FUNCPTR pf = NULL;                      // pf는 함수 포인터 변수이다.
```

함수 포인터 변수에는 원형이 같은 함수의 주소를 저장할 수 있다.

```
pf = get_gcd;                          // get_gcd 함수의 주소를  pf에 저장한다.
printf("GCD = %d\n", pf(10, 20));      // 함수 포인터로 함수를 호출한다.
```

함수 포인터 변수를 직접 선언할 수도 있고, 함수 포인터형을 먼저 정의한 다음에 이 데이터형을 이용해서 변수를 선언할 수도 있다. 일반적으로 함수 포인터형을 정의하고, 함수 포인터형을 이용해서 함수 포인터 변수를 선언하는 것이 더 간단하다. 원형이 같은 함수에 대하여 함수 포인터 변수를 여러 개 선언하는 경우에는 함수 포인터형을 준비해두고 사용하는 것이 좋다.

함수 포인터형을 소스 파일 전체에서 사용하려면 함수 밖에 정의하며, 소스 파일의 시작 부분에 써준다.

```
typedef int(*FUNCPTR)(int, int);       // 함수 포인터형을 함수 밖에 정의한다.
typedef void(*PFPRINT)(const POINT*);

int main(void)
{
    FUNCPTR pf = NULL;                  // FUNCPTR은 소스 파일 전체에서 사용할 수 있다.
    PFPRINT pprint = NULL;
}

void test(FUNCPTR func)                 // 함수 포인터형을 매개변수의 데이터형으로 사용한다.
{
    func(10, 20);
}
```

[예제 11-8]은 함수 포인터형을 정의해서 함수 포인터 변수를 선언하고 함수를 호출하는 코드이다.

📄 **예제 11-8** : 함수 포인터형의 정의 및 사용

```
01    #include <stdio.h>
02
03    typedef struct point
04    {
05        int x, y;
06    } POINT;
07
08    typedef int(*FUNCPTR)(int, int);        // 함수 포인터형을 정의한다.
09    typedef void(*PFPRINT)(const POINT*);   // POINT 구조체를 정의한 다음에 사용해야 한다.
10
11    void print_point(const POINT *pt)
12    {
13        printf("(%d, %d)", pt->x, pt->y);
14    }
15
16    int get_gcd(int x, int y)
17    {
18        if (x % y == 0)
19            return y;
```

```
20          return get_gcd(y, x % y);
21      }
22
23      int add(int a, int b)
24      {
25          return a + b;
26      }
27
28      int main(void)
29      {
30          FUNCPTR pf = NULL;              // 함수 포인터형을 이용한 함수 포인터 변수 선언
31          PFPRINT pprint = print_point;  // 함수 포인터형을 이용한 함수 포인터 변수 선언
32          POINT pt = { 10, 20 };
33
34          if (pf)
35              printf("GCD = %d\n", pf(10, 20));
36
37          pf = add;
38          printf("10 + 20 = %d\n", (*pf)(10, 20));
39
40          pprint(&pt);
41
42          return 0;
43      }
```

실행결과 ▪▪▪

```
GCD = 10
10 + 20 = 30
(10, 20)
```

[예제 11-8]에서 주의할 점은 함수 포인터형이 정의되는 위치이다. PFPRINT형은 매개변수형으로 POINT 구조체를 사용하고 있으므로, PFPRINT형은 POINT 구조체의 정의보다 뒤쪽에 정의되어야 한다.

```
typedef struct point
{
    int x, y;
} POINT;

typedef int(*FUNCPTR)(int, int);
typedef void(*PFPRINT)(const POINT*);  // POINT 구조체를 정의한 다음에 사용해야 한다.
```

📝 **확인해봐요**

1. 함수에 대한 포인터형을 정의할 때 필요한 키워드는?

   ① typedef   ② #define   ③ #undef   ④ #ifdef

2. 원형이 void f(int x, double y);인 함수를 가리키는 함수 포인터형의 정의는?

   ① typedef void p(int, double);   ② typedef void *p(int, double);

   ③ typedef void (*p)(int, double);   ④ typedef void *p;

---

(3) 함수 포인터 배열

함수 포인터 배열은 배열의 원소가 함수 포인터, 즉 함수의 주소이다. 원형이 같고 함께 사용되는 함수들을 함수 포인터 배열에 원소로 저장하고 사용할 수 있다.

```
typedef void(*PFUNC)(void);
PFUNC pf_arr[4];     // PFFUNC형의 변수 4개를 원소로 갖는 배열
```

이 배열의 원소로는 원형이 void f(void);인 함수의 주소를 저장할 수 있다.

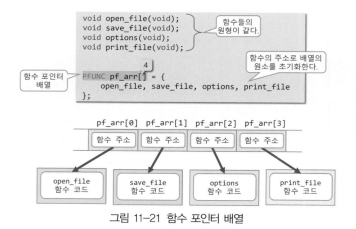

그림 11-21 함수 포인터 배열

원형이 같은 함수들의 주소를 함수 포인터 배열에 저장한 경우, 함수 포인터 배열을 이용해서 각 함수를 호출할 수 있다.

```
int selected = 0;
scanf("%d", &selected);       // 파일 열기가 0번, 파일 저장이 1번, … 메뉴인 경우
if (selected >= 0 && selected < size)
    pf_arr[selected]();       // 메뉴 번호가 0~3번인 경우 메뉴 번호를 인덱스로 하는
                              // 함수 포인터 배열의 원소로 함수를 호출한다.
```

[예제 11-9]는 선택받은 메뉴 번호로 함수 포인터 배열에 저장된 함수를 호출하는 코드 이다.

예제 11-9 : 함수 포인터 배열의 사용

```
01   #include <stdio.h>
02
03   void open_file(void)
04   {
05       printf("파일을 오픈합니다....\n");
06   }
07
08   void save_file(void)
09   {
10       printf("파일을 저장합니다....\n");
11   }
12
13   void options(void)
14   {
15       printf("옵션을 설정합니다....\n");
16   }
17
18   void print_file(void)
19   {
20       printf("파일을 인쇄합니다....\n");
21   }
22
23   typedef void(*PFUNC)(void);   // 함수 포인터형을 정의한다.
24
25   int main(void)
26   {
27       // 메뉴 번호와 메뉴 선택 시 호출할 함수의 인덱스가 같도록
28       // 함수의 주소로 함수 포인터 배열을 초기화한다.
29       PFUNC pf_arr[] = { open_file, save_file, options, print_file };
30       //void(*pf_arr[])(void) = {
31       //    open_file, save_file, options, print_file
32       //};
33
34       const char *menu_str[] = {          // 메뉴 출력에 사용할 문자열 포인터 배열
```

```
35          "파일 열기", "파일 저장", "옵션", "인쇄", "종료"
36      };
37      enum {OPEN_FILE, CLOSE_FILE, OPTIONS, PRINT, QUIT};    // 열거 상수
38      int size = sizeof(pf_arr) / sizeof(pf_arr[0]);
39
40      while (1)
41      {
42          int i;
43          int selected = 0;
44          for (i = 0; i < size + 1; i++) // 메뉴를 출력한다.
45              printf("%d. %s\n", i, menu_str[i]);
46          printf("선택? ");
47          scanf("%d", &selected);
48          if (selected == QUIT)
49              break;
50          if (selected >= 0 && selected < size) {
51              // 선택된 메뉴 번호를 함수 포인터 배열의 인덱스로 사용한다.
52              pf_arr[selected]();
53          }
54          else {
55              printf("잘못 선택하셨습니다.\n");
56          }
57      }
58      return 0;
59  }
```

실행결과

```
0. 파일 열기
1. 파일 저장
2. 옵션
3. 인쇄
4. 종료
선택? 0
파일을 오픈합니다....
0. 파일 열기
1. 파일 저장
2. 옵션
3. 인쇄
4. 종료
선택? 1
파일을 저장합니다....
0. 파일 열기
1. 파일 저장
2. 옵션
3. 인쇄
4. 종료
선택? 4
```

함수 포인터형을 사용하지 않고 함수 포인터 배열을 선언하면 다음과 같다.

```
void(*pf_arr[4])(void) = { open_file, save_file, options, print_file };  // pf_arr는 배열명
```

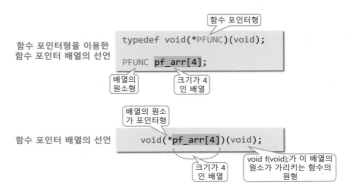

그림 11-22 함수 포인터 배열의 선언 방법

(4) 함수 포인터의 활용

호출할 함수의 이름을 미리 알 수 없을 때, 함수 포인터를 이용하면 이름을 알 수 없는 함수를 호출하는 코드를 작성할 수 있다. 표준 C 라이브러리 함수인 qsort 함수는 아직 이름이 정해지지 않은 함수를 함수 포인터를 이용해서 호출한다. qsort 함수는 정렬 알고리즘 중 퀵 정렬(quick sort) 방법으로 배열을 오름차순 또는 내림차순으로 정렬하는 함수이다.

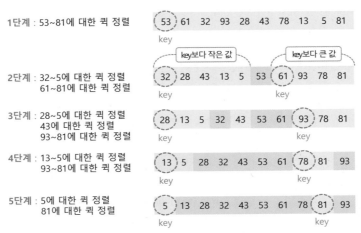

그림 11-23 퀵 정렬의 알고리즘

퀵 정렬 알고리즘은 다음과 같다. 정렬할 배열의 원소 중 하나를 선택한 다음 그 값을 키(key)라고 한다. 키를 선택한 다음, 정렬할 배열의 원소들을 키보다 작은 값과 키보다 큰 값의 두 그룹으로 나눈다. 그리고 두 그룹에 대해서 각각 다시 퀵 정렬을 수행한다. 그 다음 단계에는 각 그룹을 다시 두 개의 그룹으로 나누어 다시 퀵 정렬을 수행한다. 그룹 내에 값이 하나만 남을 때까지 계속 이 작업을 반복한다. 이렇게 큰 문제를 작은 여러 개의 문제로 쪼개어 해결하는 방식을, 재귀 또는 분할 정복 알고리즘(divide and conquer)이라고 한다.

퀵 정렬은 자주 사용되는 기능이므로 표준 C 라이브러리 함수로 준비되어 있다. 우선 qsort 함수를 사용하려면 〈stdlib.h〉를 포함해야 한다. qsort 함수의 원형은 다음과 같다.

```
void qsort(void *ptr, size_t count, size_t size,
    int(*compare)(const void *, const void *));
```

qsort 함수의 첫 번째 매개변수인 ptr은 정렬할 배열의 시작 주소이다. ptr은 void*형이므로 qsort 함수의 첫 번째 매개변수로 모든 배열의 주소를 전달할 수 있다. 즉, qsort 함수는 int 배열을 정렬할 수도 있고, char* 배열을 정렬할 수도 있고, 구조체 배열을 정렬할 수도 있다.

질문 있어요

void*형은 무엇을 가리키나요?

void 포인터는 데이터형을 명시하지 않은 일반적인 주소를 의미한다. 즉, void 포인터는 주소는 주소지만 어떤 형의 변수의 주소인지는 알 수 없다.

```
void *p = NULL;    // 데이터형을 알 수 없는 변수를 가리키는 포인터
```

void 포인터는 데이터형이 명시되어 있지 않기 때문에, 어떤 형의 변수든지 가리킬 수 있다. 즉, void 포인터 변수에 int 변수의 주소를 저장할 수도 있고, char 변수의 주소를 저장할 수도 있고, double 변수의 주소를 저장할 수도 있다.

```
char str[20];
int x = 777;
p = str;       // void 포인터는 char 배열을 가리킬 수 있다.
p = &x;        // void 포인터는 int 변수를 가리킬 수 있다.
```

continued

질문 있어요

void 포인터를 이용하면 여러 가지 데이터형의 주소를 일괄적으로 관리할 수 있으므로 유용하다. 하지만 void 포인터에는 역참조 연산자를 사용할 수 없으므로 주의해야 한다. 포인터에 역참조 연산자를 사용하면 포인터가 가리키는 데이터형의 변수에 접근한다. 그런데, void 포인터는 어떤 형의 변수를 가리키는지 알 수 없으므로 역참조 연산을 할 수 없다.

⊘   `*p = 10;`   `// void 포인터로 역참조 연산을 할 수 없다.`

void 포인터가 가리키는 데이터에 접근하려면, 형 변환 연산자를 이용해서 특정 포인터형으로 형 변환한 다음에 역참조 연산자를 사용해야 한다.

`*(int*)p = 10;`   `// p가 가리키는 int 변수에 접근하려면 int*형으로 형 변환 후 역참조한다.`

qsort 함수의 두 번째 매개변수인 count은 정렬할 배열에 들어있는 원소의 개수이다.

qsort 함수의 세 번째 매개변수인 size는 배열 원소의 바이트 크기이다. 정렬할 배열 전체의 크기는 count×size바이트이다.

qsort 함수의 네 번째 매개변수인 compare는 배열의 원소들과 키 값을 비교할 때 호출할 함수의 주소이다. qsort 함수는 정수형 배열을 정렬할 수도 있고, 문자열의 배열을 정렬할 수도 있고, 구조체 배열을 정렬할 수도 있다. 다양한 원소형의 배열을 정렬할 수 있도록 compare에 배열의 각 원소를 비교할 때 사용될 함수의 주소를 전달해야 한다. qsort 함수를 호출하려면 qsort 함수에서 사용될 비교 함수를 정의한 다음, 해당 함수의 주소를 qsort 함수의 마지막 인자로 넘겨주어야 한다.

compare 함수의 이름은 마음대로 정할 수 있지만, 함수의 원형은 정해져 있다. qsort 함수의 마지막 매개변수가 비교 함수에 대한 함수 포인터이므로, compare 매개변수와 같은 형의 함수로 정의해야 한다. 비교 함수의 원형은 다음과 같다.

```
int cmp(const void *e1, const void *e2);
```

compare 함수의 매개변수 e1, e2는 배열 원소를 가리키는 포인터이다. 비교 함수는 e1이 가리키는 원소와 e2가 가리키는 원소를 비교해서 e1이 가리키는 원소가 더 크면 0보다 큰 값을 리턴하고, e2가 가리키는 원소가 더 크면 0보다 작은 값을 리턴한다. e1이 가리키는 원소와 e2가 가리키는 원소의 값이 같으면 0을 리턴해야 한다. int 배열을 정렬할 때 사용될 비교 함수를 정의해보면 다음과 같다.

```
int compare_int(const void *e1, const void *e2)  // int 배열 원소를 비교하는 비교 함수
{
    // e1, e2는 int의 주소이므로 const int*형으로 형 변환해서 사용한다.
    const int *p1 = (const int*)e1;
    const int *p2 = (const int*)e2;
    return (*p1 - *p2);
}
```

e1, e2는 모두 const void*형이므로, 사용하기 전에 먼저 배열의 원소를 가리키는 포인터형으로 형 변환해야 한다. 예를 들어, int 배열을 정렬할 때는 const int*형으로, 구조체 배열을 정렬할 때는 const 구조체 포인터형으로 형 변환해야 한다. e1, e2가 가리키는 배열의 원소는 입력 매개변수이므로 const 포인터형을 사용한다.

정렬은 오름차순 정렬과 내림차순 정렬로 나눌 수 있는데, 기본적인 qsort 함수는 오름차순으로 정렬한다. 내림차순으로 정렬하려면 compare 함수의 리턴값이 반대가 되도록 정의한다. 즉, e1과 e2가 가리키는 원소를 비교해서 e1이 가리키는 원소가 더 크면 0보다 작은 값을 리턴하고, e2가 가리키는 원소가 더 크면 0보다 큰 값을 리턴한다.

[예제 11-10]은 qsort 함수를 이용해서 int 배열을 정렬하는 코드이다.

> 📖 **예제 11-10** : qsort 함수를 이용한 int 배열의 정렬

```
01    #include <stdio.h>
02    #include <stdlib.h>
03    #include <time.h>
04
05    #define ARR_SIZE 10
06
07    int compare_int(const void *e1, const void *e2);
08    void print_array(const int arr[], int size);      // 배열 원소를 출력하는 함수
09
10    int main(void)
11    {
12        int arr[ARR_SIZE] = { 0 };
13        int i;
14
15        srand((unsigned int)time(NULL));
16
17        // 배열을 0~99 사이의 임의의 정수로 채운다.
18        for (i = 0; i < ARR_SIZE; i++)
19            arr[i] = rand() % 100;
20
```

```
21      puts("≪ 정렬 전 ≫");
22      print_array(arr, ARR_SIZE);
23
24      qsort(arr, ARR_SIZE, sizeof(arr[0]), compare_int);
25
26      puts("≪ 정렬 후 ≫");
27      print_array(arr, ARR_SIZE);
28
29      return 0;
30  }
31
32  // int 배열의 원소를 비교하는 함수
33  int compare_int(const void *e1, const void *e2)
34  {
35      // e1, e2는 int의 주소이므로 const int*형으로 형 변환해서 사용한다.
36      const int *p1 = (const int*)e1;
37      const int *p2 = (const int*)e2;
38      return (*p1 - *p2);
39  }
40
41  void print_array(const int arr[], int size)
42  {
43      int  i;
44      for (i = 0; i < size; i++)
45          printf("%d ", arr[i]);
46      printf("\n");
47  }
```

실행결과 ■ ■ ■

```
≪ 정렬 전 ≫
70 8 32 92 51 62 61 80 91 16
≪ 정렬 후 ≫
8 16 32 51 61 62 70 80 91 92
```

qsort 함수에서는 프로그래머가 정의한 compare 함수를 라이브러리 함수인 qsort가 호출해서 배열을 정렬하는 데 이용한다. 라이브러리가 프로그램 안에 있는 함수를 호출할 수 있는 이유는 함수의 주소를 인자로 전달받아서 함수 포인터로 호출하기 때문이다. 이런 함수를 **콜백(callback) 함수**라고 한다. 콜백 함수는 프로그래머가 정의한 함수의 주소를 라이브러리 함수를 호출할 때 인자로 전달해서 특정 조건일 때 호출하도록 등록하는 기능이다.

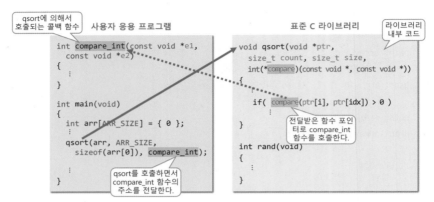

그림 11-24 콜백 함수

  qsort 함수는 기본형의 배열뿐만 아니라 구조체 배열을 정렬할 때도 사용할 수 있다. qsort 함수를 이용해서 CONTACT 구조체 배열을 연락처의 이름을 기준으로 정렬해보자. 이때 사용되는 compare 함수는 다음과 같이 정의할 수 있다. CONTACT 구조체의 name 멤버가 문자 배열이므로, 문자열 비교 함수인 strcmp 함수를 이용해서 알파벳 순으로 크기를 비교할 수 있다.

```
int compare_by_name(const void *e1, const void *e2)
{
    // e1, e2는 CONTACT의 주소이므로 const CONTACT*형으로 형 변환해서 사용한다.
    const CONTACT *p1 = (const CONTACT*)e1;
    const CONTACT *p2 = (const CONTACT*)e2;

    return strcmp(p1->name, p2->name); // 문자열 비교 함수를 이용한다.
}
```

  [예제 11-11]은 qsort 함수를 이용해서 CONTACT 구조체 배열을 이름순으로 정렬하는 코드이다.

📝 **예제 11-11** : qsort 함수를 이용한 CONTACT 구조체 배열의 정렬

```
01    #include <stdio.h>
02    #include <string.h>
03    #include <stdlib.h>
04
05    #define STR_SIZE 20
06
```

```
07    typedef struct contact
08    {
09        char name[STR_SIZE];
10        char phone[STR_SIZE];
11        int ringtone;
12    } CONTACT;
13
14    int compare_by_name(const void *e1, const void *e2);
15    void print_contacts(const CONTACT *arr, int size);
16
17    int main(void)
18    {
19        CONTACT arr[] = {                            // 초기화된 구조체 배열
20            {"김석진", "01011112222", 0},
21            {"전정국", "01012345678", 1},
22            {"박지민", "01077778888", 2},
23            {"김남준", "01098765432", 9},
24            {"민윤기", "01011335577", 5},
25            {"정호석", "01024682468", 7},
26            {"김태형", "01099991111", 3}
27        };
28        int size = sizeof(arr) / sizeof(arr[0]);      // 구조체 배열의 크기
29
30        puts("≪ 정렬 전 ≫");
31        print_contacts(arr, size);
32
33        puts("≪ 이름 순 정렬 ≫");
34        qsort(arr, size, sizeof(CONTACT), compare_by_name);
35        print_contacts(arr, size);
36
37        return 0;
38    }
39
40    // 이름 순으로 정렬하기 위한 비교 함수
41    int compare_by_name(const void *e1, const void *e2)
42    {
43        // e1, e2는 CONTACT의 주소이므로 const CONTACT*형으로 형 변환해서 사용한다.
44        const CONTACT *p1 = (const CONTACT*)e1;
45        const CONTACT *p2 = (const CONTACT*)e2;
46
47        return strcmp(p1->name, p2->name);            // name 멤버의 문자열을 비교한다.
48    }
49
50    void print_contacts(const CONTACT *arr, int size)
51    {
52        int i;
```

```
53
54        printf(" 이름    전화번호   벨\n");
55        for (i = 0; i < size; i++)
56        {
57            printf("%6s %11s %d\n",
58                arr[i].name, arr[i].phone, arr[i].ringtone);
59        }
60    }
```

실행결과

```
<< 정렬 전 >>
 이름   전화번호   벨
김석진 01011112222 0
전정국 01012345678 1
박지민 01077778888 2
김남준 01098765432 9
민윤기 01011335577 5
정호석 01024682468 7
김태형 01099991111 3
<< 이름 순 정렬 >>
 이름   전화번호   벨
김남준 01098765432 9
김석진 01011112222 0
김태형 01099991111 3
민윤기 01011335577 5
박지민 01077778888 2
전정국 01012345678 1
정호석 01024682468 7
```

표준 C 라이브러리의 2진 탐색 함수인 bsearch 함수도 qsort와 같은 방식으로 사용되는 함수이다.

📝 확인해봐요

1. 표준 C 라이브러리가 제공하는 정렬 함수는?

   ① sort   ② bsearch   ③ qsort   ④ rand

2. 라이브러리로부터 호출되는 응용 프로그램 내부의 함수를 무엇이라고 하는가?

   ① 진입점 함수   ② 재귀 함수   ③ 콜백 함수   ④ main 함수

3. 다음 중 qsort 함수로 정렬할 수 있는 배열은?

   ① int형 배열   ② double형 배열   ③ CONTACT 구조체 배열   ④ 모두 다

11.3 동적 메모리

11.3.1 동적 메모리의 개념

프로그램에서 사용되는 메모리는 정적 메모리(static memory)와 동적 메모리(dynamic memory)로 구분할 수 있다. 정적 메모리는 메모리가 언제 할당되고 해제될지, 얼마만큼 할당될지가 컴파일 시간에 결정된다. 반면에 **동적 메모리는 메모리가 언제 할당되고 해제될지, 얼마만큼 할당될지가 실행 시간에 결정된다.**

지금까지 우리가 사용한 지역 변수나 전역 변수는 모두 정적 메모리에 할당된다. 지역 변수는 블록에 들어갈 때 메모리에 할당되고 블록을 빠져나갈 때 자동으로 해제된다. 전역 변수는 프로그램 시작 시 메모리에 할당되고 프로그램 종료 시 자동으로 해제된다. 변수의 생존 기간 특성 중에서 자동 할당 변수와 정적 할당 변수가 정적 메모리에 해당한다.

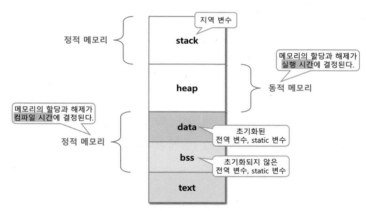

그림 11-25 정적 메모리와 동적 메모리

반면에 동적 메모리는 프로그래머가 원하는 시점에 메모리를 할당하고, 원하는 시점에 해제할 수 있다. 즉, 프로그래머가 프로그램 실행 중에 자유롭게 메모리를 할당하고 해제할 수 있다. 대신 프로그래머가 전적으로 메모리 관리를 책임져야 한다.

〈표 11-2〉는 정적 메모리와 동적 메모리의 여러 가지 특징을 비교한 것이다.

표 11-2 정적 메모리와 동적 메모리

특징	정적 메모리	동적 메모리
메모리 할당	컴파일 시간에 이루어진다.	실행 시간에 이루어진다.
메모리 해제	자동으로 해제된다.	명시적으로 해제해야 한다.

특징	정적 메모리	동적 메모리
사용 범위	지역 변수는 선언된 블록 내, 전역 변수는 프로그램 전체에서 사용할 수 있다.	프로그래머가 원하는 동안만큼 사용할 수 있다.
메모리 관리	컴파일러의 책임이다.	프로그래머의 책임이다.

📝 **확인해봐요**

1. 동적 메모리를 할당할 때 사용되는 메모리 영역은?

   ① text　　　　　② data　　　　　③ bss　　　　　④ stack　　　　　⑤ heap

2. 동적 메모리가 해제되는 시점은?

   ① 함수가 리턴할 때　　　　　　　② 프로그램이 종료할 때

   ③ 프로그래머가 해제할 때　　　　　④ 영원히 해제되지 않는다.

11.3.2 동적 메모리의 필요성

사용자로부터 데이터를 입력받거나 파일로부터 데이터를 읽어서 배열에 저장해야 하는데, 데이터의 개수를 미리 알 수 없다고 해보자. 즉, 프로그램을 작성하는 시점에는 배열의 크기를 알 수 없고, 프로그램을 실행하는 시점에 비로소 배열의 크기가 정해지는 것이다.

예를 들어 정수값을 입력받아서 입력받은 정수값을 정렬하는 프로그램을 작성하려고 한다. 정수가 몇 개나 입력될지 미리 알 수 없으므로, 프로그램이 실행되면 먼저 정수를 몇 개나 입력할지 사용자에게 물어보고, 사용자가 입력한 개수만큼 int 배열을 할당하려고 한다.

```
int size;           // int 배열의 크기
printf("배열의 크기? ");
scanf("%d", &size);
int arr[size];      // 배열의 크기에 변수를 사용할 수 없으므로 컴파일 에러
```

아쉽게도 배열의 크기는 상수로만 지정할 수 있기 때문에 이런 식의 코드는 작성할 수 없다.

배열의 크기를 변수로 지정할 수 없기 때문에 배열의 크기를 충분히 크게 잡아서 배열을 선언해보면 어떨까? 배열의 크기가 10이 될지, 100이 될지 미리 알 수 없으면, 배열의 최대 크기를 가정해서 최대 크기만큼 배열을 할당한다.

```
int arr[100];        // 필요한 최대 크기로 배열을 할당한다.
```

그런데, 이 방법에도 여전히 문제가 있다. 배열을 최대 크기로 가정해서 할당하기 때문에 실행 중에 정수가 10개밖에 입력되지 않으면 메모리가 낭비된다. 또, 실행 중에 정수가 100개 이상이 입력되면, 할당된 배열 크기보다 더 많은 메모리를 사용하는 버퍼 오버런이 발생할 수 있다.

동적 메모리를 사용하면 이런 문제를 모두 해결할 수 있다. 동적 메모리를 할당할 때는 메모리 낭비 없이 꼭 필요한 만큼 메모리를 할당할 수 있다.

또한 동적 메모리를 사용하면 메모리의 할당과 해제 시점을 프로그래머가 마음대로 선택할 수 있다. 정적 메모리인 지역 변수는 항상 함수가 리턴할 때 자동으로 해제된다. 따라서 함수 리턴 후에도 계속 사용되어야 하는 변수를 할당하려면 동적 메모리를 이용한다. 물론 전역 변수나 static 지역 변수도 함수 리턴 후에 계속 메모리에 남아 있지만, 이 변수들은 항상 프로그램이 종료되는 시점에 해제되므로, 프로그래머가 원하는 시점에 해제할 수 없다.

이처럼 동적 메모리는 메모리 사용에 있어서 프로그래머에게 최대한의 자유를 보장하는 기능이다.

📝 확인해봐요

1. 다음 중 동적 메모리를 사용해야 하는 이유는?
   ① 메모리를 원하는 크기만큼 할당할 수 있기 때문에   ② 메모리를 원하는 시점에 할당할 수 있기 때문에
   ③ 메모리를 원하는 시점에 해제할 수 있기 때문에   ④ 모두 다

2. 동적 메모리를 관리하는 것은 누구의 책임인가?
   ① 컴파일러   ② 프로그래머

11.3.3 동적 메모리의 할당과 해제

동적 메모리를 할당하려면 malloc 함수를 사용하고, 해제하려면 free 함수를 사용한다.
표준 C 라이브러리 함수인 malloc 함수나 free 함수를 사용하려면 〈stdlib.h〉가 필요하다.
먼저 메모리를 할당할 때 사용되는 malloc 함수의 원형은 다음과 같다.

```
void* malloc(size_t size);
```

malloc 함수의 매개변수로는 할당할 메모리의 바이트 크기를 지정한다. malloc 함수는
size 바이트 크기만큼 동적 메모리를 할당하고 할당된 메모리의 주소를 리턴한다. 리턴형은
void*형인데, malloc 함수는 size 바이트 크기의 메모리를 할당하고 그 주소를 반환하지만
그 메모리의 용도를 정하지 않기 때문이다. malloc 함수가 할당한 메모리를 어떻게 사용할
지는 프로그래머가 마음대로 정할 수 있다. void 포인터는 역참조 연산을 할 수 없으므로,
malloc 함수가 리턴한 주소를 사용하기 위해서는 특정 포인터형으로 형 변환해야 한다.

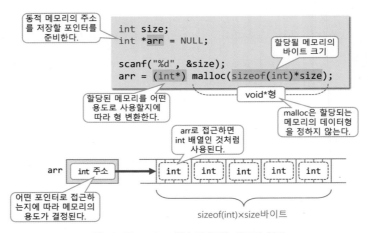

그림 11-26 malloc 함수의 동적 메모리 할당

동적 메모리는 실행 중에 할당되므로 포인터로만 접근할 수 있다. 메모리 용도에 따라
포인터 변수를 선언하고, malloc 함수가 리턴하는 주소를 포인터 변수에 보관해야 한다.
동적 메모리를 할당할 수 없으면 malloc 함수는 NULL을 리턴한다.

```
arr = (int*) malloc(sizeof(int)*size);
if (arr == NULL)    // 동적 메모리 할당이 실패했는지 확인해야 한다.
{
    printf("동적 메모리 할당 실패\n");
    return -1;      // 비정상 종료를 나타내는 종료 코드
}
```

동적 메모리의 주소를 저장하는 포인터는 배열의 원소를 가리키는 포인터이므로, arr가 가리키는 배열의 원소에 접근할 때 arr[i]로 접근한다. 즉, 포인터 변수인 arr을 배열 이름인 것처럼 사용한다. 참고로 malloc 함수로 할당된 동적 메모리에는 쓰레기값이 들어있으므로, 사용 전에 0으로 채우거나 적절한 값을 채우고 사용해야 한다.

```
for (i = 0; i < size; i++)
    scanf("%d", &arr[i]);                    // arr을 배열 이름인 것처럼 사용한다.
```

malloc으로 할당된 배열의 주소도 qsort 함수의 인자로 전달할 수 있다.

```
qsort(arr, size, sizeof(arr[0]), compare_int);    // arr가 가리키는 배열을 정렬한다.
```

동적 메모리는 사용이 끝나면 명시적으로 해제해야 한다. 동적 메모리를 해제할 때는 free 함수를 사용한다. free 함수의 원형은 다음과 같다.

```
void free(void* memblock);
```

free 함수의 매개변수로는 해제될 메모리의 주소를 넘겨준다.

```
free(arr);                               // 사용이 끝나면 동적 메모리를 해제한다.
```

free 함수는 인자로 넘겨준 포인터가 가리키는 동적 메모리를 해제한다. free 함수는 동적 메모리를 해제한 다음 포인터를 널 포인터로 만들지 않는다. free 함수 호출 후 포인터 변수에는 해제된 메모리의 주소가 남아있게 된다. 실수로 이 포인터를 사용하면 실행 에러가 발생하므로, 동적 메모리 해제 후 동적 메모리를 가리키던 포인터에 NULL을 대입하는 것이 안전하다.

```
arr = NULL;                              // 메모리 해제 후 포인터를 널 포인터로 만든다.
```

사용이 끝난 동적 메모리는 반드시 free 함수를 호출해서 해제해야 한다. 동적 메모리는 힙 영역에 할당되는데, 동적 메모리를 할당만 하고 해제하지 않으면, 어느 시점에는 더 이상 동적 메모리를 할당할 수 없게 된다. 이처럼 더 이상 사용되지 않는 동적 메모리가 해제되지 않고 계속 남아있는 상황을 '메모리 누수(leak)'라고 한다. 메모리가 누수되면 어디서 메모리가 누수된 것인지, 얼마만큼 누수되고 있는지 찾기가 쉽지 않다. 따라서 동적 메모리를 할당할 때 언제 해제할지를 판단해서 해제하는 코드를 함께 작성하는 것이 좋다.

[예제 11-12]는 동적 메모리를 이용해서 실행 중에 사용자가 입력한 크기만큼 int 배열을 할당하고, 정수를 입력받아서 입력받은 정수들을 정렬하는 코드이다. 정렬에는 qsort 함수를 이용한다.

예제 11-12 : 동적 메모리를 이용해서 입력받은 정수들을 정렬하는 코드

```
01   #include <stdio.h>
02   #include <stdlib.h>
03
04   void print_array(const int arr[], int size);
05   int compare_int(const void *e1, const void *e2);
06
07   int main(void)
08   {
09       int size;
10       int * arr = NULL;          // 동적 메모리의 주소를 저장할 포인터 변수를 준비한다.
11       int i;
12
13       printf("정수의 개수? ");
14       scanf("%d", &size);
15       // sizeof(int)*size바이트만큼 동적 메모리를 할당하고, 그 주소를 arr에 저장한다.
16       arr = (int*) malloc(sizeof(int)*size);
17       if (arr == NULL)           // 동적 메모리 할당이 실패했는지 확인해야 한다.
18       {
19           printf("동적 메모리 할당 실패\n");
20           return -1;             // 비정상 종료를 나타내는 종료 코드
21       }
22
23       // 동적 메모리를 가리키는 포인터도 배열 이름인 것처럼 사용한다.
24       printf("%d개의 정수를 입력하세요: ", size);
25       for (i = 0; i < size; i++)
26           scanf("%d", &arr[i]);
27
28       puts("≪ 정렬 전 ≫");
29       print_array(arr, size);    // arr가 int 배열인 것처럼 사용한다.
30       qsort(arr, size, sizeof(arr[0]), compare_int);
31       puts("≪ 정렬 후 ≫");
32       print_array(arr, size);
33
34       free(arr);                 // 사용이 끝나면 동적 메모리를 해제한다.
35       arr = NULL;                // 메모리 해제 후 포인터를 널 포인터로 만든다.
```

```
36        return 0;
37    }
38
39    void print_array(const int arr[], int size)
40    {
41        int  i;
42        for (i = 0; i < size; i++)
43            printf("%d ", arr[i]);
44        printf("\n");
45    }
46
47    int compare_int(const void *e1, const void *e2)
48    {
49        // e1, e2는 int의 주소이므로 const int*형으로 형 변환해서 사용한다.
50        const int *p1 = (const int*)e1;
51        const int *p2 = (const int*)e2;
52        return (*p1 - *p2);
53    }
```

실행결과

```
정수의 개수? 5
5개의 정수를 입력하세요: 124 534 33 4789 19
<< 정렬 전 >>
124 534 33 4789 19
<< 정렬 후 >>
19 33 124 534 4789
```

동적 메모리를 사용하는 과정을 정리해보면 다음과 같다.

① 동적 메모리의 주소를 저장할 포인터를 준비한다. 동적 메모리를 어떤 용도로 사용할지에 따라 포인터의 데이터형을 정하고, 널 포인터로 초기화한다.

```
int * arr = NULL;
```

② 동적 메모리를 할당할 때는 malloc 함수를 사용한다. malloc 함수의 인자로는 할당할 메모리의 바이트 크기를 지정한다. malloc 함수의 리턴값을 포인터형으로 형 변환해서 저장한다.

```
arr = (int*) malloc(sizeof(int)*size);
```

③ 동적 메모리를 사용할 때는 배열의 원소를 가리키는 포인터처럼 사용한다. 즉, arr[i] 처럼 인덱스를 이용한다.

```
for (i = 0; i < size; i++)
    scanf("%d", &arr[i]);
```

④ 사용이 끝나면 free 함수로 동적 메모리를 해제한다. 이때, 더 이상 해제된 동적 메모리를 가리키지 않도록 포인터를 널 포인터로 만든다.

```
free(arr);
arr = NULL;
```

질문 있어요

malloc 함수의 리턴값을 포인터에 저장할 때 형 변환이 꼭 필요한가요??
C에서 void*형은 언제든지 다른 포인터형으로 형 변환할 수 있다.

```
arr = malloc(sizeof(int)*size);    // malloc의 리턴값은 arr의 포인터형으로 자동 형 변환 된다.
```

malloc의 리턴값을 형 변환해서 사용한 이유는 코드의 의미를 명확하게 하기 위해서이다. 명시적인 형 변환을 통해서 malloc 함수로 할당한 메모리를 어떤 용도로 사용할지 쉽게 확인할 수 있다.

malloc 함수의 리턴값을 형 변환하는 또 다른 이유는 C++과의 호환성 때문이다. 우리가 작성한 C 코드는 C++ 프로그램에서 이용될 수 있는데, C++에서는 포인터형 사이의 형 변환을 엄격히 처리하기 때문에 C 언어와 다르게 void*형은 다른 포인터형으로 자동 형 변환되지 않는다. 다음 문장은 C++에서는 컴파일 에러가 된다.

```
arr = malloc(sizeof(int)*size);    // C++에서는 컴파일 에러
```

📝 확인해봐요

1. 동적 메모리를 할당하는 malloc 함수의 매개변수로 전달해야 하는 값은?
   ① 할당할 메모리의 데이터형   ② 할당할 메모리의 주소
   ③ 할당할 메모리의 초기값   ④ 할당할 메모리의 바이트 크기

2. malloc 함수로 할당한 동적 메모리를 사용하려면 어떻게 해야 하는가?
   ① void*형의 포인터를 이용한다.
   ② 사용하고자 하는 용도에 맞는 포인터를 이용한다.
   ③ 사용하고자 하는 데이터형의 변수로 복사해서 이용한다.

3. 다음 중 malloc 함수로 할당한 동적 메모리를 해제하는 함수의 이름은?
   ① free   ② delete   ③ remove   ④ erase

11.3.4 동적 메모리 사용 시 주의 사항

(1) 동적 메모리 해제 후 포인터를 널 포인터로 만들어야 한다.

free 함수로 동적 메모리를 해제한 다음에 포인터를 사용하면 문제가 발생한다.

```
int *p = (int*)malloc(sizeof(int) * 100);
// p 사용
free(p);            // 사용이 끝난 동적 메모리를 해제한다.
*p = 123;           // 해제된 메모리에 접근하므로 실행 에러가 발생한다.
```

포인터 변수에 잘못된 주소(쓰레기값이나 해제된 메모리의 주소)가 들어있을 때 포인터를 사용하면 컴파일 에러는 아니지만 실행 에러가 발생한다. 잘못된 주소가 들어있는 포인터를 **허상 포인터(dangling pointer)**라고 한다. 허상 포인터로 역참조 연산을 하면, 엉뚱한 메모리의 값을 읽어오거나 변경하면서 프로그램을 계속 실행하기 때문에 문제가 발생한 것을 확인하기 어렵다. 따라서, 허상 포인터로 역참조 연산을 해서는 안된다.

동적 메모리를 해제하고 나면 동적 메모리를 가리키던 포인터는 허상 포인터가 되므로 널 포인터로 만든다.

```
free(p);            // 사용이 끝난 메모리는 해제한다.
p = NULL;           // p가 허상 포인터가 되지 않도록 널 포인터로 만든다.
*p = 123;           // 메모리 0번지에 접근하므로 실행 에러가 발생한다.
```

널 포인터로 역참조 연산을 수행하면 운영체제가 메모리 0번지에 대한 접근을 감지해서 예외를 발생시키고 프로그램을 강제 종료한다. 이 경우에는 프로그램이 죽기 때문에 실행 에러가 발생했다는 것을 쉽게 확인할 수 있다.

포인터를 안전하게 사용하려면 포인터가 가리키는 대상이 없을 때 항상 NULL을 저장한다. 또, 역참조 연산을 하기 전에는 널 포인터인지 검사하는 것이 안전하다.

```
if (p != NULL)      // p가 널 포인터가 아니면 안전하게 사용할 수 있다.
    *p = 123;.
```

포인터를 널 포인터로 만들 때는 NULL 대신 직접 0을 저장할 수 있다.

```
p = 0;.             // NULL이 0으로 정의된 매크로 상수이므로 p = NULL;과 같은 의미이다.
```

질문 있어요

해제된 동적 메모리를 가리키는 경우 외에 또 어떤 허상 포인터가 있나요?

포인터를 초기화하지 않으면 허상 포인터가 된다. 포인터 선언 시 초기값을 알 수 없으면 널 포인터로 초기화하는 것이 안전하다.

```
int *p;              // p는 쓰레기값이므로 허상 포인터
```

또 다른 경우는 함수가 지역 변수의 주소를 리턴하면 이 주소는 허상 포인터가 된다. 포인터를 리턴하는 함수가 지역 변수의 주소를 리턴하면, 함수 리턴 시 지역 변수가 소멸되므로 함수를 호출한 쪽에는 소멸된 변수의 주소가 리턴된다. **포인터를 리턴하는 함수를 정의할 때는 지역 변수의 주소를 리턴하지 않도록 주의해야 한다.**

```
char* num_to_str(int num)
{
    char temp[20];
    sprintf(temp, "%d", num);
    return temp;    // 지역 변수로 선언된 배열의 주소를 리턴한다.
}                   // temp는 함수가 리턴할 때 소멸되므로 소멸된 변수의 주소를 리턴한다.

int main(void)
{
    char *p = num_to_str(123);          // p는 허상 포인터이다.
     ⋮
}
```

(2) 해제된 동적 메모리를 다시 해제해서는 안된다.

이미 해제된 동적 메모리를 다시 해제하려고 하면 실행 에러가 발생한다.

```
int *p = (int*)malloc(sizeof(int) * 100);
// p 사용
free(p);                // 사용이 끝난 메모리를 해제한다.
 ⋮
free(p);                // 실수로 해제된 메모리를 다시 해제하면 실행 에러가 발생한다
```

첫 번째 free(p);에서 p가 가리키던 동적 메모리를 해제하고, p가 허상 포인터인 상태로 두 번째 free(p);를 호출하면 실행 에러가 발생한다. 이 문제도 첫 번째 free(p); 호출 후에 p를 널 포인터로 만들면 해결할 수 있다. free 함수는 매개변수가 널 포인터면 아무것도 하지 않는다.

```
free(p);            // 사용이 끝난 메모리는 해제한다.
p = NULL;           // p를 널 포인터로 만든다.
free(p);            // free 함수는 널 포인터가 전달되면 아무것도 하지 않는다.
```

(3) free 함수는 동적 메모리를 해제할 때만 사용해야 한다.

지역 변수나 전역 변수를 가리키는 포인터로 free 함수를 호출하면 실행 에러가 발생한다.

```
int x;
int *p = &x;        // p는 지역 변수를 가리킨다.
free(p);            // 지역 변수를 가리키는 p로 free 함수를 호출하면 실행 에러가 발생한다.
```

지역 변수나 전역 변수를 가리키는 포인터와 동적 메모리를 가리키는 포인터는 구분해서 사용하는 것이 좋다.

```
int x;
int *p = &x;                            // p는 지역 변수를 가리킨다.
int *ptr = (int*) malloc(sizeof(int) * 100);   // ptr은 동적 메모리를 가리킨다.
⋮
free(ptr);                              // 동적 메모리만 해제한다.
ptr = NULL;
```

(4) 동적 메모리의 주소를 잃어버리지 않도록 주의해야 한다.

동적 메모리는 포인터로만 접근하므로 동적 메모리의 주소를 잃어버리면 더 이상 접근할 수 없게 된다. 이렇게 주소를 잃어버린 동적 메모리는 계속 사용중인 상태로 힙을 소모하게 되고, 주소가 없기 때문에 free 함수로 해제할 수도 없다.

다음 코드의 test_memory 함수는 함수 안에서 동적 메모리를 생성한다. 동적 메모리는 함수가 리턴해도 자동으로 소멸되지 않는다. 그런데 동적 메모리의 주소를 저장하는 p는 지역 변수이므로 함수가 리턴할 때 소멸되고, 더 이상 동적 메모리의 주소는 남아있지 않게 된다.

```
void test_memory(int cnt)
{
    int i;
```

```
    int *p = (int*)malloc(sizeof(int)*cnt);
    for (i = 0; i < cnt; i++)
        p[i] = 0;
}   // 함수가 리턴할 때 동적 메모리의 주소를 저장하는 포인터가 소멸된다.
```

함수 안에서 생성한 동적 메모리를 함수가 리턴한 다음에도 사용하려면, 그 주소를 함수를 호출한 곳으로 전달해야 한다. 다음 코드는 동적 메모리의 주소를 리턴하도록 test_memory를 변경한 것이다. test_memory 호출 시, 동적 메모리의 주소를 리턴값으로 받아와서 사용한다. 이처럼 함수 안에서 생성된 동적 메모리를 함수가 리턴 후에 함수를 호출한 곳에서 사용하다가 더 이상 필요 없을 때 해제할 수 있다.

```
int* test_memory(int cnt)
{
    int i;
    int *p = (int*)malloc(sizeof(int)*cnt);
    for (i = 0; i < cnt; i++)
        p[i] = 0;
    return p;                // 동적 메모리의 주소를 리턴한 다음 p가 소멸된다.
}

int main(void)
{
    int *p = test_memory(5); // 동적 메모리의 주소를 함수의 리턴값으로 받아온다.
    // p 사용
    free(p);                 // 함수를 호출한 쪽에서 사용이 끝난 동적 메모리를 해제한다.
    p = NULL;
}
```

동적 메모리의 주소를 출력 매개변수로 전달하려면 이중 포인터를 사용한다.

```
void test_memory(int **pp, int cnt)
{
    int i;
    int *p = (int*)malloc(sizeof(int)*cnt);
    for (i = 0; i < cnt; i++)
        p[i] = 0;
    *pp = p;                 // pp가 가리키는 변수(int*형)에 동적 메모리의 주소를 저장한다.
}

int main(void)
{
```

```
    int *p = NULL;          // 동적 메모리의 주소를 받아올 포인터를 준비한다.
    test_memory(&p, 5);     // 동적 메모리의 주소를 받아올 포인터의 주소를 전달한다.
    // p 사용
    free(p);
    p = NULL;
}
```

📝 확인해봐요

1. 해제된 동적 메모리를 가리키거나 잘못된 주소를 저장하는 포인터를 무엇이라고 하는가?

　① 널 포인터　　　　　② 허상 포인터　　　　　③ 스마트 포인터　　　　　④ 이중 포인터

2. 포인터가 가리키는 대상이 없을 때는 어떻게 해야 하는가?

　① 포인터에 0을 저장한다.　　　　　　　　　② 포인터에 1을 저장한다.

　③ 포인터를 free 함수로 해제한다.

11.3.5 동적 메모리의 활용

　동적 메모리는 구조체 포인터 배열과 함께 사용되는 경우가 많다. 프로그램 실행 중에 구조체를 동적 메모리에 할당하고, 그 주소만 포인터 배열에 저장하고 사용할 수 있다.

　스마트폰의 연락처를 관리하는 앱을 다시 생각해보자. 연락처를 여러 개 저장해야 하므로 CONTACT 구조체 배열을 사용하려고 한다. 연락처를 최대 100개까지 저장할 수 있다고 가정하면 크기가 100인 CONTACT 배열을 선언할 수 있다.

```
typedef struct contact       // CONTACT 구조체의 크기는 44바이트 크기이다.
{
    char name[STR_SIZE];
    char phone[STR_SIZE];
    int ringtone;
} CONTACT;

CONTACT arr[100] = { 0 };    // 44바이트×100개, 4400바이트가 필요하다.
```

　연락처를 미리 저장해두는 대신 필요할 때마다 연락처 등록 기능으로 추가한다고 해보자. 프로그램을 실행하기 전에는 연락처가 모두 몇 개나 등록될지 알 수 없는데, 크기가 100인 CONTACT 배열을 메모리에 할당하면 메모리가 낭비된다. 예를 들어 실행 중에 연

락처를 5개만 등록하면, 나머지 95개×44바이트만큼의 메모리가 낭비된다. 이런 경우에 CONTACT 구조체 배열 대신 CONTACT 포인터 배열을 사용할 수 있다.

```
CONTACT *arr[100] = { NULL }; // 포인터 4바이트×100개, 400바이트가 필요하다.
int cnt = 0;                  // 등록된 연락처의 개수, arr 배열에서 실제 사용중인 원소의 개수
```

arr는 포인터 배열이므로 주소만 100개 만들어질 뿐, CONTACT 구조체는 메모리에 할당되지 않는다. 포인터의 크기는 항상 4바이트이므로, 포인터 배열을 할당하는 것이 구조체 배열을 메모리에 할당하는 것보다는 메모리를 적게 사용한다. 사용자가 연락처 등록 기능을 선택하면, 그 때 CONTACT 구조체를 동적 메모리에 할당하고, 그 주소만 포인터 배열의 원소로 저장하고 사용한다.

```
while (cnt < MAX)
{
    char str[STR_SIZE] = "";
    printf("연락처를 등록합니다. 이름(.입력시 등록 종료)? ");
    scanf("%s", str);
    if (strcmp(str, ",") == 0)
        break;
    // 동적으로 생성된 CONTACT 주소를 arr[cnt]에 저장한다.
    arr[cnt] = (CONTACT*)malloc(sizeof(CONTACT));
    strcpy(arr[cnt]->name, str);
    printf("전화번호? ");
    scanf("%s", arr[cnt]->phone);
    arr[cnt]->ringtone = 0;   // 벨 소리는 디폴트로 0으로 지정한다.
    cnt++;                    // 포인터 배열에 원소를 추가했으므로 cnt를 증가시킨다.
}
```

포인터 배열에 보관해둔 구조체의 주소를 이용해서, arr[i]가 가리키는 CONTACT 구조체를 사용할 수 있다. 이때, arr[i]는 구조체 포인터이므로 구조체의 멤버에 접근할 때 –〉 연산자를 이용한다.

```
for (i = 0; i < cnt; i++)    // arr[i]는 CONTACT 포인터
{
    printf("%6s %11s %d\n", arr[i]->name, arr[i]->phone, arr[i]->ringtone);
}
```

포인터 배열을 사용하면 CONTACT 구조체를 필요한 개수만큼만 생성할 수 있으므로 구조체 배열을 할당하는 것에 비해 메모리 낭비를 줄일 수 있다.

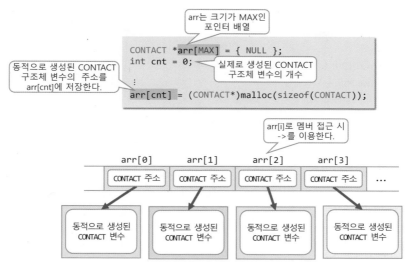

그림 11-27 구조체 포인터 배열

포인터 배열로 동적 메모리에 할당된 구조체 변수를 사용할 때는, 사용이 끝난 후에 동적 메모리를 해제해야 한다. 동적 메모리 해제는 동적 메모리 할당과 1:1로 대응된다. 즉, 동적 메모리를 3번 할당했으면, 3번 해제해야 한다.

```
for (i = 0; i < cnt; i++)    // cnt번만큼 동적 메모리를 해제한다.
{
    free(arr[i]);            // arr[i]가 동적 메모리의 주소이므로 arr[i]로 해제한다.
    arr[i] = NULL;
}
```

[예제 11-13]는 구조체 포인터 배열을 이용해서, 동적 메모리에 할당된 CONTACT 구조체 변수를 관리하는 코드이다.

📑 **예제 11-13 :** 구조체 포인터 배열을 이용하여 동적 메모리에 할당된 구조체 변수 관리하기

```
01    #include <stdio.h>
02    #include <string.h>
03    #include <stdlib.h>
04    #include <time.h>
05
06    #define STR_SIZE 20
07    #define MAX 100
08
```

```
09    typedef struct contact
10    {
11        char name[STR_SIZE];
12        char phone[STR_SIZE];
13        int ringtone;
14    } CONTACT;
15
16    int main(void)
17    {
18        CONTACT *arr[MAX] = { NULL };        // 구조체 포인터 배열
19        int cnt = 0;                         // 등록된 연락처의 개수
20        int i;
21
22        // 연락처 등록
23        while (cnt < MAX)
24        {
25            char str[STR_SIZE] = "";
26            printf("연락처를 등록합니다. 이름(.입력시 등록 종료)? ");
27            scanf("%s", str);
28            if (strcmp(str, ".") == 0)
29                break;
30            // 동적으로 생성된 CONTACT 변수의 주소를 arr[cnt]에 저장한다.
31            arr[cnt] = (CONTACT*)malloc(sizeof(CONTACT));
32            strcpy(arr[cnt]->name, str);       // arr[cnt]는 CONTACT 포인터
33            printf("전화번호? ");
34            scanf("%s", arr[cnt]->phone);
35            arr[cnt]->ringtone = 0;
36            cnt++;
37        }
38
39        printf(" 이름    전화번호    벨\n");
40        for (i = 0; i < cnt; i++)            // arr[i]는 CONTACT 포인터
41        {
42            printf("%6s %11s %d\n", arr[i]->name, arr[i]->phone,
43                arr[i]->ringtone);
44        }
45
46        for (i = 0; i < cnt; i++)            // 사용이 끝나면 동적 메모리를 해제한다.
47        {
48            free(arr[i]);
49            arr[i] = NULL;
50        }
51
52        return 0;
53    }
```

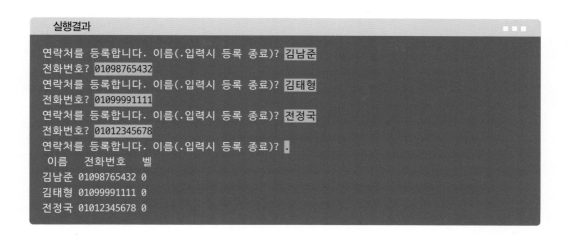

실행결과

```
연락처를 등록합니다. 이름(.입력시 등록 종료)? 김남준
전화번호? 01098765432
연락처를 등록합니다. 이름(.입력시 등록 종료)? 김태형
전화번호? 01099991111
연락처를 등록합니다. 이름(.입력시 등록 종료)? 전정국
전화번호? 01012345678
연락처를 등록합니다. 이름(.입력시 등록 종료)? .
 이름    전화번호    벨
김남준 01098765432 0
김태형 01099991111 0
전정국 01012345678 0
```

📋 확인해봐요

1. 동적으로 할당된 구조체 변수의 주소를 모아서 관리하려면 무엇이 필요한가?
   ① 구조체 배열   ② 구조체 포인터
   ③ 구조체 포인터 배열   ④ void 포인터

2. arr가 구조체 포인터 배열의 이름일 때, arr[i]로 구조체의 멤버에 접근하려면 어떻게 해야 하는가?
   ① arr[i].*member*   ② (*arr[i])–>*member*
   ③ arr[i]–>*member*   ④ (arr+i)–>*member*

3. malloc 함수를 10번 호출했으면 free 함수는 몇 번 호출해야 하는가?
   ① 1번   ② 0번   ③ 10번

11.3.6 동적 메모리 관리 함수

표준 C 라이브러리에는 malloc 함수와 free 함수 외에도 동적 메모리에 관련된 함수들이 몇 가지 더 있다. 동적 메모리 관리 함수를 사용하려면 ⟨stdlib.h⟩가 필요하다. 동적 메모리에 관련된 함수들을 정리하면 다음과 같다.

표 11-3 동적 메모리 관리 함수

함수 원형	기능
void* malloc(size_t size);	동적 메모리를 할당한다.
void free(void* ptr);	동적 메모리를 해제한다.
void* calloc(size_t num, size_t size);	동적 메모리 배열(num x size)을 할당하고 0으로 초기화한다.
void *realloc(void *ptr, size_t new_size);	동적 메모리의 크기를 변경해서 재할당한다.

1. 변수의 활용

- 변수의 특성으로 영역, 생존 기간, 연결 특성이 있다. 기억 부류 지정자는 변수의 생존 기간과 연결 특성에 영향을 준다.
- auto를 생략해도 지역 변수는 디폴트로 auto 변수이다. 자주 사용되는 변수를 register 변수로 선언하면 프로그램 실행 속도를 향상시킬 수 있다.
- 전역 변수에 대한 선언(정의)는 프로그램의 여러 소스 파일 중 하나에만 써준다. 반면에 전역 변수의 extern 선언은 전역 변수를 사용하려는 소스 파일마다 필요하다.
- static 지역 변수는 프로그램 시작 시 생성되어 함수가 여러 번 호출되는 동안 소멸되지 않고 계속 사용되다가 프로그램이 종료될 때 소멸된다. static 지역 변수는 같은 함수의 여러 호출 사이에서 공유되는 변수이다.
- 전역 변수와 함수의 사용 범위를 특정 소스 파일로 제한하려면 static 전역 변수, static 함수로 정의한다.

2. 함수의 활용

- 재귀 함수는 자기 자신을 다시 호출하는 함수이다. 재귀 함수를 이용하면 큰 문제를 비슷한 종류의 작은 문제들로 나누어 처리하는 분할 정복 알고리즘을 구현할 수 있다.
- 재귀 함수는 무한히 자기 자신을 호출해서는 안되며 반드시 종료 조건이 필요하다.
- 재귀 기법은 문제를 해결하기 위한 알고리즘을 단순화하는 장점이 있지만, 성능 측면에서 보면 재귀 함수보다는 반복문으로 구현하는 것이 더 좋다.
- 함수 포인터는 함수의 주소를 저장하는 포인터이다. 함수 포인터에 함수의 주소를 저장하고 함수 포인터로 함수를 호출할 수 있다.
- 함수 포인터로 함수를 호출할 때는 역참조 연산자를 이용하거나 함수 포인터로 직접 함수를 호출할 수 있다.
- typedef로 함수 포인터형을 정의하고, 함수 포인터형의 변수를 선언해서 사용할 수 있다.
- 원형이 같고 함께 사용되는 함수들을 함수 포인터 배열에 원소로 저장하고 사용할 수 있다.

3. 동적 메모리

- 동적 메모리는 메모리가 언제 할당되고 해제될지, 얼마만큼 할당될지가 실행 시간에 결정되므로, 프로그래머가 원하는 방식으로 자유롭게 메모리를 사용할 수 있다.
- 동적 메모리를 할당하려면 malloc 함수를 사용하고, 동적 메모리를 해제하려면 free 함수를 사용한다. 동적 메모리는 포인터로만 접근할 수 있으며 malloc 함수의 리턴값인 void 포인터를 메모리의 용도에 따라 형 변환해서 사용한다.
- 동적 메모리는 자동으로 해제되지 않으므로 free 함수를 호출해서 해제해야 한다.
- 구조체를 배열로 할당하면 구조체 변수를 배열의 크기만큼 생성해야 하므로 메모리 낭비가 심하다. 구조체를 몇 개나 생성할지 미리 알 수 없으면 구조체 포인터 배열을 이용한다. 구조체 변수는 필요한 시점에 동적 메모리에 할당하고 그 주소만 포인터 배열의 원소로 저장해두고 사용한다.

1. 변수의 특성에 대한 설명을 읽고 설명이 맞으면 O, 틀리면 X를 선택하시오.

   (1) 변수가 사용될 수 있는 범위를 변수의 영역이라고 한다. 　　　　　　　　　　　(　)

   (2) 자동 할당 변수는 메모리의 힙 영역에 생성되며, 변수의 생성과 소멸이 자동으로 처리된다. 　(　)

   (3) 정적 할당 변수는 메모리의 스택 영역에 생성된다. 　　　　　　　　　　　　　(　)

   (4) 동적 할당 변수는 malloc으로 할당하고 free로 해제한다. 　　　　　　　　　　(　)

   (5) 지역 변수도 외부 연결 특성을 가질 수 있다. 　　　　　　　　　　　　　　(　)

   (6) 변수의 외부 연결 특성을 지정할 때 extern 키워드를 사용한다. 　　　　　　　　(　)

   (7) 지역 변수에 정적 할당 특성을 지정할 때 auto 키워드를 사용한다. 　　　　　　　(　)

   (8) 함수에도 연결 특성을 지정할 수 있으며, 함수에 내부 연결 특성을 지정하려면
   static 키워드를 사용한다. 　　　　　　　　　　　　　　　　　　　　　(　)

2. auto 변수와 register 변수에 대한 설명 중 잘못된 것은?

   ① 지역 변수는 따로 지정하지 않아도 auto 변수이다.

   ② register 변수는 메모리 대신 CPU 레지스터에 생성된다.

   ③ register 변수도 변수이므로 주소를 구할 수 있다.

   ④ register 변수를 사용하면 프로그램의 수행 속도가 향상된다.

3. One Definition Rule에 대한 설명 중 잘못된 것은?

   ① 소스 파일마다 함수나 전역 변수의 정의는 한번씩 할 수 있다.

   ② 함수의 선언은 여러 번 할 수 있다.

   ③ 변수를 선언만 할 때 extern을 이용한다.

   ④ 변수의 extern 선언은 메모리 할당을 하지 않는다.

4. 소스 파일의 다른 위치에 정의된 전역 변수를 미리 사용할 수 있도록 앞쪽에 extern으로 선언하는 것을 무엇이라고 하는가?

5. 다음은 모두 전역 변수의 선언문이다. 그 중에서 의미가 다른 것은?

   ① `int count;`　　　　　　　　　　② `int count = 0;`

   ③ `extern int count = 0;`　　　　　④ `extern int count;`

6. static 지역 변수와 static 전역 변수에 대한 설명을 읽고 설명이 맞으면 O, 틀리면 X를 선택하시오.

   (1) static으로 선언된 지역 변수는 프로그램을 시작할 때 생성된다. 　　　(　)

   (2) static으로 선언된 지역 변수는 해당 블록에 최초로 들어갈 때 생성된다. 　(　)

   (3) static 지역 변수는 함수가 리턴해도 소멸되지 않는다. 　　　　　　(　)

   (4) static 지역 변수는 함수를 호출한 곳에서 사용할 수 있다. 　　　　　(　)

   (5) static 지역 변수를 이용하면 이전 함수 호출에서 만들어진 값을
   다음 번 함수 호출에서 이용할 수 있다. 　　　　　　　　　　　(　)

(6) 전역 변수를 특정 소스 파일 안에서만 사용하려면 static으로 정의한다. (   )

(7) static 전역 변수도 extern 선언이 있으면 다른 소스 파일에서 사용할 수 있다. (   )

(8) static 지역 변수도 extern 선언이 있으면 다른 함수에서 사용할 수 있다. (   )

7. static 함수에 대한 설명 중 잘못된 것은?

① 함수를 정의할 때 따로 지정하지 않으면 static이다.

② static 함수는 함수의 사용 범위가 파일 내로 제한된다.

③ static으로 정의된 함수는 다른 소스 파일에 함수 선언이 있어도 호출할 수 없다.

④ 같은 소스 파일에 정의된 static 함수는 호출할 수 있다.

8. 분할 정복 알고리즘을 구현할 때 주로 사용되며, 자기 자신을 다시 호출하는 함수를 무엇이라고 하는가?

9. 다음 중 재귀 함수의 정의가 잘못된 것은?

① int add(int n)
```
{
    if (n == 0) return 0;
    return n + add(n-1);
}
```

② int mul(int n)
```
{
    if (n == 1 || n == 0) return 1;
    return n * mul(n-1);
}
```

③ void f(int n)
```
{
    printf("%d ", n);
    f(n - 1);
}
```

④ void f(int n)
```
{
    if (n >= 10) return;
    printf("%d ", n);
    f(n + 1);
}
```

10. 재귀 함수에 대한 설명 중 잘못된 것은?

① 자기 자신을 호출하는 함수이다.

② 무한히 자기 자신을 호출해서는 안되므로 반드시 종료 조건이 있어야 한다.

③ 함수 호출의 깊이가 깊어지면 스택을 많이 사용하므로 문제가 될 수 있다.

④ 반복문으로 구현하는 경우보다 성능이 좋다.

11. 다음과 같이 선언된 함수에 대하여 함수 포인터의 선언 중 맞는 것은?

```
void print_array(const int *arr, int size);
```

① void *p(const int *arr, int size);

② void (*p)(const int *, int);

③ void (*p)(arr, size);

④ void *p(const int *, int);

12. 다음과 같이 선언된 함수에 대하여 함수 포인터형의 정의 중 맞는 것은?

```
void print_array(const int *arr, int size);
```

① typedef void *PFUNC(const int *, int);　　② typedef void (*PFUNC)(const int *, int);

③ typedef void (*PFUNC)(arr, size);　　④ typedef void *PFUNC(const int *, int);

13. 함수 포인터로 함수를 호출하는 코드 중 잘못된 것을 모두 고르시오.

① void add(int a, int b);

  void (*afp)(int, int) = add;

  afp(10, 20);

② void set_point(POINT* pt, int x, int y);

  void (*spfp)(POINT *, int, int) = set_point;

  POINT pt1 = { 10, 20 };

  spfp(&pt1, 100, 200);

③ int get_gcd(int x, int y);

  int (*ggfp)(int, int) = &get_gcd;

  (*ggfp)(120, 48);

④ int get_lcm(int x, int y);

  int (*glfp)(int, int) = get_lcm;

  *glfp(120, 48);

⑤ double get_max(double x, double y);

  int (*gmfp)(int, int) = get_max;

  gmfp(10, 20);

14. 다음 중 변수 선언에 대한 의미가 잘못된 것은?

변수 선언	의미
① int (*v)[3];	int[3]을 가리키는 포인터
② int *w[3];	int*가 원소인 포인터 배열
③ int (*x)(int);	int f(int);가 원형인 함수 포인터
④ int (*y[3])(int);	int f(int);가 원형인 함수 포인터 배열
⑤ int *z(int);	int f(int);가 원형인 함수 포인터

15. 표준 C 라이브러리 함수 중 동적 메모리를 할당하는 함수와 동적 메모리를 해제하는 함수의 이름을 쓰시오.

16. 동적 메모리에 대한 설명을 읽고 설명이 맞으면 O, 틀리면 X를 선택하시오.

(1) 동적 메모리는 메모리의 할당과 해제가 실행 시간에 결정된다.　　(　　)

(2) 동적 메모리를 이용하면 필요한 만큼만 메모리를 할당할 수 있다.　　(　　)

(3) 동적 메모리를 해제하지 않으면 자동으로 해제된다.　　(　　)

(4) 동적으로 할당된 메모리는 반드시 포인터로 접근해야 한다.　　(　　)

(5) 동적 메모리는 함수가 리턴해도 소멸되지 않는다.　　(　　)

(6) 동적 메모리의 할당은 항상 성공한다. ( )

(7) 동적 메모리를 할당할 때는 할당할 메모리의 데이터형을 지정한다. ( )

(8) 동적 메모리를 할당할 때는 할당할 메모리의 바이트 크기를 지정한다. ( )

(9) malloc 함수의 리턴값인 void*형의 포인터로 동적 메모리에 역참조 연산을 할 수 있다. ( )

(10) malloc 함수의 리턴값을 사용하려면 메모리의 용도에 맞게 포인터를 형 변환해서 사용해야 한다. ( )

17. 동적 메모리 사용 시 주의 사항 중 잘못된 것은?

① 동적 메모리를 가리키는 포인터는 동적 메모리를 해제하면 자동으로 NULL이 된다.

② 해제된 동적 메모리를 다시 해제해서는 안된다.

③ 지역 변수나 전역 변수를 가리키는 포인터로 free 함수를 호출하면 안된다.

④ 동적 메모리의 주소를 잃어버리지 않도록 주의해야 한다.

18. 다음은 매개변수로 전달된 문자열을 동적 메모리에 할당된 char 배열로 복사하고 동적 메모리의 주소를 리턴하는 함수를 정의하고 호출하는 코드이다. ___ 부분에 필요한 코드를 작성하시오.

```c
char *strcpy_d(const char* src)
{
    int len = strlen(src);
    char *dest = (char*)malloc(_____);
    return strcpy(dest, src);
}
 int main(void)
{
    char *p = strcpy_d("string copy dynamic");
    puts(p);
    free(p);
    p = 0;

    return 0;
}
```

19. 다음 프로그램의 실행 결과를 쓰시오.

```c
#include <stdio.h>

void recursive(int n)
{
    if (n >= 10)
        return;
    recursive(n + 1);
    printf("%d ", n);
}
```

```c
int main(void)
{
    recursive(1);
    return 0;
}
```

20. 다음의 get_factorial 함수는 재귀 함수의 성능상의 단점을 개선하기 위해서 result[N]에 이미 구해진 결과가 있으면 바로 리턴하고, 아니면 재귀 함수로 get_factorial(N)을 구한다. get_factorial(N)은 처음 한 번만 구하고, 여러 번 호출되면 이미 구해 놓은 결과값을 리턴하므로 재귀 함수의 성능 저하를 개선할 수 있다. 다음 코드가 올바르게 동작하기 위해서 수정해야 하는 부분을 찾아서 고치시오.

```c
#include <stdio.h>
#include <stdlib.h>
#include <time.h>

double get_factorial(int num)
{
    double result[20] = { 1, 1 };

    // get_factorial이 어떻게 호출되고 있는지 확인하기 위한 출력문
    printf("get_factorial(%d) is called...\n", num);

    if (result[num] != 0)
        return result[num];

    result[num] = num * get_factorial(num - 1);
    return result[num];
}

int main(void)
{
    int i;
    srand((unsigned int)time(NULL));

    for (i = 0; i < 20; i++)
    {
        int n = rand() % 20;
        printf("%d! = %.0f\n", n, get_factorial(n));
    }

    return 0;
}
```

1. 정수를 매개변수로 전달해서 정수에 있는 숫자의 개수를 구하는 count_digits 함수를 재귀 함수로
   정의하시오. [재귀 함수/난이도 ★]

   실행결과

   ```
   정수? 12345
   count of digits: 5
   정수? 1000000
   count of digits: 7
   정수? 0
   ```

2. 정수를 매개변수로 전달해서 정수에 있는 모든 숫자의 합을 구하는 sum_of_digits 함수를 재귀
   함수로 정의하시오. [재귀 함수/난이도 ★]

   실행결과

   ```
   정수? 12345
   sum of digits: 15
   정수? 1000000
   sum of digits: 1
   정수? 0
   ```

3. 피보나치 수열의 n번째 항을 구하는 fibonacci 함수를 재귀 함수로 정의하시오. **피보나치 수열은
   바로 앞의 두 수의 합으로 구해지며, 처음 두 항은 1이다.** fibonacci 함수를 이용해서 0~19번 항
   을 출력하는 프로그램을 작성하시오. [재귀 함수/난이도 ★★]

   $$\text{fibonacci}(n) = \begin{cases} 1, & n = 0 \text{ or } n = 1 \\ \text{fibonacci}(n-2) + \text{fibonacci}(n-1), & n > 1 \end{cases}$$

   실행결과

   ```
   1 1 2 3 5 8 13 21 34 55 89 144 233 377 610 987 1597 2584 4181 6765
   ```

4. 3번 프로그램은 같은 항을 구할 때마다 재귀 함수를 반복적으로 호출하므로 비효율적이다. 연습문
   제 20번처럼 fibonacci(N)을 구할 때, 그 값을 배열에 저장해두고 다음 번에 fibonacco(N)을
   구하면 배열에 저장해둔 값을 리턴하도록 fibonacci 함수를 수정하시오. 실행결과는 3번과 동일
   하다. [재귀 함수, static 지역 변수/난이도 ★★]

5. 거듭제곱 n^m을 구하는 power 함수를 재귀함수로 작성하시오. power 함수는 밑(base)과 지수 (exponent)를 매개변수로 전달받는다. 밑과 지수는 정수라고 가정한다. n을 입력받아, $n^0 \sim n^{10}$ 을 출력하는 프로그램을 작성하시오. [재귀 함수/난이도 ★]

$$power(n) = \begin{cases} 1, & x = 0 \\ n \times power(n-1), & x > 0 \end{cases}$$

```
실행결과                                         ...

밑(base)? 2
2 ^ 0 = 1
2 ^ 1 = 2
2 ^ 2 = 4
2 ^ 3 = 8
2 ^ 4 = 16
2 ^ 5 = 32
2 ^ 6 = 64
2 ^ 7 = 128
2 ^ 8 = 256
2 ^ 9 = 512
```

6. 5번 프로그램은 같은 거듭제곱을 구할 때마다 재귀 함수를 반복적으로 호출하므로 비효율적이다. 10×10 크기의 2차원 배열을 준비해서 $2^1 \sim 2^{10}$, $3^1 \sim 3^{10}$, …, $10^1 \sim 10^{10}$은 power 함수가 호출 될 때 구한 값을 저장해두고 사용하도록 power 함수를 수정하시오. 예를 들어 처음 power(2, 5);을 호출하면 재귀 함수를 수행해서 $2^1 \sim 2^5$를 배열에 저장하고 2^5를 리턴한다. 그 다음번에 다시 power(2, 5)를 호출하면 이미 배열에 구한 값이 있으므로 재귀 함수를 호출하는 대신 배열에 구해 둔 값을 리턴한다. 실행결과는 5번과 동일하다. [재귀 함수, static 지역 변수/난이도 ★★]

7. 3번의 fibonacci 함수와 5번의 power 함수를 함수 포인터를 이용해서 호출하는 프로그램을 작 성하시오. 직접 함수 포인터 변수를 선언하는 경우와 함수에 대한 포인터형을 정의한 다음 포인터 변수를 선언하는 경우를 모두 작성해보시오. 실행 결과는 3번, 5번과 동일하다. [함수에 대한 포인터/ 난이도 ★★]

8. 함수 포인터를 이용하면 콜백 함수(특정 조건에 호출될 함수)를 등록할 수 있다. 정수형 배열을 특정 값으로 채우는 fill_array 함수의 매개변수로 배열 원소에 저장할 값을 구할 때 호출할 함수 포인터(콜백 함수)를 전달하고, 이 함수를 호출해서 배열의 i번째 원소에 값을 저장하도록 fill_array 함수를 정의하시오. 배열 원소에 저장할 값을 구할 때, 호출될 함수의 원형은 int f(int);이다. fill_array 함수와 여러 가지 콜백 함수를 이용해 배열에 여러 가지 방법으로 값을 채우고 출력하는 프로그램을 작성하시오. [함수 포인터, 콜백 함수/난이도 ★★★]

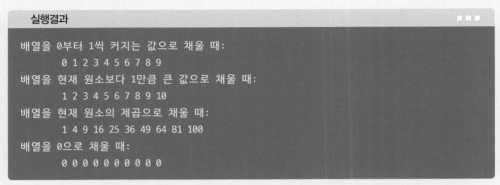

```
실행결과

배열을 0부터 1씩 커지는 값으로 채울 때:
        0 1 2 3 4 5 6 7 8 9
배열을 현재 원소보다 1만큼 큰 값으로 채울 때:
        1 2 3 4 5 6 7 8 9 10
배열을 현재 원소의 제곱으로 채울 때:
        1 4 9 16 25 36 49 64 81 100
배열을 0으로 채울 때:
        0 0 0 0 0 0 0 0 0 0
```

★ fill_array 함수는 fill_array(arr, sz, callback); 형태로 호출한다. 마지막 매개변수인 callback은 함수 포인터로 이 자리에 배열의 i번째 원소의 값을 구하는 함수를 등록한다. callback 함수의 예로 배열의 현재 원소의 값을 1만큼 증가된 값을 리턴하는 increment_it 함수는 다음처럼 정의할 수 있다.

```
int increment_it(int num) { return num + 1; }   // num에 arr[i]의 값이 전달되면,
                                                // arr[i]+1을 arr[i]의 새로운 값으로 리턴한다.
fill_array(arr, 10, increment_it);              // arr의 원소가 현재보다 1만큼 큰 값으로 변경된다.
```

★ fill_array 함수의 콜백 함수의 원형은 int f(int);이다. fill_array 함수는 arr[i]의 값을 구할 때 arr[i]를 인자로 콜백 함수를 호출하고 콜백 함수의 리턴값을 arr[i]에 저장하는 함수이다. 즉, 배열의 원소가 10개면 원소 각각에 대하여 콜백 함수를 한번씩, 모두 10번 호출한다.

9. 영화 제목을 저장하는 문자열 배열이 있을 때, 문자열 배열을 qsort 함수를 이용해서 오름차순으로 정렬하는 프로그램을 작성하시오. 문자열 배열은 크기가 5이며, 영화제목을 미리 초기화해두고 이용한다. [함수 포인터, qsort 함수/난이도 ★★]

```
실행결과

<<정렬 전>>
Avengers
MI:Fallout
Ant-Man
Bohemian Rhapsody
Insidious
<<정렬 후>>
Ant-Man
Avengers
Bohemian Rhapsody
Insidious
MI:Fallout
```

10. 영화 제목을 저장하는 문자열 배열이 오름차순으로 정렬되어 있다고 하자. 이 배열을 영화 제목으로
검색한 다음 영화 제목을 수정하는 프로그램을 작성하시오. 검색을 위해서 표준 C 라이브러리가 제
공하는 bsearch 함수를 이용한다. [함수 포인터, qsort, bsearch 함수/난이도 ★★]

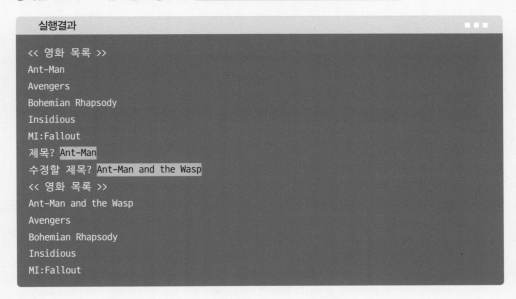

```
실행결과                                              ■ ■ ■

<< 영화 목록 >>
Ant-Man
Avengers
Bohemian Rhapsody
Insidious
MI:Fallout
제목? Ant-Man
수정할 제목? Ant-Man and the Wasp
<< 영화 목록 >>
Ant-Man and the Wasp
Avengers
Bohemian Rhapsody
Insidious
MI:Fallout
```

11. 문자열 2개를 매개변수로 전달받아 하나의 문자열로 연결해주는 join_string 함수를 작성하시오.
이 함수는 동적 메모리를 생성해서 동적 메모리에 두 문자열의 복사본을 연결해서 저장한 다음, 동
적 메모리에 할당된 문자열을 리턴하는 함수로 구현하시오. 함수의 매개변수로 전달한 2개의 문자
열은 변경되지 않아야 한다. [동적 메모리, 문자열 연결/난이도 ★★]

```
실행결과                                              ■ ■ ■

첫 번째 문자열? first string for join string function
두 번째 문자열? second string for join string function
first string for join string functionsecond string for join string function
```

12. 2개의 정수형 배열을 매개변수로 전달받아 하나의 배열로 합친 다음 정렬 후 리턴하는 merge_array 함수를 작성하시오. 2개의 정수형 배열은 서로 크기가 다를 수 있다. merge_array의 결과로 생성되는 배열은 동적 메모리에 할당하고, 할당된 배열의 크기와 배열의 시작 주소를 함수를 호출한 곳으로 전달해야 한다. [동적 메모리, 배열, 출력 매개변수, qsort 함수/난이도 ★★★]

```
실행결과                                              ▪▪▪

 arr1: 1 3 5 7 9
 arr2: 2 4 6 8 10 12
 merged array: 1 2 3 4 5 6 7 8 9 10 12
```

★ 메모리를 특정 바이트 수만큼 복사할 때 memcpy 함수를 이용한다. 배열을 복사할 때 for문 대신 memcpy 함수를 이용할 수 있다. 마지막 매개변수 count는 복사할 바이트 수이다.
　void* memcpy(void *dest, const void *src, size_t count);　　// <string.h>

13. 배열의 행 크기인 row과 열 크기인 column을 입력받아 크기가 column × row인 2차원 배열을 동적 메모리를 이용해서 할당하시오. 생성한 배열에는 0~9사이의 임의의 정수를 생성해서 값을 채우고 출력하시오. [동적 메모리, 배열/난이도 ★★★]

```
실행결과                                              ▪▪▪

 배열의 행 크기? 3
 배열의 열 크기? 10
  3   9   7   4   3   1   5   9   7   7
  0   2   1   4   1   2   1   5   5   4
  0   4   7   5   9   0   1   8   0   5
```

14. 동적으로 할당된 column × row 크기의 2차원 배열을 대하여 같은 행의 모든 원소의 합계를 크기가 row인 배열에 구하고, 같은 열의 모든 원소의 합계를 크기가 column인 배열에 구하여 출력하는 프로그램을 작성하시오. column × row 크기의 2차원 배열은 0~9사이의 임의의 정수로 채워서 테스트한다. [동적 메모리, 배열/난이도 ★★★]

```
실행결과                                              ▪▪▪

 배열의 행 크기? 3
 배열의 열 크기? 10
  0   6   5   1   1   2   5   1   5   6   ==>  32
  3   1   4   5   2   6   8   6   0   8   ==>  43
  4   2   5   4   8   1   5   7   3   3   ==>  42
 ---------------------------------------
  7   9  14  10  11   9  18  14   8  17
```

★ 배열 전체를 0으로 채울 때 for문 대신 memset 함수를 이용할 수 있다. dest는 배열의 시작 주소, ch는 메모리를 채울 1바이트 크기의 값, count는 배열의 바이트 크기이다.
　void *memset(void *dest, int ch, size_t count);　　// <string.h>

15. int 배열의 시작 주소와 배열의 크기를 전달받아 동적 메모리에 할당된 배열의 크기를 2배만큼 늘려
주는 extend_array 함수를 정의하시오. 배열의 시작 주소와 크기는 함수 안에서 변경되는 입출력
매개변수이다. 크기가 2인 배열을 동적 메모리에 할당한 다음, 사용자로부터 입력받은 값을 배열의
원소로 추가한다. 배열의 크기만큼 원소를 추가하고 나면 extend_array 함수를 호출해서 배열의
크기를 2배로 늘리면서 사용자가 −1을 입력할 때까지 배열의 원소를 계속 추가한다. −1이 입력되
면 배열의 모든 원소의 합을 구해서 출력하는 프로그램을 작성하시오. [동적 메모리, 배열/난이도 ★★★]

> **실행결과**　　　　　　　　　　　　　　　　　　　　　　　　　　　■ ■ ■
>
> 배열에 추가할 원소? 10 34 22 45 65 89 34 53 99 81 −1
>
> 배열의 최대 크기: 16, 현재 저장된 원소 수:10
> 배열: 10 34 22 45 65 89 34 53 99 81
> 배열의 합계: 532

CHAPTER 12

표준 입출력과
파일 입출력

12.1 표준 입출력

콘솔 프로그램은 사용자가 키보드로 입력한 내용을 처리한 후 콘솔에 텍스트를 출력하는 프로그램이다. 그런데, 프로그램이 실행되는 동안 입력된 데이터는 프로그램이 종료하면 모두 사라진다. 스마트폰의 연락처 관리 앱은 앱이 종료되도 연락처를 영구적으로 저장했다가, 다음 번 앱을 실행할때 이용할 수 있도록 구현된다. 이처럼 데이터를 영구적으로 저장하려면 하드디스크나 플래시 메모리 같은 저장 장치에 파일로 저장해야 한다. 즉, 프로그램은 콘솔에서만 입출력을 수행하는 것이 아니라 파일로부터 입력을 받아서 처리하고 결과를 파일로 저장할 수도 있다.

C에서는 콘솔 입출력과 파일 입출력을 같은 방식으로 처리하기 위해 스트림(stream)이라는 개념을 사용한다. 스트림의 기본 개념과 표준 입출력 함수인 printf, scanf 함수에 대하여 자세히 알아보자.

12.1.1 스트림 기반의 입출력

(1) 스트림의 개념

스트림이란 연속된 데이터 바이트의 흐름이다. 프로그램의 입력은 입력 스트림을 통해서 프로그램의 외부에서 프로그램의 내부로 연속적으로 전달된다. 또한, 프로그램의 출력은 출력 스트림을 통해서 프로그램 내부에서 프로그램의 외부로 전달된다. 이처럼 프로그램이 스트림을 통해 프로그램의 외부와 상호작용을 하는 것을 **프로그램의 입출력(I/O)**이라고 한다.

그림 12-1 스트림 기반의 입출력

스트림 기반의 입출력에서는 입출력 장치의 종류에 관계없이 같은 방법으로 입출력을 수행할 수 있다. 즉, 콘솔 출력과 파일 출력은 기본적으로 같은 방식으로 이루어지며, 출력의 대상만 바뀐다. 이런 특징을 **장치 독립성(device independence)**이라고 하며, 표준 C의 입출력 라이브러리는 스트림을 이용해서 장치 독립성을 제공한다.

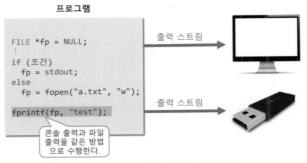

그림 12-2 스트림에 의한 장치 독립성

스트림 기반의 입출력은 버퍼를 경유한 입출력으로 처리된다. 입출력 장치는 CPU에 비해 처리 속도가 훨씬 느리다. 이런 처리 속도 차이 때문에 입력 장치에 데이터가 입력되기를 CPU가 기다리고 있는 것은 매우 비효율적이다. 표준 C 입출력 라이브러리에서는 입력 스트림의 내부에 버퍼를 두고, 키보드로부터 입력된 내용을 임시로 버퍼에 저장했다가 특정 시점에 프로그램으로 한번에 전달하는 방식을 취한다. 출력도 같은 방식이다. 버퍼를 이용하기 때문에 입출력 장치와 CPU의 처리 속도 차에도 불구하고 입출력을 효율적으로 처리할 수 있다.

그림 12-3 버퍼를 경유한 입출력

입력 버퍼는 키보드로부터 입력된 문자들을 저장하는 문자 배열로 볼 수 있다. scanf 함수는 입력 버퍼에 저장된 문자열을 형식 문자열에 지정된 대로 변환해서 int형이나 double형의 변수로 읽어오는 기능을 제공한다.

📝 **확인해봐요**

1. 프로그램의 외부에서 내부로, 혹은 프로그램의 내부에서 외부로 전달되는 연속된 데이터 바이트의 흐름을 무엇이라고 하는가?

   ① 스트림   ② 파일   ③ 메모리   ④ 출력장치   ⑤ 입력장치

2. 입출력 장치에 종류에 상관없이 동일한 방법으로 입출력을 수행할 수 있는 특징을 무엇이라고 하는가?

   ① 장치 의존성   ② 장치 독립성   ③ 메모리 의존성   ④ CPU 독립성

3. 스트림 기반의 입출력이 버퍼를 경유하는 이유는?

  ① 입출력 장치와 CPU의 처리 속도 차이 때문

  ② CPU가 입력 장치의 입력을 직접 기다리도록 하기 위해서

  ③ CPU가 출력 장치의 출력을 그때그때 처리하기 위해서

  ④ 장치 의존적으로 입출력을 수행하기 위해서

(2) 표준 입출력 스트림

입출력을 수행하려면 먼저 입력 스트림이나 출력 스트림을 생성해야 한다. 표준 C 입출력 라이브러리는 표준 입출력을 수행할 수 있도록 기본적인 스트림을 프로그램 시작 시 생성하고, 프로그램 종료 시 해제한다. 이것을 **표준 입출력 스트림**이라고 한다. 표준 입력 스트림을 stdin이라고 하고, 표준 출력 스트림을 stdout이라고 한다. stderr는 표준 에러 스트림이라고 하는데, 에러를 출력하기 위한 목적의 스트림이다. stdin, stdout, stderr는 따로 스트림을 열지 않고 바로 사용할 수 있다. scanf 함수는 stdin으로부터의 입력을 처리하고, printf 함수는 stdout으로의 출력을 처리한다.

그림 12-4 표준 입출력 스트림

(3) 표준 C 라이브러리의 입출력 함수

표준 C 라이브러리의 입출력 함수는 사용하는 스트림과 형식(format)의 유무에 따라 분류할 수 있다.

표준 스트림 전용 입출력 함수(scanf, printf)와는 별도로 일반 스트림을 위한 입출력 함수가 준비되어 있으며, 보통 f-로 시작하는 이름(fscanf, fprintf)을 사용한다. 일반 스트림 함수와 표준 스트림 함수는 함수 이름이 거의 비슷하고 사용 방법도 유사하다. 차이점은 표준 스트림 함수는 스트림이 정해져 있으므로 스트림을 지정하지 않고 호출하는데 비해 일반 스트림 함수는 스트림을 지정하는 매개변수를 추가로 사용한다.

그림 12-5 표준 스트림 전용 함수와 일반 스트림용 함수

표준 스트림으로 입출력을 할 때도, 표준 스트림 전용 함수 대신 일반 스트림에 대한 입출력 함수를 사용할 수 있다. 이때는 표준 스트림인 stdin, stdout, stderr을 매개변수로 지정하면 된다.

그림 12-6 표준 스트림에 대한 입출력 함수

입출력 함수는 형식화된(formatted) 입출력과 형식이 없는(unfomatted) 입출력으로 나눌 수 있다. 형식화된 입출력은 입출력을 수행할 데이터의 형식(정수, 실수, 문자, 문자열)을 지정한다. 형식 문자열을 사용하는 scanf 함수와 printf 함수가 형식화된 입출력 함수에 해당한다. 형식화된 입력은 입력 버퍼에 저장된 문자열을 형식에 따라 정수나 실수로 변환해서 입력으로 읽어온다. 형식화된 출력은 정수나 실수를 문자열로 변환해서 출력 버퍼로 내보낸다.

형식이 없는 입출력은 입력과 출력을 텍스트로 처리한다. 입력 버퍼의 문자나 문자열을 읽어오고 출력 버퍼로 문자나 문자열을 내보내는 함수들이 여기에 해당한다.

표 12-1 입출력 함수의 종류

구분	표준 스트림 함수	일반 스트림 함수	설명
형식화된 입출력	scanf	fscanf	형식화된 입력
	printf	fprintf	형식화된 출력
형식이 없는 입출력	getchar	fgetc	문자 입력
	putchar	fputc	문자 출력

구분	표준 스트림 함수	일반 스트림 함수	설명
형식이 없는 입출력	gets_s	fgets	문자열 입력
	puts	fputs	문자열 출력

> 📝 **확인해봐요**
>
> 1. 표준 C 입출력 라이브러리가 기본적인 입출력을 수행할 수 있도록 미리 준비해둔 스트림을 무엇이라고 하는가?
>   ① 파일 스트림   ② 프린터 스트림   ③ 장치 스트림   ④ 표준 스트림
>
> 2. 다음 중 표준 입출력 스트림이 아닌 것은?
>   ① stdin   ② stdout   ③ stderr   ④ stdtest
>
> 3. 다음 중 표준 C 입출력 라이브러리 함수 중 표준 스트림 전용 함수가 아닌 것은?
>   ① scanf   ② gets_s   ③ fopen   ④ printf   ⑤ getchar

12.1.2 printf 함수 다시 보기

콘솔 프로그램에서 가장 많이 사용되는 함수가 바로 printf 함수이다. printf 함수는 표준 출력인 stdout으로의 출력을 처리한다. printf 함수의 원형은 다음과 같다.

```
int printf(const char *format, ...);
```

printf 함수를 호출할 때는 형식 문자열과 출력할 값을 인자로 지정한다. printf 함수는 여러 개의 값을 출력할 수 있도록 가변 매개변수를 가진 함수로 정의되어 있다. 즉, 인자의 개수가 미리 정해져 있지 않기 때문에 필요한 만큼의 인자를 printf 함수로 전달할 수 있다.

printf 함수의 첫 번째 매개변수인 format을 형식 문자열이라고 하는데, 출력할 값의 형식을 지정한다. printf 함수에 사용되는 형식 문자열의 구조는 다음과 같다.

```
%[flags] [width] [.precision] [{h | l | L}] type
```

printf 함수의 형식 문자열은 flags 필드, width 필드, precision 필드, type 필드 등으로 구성되며, type 필드를 제외한 나머지 필드는 생략할 수 있다. 형식 문자열의 [ ]는 생략할 수 있다는 의미이다. 지금까지는 type 위주로 사용하였는데, 다른 필드를 함께 이용하면 다양하게 출력 형식을 지정할 수 있다.

(1) type 필드

type 필드는 출력할 값의 형식을 지정한다. 어떤 형식을 지정하는지에 따라 출력할 값에 대한 변환이 처리된다. 정수 출력의 경우를 보면 정수를 10진수로 출력할지, 8진수로 출력할지, 16진수로 출력할지를 지정할 수 있다. type 필드에 사용할 수 있는 문자를 정리해보면 다음과 같다.

표 12-2 printf 함수의 type 필드

유형	type	의미	사용 예	실행 결과
정수	c	문자를 출력한다.	printf("%c", 'A');	A
	d	10진수로 출력한다.	printf("%d", 333);	333
	i	10진수로 출력한다.	printf("%i", 333);	333
	o	8진수로 출력한다.	printf("%o", 333);	515
	u	부호 없는 10진수 정수를 출력한다.	printf("%u", 333);	333
	x	abcdef를 이용해서 16진수 정수로 출력한다.	printf("%x", 333);	14d
	X	ABCDEF를 이용해서 16진수 정수로 출력한다.	printf("%X", 333);	14D
실수	e	지수 표기로 출력한다.	printf("%e", 1.2345);	1.234500e+00
	E	지수 표기로 출력한다.	printf("%E", 1.2345);	1.234500E+00
	f	소수 표기로 출력한다.	printf("%f", 1.2345);	1.234500
	g	지수와 소수 표기 중 더 간단한 형식으로 출력한다.	printf("%g", 1.2345);	1.2345
	G	지수와 소수 표기 중 더 간단한 형식으로 출력한다.	printf("%G", 1.2345);	1.2345
포인터	p	16진수로 주소를 출력한다.	printf("%p", "xyz");	00A57B60
문자열	s	문자열을 출력한다.	printf("%s", "xyz");	xyz

type 필드 앞에는 h, l, L을 추가로 지정할 수 있는데, h는 short형을, l은 long형을 출력한다는 의미이다. L은 실수형 중 long double형을 출력한다는 의미이다.

(2) width 필드

width 필드는 출력할 값의 폭을 지정한다. 예를 들어 %10d는 10문자 폭에 맞추어 정수값을 출력하라는 뜻이다. 출력되는 데이터의 문자수가 width보다 작으면 전체 폭의 오른쪽으로 맞춰서 출력한다. 예를 들어 %10d로 123을 출력하면, 10자리 중 왼쪽 7자리를 빈칸으로 남겨두고, 오른쪽 3자리에 123을 출력한다. 데이터의 문자수가 width보다 크면 width를 무시하고 출력한다. 실수를 출력할 때 사용되는 .이나 e와 부호를 출력할 때 사용되는 +, −도 폭에서 한 문자를 차지한다.

width 필드를 지정하면 문자 폭에 대하여 오른쪽으로 정렬해서 출력한다. 지정한 문자 폭에 대해서 왼쪽으로 정렬해서 출력하려면 %−10d처럼 − flags 필드를 함께 사용한다.

표 12-3 printf 함수의 width 필드 사용 예

사용 예	출력 결과									
printf("%10d", 333);								3	3	3
printf("%10f", 1.2345);			1	.	2	3	4	5	0	0
printf("%10g", 1.2345);					1	.	2	3	4	5
printf("%10s", "xyz");								x	y	z
printf("%-10d", 333);	3	3	3							
printf("%-10s", "xyz");	x	y	z							

(3) precision 필드

precision 필드는 출력할 값의 정밀도를 지정한다. 정수 출력에 정밀도를 사용하면, 출력할 정수의 자릿수를 의미한다. 예를 들어 %10.5d는 출력할 전체 폭이 10이고 5자릿수로 출력하라는 의미이다. 정밀도보다 출력할 자릿수가 적으면 0으로 채워서 출력한다.

실수 출력에 정밀도를 사용하면, 소수점 이하 자릿수의 개수를 의미한다. 예를 들어 %10.3f는 출력할 전체 폭이 10이고, 그중 소수점 이하가 3자리라는 의미이다. 이때, 소수점 4번째 자리에서 반올림한다. %10.3g에서 정밀도는 유효 숫자의 개수가 된다. 실수를 출력할 때, 정밀도를 따로 지정하지 않으면 소수점 이하 6자리를 출력한다.

표 12-4 printf 함수의 precision 필드 사용 예

사용 예	출력 결과									
printf("%10.5d", 333);						0	0	3	3	3
printf("%10.3f", 4.5678);							4	.	5	6	8
printf("%10.3e", 4.5678);		4	.	5	6	8	e	+	0	0
printf("%10.3g", 4.5678);							4	.	5	7

(4) flags 필드

flags 필드에는 −, +, 빈칸, 0, # 문자가 사용된다. 각각의 의미와 사용 예는 다음과 같다.

표 12-5 printf 함수의 flags 필드

flags	의미	디폴트 값
−	전체 폭에 대하여 왼쪽으로 정렬한다.	오른쪽으로 정렬한다.
+	부호(+, −)를 출력한다. 양수면 부호 자리에 +를 출력한다.	음수에 대해서만 −를 출력한다.
빈칸	양수면 부호 자리에 빈칸을 출력한다.	빈칸을 출력하지 않는다.
0	문자 폭에 맞춰서 0으로 채운다.	0으로 채우지 않는다.
#	type 필드 o, x, X와 함께 사용되면 0, 0x, 0X를 함께 출력한다.	0, 0x, 0X를 출력하지 않는다.

flags 필드에 − 플래그를 지정하면, 전체 폭에 대해서 왼쪽으로 정렬해서 출력한다. − 플래그를 지정하지 않으면 오른쪽으로 정렬해서 출력한다.

flags 필드에 + 플래그를 지정하면, 부호 있는 값을 출력할 때 양수면 부호 자리에 + 기호를, 음수면 − 기호를 출력한다. + 플래그를 지정하지 않으면 음수일 때만 − 기호를 출력하고, 양수일 때는 부호를 출력하지 않는다.

flags 필드에 빈칸 플래그를 지정하면, 부호 있는 값을 출력할 때 양수면 부호 자리에 빈칸을 출력하고, 음수면 − 기호를 출력한다. 빈칸 플래그를 지정하지 않으면 음수일 때만 − 기호를 출력하고, 양수일 때는 부호 자리에 빈칸을 출력하지 않는다.

flags 필드에 0 플래그를 지정하면, 폭을 맞추어 출력할 때 빈칸을 0으로 채워서 출력한다. 0 플래그를 지정하지 않으면 빈칸으로 출력한다.

flags 필드에 # 플래그를 지정하면, o, x, X 형식으로 8진수나 16진수를 출력할 때 0, 0x, 0X를 함께 출력한다. # 플래그를 지정하지 않으면 0, 0x, 0X를 출력하지 않는다.

표 12-6 printf 함수의 flags 필드 사용 예

사용 예	출력 결과									
printf("%-10d", 789);	7	8	9							
printf("%+d", 789);	+	7	8	9						
printf("% d\n", 789);		7	8	9						
printf("%010d", 789);	0	0	0	0	0	0	0	7	8	9
printf("%#x", 0xabc);	0	x	a	b	c					

1. printf 함수의 형식 문자열에서 출력할 값의 형식을 지정하는 필드는?

   ① flags 필드   ② width 필드   ③ precision 필드   ④ type 필드

2. printf 함수의 형식 문자열에서 출력할 값의 폭을 지정하는 필드는?

   ① flags 필드   ② width 필드   ③ precision 필드   ④ type 필드

3. printf 함수의 형식 문자열에서 출력할 값의 정밀도를 지정하는 필드는?

   ① flags 필드   ② width 필드   ③ precision 필드   ④ type 필드

4. printf 함수이 제공하는 형식 문자열의 flags 필드 중에서 16진수나 8진수를 출력할 때 0x, 0X, 0
   을 함께 출력하도록 지정하는 것은?

   ① -   ② +   ③ 빈칸   ④ 0   ⑤ #

12.1.3 scanf 함수 다시 보기

표준 입력에 사용되는 scanf 함수의 원형은 다음과 같다.

```
int scanf(const char *format, ...);
```

scanf 함수의 사용 방법도 printf 함수와 비슷하다. scanf 함수의 형식 문자열에 대해서
다시 정리해보고, scanf 함수 사용 시 에러 처리 방법에 대해 생각해보자.

(1) scanf 함수의 형식 문자열

scanf 함수가 사용하는 형식 문자열의 구조는 다음과 같다.

```
%[*] [width] [{h | l | L}] type
```

type 필드에는 입력받을 값의 형식을 지정한다. scanf 함수가 사용하는 형식 문자열의
type 필드도 printf 함수가 사용하는 형식 문자열의 type 필드와 유사하다. 즉, %c는 문자
입력에 사용되고, %d, %i, %u, %o, %x, %X는 정수 입력에 사용된다. %e, %E, %f, %g,
%G는 실수 입력에 사용되고, %s는 문자열 입력에 사용된다. 참고로 %e, %E, %f, %g,
%G는 float형 변수에 대한 입력을 처리하므로, double형 변수에 대한 입력을 처리하려면
%lf처럼 l을 함께 써주어야 한다.

```
float f;
double d;
scanf("%f %lf", &f, &d);        // double형 변수의 입력에는 %lf를 사용한다.
```

short형 변수에 대한 입력을 처리하려면 %hd를 사용해야 한다. scanf 함수는 포인터형의 인자를 사용하기 때문에 printf 함수를 사용할 때보다 형식을 정확하게 지정해야 한다.

```
short s;
int i;
scanf("%hd %d", &s, &i);        // short형 변수의 입력에는 %hd를 사용한다.
```

width 필드에는 입력받을 값의 폭을 지정할 수 있다. 즉, 입력받을 값의 자릿수를 지정한다. width 필드를 지정하면 공백 문자로 구분하지 않고도 여러 값을 입력할 수 있다.

```
// "01012345678"을 입력하면 지역 번호, 국 번호, 선 번호로 나눠서 입력받는다.
char mobile[4];
char prefix[5];
char line[5];

scanf("%3s%4s%4s", mobile, prefix, line);        // "01012345678" 형식으로 입력받는다.
printf("mobile = %s\n", mobile);                 // "010"을 출력한다.
printf("prefix = %s\n", prefix);                 // "1234"를 출력한다.
printf("line = %s\n", line);                     // "5678"을 출력한다.
```

위의 코드를 실행할 때 사용자가 "01012345678"을 입력하면, mobile에는 "010"이, prefix에는 "1234"가, line에는 "5678"이 입력된다.

scanf 함수로 문자 입력 시 입력 버퍼의 줄바꿈 문자 때문에 문자 입력이 제대로 처리되지 않는 경우가 있다. 다음 코드를 보자.

```
int n;
char ch;

scanf("%d%c", &n, &ch);                          // 정수 하나와 문자 하나를 입력받는다.
printf("n = %d, ch = %d\n", n, ch);              // 정수와 문자(ASCC 코드)를 출력한다.
```

위의 코드를 실행하고 10을 입력한 다음 Enter 를 누르면 문자 입력을 기다리지 않고 n = 10, ch = 10이라고 출력된다. 그 이유는 다음과 같다.

스트림 기반의 입출력에서는 사용자가 키보드를 누르는 순간 바로 입력을 전달하는 것이 아니라 일단 입력 버퍼에 넣어두고, 사용자가 Enter 키를 누르면 한꺼번에 프로그램으로 전달한다. 이때, 입력 버퍼에는 Enter 키가 줄바꿈 문자('\n')로 들어있는데, scanf 함수가 %c 형식 문자열로 이 줄바꿈 문자를 읽어온다. 따라서, ch를 %d로 출력하면 줄바꿈 문자의 ASCII 코드인 10을 출력한다.

Enter 키 입력은 입력 버퍼를 프로그램으로 전달하는 목적으로 사용된 것이므로 이 키보드 입력을 무시하게 하려면, 형식 문자열의 %d와 %c사이에 빈칸을 지정하면 된다.

```
scanf("%d %c", &n, &ch);                 // 형식 문자열에 빈칸을 넣어준다.
```

형식 문자열의 %d 다음에 빈칸을 넣어주면 %d로 정수를 읽어온 다음 입력 버퍼의 공백 문자를 모두 제거한다. 줄바꿈 문자까지 입력 버퍼에서 제거하고 나서, 입력 버퍼가 비었으므로 프로그램은 새로운 입력을 기다리는 상태가 된다.

형식 문자열에 특정 문자를 끼면 입력 버퍼에서 지정된 문자와 같은 문자를 제거한다. 같은 문자가 입력 버퍼에 들어있지 않으면 에러로 처리된다.

```
char mobile[4];
char prefix[5];
char line[5];

scanf("%3s-%4s-%4s", mobile, prefix, line);    // "010-1234-5678" 형식으로 입력받는다.
printf("area = %s\n", mobile);                  // "010"을 출력한다.
printf("prefix = %s\n", prefix);                // "1234"를 출력한다.
printf("line = %s\n", line);                    // "5678"을 출력한다.
```

형식 문자열에 "%3s-%4s-%4s"처럼 '-' 문자가 사용된 경우에 사용자가 "010-1234-5678"을 입력하면 mobile에 "010"이 입력되고 '-'는 무시된다. 다시 prefix에 "1234"가 입력되고, '-'는 무시된다. 마지막으로 line에 "5678"가 입력된다.

문자열 입력인 경우 [ ]를 이용해서 입력받을 문자 집합을 지정할 수 있다. 이 경우에는 [ ]에 지정된 문자들로 구성된 문자열을 읽어오며 [ ] 안에 지정되지 않은 문자를 만날 때까지 읽어온다.

```
char number[100];
scanf("%[0-9]", number);                 // '0'~'9'문자들로 이루어진 문자열을 입력받는다.
printf("str = %s\n", number);
```

위의 코드에서 "123abc"를 입력하면 number 문자 배열에는 "123"이 입력된다.

〈표 12-7〉은 scanf 함수의 형식 문자열이 사용되는 여러 가지 경우를 정리한 것이다.

표 12-7 scanf 함수의 형식 문자열 사용 예

사용 예	입력 값	처리 결과
`char mobile[4], prefix[5], line[5];` `scanf("%3s%4s%4s", mobile, prefix, line);`	01012345678 Enter	mobile에 "010", prefix에 "1234", line에 "5678"이 입력된다.
`char mobile[4], prefix[5], line[5];` `scanf("%3s-%4s-%4s", mobile, prefix, line);`	010-1234-5678 Enter	mobile에 "010", prefix에 "1234", line에 "5678"이 입력된다.

`int n;`
`char ch;`
`scanf("%d%c", &n, &ch);`
	10 Enter	n에 10이, ch에 '\n'이 입력된다.

`int n;`
`char ch;`
`scanf("%d %c", &n, &ch);`
	10 Enter a Enter	n에 10이, ch에 'a'가 입력된다.

`char number[100];` `scanf("%[0-9]", number);`	123abc Enter	number에 "123"이 입력된다.

(2) scanf 함수의 리턴값을 이용한 에러 처리

scanf 함수는 입력을 처리한 후 읽은 항목의 개수를 리턴한다. scanf 함수의 리턴값을 이용하면 입력에 대한 에러 처리 코드를 작성할 수 있다. 먼저 scanf 함수를 이용해서 정수 값을 입력받는 경우를 생각해보자.

```
int num;
scanf("%d", &num);          // "abc"를 입력하면 scanf는 입력을 처리할 수 없다.
printf("num = %d\n", num);  // 입력 실패 시 num에 들어있던 쓰레기값이 출력된다.
```

이 코드를 실행하고 "abc"를 입력하면 scanf 함수는 입력 버퍼에 들어있는 "abc"를 10 진수 정수로 변환을 할 수 없으므로 입력이 실패한 것으로 판단하고 리턴한다. 이때 읽은 항목이 없으므로 0을 리턴하고, num은 변경되지 않는다. scanf 함수 리턴 후 입력 버퍼에는 여전히 "abc"가 남아있게 된다.

형식 문자열을 이용한 데이터 변환이 실패했는지 확인하려면 scanf 함수의 리턴값을 이용한다. scanf("%d", &num);은 입력받는 항목이 1개이므로 성공 시 1을 리턴해야 한다. while문을 이용해서 scanf 함수의 리턴값이 1이 될 때까지 에러 메시지를 출력하고 다시 입력받도록 코드를 작성하면 다음과 같다.

```
int num;
while (1) {
    int res = scanf("%d", &num);          // scanf 함수가 1을 리턴하면 입력 성공
    if (res == 1)                          // 입력 성공인 경우에만 루프 탈출
        break;
    printf("잘못 입력했습니다. 정수를 입력하세요.\n");
}
printf("num = %d\n", num);
```

그런데 이 코드를 실행하면 "잘못 입력했습니다. 정수를 입력하세요."가 화면에 무수히 출력된다. 그 이유는 입력 버퍼 때문이다. scanf 함수는 입력 버퍼의 데이터를 변환할 수 없으면 입력 버퍼를 그대로 둔 채로 리턴한다. 입력 버퍼에 여전히 "abc"가 남아 있는 상태에서 while문의 시작 부분으로 돌아가 다시 scanf 함수를 호출하게 된다. scanf 함수는 다시 "abc"가 들어있는 입력 버퍼로부터의 데이터 변환을 시도하고 실패하는 작업을 무수히 반복한다.

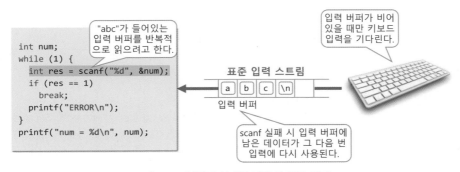

그림 12-7 입력이 실패한 경우의 입력 버퍼

scanf 함수는 입력 버퍼에 데이터가 있으면 새로운 키보드 입력을 기다리는 대신 입력 버퍼로부터 데이터를 변환하도록 시도한다. 입력 중에 에러가 발생하면 입력 버퍼를 강제로 비워서 새로 입력을 받아들일 수 있게 만들어 줘야 한다.

```
int num;
while (1) {
    int res = scanf("%d", &num);
    if (res == 1)
        break;
```

```
    printf("잘못 입력했습니다. 정수를 입력하세요.\n");
    while (getchar() != '\n') {}          // '\n'을 읽을 때까지 입력 버퍼를 모두 비운다.
}
printf("num = %d\n", num);
```

[그림 12-8]의 while문은 scanf 입력 실패 시 '\n'을 만날 때까지 입력 버퍼를 모두 비우는 코드이다. 표준 입력에서 문자 하나를 읽어오는 getchar 함수를 이용해서 입력 버퍼의 문자를 읽어온 다음에 사용하지 않고 버리는 작업을 반복한다.

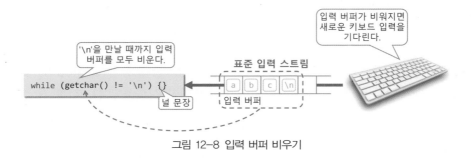

그림 12-8 입력 버퍼 비우기

? 질문 있어요

입력 버퍼를 비울 때 fflush 함수를 사용하면 안되나요?

예제 코드 중에 입력 버퍼를 비우기 위해 fflush 함수를 사용하는 경우가 있다. 그런데 이 함수는 출력 버퍼를 비우는 기능만 제공하며 입력 스트림에 대해서는 어떻게 동작하는지 정해져 있지(undefined) 않다. 컴파일러에 따라서는 fflush(stdin);이 표준 입력 스트림의 입력 버퍼를 비우도록 구현하는 경우도 있지만 모든 컴파일러가 그렇게 구현하고 있는 것은 아니다. Visual Studio에서도 fflush(stdin);은 입력 버퍼에 아무 영향을 주지 않는다. 따라서 입력 버퍼를 비울 때는 직접 getchar 함수를 이용해서 입력 버퍼에서 '\n'을 읽을 때까지 문자를 꺼내는 코드를 사용해야 한다.

표준 C 라이브러리에는 입력 버퍼를 비우는 함수를 준비해두고 있지 않으므로 직접 다음과 같은 함수를 만들어서 사용하는 것이 좋다.

```
void clear(void)    // 입력 버퍼를 모두 비우는 함수
{
    while (getchar() != '\n') {}
}
```

---

scanf 함수를 이용해서 여러 개의 항목을 입력받을 때는 에러 처리를 위해서 전체 항목의 개수를 비교해야 한다. 다음 코드는 3개의 정수가 올바르게 입력되었는지 검사하는 코드이다.

```
int a, b, c;

if (scanf("%d %d %d", &a, &b, &c) < 3)        // 읽은 항목의 개수가 3개 미만이면 입력 실패
    printf("잘못 입력하셨습니다.\n");
```

계산기 프로그램의 입력은 "10 + 20"처럼 '정수 연산자 정수'의 형식으로 입력이 되어야 하는데, 잘못된 형식의 문자열이 입력되면 에러 메시지를 보여주고 연산식을 다시 입력받아야 한다.

[예제 12-1]은 계산기 프로그램에서 입력에 대한 에러 처리를 구현한 코드이다.

예제 12-1 : 계산기 프로그램의 입력에 대한 에러 처리

```
01    #include <stdio.h>
02
03    int main(void)
04    {
05        int a, b;
06        char op;
07
08        while (1)
09        {
10            printf("수식? ");
11
12            if (scanf("%d %c %d", &a, &op, &b) < 3)   // 입력 실패 시
13            {
14                printf("<정수><연산자><정수> 형태로 입력하세요.\n");
15                while (getchar() != '\n') {}           // 입력 버퍼를 비운다.
16                continue;
17            }
18
19            // "0 0 0"이 입력되면 루프를 빠져나간다.
20            if (a == 0 && op == '0' && b == 0)
21                break;
22
23            switch (op) {
24            case '+':
25                printf("%d + %d = %d\n", a, b, a + b);
26                break;
27            case '-':
28                printf("%d - %d = %d\n", a, b, a - b);
29                break;
30            case '*':
31                printf("%d * %d = %d\n", a, b, a * b);
```

```
32              break;
33          case '/':
34              if (b != 0)
35                  printf("%d / %d = %.2f\n", a, b, (double)a / b);
36              else
37                  printf("0으로 나눌 수 없습니다.\n");
38              break;
39          default:    // +, -, *, /가 아닌 경우
40              printf("잘못된 수식입니다.\n");
41              break;
42          }
43      }
44
45      return 0;
46  }
```

실행결과   ■ ■ ■

```
수식? a + b
<정수><연산자><정수> 형태로 입력하세요.
수식? 10 + 20
10 + 20 = 30
수식? 0 0 0
```

지금은 C 언어를 배우기 위해서 콘솔 프로그램을 작성하고 있으며, 저수준의 표준 C 입출력 라이브러리를 사용하고 있기 때문에 [예제 12-1]처럼 입력에 대한 에러 처리를 직접 구현해야 한다. 하지만, 실제로 프로그램을 개발할 때는 사용자 인터페이스 구현을 위한 다양한 도구와 라이브러리가 준비되어 있으므로 입력에 대한 에러 처리 부분을 자세히 알 필요는 없다. 예를 들어 윈도우 프로그램에서는 정수를 입력받으려면 에디트의 속성만 지정하면 된다.

📝 **확인해봐요**

1. scanf 함수의 형식 문자열에 빈칸이 있으면 무슨 뜻인가?

   ① 입력 버퍼에서 ' '을 읽어온다.

   ② 입력 버퍼에서 공백 문자를 읽어서 제거한다.

   ③ 형식 문자열의 항목을 구별하기 위한 목적으로 사용된다.

   ④ 아무 뜻도 없다.

2. scanf 함수로 a, b, c로만 이루어진 문자열을 입력받으려면 형식 문자열을 어떻게 지정해야 하는가?

① %abc   ② %s   ③ %[abc]   ④ abc

3. scanf 함수의 리턴값은 무엇인가?

① 형식 문자열로 읽은 항목의 개수   ② 입력 버퍼에서 읽은 문자의 개수

③ 입력받은 정수값   ④ 입력받은 문자열 포인터

12.1.4 형식이 없는 표준 스트림 입출력 함수

형식이 없는 표준 스트림 입출력 함수들은 표준 입력 스트림에 대해서 입력 버퍼의 문자나 문자열을 읽어오고 표준 출력 스트림에 대해서 출력 버퍼로 문자나 문자열을 내보내는 기능을 제공한다.

표 12-8 형식이 없는 표준 스트림 입출력 함수

함수 원형	의미
int getchar(void);	한 문자를 입력받는다.
int putchar(int ch);	한 문자를 출력한다.
char *gets_s(char *str, rsize_t n);	한 줄의 문자열을 입력받는다.
int puts(const char *str);	한 줄의 문자열을 출력한다.

getchar 함수와 putchar 함수는 문자 입출력에 사용되고, gets_s 함수와 puts 함수는 문자열 입출력에 사용된다.

gets_s 함수는 입력 버퍼에서 줄바꿈 문자까지 만날 때까지 한 줄의 문자열을 읽어와서 줄바꿈 문자를 제외하고 str에 저장한다.

puts 함수는 문자열을 출력한 다음 자동으로 줄을 바꾼다. 즉, puts 함수로 출력하는 문자열에는 '\n' 문자를 지정하지 않아도 문자열 출력 후 줄을 바꾼다.

```
printf("hello");    // hello 출력 후 줄을 바꾸지 않는다.
puts("hello");      // hello 출력 후 자동으로 줄을 바꾼다.
```

12.2 파일 입출력

지금까지 작성한 프로그램에서는 프로그램 실행 중에 생성된 데이터를 메모리에 저장하고 사용하였다. 그런데 메모리에 저장된 데이터는 프로그램이 종료되면 자동으로 사라진다. 프로그램 종료 후에도 데이터를 계속해서 사용하려면 하드디스크나 플래시 메모리 같은 비휘발성 메모리에 데이터를 저장해야 한다. 즉, 프로그램에서 사용되는 데이터를 하드디스크의 파일로 저장하면, 프로그램이 종료해도 데이터가 보관되기 때문에 다시 프로그램이 실행될 때 파일로부터 데이터를 읽어서 사용할 수 있다.

데이터를 저장하는 데 사용되는 파일은 텍스트 파일과 2진 파일로 나눌 수 있다. 텍스트 파일은 문자들을 저장하는 파일로, 일반 문서 편집기로 열어서 파일의 내용을 확인할 수 있다. 2진 파일은 2진 데이터를 저장하는 파일로 일반 문서 편집기에서는 파일의 내용을 확인할 수 없다. 예를 들어 123을 텍스트 파일로 저장하면 "123"이라는 문자열로 만들어서 문자열을 저장한다. 반면에 123을 2진 파일로 저장하면 123에 해당하는 4바이트 정수 값을 2진 데이터로 저장한다.

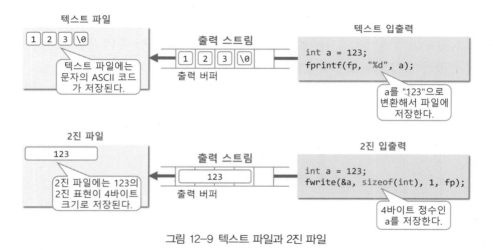

그림 12-9 텍스트 파일과 2진 파일

12.2.1 파일 입출력의 개요

파일 입출력을 할 때는, 자동으로 스트림이 생성되지 않으므로 먼저 스트림을 생성해야 한다. 이처럼 스트림을 생성하는 함수가 fopen 함수이다. fopen 함수로 파일을 열면 파일 스트림을 생성하고 파일 스트림에 접근하기 위한 파일 포인터가 리턴된다. 파일 포인터는 파일에 접근하는 데 사용되는 FILE 구조체 포인터이다. FILE 구조체가 어떤 구조체인지 구체적으로 알 필요는 없지만 FILE 포인터 변수에 그 값을 저장해두고 사용해야 한다. 파일에 접근하려면 항상 파일 포인터가 필요하며, 모든 파일 입출력 함수에는 파일 포인터를 매개변수로 전달해야 한다.

파일을 연 다음에는 생성된 파일 스트림으로 여러 가지 파일 입출력 함수를 호출해서 입출력 작업을 수행한다. 파일 입출력에 사용되는 함수는 텍스트 파일 입출력 함수와 2진 파일 입출력 함수로 나눌 수 있다.

마지막으로 모든 입출력이 끝나면 파일 스트림을 닫아야 한다. 이때 fclose 함수가 사용된다.

일반적인 파일 입출력 과정을 정리하면 [그림 12-10]과 같다.

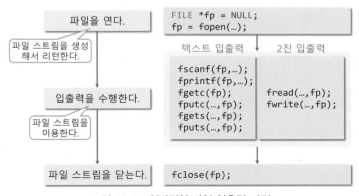

그림 12-10 일반적인 파일 입출력 과정

(1) 파일 열기

파일 입출력을 하기 위해서는 먼저 fopen 함수를 호출해서 파일을 열어야 한다.

```
FILE *fopen(const char *filename, const char *mode);
```

fopen 함수의 매개변수로는 파일명과 파일 열기 모드를 지정한다. fopen 함수는 해당 파일에 대한 파일 스트림을 생성하고 생성된 파일 스트림에 대한 파일 포인터를 리턴한다. 파일을 열 수 없으면 NULL을 리턴한다.

fopen 함수의 두 번째 매개변수에는 열기 모드를 지정한다. fopen 함수는 디폴트로 파일이 텍스트 파일이라고 간주한다. fopen 함수의 두 번째 매개변수인 mode에 사용할 수 있는 값을 정리하면 다음과 같다.

표 12-9 파일 열기 모드

열기 모드	의미	설명	파일이 존재하는 경우	파일이 존재하지 않는 경우
"r"	read	입력용 파일을 연다.	처음부터 읽는다.	열기 실패
"w"	write	출력용 파일을 연다.	파일의 내용이 모두 사라진다	새로 생성한다.
"a"	append	파일 끝에 추가할 수 있게 파일을 연다.	파일의 끝에 쓴다. fseek, fsetpos, rewind를 할 수 없다.	새로 생성한다.
"r+"	read/update	입출력용 파일을 연다.	처음부터 읽는다.	열기 실패
"w+"	write/update	입출력용 파일을 생성한다.	파일의 내용이 모두 사라진다	새로 생성한다.
"a+"	append/update	파일 끝에 추가할 수 있게 입출력용 파일을 연다.	파일의 끝에 쓴다.	새로 생성한다.
"t"	text	텍스트 모드에서 입출력을 수행한다.		
"b"	binary	2진 모드에서 입출력을 수행한다.		

열기 모드로 "r"를 지정하면 텍스트 파일을 입력용으로 연다는 의미이다. 텍스트 파일이라는 의미로 "rt"를 지정할 수도 있다.

```
FILE *fp = NULL;
fp = fopen("a.txt", "r");     // 텍스트 파일을 입력용으로 연다.
```

2진 파일을 열 때는 "b"를 함께 지정한다. "wb"는 2진 파일을 출력용으로 연다는 의미이다.

```
FILE *fp = NULL;
fp = fopen("a.dat", "wb");     // 2진 파일을 출력용으로 연다.
```

"a"나 "a+"로 파일을 열면, 파일의 끝에만 쓸 수 있다. "a+"에서는 파일을 읽을 수 있지만 쓰기는 파일의 끝에만 할 수 있다.

"r+", "w+", "a+"에서는 파일을 읽고 쓰는 작업을 모두 할 수 있지만 읽기 모드와 쓰기 모드를 전환하려면 fflush, fsetpos, fseek, rewind 함수 중 하나를 호출해야 한다.

파일을 열 수 없으면 fopen 함수는 NULL을 리턴한다. 파일 포인터가 NULL일 때, 입출력 함수를 호출하면 실행 에러가 되므로 적절한 에러 처리가 필요하다. 보통은 파일 입출력이 실패하면 그 이후의 프로그램을 수행할 수 없으므로 main 함수를 리턴시킨다.

```
int main(void)
{
    FILE *fp = NULL;
    fp = fopen("a.txt", "r");
    if (fp == NULL)                // 파일 열기 실패
    {
        printf("파일 열기 실패\n");
        return 1;                  // 이후의 코드를 수행하지 않도록 프로그램을 종료한다.
    }
     ⋮
    return 0;
}
```

(2) 파일 닫기

파일 입출력이 끝나면 fclose 함수를 호출해서 반드시 파일 스트림을 닫아야 한다.

```
int fclose(FILE *stream);
```

fclose 함수의 매개변수로는 파일 포인터를 지정한다. 파일 닫기가 성공하면 0을 리턴하고, 실패하면 EOF(−1)을 리턴한다. EOF는 파일의 끝을 나타내는 매크로 상수로 〈stdio.h〉에 정의되어 있다.

```
#define EOF    (-1) // End of File
```

EOF는 표준 C 라이브러리 입출력 함수의 리턴값으로 자주 사용되는데, 파일의 끝을 나타내거나 에러를 의미하는 용도로 사용된다.

fclose 함수의 매개변수로 전달된 파일 포인터가 유효한 값이 아니면 실행 에러가 발생하므로 파일 열기가 실패인 경우에는 fclose를 호출해서는 안된다.

```
fp = fopen("a.txt", "r");
if (fin == NULL)
    printf("파일 열기 실패\n");
else
    printf("파일 열기 성공\n");
fclose(fin);         // 파일 열기가 실패인 경우에도 fclose를 호출하므로 실행 에러가 발생할 수 있다.
```

이 코드를 안전하게 다시 작성하면 다음과 같다.

```
fp = fopen("a.txt", "r");
if (fin == NULL)
{
    printf("파일 열기 실패\n");
    return 1;        // 이후의 코드를 수행하지 않도록 프로그램을 종료한다.
}
// 파일 열기가 성공인 경우에만 이후 코드를 수행한다.
printf("파일 열기 성공\n");
fclose(fin);         // 파일 열기가 성공인 경우에만 fclose를 호출한다.
```

[예제 12-2]는 간단한 입력용 텍스트 파일을 열고 닫는 코드이다. 해당 이름의 파일이 없으므로 파일 열기가 실패하는 것을 확인할 수 있다.

📄 **예제 12-2** : 파일 열기와 닫기

```
01    #include <stdio.h>
02
03    int main(void)
04    {
05        FILE *fp = NULL;
06
07        fp = fopen("a.txt", "r"); // "a.txt"가 없으므로 파일 열기 실패
08        if (fp == NULL)
09        {
10            printf("파일 열기 실패\n");
11            return 1;              // 파일 열기 실패 시 프로그램을 종료한다.
12        }
13        printf("파일 열기 성공\n");
14        fclose(fp);
15
16        return 0;
17    }
```

실행결과   ■■■

파일 열기 실패

---

fopen 함수는 현재의 작업 디렉토리(current working directory)에서 파일을 찾아서 연다. Visual Studio 안에서 프로그램을 실행할 때는 프로젝트 폴더가 현재 작업 디렉토리가 된다. 만일 파일 이름에 절대 경로명을 지정하려면 다음과 같이 역슬래시가 필요할 때 "\\"로 표시해야 한다.

```
fp = fopen("c:\\work\\chap12\\ex12_02\\debug\\a.txt", "r");   // 절대 경로명
```

[예제 12-3]은 출력용 파일을 생성한 다음, 그 파일을 입력용으로 열고 닫는 코드이다.
이 경우에는 파일이 생성된 다음에 입력용으로 열기 때문에 파일 열기가 성공한다.

예제 12-3 : 파일 열기와 닫기

```
01    #include <stdio.h>
02
03    int main(void)
04    {
05        FILE *fout = NULL;              // 출력용 파일
06        FILE *fin = NULL;              // 입력용 파일
07
08        fout = fopen("a.txt", "w");      // 출력용 파일을 연다.
09        if (fout == NULL)
10        {
11            printf("파일 열기 실패\n");
12            return 1;
13        }
14        fclose(fout);                  // 출력용 파일을 닫는다.
15
16        fin = fopen("a.txt", "r");       // 입력용 파일을 연다.
17        if (fin == NULL)
18        {
19            printf("파일 열기 실패\n");
20        }
21        printf("파일 열기 성공\n");
22        fclose(fin);                   // 입력용 파일을 닫는다.
23
24        return 0;
25    }
```

실행결과 ∎∎∎

파일 열기 성공

---

(3) 스트림 상태 확인

ferror 함수는 ferror 함수 호출 전에 수행한 파일 입출력 함수에서 에러가 발생했는지 확인한다. ferror 함수는 스트림에 에러가 발생했으면 0이 아닌 값을 리턴하고, 에러가 발생하지 않았으면 0을 리턴한다.

```
int ferror(FILE *stream);
```

파일 포인터로 파일의 끝인지 검사할 때는 feof 함수를 사용한다. feof 함수는 읽은 위치가 파일의 끝이면 0이 아닌 값을 리턴하고, 그렇지 않으면 0을 리턴한다.

```
int feof(FILE *stream);
```

(4) 기타 파일 관련 함수

파일을 삭제할 때는 remove 함수를 사용한다. remove 함수는 fname에 지정된 파일을 삭제한다. 파일 삭제가 성공이면 0을 리턴하고 실패인 경우에는 0이 아닌 값을 리턴한다. 파일이 열려 있으면 파일을 삭제할 수 없다.

```
int remove(const char *fname);
```

파일 이름을 변경할 때는 rename 함수를 사용한다. rename 함수는 old_filename이 지정하는 파일의 이름을 new_filename으로 변경한다. 파일 이름을 변경하면 0을 리턴하고 에러 시 0이 아닌 값을 리턴한다.

```
int rename(const char *old_filename, const char *new_filename);
```

> **📝 확인해봐요**
>
> 1. 파일 포인터로 파일의 입출력 수행 위치가 파일의 끝인지 검사하는 함수는?
>   ① fopen   ② ferror   ③ feof   ④ EOF   ⑤ fclose
>
> 2. 표준 C 라이브러리 함수 중 문자열로 된 파일 이름으로 파일을 삭제하는 함수는?
>   ① remove   ② rename   ③ delete   ④ fclose   ⑤ free

12.2.2 텍스트 파일 입출력

텍스트 파일 입출력에 사용되는 함수를 정리하면 다음과 같다.

표 12–10 텍스트 파일 입출력 함수

텍스트 파일 입출력 함수	의미
`int fgetc(FILE *stream);`	파일에서 한 문자를 입력받는다.
`int fputc(int ch, FILE *stream);`	파일로 한 문자를 출력한다.
`char *fgets(char *str, int count, FILE *stream);`	파일에서 한 줄의 문자열을 입력받는다.
`int fputs(const char *str, FILE *stream);`	파일로 한 줄의 문자열을 출력한다.
`int fscanf(FILE *stream, const char *format, ...);`	형식 문자열을 이용해서 파일에서 입력받는다.
`int fprintf(FILE *stream, const char *format, ...);`	형식 문자열을 이용해서 파일로 출력한다.

(1) fgetc, fputc 함수

파일에서 문자 하나를 읽어올 때는 fgetc 함수를, 파일로 문자 하나를 저장할 때 fputc 함수를 사용한다.

```
int fgetc(FILE *stream);
int fputc(int ch, FILE *stream);
```

■ 콘솔 입력을 파일로 저장하기

[예제 12-4]는 콘솔에서 입력된 텍스트를 파일로 저장하는 코드이다. 콘솔에 입력된 문자를 읽을 때는 fgetc 함수를, 파일로 출력할 때는 fputc 함수를 사용한다.

📚 **예제 12-4** : fgetc, fputc를 이용해서 콘솔 입력을 파일로 저장하기

```c
01    #include <stdio.h>
02
03    int main(void)
04    {
05        FILE *fp = NULL;
06        int ch;
07
08        fp = fopen("a.txt", "w");          // 출력용 파일을 연다.
09        if (fp == NULL)
10        {
11            printf("파일 열기 실패\n");
12            return 1;
13        }
14        while ((ch = fgetc(stdin)) != EOF)  // 표준 입력에서 한 문자를 읽는다.
15        {
16            fputc(ch, fp);                  // 읽은 문자를 파일로 저장한다.
17        }
18        fclose(fp);
19
20        return 0;
21    }
```

실행결과   ▪▪▪

```
This program tests fgetc and fputc functions.
When you enter Ctrl+Z and ENTER key, fgetc(stdin) fails.
^Z
```

fgetc 함수의 매개변수로 stdin을 전달하면 표준 입력 스트림에서 문자 하나를 읽어온다. 마찬가지로 fputc 함수의 매개변수로 stdout을 전달하면 표준 출력 스트림에 문자 하나를 출력한다. 이처럼 파일 입출력 함수를 이용해서 표준 입력 스트림과 파일 스트림을 동일한 방식으로 처리할 수 있다.

```c
while ((ch = fgetc(stdin)) != EOF)        // ch = fgetc(stdin)을 ( )로 묶어주어야 한다.
{
    fputc(ch, fp);
}
```

while문의 조건식에서 fgetc 함수의 리턴값을 ch에 대입한 다음 EOF와 비교하려면, ( )로 ch = fgetc(stdin)을 묶어주어야 한다. 대입 연산자는 연산자 우선순위가 낮기 때문에 ( )로 묶지 않으면 fgetc(stdin) != EOF를 먼저 수행하기 때문이다.

```
while (ch = fgetc(stdin) != EOF)        // ( )가 없으면 fgetc(stdin) != EOF부터 수행한다.
{
    fputc(ch, fp);
}
```

윈도우 플랫폼에서는 콘솔에서 Ctrl + Z 키를 입력하면 EOF 문자로 처리한다. 콘솔에서 Enter 키를 눌러야 입력된 문자를 프로그램으로 전달하므로 Ctrl + Z 키를 누른 다음 Enter 키를 함께 눌러야 EOF 문자 입력이 처리된다. [예제 12-4]를 실행하면 프로젝트 폴더 안에 a.txt가 생성될 것이다.

■ 파일의 내용을 콘솔로 출력하기

[예제 12-5]는 파일에서 읽은 텍스트를 콘솔에 출력하는 코드이다. 파일에서 문자를 읽을 때는 fgetc 함수를, 콘솔에 출력할 때는 fputc 함수를 사용한다.

예제 12-5 : fgetc, fputc를 이용해서 파일의 내용을 콘솔로 출력하기

```
01    #include <stdio.h>
02
03    int main(void)
04    {
05        FILE *fp = NULL;
06        int ch;
07
08        fp = fopen("fgetc_test.c", "r");    // 프로젝트 디렉터리의 소스 파일명
09        if (fp == NULL)
10        {
11            printf("파일 열기 실패\n");
12            return 1;
13        }
14        while ((ch = fgetc(fp)) != EOF)      // 파일에서 문자 하나를 읽는다
15        {
16            fputc(ch, stdout);               // 표준 출력 스트림으로 문자 하나를 출력한다.
17        }
18        fclose(fp);
19
20        return 0;
21    }
```

[예제 12-5]의 8번째 줄에서 fopen 함수에서 입력용 파일명으로 프로젝트 디렉터리의 소스 파일명을 지정했으므로 소스 파일의 내용이 콘솔에 출력된다.

(2) fgets, fputs 함수

파일에서 한 줄의 문자열을 읽어올 때는 fgets 함수를, 파일로 한 줄의 문자열을 저장할 때는 fputs 함수를 사용한다. 각 함수의 원형은 다음과 같다.

```
char *fgets(char *str, int count, FILE *stream);
int fputs(const char *str, FILE *stream);
```

fgets의 첫 번째 매개변수인 str은 읽은 문자열을 저장할 문자 배열의 주소이고, 두 번째 매개변수인 count는 문자 배열의 크기이다. fgets 함수는 마지막 인자로 지정된 파일로부터 최대 count − 1개의 문자를 읽어서 str에 저장한다. count − 1개의 문자를 읽기 전에 줄바꿈 문자를 만나면 줄바꿈 문자까지 읽어온다. fgets 함수는 에러를 만나거나 EOF를 만나면 NULL을 리턴한다.

fgets 함수가 str 배열로 읽어온 문자열의 끝에는 줄바꿈 문자가 들어있다. fgets 함수의 마지막 인자로 stdin을 지정하면 표준 입력 스트림에서 문자열을 읽어온다. 참고로 표준 스트림에 대한 입력 함수인 gets_s 함수가 읽어온 문자열에는 줄바꿈 문자가 들어있지 않지만, fgets(str, sizeof(str), stdin);이 읽어온 문자열의 끝에는 줄바꿈 문자가 포함되어 있다.

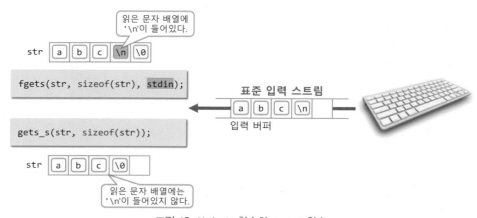

그림 12-11 fgets 함수와 gets_s 함수

fputs 함수는 첫 번째 매개변수인 str에 보관된 문자열을 fp가 가리키는 파일에 출력한다. fputs 함수의 마지막 인자로 stdout을 지정하면 표준 출력 스트림으로 문자열을 출력한다. 참고로 표준 스트림에 대한 출력 함수인 puts 함수는 문자열을 출력한 다음 줄바꿈 문자를 출력하지만, fputs(str, sizeof(str), stdout);는 str을 출력한 다음 줄바꿈 문자는 출력하지 않는다.

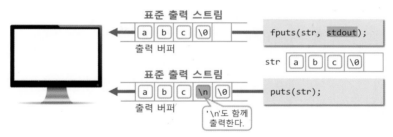

그림 12-12 fputs 함수와 puts 함수

gets_s, puts 함수와 fgets, fputs 함수는 줄바꿈 문자를 처리하는 방식이 다르므로 혼용하지 않는 것이 좋다. 즉, gets_s, puts 함수를 한 쌍으로 사용하거나 fgets, fputs 함수를 한 쌍으로 사용하는 것이 좋다.

■ 파일의 내용을 콘솔로 출력하기

[예제 12-6]은 파일에서 읽은 텍스트를 콘솔에 출력하는 코드이다. 파일에서 한 줄의 문자열을 읽을 때는 fgets 함수를, 콘솔에 출력할 때는 fputs 함수를 사용한다.

예제 12-6 : fgets, fputs를 이용해서 파일의 내용을 콘솔로 출력하기

```
01  #include <stdio.h>
02
03  int main(void)
04  {
05      FILE *fp = NULL;
06      char str[BUFSIZ];                // BUFSIZ는 표준 C에 정의된 스트림 버퍼의 크기이다.
07
08      fp = fopen("readline.c", "r");   // 프로젝트 디렉터리의 소스 파일명
09      if (fp == NULL)
10      {
11          printf("파일 열기 실패\n");
12          return 1;
13      }
14      // 파일에서 한 줄의 문자열을 읽어 온다.
15      while (fgets(str, sizeof(str), fp) != NULL)
16      {
17          fputs(str, stdout);          // 읽은 문자열을 표준 출력 스트림에 출력한다.
18      }
19      fclose(fp);
20
21      return 0;
22  }
```

[예제 12-6]을 실행하면 [예제 12-6]의 소스 파일 내용이 콘솔에 출력된다.

[예제 12-6]은 [예제 12-5]에 비해서 파일 입출력의 횟수가 훨씬 적다. 한 번에 char [BUFSIZ]만큼씩 파일을 읽고 쓰기 때문이다. BUFSIZ는 ⟨stdio.h⟩에 정의된 매크로로 상수로 스트림 버퍼의 크기를 나타내며 512로 정의된다. 자주 여러 번 파일 입출력을 하는 것보다는 한 번에 많은 양의 데이터를 입출력해서 입출력 횟수를 줄이는 것이 더 효율적이다.

■ 여러 개의 파일 스트림 다루기

필요하면 입력 스트림과 출력 스트림을 각각 열어서 입출력 작업을 수행할 수 있다. 동시에 여러 개의 스트림을 사용하려면 스트림 각각에 대한 FILE 포인터가 필요하다.

```
FILE *fin = NULL;                    // 입력 스트림에 대한 파일 포인터
FILE *fout = NULL;                   // 출력 스트림에 대한 파일 포인터
```

입력 스트림과 출력 스트림을 각각 열어서 파일 포인터에 저장한다. 각각의 파일 열기가 성공인지 확인하는 코드를 작성하는 것이 좋다.

```
fin = fopen(in_fname, "r");          // 입력용 파일을 열고 파일 스트림을 생성한다.
fout = fopen(out_fname, "w");        // 출력용 파일을 열고 파일 스트림을 생성한다.
```

입출력이 끝난 다음에는 각각의 파일 스트림을 닫는다.

```
fclose(fin);                         // 입력 파일 스트림을 닫는다.
fclose(fout);                        // 출력 파일 스트림을 닫는다.
```

[예제 12-7]은 텍스트 파일에 대한 백업 파일을 생성하는 코드이다. 입력 파일 이름 뒤에 ".bak"이 붙는 백업 파일을 생성하고, fgets 함수로 입력 파일에서 한 줄의 문자열을 읽어서 fputs로 백업 파일에 저장한다.

📄 **예제 12-7 :** 텍스트 파일의 백업 파일 생성

```
01    #include <stdio.h>
02    #include <string.h>
03
04    int main(void)
05    {
06        char in_fname[128] = "";     // 입력 파일 이름을 저장하는 문자 배열
```

```
07      char out_fname[128] = "";        // 출력 파일 이름을 저장하는 문자 배열
08      char str[BUFSIZ];
09      FILE *fin = NULL;                 // 입력 스트림에 대한 파일 포인터
10      FILE *fout = NULL;                // 출력 스트림에 대한 파일 포인터
11
12      printf("파일 이름? ");
13      gets_s(in_fname, sizeof(in_fname));
14
15      fin = fopen(in_fname, "r");       // 입력 스트림을 연다.
16      if (fin == NULL)
17      {
18          printf("%s 파일 열기 실패\n", in_fname);
19          return 1;
20      }
21      strcpy(out_fname, in_fname);      // 입력 파일 이름에 .bak를 붙여서
22      strcat(out_fname, ".bak");        // 출력 파일 이름을 만든다.
23      fout = fopen(out_fname, "w");     // 출력 스트림을 연다.
24      if (fout == NULL)
25      {
26          printf("%s 파일 열기 실패\n", out_fname);
27          fclose(fin);                  // 출력 스트림을 열 수 없으면 입력 스트림을 닫고 종료한다.
28          return 1;
29      }
30      while (fgets(str, sizeof(str), fin) != NULL)
31      {
32          fputs(str, fout);
33      }
34      fclose(fin);
35      fclose(fout);
36
37      printf("파일 백업 성공\n");
38
39      return 0;
40  }
```

실행결과

파일 이름? backup.c   ← backup.c는 예제 12-7의 소스 파일명
파일 백업 성공

여러 개의 스트림을 다루는 코드를 작성할 때는 에러 발생 시 열었던 스트림을 모두 닫고 프로그램이 종료할 수 있도록 신경써야 한다. 예를 들어 입력 파일 1개와 출력 파일 2개를 열어서 사용하는 프로그램이라고 해보자. 파일 열기 중에 에러가 발생하면 더 이상 프로그램이 수행될 수 없으므로 에러 메시지를 출력하고 main 함수가 리턴해야 한다. 그런데, [그림 12-13]의 왼쪽 코드처럼 fp1은 열었는데 fp2 열기가 실패한 경우에 fp1을 닫지

않고 리턴하면 문제가 된다. 따라서 여러 개의 스트림을 열 때는 에러 발생 시 프로그램 종료 전에 열었던 모든 스트림을 닫고 종료할 수 있도록 에러 처리를 해야 한다.

수정 전   수정 후

```
FILE *fp1, *fp2, *fp3;
fp1 = fp2 = fp3 = NULL;
fp1 = fopen("in.txt", "r");
if (fp1 == NULL) {
  printf("file open error");
  return 0;
}
fp2 = fopen("out1.txt", "w");
if (fp2 == NULL) {
  printf("file open error");
  return 0;       fp1를 닫지
}                 않고 리턴한다.
fp3 = fopen("out2.txt", "w");
if (fp3 == NULL) {
  printf("file open error");
  return 0;       fp1, fp2를 닫지
}                 않고 리턴한다.
```

```
FILE *fp1, *fp2, *fp3;
fp1 = fp2 = fp3 = NULL;
fp1 = fopen("in.txt", "r");
if (fp1 == NULL) {
  printf("file open error");
  return 0;
}
fp2 = fopen("out1.txt", "w");
if (fp2 == NULL) {
  printf("file open error");
  fclose(fp1);    열었던 모든 스트림
  return 0;       을 닫고 리턴한다.
}
fp3 = fopen("out2.txt", "w");
if (fp3 == NULL) {
  printf("file open error");
  fclose(fp1);    열었던 모든 스트림
  fclose(fp2);    을 닫고 리턴한다.
  return 0;
}
```

그림 12-13 입출력 에러 처리

　모든 스트림을 성공적으로 열고 파일 입출력을 할 때도 비슷한 상황이 발생한다. 입출력 함수 호출 시 에러가 발생하면 더 이상 프로그램을 수행할 수 없으므로 종료해야 한다. 그 경우에도 열었던 스트림을 모두 닫고 종료할 수 있도록 코드를 작성해야 한다.

　입출력을 안전하게 수행하려면 입출력 함수를 호출할 때마다 에러인지 검사하고 에러가 발생하면 에러 처리 코드를 수행해야 한다. 이 경우, 에러 처리 코드가 프로그램 여기 저기에 반복되는데, goto를 이용하면 에러 처리와 종료 처리 코드를 한군데 모아줄 수 있다. 일반적으로 goto문은 사용하지 않는 것이 좋지만 에러 처리 코드에서는 goto를 유용하게 사용할 수 있다.

goto문을 이용해서 에러 처리와 종료 처리 코드를 모아준다.

```
FILE *fp1, *fp2, *fp3;            파일 포인터는 NULL
fp1 = fp2 = fp3 = NULL;          로 초기화한다.
fp1 = fopen("in.txt", "r");
if (fp1 == NULL)
  goto cleanup;                  파일 열기 실패 시
fp2 = fopen("out1.txt", "w");    cleanup으로 이동
if (fp2 == NULL)
  goto cleanup;                  파일 열기 실패 시
fp3 = fopen("out2.txt", "w");    cleanup으로 이동
if (fp3 == NULL)
  goto cleanup;                  파일 열기 실패 시
// 입출력을 수행한다.             cleanup으로 이동
  ⋮

cleanup:
if (fp1 == NULL || fp2 == NULL || fp3 == NULL)   파일 열기
  printf("file open error\n");                   에러 처리
if (fp1)  fclose(fp1);           파일에 대한
if (fp2)  fclose(fp2);           종료 처리
if (fp2)  fclose(fp2);
```

그림 12-14 goto문을 활용한 입출력 에러 처리

1. 파일에서 문자 하나를 읽어오는 표준 C 라이브러리 함수는?

   ① fgetc   ② getc   ③ getchar   ④ fputc   ⑤ fgets

2. 파일로 한 줄의 문자열을 출력하는 함수는?

   ① fputc   ② puts   ③ fputs   ④ fprintf   ⑤ fgets

3. fopen 함수로 파일을 3개 성공적으로 열었으면 fclose 함수는 몇 번 호출해야 할까?

   ① 0번   ② 1번   ③ 3번

(3) fscanf, fprintf 함수

형식 문자열을 이용해서 파일에서 입력받을 때는 fscanf 함수를, 파일로 출력할 때는 fprintf 함수를 사용한다. fscanf, fprintf 함수의 사용 방법은 파일에 대한 입출력을 수행한 다는 점을 제외하면 scanf, printf 함수와 같다. fscanf 함수와 fprintf 함수의 원형은 다음 과 같다.

```
int fscanf(FILE *stream, const char *format, ...);
int fprintf(FILE *stream, const char *format, ...);
```

fscanf 함수와 fprintf 함수는 첫 번째 매개변수가 파일 포인터이고, 나머지 매개변수는 scanf, printf 함수와 동일하다.

■ 입출력 함수에 파일 포인터 전달하기

프로그래머가 직접 정의하는 입출력 함수에 매개변수로 파일 포인터를 전달하면 표준 스트림과 파일 스트림에 공통적으로 입출력을 수행하는 코드를 작성할 수 있다. 다음의 print_array 함수는 int 배열을 출력하는 함수이다. 이 함수에 매개변수로 FILE 포인터를 전달하고, 함수 안에서 출력을 할 때 FILE 포인터를 이용해서 fprintf 함수로 출력한다. 이 함수의 인자로 stdout를 전달하면 배열의 원소를 콘솔에 출력하고, 파일 스트림을 전달하 면 파일로 출력한다.

```
void print_array(const int arr[], int size, FILE *fp)    // 파일 포인터를 매개변수로 받아온다.
{
    int  i;
    for (i = 0; i < size; i++)
```

```
        fprintf(fp, "%2d ", arr[i]);      // 파일 포인터가 가리키는 스트림에 출력한다.
    fprintf(fp, "\n");
}
```

다음 코드는 사용자로부터 입력받은 파일 이름으로 텍스트 파일을 생성해서 정렬 전 배열의 원소와 정렬 후 배열의 원소를 파일로 출력한다. 파일 이름으로 "."을 입력하면 파일을 생성하는 대신 콘솔로 출력한다. stdout은 프로그램 시작 시 자동으로 생성된 표준 출력 스트림을 가리키는 FILE 포인터이다. stdout을 fp에 대입하면 fp도 stdout이 가리키는 표준 출력 스트림을 가리키게 된다.

```
gets_s(filename, sizeof(filename));
if (strcmp(filename, ".") == 0)
    fp = stdout;                          // fp는 표준 출력 스트림을 가리킨다.
else
{
    fp = fopen(filename, "w");            // fp는 파일 출력 스트림을 가리킨다.
    if (fp == NULL)
        fp = stdout;                      // 파일 열기 실패면 표준 출력에 출력한다.
}
```

fp를 인자로 전달해서 printf_array 함수를 호출하면, fp가 표준 출력 스트림을 가리킬 때는 콘솔로 배열을 출력하고, fp가 파일 포인터일 때는 파일로 출력한다.

```
print_array(arr, ARR_SIZE, fp);          // fp가 가리키는 스트림에 출력한다.
```

[예제 12-8]은 임의의 정수로 채워진 int 배열을 정렬한 다음 사용자의 선택에 따라 파일 또는 콘솔로 정렬 결과를 출력하는 프로그램이다.

> 📑 **예제 12-8 : 콘솔 출력과 파일 출력을 공통의 코드로 처리하는 경우**

```
01    #include <stdio.h>
02    #include <stdlib.h>
03    #include <time.h>
04    #include <string.h>
05
06    #define ARR_SIZE 20
07    int compare_int(const void *e1, const void *e2);
08    void print_array(const int arr[], int size, FILE *fp);
09
```

```
10    int main(void)
11    {
12        int arr[ARR_SIZE];
13        int i;
14        char filename[BUFSIZ] = "";
15        FILE *fp = NULL;
16
17        srand((unsigned int)time(NULL));
18        // 배열을 0~99 사이의 임의의 정수로 채운다.
19        for (i = 0; i < ARR_SIZE; i++)
20            arr[i] = rand() % 100;
21
22        printf("파일 이름? ");
23        gets_s(filename, sizeof(filename));
24        if (strcmp(filename, ".") == 0)
25            fp = stdout;                      // 파일 이름이 "."이면 표준 출력에 출력한다.
26        else
27        {
28            fp = fopen(filename, "w");
29            if (fp == NULL)
30                fp = stdout;                  // 파일 열기 실패면 표준 출력에 출력한다.
31        }
32
33        fputs("정렬 전: ", fp);
34        print_array(arr, ARR_SIZE, fp);       // pf가 가리키는 스트림에 출력한다.
35
36        qsort(arr, ARR_SIZE, sizeof(arr[0]), compare_int);
37        fputs("정렬 후: ", fp);
38        print_array(arr, ARR_SIZE, fp);
39
40        fclose(fp);
41        return 0;
42    }
43
44    int compare_int(const void *e1, const void *e2)
45    {
46        const int *p1 = (const int*)e1;
47        const int *p2 = (const int*)e2;
48        return (*p1 - *p2);
49    }
50
51    void print_array(const int arr[], int size, FILE *fp)
52    {
```

```
53        int   i;
54        for (i = 0; i < size; i++)
55            fprintf(fp, "%2d ", arr[i]);        // pf가 가리키는 스트림에 출력한다.
56        fprintf(fp, "\n");
57    }
```

실행결과

파일 이름? sort.txt

[예제 12-8]의 실행 결과로 생성된 sort.txt를 열어보면 정렬 전 배열의 원소들과 정렬 후 배열의 원소들이 출력된 것을 확인할 수 있다. 파일 이름으로 "."를 입력하면 배열의 정렬 결과를 화면으로 출력한다.

실행결과

파일 이름? .
정렬 전: 60 38 21 78 84 95 32 74 48 36 96 74 56 26 16 92 52 51 47 39
정렬 후: 16 21 26 32 36 38 39 47 48 51 52 56 60 74 74 78 84 92 95 96

📝 확인해봐요

1. 형식화된 파일 입출력을 수행하는 표준 C 라이브러리 함수를 모두 고르시오.
   ① fgets   ② fputs   ③ fscanf   ④ fprintf   ⑤ fread

2. 입출력 함수를 정의하면서 입출력 함수가 표준 스트림과 파일 스트림에 모두 입출력할 수 있도록 구현하려면 함수의 매개변수로 무엇이 필요한가?
   ① 파일 이름   ② 파일 포인터   ③ void*   ④ 입력 버퍼

12.2.3 2진 파일 입출력

2진 파일 입출력에는 fread 함수와 fwrite 함수를 사용한다. fread나 fwrite 함수를 이용하면 변수나 구조체, 배열 등을 파일에서 읽어오거나 파일로 저장할 수 있다.

표 12-11 2진 파일 입출력 함수

2진 파일 입출력 함수	의미
`size_t fread(void *buffer, size_t size, size_t count, FILE *stream);`	파일에서 버퍼로 2진 데이터를 읽어 온다.
`size_t fwrite(const void *buffer, size_t size, size_t count, FILE *stream);`	파일에 버퍼의 내용을 2진 데이터로 저장한다.

(1) fread, fwrite 함수

fwrite 함수는 파일로 2진 데이터를 저장한다. fwrite 함수의 원형은 다음과 같다.

```
size_t fwrite(const void *buffer, size_t size, size_t count, FILE *stream);
```

fwrite 함수의 첫 번째 매개변수인 buffer는 파일로 저장할 데이터의 주소이다. buffer는 배열의 시작 주소가 될 수도 있고, 기본형 변수나 구조체 변수의 주소가 될 수도 있다. 두 번째 매개변수인 size는 저장할 데이터 항목 하나의 크기이다. 세 번째 매개변수인 count 는 저장할 항목의 개수이다. 마지막 매개변수인 stream은 파일 포인터이다. fwrite 함수는 파일로 데이터를 저장한 다음, 저장한 항목의 개수를 리턴한다. fwrite 함수의 리턴값이 저장한 바이트 수가 아니므로 주의해야 한다.

fread 함수는 파일에서 2진 데이터를 읽어온다. fread 함수의 원형은 다음과 같다.

```
size_t fread(void *buffer, size_t size, size_t count, FILE *stream);
```

fread 함수의 첫 번째 매개변수인 buffer는 파일에서 읽은 데이터를 저장할 주소이다. 두 번째 매개변수인 size는 읽어올 데이터 항목 하나의 크기이다. 세 번째 매개변수인 count 는 읽어올 항목의 개수이다. 마지막 매개변수인 stream은 파일 포인터이다. fread 함수는 파일에서 데이터를 읽어온 다음, 읽은 항목의 개수를 리턴한다.

■ 2진 파일에 int 배열을 저장하고 읽어오기

[예제 12-9]는 임의의 정수로 채워진 int 배열을 2진 파일로 저장하고, 다시 2진 파일을 열어 int 배열로 읽어오는 코드이다.

📝 **예제 12-9** : int 배열을 2진 파일로 저장하고 읽어오기

```c
01  #include <stdio.h>
02  #include <stdlib.h>
03  #include <time.h>
04  #include <string.h>
05
06  #define ARR_SIZE 20
07
08  int is_equal_array(int source[], int target[], int size);
09
10  int main(void)
11  {
12      int arr1[ARR_SIZE];
13      int arr2[ARR_SIZE];
14      int i;
15      char filename[128] = "";
16      FILE *fout = NULL;
17      FILE *fin = NULL;
18      int res = 0;
19
20      srand((unsigned int)time(NULL));
21
22      // 배열을 0~99 사이의 임의의 정수로 채운다.
23      for (i = 0; i < ARR_SIZE; i++)
24          arr1[i] = rand() % 100;
25
26      // 2진 파일로 arr1을 저장한다.
27      printf("파일 이름? ");
28      gets_s(filename, sizeof(filename));
29      fout = fopen(filename, "wb");      // 2진 파일에 대한 출력 스트림을 연다.
30      if (fout == NULL)
31      {
32          printf("출력용 파일 열기 실패\n");
33          return 1;
34      }
35      // arr1 배열의 내용을 저장한다.
36      fwrite(arr1, sizeof(arr1[0]), ARR_SIZE, fout);
37      fclose(fout);
38      fout = NULL;    // 더 이상 사용되지 않는 파일 포인터도 널 포인터로 만든다.
39
40      // 2진 파일을 arr2로 읽어온다.
41      fin = fopen(filename, "rb");        // 앞에서 만든 2진 파일에 대한 입력 스트림을 연다.
42      if(fin == NULL)
43      {
```

```
44          printf("입력용 파일 열기 실패\n");
45          return 1;
46     }
47     fread(arr2, sizeof(arr2[0]), ARR_SIZE, fin);
48     fclose(fin);
49     fin = NULL;
50
51     // arr1과 arr2가 같은지 비교한다.
52     if (is_equal_array(arr1, arr2, ARR_SIZE))
53          printf("2진 파일 입출력 성공\n");
54     else
55          printf("2진 파일 입출력 실패\n");
56
57     return 0;
58 }
59
60 int is_equal_array(int source[], int target[], int size)
61 {
62     int i;
63     for (i = 0; i < size; i++)
64          if (source[i] != target[i])
65               return 0;
66     return 1;
67 }
```

실행결과 ■ ■ ■

```
파일 이름? array.dat
2진 파일 입출력 성공
```

[예제 12-9]는 int 배열을 2진 파일로 저장한 다음, 같은 파일을 입력 스트림으로 열어서 int 배열로 읽어 온 후 두 배열의 내용이 같은지 비교한다. 37번째 줄을 보면 2진 파일로 출력한 다음 fclose로 출력 스트림을 닫는다. 파일에 대한 출력 스트림은 fclose 함수를 호출할 때 출력 버퍼를 파일로 저장한다. 따라서, fclose를 호출하지 않으면 출력용 파일이 정상적으로 저장되지 않은 상태에서 입력 스트림으로 다시 열게 되므로 문제가 발생한다.

파일 포인터도 사용이 끝나면 널 포인터로 만드는 것이 안전하다.

```
fclose(fout);
fout = NULL;        // 파일 포인터도 더 이상 사용되지 않으면 널 포인터로 만든다.
```

■ 2진 파일의 복사

[예제 12-10]은 fread 함수와 fwrite 함수를 이용해서 2진 파일을 복사하는 코드이다.

예제 12-10 : 2진 파일의 복사

```
01   #include <stdio.h>
02   #include <string.h>
03
04   int main(void)
05   {
06       unsigned char buff[BUFSIZ];        // 바이트 데이터를 저장할 버퍼
07       char in_file[128] = "";
08       char out_file[128] = "backup";
09       FILE *fout = NULL;
10       FILE *fin = NULL;
11       int cnt_read = 0;
12
13       printf("복사할 파일 이름? ");
14       gets_s(in_file, sizeof(in_file));
15       // 출력용 파일명은 backup.확장자 (확장자는 입력용 파일명에서 가져온다.)
16       strcat(out_file, strchr(in_file, '.'));
17       fin = fopen(in_file, "rb");        // 입력용 2진 파일을 연다.
18       if (fin == NULL)
19           goto cleanup;
20       fout = fopen(out_file, "wb");      // 출력용 2진 파일을 연다.
21       if (fout == NULL)
22           goto cleanup;
23       while ((cnt_read = fread(buff, 1, sizeof(buff), fin)) > 0)
24       {
25           int cnt_written = fwrite(buff, 1, cnt_read, fout);
26           if (cnt_written < cnt_read)
27               goto cleanup;
28       }
29   cleanup:                              // 입출력 에러 처리/종료 처리 코드를 모아둔다.
30       if (fin == NULL || fout == NULL)
31           printf("파일 열기 실패\n");
32       else if (ferror(fin))
33           printf("파일 읽기 실패\n");
34       else if (ferror(fout))
35           printf("파일 쓰기 실패\n");
36       else
37           printf("파일 복사 성공\n");
38       if (fin) fclose(fin);
39       if (fout) fclose(fout);
40
41       return 0;
42   }
```

```
실행결과                                                                  ■ ■ ■

                                    프로젝트 폴더에 있는 cat.jpg를 복사해서
복사할 파일 이름? cat.jpg            backup.jpg를 만든다.
파일 복사 성공
```

[예제 12-10]은 2진 파일을 읽어서 복사본을 만든다. 예를 들어 "cat.jpg"을 복사할 파일 이름으로 지정하면 "backup.jpg"를 생성한다. 먼저 복사할 파일명을 in_file로 입력받은 다음, strchr 함수로 in_file에서 '.'의 위치를 찾아서 "backup" 문자열이 들어있는 out_ file 배열에 연결한다. 그 결과, "backup.jpg"처럼 복사할 파일명의 확장자와 같은 확장자를 가진 출력용 파일 이름을 만들 수 있다.

```
printf("복사할 파일 이름? ");
gets_s(in_file, sizeof(in_file));
strcat(out_file, strchr(in_file, '.'));   // out_file은 in_file과 확장자가 같다.
```

fread로 읽은 데이터를 출력 파일에 fwrite로 저장할 때는 fread로 읽은 항목의 개수만큼 저장해야 한다. buff는 크기가 BUFSIZ, 즉 512인 unsigned char 배열로, 입력용 파일을 buff 크기만큼씩 읽어서 출력용 파일로 저장한다. 즉, 한번에 sizeof(buff), 즉 512개의 unsinged char를 파일에서 읽어서 복사한다. 그런데 입력용 파일의 크기가 항상 512바이트의 배수인 것은 아니기 때문에 마지막으로 읽은 버퍼에는 512보다 작은 바이트 수의 데이터가 들어있을 수 있다. 그런데 fwrite 함수를 호출할 때 다음 코드처럼 fwrite(buff, 1, sizeof(buff), fout);으로 지정하면 맨 마지막에 파일로 저장하는 데이터도 항상 512바이트 크기가 되므로 문제가 될 수 있다.

```
while ((fread(buff, 1, sizeof(buff), fin)) > 0)
{   // 다음 코드는 잘못된 코드이다.
    int cnt_written = fwrite(buff, sizeof(buff[0]), sizeof(buff), fout);
    if (cnt_written < cnt_read)
        goto cleanup;
}
```

참고로 fread, fwrite의 세 번째 매개변수는 바이트 수가 아니라 읽거나 쓰는 항목의 개수이다. 이 코드에서는 buff가 unsigned char 배열이므로 항목의 수와 바이트 수가 같다.

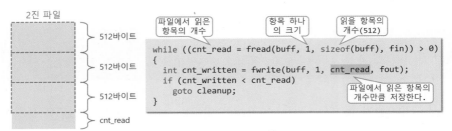

그림 12-15 fwrite 함수 호출 시 주의 사항

fwrite 함수와 fread 함수의 첫 번째 매개변수가 void 포인터이므로, int 배열 뿐만 아니라 문자 배열이나 실수 배열, 구조체 배열도 같은 방법으로 입출력할 수 있다.

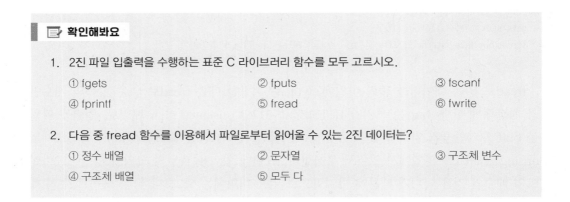

1. 2진 파일 입출력을 수행하는 표준 C 라이브러리 함수를 모두 고르시오.
   ① fgets   ② fputs   ③ fscanf
   ④ fprintf   ⑤ fread   ⑥ fwrite

2. 다음 중 fread 함수를 이용해서 파일로부터 읽어올 수 있는 2진 데이터는?
   ① 정수 배열   ② 문자열   ③ 구조체 변수
   ④ 구조체 배열   ⑤ 모두 다

(2) 파일의 임의 접근

파일에는 파일 위치 지시자(file position indicator)가 있어서 입력과 출력이 어떤 위치에서 수행되는지를 가리킨다. 기본적으로 출력용 파일을 열면 파일 위치 지시자가 파일의 시작 위치를 가리킨다. 입력용 파일의 열기 모드가 추가 모드("a" 또는 "a+")일 때는 파일 위치 지시자가 파일의 끝 위치를 가리키고, 다른 모드일 때는 파일의 시작 위치를 가리킨다. 파일을 연 다음 입출력 함수를 호출할 때마다 파일 위치 지시자가 갱신된다.

일반적인 파일 입출력은 파일을 연 다음 시작 위치부터 순차적으로 접근한다. 2진 파일에 대하여 순차 접근이 아니라 임의 접근(random access)하려면 fseek 함수와 ftell 함수를 이용한다.

fseek 함수는 파일에서 입출력을 수행할 위치를 조정한다.

```
int fseek(FILE *stream, long offset, int origin);
```

  fseek 함수의 두 번째 매개변수인 offset에는 기준 위치로부터 몇 바이트 떨어진 위치인지를 지정하고, 세 번째 매개변수인 origin에는 기준 위치를 지정한다. 기준 위치로는 SEEK_SET, SEEK_CUR, SEEK_END 세 가지가 있다. SEEK_SET은 파일 시작을 의미하고, SEEK_CUR는 현재 위치를 의미하고, SEEK_END는 파일의 끝을 의미한다. offset은 양수 또는 음수로 지정할 수 있다.

  예를 들어 파일 시작 위치로 파일 위치 지시자를 이동할 때는 다음과 같이 호출한다.

```
fseek(stream, 0, SEEK_SET);   // 파일의 시작 위치로 이동한다.
```

  파일 위치 지시자를 파일의 시작 위치로 이동할 때 rewind 함수를 사용할 수도 있다.

```
rewind(stream);
```

  ftell 함수는 파일 시작부터 파일 위치 지시자가 몇 바이트 떨어져 있는지를 리턴한다.

```
long ftell(FILE *stream);
```

표 12-12 임의 접근 함수

2진 파일 임의 접근	의미
int **fseek**(FILE *stream, long offset, int origin);	파일에서 입출력을 수행할 위치, 즉 파일 위치 지시자를 이동한다.
long **ftell**(FILE *stream);	파일 위치 지시자의 위치를 리턴한다.
void **rewind**(FILE *stream);	파일 위치 지시자를 파일 시작으로 이동한다.

📝 확인해봐요

1. 2진 파일에 임의 접근을 하는 fseek 함수에서 기준 위치가 될 수 있는 것은?
   ① 파일의 시작   ② 파일의 끝   ③ 현재 위치   ④ 모두 다

2. 파일 위치 지시자를 파일의 시작 부분으로 이동하기 위해서 fseek(stream, 0, SEEK_SET); 대신 호출될 수 있는 표준 C 라이브러리 함수는?
   ① fopen   ② ftell   ③ rewind   ④ fclose   ⑤ goto

1. 표준 입출력

- 스트림은 프로그램의 외부에서 내부로, 혹은 프로그램의 내부에서 외부로 전달되는 연속된 데이터 바이트의 흐름이다. 프로그램은 스트림을 통해 프로그램의 외부와 상호작용을 하며, 이것을 프로그램의 입출력(I/O)이라고 한다.
- 스트림 기반의 입출력은 버퍼를 경유한 입출력으로 수행된다.
- 표준 C 라이브러리는 프로그램 시작 시 stdin, stdout, stderr라는 표준 스트림을 생성한다.
- printf 함수와 scanf 함수는 데이터를 변환해서 입출력하는 기능을 제공한다. printf 함수의 형식 문자열에는 flags 필드, width 필드, precision 필드, type 필드를 지정하며, type 필드를 제외한 나머지는 생략할 수 있다. scanf 함수도 printf 함수와 비슷한 형식 문자열을 제공하며, scanf 함수의 리턴값을 이용하면 입력에 대한 에러 처리를 구현할 수 있다.
- 형식이 없는 표준 스트림 입출력 함수로는 getchar, putchar, gets_s, puts가 있다.

2. 파일 입출력

- 일반적인 파일 입출력은 다음과 같다. 먼저 fopen 함수로 파일을 열면 파일 스트림을 생성해서 리턴한다. 이 파일 포인터로 파일 입출력을 수행한 다음 fclose 함수로 파일 스트림을 닫는다.

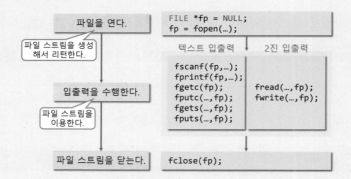

- 텍스트 파일 입출력 함수로는 형식화된 입출력 함수인 fscanf와 fprintf 함수가 있다. 형식이 없는 입출력 함수로는 문자 입출력을 수행하는 fgetc, fputc 함수와 문자열 입출력을 수행하는 fgets, fputs 함수가 있다.
- 2진 파일 입출력 함수로는 파일로부터 2진 데이터를 버퍼로 읽어오는 fread 함수와 버퍼에 들어있는 2진 데이터를 파일로 출력하는 fwrite 함수가 있다.
- 2진 파일에 대하여 임의 접근하려면 fseek 함수와 ftell 함수를 이용한다.

1. **입출력에 대한 설명을 읽고 설명이 맞으면 O, 틀리면 X를 선택하시오.**

    (1) C에서는 표준 입출력과 파일 입출력을 같은 방식으로 처리할 수 있다.   (   )

    (2) 스트림은 연속된 데이터 바이트의 흐름이다.   (   )

    (3) 프로그램은 스트림을 통해서 프로그램의 외부와 상호 작용을 한다.   (   )

    (4) 스트림을 이용하기 때문에 C 프로그램은 장치 의존적이다.   (   )

    (5) 입출력 장치와 CPU의 속도 차이 때문에 버퍼를 경유한 입출력 방식을 사용한다. (   )

    (6) 입출력 버퍼는 int 배열인 것처럼 생각할 수 있다.   (   )

    (7) 표준 스트림인 stdin, stdout, stderr는 프로그램 시작 시 직접 생성해야 한다.   (   )

    (8) getchar, putchar 함수는 형식화된 입출력 함수이다.   (   )

2. **printf 함수의 형식 문자열에서 생략할 수 없는 필드는?**

    ① flags 필드   ② width 필드

    ③ precision 필드   ④ type 필드

3. **다음 printf 함수의 출력 결과는?**

    ```
    printf("%#010x", a);
    ```

    ① abc   ② 0xabc

    ③ 0x00000abc   ④ 0000000abc

4. **printf 함수의 형식 문자열에 지정하는 type 필드와 그 의미가 잘못된 것은?**

	type 필드	의미
①	%d	10진수 정수로 출력한다.
②	%X	16진수 정수로 출력한다. 0~9, A~F를 이용한다.
③	%p	주소를 10진수로 출력한다.
④	%E	실수를 지수 표기로 출력한다.

5. **다음 scanf 함수의 리턴값을 이용한 에러 처리 코드이다. ___ 부분에 들어갈 코드는?**

    ```
    int a, b, c;
    int result;
    result = scanf("%d %d %d", &a, &b, &c);
    if (_____)
        printf("입력 실패\n");
    ```

① result > 3   ② result < 3

③ result == 3   ④ result == 0

⑤ result != 0

6. 표준 입력 스트림으로 입력을 처리하는 중에 에러가 발생하면 입력 버퍼를 비워야 한다. ____ 부분에 '\n'을 만날 때까지 입력 버퍼의 문자를 읽어서 입력 버퍼를 비우는 코드를 작성하시오.

```c
int num;
while (1) {
    int res = scanf("%d", &num);
    if (res == 1)
        break;
    printf("잘못 입력했습니다. 정수를 입력하세요.\n");
    -----------------------------------------------
}
```

7. 표준 C 라이브러리의 표준 스트림에 대한 입출력 함수와 그 의미를 찾아서 연결하시오.

(1) getchar   ① 한 줄의 문자열을 입력받는다.

(2) putchar   ② 형식화된 입력을 수행한다

(3) gets_s   ③ 한 문자를 출력한다.

(4) puts   ④ 형식화된 출력을 수행한다.

(5) scanf   ⑤ 한 줄의 문자열을 출력한다.

(6) printf   ⑥ 한 문자를 입력받는다.

8. 파일 입출력에 대한 설명을 읽고 설명이 맞으면 O, 틀리면 X를 선택하시오.

(1) 데이터를 영구적으로 보관하려면 파일로 저장해야 한다.   (   )

(2) 2진 파일도 텍스트 파일처럼 일반 문서 편집기에서 내용을 확인할 수 있다.   (   )

(3) 파일 스트림은 자동으로 생성되지 않는다.   (   )

(4) 파일 스트림을 닫지 않아도 프로그램이 종료하면 파일이 안전하게 저장된다.   (   )

(5) 파일 스트림을 닫은 후 파일 포인터를 사용하면 실행 에러가 발생한다.   (   )

(6) 파일 입출력에는 파일 포인터가 필요하다.   (   )

(7) 스트림에는 현재 입출력 위치를 나타내는 파일 위치 지시자가 있어서 파일 위치 지시자가
     가리키는 위치에서 입출력이 수행된다.   (   )

9. fopen 함수의 파일 열기 모드 중에서 파일이 존재하지 않는 경우에 fopen 함수가 NULL을 리턴하는 것은?

    ① "r"   ② "w"   ③ "a"   ④ "w+"

10. fopen 함수의 파일 열기 모드 중에서 파일이 존재하는 경우에 파일의 내용이 모두 삭제되는 것은?

    ① "r"   ② "w"   ③ "a"   ④ "a+"

11. 다음은 입력받은 문자열의 배열을 정렬한 후 파일로 저장하는 과정이다. 올바른 순서로 나열하시오.

    A. 파일을 닫는다.

    B. 파일을 연다.

    C. 문자열 배열에 문자열을 입력받는다.

    D. 문자열 배열을 파일로 저장한다.

    E. 문자열 배열을 정렬한다.

12. 다음 중 표준 C 입출력 라이브러리 함수와 그 의미가 잘못 짝지어진 것은?

    ① feof 함수는 파일의 현재 위치가 파일의 끝인지 검사한다.

    ② ferror 함수는 스트림에 에러가 발생했는지 검사한다.

    ③ remove 함수는 파일 포인터가 지정하는 스트림만 닫고 파일은 삭제하지 않는다.

    ④ rename 함수는 파일 이름을 변경할 때 사용된다.

13. 다음 중 2진 파일 입출력에 사용되는 함수가 아닌 것은?

    ① fread   ② fwrite

    ③ ftell   ④ ferror

    ⑤ feof   ⑥ fgetc

14. 다음은 DATE 구조체 배열 전체를 2진 파일로 저장하는 코드이다. ___ 부분에 필요한 코드를 작성하시오.

```c
#include <stdio.h>

typedef struct date {
    int year, month, day;
} DATE;

int main(void)
{
    FILE *fp = NULL;
```

```
    DATE holidays[] = {
        {2022, 1, 1}, {2022, 3, 1}, {2022, 5, 5}, {2022, 6, 6},
    };
    int count = sizeof(holidays) / sizeof(holidays[0]);

    fp = fopen("holiday.dat", ①_____);
    ②_____

    fclose(fp);

    return 0;
}
```

15. 다음은 크기가 4인 DATE 구조체 배열을 2진 파일에서 읽어오는 코드이다. ___ 부분에 필요한 코드를 작성하시오.

```
#include <stdio.h>

typedef struct date {
    int year, month, day;
} DATE;

int main(void)
{
    FILE *fp = NULL;

    DATE holidays[4];

    fp = fopen("holiday.dat", ①_____);
    ②_____

    fclose(fp);

    return 0;
}
```

16. 다음은 공휴일 정보를 입력받아서 holiday.txt라는 텍스트 파일로 저장하기 위한 코드이다. 파일에 저장되는 날짜는 "2022/1/1"처럼 저장되어야 한다. ____ 부분에 필요한 코드를 작성하시오.

```c
#include <stdio.h>

typedef struct date {
    int year, month, day;
} DATE;

int main(void)
{
    FILE *fp = NULL;

    DATE holiday;

    fp = fopen("holiday.txt", ①_____);

    while (1)
    {
        printf("연 월 일? ");
        scanf("%d %d %d", &holiday.year, &holiday.month, &holiday.day);

        if (holiday.year == 0)
            break;

        ②_____
    }
    fclose(fp);

    return 0;
}
```

17. 다음은 holiday.txt라는 텍스트 파일에 "2022/1/1"처럼 저장되어 있는 공휴일 정보를 DATE 구조체 배열로 읽어오기 위한 코드이다. ____ 부분에 필요한 코드를 작성하시오.

```c
#include <stdio.h>

typedef struct date {
    int year, month, day;
} DATE;

int main(void)
{
    FILE *fp = NULL;

    DATE holidays[50];
    int i = 0, count = 0;

    fp = fopen("holiday.txt", ①_____);


    while (count < 50)
    {
        DATE temp = { 0 };
        int result =
            ②_____;
        if (result < 3 || feof(fp) != 0)
            break;
        holidays[count] = temp;
        count++;
    }
    fclose(fp);

    for (i = 0; i < count; i++)
        printf("%d/%d/%d\n",
            holidays[i].year, holidays[i].month, holidays[i].day);

    return 0;
}
```

1. 텍스트 파일의 이름을 입력받아서 파일의 내용을 라인 번호와 함께 출력하는 프로그램을 작성하시오. [텍스트 파일 입력/난이도 ★]

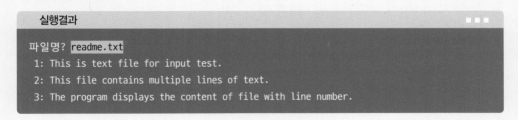

실행결과

파일명? `readme.txt`
 1: This is text file for input test.
 2: This file contains multiple lines of text.
 3: The program displays the content of file with line number.

2. 텍스트 파일의 이름을 입력받아서 파일 내의 모든 문자를 소문자로 변환해서 출력하는 프로그램을 작성하시오. [텍스트 파일 입력, 문자열 변환/난이도 ★★]

실행결과

파일명? `readme.txt`
this is text file for input test.
this file contains multiple lines of text.
the program displays the content of file with line number.

3. 텍스트 파일의 이름을 입력받아서 파일 내의 문자들에 대하여 영문자의 개수를 문자별로 세서 출력하는 프로그램을 작성하시오. 문자의 개수를 셀 때는 대소문자를 구분하지 않는다. [텍스트 파일 입력, 문자 처리/난이도 ★★]

실행결과

파일명? `readme.txt`
This is text file for input test.
This file contains multiple lines of text.
The program displays the content of file with line number.
a:3   b:1   c:2   d:1   e:13   f:6   g:1   h:5   i:13   l:8   m:3
n:8   o:6   p:4   r:4   s:8   t:16   u:3   w:1   x:2   y:1

4. 아이디와 패스워드가 저장된 텍스트 파일을 크기가 10인 LOGIN 구조체 배열로 읽어온 다음, 입력 받은 아이디와 패스워드가 일치하면 "로그인 성공" 아니면 "로그인 실패"라고 출력하는 프로그램을 작성하시오. 텍스트 파일의 형식은 다음과 같다. [텍스트 파일 입력, 구조체/난이도 ★★]

[password.txt]

```
guest idontknow
sugasuga bts_awesome
rapmonster spring@day
jimin lovearmy
```

실행결과

```
ID? anonymous
아이디를 찾을 수 없습니다.
ID? guest
Password? idontknow
로그인 성공
ID? .
```

5. 4번 프로그램에서 입력된 아이디를 찾을 수 없으면 "로그인 실패"로 처리하는 대신 아이디를 등록할 수 있게 수정하시오. 아이디는 최대 20개까지 등록할 수 있다. 프로그램 실행 중에 아이디가 추가로 등록될 수 있으므로 프로그램이 종료될 때 LOGIN 구조체 배열을 파일로 다시 저장하도록 구현하시오. 텍스트 파일의 형식은 4번과 동일하게 출력한다. [텍스트 파일 입력, 텍스트 파일 출력, 구조체/난이도 ★★★]

실행결과

```
ID? anonymous
아이디를 찾을 수 없습니다. 등록하시겠습니까(y/n)? y
PW? iamnobody
PW again? ibmnobody
Password doesn't match.
PW? iamnobody
PW again? iamnobody
ID and PW registered successfully.
ID? anonymous
Password? iamnobody
로그인 성공
ID? .
```

6. 커피숍의 계산서 출력 프로그램을 작성하시오. 아메리카노는 4000원, 카페라떼는 4500원, 플랫화이트는 5000원이다. 제품별로 수량을 입력받아서 계산서를 텍스트 파일로 저장하는 프로그램을 작성하시오. 출력 파일은 다음과 같은 형식이 되어야 한다. [텍스트 파일 출력, 형식화된 출력/난이도 ★★]

> **실행결과**
>
> ```
> [메뉴] 아메리카노:4000, 카페라떼:4500, 플랫화이트:5000
> 아메리카노 수량? 2
> 카페라떼    수량? 1
> 플랫화이트 수량? 0
> 결제 금액: 12500
> ```

[receipt.txt]

```
제품명          단가   수량  금액
----------------------------------
아메리카노       4000     2   8000
카페라떼         4500     1   4500
----------------------------------
합계                         12500
```

7. 6번 프로그램을 주문 수량에 모두 0이 입력될 때까지 반복해서 실행하도록 수정하시오. receipt.txt에는 프로그램이 종료될 때까지의 계산서가 모두 저장되어야 한다. [텍스트 파일 출력, 형식화된 출력/난이도 ★★]

8. 2개의 텍스트 파일을 비교하는 프로그램을 작성하시오. [텍스트 파일 입력, 문자열 처리/난이도 ★★]

> **실행결과**
>
> ```
> 원본 파일? readme.txt
> 타겟 파일? readme.txt.bak
> 두 파일이 같습니다.
> ```

9. 시저 암호는 간단한 치환 암호로 암호화하고자 하는 문자열의 각 알파벳을 특정 개수만큼 더하거나 빼서 다른 알파벳으로 치환하는 방식이다. 암호화할 텍스트를 입력받아 입력받은 암호 키로 암호화한 다음 cipher.txt를 생성하는 프로그램을 작성하시오. [텍스트 파일 출력, 문자 배열/난이도 ★★]

> 실행결과

```
암호 키? 2
암호화할 텍스트?
This string will be encrypted using caesar cipher.
```

10. 시저 암호로 암호화된 파일의 이름을 입력받아 입력받은 복호 키로 복호화한 다음 화면에 출력하는 프로그램을 작성하시오. [텍스트 파일 입력, 문자 배열/난이도 ★★]

> 실행결과

```
복호화할 파일? cipher.txt
복호 키? -2
This string will be encrypted using caesar cipher.
```

11. CONTACT 구조체를 이용한 연락처 관리 프로그램에 텍스트 파일에서 연락처를 로딩하는 기능을 추가한다. 텍스트 파일에 정해진 형식으로 연락처를 저장하고 이 파일을 읽어서 CONTACT 구조체 배열을 생성하도록 프로그램을 작성하시오. CONTACT 구조체 배열은 동적 메모리에 생성한다. [텍스트 파일 입력, 동적 메모리/난이도 ★★]

> 실행결과

```
연락처 파일명? mycontact.txt
7개의 연락처를 로딩했습니다.
이름(. 입력 시 종료)? 김태형
김태형의 전화번호 01099991111로 전화를 겁니다....
이름(. 입력 시 종료)? 전정국
전정국의 전화번호 01012345678로 전화를 겁니다....
이름(. 입력 시 종료)? 차은우
연락처를 찾을 수 없습니다.
이름(. 입력 시 종료)? .
```

12. 11번 프로그램에 연락처 검색이 실패하는 경우 새로운 연락처를 추가하는 기능을 구현하시오. 또한, 프로그램이 종료될 때 CONTACT 구조체의 내용을 텍스트 파일로 저장하도록 처리하시오.
[텍스트 파일 출력, 동적 메모리/난이도 ★★★]

실행결과   ■■■

연락처 파일명? `contacts.txt`
7개의 연락처를 로딩했습니다.
이름(. 입력 시 종료)? `박보검`
연락처를 찾을 수 없습니다.연락처를 등록하시겠습니까(y/n)? `y`
전화번호? `01078785656`
이름(. 입력 시 종료)? `박보검`
박보검의 전화번호 01078785656로 전화를 겁니다....
이름(. 입력 시 종료)? `.`
contacts.txt로 8개의 연락처를 저장했습니다.

---

13. 정수의 개수 N을 입력받아 int가 N개 들어갈 수 있는 동적 메모리를 할당받는다. 이 배열에 임의의 정수를 N개 생성해서 채운 다음 텍스트 파일과 2진 파일로 각각 저장하는 프로그램을 작성하시오. 2진 파일로 저장할 때는 N을 먼저 저장하고, 배열의 내용을 저장하시오. 저장된 파일을 문서 편집기에서 열어서 내용을 확인해보고 파일의 크기도 비교해본다. [텍스트 파일 출력, 2진 파일 출력/난이도 ★★]

실행결과   ■■■

정수의 개수? `200`
파일명? `a`
a.txt와 a.dat를 생성했습니다.

---

14. 13번 프로그램을 실행해서 크기가 다른 2진 파일을 2개 생성한 다음 두 파일을 읽어서 하나의 int 배열을 생성한 다음 정렬 후에 다시 2진 파일로 저장하는 프로그램을 작성하시오. [2파일 입출력, 동적 메모리, qsort 함수/난이도 ★★★]

실행결과   ■■■

첫 번째 파일명? `a.dat`
정수 200개를 읽었습니다.
두 번째 파일명? `b.dat`
정수 20개를 읽었습니다.
저장할 파일명? `c.dat`
정수 220개를 저장했습니다.

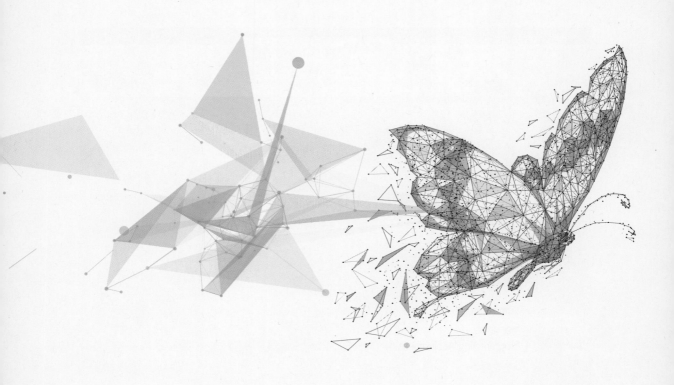

CHAPTER 13

전처리기와
분할 컴파일

13.1 전처리기

전처리기(preprocessor)는 C/C++ 컴파일러에 내장된 프로그램으로, 프로그래머가 작성한 소스 파일을 컴파일하기 전에 필요한 전처리 작업을 수행한다. 즉, 프로그래머가 작성한 소스 파일은 전처리기를 수행 후 원래의 소스 코드와 다른 파일이 되며, C/C++ 컴파일러는 이 파일로 컴파일을 수행한다. 전처리기 문장을 이용하면 하나의 소스 파일을 여러 가지로 변형할 수도 있다.

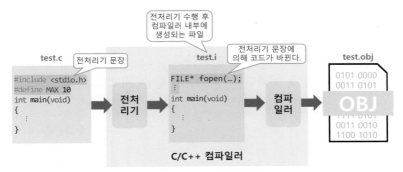

그림 13-1 전처리기의 역할

전처리기는 다른 파일을 포함(include)하거나, 소스 파일 내의 특정 문자열을 다른 문자열로 대치(replace)하거나, 조건에 따라서 코드의 일부를 컴파일하도록 또는 하지 않도록 선택하는 기능을 제공한다. 전처리기 문장은 '#'으로 시작하므로 쉽게 구별할 수 있다.

전처리기 문장을 정리하면 다음과 같다.

표 13-1 전처리기 문장

전처리기 문장	기능
#define	매크로를 정의한다.
#undef	매크로 정의를 해제한다.
#include	헤더 파일을 포함한다.
#if	조건에 따라 컴파일한다.
#ifdef	매크로가 정의된 경우에 컴파일한다.
#ifndef	매크로가 정의되지 않은 경우에 컴파일한다.
#else	#if, #ifdef, #ifndef와 결합되어 사용된다. #if, #ifdef, #ifndef는 반드시 #endif와 한 쌍을 이루어야 한다.
#elif	
#endif	
#	문자열을 만든다.
##	토큰을 결합한다.
#error	에러 메시지를 출력하고, 컴파일을 멈춘다.

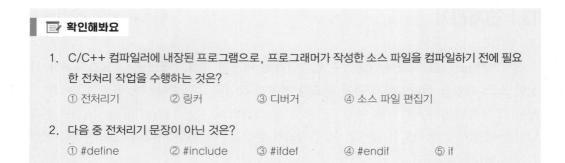

13.1.1 매크로

매크로는 #define문에 의해 정의되는 식별자로, 단순 매크로와 함수 매크로로 나눌 수 있다.

(1) 단순 매크로

단순 매크로는 매크로 상수라고도 하며, 특정 값으로 정의되는 매크로이다. 단순 매크로를 정의하는 형식은 다음과 같다.

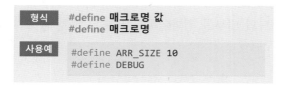

전처리기는 매크로 이름이 사용되는 모든 곳을 매크로의 값으로 대치한다. 이미 3장에서 매크로 상수를 정의하는 방법에 대하여 알아보았으므로 주의 사항만 다시 확인해보자.

정수형 상수뿐 아니라 실수형 상수나 문자열 상수를 매크로 상수로 정의할 수 있으며, 함수명이나 데이터형도 매크로 상수를 정의해서 사용할 수 있다.

```
#define PI 3.1415                  // 실수형 상수를 매크로 상수로 정의한다.
area = PI * radius * radius;       // area = 3.1415 * radius * radius; 로 처리된다.

#define OPEN_ERROR "파일 열기 실패"  // 문자열 상수를 매크로 상수로 정의한다.
if (fp == NULL)
    printf(OPEN_ERROR);            // printf("파일 열기 실패");로 처리된다.

#define PRINT puts                 // 함수 이름을 매크로 상수로 정의한다.
PRINT("test");                     // puts("test");로 처리된다.
```

```
#define DWORD unsigned long        // 데이터형을 매크로 상수로 정의한다.
DWORD dwflag;                       // unsigned long dwflag;로 처리된다.
```

매크로 상수처럼 이름을 있는 상수를 기호 상수라고 한다. 기호 상수를 사용하면 프로그램의 가독성이 향상되므로, 리터럴 상수를 직접 사용하는 것보다 매크로 상수를 정의하고 사용하는 것이 좋다.

매크로 상수를 정의하는 특별한 방법 중 하나는 값을 지정하지 않고 매크로 상수를 정의하는 것이다.

```
#define DEBUG_FUNC                  // 'DEBUG_FUNC이라는 매크로가 있다'라는 의미
```

이렇게 값을 지정하지 않고 정의된 매크로는 조건부 컴파일에서 매크로의 정의 여부를 조건으로 테스트할 때 사용된다.

(2) 함수 매크로

함수 매크로(function-like macro)는 함수처럼 매개변수가 있는 매크로이다. 함수 매크로는 함수인 것처럼 사용되지만 실제로는 함수가 아니라서 함수 매크로가 사용되는 곳에 문자열 대치를 통해 코드를 복사해서 넣어준다. 함수 매크로가 사용되는 곳에 코드를 복사해서 넣어주는 것을 '**매크로 확장**'이라고 한다.

형식	#define 함수매크로명(매개변수목록) 대치할내용
사용예	`#define ABS(x) (((x)>0)?(x):(-(x)))` `#define SQUARE(x) ((x)*(x))`

함수 매크로를 정의하려면 #define 다음에 함수 매크로명을 쓰고, ( ) 안에 매개변수 목록을 쓴다. 함수 매크로의 매개변수는 데이터형 없이 이름만 적어준다. ( ) 다음에는 함수 매크로가 처리할 내용을 써주는데, 이 부분은 전처리기 단계에서 함수 매크로가 사용되는 곳마다 문자열 대치가 될 내용이다. 함수 매크로의 이름도 매크로라는 것을 구분할 수 있게 모두 대문자로 된 이름을 사용한다.

제곱을 구하는 SQUARE를 함수 매크로로 정의하면 다음과 같다.

```
#define SQUARE(x) x * x
int main(void)
{
    printf("%d", SQUARE(10));       // printf("%d", 10 * 10);으로 처리
    printf("%f", SQUARE(1.5));      // printf("%d", 1.5 * 1.5);로 처리
}
```

전처리기는 함수 매크로가 사용된 곳을 만나면, ( ) 안에 있는 문자열을 함수 매크로의 매개변수에 매핑해서, 문자열 대치를 수행한다. 즉, SQUARE(10)을 호출하면 10이 x에 해당하므로, SQUARE의 내용인 x * x를 10 * 10으로 변환해서 SQUARE(10)이 사용된 곳에 대신 넣어준다.

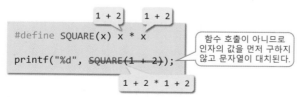

그림 13-2 함수 매크로의 확장

함수 매크로의 매개변수에는 데이터형을 지정하지 않으므로 어떤 형의 값이든지 인자로 전달할 수 있다. SQUARE("a")처럼 잘못된 인자를 전달해도 무조건 매크로를 확장해서 "a" * "a"라는 코드를 생성한다. 이 코드는 올바른 수식이 아니므로 컴파일 에러가 발생한다.

```
    printf("%d", SQUARE('a'));    // printf("%d", 'a' * 'a');로 처리
                                  // 리터럴 'a'는 int형이므로 97 * 97로 대치된다.
⊘   printf("%d", SQUARE("a"));    // "a" * "a"는 올바른 수식이 아니므로 컴파일 에러
```

함수 매크로를 함수처럼 호출하지만 사실은 함수가 아니다. 함수 매크로 호출은 일반적인 함수 호출 과정을 수행하지 않으므로 의도와는 다른 코드가 생성되기도 한다.

```
    printf("%d", SQUARE(1 + 2));   //printf("%d", 1 + 2 * 1 + 2);로 처리
```

SQUARE(1 + 2)가 일반적인 함수 호출이면, 먼저 인자로 전달된 수식의 값을 구한 후 SQUARE(3)을 호출한다. 그런데 SQUARE(1 + 2)는 함수 매크로이므로 1 + 2를 함수 매크로의 매개변수 x에 매핑하여 x * x에 해당하는 코드를 생성한다. 따라서, SQUARE(1 + 2)는 매크로 확장 후 1 + 2 * 1 + 2가 되며, 이 연산식은 연산자 우선순위에 의해서 1 + (2 * 1) + 2로 처리된다.

```
                    1 + 2        1 + 2
    #define SQUARE(x) x * x                    함수 호출이 아니므로
                                               인자의 값을 먼저 구하지
    printf("%d", SQUARE(1 + 2));               않고 문자열이 대치된다.

                    1 + 2 * 1 + 2
```

그림 13-3 매크로 확장 시 연산자 우선순위 문제

　　함수 매크로에서도 인자의 값부터 계산하게 하려면, 함수 매크로를 정의할 때 매개변수를 ( )로 감싸준다. 또한 함수 매크로가 다른 수식 안에서 사용될 때 우선순위가 바뀔 수 있으므로, 매크로 전체도 ( )로 감싸주는 것이 좋다.

```
#define SQUARE(x) ((x) * (x))                    // 함수 매크로의 매개변수는 ( )로 감싸준다.
printf("SQUARE(1 + 2) = %d\n", SQUARE(1 + 2));   // ((1 + 2) * (1 + 2))로 처리된다.
```

　　함수 매크로의 매개변수를 ( )로 묶어주어도 여전히 문제가 발생하는 경우도 있다. 예를 들어 a를 증가시킨 다음 제곱을 구하기 위해 SQUARE(++a)를 호출하면 어떻게 될까? 함수 매크로의 인자로 증감 연산식을 사용하면 생각과는 다른 결과를 얻게 된다.

```
int a = 5;
printf("SQUARE(++a) = %d\n", SQUARE(++a));       // ((++a) * (++a))로 처리된다.(7 * 7)
```

　　매크로 함수인 SQUARE(++a)을 호출하면 ((++a) * (++a))으로 매크로가 확장된다. ((++a) * (++a)) 연산은 * 연산자의 좌변과 우변에 있는 ++a를 먼저 수행한 다음에 * 연산을 수행하므로, 7 * 7로 처리된다. 반면에, 일반 함수인 square(++a)을 호출하면 ++a를 먼저 수행한 다음, square(6)을 호출하므로 원하는 결과를 얻을 수 있다.

```
int square(int x) {                    // 일반 함수인 경우
    return x * x;
}

int a = 5;
printf("square(++a) = %d\n", square(++a));       // ++a 수행 후 square(6);을 호출한다.
```

　　이런 상황 때문에, 함수 매크로의 인자로 증감식을 사용하지 않도록 주의해야 한다.

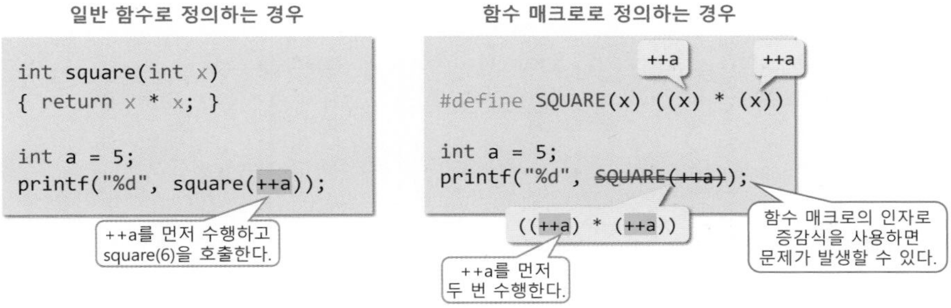

그림 13-4 함수 매크로의 문제점

함수 매크로를 호출할 때는 인자의 데이터형을 검사하지 않는다. 일반적인 함수 호출에서는 인자의 데이터형과 매개변수의 데이터형이 같지 않으면, 인자의 데이터형을 매개변수의 데이터형으로 형 변환한 다음 함수를 호출한다. 반면에 함수 매크로는 인자에 대해서 문자열 대치가 일어날 뿐, 실제로는 인자 전달이 일어나지 않기 때문에 데이터형 검사를 하지 않는다.

```
printf("square(3.1) = %d\n", square(3.1));          // 3.1을 3으로 형 변환 후 square(3) 호출
printf("SQUARE(3.1) = %f\n", SQUARE(3.1));          // ((3.1) * (3.1))로 문자열 대치
```

[예제 13-1]은 함수 매크로를 정의하고 사용하는 코드이다. 일반적인 함수 호출과 비교하기 위해서 일반 함수는 square, 함수 매크로는 SQUARE라는 이름으로 정의한다.

예제 13-1 : 함수 매크로의 정의 및 사용

```
01   #include <stdio.h>
02
03   #define SQUARE(x) ((x) * (x))                   // 함수 매크로의 정의
04
05   int square(int x)                              // 일반 함수의 정의
06   {
07       return x * x;
08   }
09
10   int main(void)
11   {
12       int a = 5;
13       printf("SQUARE(10) = %d\n", SQUARE(10));         // 10 * 10으로 대치
14       printf("SQUARE(1.5) = %f\n", SQUARE(1.5));       // 1.5 * 1.5로 대치
15       printf("SQUARE(\'a\') = %d\n", SQUARE('a'));     // 'a' * 'a'로 대치 (97 * 97로 처리)
16       //printf("SQUARE(\"a\") = %d\n", SQUARE("a"));   // "a" * "a"로 대치(컴파일 에러)
17
18       printf("square(1 + 2) = %d\n", square(1 + 2));   // square(3) 호출
19       printf("SQUARE(1 + 2) = %d\n", SQUARE(1 + 2));   // ((1 + 2) * (1 + 2))로 대치
20
21       printf("square(++a) = %d\n", square(++a));       // square(6); 호출
22       a = 5;
23       printf("SQUARE(++a) = %d\n", SQUARE(++a));       // ((++a) * (++a))로 대치
24
25       printf("square(3.1) = %d\n", square(3.1));       // square(3) 호출
26       printf("SQUARE(3.1) = %f\n", SQUARE(3.1));       // ((3.1) * (3.1))로 대치
```

```
27
28      return 0;
29  }
```

실행결과

```
SQUARE(10) = 100
SQUARE(1.5) = 2.250000
SQUARE('a') = 9409
square(1 + 2) = 9
SQUARE(1 + 2) = 9
square(++a) = 36
SQUARE(++a) = 49
square(3.1) = 9
SQUARE(3.1) = 9.610000
```

[예제 13-1]의 16번째 줄은 "a" * "a"가 올바른 C 문장이 아니므로 컴파일 에러가 발생한다. 이때 C/C++ 컴파일러는 매크로가 대치된 내용에 대한 에러 메시지를 표시한다. 참고로 함수 매크로에 대한 에러 메시지는 확인이 쉽지 않으므로, 에러가 발생한 줄에 매크로가 사용되었는지 살펴봐야 한다.

! 컴파일 에러

```
1>c:\work\chap13\ex13_01\ex13_01\macro.c(16): error C2296: ',*': 왼쪽 피연산자 형식으로 'char [2]'을(를) 사용할 수 없습니다.
1>c:\work\chap13\ex13_01\ex13_01\macro.c(16): error C2297: ',*': 오른쪽 피연산자 형식으로 'char [2]'을(를) 사용할 수 없습니다.
```

절대값을 구하는 함수 매크로를 정의할 때도 매개변수가 사용되는 모든 곳을 ( )로 묶어주어야 한다.

```
#define ABS(x) (((x)>0)? (x):(-(x)))     // 매개변수를 ( )로 묶어주어야 한다.
```

( )를 빠트리면 함수 매크로 사용 시 컴파일 에러가 발생할 수 있다.

```
#define ABS(x) ((x>0)? (x):(-x))          // 매개변수에 대한 ( )를 빠트린 경우
printf("ABS(-5) = %d\n", ABS(-5));        // (-5>0) ? (-5):(--5);로 처리되므로 컴파일 에러
```

함수 매크로를 정의할 때, 여러 줄에 걸쳐서 코드를 작성하려면 코드의 맨 끝에 \를 써준다. 전처리기는 코드의 맨 끝에 \가 있으면 다음 줄의 코드를 현재 줄의 끝에 연결해준다. 이 때, \ 바로 다음 위치에서 줄을 바꾸어야 한다. 여러 줄로 된 함수 매크로를 정의하려면, 마지막 줄을 제외한 각 라인의 맨 끝에 \를 써준다.

```
#define PRINT_POINT(pt_name, pt)          printf(pt_name " = ");  \     여러 줄 주석
                                          printf("(%d, %d)\n", pt.x, pt.y);
```

또 다른 예로 sizeof 연산자로 배열의 크기를 구하는 코드를 함수 매크로로 정의해볼 수 있다. ARR_SIZE(arr) 매크로는 arr 배열의 크기를 구하며, 배열의 이름을 인자로 전달해야 한다.

```
#define ARR_SIZE(arr) (sizeof(arr)/sizeof(arr[0]))

int data[] = { 1, 2, 3, 4, 5, 6 };
int i;
for (i = 0; i < ARR_SIZE(data); i++)                 // (sizeof(data)/sizeof(data[0]))으로 처리
    printf("%d ", data[i]);
printf("\n");
```

[예제 13-2]는 여러 가지 함수 매크로를 정의하고 사용하는 코드이다.

📖 **예제 13-2 : 여러 가지 함수 매크로의 정의**

```
01    #include <stdio.h>
02
03    #define ABS(x) (((x) > 0) ? (x) : (-(x)))        // 매개변수를 (  )로 묶어주어야 한다.
04    #define MAX(x, y) (((x) > (y)) ? (x) : (y))
05    #define MIN(x, y) (((x) < (y)) ? (x) : (y))
06    // 여러 줄로 된 매크로의 정의 문자열로 된 이름과 POINT 구조체로 점의 좌표를 출력하는
      함수 매크로
07    #define PRINT_POINT(pt_name, pt) { \
08        printf(pt_name " = "); \
09        printf("(%d, %d)\n", pt.x, pt.y); \
10    }
11    // 배열 크기를 구하는 매크로
12    #define ARR_SIZE(arr) (sizeof(arr)/sizeof(arr[0]))
13
14    typedef struct point {
```

```
15        int  x, y;
16    } POINT;
17
18    int main(void)
19    {
20        POINT pt1 = { 100, 200 };
21        POINT pt2 = { 5, 3 };
22        int data[] = { 1, 2, 3, 4, 5, 6 };
23        int i;
24
25        printf("ABS(-5) = %d\n", ABS(-5));
26        printf("MAX(10, 20) = %d\n", MAX(10, 20));
27        printf("MIN(10, 20) = %d\n", MIN(10, 20));
28        PRINT_POINT("pt1", pt1);              // 문자열로 된 이름과 POINT 구조체 전달
29        PRINT_POINT("pt2", pt2);
30
31        for (i = 0; i < ARR_SIZE(data); i++)  // 배열 크기 구하는 매크로 이용
32            printf("%d ", data[i]);
33        printf("\n");
34
35        return 0;
36    }
```

실행결과

```
ABS(-5) = 5
MAX(10, 20) = 20
MIN(10, 20) = 10
pt1 = (100, 200)
pt2 = (5, 3)
1 2 3 4 5 6
```

함수 매크로를 사용하면 함수 호출의 오버헤드를 줄일 수 있으므로 프로그램의 실행 속도가 빨라진다. 초기 버전의 C에서는 프로그램 성능을 개선하기 위한 목적으로 코드의 길이가 짧고 간단한 함수를 함수 매크로로 정의하였다. 그런데, 함수 매크로를 사용하면 전처리기가 매크로가 사용되는 부분을 다른 코드로 바꿔서 컴파일하기 때문에 코드를 알아보기 힘들고, 디버깅도 어렵다.

따라서, 일반 함수로 정의할 수 있을 때는 **함수 매크로로 정의하는 것보다 일반 함수로 정의하는 것이 좋다.** C++언어나 C99이상에서는 함수 호출의 오버헤드를 줄일 수 있는 인라인 함수라는 기능이 제공되므로 성능상의 이유 때문에 함수 매크로를 사용할 필요는 없다.

하지만, 함수 매크로는 매크로 확장을 이용해서 일반 함수로는 구현할 수 없는 기능도 처리할 수 있다. 그런 이유로 라이브러리나 복잡한 프로그램에서는 함수 매크로가 자주 사용된다.

 질문 있어요

인라인 함수는 어떤 기능인가요?
C/C++ 컴파일러는 인라인 함수가 호출되는 곳마다 함수 코드를 복사해서 처리한다. 일반적인 함수 호출에서는 함수 코드는 한번만 생성하고, 함수 호출이 일어나면 함수가 정의된 곳으로 이동해서 함수 코드를 수행하고 돌아온다. 그런데 인라인 함수로 정의하면 C/C++ 컴파일러가 함수가 호출되는 곳마다 함수 코드를 복사하므로 함수 호출의 오버헤드 없이 함수 코드를 수행할 수 있다.

```
inline int square(int x)
{
    return x * x;
}
```

함수 매크로와는 다르게 인라인 함수는 인자의 데이터형 검사를 수행하며, 먼저 인자의 값을 계산한 다음 인라인 함수의 코드를 수행한다. 또한 디버깅 정보도 제공되므로, 함수 매크로보다는 인라인 함수를 사용하는 것이 더 좋다. 더 나아가서 C/C++ 컴파일러는 프로그램 최적화 단계에서 작고 간단한 함수를 자동으로 인라인 함수로 만드는 기능을 제공하므로 직접 인라인 함수로 정의하지 않아도 된다. 따라서 프로그래머는 함수 호출의 오버헤드에 대해서 신경쓰지 않아도 된다.

참고로 Visual Studio는 C 소스 파일에 대해 inline 키워드를 지원하지 않는다. 대신 마이크로소프트 전용 키워드인 __inline을 대신 사용해야 한다.

```
__inline int square(int x)    // Visual Studio에서는 __inline 키워드를 사용해야 한다.
{
    return x * x;
}
```

📝 **확인해봐요**

1. 이름이 있는 상수를 정의하는 전처리기 문장은?

   ① #define   ② #include   ③ #ifdef   ④ #else

2. 함수처럼 매개변수가 있는 매크로를 무엇이라고 하는가?

   ① 단순 매크로   ② 매크로 상수   ③ 함수 매크로   ④ 함수 포인터

3. 함수 매크로의 매개변수에 대한 설명 중 틀린 것은?

   ① 함수 매크로의 매개변수에는 데이터형을 지정하지 않는다.

   ② 연산자 우선순위 문제가 생길 수 있으므로 ( )로 감싸서 사용해야 한다.

   ③ 함수 매크로의 인자로 증감식을 전달하면 문제가 생길 수 있다.

   ④ 함수 매크로의 인자는 매개변수로 전달될 때 형 변환된다.

(3) # 연산자와 ## 연산자

함수 매크로를 정의할 때 종종 사용되는 기능 중 하나가 바로 전처리기 연산자인 #과 ##이다.

#은 **문자열 만들기 연산자(stringizing operator)**라고 하는데, # 다음에 오는 이름을 " " 기호로 감싸서 문자열 리터럴로 만들어 준다. 반드시 # 다음에는 함수 매크로의 매개변수만 올 수 있다.

점의 좌표를 출력할 때 "(100, 200)"처럼 출력하면 알아보기 힘들기 때문에 "pt1 = (100, 200)"처럼 점의 이름을 문자열로 함께 출력하려고 한다. [예제 13-2]에서 정의한 PRINT_POINT 매크로는 매크로의 매개변수로 문자열로 된 이름과 POINT 변수명을 받아온다.

```
#define PRINT_POINT(pt_name, pt) { \
    printf(pt_name " = "); \
    printf("(%d, %d)\n", pt.x, pt.y); \
}
POINT pt1 = { 100, 200 };
PRINT_POINT("pt1", pt1);        // 문자열로 된 이름과 POINT 변수를 인자로 지정한다.
```

그런데 PRINT_POINT 매크로를 사용하려면 문자열로 된 이름을 함께 지정해야 하는 것이 불편하다. 이럴 때, # 연산자를 이용하면 간단하게 처리할 수 있다.

```
#define PRINT_POINT(pt) { \
    printf(#pt " = "); \
    printf("(%d, %d)\n", pt.x, pt.y); \
}
```

```
POINT pt1 = { 100, 200 };
PRINT_POINT(pt1);    // POINT 변수만 인자로 지정한다.
```

전처리기는 PRINT_POINT(pt1)를 만나면, 함수 매크로의 인자인 pt1을 함수 매크로의 매개변수인 pt에 매핑한 다음, 문자열을 대치한다. 매크로 정의에서 pt를 모두 pt1으로 대치하면서 #pt는 "pt1"으로 매크로 확장된다.

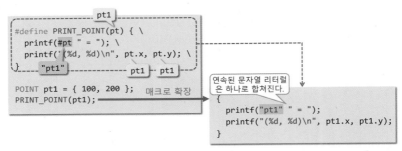

그림 13-5 전처리기의 # 연산자

[예제 13-3]은 # 연산자를 이용해서 점의 이름과 좌표를 함께 출력하는 PRINT_POINT 매크로를 정의하고 사용하는 코드이다.

예제 13-3 : PRINT_POINT 함수 매크로의 정의

```
01    #include <stdio.h>
02
03    typedef struct point {
04        int x, y;
05    } POINT;
06
07    #define PRINT_POINT(pt) { \
08        printf(#pt " = "); \
09        printf("(%d, %d)\n", pt.x, pt.y); \
10    }
11
12    int main(void)
13    {
14        int a = 123;
15        POINT pt1 = { 10, 20 };
16        POINT pt2 = { 5, 10 };
17        POINT arr[] = { {1, 1}, {2, 2}, {3, 3} };
18        int i;
19
```

```
20       PRINT_POINT(pt1);
21       PRINT_POINT(pt2);
22
23       for (i = 0; i < 3; i++)
24           PRINT_POINT(arr[i]);
25
26       return 0;
27   }
```

실행결과

```
pt1 = (10, 20)
pt2 = (5, 10)
arr[i] = (1, 1)
arr[i] = (2, 2)       arr[i]를 문자열로 만들기 때문에
arr[i] = (3, 3)            i가 바뀌지 않는다.
```

[예제 13-3]의 실행 결과를 보면 PRINT_POINT(arr[i])는 arr[i]를 " "로 감싸 문자열로 만들기 때문에 i의 값이 출력되지는 않는다.

함수 매크로를 정의할 때도 코드를 { }로 감싸주는 것이 좋다. 만일 PRINT_POINT를 다음처럼 정의하면 문제가 된다. 다음 코드의 주석 부분이 매크로가 확장된 결과이다.

```
#define PRINT_POINT(pt) \        // { }로 코드를 감싸지 않은 경우
    printf(#pt " = "); \
    printf("(%d, %d)\n", pt.x, pt.y);


for (i = 0; i < 3; i++)          // for (i = 0; i < 3; i++)
    PRINT_POINT(arr[i]);         //     printf("arr[i] = ");  // 이문장만 for가 반복한다.
                                 // printf("(%d, %d)\n", arr[i].x, arr[i].y);
```

연산자는 **토큰 결합 연산자(token-pasting operator)**라고 하는데, 함수 매크로 안에서 토큰에 다른 토큰을 결합해서 새로운 토큰을 생성하는 역할을 한다. 토큰이란 C 프로그램의 최소 단위가 되는 식별자나 키워드 등을 말한다. ## 연산자의 좌변이나 우변에는 함수 매크로의 매개변수가 올 수 있는데, 먼저 매크로의 매개변수를 문자열 대치한 다음에 토큰을 결합한다.

다음의 DEF_RANGE_OF 매크로는 특정 데이터형으로 범위를 나타내는 구조체 RANGE_OF_*rtype*을 정의한다.

```
#define DEF_RANGE_OF(rtype) \
    typedef struct range_of_##rtype { \
        rtype start; \
        rtype end; \
    } RANGE_OF_##rtype;
```

연산자는 DEF_RANGE_OF 매크로의 매개변수로 주어진 rtype을 RANGE_OF_ 다음에 연결해서 새로운 토큰을 만들어준다. 즉, DEF_RANGE_OF 매크로는 RANGE_OF_*rtype*이라는 이름의 구조체형을 정의한다. 예를 들어 DEF_RANGE_OF(int)는 RANGE_OF_int라는 구조체형을 정의한다. RANGE_OF_int형은 정수 범위를 나타내는 데이터형으로 int형의 start 멤버와 end 멤버로 구성된다.

```
DEF_RANGE_OF(int)           // RANGE_OF_int 형을 정의한다.
DEF_RANGE_OF(double)        // RANGE_OF_double 형을 정의한다.
DEF_RANGE_OF(POINT)         // RANGE_OF_POINT 형을 정의한다.
```

DEF_RANGE_OF(double)은 RANGE_OF_double형을 정의하며, RANGE_OF_double형은 실수 범위를 나타내는 데이터형이 된다. 사용자 정의형인 POINT 구조체에 대해서도 DEF_RANGE_OF(POINT)로 RANGE_OF_POINT형을 정의할 수 있다. RANGE_OF_POINT형은 점의 좌표 범위를 나타내는 데이터형이다.

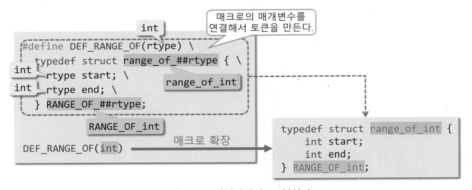

그림 13-6 전처리기의 ## 연산자

DEF_RANGE_OF 매크로는 함수처럼 보이지만, 실제로는 함수가 아니라 구조체형을 정의한다. 매크로의 매개변수로 지정한 데이터형을 RANGE_OF_*rtype* 구조체형를 정의하는 데 사용한다.

RANGE_OF_*rtype*형의 변수를 이용해서 특정 값이 범위 내의 값인지 검사하는 함수 매크로를 다시 정의해볼 수 있다. 다음의 IN_RANGE 매크로는 첫 번째 매개변수인 val이 두

번째 매개변수인 range가 지정하는 범위 내의 값인지 검사한다. 두 번째 매개변수인 range
는 RANGE_OF_*rtype*형의 변수이다.

```
#define IN_RANGE(val, range) \
    (((val) >= (range.start)) && ((val) <= (range.end)))
```

IN_RANGE 매크로를 이용하면 정해진 범위가 있는 값에 대하여 범위 내의 값인지 검사
하는 기능을 쉽게 처리할 수 있다. 예를 들어 시간 중에서 시는 0~23사이의 값을 가져야
하고, 분은 0~59사이의 값을 가져야 한다. 시와 분은 정수형이므로 RANGE_OF_int 변수
를 이용할 수 있다.

```
RANGE_OF_int hour_range = { 0, 23 };     // 시의 범위를 나타내는 변수
RANGE_OF_int minute_range = { 0, 59 };   // 분의 범위를 나타내는 변수
int hour, minute;

while (1)                                // hour에 대하여 0~23사이의 값만 입력받도록 처리한다.
{
    printf("몇 시? ");
    scanf("%d", &hour);
    if (IN_RANGE(hour, hour_range))      // hour가 시의 유효 범위 내에 있는지 검사한다.
        break;
    printf("잘못 입력하셨습니다.\n");
}
```

[예제 13-4]는 ## 연산자를 이용해서 RANGE_OF_*rtype*형을 정의하는 DEF_RANGE_
OF 매크로를 정의하고 사용하는 코드이다.

예제 13-4 : DEF_RANGE_OF 매크로의 정의

```
01   #include <stdio.h>
02
03   typedef struct point {
04       int  x, y;
05   } POINT;
06
07   #define DEF_RANGE_OF(rtype) \
08     typedef struct range_of_##rtype { \
09         rtype start; \
10         rtype end; \
11     } RANGE_OF_##rtype;
12
```

```
13    DEF_RANGE_OF(int)            // RANGE_OF_int 형을 정의한다.
14    DEF_RANGE_OF(double)         // RANGE_OF_double 형을 정의한다.
15    DEF_RANGE_OF(POINT)          // RANGE_OF_POINT 형을 정의한다.
16
17    #define IN_RANGE(val, range) \
18        (((val) >= (range.start)) && ((val) <= (range.end)))
19
20    int main(void)
21    {
22        RANGE_OF_int hour_range = { 0, 23 };      // 시의 유효 범위를 나타내는 변수
23        RANGE_OF_int minute_range = { 0, 59 };    // 분의 유효 범위를 나타내는 변수
24        int hour, minute;
25
26        while (1)                  // hour에 대하여 0~23사이의 값만 입력받도록 처리한다.
27        {
28            printf("몇 시? ");
29            scanf("%d", &hour);
30            if (IN_RANGE(hour, hour_range))        // hour가 유효 범위 내에 있는지 검사
31                break;
32            printf("잘못 입력하셨습니다.\n");
33        }
34        while (1)                  // minute에 대하여 0~59사이의 값만 입력받도록 처리한다.
35        {
36            printf("분? ");
37            scanf("%d", &minute);
38            if (IN_RANGE(minute, minute_range))    // minute가 유효 범위 내에 있는지 검사
39                break;
40            printf("잘못 입력하셨습니다.\n");
41        }
42        printf("입력된 시간은 %d시 %d분입니다.\n", hour, minute);
43
44        return 0;
45    }
```

실행결과

```
몇 시? 26
잘못 입력하셨습니다.
몇 시? 23                    유효 범위 내의 값이 입력될 때까지
분? 99                       계속 다시 입력받는다.
잘못 입력하셨습니다.
분? 28
입력된 시간은 23시 28분입니다.
```

이처럼 전처리기의 # 연산자나 ## 연산자를 이용하면, 일반 함수를 정의할 때는 만들 수 없는 코드를 함수 매크로를 확장해서 생성할 수 있다.

질문 있어요

전처리기가 생성하는 코드를 확인할 수는 없나요?

전처리기는 #define, #include, #if 등의 전처리기 문장을 처리해서 프로그래머가 작성한 소스 파일을 컴파일되기 위한 소스 파일로 변환한다. 이 파일은 컴파일러 내부적으로만 사용되므로, 변환된 소스 파일에서 컴파일 에러가 발생하면 컴파일 에러를 찾기가 쉽지 않다.

C/C++ 컴파일러는 전처리기 수행 결과를 파일로 생성하는 컴파일러 스위치를 제공한다. 이 경우에는 전처리기 결과 파일만 생성하고 컴파일을 끝까지 수행하지 않으므로 오브젝트 파일이 생성되지 않는다. 전처리기 결과 파일을 확인한 다음에는, 컴파일러 스위치를 원래대로 변경해야 컴파일을 계속 할 수 있다.

Visual Studio에서 전처리기 결과를 생성하려면 [프로젝트]-[속성] 메뉴를 선택해서 표시되는 속성 페이지를 이용한다. 속성 페이지의 왼쪽에서 [C/C++]-[전처리기]를 선택한 다음, 오른쪽에서 '파일로 전처리'를 '예'로 변경한다. 이 옵션을 선택하면 전처리기까지만 수행되고 컴파일을 멈춘다. 전처리기 결과는 프로젝트 폴더의 Debug 폴더에 '소스파일명.i' 파일로 생성된다.

다음은 [예제 13-4]의 DEF_RANGE_OF(int);에 의해서 생성된 전처리기 결과 코드이다.

```
typedef struct range_of_int { int start; int end; } RANGE_OF_int;
```

📋 확인해봐요

1. 전처리기 연산자 중에 다음에 나오는 함수 매크로의 매개변수를 문자열로 만드는 연산자는?

   ① #   ② ##   ③ "   ④ @

2. 함수 매크로 안에서 토큰에 다른 토큰을 결합해서 새로운 토큰을 생성하는 연산자는?

   ① #   ② ##   ③ &   ④ ->

(4) #undef

#undef문은 이미 정의된 매크로를 정의되지 않은 것으로 만든다. 매크로가 정의되지 않았으면 #undef는 무시된다.

```
#define MAX 10
#undef MAX          // MAX 정의를 해제한다.

int arr[MAX];        // MAX가 정의되지 않았으므로 컴파일 에러
```

C의 #define문은 소스 파일 전체에 영향을 준다. 예를 들어 〈stdio.h〉에는 BUFSIZ 매크로가 512로 정의되어 있다. 따라서 〈stdio.h〉를 포함하는 소스 파일에서, BUFSIZ 매크로를 정의하면 매크로 재정의 에러가 발생한다.

```
#include <stdio.h>
#define BUFSIZ 128                 // BUFSIZ는 <stdio.h>에 512로 정의되어 있으므로 컴파일 에러

int main(void)
{
    char arr[BUFSIZ];              // BUFSIZ는 512
    printf("%d\n", sizeof(arr));
}
```

〈stdio.h〉에 정의된 BUFSIZ 매크로를 현재의 소스 파일에서만 다르게 정의해서 사용하고 싶을 때 #undef를 유용하게 사용할 수 있다.

```
#include <stdio.h>
#undef BUFSIZ                      // <stdio.h>에 정의된 BUFSIZ 매크로를 해제시킨다.
#define BUFSIZ 128                 // 현재의 소스 파일에서 BUFSIZ를 128로 정의해서 사용한다.

int main(void)
{
    char arr[BUFSIZ];              // BUFSIZ는 128
    printf("%d\n", sizeof(arr));
}
```

(5) 내장 매크로

내장 매크로는 컴파일러에 의해서 소스 파일마다 미리 정의되어 있는 매크로이다. 자주 사용되는 내장 매크로는 다음과 같다.

표 13-2 내장 매크로

매크로명	설명
__FILE__	현재의 소스 파일명 문자열
__LINE__	소스 파일의 줄 번호
__DATE__	소스 파일의 날짜 문자열("mmm dd yyyy")
__TIME__	소스 파일의 시간 문자열("hh:mm:ss")

프로그램에서 실행 에러가 발생하는 경우에 내장 매크로를 이용해서 현재의 소스 파일 명이나 줄 번호를 출력하면, 이런 정보를 바탕으로 디버깅을 할 수 있다.

[예제 13-5]는 내장 매크로를 이용해서 에러 메시지를 출력하는 코드이다.

예제 13-5 : 내장 매크로의 이용

```
01   #include <stdio.h>
02   #include <string.h>
03
04   int main(void)
05   {
06       char buff[BUFSIZ];
07       char filename[128] = "";
08       FILE *fp = NULL;
09
10       printf("파일 이름? ");
11       gets_s(filename, sizeof(filename));
12       fp = fopen(filename, "r");
13       if (fp == NULL)        // 입력용 파일이 없으므로 파일 열기 실패
14       {                      // __FILE__, __LINE__ 매크로로 에러 정보를 출력한다.
15           printf("에러 발생 : %s 파일 %d번째 줄\n", __FILE__, __LINE__);
16           return 1;
17       }
18       while (fgets(buff, sizeof(buff), fp) != 0)
19       {
20           fputs(buff, stdout);
21       }
22       fclose(fp);
23
24       return 0;
25   }
```

실행결과

파일 이름? a.txt ── a.txt가 없으므로 에러 메시지 출력
에러 발생 : c:\work\chap13\ex13_05\ex13_05\predefined.c 파일 15번째 줄

📝 확인해봐요

1. 기존에 정의되어 있는 매크로를 특정 소스 파일에서만 정의되지 않은 것으로 만드는 전처리기 문장은?

    ① #define   ② #undef   ③ #undefine   ④ #notdef

2. 다음 중 C 컴파일러가 제공하는 내장 매크로와 의미가 잘못 연결된 것은?

    ① __FILE__ : 현재의 파일에 대한 파일 포인터

    ② __LINE__ : 소스 파일의 줄 번호

    ③ __DATE__ : 소스 파일의 날짜 문자열

    ④ __TIME__ : 소스 파일의 시간 문자열

13.1.2 조건부 컴파일

조건부 컴파일 기능은 전처리기가 제공하는 유용한 기능 중 하나이다. 조건부 컴파일 기능은 특정 조건이 만족할 때만 코드를 컴파일하게 만든다. 즉, 상황에 따라서 특정 코드를 컴파일하게 또는 컴파일하지 않게 만들 수 있으므로, 이식성 있는 코드를 개발하는 데 도움이 된다.

조건부 컴파일 기능을 제공하는 전처리기 문장으로는 #if, #endif, #else, #elif, #ifdef, #ifndef 등이 있다.

(1) #if, #else, #elif, #endif

#if와 #endif는 기본적인 조건부 컴파일 기능을 제공한다. #if ~ #endif의 기본적인 형식은 다음과 같다.

```
형식    #if 조건식
           문장
        #endif

사용예   #if 0
            print_array(arr, 10);
         #endif
```

#if 다음에는 조건식을 쓰고, #if와 #endif 사이에 조건이 만족할 때 컴파일할 문장들을 써준다. #if의 조건식에서는 매크로를 정수와 비교하는 관계 연산자를 주로 사용하고, 그 밖에도 사칙 연산자, 논리 연산자 등을 사용할 수 있다. #if의 조건식에서는 매크로만 사용할 수 있으며 변수는 사용할 수 없다.

```
#define WINVER 0xA00          // Windows 10인 경우 WINVER는 0xA00으로 정의된다.

#if WINVER >= 0x600           // #if의 조건식에는 매크로만 사용할 수 있다.
    printf("Above windows Vista\n");
    // Windows Vista 이상에서만 사용할 수 있는 함수 사용
#endif
```

#if의 조건식에서 매크로를 관계 연산자로 비교하는 수식을 작성할 때는 정수식과 비교하는 수식만 사용할 수 있다. 매크로를 실수나 문자열과 비교하면 컴파일 에러가 발생한다.

```
#define RATE 0.5
#if RATE >= 0.1                      // 정수만 사용할 수 있으므로 컴파일 에러
    printf("RATE가 0.1이상인 경우\n");
#endif
```

#if에는 반드시 짝이 되는 #endif가 필요하며, #else를 함께 사용할 수도 있다. #if ~ #endif에서 조건식이 참일 때 컴파일할 문장이 하나 이상이더라도 { }로 묶어줄 필요가 없다. #if은 C의 if문이 아니기 때문이다.

```
#if TEST > 2
    printf("this is printed when TEST is greater than 2");
#else
    printf("this is printed when TEST is less equal than 2");
#endif
```

위의 코드는 TEST가 2보다 큰 값으로 정의되면 #if와 #else 사이의 문장을 컴파일하고, 그렇지 않으면 #else와 #endif 사이의 문장을 컴파일한다. #if, #else, #endif에서는 #if 다음의 문장과 #else 다음의 문장 중 반드시 하나만 컴파일될 수 있다. #else문에서 다른 조건을 다시 검사하려면 #elif를 사용한다.

```
void sort(int arr[], int size)
{
#if SORT_METHOD == 1
    selection_sort(arr, size);
#elif SORT_METHOD == 2
    qsort(arr, ARR_SIZE, sizeof(arr[0]), compare_int);
#else
    // don't sort
#endif
}
```

위의 코드에서 sort 함수는 SORT_METHOD 매크로가 1로 정의되면 selection_sort 함수를 호출하고, SORT_METHOD 매크로가 2로 정의되면 qsort 함수를 호출하고, 그 나머지 경우에는 정렬을 수행하지 않는다.

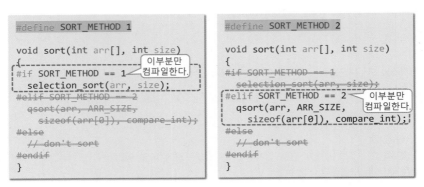

#if, #elif, #else 다음의 코드 중 하나만 컴파일된다.
그림 13-7 조건부 컴파일

[예제 13-6]은 #if, #elif, #else, #endif문을 이용해서 선택 정렬과 퀵 정렬 중 한가지 방법으로 배열을 정렬하도록 선택해서 컴파일하는 코드이다.

📄 **예제 13-6 : #if를 이용한 정렬 방법 선택**

```
01    #include <stdio.h>
02    #include <stdlib.h>
03
04    #define SORT_METHOD 1        // 정렬 방법을 결정하는 매크로의 정의
05
06    int compare_int(const void *e1, const void *e2);
07    void selection_sort(int arr[], int size);
08    void sort(int arr[], int size);
09    void print_array(const int arr[], int size);
10
11    int main(void)
12    {
13        int arr[10] = { 12, 34, 52, 5, 66, 73, 49, 86, 99, 27 };
14
15    #if 0                        // 다음 두 문장을 컴파일하지 않게 만든다.
16        puts("<<정렬전>>");
17        print_array(arr, 10);
18    #endif
19        sort(arr, 10);
20        puts("<<정렬후>>");
```

```
21          print_array(arr, 10);
22
23          return 0;
24    }
25
26    void sort(int arr[], int size)
27    {
28    #if SORT_METHOD == 1
29          selection_sort(arr, size);
30    #elif SORT_METHOD == 2
31          qsort(arr, ARR_SIZE, sizeof(arr[0]), compare_int);
32    #else
33          // don't sort
34    #endif
35    }
36
37    int compare_int(const void *e1, const void *e2)
38    {
39          const int *p1 = (const int*)e1;
40          const int *p2 = (const int*)e2;
41          return (*p1 - *p2);
42    }
43
44    void selection_sort(int arr[], int size)
45    {
46          int i, j;
47          int index;
48          int temp;
49
50          for (i = 0; i < size - 1; i++)
51          {
52              index = i;
53              for (j = i + 1; j < size; j++)
54              {
55                  if (arr[index] > arr[j])
56                      index = j;
57              }
58              if (i != index)
59              {
60                  temp = arr[i];
61                  arr[i] = arr[index];
62                  arr[index] = temp;
63              }
```

```
64        }
65    }
66
67    void print_array(const int arr[], int size)
68    {
69        int  i;
70        for (i = 0; i < size; i++)
71            printf("%2d ", arr[i]);
72        printf("\n");
73    }
```

실행결과

```
<<정렬후>>
5 12 27 34 49 52 66 73 86 99
```

[예제 13-6]은 SORT_METHOD가 1로 정의되어 있으므로 selection_sort 함수를 호출해서 정렬을 처리한다. SORT_METHOD를 2로 정의하면 qsort를 호출해서 정렬을 처리한다.

```
#define SORT_METHOD 2        // qsort 함수를 호출하는 코드를 컴파일하게 만든다.
```

#if ~ #endif는 #if 0과 #endif로 코드를 감싸는 용도로 자주 사용된다. 이 경우에 **#if 0은 항상 거짓이므로 #if 0부터 #endif 사이의 코드를 컴파일하지 않게 만든다.** 즉, 코드를 주석 처리하는 것과 동일한 효과를 줄 수 있다. #if 0 ~ #endif는 /* */로 된 주석을 포함하고 있는 문장도 컴파일하지 않게 만들 수 있다. 주석을 제거할 때는 #if 0에서 #if 1로 변경하면 된다.

```
#if 0
    puts("<<정렬전>>");    /* 주석 */
    print_array(arr, 10);
#endif
    sort(arr, 10);
    puts("<<정렬후>>");
    print_array(arr, 10);
```
컴파일하지 않는다.

```
#if 1
    puts("<<정렬전>>");    /* 주석 */
    print_array(arr, 10);
#endif
    sort(arr, 10);
    puts("<<정렬후>>");
    print_array(arr, 10);
```
컴파일한다.

그림 13-8 #if 0을 이용한 주석 처리

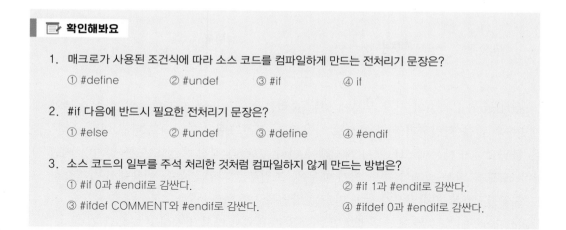

(2) #ifdef, #ifndef

#ifdef는 특정 매크로가 정의되어 있으면 #ifdef와 #endif 사이의 문장을 컴파일한다. #ifndef는 매크로가 정의되지 않은 경우에 #ifndef와 #endif 사이의 문장을 컴파일한다. 즉, #ifdef는 'if defined'라는 의미이고, #ifndef는 'if not defined'라는 의미이다.

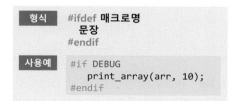

#ifdef 다음에 나오는 매크로는 특정 조건의 만족 여부를 알려주기 위한 매크로로, #define으로 정의되거나 컴파일 옵션에 의해 정의된다. #ifdef 다음의 매크로가 정의된 경우에는 #ifdef와 #endif 사이의 문장이 컴파일되고, 매크로가 정의되지 않은 경우에는 #ifdef와 #endif 사이의 문장이 컴파일되지 않는다.

예를 들어 프로그램 개발 과정 중에 프로그램이 수행되는 순서나 변수나 수식의 값을 확인하고 싶다고 해보자. 간단하게 이런 정보를 확인하려면 프로그램 코드에 출력문을 넣어주면 된다.

```
int get_factorial(int num)
{
    printf("get_factorial(%d) is called...\n", num);      // 디버깅 목적의 출력문
    if (num <= 1)
```

```
        return 1;
    return num * get_factorial(num - 1);
}
```

get_factorial 함수의 시작 부분에 있는 출력문은, get_factorial 함수의 호출 여부와 매개변수의 값을 확인하기 위한 용도로 사용된다. 프로그램이 완성되고 나면 이런 출력문들은 불필요하기 때문에 코드에서 삭제해야 한다. 그런데 직접 특정 코드를 넣거나 빼면 실수로 코드를 잘못 삭제할 수도 있기 때문에, 조건부 컴파일 기능을 이용해서 불필요한 코드를 일괄적으로 컴파일하지 않게 만드는 방법을 사용한다.

get_factorial 함수를 조건부 컴파일 기능을 사용해서 다시 작성하면 다음과 같다.

```
int get_factorial(int num)
{
#ifdef DEBUG        // DEBUG 매크로가 정의된 경우에만 다음 문장을 컴파일한다.
    printf("get_factorial(%d) is called...\n", num);
#endif
    if (num <= 1)
        return 1;
    return num * get_factorial(num - 1);
}
```

get_factorial 함수 안의 출력문을 컴파일하려면 get_factorial 함수의 정의 앞에 DEBUG 매크로를 정의한다.

```
#define DEBUG
int get_factorial(int num)
{
    :
}
```

#ifdef에서 사용되는 매크로를 정의할 때는 #define문에서 매크로명 다음에 값을 지정하지 않는다. 전처리기는 DEBUG를 다른 문자열로 대치하는 대신, "DEBUG라는 이름의 매크로가 정의되어 있다"고 알려준다. 이 매크로는 #ifdef나 #ifndef에서 특정 조건의 만족 여부를 알려주는 용도로 사용된다.

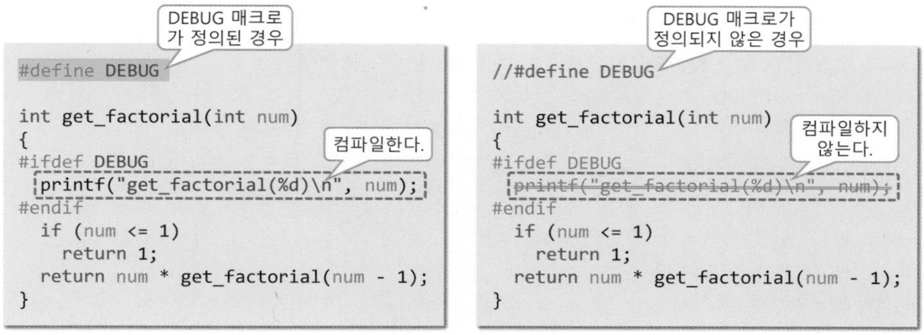

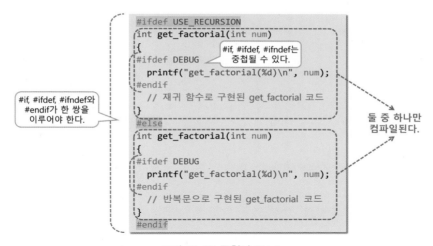

그림 13-9 #ifdef를 이용한 조건부 컴파일

#ifdef 안에 다른 #ifdef를 중첩해서 사용할 수 있는데, 이때는 각각의 #ifdef마다 #endif 가 하나씩 짝을 이루어야 한다. 다음 코드는 USE_RECURSION 매크로가 정의된 경우와 그렇지 않은 경우에 get_factorial 함수를 다르게 정의한다.

그림 13-10 중첩된 #ifdef

[예제 13-7]은 중첩된 #ifdef를 사용하는 코드이다. 전처리기는 DEBUG 매크로가 정의된 경우에만 get_factorial 함수 안에 있는 출력문을 컴파일한다. 또한 USE_RECURSION 매크로가 정의된 경우에는 get_factorial 함수를 재귀 함수로 정의하고, 그렇지 않으면 반복문을 이용해서 get_factorial 함수를 정의한다.

예제 13-7 : 중첩된 #ifdef의 사용

```
01   #include <stdio.h>
02   #define DEBUG              // #ifdef의 조건으로 사용되는 매크로 정의
03   #define USE_RECURSION      // #ifdef의 조건으로 사용되는 매크로 정의
04
05   int get_factorial(int num);
06
07   int main(void)
08   {
09       int i;
10
11       for (i = 0; i <= 5; i++)
12           printf("%2d! = %7d\n", i, get_factorial(i));
13
14       return 0;
15   }
16
17   #ifdef USE_RECURSION
18   int get_factorial(int num)
19   {
20   #ifdef DEBUG
21       printf("get_factorial(%d) is called...\n", num);
22   #endif
23       if (num <= 1)
24           return 1;
25       return num * get_factorial(num - 1);
26   }
27   #else
28   int get_factorial(int num)
29   {
30       int i;
31       int result = 1;
32
33   #ifdef DEBUG
34       printf("get_factorial(%d) is called...\n", num);
35   #endif
36       for (i = 1; i <= num; i++)
37           result *= i;
38       return result;
39   }
40   #endif
```

실행결과

```
get_factorial(0) is called...
 0! =        1
get_factorial(1) is called...
 1! =        1
get_factorial(2) is called...
get_factorial(1) is called...
 2! =        2
get_factorial(3) is called...
get_factorial(2) is called...
get_factorial(1) is called...
 3! =        6
get_factorial(4) is called...
get_factorial(3) is called...
get_factorial(2) is called...
get_factorial(1) is called...
 4! =       24
get_factorial(5) is called...
get_factorial(4) is called...        ┐
get_factorial(3) is called...        │ DEBUG 매크로가 정의되었으므로
get_factorial(2) is called...        │ 함수 호출을 확인할 수 있다.
get_factorial(1) is called...        ┘
 5! =      120
```

#ifdef나 #ifdef에서 사용되는 매크로는 #define을 이용해서 소스 코드에서 직접 정의할 수도 있고, C 컴파일러의 컴파일러 스위치를 이용해서 정의할 수도 있다. 컴파일러 스위치는 컴파일할 때 사용되는 옵션으로, 컴파일러마다 지정하는 방법이 다르다.

질문 있어요

Visual Studio에서 매크로를 정의하는 컴파일러 스위치는 어떻게 지정하나요?

Visual Studio에서 특정 매크로가 정의된 것으로 컴파일러 스위치를 설정하려면, [프로젝트]-[속성] 메뉴를 선택해서 표시되는 프로젝트 속성 페이지를 이용한다. 프로젝트 속성 페이지의 왼쪽에서 [C/C++]-[전처리기]를 선택하고, 오른쪽에서 '전처리기 정의'에 매크로를 적어주면 프로젝트 전체의 모든 소스 파일에서 해당 매크로가 정의된 상태로 컴파일을 수행한다. '전처리기 정의'에 여러 개의 매크로를 지정할 때는 세미콜론(;)으로 구분한다.

continued

프로젝트 속성에서 매크로를 정의할 때는 소스 파일을 수정하지 않고 컴파일만 다시 해서 다른 코드를 생성할 수 있다.

📋 확인해봐요

1. 매크로가 정의된 경우에만 소스 코드를 컴파일하게 만드는 전처리기 문장은?

　① #define　　　② #undef　　　③ #if　　　④ #ifdef　　　⑤ #ifndef

2. 매크로가 정의되지 않은 경우에만 소스 코드를 컴파일하게 만드는 전처리기 문장은?

　① #define　　　② #undef　　　③ #if　　　④ #ifdef　　　⑤ #ifndef

13.2 분할 컴파일

　C 프로그램은 여러 개의 소스 파일로 나누어 작성할 수 있다. 지금까지 작성한 코드는 비교적 간단했기 때문에 하나의 소스 파일에 모든 코드를 작성하였다. 작성할 코드의 양이 많거나 여러 사람이 공동으로 개발하는 경우에는 소스 파일을 여러 개로 나누어서 프로그램을 작성해야 한다.

　소스 파일을 나누어 작성할 때는 관련된 함수나 변수를 하나의 파일로 모아서 작성하는 것이 좋다. 관련된 코드를 한 곳에 모아두면 유지 보수하기가 쉽기 때문이다. 이렇게 관련된 내용을 모아서 소스 파일을 작성하면, 한 소스 파일에서 다른 소스 파일에 있는 코드를 참조해야 하는 경우가 생긴다. 이때 헤더 파일을 사용한다.

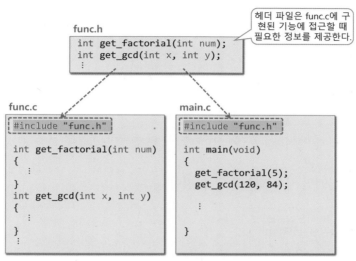

그림 13-11 헤더 파일과 소스 파일

헤더 파일은 서로 다른 소스 파일 사이에서 필요한 정보를 공유할 수 있게 만들어 준다.
헤더 파일은 확장자 .h를 사용하는 파일로, 소스 파일에 정의된 함수나 전역 변수를 사용
하는 데 필요한 정보를 헤더 파일에 넣어 준다.

헤더 파일을 사용하려면 전처리기 문장인 #include가 필요하다. 먼저 #include의 사용
방법을 알아본 다음, 헤더 파일에는 어떤 내용을 넣어주어야 하는지 알아보자.

📋 **확인해봐요**

1. 서로 다른 소스 파일에서 공통으로 필요한 정보를 공유하기 위한 목적으로 사용되는 것은?
   ① 헤더 파일　　　　② 파일 스트림　　　　③ 지역 변수　　　　④ 공유 메모리

2. 프로그램을 여러 개의 소스 파일로 나누어 개발하는 것을 무엇이라고 하는가?
   ① 분할 컴파일　　　② 분할 정복 알고리즘　　③ 병합 정렬　　　④ 컴포넌트 개발

13.2.1 #include문

확장자가 .h인 헤더 파일은 C/C++ 컴파일러에 의해서 직접 컴파일되지는 않는다. 대신
헤더 파일은 전처리기 문장인 #include에 의해서 소스 파일 안에 포함된 후 컴파일된다.
즉, **전처리기는 #include가 지정한 헤더 파일의 내용을 #include가 사용된 위치로 복사해
서 넣어준다.** 전처리기가 수행된 다음, C/C++ 컴파일러는 헤더 파일이 포함된 상태로 소
스 파일을 컴파일한다.

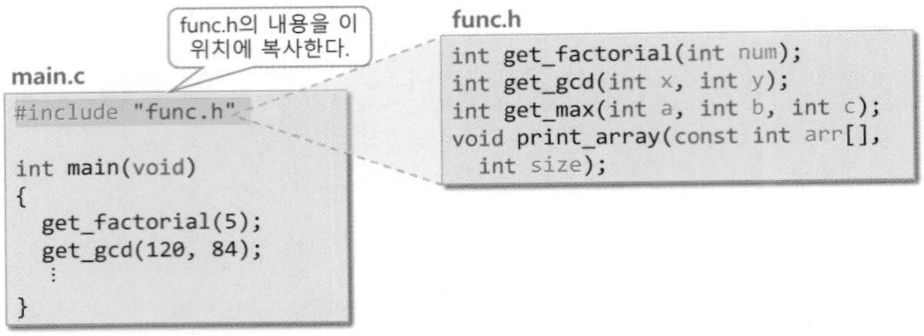

그림 13-12 #include문의 처리

#include의 기본적인 사용 형식은 두 가지이다.

형식	#include <라이브러리헤더>
	#include "사용자정의헤더"
사용예	#include <stdio.h>
	#include <stdlib.h>
	#include "func.h"

#include문으로 헤더 파일을 포함할 때는 헤더 파일명을 〈 〉나 " "안에 써줄 수 있다. 〈 〉 안에 헤더 파일명을 쓰면, 전처리기는 헤더 파일을 C/C++ 컴파일러의 포함 경로 (include path)에서 찾는다. 포함 경로는 컴파일러가 제공하는 표준 라이브러리의 헤더 파일이 모여 있는 디렉터리이다. stdio.h나 stdlib.h, string.h처럼 표준 C 라이브러리 헤더 파일을 포함할 때는 〈 〉를 사용한다.

```
#include <stdio.h>          // 표준 C 라이브러리 헤더 파일을 포함한다.
#include <stdlib.h>
#include <time.h>
```

" " 안에 헤더 파일명을 쓰면, 전처리기는 헤더 파일을 소스 파일이 있는 디렉터리에서 찾는다. 소스 파일이 있는 디렉터리에 헤더 파일이 없으면 컴파일러의 포함 경로를 검색하고, 그래도 파일을 찾을 수 없으면 컴파일 에러가 발생한다. #include " "는 사용자 정의 헤더를 포함할 때 주로 사용되는데, 개발자가 직접 만든 헤더 파일을 사용자 정의 헤더라고 한다.

```
#include "func.h"           // 사용자 정의 헤더 파일을 포함한다.
```

라이브러리 헤더도 " "를 이용해서 포함할 수 있다. 하지만 소스 파일이 있는 디렉터리에 라이브러리 헤더 파일과 이름이 같은 파일이 있으면, 그 파일을 우선적으로 포함하기 때문에 " "보다는 〈 〉을 이용하는 것이 좋다.

〈 〉나 " " 안에 헤더 파일을 지정할 때, 헤더 파일의 절대 경로명이나 상대 경로명을 지정할 수도 있다.

```
#include "C:\XLib\include\Xlib.h"     // 절대 경로명으로 헤더 파일을 포함한다.
#include "array\array.h"              // 상대 경로명으로 헤더 파일을 포함한다.
```

📋 확인해봐요

1. 헤더 파일을 내용을 소스 파일의 특정 위치로 복사하도록 만드는 전처리기 문장은?

   ① #define   ② #ifdef   ③ #undef   ④ #include

2. #include문으로 사용자 정의 헤더 파일을 포함하려면 어떻게 해야 하는가?

   ① #include 〈*header.h*〉   ② #include *header.h*

   ③ #include [*header.h*]   ④ #include "*header.h*"

13.2.2 소스 파일과 헤더 파일의 구성

헤더 파일에는 여러 소스 파일 사이에서 공유해야 할 정보를 넣어준다. 즉, 헤더 파일은 소스 파일에 정의된 함수나 전역 변수를 사용하는 데 필요한 정보를 제공한다.

(1) 다른 파일에 정의된 함수의 호출

프로그램에서 자주 사용되는 기능들을 모아서 func.c라는 소스 파일을 만들었다고 해보자. 이처럼 하나의 소스 파일에 관련된 함수들을 모아두면 다른 프로그램에도 func.c를 가져가서 func.c에 정의된 함수들을 사용할 수 있다. 그런데 func.c에 main 함수를 정의하면 다른 프로그램에는 main 함수가 이미 있으므로 문제가 된다. 따라서, **분할 컴파일을 하려면 우선 main 함수를 별도의 소스 파일로 분리하는 것이 좋다**. 보통은 main.c라는 이름으로 소스 파일을 만들고, 그 안에 main 함수를 정의한다.

일단 main 함수를 분리하고 나면, 나머지 함수들의 정의가 들어있는 func.c와 main.c로 소스 파일이 나누어진다. 나머지 함수들도 기능에 따라 다시 여러 개의 소스 파일로 나눌 수 있다. 아직은 함수가 많지 않으므로 func.c와 main.c만 사용한다고 해보자.

이 상태에서 main.c에서 func.c의 함수를 호출하려고 하면 '~가 정의되지 않았습니다.'라는 컴파일 경고가 발생한다. C/C++ 컴파일러는 소스 파일 내에 정의되지 않은 함수에 대해서 int형을 리턴하고 매개변수가 void형인 함수라고 가정한다.

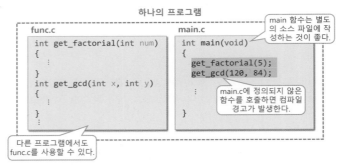

그림 13-13 main 함수는 별도의 소스 파일로 분리한다.

C/C++ 컴파일러는 각각의 소스 파일을 독립적으로 컴파일한다. 즉, func.c에 get_factorial, get_gcd, get_max, print_array 함수가 정의되어 있어도 그 정보는 main.c를 컴파일할 때 사용될 수 없으므로, 함수가 정의되지 않았다는 컴파일 경고가 발생한다. 따라서 main.c에서 get_factorial, get_gcd, get_max, print_array 함수를 호출하려면, main.c 안에 이 함수들에 대한 선언을 넣어주어야 한다.

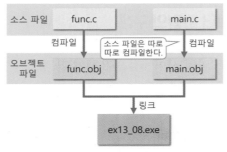

그림 13-14 분할 컴파일

C의 ODR(One Definition Rule) 규칙에 의하면 함수는 프로그램 전체에서 한번만 정의할 수 있고 선언은 여러 번 할 수 있으므로, main.c에는 호출할 함수의 선언을 넣어준다.

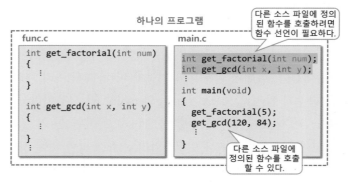

그림 13-15 함수 선언의 필요성

그런데 같은 프로그램에 다른 소스 파일이 더 있는 경우에 다른 소스 파일에서도 func.c 의 함수를 호출하려면 마찬가지로 함수 선언이 필요하다. 따라서 func.c의 함수들을 호출 하는 소스 파일마다 함수 선언을 복사해서 넣어주는 대신에 **함수의 선언을 헤더 파일에 넣 어두고 소스 파일에는 헤더 파일을 포함하는 것이 좋다.**

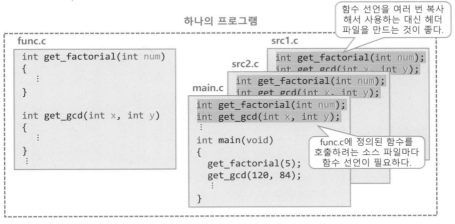

그림 13-16 헤더 파일의 필요성

함수를 다른 소스 파일에서도 호출할 수 있게 만들려면, 먼저 **소스 파일의 이름을 따서 헤더 파일을 만든다.** 예를 들어, func.c에 대한 헤더 파일은 func.h가 된다. 그 다음, 헤더 파일에 func.c에 정의된 함수의 선언을 넣어준다. 마지막으로 func.c에 정의된 함수를 호 출하려는 소스 파일마다 #include를 이용해서 func.h를 포함한다.

헤더 파일을 이용하면 함수 선언을 소스 파일마다 복사하지 않아도 되고, 함수 선언을 한 곳에 모아두었으므로 프로그램을 유지 보수하기도 쉽다.

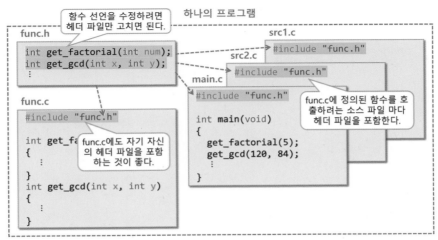

그림 13-17 헤더 파일의 사용

소스 파일에 대한 헤더 파일을 만들고 나면, 소스 파일에도 자기 자신의 헤더 파일을 포함해주는 것이 좋다. 즉, func.c에도 func.h를 포함한다. 같은 소스 파일 안에 정의된 함수의 선언이 필요할 수 있기 때문이다. 이때, 자기 자신에 대한 헤더 파일이 필요한지 아닌지 구분하지 않고 헤더 파일을 포함한다.

[예제 13-8]은 func.c에 정의된 여러 가지 함수들을 main.c에서 호출할 수 있도록 func.h 헤더 파일을 만들고 사용하는 코드이다.

📎 **예제 13-8** : 함수 선언이 들어있는 헤더 파일의 이용

[func.h]

```
01    // func.c에 정의된 함수의 선언
02    int get_factorial(int num);
03    int get_gcd(int x, int y);
04    int get_max(int a, int b, int c);
05    void print_array(const int arr[], int size);
```

[func.c]

```
01    #include <stdio.h>
02
03    #include "func.h"    // 자기 자신에 대한 헤더 파일을 포함하는 것이 좋다.
04
05    int get_factorial(int num)
06    {
07        int i;
08        int result = 1;
09
10        for (i = 1; i <= num; i++)
11            result *= i;
12        return result;
13    }
14
15    int get_gcd(int x, int y)
16    {
17        int r;
18        while (y != 0)
19        {
20            r = x % y;
21            x = y;
22            y = r;
23        }
```

```
24          return x;
25      }
26
27      int get_max(int a, int b, int c)
28      {
29          int max = a > b ? a : b;
30          max = c > max ? c : max;
31          return max;
32      }
33
34      void print_array(const int arr[], int size)
35      {
36          int  i;
37          for (i = 0; i < size; i++)
38              printf("%2d ", arr[i]);
39          printf("\n");
40      }
```

[main.c]

```
01      #include <stdio.h>
02      #include <stdlib.h>
03      #include <time.h>
04
05      #include "func.h"      // 다른 소스 파일에 정의된 함수를 호출하려면 헤더 파일을 포함한다.
06
07      int main(void)
08      {
09          int i;
10          int arr[6] = { 0 };
11
12          srand((unsigned int)time(NULL));
13
14          for (i = 0; i < 6; i++)
15              arr[i] = rand() % 100;        // 0~99사이의 임의의 정수 6개를 생성한다.
16
17          printf("arr: ");
18          print_array(arr, 6);
19
20          for (i = 0; i < 6; i++)           // 임의의 정수/10으로 get_factorial 호출
21              printf("%2d! = %7d\n", arr[i]/10, get_factorial(arr[i] / 10));
22
```

```
23          for (i = 0; i < 6; i += 2)          // 임의의 정수 2개로 get_gcd 호출
24              printf("%d와 %d의 GCD = %d\n",
25                  arr[i], arr[i + 1], get_gcd(arr[i], arr[i + 1]));
26
27          for (i = 0; i < 6; i += 3)          // 임의의 정수 3개로 get_max 호출
28              printf("%d, %d, %d 중 max = %d\n", arr[i], arr[i + 1], arr[i + 2],
29                  get_max(arr[i], arr[i + 1], arr[i + 2]));
30
31          return 0;
32      }
```

실행결과

```
arr: 43 54 24 60 43 49
 4! =        24
 5! =       120
 2! =         2
 6! =       720
 4! =        24
 4! =        24
43와 54의 GCD = 1
24와 60의 GCD = 12
43와 49의 GCD = 1
43, 54, 24 중 max = 54
60, 43, 49 중 max = 60
```

라이브러리 헤더 파일도 라이브러리를 사용하려는 소스 파일마다 각각 포함해주어야 한다. 예를 들어 main.c에서 〈stdio.h〉를 포함한다고 해서 func.c에서도 입출력 함수를 사용할 수 있는 것은 아니다. func.c에서 입출력 함수를 사용하려면 func.c에도 〈stdio.h〉를 포함해야 한다.

함수를 다른 소스 파일에서도 호출할 수 있게 만드는 방법을 정리하면 다음과 같다.

① 함수의 정의가 들어있는 소스 파일의 이름을 따서 헤더 파일을 만든다. 예를 들어, func.c에 정의된 함수를 호출하려면 func.h를 만든다.
② 헤더 파일에는 다른 소스 파일에서 호출될 함수의 선언을 넣어준다.

다른 소스 파일에 정의된 함수를 호출하기 위한 방법을 정리하면 다음과 같다.

① 호출하려는 함수의 선언이 들어있는 헤더 파일을 포함한다.

② 헤더 파일을 여러 개 포함할 때는 라이브러리 헤더 파일을 먼저 포함하고 사용자 정의 헤더 파일을 포함한다.

📝 **확인해봐요**

1. a.c에 정의된 함수를 다른 소스 파일에서 호출할 수 있게 만들려면 a.h 헤더 파일에 무엇을 넣어줘야 하는가?

   ① 함수의 정의 　　　② 함수의 이름 목록 　　　③ 함수의 주소 　　　④ 함수의 선언

2. 소스 파일에 정의된 함수를 다른 소스 파일에서 호출하려고 할 때 필요한 것은?

   ① 함수 선언이 들어있는 헤더 파일을 포함한다. 　　② 함수 정의가 들어있는 소스 파일을 포함한다.
   ③ 라이브러리 헤더 파일을 포함한다. 　　④ 라이브러리를 링크한다.

---

(2) 여러 소스 파일에서 공유되는 매크로, 구조체, typedef의 정의

매크로, 구조체, typedef를 여러 소스 파일에서 공유해서 사용하려면, 매크로, 구조체, typedef의 정의를 헤더 파일에 넣어준다. 프로그램 전체에서 한번만 정의되어야 하는 함수와는 달리, 매크로나 구조체, typedef는 해당 항목을 사용하는 소스 파일마다 정의가 필요하기 때문이다.

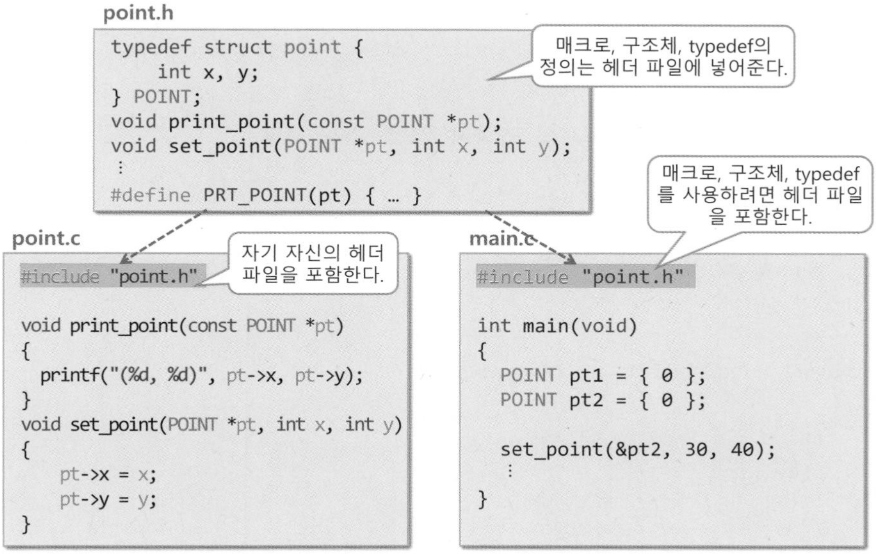

point.h

```
typedef struct point {
    int x, y;
} POINT;
void print_point(const POINT *pt);
void set_point(POINT *pt, int x, int y);
    ⋮
#define PRT_POINT(pt) { … }
```

> 매크로, 구조체, typedef의 정의는 헤더 파일에 넣어준다.

> 매크로, 구조체, typedef를 사용하려면 헤더 파일을 포함한다.

point.c

```
#include "point.h"

void print_point(const POINT *pt)
{
    printf("(%d, %d)", pt->x, pt->y);
}
void set_point(POINT *pt, int x, int y)
{
    pt->x = x;
    pt->y = y;
}
```

> 자기 자신의 헤더 파일을 포함한다.

main.c

```
#include "point.h"

int main(void)
{
    POINT pt1 = { 0 };
    POINT pt2 = { 0 };

    set_point(&pt2, 30, 40);
        ⋮
}
```

그림 13-18 구조체의 헤더 파일 사용하기

[예제 13-9]는 POINT 구조체와 POINT 구조체를 매개변수로 전달받는 print_point, set_point, is_equal_point, get_length 함수를 정의하고 사용하는 코드이다. POINT 구조체의 정의와 POINT 구조체를 이용하는 함수의 선언, 함수 매크로의 정의를 모아둔 파일이 point.h이다.

📄 **예제 13-9** : 구조체의 정의와 함수 선언이 들어있는 헤더 파일의 이용

[point.h]

```
01    // 구조체, typedef, 매크로 정의는 헤더 파일에 넣어준다.
02    typedef struct point {
03        int x, y;
04    } POINT;
05
06    // 함수 선언은 헤더 파일에 넣어준다.
07    void print_point(const POINT *pt);
08    void set_point(POINT *pt, int x, int y);
09    int is_equal_point(const POINT *lhs, const POINT *rhs);
10    double get_length(const POINT *start, const POINT *end);
11
12    #define PRT_POINT(pt) { printf(#pt " = "); print_point(&pt); printf("\n"); }
```

[point.c]

```
01    #include <stdio.h>
02    #include <math.h>
03
04    #include "point.h"  // "point.h"를 포함하지 않으면 컴파일 에러
05
06    void print_point(const POINT *pt)
07    {
08        printf("(%d, %d)", pt->x, pt->y);
09    }
10
11    void set_point(POINT *pt, int x, int y)
12    {
13        pt->x = x;
14        pt->y = y;
15    }
16
```

```
17    int is_equal_point(const POINT *lhs, const POINT *rhs)
18    {
19        return (lhs->x == rhs->x && lhs->y == rhs->y);
20    }
21
22    double get_length(const POINT *start, const POINT *end)
23    {
24        int dx = end->x - start->x;
25        int dy = end->y - start->y;
26        return sqrt(dx*dx + dy * dy);
27    }
```

[main.c]

```
01    #include <stdio.h>
02
03    #include "point.h"    // POINT 구조체와 관련 함수를 사용하려면 헤더 파일을 포함한다.
04
05    int main(void)
06    {
07        POINT pt1 = { 0 };
08        POINT pt2 = { 0 };
09
10        set_point(&pt2, 30, 40);
11        PRT_POINT(pt1);
12        PRT_POINT(pt2);
13        printf("길이 = %.2f\n", get_length(&pt1, &pt2));
14
15        return 0;
16    }
```

실행결과

```
pt1 = (0, 0)
pt2 = (30, 40)
길이 = 50.00
```

[예제 13-9]에서 point.h를 만들 때, 헤더 파일에 들어갈 내용의 순서에 주의해야 한다. 헤더 파일도 소스 파일에 포함된 다음 소스 파일의 위쪽에서부터 순차적으로 컴파일한다. POINT 구조체가 정의되지 않은 상태에서 함수 선언에서 사용되면 컴파일 에러가 발생한다. 따라서 POINT 구조체 정의를 함수 선언보다 앞쪽에 넣어주어야 한다.

```
void print_point(const POINT *pt);              // POINT 정의 전에 사용하므로 컴파일 에러
  ⋮
// point.h
typedef struct point {
    int x, y;
} POINT;
```

여러 소스 파일에서 공유되는 매크로나 구조체, typedef를 정의하는 방법은 다음과 같다.

① 매크로, 구조체, typedef의 정의는 해당 항목을 사용하는 소스 파일마다 필요하므로 헤더 파일에 넣어준다.

② 헤더 파일에 구조체나 typedef의 정의와 함수 선언을 함께 넣어줄 때는, 함수 선언보다 앞쪽에 구조체나 typedef의 정의를 넣어주어야 함수 선언에서 이용할 수 있다.

③ 매크로, 구조체, typedef를 사용하는 소스 파일마다 헤더 파일을 포함한다.

📝 **확인해봐요**

1. 다음 중 해당 항목을 사용하는 소스 파일마다 정의해야 하는 것은?
   ① 구조체의 정의   ② 매크로의 정의   ③ typedef의 정의   ④ 모두 다

2. 구조체를 매개변수로 가진 함수의 선언 위치로 적당한 것은?
   ① 구조체 정의 앞쪽   ② 구조체 정의 뒤쪽

---

(3) 다른 소스 파일에 선언된 전역 변수의 사용

다른 소스 파일에 선언된 전역 변수를 사용하려면 전역 변수의 extern 선언이 필요하다. 이때도 전역 변수를 사용하는 소스 파일마다 전역 변수의 extern 선언이 필요하므로, **전역 변수의 extern 선언도 헤더 파일에 넣어준다.**

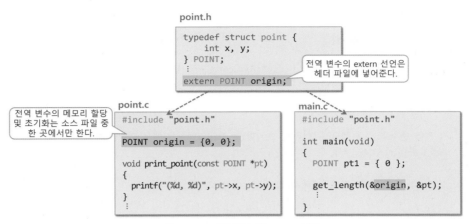

point.h
```
typedef struct point {
    int x, y;
} POINT;
    ⋮
extern POINT origin;
```
전역 변수의 extern 선언은 헤더 파일에 넣어준다.

전역 변수의 메모리 할당 및 초기화는 소스 파일 중 한 곳에서만 한다.

point.c
```
#include "point.h"

POINT origin = {0, 0};

void print_point(const POINT *pt)
{
    printf("(%d, %d)", pt->x, pt->y);
}
    ⋮
```

main.c
```
#include "point.h"

int main(void)
{
    POINT pt1 = { 0 };

    get_length(&origin, &pt);
    ⋮
}
```

그림 13-19 전역 변수의 extern 선언

[예제 13-10]은 POINT 구조체 변수인 orgin을 전역 변수로 선언하고 프로그램 전체에서 사용하는 코드이다. 전역 변수의 extern 선언도 헤더 파일에 넣어준다.

예제 13-10 : 전역 변수의 extern 선언이 들어있는 헤더 파일의 이용

[point.h]

```
01  typedef struct point {
02      int x, y;
03  } POINT;
04
05  void print_point(const POINT *pt);
06  void set_point(POINT *pt, int x, int y);
07  int is_equal_point(const POINT *lhs, const POINT *rhs);
08  double get_length(const POINT *start, const POINT *end);
09
10  #define PRT_POINT(pt) { printf(#pt " = "); \
11      print_point(&pt); printf("\n"); }
12
13  // 전역 변수의 extern 선언은 헤더 파일에 넣어준다.
14  extern POINT origin;            // extern 선언은 메모리를 할당하지 않는다.
```

[point.c]

```
01    #include <stdio.h>
02    #include <math.h>
03
04    #include "point.h"
05
06    // 전역 변수의 정의(메모리 할당 및 초기화)는 프로그램 전체에서 한번만 한다.
07    POINT origin = { 0, 0 };
08
09    // point.c의 나머지 부분은 [예제 13-9]의 point.c와 동일하다.
 ⋮     ⋮
```

[main.c]

```
01    #include <stdio.h>
02
03    #include "point.h"
04
05    int main(void)
06    {
07        POINT pt = { 0 };
08
09        set_point(&pt, 30, 40);
10        PRT_POINT(origin);        // point.c에 선언(정의)된 전역 변수의 사용
11        PRT_POINT(pt);
12        printf("길이 = %.2f\n", get_length(&origin, &pt));
13
14        return 0;
15    }
```

실행결과

```
origin = (0, 0)
pt2 = (30, 40)
길이 = 50.00
```

📝 **확인해봐요**

1. 전역 변수를 여러 소스 파일에서 사용할 수 있게 만들기 위해서 헤더 파일에 넣어야 할 것은??

    ① 전역 변수의 정의   ② 전역 변수의 static 선언

    ③ 전역 변수의 선언 및 초기화   ④ 전역 변수의 extern 선언

13.2.3 헤더 파일의 중복 포함 막기

소스 파일에 같은 헤더 파일을 여러 번 포함하면 문제가 발생할 수 있으므로 주의해야 한다. 헤더 파일에 함수 선언만 들어있을 때는 같은 헤더 파일을 여러 번 포함해도 컴파일 에러가 발생하지 않는다. 하지만, 매크로나 구조체, typedef 정의가 들어있을 때는 재정의 에러가 발생한다.

그런데, 같은 헤더 파일이 여러 번 포함되었는지 확인하기 힘든 경우가 있다. [그림 13-20]를 보면 main.c는 point.h와 line.h라는 서로 다른 헤더 파일을 포함한 것처럼 보인다. 그런데, line.h가 다시 point.h를 포함하고 있기 때문에 결과적으로 main.c는 point.h를 두 번 포함하게 된다.

line.h는 POINT 구조체를 이용해서 LINE 구조체를 정의하므로 POINT 구조체의 정의가 들어있는 point.h를 포함한다. 이처럼 헤더 파일이 다른 헤더 파일을 포함할 수 있기 때문에 하나의 소스 파일에 같은 헤더 파일이 여러 번 포함되는 경우가 발생한다.

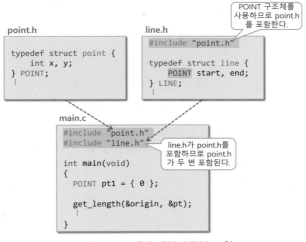

그림 13-20 헤더 파일의 중복 포함

전처리기의 조건부 컴파일 기능을 이용하면 자동으로 헤더 파일이 여러 번 포함되는 것을 막을 수 있다. 헤더 파일의 중복 포함을 막으려면 헤더 파일의 시작 부분에 #ifndef, #define을 넣어주고, 헤더 파일의 끝부분에는 #endif를 넣어준다. 이때, #ifndef나 #define 에는 헤더 파일의 포함 여부를 알려주는 매크로를 지정한다. 이 세 문장을 추가해주면 헤더 파일을 여러 번 포함해도 맨 처음 한 번만 컴파일하고, 그 다음부터는 헤더 파일을 컴파일에서 제외한다.

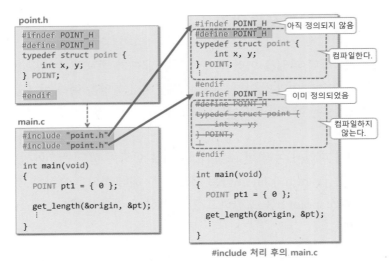

그림 13-21 헤더 파일의 중복 포함 막기

#ifndef와 #define에 지정되는 매크로는 헤더 파일이 포함되었는지 여부를 알려주는 매크로이며, POINT_H처럼 헤더 파일의 이름을 따서 만든다. 참고로 표준 C 라이브러리 헤더에도 이미 이 기능이 사용되고 있으며, 프로그래머가 만드는 사용자 정의 헤더에도 이 기능을 항상 사용하는 것이 좋다.

[예제 13-11]은 헤더 파일을 중복 포함을 막아주는 #ifndef, #define, #endif를 사용하도록 [예제 13-10]을 수정한 것이다. 참고로 point.c는 [예제 13-10]과 동일하므로 코드를 생략한다.

📋 **예제 13-11** : 헤더 파일의 중복 포함 막기

[point.h]

```
01   #ifndef POINT_H
02   #define POINT_H      // point.h의 포함 여부를 나타내는 매크로
03
04   typedef struct point {
05       int x, y;
06   } POINT;
07
08   void print_point(const POINT *pt);
09   void set_point(POINT *pt, int x, int y);
10   int is_equal_point(const POINT *lhs, const POINT *rhs);
11   double get_length(const POINT *start, const POINT *end);
12
```

```
13    #define PRT_POINT(pt) { printf(#pt " = "); print_point(&pt); printf("\n"); }
14
15    extern POINT origin;
16
17    #endif
```

[line.h]

```
01    #ifndef LINE_H
02    #define LINE_H      // line.h의 포함 여부를 나타내는 매크로
03
04    #include "point.h"
05
06    typedef struct line {
07        POINT start, end;
08    } LINE;
09
10    #endif
```

[main.c]

```
01    #include <stdio.h>
02
03    #include "point.h"
04    #include "line.h"   // line.h에 의해 point.h가 두 번 포함된다.
05
06    int main(void)
07    {
08        POINT pt = { 30, 40 };
09        LINE ln1 = { origin, pt };
10
11        PRT_POINT(ln1.start);
12        PRT_POINT(ln1.end);
13        printf("길이 = %.2f\n", get_length(&ln1.start, &ln1.end));
14
15        return 0;
16    }
```

실행결과

```
ln1.start = (0, 0)
ln1.end = (30, 40)
길이 = 50.00
```

질문 있어요

헤더 파일 안에 들어있는 #pragma once는 무슨 뜻인가요?

#pragma once는 헤더 파일을 한번만 컴파일하도록 명령하는 컴파일러 지시어(directive)이다. 헤더 파일에 #pragma once라고 적어주면 같은 헤더 파일이 여러 번 포함되더라도 한번만 컴파일한다. 하지만 #pragma once는 표준 C 기능이 아니므로 표준에 따라 개발할 때는 #ifndef, #define, #endif를 사용하는 것이 좋다.

✅ 확인해봐요

1. 헤더 파일의 중복 포함을 막기 위해 사용되는 세 문장이 아닌 것은?

   ① #ifdef   ② #ifndef   ③ #define   ④ #endif

2. 다음 중 헤더 파일이 중복 포함되는 것을 반드시 막아야 하는 경우는?

   ① 헤더 파일에 함수 선언이 들어있을 때

   ② 헤더 파일에 전역 변수의 extern 선언이 들어있을 때

   ③ 헤더 파일에 구조체 정의가 들어있을 때

13.2.4 헤더 파일과 소스 파일의 구성

지금까지 C 프로그램을 개발할 때 소스 파일을 여러 개로 나누어 작성하고 필요한 정보를 헤더 파일을 통해서 공유하는 여러 가지 방법에 대하여 알아보았다. 헤더 파일에 넣어줄 내용과 소스 파일에 넣어줄 내용을 정리해보면 [그림 13-22]와 같다.

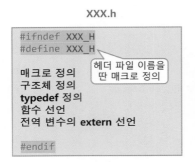
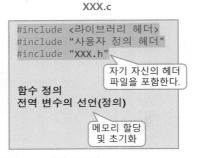

그림 13-22 헤더 파일과 소스 파일의 구성

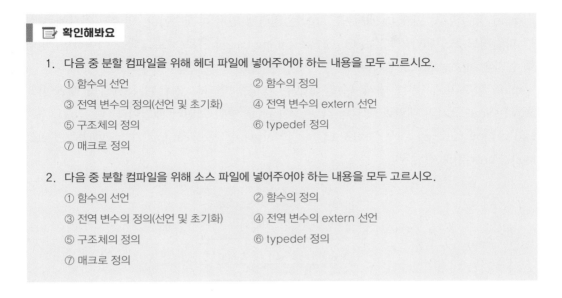

확인해봐요

1. 다음 중 분할 컴파일을 위해 헤더 파일에 넣어주어야 하는 내용을 모두 고르시오.
   ① 함수의 선언　　　　　　　　　　　② 함수의 정의
   ③ 전역 변수의 정의(선언 및 초기화)　④ 전역 변수의 extern 선언
   ⑤ 구조체의 정의　　　　　　　　　　⑥ typedef 정의
   ⑦ 매크로 정의

2. 다음 중 분할 컴파일을 위해 소스 파일에 넣어주어야 하는 내용을 모두 고르시오.
   ① 함수의 선언　　　　　　　　　　　② 함수의 정의
   ③ 전역 변수의 정의(선언 및 초기화)　④ 전역 변수의 extern 선언
   ⑤ 구조체의 정의　　　　　　　　　　⑥ typedef 정의
   ⑦ 매크로 정의

13.3 main 함수의 매개변수

main 함수의 원형은 두 가지이다. main 함수를 정의할 때는, 매개변수가 없는 main 함수와 매개변수가 있는 main 함수 둘 중에 한가지로 정의한다.

```
int main(void);                      // 매개변수가 없는 main 함수
int main(int argc, char *argv[]);    // 매개변수가 있는 main 함수
```

매개변수가 있는 main 함수로 전달되는 인자를 **명령행 인자**(command-line parameter)라고 하며, 프로그램을 실행할 때 명령행 인자를 지정한다. 명령 프롬프트에서 프로그램을 실행할 때, 실행 파일명과 함께 명령행 인자를 지정하면 운영체제가 그 값을 main 함수의 매개변수로 전달한다. 예를 들어, 다음의 프로그램 실행 화면을 보자. ex13_12.exe는 파일 복사하는 기능을 제공하는 프로그램이다. 이 프로그램은 명령행 인자로 소스 파일 이름과 타겟 파일 이름을 지정한다.

그림 13-23 명령행 인자

main 함수의 첫 번째 매개변수인 argc는 명령행 인자의 개수이다. 명령행 인자에는 실행 파일명도 포함된다. 즉, "ex13_12.exe cat.jpg cat2.jpg"로 프로그램을 실행하면, 명령행 인자의 개수인 argc는 3이 된다.

main 함수의 두 번째 매개변수인 argv는 명령행 인자로 전달된 문자열의 배열이다. argv는 argc 크기의 배열로 배열의 각 원소가 char*형인 포인터 배열이다. 즉, "ex13_12.exe cat.jpg cat2.jpg"에서 "ex13_12.exe"가 argv[0]으로, "cat.jpg"가 argv[1]로, "cat2.jpg"가 argv[2]로 전달된다.

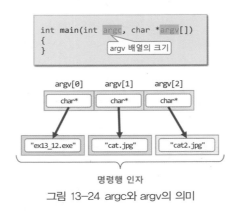

그림 13-24 argc와 argv의 의미

main에서는 프로그램의 명령행 인자로 전달된 argv 배열의 문자열을 이용해서 필요한 기능을 구현하면 된다.

[예제 13-12]는 프로그램으로 전달된 명령행 인자로 2진 파일을 복사하는 코드이다. [예제 13-12]를 실행하려면 명령 프롬프트에서 "C:\work\chap13\ex13_12\Debug\ex13_12.exe *srcfile destfile*"로 지정한다. srcfile 위치에는 복사할 2진 파일명을 지정하면 된다.

```
C:\work\chap13\ex13_12\Debug\ex13_12.exe cat.jpg cat2.jpg
```

📝 **예제 13-12** : 명령행 인자를 이용한 2진 파일 복사

```
01    #include <stdio.h>
02    #include <string.h>
03
04    int main(int argc, char *argv[])
05    {
06        unsigned char buff[BUFSIZ];
```

```
07      FILE *fout = NULL;
08      FILE *fin = NULL;
09      int cnt_read = 0;
10
11      if (argc < 2)   // 명령행 인자의 개수가 충분한지 확인한다.
12      {
13          printf("usage: ex13_12 in_filename out_filename\n");
14          return 1;
15      }
16
17      fin = fopen(argv[1], "rb");      // argv[1]이 소스 파일명이다.
18      if (fin == NULL)
19          goto cleanup;
20      fout = fopen(argv[2], "wb");      // argv[2]가 타겟 파일명이다.
21      if (fout == NULL)
22          goto cleanup;
23      while ((cnt_read = fread(buff, 1, sizeof(buff), fin)) > 0)
24      {
25          int cnt_written = fwrite(buff, 1, cnt_read, fout);
26          if (cnt_written < cnt_read)
27              goto cleanup;
28      }
29  cleanup:
30      if (fin == NULL || fout == NULL)
31          printf("파일 열기 실패\n");
32      else if (ferror(fin))
33          printf("파일 읽기 실패\n");
34      else if (ferror(fout))
35          printf("파일 쓰기 실패\n");
36      else
37          printf("파일 복사 성공\n");
38      if (fin) fclose(fin);
39      if (fout) fclose(fout);
40
41      return 0;
42  }
```

실행결과 ■ ■ ■

파일 복사 성공

[예제 13-12]를 실행하면 복사된 파일이 타겟 파일명으로 생성된다.

 질문 있어요

Visual Studio 안에서 콘솔 프로그램을 실행할 때, 명령행 인자는 어떻게 지정하나요?

Visual Studio의 '디버그하지 않고 시작' 기능으로 프로그램을 실행할 때 명령행 인자를 지정하려면, [프로젝트]-[속성] 메뉴를 선택해서 나타나는 프로젝트 속성 페이지를 이용한다. 프로젝트 속성 페이지의 왼쪽에서 [디버깅]을 선택하고, 오른쪽의 '명령 인수'에 실행 파일명을 제외한 명령행 인자를 지정하면 된다.

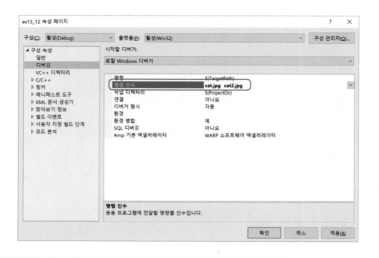

📝 **확인해봐요**

1. 매개변수를 가진 main함수에서 프로그램 실행 시 main 함수로 전달되는 문자열을 무엇이라고 하는가?

   ① 프로세스ID   ② 명령행 인자   ③ 종료 코드   ④ 환경 변수

2. 다음 중 "test.ext abc def"라고 프로그램을 실행했을 때 int main(int argc, char* argv[])로 전달되는 값으로 맞는 것을 모두 고르시오.

   ① argc로는 3이 전달된다.   ② argc로는 2가 전달된다.
   ③ argv[0]은 "abc"이다.   ④ argv[0]은 "test.exe"이다.

1. 전처리기

- 전처리기는 C/C++ 컴파일러에 내장된 프로그램으로, 프로그래머가 작성한 소스 파일을 컴파일하기 전에 필요한 전처리 작업을 수행한다.
- 함수 매크로는 함수처럼 매개변수가 있는 매크로이다. 전처리기는 함수 매크로가 사용되는 곳마다 문자열 대치로 코드를 복사해서 넣어준다.
- 함수 매크로를 정의할 때는 매개변수에 대해 연산자 우선순위 문제가 생길 수 있으므로 매개변수를 ( )로 감싸서 사용해야 한다.
- 문자열 만들기 연산자인 #와 토큰 결합 연산자인 ##를 이용하면 일반 함수를 정의할 때는 만들 수 없는 코드를 함수 매크로로 생성할 수 있다.
- #undef문을 이용하면 기존에 정의된 매크로를 특정 소스 파일에서만 정의되지 않은 것으로 만들 수 있다.
- #if와 #endif를 이용하면 조건식이 만족할 때만 코드를 컴파일하게 만들 수 있다. #if의 조건식으로는 매크로를 정수값과 비교하는 것만 가능하다. #if와 #endif 사이에 #else나 #elif를 사용할 수 있다.
- #ifdef는 지정한 매크로가 정의되어 있는 경우에만 코드를 컴파일하게 만든다. #ifndef는 지정한 매크로가 정의되지 않은 경우에만 코드를 컴파일하게 만든다. #ifdef, #ifndef도 짝을 이루는 #endif가 필요하며, 중첩해서 사용할 수 있다.

2. 분할 컴파일

- #include문에서 라이브러리 헤더 파일은 〈 〉로 감싸서 지정하고, 사용자 정의 헤더 파일은 " "로 감싸서 지정한다.
- 분할 컴파일을 위해서 헤더 파일에는 매크로 정의, 구조체 정의, typedef 정의, 함수 선언, 전역 변수의 extern 선언을 넣어준다.
- 분할 컴파일을 위해서 소스 파일에는 함수 정의, 전역 변수의 정의(선언 및 초기화)를 넣어준다.
- 헤더 파일의 중복 포함을 막기 위해서 헤더 파일의 시작 부분에는 #ifndef, #define을 헤더 파일의 이름을 딴 매크로 이름과 함께 써준다. 헤더 파일의 끝부분에는 #endif를 써준다.

3. main 함수의 매개변수

- main 함수는 매개변수를 가진 함수로 정의할 수 있다. argc는 명령행 인자로 전달된 문자열의 개수이고, argv는 명령행 인자 문자열을 가리키는 포인터 배열이다.

```
int main(int argc, char *argv[]);
```

1. 전처리기에 대한 설명을 읽고 설명이 맞으면 O, 틀리면 X를 선택하시오.

    (1) 전처리기는 C/C++ 컴파일러와는 별개의 프로그램이다.   (   )

    (2) 전처리기는 프로그래머가 작성한 소스 파일이 컴파일될 수 있도록 준비한다. (   )

    (3) 같은 소스 파일도 전처리기 문장을 이용하여 여러 가지로 변형할 수 있다.   (   )

    (4) 전처리기 문장은 '#'으로 시작한다.   (   )

    (5) #define으로 정의된 매크로는 한번 정의되면 해제되지 않는다.   (   )

    (6) 값을 지정하지 않고 매크로 상수를 정의할 수 있다.   (   )

    (7) 함수처럼 매개변수가 있는 매크로를 정의할 수 있다.   (   )

    (8) #include는 라이브러리를 링크한다.   (   )

2. 다음 중 매크로의 정의 및 사용이 잘못된 것은?

    ① #define "Try again" ERROR

       printf(ERROR);

    ② #define TAX_RATE 0.033

       double income_tax = income * TAX_RATE;

    ③ #define DWORD unsigned int;

       DWORD flags;

    ④ #define PRT printf

       PRT("Hello");

3. 함수 매크로에 대한 설명 중 잘못된 것을 모두 고르시오.

    ① 함수처럼 매개변수가 있는 매크로이다.

    ② 함수의 인자를 전달할 때처럼 인자의 값을 먼저 계산한다.

    ③ 함수 매크로의 정의를 여러 줄에 걸쳐서 작성하려면 \가 필요하다.

    ④ 함수 매크로를 사용하면 프로그램의 실행 속도가 빨라진다.

    ⑤ 함수 매크로를 사용하면 코드가 알아보기 쉽고 디버깅도 쉽다.

    ⑥ 함수 매크로의 인자로 증감식을 사용하면 문제가 생길 수 있다.

4. 다음 프로그램의 실행 결과를 쓰시오.

```c
#include <stdio.h>

#define INCH_2_CM(inch) inch * 2.54

int main(void)
{
    printf("%f\n", INCH_2_CM(1 + 2));

    return 0;
}
```

5. 4번의 INCH_2_CM 함수 매크로에는 연산자 우선순위 문제가 있다. 문제가 발생하지 않도록 함수
    매크로의 정의를 수정하시오.

6. 다음 프로그램의 실행 결과를 쓰시오.

```c
#include <stdio.h>

#define my_printf(format, a) printf(#a " = " format, (a))

int main(void)
{
    int a = 123;
    char c = 'A';
    const char * s = "test string";

    my_printf("%d\n", a);
    my_printf("%c\n", c);
    my_printf("%s\n", s);

    return 0;
}
```

7. 다음 중 함수 매크로의 정의 및 사용이 잘못된 것을 모두 고르시오.

① #define RECT_AREA(w, h) ((w) * (h))
   printf("%d", RECT_AREA(10, 20));

② #define MAX(a, b) (((a) > (b)) ? (a) : (b))
   printf("%d", MAX(10, 20));

③ #define ARR_SIZE(arr) (sizeof(arr) / sizeof(*arr))
   int data[3];
   int i;
   for(i = 0;i < ARR_SIZE(data); i++)
       data[i] = i;

④ #define STR(a) ##a
   const char *p = STR(apple);

⑤ #define ZERO_ARRAY(arr, size) {
       int i;
       for(i = 0 ; i < size ; i++)
           arr[i] = 0;
   }
   int data[10];
   ZERO_ARRAY(data, 10);

8. 전처리기의 조건부 컴파일 기능에 대한 설명 중 잘못된 것은?

① #if 다음에는 매크로를 포함한 조건식을 사용한다.

② #if에는 반드시 #endif가 필요하다.

③ #else 다음에 #if가 다시 사용되면 대신 #elif를 사용할 수 있다.

④ #if 안에 다른 #if를 중첩할 수 없다.

9. 특정 매크로가 정의된 경우에만 #endif 까지의 코드를 컴파일하게 만드는 전처리기 문장은 무엇인가?

10. 다음 프로그램의 실행 결과를 쓰시오.

```c
#include <stdio.h>

#ifdef PRT_NEWLINE
#define PRINT puts
#else
#define PRINT printf
#endif

int main(void)
{
    int data[3] = { 10, 20, 30 };
    char out_str[128];
    int i;

    for (i = 0; i < 3; i++)
    {
        sprintf(out_str, "%d ", data[i]);
        PRINT(out_str);
    }

    return 0;
}
```

11. 분할 컴파일과 #include문에 대한 설명을 읽고 설명이 맞으면 O, 틀리면 X를 선택하시오.

(1) 소스 파일을 여러 개로 나누어 작성할 때는 관련된 함수들끼리 모아주는 것이 좋다.   (   )

(2) main 함수는 별도의 소스 파일에 작성하는 것이 좋다.   (   )

(3) 사용자 정의 헤더를 포함할 때는 〈 〉를 사용한다.   (   )

(4) 사용자 정의 헤더는 소스 파일이 있는 디렉터리에서 찾아서 포함한다.   (   )

(5) #include로 헤더 파일을 포함할 때는 절대 경로명이나 상대 경로명은 사용할 수 없다.   (   )

(6) 라이브러리 헤더 파일을 포함할 때 " "를 사용할 수 있다.   (   )

(7) 하나의 소스 파일이 여러 개의 헤더 파일을 포함할 수 있다.   (   )

(8) 하나의 프로그램을 여러 개의 소스 파일로 구성하는 경우에 C/C++ 컴파일러는
     모든 소스 파일을 하나로 합쳐서 컴파일한다.   (   )

12. 헤더 파일과 소스 파일을 나누어 작성할 때 다음에 나열된 항목 중에서 헤더 파일에 넣어주어야 하
    는 것을 모두 고르시오. (이 헤더 파일은 2개 이상의 소스 파일에서 포함된다고 가정한다.)

    ① 함수 선언   ② 함수 정의
    ③ 전역 변수의 extern 선언   ④ 전역 변수를 선언하고 초기화하는 코드
    ⑤ 구조체의 정의   ⑥ 매크로의 정의
    ⑦ typedef 정의   ⑧ static 함수의 선언
    ⑨ static 함수의 extern 선언

13. 다음은 사용자 정의 헤더 파일이다. 헤더 파일의 중복 포함을 막기 위해서 필요한 문장을 적절한 위
    치에 넣으시오.

```c
// date.h

enum the_day_of_week { SUN, MON, TUE, WED, THU, FRI, SAT };

typedef struct date {
    int year, month, day;
    enum the_day_of_week the_day;
} DATE;

void print_date(const DATE *d);
int check_date(const DATE *d);
int get_days_left(const DATE *today, const DATE dday);
```

14. 다음은 사용자 정의 헤더 파일이다. 헤더 파일에 넣으면 문제가 될 수 있는 코드를 모두 찾아서 표시하시오. (이 헤더 파일은 2개 이상의 소스 파일에서 포함된다고 가정한다.)

```c
// point.h

struct point {
    int x, y;
};

typedef struct point POINT;

POINT origin = { 0, 0 };

void print_point(const POINT *pt);

void set_point(POINT *pt, int x, int y)
{
    pt->x = x;
    pt->y = y;
}

#define PRT_POINT(pt) { \
    printf(#pt " = ");  \
    print_point(&pt);   \
    printf("\n");       \
}
```

15. main 함수에 대한 설명 중 잘못된 것을 모두 고르시오.

① main 함수에 인자를 전달하려면 프로그램을 실행할 때, 실행 파일명과 함께 지정한다.

② main 함수는 매개변수가 없는 함수와 매개변수가 있는 함수 중 하나로 정의한다.

③ 한 프로그램에서 main 함수는 매개변수가 없는 함수와 매개변수가 있는 함수로 2번 정의해야 한다.

④ 매개변수가 있는 main은 int main(int argc, char* argv)로 정의한다.

⑤ 명령행 인자는 문자열로 전달되므로 필요하다면 변환해서 사용한다.

16. 다음은 main 함수의 매개변수를 출력하는 프로그램이다. 실행 파일 이름이 test.exe인 프로그램을 명령 프롬프트에서 다음과 같이 실행했을 때, 프로그램의 실행 결과를 쓰시오.

```
c:\exercise\chap13\test\debug> test.exe 123 456 789
```

```c
#include <stdio.h>


int main(int argc, char* argv[])
{
    int i;
    for (i = 0; i < argc; i++)
        puts(argv[i]);
    printf("argc = %d\n", argc);

    return 0;
}
```

1. low byte와 high byte로 워드(2바이트) 크기의 데이터를 만드는 MAKEWORD 매크로와 low word와 high word로 더블워드(4바이트) 크기의 데이터를 만드는 MAKEDWORD 매크로를 정의하고 테스트 하시오. [함수 매크로/난이도 ★]

실행결과

```
low and high byte? 0x12 0x34
WORD data: 1234
low and high byte? 0x56 0x78
WORD data: 5678
DWORD data: 12345678
```

2. 배열 전체를 특정 값으로 채우는 FILL_ARRAY(arr, size, value) 함수 매크로와 int 배열의 원소들을 출력하는 PRINT_ARRAY(arr, size) 함수 매크로를 정의하시오. 크기가 10인 int 배열에 대하여 입력받은 값으로 배열 전체를 채우고 출력하는 프로그램을 작성하시오. [함수 매크로/난이도 ★]

실행결과

```
정수 배열의 초기값? 10
[x] 10 10 10 10 10 10 10 10 10 10
```

3. 2번의 FILL_ARRAY 함수 매크로는 int 배열이 아닌 경우에도 사용할 수 있지만 PRINT_ARRAY 함수 매크로는 int 배열이 아니면 에러가 발생한다. PRINT_ARRAY 함수 매크로를 int 배열외에 다른 데이터형의 배열을 출력할 수 있도록 수정하시오. [함수 매크로/난이도 ★★]

실행결과

```
실수 배열의 초기값? 0.1
[x] 0.1 0.1 0.1 0.1 0.1 0.1 0.1 0.1 0.1 0.1
문자 배열의 초기값? a
[y] a a a a a a a a a a
```

4. 직사각형의 면적을 구하는 AREA_RECT(w, h) 함수 매크로와 원의 면적을 구하는 AREA_CIRCLE(r) 함수 매크로를 정의하고, 각각을 이용하는 프로그램을 작성하시오. [함수 매크로/난이도 ★]

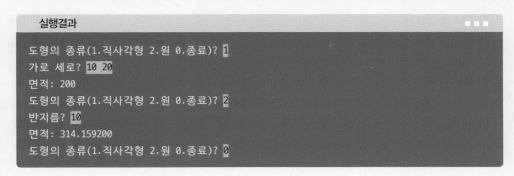

```
실행결과

도형의 종류(1.직사각형 2.원 0.종료)? 1
가로 세로? 10 20
면적: 200
도형의 종류(1.직사각형 2.원 0.종료)? 2
반지름? 10
면적: 314.159200
도형의 종류(1.직사각형 2.원 0.종료)? 0
```

5. RGB 색상으로부터 red, green, blue 값을 각각 추출하는 GET_RED, GET_GREEN, GET_BLUE 함수 매크로를 정의하시오. 이 함수 매크로를 이용해서 입력받은 RGB 색상의 red, green, blue 값을 출력하는 프로그램을 작성하시오. [함수 매크로/난이도 ★]

```
실행결과

RGB 색상? 0xff0080
RGB FF0080의 red: 128, green: 0, blue: 255
```

6. red, green, blue를 인자로 전달해서 RGB 색을 만들어 리턴하는 MAKE_RGB 함수 매크로를 정의하시오. 앞에서 정의한 GET_RED, GET_GREEN, GET_BLUE 함수 매크로를 함께 이용해서 입력 받은 RGB 색상의 보색을 구해서 출력하는 프로그램을 작성하시오. [함수 매크로/난이도 ★]

```
실행결과

RGB 색상? 0xff0080
RGB FF0080의 보색: 00FF7F
```

7. 명령행 인자를 이용해서 +, -, *, /, % 연산을 처리하는 계산기 프로그램을 작성하시오. 프로그램을 실행하려면 명령 프롬프트에서 다음과 같이 입력한다. [명령행 인자/난이도 ★★]

```
C:\work\chap13\calculator\debug\calculator.exe 10 + 20
10 + 20 = 30
```

8. 명령행 인자를 이용해서 지정한 텍스트 파일의 내용을 줄 번호와 함께 출력하는 프로그램을 작성하시오. [명령행 인자, 텍스트 파일 출력/난이도 ★★]

```
C:\work\chap13\calculator\debug\mytype.exe readme.txt
```

9. 점의 좌표를 나타내는 POINT 구조체와 구조체를 매개변수로 전달받는 print_point, set_point, get_length, is_equal_point 등의 함수에 대해서, 점의 좌표가 정수인 경우와 실수인 경우를 하나의 소스 파일로 처리할 수 있도록 코드를 작성하시오. 조건부 컴파일 기능과 typedef를 이용한다. 점의 좌표를 2개 입력받아 두점을 연결하는 직선의 길이를 구해서 출력하는 프로그램을 작성하시오. 이 프로그램을 정수 좌표일 때와 실수 좌표일 때 각각 컴파일해서 실행해보시오. [조건부 컴파일, typedef/난이도 ★★★]

```
실행결과 : 정수 좌표를 사용하는 경우                      ■ ■ ■

점의 좌표? 3 4
점의 좌표? 0 0
(3, 4)과 (0, 0)사이의 거리 : 5.000000
```

```
실행결과 : 실수 좌표를 사용하는 경우                      ■ ■ ■

점의 좌표? 2.1 3.4
점의 좌표? 0.1 4.5
(2.10, 3.40)과 (0.10, 4.50)사이의 거리 : 2.282542
```

10. 9번 프로그램을 헤더 파일과 소스 파일로 나누어 작성하시오. POINT 관련 함수의 정의는 point.c에 작성하고, main 함수의 정의는 main.c에 작성하시오. 필요한 헤더 파일을 만들어 사용하시오. [분할 컴파일/난이도 ★★]

11. 연, 월, 일을 나타내는 DATE 구조체와 날짜를 출력하는 print_date 함수, 날짜를 오늘 날짜로 지정하는 set_as_today 함수, 날짜가 같은지 비교하는 is_same_date 함수를 정의하시오. print_date 함수는 USE_USA_FORMAT 매크로가 정의된 경우에는 "Jan 1 2022" 형식으로 출력하고, 그렇지 않으면 "2022/1/1" 형식으로 출력해야 한다. 텍스트 파일에 "2022 1 1"와 같이 저장된 공휴일 정보를 읽어서 DATE 구조체 배열을 만들고 입력받은 날짜가 공휴일인지 검사하는 프로그램을 작성하시오. [조건부 컴파일, 텍스트 파일 입력/난이도 ★★★]

```
실행결과                                                        ● ● ●

날짜(연월일)? 2022 1 1
2022/1/1은 공휴일입니다.
날짜(연월일)? 2022 1 2
2022/1/2은 공휴일이 아닙니다.
날짜(연월일)? 0 0 0
```

12. 11번 프로그램에서 파일 입력을 처리하는 부분과 공휴일인지 검사하는 코드 부분을 적절히 여러 개의 함수로 나누어 작성하시오. 그 다음 DATE 관련 함수는 date.c에, 파일 입력과 공휴일인지 검사하는 코드는 holiday.c에, main 함수는 main.c에 나누어 작성하고, 필요한 헤더 파일을 만들어 사용한다. 프로그램의 실행 결과는 11번과 동일하다. [조건부 컴파일, 텍스트 파일 입력/난이도 ★★★]

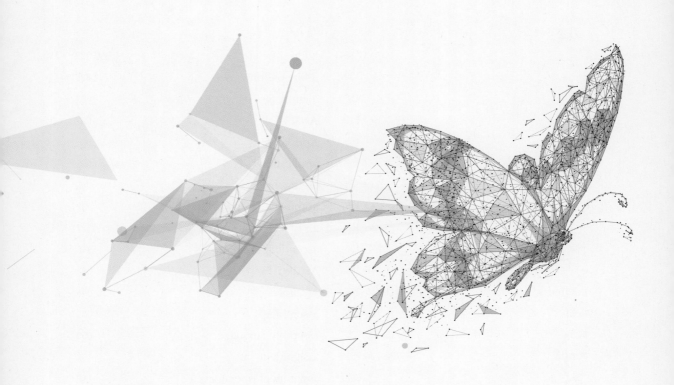

INDEX